2007年上海市哲学社会科学规划重大项目（2007DTQ001）

上海重点学科建设项目（B406）

美国对华情报解密档案

（1948~1976）

主编：沈志华　杨奎松

第七编　台湾问题

主编：双惊华　忻　华

中国出版集团　东方出版中心

第七编 台湾问题

目　　录

第三部分　台湾岛情与国民党政权的基本形势

导　　论

　　台湾问题的重要性和敏感性不言而喻,多年来有关台湾问题的争议对整个中美关系产生着重大的影响和冲击。对中国政府而言,台湾是中国不可分割的领土,是中国主权的组成部分,实现台湾与祖国的统一是中国政府与人民的神圣使命,任何一个中国人都不可能答应在台湾问题上做出任何原则上的妥协与让步;对美国政府而言,台湾被视为美国在西太平洋上一艘"永不沉没的航空母舰",是围堵中国链环上的重要环节,也是美国的所谓"自由世界盟友",美国希望将台湾树立为后发展地区"自由与繁荣"的典范,并通过台湾问题向中国政府施压,"遏制"中国的发展,同时,台湾还具有与中国政府讨价还价中的"筹码"或"棋子"的功用,是美国在处理对华事务中时刻考虑打出来的一张"王牌"。

　　本编的美国解密情报围绕台海局势展开,共收录53份文件,其中来自美国中央情报局系统的情报评估32份,美国国务院系统的报告20份,另有1份美国国家安全委员会对台湾局势及中国共产党对台湾意图及能力的评估,时间跨度从1949年3月14日至1967年5月5日。由于台湾问题的复杂性,决定了我们在处理情报类别时将全部文件分为三部分,按照从宏观到微观的逻辑顺序依次排列为:美台关系及国际社会对台湾地位认识的问题(10份文件);台海局势与两岸关系(27份文件);台湾岛情与国民党政权的基本形势(16份文件)。

　　美国政府处理台湾问题始终是在美国对华政策的视野下进行,对台湾问题的态度由"模糊"向"清晰"的转变进程同美国对华政策的演变以及美国在亚洲力量的先扩张后收缩紧密相连。随着冷战格局的发展和美国东亚政策的演变,美国政府根据形势的发展逐步调整美国对华政策和对台政策,虽然两者的调整基本上同步进行,但大体上是以美国对华政策的调整为主轴线,美国对台政策的调整带有明显的两面性:一方面,同中国进行正面对抗不符合美国在亚太地区的安全利益。美国观察家们普遍认为,台湾问题事关中国的核心国家利益,但并不是美国的核心国家利益,所以,美国政府不必为台湾问题而引火烧身,美国最希望看到的是海峡两岸的稳定局面,甚至不惜通过打压台湾当局来维护美国的根本国际利益。另一方面,与共产主义对抗的意识形态需要决定了美国政府必须遵守对台湾的防御承诺,在一定程度上支持台湾政权以防止台湾落入"敌对势力的控制之下"。

　　从整个时期的各个事件发展来看,美国政府与台湾方面政策的前提和假设各不相同,蒋介石的政策出发点是台湾岛的政治氛围,他考虑台湾岛内的因素甚于他的"国际"政策,强调的是台湾的民心士气,而美国的注意力在于它的全球战略,在于降低与中国发生直接冲突与全面战争的可能性,尽可能地将台海局势的发展控制在美国能够掌控与操作的程度之内。

美国情报部门在作出对台情报的分析时始终存在以下的基本预设：

1. 允许蒋介石大规模反攻大陆而美国出兵掩护的话，美国势必陷入一场在中国大陆的持久战争中。

2. 蒋介石不可能在大陆重新掌权，"中华民国"政权不可能得到大陆民众的大规模信赖和支持。

3. 美国不支持蒋介石大规模反攻大陆，也不会放弃台湾，反对海峡两岸任何一方在台湾海峡动武。

由于台湾问题兼具国内性和国际性的特点，美国情报机关认为："对中国而言尽管北平明确表示台湾是纯粹的中国'国内'问题，但台湾问题仍是中共国际关系中的核心因素。台湾问题是它与美国关系的焦点。联合国代表权问题和国际承认问题也与此有关，因为中华民国政府也坚持自己的要求且和一些国家还保持着领事及外交关系，而另外一些国家愿意与北平的关系'正常化'。台湾问题是北平与亚洲中立国和一些亲西方国家关系的中心问题，这些国家急于居中调停，防止台湾局势恶化和战争爆发。虽然台湾问题对北平极为重要，但对苏联意义不大，这可能会提供一个考验中苏同盟和伙伴关系的机会。"[1]所以在20世纪40年代末至60年代末台海地区形成中国大陆方面、美国、台湾蒋介石政权三方博弈互动的格局，涉及三方的内政外交及其相互的冲突与谈判。有鉴于此，我们将全部53份文件编入三个子目录之中，下面分别从美国对台政策、台湾对美政策、国际地位及联合国中国代表权问题、"反攻大陆"、大陆的台海政策、美国对台援助及台湾岛情七个方面介绍一下本编的文件内容，重点在于：

1. 当美国外部的战略环境日益变换需要美国决策者以不同的姿态应对中国政府之时，在回旋空间极为狭窄的台湾问题上，美国情报部门的基本观点是怎样的，来自海陆空系统的情报分析与美国国务院及中情局的分析存在哪些异同。

2. 海峡两岸的关系定位如何，如何处理"两个中国"政策以及中国联合国代表权问题。

3. 中国大陆对台湾的"威胁"程度如何，台湾"光复大陆"是否存在可行性。

4. 美国对蒋介石政权的支持力度与援助政策。美国如何在其对台政策的两个侧面上寻求平衡：一方面，美国对台湾防御的安全承诺是冷战时期美国全球战略网络的一个重要组成部分；另一方面，美国极力遏制台湾这一"麻烦制造者"的种种"冒险"之举，避免与中国大陆发生直接对抗。

有一个技术性的问题需要作出说明，本编根据美国情报所引用的有关中苏领导人和中国政府的言论有时无法从中方档案中查证，因此只能按照英文翻译。个别涉及台湾的人名、地名也是从英文字面翻译而来。

---

[1] 见本编7-24文件。

一、美国对台政策

大体而言,美国对台政策情报最为密集的几个关键时期分别是:

1. 1949 年 3 月,美国坚持"台湾地位未定论",认为:"台湾从法理上看并非是中华民国的一部分。该岛的地位留待对日和约来决定,它仍然属于被占地区,美国对此区域享有专有权益。"①按照中情局的说法,1895 年台湾根据《马关条约》割让给日本,虽然美英苏三国首脑通过《开罗宣言》和《波茨坦公告》均承诺在第二次世界大战结束后将台湾归还给中国,但中情局不认为日本 1945 年 9 月 2 日的正式投降或者驻台湾日本军队 1945 年 10 月 25 日的投降是实施这种主权移交的"正式"行动。他们进而认为,台湾地位问题有待于同日本正式签订和约。

情报分析认为,台湾对于美国而言具有战略重要性,"共产党在不远的将来可能会在中国赢得胜利,这种胜利将会阻止美国进入中国大陆的任何具有战略价值的地区。在这种情况下,一旦出现战争,台湾作为部队集结区域、战略性空中行动的基地、控制连接日本和南方的海上航线的海军基地,以及美国主导下的互相支持的岛屿防卫链的重要一环,台湾对美国的潜在价值将会不断增长";新中国必将会倒向苏联一边,在战时将成为苏联的盟友,共产党人控制台湾将使得苏联在战事发生后能够进入台湾岛。苏联对台湾军事上的利用就会增强苏联人破坏西太平洋海空交通及对琉球群岛与菲律宾发动打击行动的能力;虽然以蒋介石为首的国民党领导人已经公开宣称要将台湾岛建成复兴中华民族的反共基地,但是"我们不可能放心地指望撤至台湾的国民党残余政府来阻止共产党人夺取台湾岛的控制权。国民党的海陆空军军力严重不足,其部队的战斗意愿与忠诚度也值得怀疑。此外,这样一个流亡政权受到当地人的仇视,将会是不稳定的,而当地人在这种环境下将会越来越多地受到共产党人的影响"。所以,"若美国方面不作为,则台湾尽管可能不会立即被中国共产党人控制,但最终将会落入共产党人之手"。②

但美国若采取任何旨在阻止中国大陆最终控制台湾的措施,都会导致一些不利的政治后果。因为美国不论采取任何行动,都不可能同时避免引起国民党人和台湾本省籍人的敌意,不可能同时让"本省籍"和"外省籍"人满意;美国若采取措施影响台湾的事态发展,会授人以柄,为苏联和中国共产党人的反美宣传提供更多的口实;中国的反美情绪可能会高涨;"如果需要美国与中国共产党政府建立正常的外交与领事关系,台湾问题可能排除了这种可能性"。如果美国支持撤至台湾的国民党政权,或被指控支持国民党政权,就肯定会出现美国与大陆的共产党政权无法建交的情形。另一方面,美国采取的一些行动可能会对美国的利益有利。美国对台湾的明确措施会被认为是美国决心在"任何实践允许的场合抵制共产主义在远东扩张"的迹象。所以,"倘若美国实施任何旨在阻止共产党人控制台湾的计划,从军事战略的角度可以获取好处,但同时若综合权衡,则亦会遭遇一些不利的政治后果,利弊

---

① 见本编 7-38 文件。
② 见本编 7-38 文件。

得失的具体对比将随着美国实施此类计划的具体时间与方式的不同而不同"。①

这一时期美国在世界范围内倡导所谓"台湾地位未定论",英国也附和这一主张,1949年11月14日英国外交次官克里斯托弗·梅休声称英国政府在淡水有一个与控制该岛屿的国民党当局保持联系的"领事馆",他说:"只有对日和约才能真正使福摩萨的法律地位发生变化。但最后的解决方案将不会是女王陛下的政府所能单独决定的问题。"②

朝鲜战争爆发后1950年杜鲁门总统发表"6·27"声明,仍然宣称"台湾未来地位的决定必须等待太平洋安全的恢复、对日和约的签订或经由联合国考虑"。③美国第七舰队进驻台湾海峡,防止海峡两岸动武,"冻结"和"中立化"海峡局势,实际上是将中国领土置于美国的所谓"军事保护"之下。

2. 对日和约的签署非但没有解决反而增加了解决台湾问题的难度。当日本与同盟国1951年9月签署《旧金山和约》之际,美英代表一致认为不应该把台湾交给中华人民共和国,但他们在国民党政权是否应该代表"中国"行使这项主权的问题上有分歧。美国不仅想避免在中国收复领土问题上同北京发生正面冲突,而且华盛顿还对国民党对台湾这个岛屿统治的性质甚至它的合法性也表示深切关注。同盟国采取的最后立场是"台湾地位没有解决,而且也不应该现在解决"。由于这个缘故,虽然日本根据条约"放弃对台湾岛及澎湖列岛的一切权利、权利根据和要求",但是东京并没有具体说明它把这项主权交给谁。1952年4月东京与台湾签署单独的和约时遵循了同样的模式。所以西方国家通过签署对日条约解决台湾问题的希望完全落空,而且按照日本的说法,美国强迫日本同意承认蒋介石政权④,这又在国际社会中引起了轩然大波。由于美英两国在谁能代表中国参加旧金山和会意见不同,中华人民共和国和"中华民国"均未能派代表参加旧金山和会,1951年9月18日和1952年5月5日中华人民共和国先后两次发表严正声明,将美日媾和的《旧金山和约》视为非法条约。

1953年2月2日,美国又发表了一项关于台湾问题的声明,表示第七舰队将不再执行阻止台湾国民党人袭击中国大陆的任务。据此,英国人认为:"杜鲁门总统的政策是美国第七舰队游弋在福摩萨和中国大陆之间,尽力阻止双方发起侵略性攻击,艾森豪威尔总统所宣布的决定(下令第七舰队不再用于保护共产党中国)刺激蒋介石将军调动兵力进攻中国大陆,美国默许,实际上是保证了这种行为,即美国海军将不会干涉蒋介石的这种进攻行动。"⑤美国打开了限制台湾的"笼子"。

3. 第一次台海危机爆发,1954年12月2日在华盛顿签署的《美台共同防御条约》是美国对"中华民国"安全承诺的基石。中情局在分析台海危机事态时认为,对于国民党人而言金门岛和马祖岛极为重要,在台湾海峡危机中如果这些岛屿在共产党的攻击中失守,特别是

---

① 见本编 7-38 文件。
② 见本编 7-3 文件。
③ 梅孜主编:《美国关系主要资料选编》,北京:时事出版社 1997 年版,第 69 页。
④ 事情围绕"吉田书简"展开,参见 IR 6831,1955 年 2 月 14 日,"英国对福摩萨问题立场的背景"中的有关注释。
⑤ 见本编 7-3 文件。

在美国力量卷入其中的情况下失守,它所带来的影响要比在没有军事冲突的情形下主动撤离这些岛屿的影响要大得多,"不过我们认为,这种打击无论如何都不至于严重到将引起国民党倒台的程度"。而国务院情报处特别助理和陆军部参谋长助理认为,这两句话过分强调国民党未来行动进程中可能出现的士气变化所引发的可能影响,因此他们认为这两句的措辞应该是:"我们认为,在任何情况下,这种打击都不会严重到摧毁国民党的抵抗信念,或者激起一种推动力量并导致国民党垮台。我们认为,只要他们还对美国防御台湾的决心和能力抱有信心,他们就会继续抵抗共产党的压力。"①

与台湾自身安全性命攸关的《美台共同防御条约》规定:"缔约各方承认在西太平洋地区内对缔约任何一方领土的武装进攻将危及其本身的和平与安全,并宣告将依其宪法程序采取行动,以对付这一共同危险。"②条约赋予了美国"一旦出于防御的需要",有派遣美国陆、海、空军到台湾岛、澎湖列岛及其附近区域的权利。在分析国际社会对美台防御条约的反应时,中情局认为"虽然世界上很多人和政府对蒋介石政权抱有一点同情心,但他们还是将对美国作出正式持久的承诺感到遗憾",不过如果条约的防御性质尤其是限制台湾国民党人行动的条款能够确立下来的话,国际社会将很快接受该条约。这样一来,"美台防御条约和美国支持联合国关于沿海岛屿的行动将会被视为是受人欢迎的,人们会觉得美国并没有执行不计战争风险的危险政策。这将会被认为有利于缓和目前紧张的东西方关系"。南韩人不会欢迎美国的新政策,因为这种政策意味着美国不再对中国态度强硬。印度人的认识截然相反,他们认为美国与蒋介石政府缔结条约是美帝国主义干涉亚洲事务的又一明证。东南亚的非共产党国家会把美国对国民党人行为的约束解释为美国抵抗共产主义决心的下降,海外华人逐渐认为中国共产党人而不是国民党人执掌着中国的有效权力。美台缔约将会加强上述倾向。条约将会进一步削弱蒋介石政权的指导原则和民心士气。对他们来说,进行相应的调整将会非常困难。中国共产党人颠覆台湾的可能性将会增加。所以,"台湾岛时局的发展主要取决于美国在新形势下对福摩萨政府采取何种政策"。③

4. 1955年1月底美国参众两院举行国会会议,通过了《防御福摩萨决议案》,规定:"兹授权美国总统,在他认为有必要确保和保护福摩萨和澎湖列岛免遭武装进攻时,使用美国武装部队,这项权力包括确保和保护该地区现在在友好国家手中的有关阵地和领土,采取他认为对保卫福摩萨和澎湖列岛来说必要的或适当的其他措施。当美国总统认定,通过联合国和其他组织采取的行动已确保该地区的和平、安全,该决议应终止,同时他应就此向美国国会作出汇报。"④1月25日情报局对中国对此决议案的应变反应作出预测,认为:"即使国会批准条约和咨文,中共也会继续针对主要的沿海岛屿采取试探性行动以试探美国的意图。

---

① 中央情报局致国家安全委员会的备忘录,1954年11月2日,"美国关于中华民国的行动进程可能引发的反应"。
② 中国社会科学院近代史研究所译:《顾维钧回忆录》第11分册,北京:中华书局1990年版,第597~598页,转引自陶文钊主编:《美国对华政策文件集》第2卷(上),世界知识出版社2003年版,第385页。
③ 中央情报局致国家委员会的备忘录,1954年11月2日,"美国关于中华民国的行动进程可能引发的发应"。
④ State Department Bulletin, Feb. 7, 1955, p. 213.

如果他们相信美国决心阻止他们夺取主要岛屿，以至于不惜攻击中国大陆目标或重新夺回丢失的岛屿，中共可能会在近期内放弃夺取岛屿的企图。但他们还是会坚持刺探和试图策反国民党卫戍军队。他们将继续努力在沿海岛屿及整个台湾和澎湖问题上使美国丧失信誉并孤立美国。"而情报局副局长、参谋长联席会议主席、海军情报局局长坚持认为这一段应该这样表述："我们沿用了美国政策制订的惯例，在国会核准使用美军保卫台湾、澎湖列岛和我们认定在保卫福摩萨方面不可或缺的沿海岛屿的政策决议之前，在国会进行充分的讨论，这将会消除中共领导人对侵略这些地区后果的任何怀疑。在这种情况下，尽管中国共产党人能够迅速占领已撤出国民党武装力量的岛屿，但不可能袭击仍掌握在国民党手中的那些岛屿。他们肯定会继续努力争取在所有这些问题上质疑和孤立美国，同时密切关注留在国民党人手上的这些岛屿。从长时间来看，如果继续维持美国建立在此份决议基础之上的政策立场，中共可能想试探美国的真实意图。从近期看来，远东爆发战争的危险正在降低，而不是增加。"①

对于共产党人对国民党控制的中国沿海岛屿是否是在错误解读美国政策的基础上做出的判断，在美国情报部门出现了很大的分歧，虽然他们一致认为"中共会继续保持坚决占领沿海岛屿的决心。从长期看，随着他们力量的增长，特别是如果世界和美国的舆论不利于美国采取强硬对策时，中共的行动可能会日益失去耐心和谨慎。不过，中共肯定会克制自己，避免采取那些在他们看来会导致与美国发生全面战争的行动，但仍存在中共对美国反应程度作出错误判断的危险"，但情报局副局长、参谋长联席会议主席认为这段话的最后一句应这样表述："尽管中共可能会克制自己避免采取那些在他们看来会导致与美国发生全面战争的行动，他们可能错误地判断美国的反应带来的局势。如果发生误判，美国反应的性质和程度大概应该足以阻碍中国在不久以后再次进行这种冒险"，而国务院负责情报的特别助理和美国陆军情报局二部副参谋长都认为，不管美国的保证和可能卷入与美国的冲突的危险如何，中共迟早都会对国民党控制的沿海岛屿采取军事行动，这不是中共误判的结果，所以他们认为该句应该作如下表述："他们不大可能采取自认为将会导致与美国全面战争的行为。但如果他们认为自己有能力迅速占领一个或多个有防御力量的岛屿，中共可能会企图这样做。"②

5. 1956 年 11 月 6 日美国驻台北"大使馆"向华盛顿发回了一份长达 32 000 字的关于美国对台计划的评估，见本编 7-6 文件将美国对台基本目标概括为：（1）阻止共产党占据台湾和澎湖列岛。（2）扶植一个能在台湾、大陆和海外华人中赢得尽可能广泛的群众支持的、友好的、稳定的、负责任的"自由中国"政府。（3）提高台湾军队的战斗力，使之能够借助美国的海军和后勤支持完全承担起保卫其现有领土的职责，同时在符合美国利益的情况下赋予台湾军队以一定的进攻能力。（4）促使台湾依据美国的政策发挥自身的军事和政治潜

---

① 见本编 7-23 文件。
② 同上。

能。文件将美国的主要经济目标概括为：（1）支持军事援助计划。（2）提高台湾的声望和效率。（3）保持价格稳定。（4）略微但稳定地提高生活水平。（5）提高台湾的经济产量，使其除下列情况外最终实现岛内外收支平衡：进口包括直接军队支持(DFS)物品在内的军事装备和供应品所需的费用；向美国驻台官方代表团或组织提供的财政支持。

6. 第二次台海危机中间，1958 年 10 月 23 日杜勒斯-蒋介石发表联合公报，认为"在目前情况下对金门、马祖的防御，与台湾及澎湖的防御息息相关"。① 国务院有关情报分析认为，在联合公报发表前后，"中华民国政府"光复大陆的愿望因此也出现了一些波动，它在这个问题上的公开立场相应地发生了一些变化。"1958 年 9 月以前中华民国政府的公开立场是需要触发解放大陆的时机，台湾主动发起军事进攻并取得胜利。这种'反攻'原则被蒋总统的公开声明和 1958 年 10 月杜勒斯-蒋总统的联合公报所否定，联合公报不再强调中华民国政府军事力量的作用，却表示应该重点强调用和平手段实现大陆的'解放'。中华民国政府领导人在随后的言论中开始寻找调整口径，试图将这种否定(武力道路)的重要性降到最低程度；他们也把公众视线转移到等待时机之上，表示大陆发生'匈牙利式'的反抗将为中华民国重返大陆提供可能的时机。"② 这种变化反映了蒋介石和他的军事指挥官们当时的观点比他们公开的宣传更加"现实"，他们认识到，没有美国的全面支持在现有局势下进攻大陆会是一场灾难；他们也知道几乎不可能或者根本不可能有希望在发动这种攻击时获得美国的支持，所以他们开始把希望放在"匈牙利式"反抗的可能性或者一场并非由"中华民国政府"发动的大战身上。

7. 1962 年 7 月 27 日，由于认为存在着中国大陆对金门、马祖发动武装进攻的可能性，肯尼迪总统在一次新闻发布会上表示："美国的政策仍是七年前的福摩萨决议。美国将会采取必要的行动保证福摩萨及澎湖列岛的安全。在 1958 年台湾海峡危机中，艾森豪威尔总统很明确地表示，美国在侵略台湾外岛(中国沿海岛屿)的行动面前不会无动于衷，这将会威胁到台湾的安全……1954 年以来，美国政府就一直坚持这一政策，从广义上来讲，任何对台湾外岛的威胁都与福摩萨和那一区域的和平相关……我们的政策，特别是在面对武力进攻面前采取必要的行动，这一点是毋庸置疑的。"③

8. 从 1966 年 1 月开始，美国朝野展开了一场声势浩大的"对华政策大辩论"。美国参众两院分别举行了多次听证会。参议院听证会由富布赖特主持，讨论中国问题。鲍大可 3 月 8 日在听证会上提出，美国应该从"遏制加孤立政策"转向实行"遏制但不孤立"政策。他认为："我们在联合国政策的改变，实际上，我们对中国共产党人态度的任何重大改变，都必须修改我们对在台湾的国民政府的政策。基于很多理由——政治的、战略的与道德的，我们应该继

---

① U. S. Department of State, Foreign Relations of the United States, 1958 - 1960, Vol. 19: China, Washington, D. C, Government Printing Office, 1996, pp. 441 - 442.

② 见本编 7 - 46 文件。

③ General Editor: George C. Herring, *The Lyndon Johnson National Security Files*, *Asia and the Pacific*, *1963 - 1969*, Microfilmes from the Holdings of the Lyndon Brains Johnson Library, Austin, Texas, Bethesda, Maryland: University Publications of America, The University of Hong Kong Libraries, MF 2527212,0560.

续防卫台湾免受攻击，同时坚决支持该岛1 300万居民自决的原则（principle of self-determination）。但是我们不能仍坚持'国民政府'是中国大陆政府的虚构事实"；"我们对国民政府的看法，应是我们承认该政府为其现有领土的合法政府，尤其是台湾与澎湖，但非整个中国的政府。我们应竭尽所能维护台北政府在联合国的代表，同时敦促国际社会接受与支持台北政府为其现有控制领土与人民的政府。我们不能维持该政府是整个中国政府的假象。"①1966年5月17日，中情局发布了以"中华民国官员的悲观情绪日益滋生"为主题的情报备忘录，认为自从1949年国民党败退到台湾以来，"中华民国官员从来没有像现在这样灰心丧气"。美国虽然开始轰炸北越，但蒋介石高兴得太早，他所预测的"美国与共产主义中国必有一战"的出现前景愈来愈渺茫；台海两岸的实力差距拉大，与共产主义中国的军事力量相比较，"中华民国"自身的军事能力不断退化，许多军事设备老化，美国援助的减少又排除了台湾更新军力的可能性。中国共产党人核试验取得成功。在台湾海峡国民党与共产党的零星较量中，国民党人均遭败绩。所有这些都日益蚕食着台湾高级军官的信心，台湾防御的脆弱性与日俱增；蒋介石越来越担心，中国共产党人可能会对台湾实施先发制人的空中打击，他认为台湾的防御系统极为脆弱，所以才不断向美国开口，要求在五至六个月时间内，请美国在台湾部署三个F-104飞行中队，预防可能会发生的中共袭击台湾。他在全岛的范围内进行空中飞行演练，发布命令，草拟疏散城市人口的计划草案，构建防空炮兵掩体，在十字路口修建碉堡，构筑一些隐蔽所；台湾的士气低落，民心不稳；美国国内对华政策的大讨论使蒋介石惴惴不安，他再次认为：在美国的决策之中，一旦出于解决越南问题的需要，台湾的利益有可能被美国出卖并牺牲掉。所以，他在国民党官员之中建立了一个委员会，直接负责对美国发起舆论攻势，丑化"好斗的"北京政权的形象与中国政策，呼吁美国给"中华民国"以支持；台湾的其他高层官员与蒋介石一样，惶恐不安，他们认为：美国对共产主义中国态度的软化会直接削弱台湾的国际地位。蒋经国和其他政府官员认为，国民党之所以丢失大陆，是因为美国"姑息绥靖"共产党人，抛弃了国民党，他们现在同样担心，美国对华政策的讨论可能会导致历史悲剧重演，美国将再次"出卖"国民党人。蒋经国认为，美国现在计划将暂时驻台的F-104飞行中队撤离台湾，美国对台政策更加值得怀疑，这一举动验证了一种谣言的可信性，即美国第七舰队在台湾海峡的使命将可能减弱直至最终解除；上述这些因素，都很可能使蒋介石及其部分高官对台湾政策做出重新评估，甚至有可能单方面做出一些危及美国在台利益的举动。"中华民国"政权可能会对美国的建议不理不睬，在国际关系中坚定刚性的、毫不妥协的立场。这可能会导致他们自行撤出联合国，并且对美台的合作项目越来

---

① Arthur M. Schlesinger, JR., ed., Containment Without Isolation, The Dynamics of World Power: A Documentary Historg of United States Foreign Policy 1945-1973, Vol. Iv, The Far East, New York, 1973, pp. 305-308; Naomi B. Lynn and Arthur F. McClure, The Fulbright Premise: Senator J. William Fulbright's Views on Presidential Power, Lewisburg: Bucknell University Press, 1973, pp. 96-156; Archbald T. Steel, The American People and China, New York: McGraw-Hill Book Company, 1966, p. 173; Stanley Hoffman, Gulliver's Trouble's, or the Setting of American Poreign Policy, New York: McGraw-Hill Company, 1968, p. 229.

越不感兴趣。① 上述分析表明,美国政府官员与台湾高级官员的不同逻辑思维日益显现,双方的矛盾趋于明朗化。

美国和蒋介石的"中华民国政府"的根本战略目标也存在着重大的差异。从冷战一开始,美国的主要对手不是中国而是苏联,美国的主要利益不在亚洲而在欧洲,所以美国不希望在远东和台湾产生一个热点,由此影响到它在欧洲和全球的战略部署。因此,对于在政治上、军事上都十分敏感、易于引起麻烦的中国沿海岛屿问题,美国从一开始就采取了一种尽量回避的态度。到了 20 世纪 60 年代,在美国的实际战略重心转向亚洲之际,政府决策的根本出发点又转向越南和东南亚局势,不希望因为台湾海峡的紧张局势导致美国战线拉长,出现新的战争热点,甚至引发与中国政府的正面冲突与直接对抗。②

二、台湾对美政策

对于台湾当局来说,返回大陆、恢复旧有的统治既是他们最重要的精神支柱,也是维系岛内稳定的一个重要因素。因此,坚持其"法统地位",反共图存,伺机反攻大陆是台湾当局当时的根本利益所在。在台湾当局的眼中,军事上,有《美台共同防御条约》作为台湾和澎湖列岛的保护伞,形成了防守台澎的屏障;在法律上,坚持在国际上宣称"中华民国是代表全中国的唯一合法政府"而非只能管辖台湾和福建省一部分的地方政府;在政治上,"光复大陆"的口号象征着台湾反共的决心和意志,可以用来鼓舞台湾岛内的民心士气;在策略上,它是把美国拖入新一轮国共战争的理想契机,可以借此达到迫使美国提供大规模帮助以便实现反攻大陆的目的。台湾当局在制订和执行它的沿海岛屿政策时主要受到生存需要和法统观念的两重制约。台湾当局的生存离不开美国,因此,它高度重视美台关系,经常不得不屈从于美国的政策;但这种屈从不能上升到危及台湾"法统地位"的程度。同时,国民党人也异常精明,懂得在美国规定的框架之内回旋,使得美国政府能够不断地满足他们在防务安全、贸易和心理上获得外来支持的需要。虽然国民党人有求于华盛顿,但依靠冷战的存在和意识形态争夺的需要,美国也别无选择,不得不允许台湾奉行"不以美国利益为中心"的政策,有时甚至是有悖于美国的国家利益。国民党人曾再三玩弄危险局势,乐于挑起全球冲突,以便于制造时机,使他们有可能重新统一中国,同时台湾国民党人不负责任地假定,"这场仗将会有他们的大国恩主去打,麻烦亦由这位恩主去收拾"。③

朝鲜战争的爆发使得美国对台政策出现重大转机,而美国 1950 年的"6·27"声明暂时鼓舞了国民党人,但同时他们对美国的反感也在加深。本编 7-11 文件指出,有人认为,美国的干涉是一种保全面子的行为,此后台湾岛的安全防御和抵抗侵略的责任由此将转给

---

① MF 2527213,0568 - 0574.
② 关于这一问题的相关论述,参见: Chen Jian, Mao's China and Cold War, Chapel Hill: Uniwersity of North Carolina Press, 2001, pp. 3 - 5.
③ 唐耐心著:《不确定的友情:台湾、香港与美国,1945~1992》,台湾新新闻编译小组译,新新闻文化事业股份有限公司 1995 年版,第 26 页。

美国。

第一次台海危机之间,本编 7-2 文件认为,"美国撤出大陈岛的建议、美国并未公开保证防守马祖和金门以及美国新闻界对福摩萨和大陆永久分裂的讨论给中国国民党带来的忧虑使其不再像以往那样相信美国会以武力保卫沿海岛屿。此次讨论可能影响中华民国政府对于其在停火等问题上与美国讨价还价的能力的估计"。实际上,这份文件形成的日期为 1955 年 2 月 8 日,而蒋介石在此前一天为撤退大陈岛军队和平民发表"告海内外同胞书",宣称大陆、台湾都是中国领土,"中华民国"不能容人割裂,台湾是中国的领土,大陆必须光复,"两个中国"的主张荒谬绝伦,这是台湾当局第一次对"两个中国"的问题明确表态。

美国考虑主动帮助国民党撤离中国沿海岛屿,这对国民党构成巨大的冲击。因为这种撤离将会给国民党领导人带来关于"政权合法性"的严重问题,保卫沿海岛屿的失败将会严重损害国民党军队的威望和尊严。很多国民党人表现出对时局的沮丧和痛苦,他们认为他们的利益仅仅从属于美国的防御利益之下。美国与国民党人的合作也受到严重影响。不过,"台湾各方面会继续预计美国还会防御台湾。对美国与中共最终产生冲突的希望仍在持续。在这种条件下,我们相信国民党领导人将会继续控制部下使其忠于自己、防止政权被颠覆并试图减轻共产党人的军事压力"。①

在 1958 年第二次台海危机中美国对台湾政权的迅速支持"给中国人吃了一颗定心丸",有利于打消台湾的疑虑,因为有些台湾人认为在面对危机时美国人注定会放弃"中华民国政府"。"这次危机进一步强调了中华民国政府只有依赖美国才能生存下去,相应地也需要中华民国政府避免采取任何可能损害双边关系的行动。中华民国政府不大情愿地接受了 1958 年 10 月联合公报,这连同该政府在 1958 年危机期间以及危机以后在台湾海峡和沿岸岛屿上的谨慎行为一样都是一种迹象,显示了中华民国政府在什么样的高度上评价对美关系以及为了保留美国的良好意愿和支持中华民国政府到底能走多远。1957 年 5 月捣毁美国大使馆事件以后台湾没有再发生类似的事件,他们冷静谨慎地处理今后潜在的突发性事件可能也反映出一种日益增长的警觉,对中华民国政府和普通中国老百姓来说他们担心他们过度重视了与美国的'融洽相处'。"②这不是说美国-"中华民国"的关系总是非常平稳,也不是说"中华民国"在扮演一个听话的美国卫星国的角色。有时"中华民国"在它认为违背自身根本利益的事件上会直接拒绝接受美国的建议;在其他的一些事件中,当它对时局的评估与美国截然不同时(比如继续支持在缅甸等地的国民党残余部队)"中华民国"一直不对美国的意愿作出回应。

到了 1964 年,本编 7-51 文件发现,"因为中华民国政府极为依赖美国政府,它对美国的政治和政策都保持着密切地关注。无论美国官员提到任何对中共或对中华民国政府的政策中华民国政府领导人都显示出极度的关切。台北担心美国会着手施行'两个中国'政策,

---

① 见本编 7-42 文件。
② 见本编 7-46 文件。

甚至担心美国可能打算突然放弃对亚洲的承诺。不过,美国在越南持续的军事存在已经说明了一切,并向中华民国领导人表明美国愿意在亚洲部署军事力量,防范这一地区共产主义扩张的风险"。美国逐渐发现越来越难与"中华民国"合作。美国的动机总会被怀疑而"中华民国"对美国的回应也不再积极。削减美国的经济和军事援助被台湾赋予新的含义。美国越来越难使"中华民国"领导人相信美援的这种削减并不意味着美国将逐步减少在远东地区的军事存在,从而降低美国在该地区的风险。台湾对美国"抛弃"自己的疑窦越来越深,台美关系渐行渐远。

三、"国际地位"及联合国中国代表权问题

在国际舞台上,中华人民共和国政府和台湾的"中华民国政府"都坚持,任何与该政权有外交关系的国家必须承认它是代表中国的唯一合法政府,这种局面使得任何承认中国问题都与海峡两岸局势密切相连。20 世纪 40 年代末至 60 年代末美国政府一贯维护"中华民国"在国际上的法律地位,坚决不承认中华人民共和国政权,但这种立场到了肯尼迪、约翰逊政府时期越来越遭到非议,不仅仅是刚刚独立的亚非国家,就连约翰逊与蒋介石的盟友国家内部也出现了更多的不和谐音。法国承认中华人民共和国政权犹如一颗"重磅炸弹",台湾的"外交处境"日益艰难。在联合国中国代表权问题上,各方的争夺几近"白热化",1966 年美国迫不得已接受研究委员会议案表明,美国在该问题上的立场从"驱逐北京代表于联合国门之外"转向带有"两个中国"色彩的"保护中华民国在联合国中的席位"。中国加入核大国俱乐部说明,台湾与中国大陆的实力对比出现质的变化。

中国驻联合国代表权问题是中美关系中的关键一环,中美双方政府就此进行了长期斗争。为了表明自身民族国家身份和政权的合法性,海峡两岸都坚称只有自己才是"代表中国的唯一合法政府"。联合国代表席位一方面具有神圣的象征意义,另一方面因这一席位拥有安理会常任理事国的"一票否决权"而成为中国大陆方面、美国、台湾国民党政权三方角力的重中之重。对于蒋介石政权而言,从长远来看,台湾当局不甘心长期孤悬海外;从当时的眼前看,如果放弃统一中国的前提国民党在台湾的"统治地位"就失去"合法基础",在一个独立的"台湾共和国"之内,国民党很难有立足之地。因为拥有联合国代表权象征着一种国际认同,表明国际社会支持它对于"国民党中国"代表全中国的诉求。

自中华人民共和国成立以来,对中国友好的国家就在联合国大会上一再提议,驱逐蒋介石集团,恢复中华人民共和国的合法席位(如阿尔巴尼亚议案)。开始几年,美国只利用简单多数就能将这一提议搁置起来,当越来越多的国家支持阿尔巴尼亚议案时,1961 年美国操纵第 16 届联合国大会将该问题列为重要问题,需三分之二多数票赞成方能通过此类决议。

1957 年本编 7-6 文件以表格的形式对"中华民国"和中华人民共和国的外交状况进行了对比。他们对在联合国内"中华民国"继续代表中国的稳定状况表示满意,认为每年通过的"搁置争论"案推迟了对中国代表权问题的实质进行的争论。情报认为,因为"一些已经承认了中华人民共和国的国家也投票支持中华民国代表团继续代表中国",所以"中华民国政

府"当时的外交处境"总体上维持着有利的局面"。

而在1960年本编7-7文件中,美国国务院情报部门认为,虽然国际社会明显地反对中华人民共和国,但也基本并未给予"中华民国"以积极的支持。相反,"中华民国"的国际地位越来越不稳固了,主要表现在两方面:在联合国之外,同情共产党中国的非洲新兴国家不断增加;在中国问题上,拉丁美洲国家更加不愿继续接受美国的领导了。

1964年以后当美国决心在迫不得已时采取暗含"两个中国"意味的建立研究委员会策略时,这种所谓的"以退为进"的策略上的灵活性并不被蒋介石所接纳,蒋介石和美国的矛盾开始激化。"蒋介石长期以来对于台湾岛内民心士气的担忧使其更加固执地坚持中华民国政府是唯一中国政府的原则。由于这一原则是支撑中华民国政府的生存之本,如果在中国代表权问题上他不能获得联合国成员国简单多数的支持,那么蒋可能情愿离开联合国也不愿依靠复杂的程序来解决问题。在他看来后者有损台湾政权的声望。"①虽然最后双方斗争的结果是以蒋介石的委曲求全而告终,但台湾对美国不满的声浪逐步高涨。

1966年,加拿大提出"两个中国"方案,让中华人民共和国进入联合国安理会,而台湾和中华人民共和国都拥有联大席位,许多原来支持重要问题决议的国家转而支持加拿大的动议,美国将中华人民共和国排除于联合国之外的既定政策受到了严重挑战。本编7-51文件也认为:"接纳北平政府进入联合国但并不驱逐台湾的'两个中国'观点越来越形成共识,应该有很大的机会得到大多数国家的支持。"

四、"反攻大陆"

在蒋介石与国民党当局的心目中,"反攻大陆"是其确定所有内外政策的核心,并为此进行了长期的精心准备,而美国从其全球战略考虑希望台湾海峡相对保持稳定。美台双方所追求的军事目标从一开始就很不相同。蒋介石全力以赴的目标是"反攻大陆"。重新恢复对整个中国的统治依旧是台湾当局高于一切的目标,这一目标塑造着台湾很多重要政策问题的基本形态,特别是在外交政策的管理和台湾有限资源的分配方面,在经济发展和军事开支之间的竞争中,台湾当局为了实现这一目标,尽量将资源向军事方面倾斜。声称对整个中国"合法统治",这是少数的大陆迁台人员继续巩固其政治统治的根本准则,他们可以本着这一原则,继续在政治领域中排斥台湾本地人。虽然台湾本地人掌握着大多数选票和"省级"的地方性席位,但是在"国民政府"中,台湾本地人却无法发挥其政策作用。所以,台湾人对于他们这种附属的政治地位极为不满,不过,他们的这种不满情绪却被迅猛发展的台湾经济成就所削弱,因为从这种经济发展中获益最多的就是台湾本地人。

1952年本编7-18、7-19文件均分析,眼下台湾国民党人根本无力反攻中国大陆、海南或参与朝鲜及东南亚的作战活动。当时国民党只能对邻近中国大陆的地区发动一些小规模的袭击或有限的空袭。主要受装备缺乏和训练的限制,这些活动的规模和程度有限。国民

---

① 见本编7-9文件。

党的海军和空军力量不足,这也将长期制约着他们对中国大陆发动袭击的规模。如果对国民党的部队进行最少三至四个月大规模的密集训练,并给予充足的装备,一支由25 000人组成的战斗力相当强的地面部队将能够用于朝鲜和东南亚地区的进攻行动。再进行另外四至六个月的两栖作战训练,这支力量将能发动两栖作战,向筑有坚固防御工事的海岸发起进攻。如果这支力量袭击中国大陆,他们可能会牵制住部署在广州到上海海岸沿线大约40万的中共武装力量,防止中国共产党人将这些力量中的重要部分派往其他战场。考虑到台湾国民党可怜的人力资源和中国共产党异常丰富的人力资源,在没有招募到大量新兵以及大陆人民大量倒戈的情况下,国民党将不可能在大陆支持持续的大范围行动。

1955年中期本编7-42文件在台湾士气的分析报告中指出:"所有阶层一直都被中华民国政府将会返回大陆的信念所支撑。然而几年来,特别是在文职和军队的高层中,实际期望好像已经越来越渺茫。在任何时候,除非能使美国卷入一场全面战争,在国民党官员中间对于让美国支持自己建立登陆据点已经没有信心。早在三年前,一些官员在私人谈话中就承认,除非发生全面战争,他们实际上对返回大陆不抱任何希望,当然这种想法同他们对公众的承诺完全相反。"更晚一些时候,美国官员的声明可能又加重了台湾国民党人对其返回大陆前景的疑虑。但情报人员认为,现实地说,几乎不可能让台北实际上承认"中华民国政府"对大陆不再有任何权利要求的解决方案。

面对大陆对金门、马祖压力持续增强之际,本编7-26文件认为没有美国的参与,国民党采取重大行动的余地将极为有限。他们最重要的行动充其量不过是能够发动对中国大陆的空袭。但考虑到台湾极易遭受报复性打击、美国不与支持等因素,只要中国大陆方面的军事压力没有发展到对沿海岛屿实施持续猛烈的空中轰击和炮击的地步,或者没有采取坚决的行动切断国民党对金门和马祖的补给线,国民党领导人可能不会采取空袭大陆这种行动路线。然而,"一旦中国共产党人采取了上述行动,我们相信中国国民党领导人将比以往更有可能采取他们能做到的任何打击大陆的军事行动。届时,他们有可能攻击大陆,甚至在美国明确表示反对之时依然故我,以此迫使美国出手干预事态的进一步发展"。

1962年3月蒋介石利用中国大陆出现粮食短缺的困难时期,号召全面动员,迎接"复国"战斗。本编7-32文件分析说,"中华民国政府"领导人——特别是蒋介石——的目标就是且一直是恢复对全中国的统治。当时他们普遍忧虑和首先关心的就是美国有可能转向"两个中国"的政策。同时,"中华民国政府"领导人的希望再次燃起,因为中国大陆面临严峻的经济困难,他们认为大陆出现的公众不满已经达到了相当的程度。过去他们认为,国民党人光复大陆的最好时机就是在一场美国大败中共的战争之后。但现在这些领导人将中国大陆不断恶化的局势看成是自己的机会,认为应当采取行动,策动人民起义,培养一些潜在的领导人以期不满的中国人可以团结在这些人周围。在"中华民国政府"领导人看来,这种局势将能成为美国加大支持台湾力度的足够动力。该文件对此的判断是,"即使国民党特种部队能够在中国大陆成功立足,也几乎一定会在短时期内被摧毁。(中国大陆上)没有多少人,也没有重要的部队,愿意在不大可能取得重大军事胜利的情况下加入国民党军队。我们认为,没有美国的大规模支援,国民党不可能取得这种军事胜利"。"美国拒绝支持或同意中华民国政府关于特种部队军事行动的提议,将会增加美台关系中的紧张因素。我们认为,尽管中华民国政府的能力有限,但即使没有得到美国的认可,其政府领导人仍有可能在1962年以某种特种战争的方式袭击中国大陆"。

1965年8月本编7-35文件再次评估台湾反攻大陆的能力,认为如果美国不对"中华民国"提供全面的大规模支持,包括美国力量直接参与军事行动,蒋介石的提议——在中国南部海岸登陆,切断中国和北越之间的主要交通线,占领广东省——变成现实的机会微乎其微。虽然"在缺少美国支持而成功采取行动的可能性方面,中华民国私下估计的结果和我们估计的差不多,但蒋介石脑海中有更加野心勃勃的设想。他认为,在反攻大陆的战役中最差美国也能在很大程度上支持他将国民党士兵送到大陆沿岸。如果他的部队在登陆后陷入困境,美国将会扩大支持力度,直接参战(至少参加空中战斗)。即使出动美国海空军在水域边缘支持中国国民党部队,登陆作战可能会进展良好,但实现最终目标——占领或者控制广东全境或者大部——的希望仍十分渺茫"。文件认为:"即使国民党能够集合一支最大的远征军,并在美国的帮助下登上中国大陆海岸,他们将会遇到数量上远多于自己的中共部队,且后者还能够迅速集结、调遣战略预备队支持已经部署在南部中国的部队战斗。""中华民国政府没有足以支持该行动的两栖运输力量,即使美国提供了他们所需的额外的登陆船,也没有受过训练的船员来驾驶。国民党海军没有足够的船只进行登陆准备和火力支持,没有足够的战术空军在所需的作战半径内提供反侦察和近距离火力支持,也缺乏经过训练的飞行员补充战争中的伤亡人员。所有陆海空三军都缺乏受过训练的专家,特别是支持行动所需的后勤保障部队更缺少技术人员。参与行动的国民党所有兵种的武装力量大约需要150万吨的物资,他们自己无力运输。"所有这一切充分证明,"光复大陆"只能是一种"神话"。

1965年9月,蒋经国访问美国。9月22日本编7-36文件显示,在当天五角大楼美国国防部长麦克纳马拉的办公室蒋经国向麦克纳马拉再一次提出了蒋氏父子反复强调的占据中国西南五省计划,[①]他说:"目前中共不会向韩国和台湾海峡进攻,也不会把重心放到华南一带。从战略而言,西南五省最为重要,是挡住中共正规军到达东南亚的天然屏障。如果中华民国攻下这五省,就可以阻挡中共正规军向东南亚挺进。"如果能在美国海、空军的护送下将国民党的军队运至广东、广西、云南、贵州、四川五省,就可以切断中国援越的补给线,并开始反攻大陆之战。美国的地面部队无需直接卷入,也不必动用核力量。如果中国共产党人将大量的军事力量转移到福建省,东南亚的压力就会相对减轻。他们的目标不仅是希望中国摆脱共产党的统治或重返大陆,而且还是真正意义上的争取维持自身生存,这是简单的事实。"除非美国想要不顾颜面地从现在影响东亚全局的位置上退出,否则中国共产党会继续按照现在的路线行事,且最终会在东亚挑起一场针对美国及其盟国的全面冲突。……中华民国并非是在迫不及待地催促美国'开战',而只是迫切地希望美国意识到它与共产党中国

---

① 蒋经国"反攻西南五省"的建议后被命名为"大火炬五号"计划。参见 FRUS,1964-1968,vol.30,p.242;p.247.

之间的冲突是不可避免的,中华民国认为有效维护美国在远东利益的唯一途径就是阻止并最终推翻中国共产党政权。"

美国方面指出,蒋介石在 1964 年 11 月致约翰逊总统的信中说过,在任何情况下,美国部队进入中国大陆都是极不明智的,美国也不应该使用核武器来对"中华民国"表示支持,而"中华民国"要想占据西南五省,美国的地面部队和美国的核武器就都得用上。蒋经国赶紧表示,"中华民国"不赞成使用核武器,他们也不想麻烦到美国的地面部队。如果美国的地面部队一旦出现在中国大陆战场,战争的性质就从"中国国内战争"演变为"国际战争",这种改变只会对中国共产党人有利。"中华民国"需要的,只是美国的"运输力量"、美国的"飞机"来掩护"中华民国"的空中、海上的进攻行动,不需要美国直接参与空战与海战。麦克纳马拉不接受蒋经国对形势的分析,认为,夺取西南五省计划看起来有点类似"猪湾"计划,战争的预期是:将会有大规模的反对共产党人的起义。"中华民国"到底有多少证据来支撑自己的这种预期? 蒋经国表示,西南五省对中国共产党人的统治反抗最为激烈,最仇视中国共产党人,中国共产党人的统治最为薄弱,蒋介石的威信最高。"猪湾"行动的失败主要是组织不力,没有建立政府进行领导,而"中华民国"夺取西南五省不存在这些问题。麦克纳马拉只是表示会对此进行研究,在美国新任驻台"大使"走马上任以后重新开启"蓝狮委员会"的磋商机制,同时呼吁"中华民国"削减自己的军事力量。①

实际上本编 7-36 文件在当天的报告中对蒋经国的计划作出了仔细的评估,他们认定"见识广博的中国国民党领导人认识到中华民国仅仅依靠自身力量无法击败中国共产党。尽管不能公开这样说,但他们愿意向美国高级官员承认这一事实。虽然为了保持台湾岛的士气,中华民国必须寄希望于光复大陆,但蒋经国这一代的重要人物已经意识到在中国大陆重建非共产党政权可能需要很长一段时间,或许倾他们毕生的精力也无法实现这一愿望。但是,中华民国的官员们希望尽力而为,利用一切机会挫败中国共产党的野心,加强自身的实力地位,为将来削弱和瓦解北平政权打下基础"。

到 1967 年本编 7-37 文件在"中华民国副总统"严家淦与约翰逊总统讨论前夕评估"中华民国"对中国大陆的军事政治意图时,他们已经认定"尽管中华民国政府表面上还决心重新夺取对中国大陆的统治,但并没有计划在不久的将来通过采取军事行动实现这一目标。总统蒋介石、国防部长蒋经国及其他高级军事顾问目前的军事定位在本质上是防御性的"。"中华民国政府"迅速下降的军事政治能力不可能对中国大陆的发展产生太多影响,台湾更加依赖美国,"中华民国"比过去更为关注美国的政策而不大强调中国大陆近来的事态发展,台湾当局特别在意美国的军事、经济援助的水平,台湾的情报认为美国试图逐渐放弃对"中华民国政府"承诺的义务,准备最终与中共统治下的中国大陆达成某种形式的和解。所以,"这种忧虑进一步强化了中华民国政府业已占主导地位的工作重心:强调台湾岛内的安全,既然这样就要更加注意美国官员的一举一动,避免美国鼓励台湾人和其他的内部反抗势力采取对抗中华民国政府的行动"。

　　在长期得不到美国支持的情况下，蒋介石清楚地认识到"反攻大陆"缺乏现实性。此后，台湾虽然偶尔还会发出"反攻"的声音，但也不过是一种宣传而已。在美国的阻止下，并面对两岸实力对比变化的现实，台湾"反攻大陆"的计划一再搁浅，并被迫将计划从以军事为主改变为以政治为主，从有明确的时间表改变为无限期的搁置。而蒋介石本人的兴趣，也更多地转移到岛内建设上去，实行教育改革、发展台湾的经济与科技、加速城市化进程、施行行政机构改革等等，美国官员把蒋介石态度的变化归结为：蒋介石本人已经放弃了"光复大陆"的神圣目标，"台湾政府确实放弃自己的军事进攻主义，但台湾的经济政策还是依照安全优先的原则来制定"。①

五、大陆的台海政策

　　美国的情报界高度关注对中国大陆进攻台湾的能力与意图的分析，这部分在本编所占分量非常重。1950 年 7 月，来自国务院和中情局的分析都认为，"虽然中国共产党军队数量上的优势不足以确保他们在台湾战役中获得成功。国民党的防御力量十分强大，无论是军队数量还是资源方面都足以确保开展成功的防御战。此外，国民党人的海空军还能够开展海岸作战。然而，中国国民党的各级人员均缺乏坚定的战斗决心，忠诚度不高，整个军事系统尤其是高级指挥人员中充斥着缺乏专业能力的人，（国民党）并未占据明显的优势"，中国共产党部队掌握主动权，可以选择作战时机、登陆和内部攻击地点。由于连连报捷，他们士气高昂，官兵忠诚，纪律严明。此外，中国共产党人拥有数以百计的帆船和其他舰只，有能力穿透国民党人构建的防御圈。所以，"我们估计，如果不考虑可以利用的美国海军部队的力量和战斗力，中国共产党人拥有占领台湾的力量"。在分析了 1950 年中期中国人民解放军在中国南部和东南部频繁调动的迹象之后，他们认为共产党确实在进行进攻台湾的积极备战，且"除非美国海军力量进驻台湾水域，否则中国共产党人的军队有能力尽早对台湾发动攻击"。② 对于这种分析，美国海军、空军的情报部门持反对意见，海军情报部主任反对的理由是，这份报告没有考虑到使用美国力量防御台湾的承诺对中国共产党人意图的影响。因为没有权衡到影响台湾局势的所有重要因素，所以这份报告不足以作为制定美国政策的基础。空军情报部门的反对意见没有收录在文件之中。③

　　到了 1950 年 9 月，主要基于 9 月以后台湾海峡的气候越来越不适宜进行渡海作战，所以来自国务院的本编 7 - 13 文件认为中国共产党方面已经不定期地搁置了攻打台湾的计划。更进一步来说，他们认为"即便是军事准备充分使得中共自信能够成功地对福摩萨发起攻击，中共领导人也一定会清醒地意识到他们的困难，在美国有可能采取军事行动的情况

---

①　Kristen Nordhaug，"Development Through Want of Security：The Case of Taiwan"，FORUM FOR DEVELOPMENT STUDIES No. 1 - 1998，资料来源：http：//www.nupi.no/IPS/filestore/FDS - 1 - 98 - Nordhaug.pdf。

②　见本编 7 - 11 文件。

③　见本编 7 - 12 文件。

下,中国共产党人要想巩固胜利成果必然十分困难。中共定会认识到发动福摩萨攻势对他们眼前的国内建设帮助不大,反之,对福摩萨的军事冒险可能会促使美国采取某些对策,这将长期威胁他们政权的生存和发展。进一步来说,虽然福摩萨可以用作一个有价值的基地,成为中国共产党人对印度尼西亚、菲律宾实施颠覆计划的桥头堡,但长期进行各种活动代价颇大,将严重削弱中共领导亚洲共产主义运动的能力"。同样,中情局10月本编7-14文件的分析也认为,在中国共产党人的全力进攻面前,如果苏联人不直接参与且美国武装部队给予强有力的海空军援助的话,"中国国民党的防御力量能够守住福摩萨"。所以在1950年余下的时间里,除非苏联决定引发一场世界大战,否则中国共产党人不会企图攻打台湾。

在1951年4月本编7-16文件中,中情局认定中国共产党人不会在当年对台湾发动大规模袭击,因为中国人民解放军没有从中国的其他地区向海峡集结地区进行大规模调动的迹象,而且中国正在致力于朝鲜战争,这种军事上的调遣将会对他们在朝鲜和其他地区的行动和承诺起到不利影响。在防御台湾方面,如果缺乏美国的参与,中国共产党人在进行必要的部署之后,能够通过大规模的进攻占领台湾。然而,如果美国第七舰队参与台湾岛的防御,共产党方面在无苏联实质性援助的情况下是没有力量成功地大规模攻击台湾的。美国情报部和美国空军估计只要中国共产党人继续在朝鲜投入重兵,不直接使用美国部队,国民党人也有能力控制台湾,抵御中共的坚决入侵,不过确保这种事态发展的前提是:(1)美国立即向国民党提供更多实质性的援助,而不是在进攻开始以后提供帮助;(2)苏联人不加干预。同时他们认为苏联人可能估计,如果他们向中国共产党人提供了对台作战所需的援助类型以及规模,就可能冒与美国开战的真正风险。所以,"我们不相信苏联人会甘愿冒这种程度的风险"。当然,如果朝鲜战局发生重大变化,中国共产党人攻击台湾的意愿就将显著上升。

1952年4月本编7-17文件对7-16文件进行了一定的补充,认为半年内中国大陆方面对台作战的整体能力没有发生大的变化,无论是大规模进攻还是有限突袭都是如此,但共产党人的空军力量显著增长,而自那以来,国民党防御台湾的能力没有实质性提高。"不考虑朝鲜局势的发展,只要美国对台政策不变,美国的海空军力量可以参与防御台湾,中共在当年也不会对台湾发动大规模进攻或有限的奇袭。中共可能对国民党人控制的沿海岛屿进行侦察、无线电干扰和破坏性袭击(海上或空中袭击),可能会攻击和占领其中的一些岛屿"。但是,中情局不认为这种行动必然暗示着中共会立即攻打台湾。从长期来看,"我们相信,如果可能的话,中国企图通过外交手段控制台湾;此外,如果时机有利的话,他们也可能采取军事行动。只要美国和共产主义者在远东的相对军事力量不发生重大变化,美国对台政策保持不变,中共就不会贸然攻打台湾"。在1952年11月本编7-19文件中,国家安全委员会的分析与此相类似,认为如果可能的话,大陆方面企图通过政治手段控制台湾;如果时机有利的话,他们也可能采取军事行动。只要美国和共产主义者在远东的相对军事力量不发生实质性的变化,只要美国对台政策保持不变,"我们相信中共不会贸然对台湾发动进攻"。

1954年9月3日中国人民解放军和国民党军队在金门、厦门地区发生激烈炮战和空战之后,9月8日本编7-21文件详细分析了国共双方在中国沿海岛屿的海陆空力量配置及可能的增援力量,描述了9月3日炮击之后国民党与美国的反应。文件认为,如果仅凭国民党自身的力量去对抗的话,共产党人有能力占领任何岛屿。因此,在9月3日炮击金门之前,情报部门的很多人就已经认为中国共产党人有可能很快采取试探行动,探测美国有关沿海岛屿防御的真实意图。到9月5日,"中国共产党人肯定观测到了美国大规模海空军力量出现在福摩萨水域。但中共还是不能确定美国的真实意图,他们选择了小心谨慎的处理方式,没有针对美军采取任何行动,也一直没有表示他们的部队已做好准备,企图对金门发起进攻"。"虽然中共估计他们对抗强大的美国力量的前景还无法确定,但我们相信中国共产党人将会作出判断,侵略企图得逞的可能性最多只有五成。他们当然认识到,有预谋的进攻一旦失败将会非常丢脸,这比他们推迟金门战役的时间更为丢人"。此外,台湾国民党人不断袭击厦门地区,"这使得中共越来越觉得丢脸。国民党人的这种行动可能增加了中共对金门采取报复性行动的可能性,使中国共产党人更有可能在大陈岛和马祖群岛采取冒险行动。此外,中国共产党人对福摩萨空袭的可能性也在增加"。

在美台讨论共同防御条约之际,本编7-22文件分析认为"共产党中国和苏联将会强烈谴责美台共同防御条约。我们相信,共产主义者仍坚守他们获得福摩萨控制权的基本目标,但他们可能企图通过颠覆而非军事活动赢得控制权",因为"中国共产党人可能预测,美台共同防御条约(加上联合国决议或根本不存在联合国决议)可能不会在很大程度上改变福摩萨地区的力量平衡。所以,条约将不会促使中国共产党人大规模重新部署武装部队,不会明显改变他们在亚洲其他地区的行动路线"。

1955年8月24日本编7-24文件对中华人民共和国成立以后的台海局势进程进行了系统回顾,详细分析了共和国的台海目标,"中共在台湾海峡的基本目标就是除掉其竞争对手中华民国政府,占领台湾和中国国民党人控制的其他岛屿,在中国内战中赢得共产主义的最终胜利,防止这些地区成为美国潜在的基地。1950年初这些目标是中国共产党人的即时目标,但它被朝鲜对抗和美国1950年6月27日的中立声明不定期地推迟了"。因为近期无法实现占领台湾的最终目标,所以中国共产党人只能退而求其次,"最近的活动好像主要是为了维持和推进对台湾的所有权请求;防止台湾海峡的局势得到国际社会的认同,因为稳定和得到国际社会承认的台海局势将会使未来中共借机铲除中华民国政府的活动变得极为困难;减少亚洲爆发大战的风险"。中国共产党人极力保持这些政策之间的平衡,追求多项次要目标:(1)利用台湾局势将美国孤立于其盟国之外;(2)将国民党军队和美国军事装备牵制在一些不太重要、易受攻击的地区,以便将来可以使用解放军的海空军和炮兵部队对其予以打击;(3)削弱国民党人的士气,损蚀美国防御台湾的决心;(4)加强中国大陆沿海地区的安全;(5)试探美国对中国沿海岛屿的意图;(6)当中国共产党人通过制造危机形成一定的紧张局势之后,他们表现出愿意为了实现政治经济目标而缓和亚洲紧张局势的迹象。但事实上可以肯定,"不管北平怎样鼓励缓和紧张关系,中国共产党人都不会讨论任何正式的停火协议或放弃在台湾海峡使用武力,因为这将否定共产党中国对台湾拥有'毋庸置疑的权利'或企图模糊地'冻结'台湾海峡的现状"。

1956年4月本编7-25文件引用1月NIE 13-56中关于中国沿海岛屿的分析,认为只要美国维持对国民党人的承诺,中国共产党人就可能无意进攻台湾。但几乎可以肯定的是,他们将对沿海岛屿采取试探性行动。只要中国共产党人确认美国不会使用自己的力量保卫这些岛屿,他们就可能企图攻占这些岛屿。如果中国人民解放军成功占领了国民党人控制的沿海岛屿而未遭到美国军事报复,他们就会加快进攻台湾的步伐。中共几乎肯定继续把控制沿海岛屿作为其行动目标,并有能力在事先不发出警告或几乎使对方无法警觉的情况下对这些岛屿发动突袭。但"如果共产党人觉得通过保持'和平姿态'能够获取更大收益的话,他们可能暂时不会在沿海岛屿问题上再起干戈"。

1958年8月23日炮战发生后,中情局迅速出台了一系列特别情报评估,评估未来几个月台湾海峡地区的可能发展,并特别关注(1)中国共产党人的力量,(2)中国共产党方面的行动路线,(3)台湾国民党人的行动路线,(4)在台湾国民党和/或美国采取措施维持对沿海岛屿的控制面前大陆的可能反应。8月26日本编7-26文件认为共产党中国将它在台湾海峡的军事压力逐步升级,主要是为了试探美国和"中华民国"在沿海岛屿的意图。共产党中国可能希望由此引起的紧张局势的升级能增强对国际社会的压力,迫使国际社会接受共产党中国参与世界决策,阻止局势向着任何接受事实上的"两个中国"的趋势转变,特别是如果美国看起来不愿意在控制沿海岛屿问题上采取强硬措施的话国民党人的士气将因此更加低落。但是"考虑到美国承诺防御台湾,同时我们估计无论是中共还是苏联目前都不愿冒大战的风险,我们相信,至少在未来六个月中国共产党人将不会试图占领台湾或澎湖"。"共产党中国可能将会继续对金门和马祖群岛施加军事压力,并想方设法避免使局势发展到军事摊牌的地步。在对美国的反应做出判断的基础上,中共可能持续并加强对金门的炮击,在海峡地区发动攻击性的海空军行动,占领一些防御薄弱的沿海岛屿,对金门和马祖的补给采取一系列拦截活动。如果美国对这些压力的反应使得中国共产党人认为美国不会介入的话,那时他们将可能企图占领金门或马祖,也有可能试图同时攻占这两个岛屿"。

9月16日本编7-27文件根据台海局势的发展,再度评估中华人民共和国和苏联在此次台湾海峡危机中的意图。他们分析认为在最近的将来中共最有可能采取的行动路线是继续保持军事上的袭扰和拦截对金门的补给。中共这样做的初衷可能是想让这些岛屿防守不住,从而迫使美国在行动上作出回应。美国的选择范围有限:美国可以允许沿海岛屿在炮击下陷落;可以协助台湾国民党人从沿海岛屿撤退;可以同意国民党进攻大陆;可以通过美国的全程护航保证国民党对金门、马祖的补给;可以单方面采取军事行动,保证国民党控制的沿海岛屿所需要的补给供应。后三条行动路线最终可能导致美国进攻中国大陆,世界舆论将会谴责美国扩大了武装冲突的规模。如果美国采取上述行动路线,中共极有可能甘冒同美国发生大规模武装冲突的极大风险而采取行动。如果美国船只在为国民党补给提供护航的过程中驶向近海水域,中共可能不会停止对正在卸载的国民党船只的炮击。如果美国企图通过武力制止共产党人封锁补给线,投入行动的美军肯定受到有限的中共军队的攻击。

如果美国宣布将为金门的补给提供全程护航（并配备以适当的作战力量，准备在遭受攻击之时进行防御），他们相信，中共将可能攻击美军，尽管也有可能不这样做。但无论如何，中共将会呼吁国际舆论谴责美国的侵略，并将力促达成有利于共产党中国的政治解决。

9月29日本编7-28来自国务院的文件再次评估苏联对此次台海危机的反应，认为在此次台湾海峡危机中，莫斯科给了北京方面空前有力的外交支持，说明苏联人愿意在这种路线上冒比以往更大的风险。这种姿态可能萌芽于7月31日至8月1日赫鲁晓夫-毛泽东会谈的决议中，与1954～1955年台湾海峡危机期间莫斯科小心翼翼的立场形成了鲜明的对比。苏联针对危机第一份官方声明是9月7日赫鲁晓夫致艾森豪威尔总统的信。这封信中最醒目的地方就是警告美国人，对中华人民共和国的攻击将被认为是对苏联的攻击。赫鲁晓夫在9月19日发给艾森豪威尔总统的信表示，一旦美国对中华人民共和国发动核攻击，苏联将进行核报复，他用接近最后通牒的语言要求美军必须"立即"撤离台湾地区，否则将被中国人民解放军驱逐出去。

10月28日中情局再次评估台海局势，在本编7-29文件中认为中共对台湾海峡地区策略上的变化没有预示中共外交政策的指导方式出现了根本变化，在未来一段时间内，台海局势可能会是现在局势的延伸：没有大规模的拦截行为，没有认真的谈判，没有解决方案。假设国民党依然戍守沿海岛屿，中共在未来的一段时间内可能会在沿海岛屿地区保持一种危机和紧张的氛围。无论如何，他们将不会放弃"破坏"美国与"中华民国政府"的关系、消灭"中华民国政府"以及损害美国在亚洲的声誉的努力。

到1959年3月时，中情局在本编7-30文件中对上一年的台海紧张局势做了总结，认为："共产党中国去年10月在台湾海峡危机中暂息干戈的主要原因是他们相信，增强对台湾海峡的军事压力直到确保成功地对金门实施拦截的需要将会给他们带来与美国对抗的不能接受的风险。"此外，美国与"中华民国政府"的关系没有受损，国民党人的士气仍然很高，中共行动引发的紧张局势，将有损共产党中国的国际声誉。对于前景的预测，他们认为几乎可以肯定，"中共寻求避免与美国的直接对抗。我们相信，他们可能不会占领金门或者全力以赴地阻止国民党人向金门运送补给。我们同样认为，针对马祖展开此类行动的可能性也不大，因为在这一点上中国共产党较少获知美国的意图，猜测不出美国可能采取的行动。但是，我们相信中共将会继续保持军事压力，以支持他们针对台湾海峡展开的重要的政治战和心理战。他们企图使台湾海峡局势保持活跃，可能不会放松他们的军事压力，不会允许局势在今后向着逐渐沉寂的方向发展"。

六、美国对台援助

开始于20世纪50年代初，结束于60年代中期，贯穿台湾经济起飞全过程的美国对台援助，是台湾经济的起飞和发展进程中的一个至关重要的因素。美国大力扶植台湾经济、发展美台经济关系，除加强台湾对美国的依附性以外，重要的目的是在经济上稳住国民党人，同时输出美国的剩余产品。美援与《美台共同防御条约》一起构成了20世纪50～60年代维系与联结美台关系的两个主要纽带。约翰逊政府时期,美国停止对台"开发赠与"性的经济援助,大规模地削减对台湾的军事援助,这一方面表明台湾在美国全球战略中的地位已大大下降,另一方面美国坚持向台湾提供军援的事实也表明:尽管美国对台政策有所转变,但美国决策者仍继续将台湾视为美国亚太地区战略部署中的重要一环,凭借台湾的重要战略地位作为在西太平洋封锁中国大陆的理想堡垒。

美国对国民党政权的援助开始于第二次世界大战时期的"租借法案"和"联合国善后救济计划",在第二次世界大战结束后该计划即告停顿。1948 年,美国国会通过"美国援外法案",其中对华部分被称为"1948 年援华法案",同年 7 月,国民党政权与美国签订了"中美经济援助协定"。1949 年,随着国民党政权在大陆的崩溃,美国停止了对它的经济和军事援助。1950 年,朝鲜半岛燃起战火,美国政府决定恢复对台湾国民党政权的经济援助和军事援助。美国经济援助从 1951 年开始到 1965 年结束,总金额达 15 亿美元。按人口平均计算,这一援助额超过了美国同一期间给世界任何其他一国的援助。它约占台湾地区国民生产毛额的 6.4%,占台湾经济总投资额的 34%左右。在外贸领域,台湾的商品和劳动总进口额中有 40%是以美援支付的。[①] 这笔资金的到来对稳定台湾当局的财政,抑制通货膨胀,发挥了积极的作用,并大大缩短了台湾经济起飞的时间。作为美国支持台湾的象征,美援也稳定了台湾的民心,保持了台湾社会的平稳发展。

1956 年美国驻台北"大使馆"对朝鲜战争以来的美国军援和经援计划在本编 7-5 文件中做一回顾,认为1950～1951 年还决不能排除共产党袭击台湾的可能性,台湾的武器尤其是弹药严重不足,且台湾军队的规模仅部分地弥补了其素质低下和流动性差的缺陷,而在"同期和 1953 年 7 月朝鲜战争停战以后美国已积极考虑使至少某几个中国师在某种程度上做好短期内充当远征军的准备",所以在 1950 年中期朝鲜战争爆发最初的是军事性行动——命令第七舰队保护台湾——在接下来的几周里,"为了实现更广泛的目标,美国对应该向中国军事机构提供何种武器和建议的问题进行了研究。此后,美国向自由中国提供了超过 12 亿美元的包括直接军队支持在内的军援资金,而美国军援顾问团也已扩大到 2 500多人,这还不包括他们的侍从。美国军援顾问团的工作成绩突出,帮助自由中国组建了一支他们有史以来最好的军队"。并据此预测说,1957 财年以后,除非发生不测事件和出现无法预见的情况,否则每年 1 亿美元可能就可以满足台湾军事建设的外汇需要了。另外,为了推动台湾经济走向自立,以便能够提供军队所需的当地货币,此后若干年还要每年另外向台湾提供 1 亿美元。(这个最新数字可能会因为境外私人资本的流入而减少。)然而,"据说一年 2亿美元左右的总援助额还不如维持美国一个师所需的开支多。通过这笔开支,美国除了可

---

① 　MF 2527215,0302。唐耐心认为,该数字为 14.8 亿,见唐耐心著:《不确定的友情:台湾、香港与美国,1945～1992》,第 111 页;何迪认为,1951 年美国开始对台湾实施经援,至 1965 年共达 14.8 亿美元,但投资额至 1979 年仅为 5.8 亿美元,美对台投资仅是经援的一种补充,见中国社会科学院美国研究所与中华美国学会编:《中美关系十年》,北京:商务印书馆 1989 年版,第 90～91 页;韩国 Yeungnam University 的 Myung Soo Cha 及台湾国立大学经济系的 Tsong-Min Wu 认为,该数字应为 14.65 亿美元,见二人的"Colonial Transition to Modern Economic: Growth in Korea and Taiwan",June 3, 2002,资料来源: http://www.eh.net/XIIICongress/Papers/Cha.pdf。

以维持一支在很容易设想到的情况下能够发挥决定性作用的庞大的反共军队以外,还会实现保证自由中国生存这个首要目标。在铁幕以外的东亚和东南亚国家中,只有自由中国和朝鲜①拥有能力超出维护国内秩序的军队"。同时美国的经济援助使得美国在实现自身目标方面取得了令人满意的进步。因为"中华民国政府本身并没有充足的资源实现中美共同的目标,必须依靠美国的支持来满足财政需要和维持收支平衡。为了更好地利用援助供应品和自身资源,台湾还需要美国的技术建议和援助",所以美国对台经援计划"当前的首要目标是以物资和当地货币的形式支持中华民国军队要求上马的项目。第二个目标是保持经济(价格)稳定。第三个目标是提高中华民国的声誉。第四个目标是为了减少台湾对美援的依赖而采取提高台湾自立能力的措施。最后一个目标是获得并保持合理的生活水平"。

七、台湾岛情

在国民党尚未将自己的全部力量撤向台湾之前,1949 年 3 月本编 7 - 38 文件认为,"台湾本地人强烈希望自治,但是台湾本地人和中国国民党集团之间相互冲突的利益诉求使得形势复杂化了"。台湾"本省籍人"强烈憎恨 1945 年日本投降后国民党统治台湾的种种表现。因为国民党统治者对台湾当地人的剥削达到了骇人听闻的程度,完全不顾及台湾当地人的利益,也不注意保留台湾岛内的资源。1947 年台湾二·二八起义突出地表现了"台湾籍人问题的爆炸性本质"。台湾籍人也许"并没有马上实现独立的强烈念头,但可能希望得到联合国托管或成为某种形式下的美国的保护领地"。台湾籍人当时和今后的一段时间不可能成功地反叛国民党政权,因为台湾本地人缺乏有效的组织与领导,且国民党军队就驻扎于台湾岛上。然而,由于当时大陆中国人不断涌入台湾岛,在任何时候台湾籍人"都有可能诉诸暴力和颠覆行动,对大陆籍人的涌入表示抗议"。他们的反抗动机"与其说是希望取得成功,不如说是希望吸引世界舆论对台湾问题的关注"。

随着以蒋介石为首的国民党政权困守台湾局面的固定化,1952 年 7 月本编 7 - 1 文件在分析台湾"外交部长"叶公超的讲话时认为台湾政权对于自身的定位发生了变化,"当被驱逐出大陆的政府又在台湾得以重建时,除了借挑起第三次世界大战来引发国际力量重新洗牌之外,国民党领导人找不到解决自身问题的其他办法。现在,台湾外交关系的重新调整和岛内境况的改善已经在一定程度上增强了国民党的安全感、自尊心和责任感,使他们能够更加现实地考虑全面战争将会给自身带来何种后果"。尽管国民党人重新控制大陆的最终目标可能仍然没有改变,但"他们有可能认识到了中共政权牢牢控制大陆的现状"。尽管他们的公开立场还很强硬,"但他们可能做出判断,在短期内使用武力铲除中共政权的前景极为渺茫。总而言之,他们未来的策略可能不是围绕尽早光复大陆展开,而是尽可能巩固他们在台湾的地位和改善他们的国际关系,将实现他们最终目标的希望寄托于遥远的未来"。

关于年迈的蒋介石的接班人问题,中情局进行了不断的分析和预测,越来越关注陈诚和

---

① 指大韩民国。

蒋经国的政治命运。1953年本编7-41文件对此进行了分析,他们认为当国民党在大陆时,蒋经国没有发挥多大作用,直到1949年国民党败退出大陆之后他的政治命运才出现转折。在台湾他进入了最核心的政治和军事领导人决策圈,"其个人权力的快速积累令民众纷纷猜测他的雄心和他父亲在规划其职业生涯中的动机到底何在"。蒋经国在国民党中国政治王朝中的重要地位源于他的职位:(1)国防部总政治部主任;(2)国民党中央委员会的首要成员;(3)中国青年反共救国团主任。利用这三个组织的功能和活动,小蒋能够在政务和党务运作中扩大其个人权力,他已经成为他的父亲的合法接班人之一。"除非中国政治发生了不可预期的变迁,否则小蒋在塑造未来中华民国命运的进程中将逐渐起到主导性的作用。"当然蒋经国当时的权力根基并不完全能够确保他继承大位,在一定程度上他还是依靠他年迈的父亲蒋介石的扶持。

关于台湾独立运动的问题,1956年美国国务院出台一份专题的长篇报告即本编7-43文件,对台独历史进行一种编年史的分析,详细描述了清朝时期、日据时期及1945年以后的台湾独立运动,并将台湾的共产主义活动也归入其中。情报认为,纵观台湾历史,其间虽然成立了许多民族主义组织,但只有自第二次世界大战以来在台湾岛外成立的组织一直坚持要求台湾独立。当时台湾内部没有表现出对这些已经成立的组织的理解和支持,而且这些组织之间也没有任何联系。最重要的组织台湾民主独立党(TDIL)由流亡海外的台湾人先在香港后在东京组建。1955年为了使台湾能够摆脱"中华民国政府"的控制而独立,台湾民主独立党成立了"台湾共和国临时国民议会"。在这个目标的指引下,"国民议会"于1956年2月28日宣布成立"台湾共和国临时政府"。中国共产党人也建立了台湾民主自治同盟,该同盟主张中国对台湾"自古以来"就拥有主权,致力于推动台湾的"解放"。

1956年本编7-44文件分析了国民党政权的基本形势,认为在过去几年中,尽管"中华民国"的"国际地位"有所下滑,但"中华民国依旧保持稳定并已经牢牢控制住了台湾"。无论是"中华民国政府"的行政机制还是"政府"目标都没有发生大的变化。不断发展的经济和有所改善的财政控制手段确保政府部门有能力缓解通货膨胀的压力,1955年通货膨胀的压力绝大部分是由不断增加的军费开支造成。然而,接连不断的国际事件增加了人们对台湾未来的忧虑和不安,这对国民党士气产生了极为消沉的心理影响。

1960年本编7-46文件进一步分析国民党政权的形势,认为"中华民国政府在很大程度上把自己的前途寄托在国外因素上,而它自己对国外因素的影响微乎其微,没有任何控制力。面对一个强大的、牢固的大陆政权的威胁,如果没有美国在军事和经济方面的帮助,中华民国政府无法生存下去,如果没有美国的外交支持,中华民国政府无法维持它的国际地位"。尽管如此,台湾仍然保有明确的目标,"雄心壮志"依旧,为了追求以"光复大陆"为首的这些目标在一定程度上甚至不惜损坏与美国的关系,"这些目标主导着中华民国政府的政策"。

到了1964年,本编7-51文件分析了当时台湾政权面对的问题。在法国承认中华人民共和国之后,台湾民众对美国远东立场的坚定性和美国远东政策的稳固性感到普遍担忧,台湾政权的士气和信心遭到进一步的打击。但是，"相对说来我们认为除非中华民国政府领导人确信美国已经放弃台湾和美国在远东的反共目标，中华民国政府将会完好无损地渡过这一难关，在随后其他重要国家承认北平政府以及在联合国中国席位上的激烈争夺战中该政府很可能会经受住打击而幸存下来。不过，被颠覆的可能性也不能被排除，因为危机可以促成中华民国政府的构成或政策发生根本改变"。"中华民国政府"与美国之间互不信任和误解的关系有可能加剧，而这将导致美国影响"中华民国政府"构建台湾经济的难度增大。台湾当局肯定会向美国施加强大的压力，要求美国保持甚至增加美国对台经济和军事援助。随着更多的国家与中国大陆政府建立经济和外交关系，"中华民国政府"的"国际地位"有可能持续下滑。这种趋势继续发展下去，"美国放弃支持中华民国政府作为全中国政府的倾向也将加强。世界大多数国家将会谴责中华民国政府的行为，批评后者要求大陆所有权的行为破坏了远东地区的和平与秩序"。台湾政权面临的外交困境将会进一步加剧，美台关系的变数丛生。

第一部分　美台关系及国际社会对台湾地位认识的问题

7-1

国务院情报研究所关于台湾"外交部长"叶公超声明的分析

(1952年7月14日)

IR 5964

中国国民党的声明可能代表他们对其国际地位问题的新看法

(1952年7月14日)①

7月2日,中国外交部长乔治·叶猛烈抨击了国民党人普遍持有的"第三次世界大战会给国民党中国带来好处"的观点。叶在给一群政府官员训话时宣称:

(1) 万一爆发第三次世界大战,民主的一方未必获胜;

(2) 一旦战争突然爆发,台湾的处境将岌岌可危;

(3) 支持第三次世界大战的想法不利于同其他国家发展友好关系,尤其是那些已经对国民政府怀有偏见的国家;

(4) 对中国国民党的安全来说阻止共产党蚕食欧洲与阻止共产党蚕食亚洲同样重要。

有可靠证据表明国民党其他许多高级官员赞同叶博士的观点。外交部政务次长施肇基博士向一位使馆官员指出蒋介石总司令支持这一观点,除了党内少数煽动叛乱者和军方外国民政府和国民党中没有一位负责人希望爆发第三次世界大战。

当然,完全可能的是,叶博士的声明仅仅是为了消除当前国外对国民党正在极力挑起第三次世界大战的怀疑。但是,我们并不能完全忽视国民党从根本上改变策略的可能性。当被驱逐出大陆的政府又在台湾得以重建时,除了借挑起第三次世界大战来引发国际力量重新洗牌之外,国民党领导人找不到解决自身问题的其他办法。现在,台湾外交关系的重新调整和岛内境况的改善已经在一定程度上增强了国民党的安全感、自尊心和责任感,使他们能够更加现实地考虑全面战争将会给自身带来何种后果。

在以上看法转变的过程中,最重要的因素可能是中国国民党领导人将这一转变解释为

---

① 原注:用于本报告分析材料的最后日期是1952年7月13日,由国务院远东司提供。

美国援助国民党政府并使其发展壮大成为一支强大的反共力量的长期计划的结果。这一协调统一的经济、社会和军事计划促使国民党相信美国承诺保证他们的安全。然而，同时他们也不再像早期那样对于美国会在第三次世界大战中轻而易举地取胜并迅速使他们脱离险境充满信心。

部分地由于美国提供的援助，同时也是由于自身的努力，台湾国民政府的地位大大地提高了。去年，经济状况得到改善，表现为工农业产量的增长和通货膨胀率的直线下降。而且，政治改革的推行使得公众更加拥护政府。

在对外关系方面，近来的一系列进展提高了国民政府的声望：

（1）虽然与日本签订的双边条约没有满足国民党政府所有的愿望，但至少承认其为日本与之发展合法关系的中国政府。

（2）英国对北平共产党政权的政策似乎更加强硬了，对台北则日益友好。

（3）大部分是由于在东南亚地区进行的关于大陆共产党政府越轨行为的报道，部分地也是由于国民党更加有力地推行海外华人计划，国民政府在海外华人中越来越受拥戴了。

在国内安全状况和国际声望得到改善的同时，国民政府还面临着独立的日本将成为美国在亚洲的主要调停人的前景。……①

这些考虑可能促使中国国民党人再次考虑他们的地位问题。尽管重新控制大陆的最终目标可能仍然没有改变，但他们有可能认识到了中共政权牢牢控制大陆的现状。尽管他们的公开立场还很强硬，但他们可能做出判断，在短期内使用武力铲除中共政权的前景极为渺茫。总而言之，他们未来的策略可能不是围绕尽早光复大陆展开，而是尽可能巩固他们在台湾的地位和改善他们的国际关系，将实现他们最终目标的希望寄托于遥远的未来。

O. S. S. /State Department Intelligence and Research Reports，Part Ⅸ，China and India，1950 - 1961 Supplement，Washington，D. C.：University Publications of America，1979，Reel - 3 - 0466

梁志译，梁志、双惊华校

---

① 原文此处一行字迹模糊。——译注

国务院情报研究所关于国际社会
对美国台海政策反应的评估

（1955 年 2 月 8 日）

IR 6824

世界对美国福摩萨①海峡政策的反应

（1955 年 2 月 8 日）

机　密

结　　论

共产党的反应已清楚地表明北平不愿意达成停火协议或签订区别对待沿海岛屿和福摩萨法律地位的任何协定。

美国撤出大陈岛的建议、美国并未公开保证防守马祖和金门，以及美国新闻界对福摩萨和大陆永久分裂的讨论给中国国民党带来了忧虑，使其不再像以往那样相信美国会以武力保卫沿海岛屿。此次讨论可能影响中华民国政府对于其在停火等问题上与美国讨价还价的能力的估计。

亚洲其余地区和西欧的评价表明：（1）它们赞同美国保卫福摩萨的强硬立场以及对于合理的联合国解决方案的支持；（2）美国欲进一步保证沿海岛屿安全的暗示令其担忧，它们认为此举增加了不必要的战争危险。

讨　　论

1. 苏联　莫斯科的反应是强调指出：虽然苏联愿意维护和平，但战争的风险还是增加了。同时，它还一遍又一遍地重申缓和福摩萨海峡紧张局势的唯一途径是美国撤出在那里的所有驻军。

莫斯科并没有对沿海岛屿和福摩萨本身的法律地位作什么区分，也没有任何迹象表明它可能建议中国共产党这样做。

---

① 福摩萨：一些外国人沿用的 16 世纪葡萄牙殖民主义者对中国台湾省的称呼。——编注

苏联的言行并未构成改变或详细阐述当前情报评估判断的理由。评估认为,苏联希望使美国与共产党中国之间的一切冲突地区化,但归根结蒂它还是会向北平提供保持中苏联盟或维护中共政权所必需的一切军事支持。

2. 北平　中国共产党明确指出,在福摩萨问题上他们反对任何不承认其对沿海岛屿和福摩萨主权诉求或可能冻结福摩萨地区现状的停火或折中方案。北平强硬地重申了它的立场:福摩萨是中国不可分割的一部分,绝不容许"外部"对解放台湾问题的"干涉",亚洲紧张的局势完全是由于美国的干涉和侵略造成的。

北平谴责美国,说美国表示要保证与防卫福摩萨和佩斯卡多尔列岛①密切相关的其他地区的安全是公然承认了美国的侵略意图。它抨击了美国协助中国国民党撤出大陈岛的行为,认为这只是美国干涉和侵略的托词,部分地是为了阻止"中国人民""全歼"这些岛屿上的国民党军队。北平援引了西方对美国在福摩萨地区的军事行动的新闻报道作为其指责的依据。虽然美国新闻界和国会普遍猜测美国可能愿意保卫金门和马祖,但北平并没有重点援引或评价这方面的新闻报道。

中国共产党的反应表明,北平经常宣扬的"解放"福摩萨和沿海岛屿的决心并没有改变。虽然北平的宣传似乎保证要继续实行向国民党控制的岛屿施加军事压力的一贯政策,但它并没有制订要占领哪一个具体的岛屿群的明确时间表。

3. 福摩萨　中国国民党的反应经历了几个阶段的演变。美国国务院不重视沿海岛屿价值的声明起初给中国国民党造成了无望和恐惧。随着美国政策的发展,这种感觉已让位于一种混杂的反应。中国国民党不愿同意撤出大陈岛,但在美国可能承诺保卫金门和马祖的前景面前这种立场明显地动摇了。而美国没有公开做出这一承诺以及在周恩来明确拒绝接受联合国的邀请以前美国关于协商停火的主张又使中国国民党越来越焦虑。经过了相当长一段时间的拖延,中国国民党宣布撤出大陈岛。但与此同时,它按计划加强了金门和马祖的防务。而且,蒋介石总统称此次重新部署为积极准备进攻大陆之举,而非消极防守。

正如中国共产党反对暗示台湾和沿海岛屿并非理所当然地属于他们的观点一样,国民党政府主张决不放弃对大陆的主权诉求。在这方面,最近美国国内对解决台湾问题的"两个中国"方案实施可能性的心平气和的公开讨论或许会使国民党政府悲观沮丧。

4. 其他亚洲国家的反应　日本赞同美国保卫福摩萨和支持停火的意愿。日本相对来说很少对沿海岛屿问题进行评价和猜测,尽管它也不无忧虑,尤其担心马祖和金门问题引发战争,但其新闻界仍像在以往的战争危机中那样保持自我克制。

印度的反应在亚洲是最明显的,它非常关注沿海岛屿问题。在印度看来,共产党中国的进攻和美国保卫岛屿的行动很有可能会引发一场不断蔓延的冲突。它认为,美国保卫岛屿的暗示还不如目前保卫福摩萨的承诺那样情有可原。在支持共产党中国对福摩萨的主权要求的同时,印度人一直坚持认为应该通过和平手段而非武装侵略解决问题。印度最近的社

---

① 佩斯卡多尔群岛:一些外国人沿用的 16 世纪葡萄牙殖民主义者对中国澎湖列岛的称呼。——编注

论总体上认为美国确实是想阻止冲突的蔓延。同时，近来新闻出版界不断批评北平的敌对态度和明显拒不妥协的姿态。

亚洲其他地方的反应各不相同。大韩民国支持美国的"强硬立场"，愿意积极参与可能由此引发的任何战争，并公开谴责撤出大陈岛是软弱无能的表现。菲律宾赞同美国强硬的立场，而印度尼西亚、缅甸和新加坡则担心美国的政策可能会引发战争。以上国家中已经有两个国家的政府领导人表达了自己的官方立场。吴努总理（U Nu）表示希望以和平手段解决问题，而菲律宾的麦格赛赛（Magsaysay）总统则表示追随美国。泰国、澳大利亚和新西兰的态度明显的是赞同与担忧并存而以赞同为主。阿拉伯国家总体上是持批评态度的。土耳其表示赞同美国的立场。

5. 西欧 欧洲的反应深受避免战争愿望的影响：赞同美国表明保卫福摩萨的意愿以及对停火协议的支持，认为这些举措降低了战争风险；而美国显然要保证沿海岛屿安全的做法所带来的风险则引起了欧洲人的恐慌和批评。

西欧存在着两种截然相反的观点，尤其是英国：一种认为美国表现出了试图从现实出发解决福摩萨问题的政治才能；另一种认为美国试图保卫两个虽重要却无法防守的沿海岛屿会招致战祸。英国新闻界实际上一致认为美国应该立即由沿海岛屿撤退，同时接纳中国加入联合国。没有人为美国的沿海岛屿政策辩护，但与此同时，不可以让中国共产党以武力夺取台湾的观点也获得了很多支持。

法国和意大利的反应相对沉寂，他们很少介入该地区的事务，并大致相信无论美国还是共产党中国，都不会因为金门和马祖而进行一场大规模的敌对冲突。

西德，尤其是西柏林，在美国愿意保卫暴露的西欧地区免遭共产党袭击的问题上投入了更多的关注。

各地社会党人的反应比其他非共产党团体的反应更具批判性。英国工党团结一致，寻求使英国与美国的远东政策脱离干系的道路。

6. 拉丁美洲 迄今为止，当地的反应是有限地支持美国的立场。如往常一样，拉丁美洲的官方和评论界人士对似乎与其无关的全球性问题反应迟缓。然而，亚洲的武装冲突或联合国的法律和外交斗争将促使拉丁美洲很快便明确地表明自己的观点和立场。他们会立即倾向于支持美国。同时，长期以来对卷入一场全面战争的恐惧又使他们愿意接受一些折衷性的建议，特别是当这些建议获得西欧国家的支持时便更是如此。

梁志译，梁志、双惊华校

国务院情报研究所关于
英国的台湾问题立场背景的分析

(1955 年 2 月 14 日)

IR 6831

英国对福摩萨问题立场的背景

(1955 年 2 月 14 日)

前　　言

　　这篇报告是对 1950 年 1 月 6 日英国承认共产党中国前后很短一段时间内在福摩萨问题上的态度与政策的编年性分析。

　　……①

提　　要

　　英国异常担心美国或共产党中国的行动会使它卷入防卫福摩萨的问题,因此从 1 月 24 日艾森豪威尔总统发表了关于福摩萨和沿海岛屿的宣言之后英国的政治气氛就紧张起来。这种反应并不是第一次出现。仔细研究过去五年英国的公开声明可以发现,自 1950 年 1 月 6 日承认共产党中国以来英国对形势的估计或是英国的政策几乎没有发生明显的变化。当前的危机使福摩萨和沿海岛屿问题的法律层面凸显出来,英国因而寻求通过外交途径解决问题。

　　目前,保守党似乎确信外交解决方法必须建立在对所有相关的政治和战略问题进行通盘考虑的基础之上,而非仅仅考虑争论双方依法提出的所有权请求和反所有权请求。相反,在福摩萨问题上,工党发言人自始至终地坚持反对那些看似否认共产党中国自称对福摩萨主权和联合国代表权的合法要求的解决方案。在共产党中国对沿海岛屿的所有权问题上,英国的两大主要政党并无分歧。然而,在共产党正在侵略朝鲜并教唆印度支那共产党的时

---

① 　原文此处一段字迹模糊。——译注

候,哪一个英国政党都不愿承担通过促成或支持联合国接纳共产党中国的方式打破中国共产党与国民党之间僵局的责任。同样,双方都认为必须将处理福摩萨一事与如何及何时对付中国共产党的扩张威胁这一更大的问题联系在一起加以解决。

1950年以后工党政府表达了与共产党中国实现外交关系"正常化"和贸易"正常化"的愿望,但共产党中国的言行使这一希望破灭了。它几乎像对待其他外国人一样对待在中国的英国人,在1954年年末以前拒绝与英国进行哪怕是表面上的正常的外交往来,还向北朝鲜提供援助。英国被迫与美国和其他联合国成员国一道反对和指责共产党中国干涉朝鲜事务。虽然英国经常强烈反对美国的军事和政治举措,但回顾朝鲜战争的历史,英国两大政党不得不更加认同美国对非共产党势力控制福摩萨的重要性的评估。共产党的行动坚定了以下保守党本还处于形成过程中的看法:如果正式改变承认北平的政策在政治上不可行,那么英国对共产党中国的政策就不能仅仅建立在这一基础之上。英国强调,在与共产党中国打交道时要"将眼光放得长远一些",要通过让北平在国际社会中享有应有的地位来消除"两个中国"的畸形状态。实际上这种说法将永远不会变成现实。旧金山和约的签订、朝鲜停战协议的签署以及日内瓦会议的召开等关键问题说明北平并不想采取工党曾称之为实现与共产党中国关系"正常化"前提条件的令人满意的国际行动。……①

引　言

1955年1月24日艾森豪威尔总统发表的宣言在英国引发了一场关于福摩萨问题的激烈争论。在英国尤其是工党看来,这种争论一直是与共产党在联合国的"合法"代表权以及美英两国对于远东共产党威胁的不同的政治和战略评估相关联的。虽然英国目前比1950~1953年更加担心美国在福摩萨、佩斯卡多尔列岛和沿海岛屿有所举动,且目前福摩萨和沿海岛屿问题的法律层面比以往更加引人注目,但当前的讨论几乎没有提出什么有实质性意义的新观点。保守党人目前在福摩萨问题上实行的政策在其很长时间以前的声明中便有预示,这一政策与1951年保守党上台后推行的政策恰好相反;他们认为福摩萨问题和与远东有关的广泛的战略考虑是分不开的,且他们显然不想在完全不顾以上考虑的情况下解决福摩萨甚至是沿海岛屿的地位问题。相对来说,工党的看法总是更加情绪化,更加坚决地承认北平的"合法"权益,更加严厉地批评美国。然而,值得注意的是,工党上台以后其领导人实行的政策与当前政府大致相同。目前,所有英国政党都希望停火特别是由联合国安排停火,而且特别害怕被卷入防卫福摩萨的事务当中。

---

① 原文此处一段字迹模糊。——译注

1949 年

11月14日　英国外交大臣被问及当前英国对福摩萨的立场如何,英国是否向福摩萨派出了代表,由哪些人担任,解决福摩萨问题的最后方案是什么。随后,外交次官克里斯托弗·梅休(Christopher Mayhew)声称英国政府在淡水有一个与控制该岛屿的中国国民党当局保持联系的领事馆,他说:"只有对日和约才能真正使福摩萨的法律地位发生变化。但最后的解决方案将不会是女王陛下的政府所能单独决定的问题。"

评　　价

除马来亚以外,1949年间官方和公众对于福摩萨问题的评价总体来说并不多见,广大公众很少关心远东事务,也并不十分了解中国时局的发展。英国人尤其是官员们对中国内战的影响作出了一些评估,但他们对于迫使蒋介石集团逃离大陆的中国革命的意义知之甚少。

中国国民党当局在大陆港口外和福摩萨海峡上干涉英国船只的活动,英国国会对本国政府的态度提出了尖锐的质疑,外交大臣欧内斯特·贝文不得不做出回应。11月16日,他提醒下院注意中国国民党政府并未将禁止海运的举措宣布为封锁,而仅仅是实行"国内暂时封闭令"。他说,"合法性问题正在争论之中,"且已通知福摩萨当局英国政府将会在领海以外的水域保护本国商船船员,并认为"通过袭击手无寸铁的商船船员来执行暂时封闭令的行为是非法的和不友好的,即使这种袭击发生在领海范围内也不例外"。

显然,1949年底即使是政府和新闻界中最认真负责的观察家也认为蒋介石几乎不可能再重新控制中国大陆了。随后,1950年1月6日英国承认了北平。此举符合英国长期以来的做法:如果一个政府已经控制了国家领土并得到了大部分人民的拥护,那么它就有资格获得国际法的承认。当时,几乎所有英国观察家都希望同中国共产党建立外交关系,都认为承认北平是理所当然的。由于意见一致,承认北平本身在当时并不是一个争论不休的党派问题。当然,在承认北平的同时英国断绝了与福摩萨蒋介石政府的关系,但却没有从福摩萨撤回自己的领事代表。

1950 年

3月28日　英国国会下院自由派普通议员埃姆里斯·罗伯茨(Emrys Robers)表达了以下许多支持承认共产党中国的英国人的观点:

英国政府已经承认了新上台的中国革命政府,我认为他们这样做是正确的,因为毕竟承认一国政府不是也不应该是一种政策武器,而是基于法律原则的行动和对既成事实的承认。中国在安理会拥有席位,但其代表来自前中国国民政府,且虽然该政府已不能有效地控制国家领土,但它在安理会仍拥有否决权。虽然我们可能对中国新政府上台的事实感到遗憾,但我认为最好敦促安理会接纳它,原因是目前的形势只会使安理会的僵局更加难以打破。

5月24日 保守反对党首席发言人之一R·A·S·巴特勒(R. A. S. Butler)表达了关于工党政府承认共产党中国明智性的第二种想法:

显然,他们(工党政府)认真考虑这次承认共产党中国对于其在成功湖(Lake Success)①政策的影响。很明显,他们正通过在成功湖投弃权票玩拖延的把戏,一种在承认中国这一问题上全力以赴的把戏。当然,毛泽东集团已经识破了他们的外交手段,事实上当该政府推行承认政策时,他们应该意识到这一政策给蒋介石的福摩萨、成功湖尤其是香港、马来亚和其他地方所带来的后果。他们之前并没有认真考虑这些事情,现在他们自食其果了。

7月10日 当朝鲜冲突爆发、英国支持美国和联合国反对北朝鲜侵略的行动以后,在国会中工党政府多次被问及有关英国在远东防务范围的问题。特别值得一提的是7月1日一位工党普通议员伍德罗·怀亚特(Woodrow Wyatt)想要确认英国已经明确表示反对通过帮助防守福摩萨而使冲突不再局限于朝鲜范围内的做法,他认为这是完全不同的威胁,"我们已经承认中国共产党政府对福摩萨拥有宗主权。"副外交大臣厄内斯特·戴维斯(Ernest Davies)并没有直接回答这一问题,仅仅重申了政府在6月28日作出的支持美国在朝行动的决定。随后有人问他是否真的认为英国能够约束"大国在朝鲜的好战行为;此外,如果我们找不到令人满意的解决远东问题的方案的话,他会不会认真考虑英国应该参与防卫福摩萨的问题?"戴维斯没有做出答复。他以前曾经声称,英国政府保证不协助美国防卫福摩萨。

7月26日 外交大臣被问及一个问题:女王陛下的政府对共产党中国政府的承认是否会延伸开来,承认共产党中国政府对福摩萨的一切权利要求?当时的英国外交部国务大臣肯尼斯·杨格(Kenneth Younger)为此发表书面声明:

英国政府在法律上承认中华人民共和国为中国之合法政府,有权享有中国人国家的一切权利。但台湾在法律上仍为日本领土,无所谓台湾政府。日本投降后,当时之中国政府,经其余盟国之同意,取得台湾之临时治理权,但仍需等和约对其地位作最后之确定。在其余盟国之中,并非所有国家都承认中华人民共和国是代表中国的政府,也因为目前的福摩萨行政当局具有临时性的特征,为此,一如英国政府一直希望的那样,女王陛下的政府期待将福

---

① 成功湖(Lake Success),美国纽约州东南部城镇,1946~1951年为联合国总部所在地。——编注

摩萨的解决方案与对日和约联系起来。

9月15日　外交大臣厄内斯特·戴维斯被问及他的政府在防御福摩萨问题和福摩萨未来地位问题上的短期和长期政策,最近英国政府为了追随美国政策采取了什么步骤,是否要求在联合国讨论这些问题。他回复说:

在福摩萨问题上,英国政府的主要目标是帮助赢得普遍能够接受的和平解决方案。为达此目标,英国政府不仅与美国,还同英联邦国家保持着密切的磋商。我的朋友,尊敬的贝文将会在纽约与他的美国和法国同僚讨论该问题的几个侧面。我们当然应该抓住一切有利时机在联合国框架内达成协议。为此,在这个节骨眼上,不适宜对当前我们的福摩萨政策多加评论。

11月29日　一位工党普通议员埃尔温·霍内斯(Elwyn Jones)就远东事件的发展特别是与福摩萨有关的进展在下院表述了工党党内的很多观点,他说:

我们必须面对这样一个事实,印度曾经不止一次地警告我们,在与亚洲人民打交道的时候我们必须更为深刻地理解亚洲已经存在的局势,例如美国对福摩萨的政策意味着支持一个落后、腐败的政权,努力树立像蒋介石这样的不足信的、没有代表性的形象……不幸的是,今年美国人在远东的行动中屡犯错误。美国对福摩萨的行动与英国的政策及我们努力促成的目标相悖。进一步说,我们应该警惕麦克阿瑟将军访问福摩萨及与蒋介石进行军事磋商的行动。福摩萨卷入冲突的中心不是英国政策的一个组成部分。我们的政策一直是保持福摩萨的中立……

评　价

1950年6月以后英国人对远东事务的兴趣曲线和关注度急剧上升。回顾起来,朝鲜冲突的爆发像是政府官员和民众观念的重大分水岭,从希望与新生的共产党中国政权关系"正常化"到看到残酷的现实:中国共产党人干涉和延长朝鲜纷争。但是,直到10月贝文也没有放弃希望,他期待与共产党中国的关系能够出现令人满意的局面。在10月5日工党年会上他提醒大家,新中国是内部革命的产物,在它做好准备在国际舞台上占有一席之地之前需要其他国家的安全保证和正确引导。他说:

我们最好引导它进入联合国,就像它以前那样,成为相互尊重的联合国成员国的一员,而不是要它为了进入联合国而杀出一条血路……我不怀疑如果中国政治家不纵容或参与侵略,不再颠倒黑白,如果他们多一点耐心,事情会更容易解决,不久以后新中国将会联合世界其他地区,致力于建设一个新世界。

承认了共产党中国之后,工党政府发现自己越来越尴尬:虽然英国的亚洲自治领也这样做了,但没有其他的西方英联邦国家效仿它的做法。共产党中国拒绝与英国实现外交关系正常化,所以英国的做法越来越难说是正确的。尽管英国仍然向北平保留了外交的"窗口",但中国当局对在华英国商人的利益一直采取不友善的态度,对英国的利益与其他所有外国的利益一视同仁。在这种情况下,工党党员、一些保守党党员和自由党党员的批评之声日起,要求追随美国的不承认政策并以此作为解决处理共产党中国难题的基础。虽然听起来很虚伪,但还是有一些人相信,接纳共产党中国进入联合国将会自动解决确保英国实现与新中国关系"正常化"的问题。工党发言人,特别是贝万尼特·弗林格斯(Bevanite Fringes),反复强调共产党中国应该拥有联合国席位。考虑到朝鲜事件的发生和北平政府对英国商人执行的强硬路线,这种反复重申已经达到了成癖的程度。

保守党人没有说过他们在当选之后将推翻承认政策,但其确实责怪工党政府没有预料到这种政策引发的种种困难。他们特别担心美英关系会因而受损,于是责怪工党政府。事实上,英国国内普遍蔓延着对美国在朝鲜军事政策的反感,不满意美国"6·27声明"的单边政策和派遣第七舰队游弋于福摩萨地区进行防卫。英国人普遍担心卷入与中国大陆的战争或者承担防卫福摩萨的责任。保守党人更担心后一种情况发生的可能性,这种担心超过了他们对英国与共产党中国建立外交关系的政策可能会失败的忧虑,工党政府的支持者和反对者都认为福摩萨蒋介石政权的地位是名不副实的。

1951 年

2月12日　英国下院反对派保守党的临时领袖安东尼·艾登(Anthony Eden)在一次外交事务辩论会上陈述到:他看过的有关福摩萨问题的最佳表述是吉尔伯特·赫里(Gilbert Hurray)教授在伦敦《泰晤士报》上发表的一封信,赫里认为这样过于简单化了……

宣称新中国一旦同意不再进一步发动侵略,就能保留此前"中国"拥有的所有的权利和特权。这是一个复杂的问题,例如"中国"对福摩萨拥有主权,但这意味着新的大陆"中国"有权不管当地居民的意愿使用武力占领福摩萨,甚至要求联合国为此做好准备吗? 这些是非常棘手的问题。

艾登重申了一个两党达成共识的观点:"事实上,福摩萨的未来与对日和约问题是联系在一起的。"克莱门特·艾德礼(Clement Attlee)也在辩论中答复说,他同意这一通常的立场,认为"只有它(福摩萨)的问题获得解决,远东问题才能解决,我们必须始终正视并讨论这一问题"。

一位保守党普通党员沃特豪斯上校(Captain Waterhouse)抨击了工党政府在福摩萨问题上普遍所持的这一立场,宣称开罗会议有关福摩萨的决定不再有效。他说,在约束和惩罚日本侵略之后,同盟国不渴望得到任何回报,没有任何领土扩张的想法,但

如今对象已经不同了。现在不是日本而是中国作为侵略者,但英国政府坚持将位置极为重要的福摩萨移交给他们。如果世界上有一个岛屿应该由我们、美国、澳大利亚这些根本没有任何侵略念头的国家托管,这个岛屿应该是福摩萨。在目前的情况下,我们决不应将它移交给中国。

5月11日　政府官员赫伯特·莫里森(Herbert Morrison)在英国下院说:

因此,(在1950年12月14日)亲爱的首相阁下在同一场辩论中继续评价道,中国通过行动表明,它在朝鲜的一举一动并非是实践开罗宣言的障碍,接受该宣言的基本原则之前,很难使该问题(将福摩萨移交给中国)获得令人满意的解决。英国政府认为,只有远东问题获得真正令人满意的解决,开罗宣言的目标才有可能实现,而通向这种前景的第一步必须是朝鲜问题的解决。事实上,现在福摩萨问题已成为一个国际问题,一些非开罗宣言与波茨坦公告签约国的国家对此越来越关注。英国政府因而认为,在恰当的时间内由联合国来考虑该问题是有益的,但这也并非是一个迫在眉睫的问题。我们在远东面临的最为紧迫的问题是朝鲜问题。我们认为,只要朝鲜行动持续下去,讨论福摩萨的将来就为时尚早。然而,福摩萨问题将会逐渐与日本和约联系在一起。我们现在的目标是在不允许难于解决的福摩萨问题拖延谈判的情况下,在不企图在对日和约中获得对福摩萨问题最终解决的前提下尽早达成对日和约,福摩萨问题必须在整体的远东局势背景下加以认真考虑。

当莫里森被问及是否应该将福摩萨人民的意愿考虑在内时,他回答是的。当有人要求莫里森清楚地说明上述讲话并不代表英国政府福摩萨政策出现任何改变时,他说自艾德礼上一次就该问题发表讲话之后,政策没有任何改变,目前的讲话也没有构成一种政策变化。

6月27日　莫里森在下院说:

英国政府……认为……中华人民共和国中央人民政府应该在联合国代表中国。但考虑到该政府所坚持的行为与联合国宪章的目标与原则相抵触,英国政府认为应搁置对该问题的考虑。

11月19日　工党副主席莫里森在一场外交事务辩论中说:

我们寻求联合国接纳新中国,且仍然认为促使新中国加入联合国是正确的,但大多数联合国成员国一直且会继续反对此事。我同意中国将会毫无疑问地参与接下来在朝鲜的军事行动,按照联合国内的主流观点,立即决定接纳新中国是非常困难的。但我们期待休战与和平,希望一旦局势发生变化,接纳中国进入联合国的可能性就会出现。我们相信英国政府将致力于寻求将有效的中国政府引入联合国……我们不应使联合国变成一部反共舆论和活动的机器。而且,将中国变成一个放逐者也是极为不明智的。

评 价

1951 年英国在承认问题和福摩萨归属问题上的立场都没有发生重大变化。在接纳北平进入联合国的问题上工党的态度一直是比较情绪化的。众多的工党追随者似乎没有使自己与事件的进程相适应,这些事件的发生实际上已破坏了工党初始立场的逻辑。朝鲜战争、共产党中国与英国难以令人满意的关系类型、需要采取措施保护盎格鲁-美国的和谐一致,这些在很大程度上塑造了工党的官方看法。福摩萨"中立化"或将该岛置于某种程度的"托管"之下等想法被越来越频繁地提出。

尽管保守党不打算放弃承认政策,但在与共产党中国妥协的问题上保守党的态度明显较为强硬。到了 10 月大选期间,当工党丧失了对政府的控制之后,保守党人比很多工党党员预期的还要更明显地转向接近美国的政策路线,当然保守党人也像工党党员一样非常担心英国被卷入对抗大陆中国或保卫福摩萨的行动之中。

在评估 1951 年底美国与英国对共产党中国政策的异同时,应该说美国追求一种在英国人看来强硬的、经常犹豫不决的和具有威胁性的路线;另一方面,英国的政策也发生了细微的正式变化,因为共产党中国没有遵照英国人希望的行动路线行事,英国对共产党中国的政策受到挫败感与失落的困扰。对美国和英国而言,处理共产党中国和福摩萨的问题都成为远东力量平衡的一个组成部分,而不仅仅是双方在中国革命对未来北平政权与西方大国的政治关系的影响问题上看法不同。

1952 年

1 月 17 日 温斯顿·丘吉尔在美国国会致辞:

虽然有时我们会在程序方面出现外交分歧,但我非常高兴,你们不允许在福摩萨的反共产主义的中国人遭受来自中国大陆的侵略和屠戮。我们非常高兴地看到你们在停战谈判中表现出的耐心。我们两国都同意,如果我们追求的真理面临破产的危险,我们的反应将是迅速的、坚决的和有效的。

2月2日　艾登在下院讨论了日本与福摩萨的关系问题。1月3日有消息说英国政府搁置了正式签署1951年9月与美国政府缔结的对日和约一事。日本首相吉田茂（Yoshida）书简①的内幕被披露,据称日本承认福摩萨政权的决定是在美国的高压下做出的,这在英国引发了政治风暴。艾登说:

　　……我一直认为,日本与中国关系的性质应由日本在获得了完全的主权之后决定……我几次在东京和华盛顿阐述了自己的观点,这是上届工党政府的主张,也是我们的观点。我非常肯定,如果提出要求的话,美国政府将会完全公开地承认他们知道应该这样做;实际上,去年12月陪同杜勒斯访问日本的斯帕克曼（Sparkman）参议员在回国后非常坚定地谈及此事。在谈到吉田写信的行动时,他说:"我们知道这不符合大英帝国的意愿。"必须公开承认,在此问题上我们与美国政府没有达成一致。我对此感到遗憾,认为这种情况应该可以避免。

2月5日　克莱门特·艾德礼在下院攻击丘吉尔1月17日在美国国会中关于福摩萨问题的演讲,他说:

　　……对其言辞最显而易见的解读——其话语的整体倾向性——就是支持蒋介石政权来拯救福摩萨。我非常清楚福摩萨问题的重要性。美国人当然会对福摩萨非常敏感,因为在上一次战争中正是福摩萨遭受了攻击;但是中国人对福摩萨也非常敏感……他们亲眼看着这个政府被赶出了中国,我认为蒋介石政权是完全不可信任的。他们看着在有效攻击范围之内存在着这样一个政权,很自然会认为该政权可能会将攻击的矛头直指他们自己。从中国人的角度看,这显然是一种危险,在任何解决方案之下,不管如何处置福摩萨,对他们来讲都是至关重要的。我建议将福摩萨和那里的所有人民都移交给中国政府,我不认为应将武装的福摩萨维持成为一个对抗的中国人的政府。就我个人而言,我相信该地区应在一段时间之内保持中立。但我们必须勇敢地面对这一问题。诸位先生可能还没有意识到,事实是（议会中）对此事的普遍反应是支持蒋介石政权。而我认为继续支持蒋介石政府对于远东问题的解决将会是致命的打击。

　　艾德礼也公然反对封锁中国。

---

①　1951年12月18日,美国国务卿杜勒斯与日本首相吉田茂会晤,并将事先拟好的一份以日本首相的名义起草的备忘录交给吉田茂,要他签字后寄给杜勒斯。备忘录的主要内容是日本政府准备从法律意义上尽快依照多边协议所确定的原则与台湾当局签订双边条约。这个双边条约的条款将运用那些"现在或将来可能处于在日本和台湾当局实际控制之下"的地域。日本政府保证无意与中国共产党政权缔结双边条约。在美国的高压之下,吉田茂签署了这份出自杜勒斯之手的信件,并于12月24日将信寄到了华盛顿。这就是著名的"吉田书简"。——编注

2月26日　工党发起了一场对政府的谴责运动,责怪丘吉尔的所谓失败,认为丘吉尔在美国就英国远东政策作了过分的陈述。莫里森代表工党发言,要求首相论述一下,在不反对日本在美国的要求之下决定对国民党中国作为中国的合法政府给予有限的承认之际,他是否得到了准确的消息?莫里森说他个人从未从日本方面获知这一提议。丘吉尔否认了他做过什么承诺或对英国外交政策做出根本的变更,关于福摩萨问题,他说:

> 我相信大西洋两岸的人都确信……没有什么比美国或者联合国的军队卷入中国的广袤地区这件事更愚蠢的了,什么冒险活动能会比蒋介石将军重返大陆获得更明显的成功。

5月12日　有人向艾登询问,在美国国防部副部长发表了声明之后,美国是否请求英国参与对中国的海上封锁。艾登回答说没有。也有人要求艾登向美国说明:"如果发生任何没有经过联合国授权的海上封锁行动,没有一艘英国船只或一个英国人为了任何歇斯底里的原因冒险。"艾登表示封锁只是一系列可供选择的路线之一,"美国政府非常了解我们在这一问题上的看法,我在议会也多次说过,不承诺参与任何行动。"

7月2日　在英国福摩萨政策和接纳共产党中国进入联合国的问题上,工党议员们继续向政府施压。例如,7月2日他们质问政府,英国已采取何种措施"向美国政府说明,英国的公众舆论将不再能忍受美国对福摩萨中国国民党军队行动的任何军事支持"。国务大臣塞尔温·劳埃德(Selwyn Lloyd)注意到,在杜鲁门总统就福摩萨问题发表"6·27声明"①之际美国要求中国国民政府的部队停止对大陆的一切空中和海上作战行动,这种"中立"政策仍然有效。劳埃德还指出,丘吉尔1952年2月26日的声明中已包含了中国国民党人企图进攻中国大陆必将失败的内容。

劳埃德再次阐明了政府的立场。和工党政府一样,他表示接纳共产党中国进入联合国将仍然是"假设性的,直到朝鲜停战这一必要条件得以实现为止"。

7月31日　丘吉尔在下议院被问及美英两国是否就美国第七舰队撤出福摩萨一事展开过磋商。他说这种行为完全是美国事务,没有理由和我们磋商,皇家海军完全没有参与,英国福摩萨政策没有任何改变。

10月29日　有报道称,10月21日蒋介石发表演说,寻求结束福摩萨的中立状态,并希望能够被允许派遣国民党军队进攻中国大陆,艾登在下议院被要求对此进行评论。艾登表示,政府的看法依旧是2月26日丘吉尔已经表示过的,不赞成这种国民党人的"冒险","阻止朝鲜战争的蔓延"仍是政府的政策。

---

① 1950年6月27日朝鲜战争爆发后仅两天,美国总统杜鲁门就发表了著名的"6·27声明",其中有关台湾部分的内容如下:"共产党军队占领福摩萨,将直接威胁太平洋地区的安全以及在该地区执行合法和必要职责的美国军队。为此,我已下令第七舰队阻止对福摩萨的进攻。作为这一行动的应有结果,我已要求在福摩萨的中国政府停止对大陆的一切空中和海上作战行动。第七舰队将保证此项得以实施。福摩萨未来地位的确定,必须等太平洋安全的恢复、对日和约的签订或经由联合国的考虑"。引自陶文钊主编:《美国对华政策文件集》,第二卷(上),第44~45页。——编注

评　价

1951年10月保守党人上台执政后，他们没有在承认共产党中国、接纳共产党中国进入联合国和英国的福摩萨政策上做出正式的变更。政府立场的主要基础一如前任工党政府一样，认为英国政府被迫面对中国共产党人侵略朝鲜的战略现实。不过，从丘吉尔在美国国会的演说中我们可以直接看到，即使保守党领导人也和工党政府一样对远东战争的扩大感到失望和恐惧，他们还是逐渐强化了对共产党中国的政策。

一个很有意思的现象是，对日和约的签署非但没有解决反而增加了解决福摩萨问题的难度。重复一遍，工党和保守党发言人都将对日和约视为"解决"混乱的福摩萨地位问题的手段之一。通过条约解决问题的希望完全落空，而工党批评家认为尤其糟糕的是，按照日本的说法，美国强迫日本同意承认蒋介石政权。美国对此事的处理尤其伤害了工党的感情，甚至保守党政府也因美国处理问题的态度感到尴尬。对日和约没能彻底"解决"两个中国地位的问题，英国政府不得不转而寄希望于朝鲜停战协定的签署。然而，高层保守党领导人并不是特别坚定地抱有这种期待。

实际上英国政府内的工党批评家们对国家政策的政府行为抱怨不多，但他们确实经常担心保守党在涉及英国立场的重大方面向美国屈服。他们强调一个"获释的"蒋介石及由此引发英国卷入的危险性。按照他们的表述，一方面，他们担心美国在福摩萨的傀儡政权被美国的极端主义分子利用；另一方面，他们害怕美国不能控制蒋介石的活动。他们一直要求联合国接纳共产党中国，尽管过去工党政府倡导这一提议时也附加了限制条件。不过，接纳共产党进入联合国的"逻辑"在党派圈子中不断传播，在某种程度上甚至团结了政党的左翼和右翼。例如，休·多尔顿（Hugh Dalton）在十月份工党全国执行委员会的年会上引用工党外交政策声明的语句，就好像在工党的考虑中该问题依旧是新问题一样，他说：

> 在联合国中蒋介石残余政权的代表以中国人民的名义发言，而他们已经被中国人民所抛弃，这是很滑稽的闹剧。工党认为，不承认北平政权是中国的有效政府，不把北平政权当作联合国成员国，远东问题就不可能获得持久的政治解决……但是，（他很悲伤地加了一句），如果我们承认了中国，那么中国也应承认我们，这有助于问题的解决。

因为那时共产党中国已拒绝这样做，虽然还坚持中国发展的"长远观点"和中国共产党人可能与苏联分裂，但英国的辩论逐渐走向无果而终和争执不下。既然这样，批评美国远东政策，特别是与美国福摩萨政策有关的责难，在某种程度上是不满情绪的合理化，是英国人不满本国继任政府处理与共产党中国关系的政策的结果。

1953 年

2月3日 2月2日美国又发表了一项关于福摩萨问题的声明,表示第七舰队将不再执行阻止中国国民党人袭击中国大陆的任务。注意到这一声明的艾登告诉下议院,说英国早已风闻此事,且英国已向美国表达了自己的关切,担心这种行动"在缺乏后续军事优势的情况下会引起令人遗憾的政治反弹"。他也注意到中国国民党部队的小股袭扰行动与中立化政策的矛盾,但美国并不在意这些。艾登进一步说:

然而,重要的是应对这种行动掌握好分寸,加强观察。福摩萨的中立化是美国的单边政策,与英国政府无关。这项政策是在中国人干涉朝鲜战争之前做出的……结果,(新的)声明也是新一届美国行政当局的单边决策,试图对其前任的单边决策做出修正。

2月5日 莫里森在英国下议院详细评价了杜鲁门和艾森豪威尔福摩萨政策的所谓变化,他说:

……杜鲁门总统的政策是美国第七舰队游弋在福摩萨和中国大陆之间,尽力阻止双方发起侵略性攻击,不管是这边的共产党中国还是那边的蒋介石将军。艾森豪威尔总统所宣布的决定(下令第七舰队不再用于保护共产党中国)……

莫里森说工党对杜鲁门的政策从来都不是非常满意的,尽管应该说这一决策在很大程度上是随着朝鲜局势的发展而做出的。

杜鲁门总统的政策可以说是双向的,即双向的中立……现在美国新任总统的宣言使得美国政策发生了重大的变化……他发表的宣言使得美国福摩萨政策与以往相比出现重大差异。尽管他没有明说,在我看来,现在大概可以推测出来,该宣言表露出来的东西几乎足以明确地告诉我们,这是一种单向的中立……刺激蒋介石将军调动兵力进攻中国大陆,美国默许,实际上是保证了这种行为,即美国海军将不会干涉蒋介石的这种进攻行动,这是极为明确的……其影响耐人寻味。最重要的是,带来了扩大战争的风险……(如果蒋介石有麻烦,美国会觉得自己被迫要把他保释出来,这时美国就可能要求其盟国给予援助。)倘若如此,我们当然会认为英国力量卷入其中是极端错误的。

莫里森继续指出,如果事态沿着他推测的路径发展下去,蒋介石将会更多地挑起与英国船只的冲突,这是英国所不能容忍的。

艾登回答了莫里森的质询。他表示莫里森没有充分考虑首次宣布中立化政策时的各种动因,也没有深入理解美国对共产党中国的认知受到朝鲜战争的影响。"事实是,这项政策实施以后中国成为北朝鲜的入侵者,这就带来了全局性的改变"。

艾登称,对于美国人来说,联合国对中国侵略的谴责要求重新定义福摩萨的中立化手段。下议院不应听信那些杞人忧天者对艾森豪威尔新命令的解读,而应牢记美国总统的声明是一项命令,"'没有暗示我们这边有任何侵略性的内容'……英国政府应确信该声明清晰地阐述了美国的立场"。

3月17日　艾登告诉下议院:

中国是联合国安理会常任理事国——没人可以改变这一事实——联合国大会多数成员国承认的是蒋介石政权。虽然这不是我们的做法,但不可能让这个席位空缺。联合国中必然要有中国代表出席,在联合国大多数成员国改变想法之前,目前中国代表权的状况将会一直持续下去。

这一讲话再次确认了英国政府的立场。2月11日,有人建议是否能够让国际法院在接纳共产党中国进入联合国问题上做出裁决。负责外交事务的副外交大臣安东尼·纳丁(Anthony Nutting)排除了这种可能性,认为实际上这是根本行不通的。"……对中国代表权的任何变更都是联合国而非国际法院的事情。"

7月27日　在共产党人进犯南朝鲜3年零32天之后朝鲜停战协定在板门店签署。英国的官方和公众舆论都对停战感到欣慰,但对停战没有解决的政治问题和共产党中国的意图感到深深的忧虑。

10月1日　艾德礼在马盖特工党年会上说:

中华人民共和国政府把福摩萨视为指向他们的一把手枪,美国人还记得对中国大陆人民发起的攻击都是从福摩萨而来。我在很久以前就倡导——事实上我记得我在美国也说过——使福摩萨中立化是正确的选择。忘记这些的是福摩萨民众,我不知道福摩萨的居民是否希望投入中国的怀抱,他们应明确表明自己的态度。

评　　价

1953年英国对共产党中国和福摩萨的政策没有什么变化,但保守党政府比以往更加明确地将接纳共产党中国进入联合国的问题与更大的战略考虑结合在一起,认为这将影响联合国与美国的远东政策。英国政府没有制订倡议或支持接纳共产党中国进入联合国的时间表。实际上,保守党政府的政策和工党政府的政策并无差别,但工党的批评家们经常企图把两届政府的政策区分开来。对日和约的签署没有实现英国的愿望,它们原来希望借机"解决""两个中国"的问题。此后,它想通过朝鲜停战协定的签署制造另外一次机会。但这个愿望也没能实现,部分是因为停战谈判久拖不决、痛苦不堪、分歧不断,给世人留下了中国人不守信用的印象,推迟了对很多相关政治问题的考虑,部分是因为印度支那事件加深了人们对大陆共产党人意图的忧虑。

关于新的美国福摩萨公式的争论使人们回想起工党对美国政策旧有的仇视,但没有提出什么新的带有根本性的问题,至少保守党政府对美国政策的解读没有什么变化。工党不相信美国政策没有改变,存在深层隐忧,几近神经质,担心美国新的共和党政府会执行亚洲优先的政策,对共产党中国实行强硬的军事政策。他们不喜欢麦卡锡主义和美国谈论的"解放"和"大规模报复"战略,这在他们对美国意图的评估中占了相当大的比重。

对这些政策的担心并不只是工党左翼人士的专利。英国的官方和公众在到底该怎样处理福摩萨的问题上并没有达成一致意见。在处理共产党中国与福摩萨问题上,英国政策比英国人眼中的美国政策更加一贯和直接,但也没有什么结果。这种结局加深了工党的挫败感,也强化了他们的信念——认为在这种僵持和混乱局面的形成方面美国几乎要和共产党中国负同等的责任。保守党政府没有这种思维上的跳跃,但他们对该地区形势演变的趋向表示担心,害怕美国为了回应共产党中国的挑衅活动而采取激烈的行动,这有可能引起极为严重的后果。

1954 年

3 月 15 日　3 月 4 日蒋介石发表演说,宣称他正在积极进行对共产党中国发起攻击的最后准备。3 月 15 日,有人在英国下院向艾登提出质询,问他是否注意到此事,他是否应该就制止这种攻击与美国展开磋商。艾登表示他注意到了以上演说:

演说通篇使用的字眼非常一般,与此前同类演说没有什么不同。美国政府已充分了解英国的立场,即英国反对国民党人对中国大陆发动进攻。

他还向提问者谈到了 1952 年 2 月 26 日丘吉尔的同类观点(见前述)。

4 月 5 日　艾登被问及政府关于红色中国联合国代表权的行动目标和性质以及为什么不能把这一议题拿到日内瓦会议上进行讨论。劳埃德代表政府发言,表示在 1953 年 7 月的讲话中已经说过,因为相关政治决议悬而未决,所以政府当时不准备就此事采取行动。劳埃德还提到美国负责远东事务的助理国务卿沃尔特·饶伯森(Walter F. Robertson)的讲话:

目前对华政策的核心就是应继续保持对红色中国固有的军事威胁,希望有一天能够促使其分崩离析。

劳埃德的讲话是否表示他可能会接受饶伯森阐述的政策目标，我们仍不得而知。

4月26日　日内瓦会议召开，6月15日关于朝鲜停战的政治讨论结束，7月21日会议闭会，签订协定，结束了长达七年半的印度支那战争。

7月12日　丘吉尔告诉下议院，在接纳共产党中国进入联合国一事上，政府的政策没有变化。和1951年一样，当时莫里森表示，应暂缓处理共产党中国加入联合国的问题，直至共产党中国能够以有力的证据表明自己愿意遵守联合国宪章的原则（见前述）。丘吉尔还提到，日内瓦会议没能就朝鲜统一和印度支那的险恶局势达成一致意见。

7月26日　工党人士希望在日内瓦会议后，政府应能够且愿意在提议接纳共产党中国进入联合国方面有所行动。他们问艾登，政府在此问题上究竟持何种立场。艾登引用7月12日首相的讲话来阐述政府政策。当10月25日有人要求艾登解释一下为什么英国联合国代表团投票支持推迟对共产党联合国代表权问题的考虑时，艾登再次引用7月12日丘吉尔的讲话来阐述政府的立场。

9月22日　艾德礼结束他的远东之行回到伦敦后表示："我认为宜尽早解决蒋介石和他的军队的问题。"

9月27日　艾德礼在斯卡伯勒工党年会上表示：

毫无疑问，中国人在福摩萨问题上感觉非常痛苦，这是实情。我认为，蒋介石和他的追随者是一群根本不守信用的人，应该在退役后去一个安全的地方，在和平中度过余生。（大概在北平的时候）我曾明确地问过，蒋介石的普通士兵是否能够回到中国，答案是肯定的。我希望如此，但我相信，一段时间之后福摩萨将会回归中国。我非常了解美国人对此事的感受。我能理解，但我不认为他们是真正的现实主义者。我认为事实是，只要你在中国的这一边保留这样一个君王，你就不可能在亚洲的那一边获得彻底的和平。这是我们逐渐形成的意见。

11月24日　有人在下议院询问艾登，政府是否认为福摩萨中立化政策是对和平的威胁，艾登表示此时并不想就该问题作出评价。

评　　价

7月12日丘吉尔的演说清楚地证明了保守党政府不会也将不会在接纳共产党中国加入联合国的问题上有所动作。阐明这一立场是非常机智的政治行动，因为从本质上来说工党不能明确表示反对此事，因为工党方面不能说1951年莫里森为接纳共产党中国进入联合国所设定的条件已经完全得到满足。事实证明，在日内瓦会议上在有关共产党中国意图的问题上说的远比做的要多得多。所以，部分联合国成员国的希望破灭了，他们原本指望在日内瓦会议上解决与中国代表权和福摩萨地位有关的诸多问题。

　　英国公众很难接受这种幻灭感,因为他们觉得 1954 年是紧张局势逐渐缓和的一年,印度支那的武装斗争已经结束,与中国增加双边贸易的可能性正在增加,工党和议会代表团出访了莫斯科和北平,有关共存的议论一直在流传甚至得到了来自首相的官方鼓励。共产党中国最终同意与英国走向某种外交关系正常化的进程并在 1954 年底任命了其驻伦敦的大使。至少工党认为在与共产党中国和平解决分歧一事上目前持乐观估计的几率要比以往任何时候都要大得多。工党依然坚持认为共产党中国有权进入联合国并要求从福摩萨手中夺回代表中国人民在联合国中发言的中国代表席位。

　　另一方面,随着 8 月份国民党与共产党在沿海岛屿摩擦日渐增多和共产党中国要求福摩萨回归大陆控制呼声的高涨,英国官方对此问题的关注也在增强。

O. S. S. /State Department Intelligence and Research Reports,Part IX,China and India,1950 - 1961 Supplement,Washington,D. C.:University Publications of America,1979,Reel - 3 - 0494

梁志、双惊华译,梁志、双惊华校

国务院情报研究所关于国际社会对
美国台海政策看法的分析

（1955 年 4 月 18 日）

IR 6891

世界对美国台湾海峡政策的看法①

（1955 年 4 月 18 日）

机　密

结　　论

西欧和讲英语的英联邦国家已经对沿海岛屿这一特殊问题以及美国对沿海岛屿的政策越来越敏感了。虽然西方国家的态度深受避免战争的共同愿望和对美国暗示进一步保证沿海岛屿安全的担忧的影响，认为这些举动不必要地提高了战争的风险，但其中大部分国家接受美国坚决保卫台湾安全的立场，并赞同美国支持可能通过联合国解决台湾问题的看法。

避免战争的首要愿望也基本上主宰着自由世界大部分其他国家的态度。

尽管日本对台湾和沿海岛屿的态度是明显不同的，但印度、缅甸和印度尼西亚继续认为台湾和沿海岛屿理应属于共产党中国。

菲律宾仍然认为，为了保证自由世界的安全，有必要使非共产党势力占有台湾和佩斯卡多尔列岛。大韩民国和国民党中国继续催促美国在台湾海峡推行更为强硬的政策，如果可能的话则不顾一切地与中国共产党一决雌雄。

中国国民党的大部分声明继续含蓄地表示希望美国保卫沿海岛屿。然而，撤出大陈岛一事、美国并未明确地承诺防守金门和马祖、美国新闻界对保卫沿海岛屿的讨论以及台湾和大陆可能永久分裂的猜测或许已经动摇了国民党政府对于向美国政府讨价还价能力的乐观估计。

共产党依旧强调他们反对停火，反对针对台湾问题的任何妥协性解决方案，这些方案不承认中国共产党对于沿海岛屿和台湾的主权要求，或者可能使台湾地区的现状永久化。可能由于预计万隆会议即将召开，最近几周中国共产党在这一问题上的宣传力度明显下降了。

———————————

① 原注：本研究报告源于 1955 年 2 月 8 日第 6824 号情报报告。

讨 论

1. **西欧** 欧洲对美国台湾海峡政策的态度主要受避免战争愿望的影响。西欧通常的反应是：接受美国坚决保卫台湾安全的立场，赞同美国支持可能通过联合国解决台湾问题的看法；对美国暗示进一步保卫沿海岛屿表示担忧，认为此举不必要地增加了战争风险。

由曼谷会议归来后，1955 年 3 月 8 日外交大臣艾登在下院发表的声明反映了当前英国对台湾的政策和态度。艾登声明的要点如下：

（1）美国已出示"确凿的证据"证明它愿意缓和紧张局势、降低战争风险。

（2）迄今为止中国共产党保持了克制，没有进攻金门和马祖。艾登希望在绝对坚持其有关福摩萨和佩斯卡多尔列岛的立场之同时中国共产党不要通过武力手段提出诉求。

（3）中国国民党应当做两件事：从其他沿海岛屿撤出军队；在坚持其诉求的同时不要采取任何进攻性的军事行动。

艾登说，如果这些目标实现了，那么就可以考虑中国在联合国的代表权和台湾未来地位的问题了。他警告说任何一方破坏和平都可能带来严重的后果。

反对党工党的副主席赫伯特·莫里森（Herbert Morrison）强调指出，事实上政府当前的政策是支持国民党撤出沿海岛屿。他声称，沿海岛屿是一回事，台湾是另一回事。"原则上，我们同意政府的这一政策，确实应该避免以军事行动解决问题。"

以上声明可能代表了保守党和工党目前的官方立场，但有一个问题他们没有回答，即：如果中国共产党攻打台湾，政府建议采取何种方针，工党又会支持哪一种路线。合理的假设是：一旦出现这种情况，保守党会被迫支持美国通过联合国以政治和道义手段抵制进攻；如果联合国决定采取集体制裁行动，则在必要时以某种形式给予象征性的海空军支持。虽然政府不愿意对制裁行动做出无条件的承诺，但一些迹象表明目前它正在考虑这一问题。

法国和意大利在该地区的卷入不深，它们普遍认为美国和中国共产党都不会在金门和马祖采取大规模的敌对行动，因此反应有些沉寂。法国政府已经表明了对美国沿海岛屿政策的忧虑，主张通过"大国"协商的方式解决台湾问题。

西德舆论界普遍支持美国谋求在台湾海峡达成妥协的目标，但对于美国在金门和马祖问题上的模糊立场也进行了一些批评，认为这可能会诱使中国共产党发动进攻。西德也担心西方联盟在沿海岛屿问题上的政策分歧会带来负面影响。

在斯堪的纳维亚，新闻界的反应与英国相似，只是不那么激烈而已。两个重要的、明显的反应是：（1）美国有理由保卫台湾和佩斯卡多尔列岛；（2）沿海岛屿属于共产党中国，不应列入防守范围。与以往的对华政策立场一致，斯堪的纳维亚认为台湾海峡停火之同时应接纳共产党中国进入联合国。

各地社会党人的反应比其他非共产党团体更具批判性。英国工党一致寻求使英国与美国的远东政策脱离干系。西德社会民主党则担心美国的远东政策会导致国际社会进一步推迟对德国统一问题的考虑。

2. 加拿大、澳大利亚和新西兰官方和新闻界担心中国共产党对沿海岛屿的进攻会将美国和其他大国卷入冲突。

加拿大外交部长莱斯特·皮尔逊（Lester Pearson）直言不讳地批评了美国的政策。3月24日他在下院声称，虽然加拿大在面对有美国参与的大战时不能无动于衷，但他并不认为加拿大有必要介入两个中国政府因沿海岛屿发生的冲突并向中国国民党政权提供支持。在他看来，对大陆的防务来说作为大陆"事实上的"一部分的金门和马祖比发动对台湾的进攻更为重要。皮尔逊希望和平撤离沿海岛屿、佩斯卡多尔列岛和台湾中立化并在最后由国际社会按台湾的愿望来解决台湾问题。

澳大利亚和新西兰的官员和新闻界普遍同意皮尔逊的观点，认为应该将沿海岛屿和台湾区别对待。新西兰总理霍兰（Holland）认为应该保卫沿海岛屿，将其作为对南亚周边地区反共情绪的心理支撑。但在新西兰，持这一观点的人并不多。

然而，澳大利亚和新西兰官员的批评要比皮尔逊的说法克制得多。他们着重指出美国的和平愿望、美国在该地区承担了大部分的维护和平的责任以及中国共产党的毫不妥协。两国强调它们的主要责任在东南亚而非东亚，但也承认正如澳新美条约表明的那样它们在战略方面依赖美国，因而它们有必要在西太平洋战争中支持美国。

3. 亚洲　虽然日本越来越意识到台湾海峡局势的严重性，但对美国在该地区政策的官方和非官方评价仍然是相对克制的。例如，政府并未在沿海岛屿问题上表明立场，台湾问题并不是公众争论的话题。在由于美国的深深地介入而使之变得敏感的问题上评价不多，这是非常罕见的。

日本担心的主要是敌对冲突的升级会使日本卷入战争，因此美国有关停火和撤出大陈岛的建议在日本深受欢迎。另一方面，日本对马祖和金门的不确定地位表示担忧。虽然日本人认为保卫台湾和佩斯卡多尔列岛对日本的防务至关重要，而且可能会在美国保卫台湾的决心和防守日本的意愿之间进行权衡，但他们并不认为马祖和金门对于保卫台湾是不可或缺的。因此，他们可能宁愿由余下的沿海岛屿撤出，也不愿美国因这些岛屿而卷入一场冲突。

在与共产党中国关系"正常化"策略的背景下，日本也可能不愿看到使其难以与"两个中国"保持关系的状况持续下去。在这方面，新闻界已经强调指出了美英两国在台湾问题上的分歧。

当被问及不保卫马祖和金门的决定在日本引起的反响时，鸠山一郎（Hatoyama）首相的回答大概是对日本态度最恰如其分的总结了。首相并没有做出可能使人们对日美关系产生怀疑的直接答复，只是声称希望中国国民党不要入侵大陆，同时中国共产党也要保持克制，不攻打台湾，以此表明他主要关心的是维护和平。

中国国民党的反应经历了几个阶段的演变。美国国务院不重视沿海岛屿价值的声明起初给中国国民党造成了无望和恐惧。随着美国政策的发展，这种感觉已让位于一种混杂的反应。中国国民党不愿同意撤出大陈岛,但在美国可能承诺保卫金门和马祖的前景面前这种立场明显地动摇了。

而美国没有公开做出这一承诺以及在周恩来明确拒绝接受联合国的邀请以前美国关于协商停火的主张又使中国国民党越来越焦虑。经过了相当长一段时间的拖延,中国国民党宣布撤出大陈岛。但与此同时,它按计划加强了金门和马祖的防务。而且,蒋介石总统称此次重新部署为积极准备进攻大陆之举,而非消极防守。

正如中国共产党反对暗示台湾和沿海岛屿并非理所当然地属于他们的观点一样,国民党政府主张决不放弃对大陆的主权诉求。在这方面,最近美国国内对解决台湾问题的"两个中国"方案实施可能性的心平气和的公开讨论或许会使国民党政府悲观沮丧。

此后,蒋介石总统和其他国民党领导人强调了保卫沿海岛屿的重要性,并将向沿海防地增调几千军队作为其声明内容真实性的佐证。虽然外交部长叶公超在提及美国新闻界和公众舆论在沿海岛屿问题上可能走向绥靖道路时或许道出了一种潜在的恐惧,但大部分国民党的声明仍含蓄地表明希望美国支持沿海岛屿的防务。

至今,大韩民国一直催促美国在台湾局势发展的过程中采取强硬政策,竭力主张要想击败中国共产党对自由世界的挑战就必须立即出手。韩国已明确表示愿意参加由美国保卫国民党控制领土的行动引发的任何战争,且顺理成章地强调愿意充当打击朝鲜共产党的第二战场。韩国还一直谴责美国从沿海岛屿撤退的举动,并认为美国没有做出保卫沿海岛屿的强有力的承诺是危险的、软弱无能的表现。

缅甸和印度尼西亚均认为北平有权提出对台湾的主权诉求,尤其是印度尼西亚主张中国应该在联合国拥有席位。二者的出发点都是想避免引发战争,以免自身被卷入。它们均明确表示支持停火。正如印度尼西亚报纸所认为的:"如果中国进攻缅甸或泰国这样的国家,那么爱好和平的国家有理由制止共产党的侵略。但台湾危机是另一码事……"

在菲律宾,地缘考虑以及在防务上对美国的依赖使政府官员和公众舆论领袖对沿海岛屿和台湾问题有着清醒的认识。经过几周的讨论之后,总统、议会和公众几乎一致同意支持美国关于台湾和佩斯卡多尔列岛的立场。自由世界丢掉其中任何一个地区都将被菲律宾视为一场纯粹的灾难。

在泰国,虽然沿海岛屿问题具有新闻价值,但近来那里的人很少就此发表议论。泰国人对这一问题引发战争的可能性表示担忧。一家报纸评论说,泰国不能完全指望马尼拉条约(the Manila Pact),必须依靠自身的防务能力。假如美国重申保卫台湾的承诺,那么国民党撤出沿海岛屿一事在泰国便不会引起强烈反响。除非美国宣称马祖和金门并非保卫台湾必不可少的条件,否则共产党以武力夺取这两个岛屿会引起一些忧虑。一旦共产党在美国宣布要防守马祖和金门之后还是占领了这些岛屿,美国保卫东南亚的想法及能力将受到怀疑。

老挝、柬埔寨和越南没有就沿海岛屿问题发表评论,它们均专注于国内事务。除非共产党入侵金门和马祖,否则公众不会有任何反应。一旦共产党进攻金门和马祖,三国可能做出与泰国相似的反应。

台湾的事态的发展一直受到印度的密切关注。尼赫鲁总理和其他政府官员在评价那里的紧张局势时普遍表现得非常谨慎和克制,这样做想必是为了不损害印度可能作为未来争端调停者的价值。

2月,尼赫鲁几次公开表示支持通过类似日内瓦会议那样的形式解决台湾问题,包括国民党中国在内的有关各方都要与会。他说,印度并不愿"插队",但如果"我们能帮上忙,我们也一定愿意这样做"。

由于印度只承认北平政权并因而认为共产党中国对沿海岛屿和台湾的主权诉求是合理的,由此看来印度接纳中国国民党参加以上会议是对西方做出的让步。然而,为了缓和这一地区的紧张局势,降低发生正面冲突的危险,印度在表示赞成国民党撤出金门、马祖和其他沿海岛屿的同时也希望北平不要诉诸武力。

虽然沿海岛屿局势的持续紧张以及仿照日内瓦会议的形式解决台湾问题尚无成效没有改变尼赫鲁在这一问题上的基本观点,但明显地使他的挫败感不断加深。3月31日尼赫鲁在国会发表了最近几个月以来最为激动人心的演讲。在演讲中他严厉地斥责了西方,声称美国保卫金门和马祖是"不可思议的方式"。可是,尽管如此,他依旧较为明确地表示印度将阻止万隆会议讨论台湾问题,理由是目前它是相关国家进行外交协商的主题。

可能由于受到政府立场的影响,印度新闻界没有像政府那么克制,在讨论台湾形势的变化时提出了一些告诫。社论对任何一方提出的任何被认为意在缓和紧张局势的动议表示欢迎,同时谴责任何可能加剧紧张局势的做法。总之,美国首当其冲地受到了批评,因为大多数印度人认为共产党中国对台湾提出的主权诉求是合法的,而并不完全赞同美国提出的丢失沿海岛屿会威胁美国国家安全的说法。

4. 近东　阿拉伯近东地区仅仅给予了台湾问题以最有限的关注。

希腊、土耳其和伊朗的官方和社论普遍赞同美国的立场。特别是希腊新闻界拿出大量的篇幅报道台湾海峡的局势,而编者对于相关问题的关注则相对较少。它们通常对沿海岛屿与台湾、佩斯卡多尔列岛是不加区别的。

5. 拉丁美洲　如往常一样,拉丁美洲的官方和评论界人士对似乎与之无关的全球性问题反应迟缓。不过,迄今为止这种有限的反应是支持美国的立场。

6. 苏联和共产党中国　莫斯科官方表示"完全赞同和支持"北平对台湾的政策,同时指责美国在这一地区的政策,认为其证明了美国对"中华人民共和国"的敌视、干涉了共产党中国的内政并提高了战争的风险。

虽然莫斯科试图伴装支持通过协商解决台湾问题并渴望保持这一地区的和平,但它继续支持共产党中国的要求,将国民党中国排斥于任何商讨活动之外,并坚持认为唯一需要协商的是美国撤出该地区的问题。

像北平一样,莫斯科也没有明确区别对待沿海岛屿和台湾的法律地位。然而,苏联的舆论却对所谓美国援助中国国民党坚守沿海岛屿的政策引发的不满尤其是英国的不满给予了一定的关注。

　　苏联的言行并未构成改变或更为详尽地阐述当前情报评估判断——苏联希望使美国与共产党中国之间的一切冲突地区化——的理由,但归根结蒂它还是会向北平提供保持中苏联盟或维护中共政权所必需的一切军事支持。

　　中国共产党依旧强调他们反对停火,反对针对台湾问题的任何妥协性解决方案,这些方案不承认中国共产党对于沿海岛屿和台湾的主权要求或者可能使台湾地区的现状永久化。北平强硬地重申了它的立场:台湾是中国不可分割的一部分,绝不容许"外部"对解放台湾问题的"干涉",亚洲的紧张局势完全是由于美国的干涉和侵略造成的。北平断然拒绝参加任何有中国国民党政府代表参与的针对台湾问题的国际协商,支持苏联关于十国会议的提议。

　　北平的宣传将美国包括表示愿意保卫台湾和协助国民党军队撤出大陈岛在内的所有与台湾有关的举动均视为美国侵略意图的表现。不过,自2月初达到顶峰以后北平在台湾问题上的宣传力度明显地下降了。虽然中国共产党的立场并未发生本质性的改变,但可能是由于预料到万隆亚非会议即将召开,北平在一些有关台湾问题的声明中也或多或少地降低了寻衅的调门。

MF 2510409 - 0516,The University of Hong Kong Main Library

梁志译,梁志、双惊华校

国务院美国驻台北"大使馆"
关于美国对台计划的评估

（1956 年 11 月 6 日）

Foreign Service Despatch 193

评估美国政府对台计划①

（1956 年 11 月 6 日）

机　密

来自：美国驻台北大使馆

发往：国务院，华盛顿

参考资料：1956 年 9 月 5 日国务院第 168 号往来电报

题目：评估美国对台计划

引言按语

本急件所附的 1 号备忘录中提供了美国政府驻台机构和人员的背景资料。

随信将以下美国驻台机构的评价、对 1957 年计划的重申或修改、有关制订 1958 年计划的建议以及需要考虑的参考指示中援引的一般标准一同发过去：

（1）国际合作署（ICA）·· 附录二

（2）军援顾问团（MAAG）··· 附录三

（参见 1956 年 8 月 7 日第 57 号台北急件以及此处所附的对 1957 财政年度军援计划的评估）

（3）美国新闻署（USIS）·· 附录四

（4）远东难民计划（FERP）··· 附录五

（5）义务性机构救济计划·· 附录六

（参见 1956 年 8 月 29 日第 94 号台北使馆急件、附件及 1956 年 10 月 2 日国际合作署关于义务性机构救济活动的第 TCICA A－530 号航空代电）

（6）陆军武官（ARMA）·· 附录七

（7）海军武官（ALUSMA）·· 附录八

（8）空军武官（AIRA）··· 附录九

---

① 原注：本研究报告源于 1955 年 2 月 8 日第 6824 号情报报告。

（9）外事机构（Foreign Service Institute）…………………………………… 附录十
（10）使馆日常计划（Embassy Regular Program）………………………… 附录十一
……①

在 1951～1956 财年间,美国政府共向中华民国（GRC）提供了总数约为 17 亿美元的军事和经济援助。可将包括以上援助计划在内的美国对中华民国的政策概括如下:

一、美国的基本目标

1. 阻止共产党占据台湾和佩斯卡多尔列岛。
2. 扶植一个能在台湾、大陆和海外华人中赢得尽可能广泛的群众支持的、友好的、稳定的、负责任的自由中国政府。
3. 提高中华民国军队的战斗力,使之能够借助美国的海军和后勤支持完全承担起保卫其现有领土的职责,同时在符合美国利益的情况下赋予中华民国军队以一定的进攻能力。
4. 促使自由中国依据美国的政策发挥自身的军事和政治潜能。

二、美国的主要经济目标

1. 支持军事援助计划。
2. 提高中国政府的声望和效率。
3. 保持价格稳定。
4. 略微但稳定地提高生活水平。
5. 提高自由中国的经济产量,使其除下列情况外最终实现国内外收支平衡:
（1）进口包括直接军队支持（DFS）物品在内的军事装备和供应品所需的费用;
（2）向美国驻台官方代表团或组织提供的财政支持。

总体计划评估（摘要）

据称,美国使团团长认为,附录二至附录十中提出的政治、军事、经济、信息及相关计划至今一直并继续有效地促进美国实现自己的目标。② 而且,以上各种各样的计划之间似乎保持着合理的平衡并因此实现了彼此间经济上的独立。如果要提出笼统的批评的话,那就是参与计划的独立机构过多,时间长了某些计划会变得过于分散。

目前似乎正是全面重新审查美国对自由中国计划实施情况的最佳时机,并以此来确定哪些方面是至关重要的。如果在适当的时候,在所有那些美国的积极支持已不再是绝对必

---

① 原文此处数行未解密。——译注
② 此及以下划线均为原文收件人所加。——译注

要的领域允许自由中国全权处理自身事务，那么这对美中双方都是有利的。

军事计划

当前美国对中华民国政策的起点可以从 1950 年中期朝鲜战争爆发之日算起。最初的行动是军事性的：命令第七舰队保护台湾。在接下来的几周里，为了实现更广泛的目标，美国对应该向中国军事机构提供何种武器和建议的问题进行了研究。此后，美国向自由中国提供了超过 12 亿美元的包括直接军队支持在内的军援资金，而美国军援顾问团也已扩大到 2 500 多人，这还不包括他们的侍从。美国军援顾问团的工作成绩突出，帮助自由中国组建了一支他们有史以来最好的军队。

除了影响政治发展的重要因素外，军援计划的数额巨大和覆盖面广成为决定经援需求程度的主要因素。我们可以注意到，在很大程度上军援计划遵循的是尽可能少地引起自由中国抵制的路线。一直以来，美国都是按照常规方式装备、训练 1950 年驻扎在台湾和一些较小岛屿上的中国军队的，大致保留了他们最初的规模和构成。除了净增长之外，中国人是无论如何不会接受其他变化的。实际上，美国将气力大部分用于改善 1950 年年形成中的状况。

出现以上情况的原因是：1950～1951 年还决不能排除共产党袭击台湾的可能性。自由中国的武器尤其是弹药严重不足，且中国军队的规模仅部分地弥补了其素质低下和流动性差的缺陷。同期和 1953 年 7 月朝鲜战争停战以后美国已积极考虑使至少某几个中国师在某种程度上做好短期内充当远征军的准备。上述以及与其相关的暂时的考虑使美国难以制订连贯的长期计划。

然而，至 1957 财年年末应该向中国军队大量提供初级装备。届时还应合理地持续地对中国军队进行兵员补充和训练。应该说，最近美国军官对逐渐实现中国军队现代化的问题所进行的研究是全面彻底的。同时，为了让军事政策的制订和执行拥有一个更加明确的基础，使馆在 1956 年 8 月 24 日发出了题为"中华民国军队的任务"的第 85 号急件。我们认为，这两项研究将会有助于为未来中长期军事计划提供一个更好的基础。

1957 财年以后，除非发生不测事件和出现无法预见的情况，否则每年 1 亿美元可能就可以满足中国军事建设的外汇需要了。另外，为了推动台湾经济走向自立，以便能够提供军队所需的当地货币，此后若干年还要每年另外向台湾提供 1 亿美元。（这个最新数字可能会因为国外私人资本的流入而减少。）然而，据说一年 2 亿美元左右的总援助额还不如维持美国一个师所需的开支多。通过这笔开支，美国除了可以维持一支在很容易设想到的情况下能够发挥决定性作用的庞大的反共军队以外，还会实现保证自由中国生存这个首要目标。在铁幕以外的东亚和东南亚国家中，只有自由中国和朝鲜①拥有能力超出维护国内秩序的军队。

虽然自由中国当前和潜在的军费负担无疑是沉重的，但只要它像现在一样不超过国家

---

① 指大韩民国。——译注

税收的一半,且美国继续按照以上规定提供援助,那么在我们看来这一支出就是必要的、可接受的。

经济计划

在国际合作署及其前身的指导下,1950 年以来美国共向自由中国提供了近 5 亿美元的经济援助,这使得美国在实现自身目标方面取得了令人满意的进步。总体上来说,可资利用的援助的数量是充足的,已经接近中国经济吸收能力的极限。回顾过去,在某些情况下采用不同的方法可能会产生更好一点的结果。然而,这样做相对来说浪费较少。对于这样一个在农业发展方面相对而言潜力更大一点的小地方,美国特别注重为数量庞大、快速增长的人口提供更多的工业产品。但是,以上计划所需的大量资本投资是国内资金所远远不能满足的,且对于铁幕的周边地区来说,吸引国外私人投资也并非易事。

<u>必须继续强调技术援助,但似乎应该有更多的派驻自由中国的美国专家与中国人整天面对面地一起工作。例如,这将意味着这些美国专家要完全在中国政府的办公室、工厂或建筑工地工作。当然,他们仍要与相应的美国机构保持密切的关系,但这些人并非按照殖民传统代表庞大的美国中央政府机构指导台湾的经济发展。</u>此外,还应让中国拿出适量的当地货币作为对这些美国专家的补偿金。这些举措将有助于进一步表明作为顾问他们是真心地想要帮助中国人。通过以上方式,今后几年里在继续推行至关重要的技术援助计划的同时可能会适当地削减国际合作署代表团的人数,可能的话应将其与使馆合并。

美国对自由中国的经援中有相当一部分是以赠予形式提供的投资资本。在自由中国或像它一样直接暴露在共产党威胁之下的其他国家,除非由类似于美国政府的机构来承担一切风险,否则我们不能指望它们能够从国外引进大量的长期私人资本。只要能够促进私人贸易和投资,无论如何这种担保都是值得的。

美国在扩大投资担保的同时最好与中国政府签订一个关于工业和其他经济领域转归国有问题的协议。这一协议想必要涉及自由中国最大的经济实体,尤其是像电力公司和制糖企业那样的具有垄断性质的公司企业。推动这些经济实体发展所需的必要的长期资本可能来自无息贷款。当自由市场的月利率普遍为百分之二或更高时,免息后的利率原则上不低于百分之六的年利率。免息不但可以应付苏联增加对其他国家贷款所带来的竞争,且花费少,并具有很高的宣传价值。当然,在留由私企经营的经济领域,一旦美国政府承担风险,那么利率应该与贷方所属国家的利率保持一致。

当对自由中国经援计划像现在一样不断取得令人满意的进展时,美国的经济援助应该尽可能地转向提供用于竭力提高生产能力的资本商品。这意味着不仅应该立即取消主要用于购买流通商品和资助政府财政的当地货币赠与援助,而且应该有计划、有步骤地停止经济领域内的所有赠与援助。除了相应的积累之外,最终还可以将直接军队支持所需的开支专门用作商业贷款的周转资金。(当中华民国的日常税收满足了流通的需要时,在适当的时候军队直接支持的开支也应仅用于购买非流通商品或其他特殊用途。)

显然,贯彻上一段提出的行动方针要求进行大量系统的、长期的规划并需要美中双方之间最为密切的合作。一旦短期的、以财年为周期的观点大行其道,那么我们就不能再指望平稳地实现过渡了。结果是台湾将难以渡过全球商品价格波动、歉收以及其他类似的难关。此外,如果华盛顿的航标不时地改变或指示台湾临时拿出大笔资金偿还债务之后后续资金又长期不到位,台湾的经济发展绩效是不会令人满意的。

当前国际合作署驻台湾的代表团由一大批"为华盛顿效力"的工作人员组成,其中包括许多国际合作署中最优秀的成员。他们的工作是依据经常变化的指示和在最后期限内起草冗长的报告而开展,因此很多时候报告的起草工作都是仓促进行的。这些报告都非常详细,以致华盛顿那些为数不多的人没有时间阅读,就更不用说研究了。结果,他们显然还经常被要求在很短的期限内进行重复性的、更加泛泛的调查研究。这样,制订和执行相对长期的经济计划的时间就不多了。因而,必须采取补救措施改革这一制度,为此我们建议由目前在台北的评估小组收集、整理并汇报国际合作署在这方面的可行建议。

国际合作署在自由中国的代表团及其前身的工作是出色的。总的来说,目前我们已经完全允许由中国人承担越来越多的责任。通过上述所建议的方法,可以使国际合作署中的一个小型工作组集中精力制订宏观经济计划并资助和开发那些显然不能由中国人独立运作的重要项目。

第480号公法

在台湾公法规定的诸多措施都是为了处理美国剩余农产品,但不久很多产品变成了赠品,其实这种做法远不如通过正常的国际合作署计划进行采购令人满意。总体来说,由于太多不确定和不可控因素的存在在剩余农产品的问题上有计划有步骤地进行规划设计几乎是不可能的。尽管如此,我们还得尽一切努力以最佳方式充分利用这些信贷结余。

信息、文化和救济计划

美国新闻署正在自由中国开展适度的工作。其他机构也加入到了包括心理战在内的相同领域。尽管如果更多的实际工作直接由美国新闻署来做可能会更好,但美国新闻署与以上其他机构之间非正式的协作还是令人满意的。由于某些其他机构的可用资金似乎比美国新闻署充足,因此这在很大程度上是一个财政问题。不过,到目前为止最终的结果是令人欣慰的,台湾公众充分了解了美援计划的规模和重要性。

虽然人均花费相当高,但远东难民计划取得了显著的成效。义务性机构救济计划的规模相对较小,但目前来看在不久的将来它也能够自由分配价值成百上千万美元的剩余农产品。总的来说迄今为止结果是令人满意的,但正如本急件其他部分所表明的那样,本来国际合作署负责的经济工作就很多,还要管理如此规模的附赠计划,这多少令人有些忧虑。在中国政府感到自身用于改善人民粮食水平的资源尚不充足时美国突然削减或中止某种重要的农产品援助的可能性是产生这种忧虑的原因之一。

政治和一般事务

美国支持中华民国的政治工作大部分都是由华盛顿完成的,无论是在决策还是在重大行动方面都是如此。因此,这里似乎没有必要讨论这一宽泛的问题。

使馆借助约占美国驻自由中国官方人员(不包括优秀的、讲求实效的武官)百分之一的小型外事工作组努力保持与中国政府的密切关系,协调所有美国在自由中国进行的有关政策方面的工作,并大体执行所有来自国务院的指示。此间,他们特别注意避免夸耀及一切不必要的宣传,尽可能地将成就归功于中国人,而只是附带地提一下美国的支持。这样做的目的是为了避免给人留下"占领"或"殖民主义"的印象,同时在执行美国的政策方面获得中国更密切的配合。中国人看起来几乎像重视更实际的美国援助那样对以上美国在心理方面所做的工作表示感激。中美之间的大部分分歧都是私下解决的,从而很好地避免了将这种经常导致外交关系恶化的公开争论拿到新闻界和其他场合进行。

附录一所附的表格显示,至 1956 年 9 月 15 日,共有 4 339 位美国官员(外加 3 789 位随从人员)在自由中国工作,他们分别通过 15 个独立的渠道向在别处的更高层的机构汇报工作。这一数目中包含的作战部队仅有一个美国空军中队而已。其余的人则从事管理、外交、经济、情报、军事顾问以及其他类似的工作。在 1950 年年中从事这些工作的美国人不到 100 人。考虑到上一段概述的使馆政策,美国政府机构和人员大幅增加,并且他们多数在台北或台北周围办公,这种局面向我们提出了一些必须考虑的重要的政治问题。过去两年里,台北看起来越来越像一个"被占领的"城市了,共产党关于美国占领了台北的指责越来越得到了证明。

当然,首先要考虑的是应该有足够的、可以胜任的美国人从事这项工作。那里有许多重要的工作要做,其中一些是急需完成的。未来会有更多的这样的工作,如果不十分小心谨慎地处理这一问题,美国的僚属会继续无止境地增加。长期以来,美国人一直是帝国大厦的锲而不舍的构建者,且在这样的大厦中,结构往往比观念存在的时间更长。当涉及众多的机构而其中几个机构的职能又相互重叠时情况则更是如此。据说在驻自由中国的美国官方人员数量方面投入增加而收益递减的法则已经开始起作用了。

使馆无法假定每一个驻台的美国机构实际需要的人员数量。他们中许多人从事的是高度技术性的工作。其中某些机构是按照与其他机构迥然不同的规定和制度运行的。然而,据说美国只需要不到目前一半的驻台美国人就可以有效地完成任务了。因此,要催促有关各方接受并实行尽最大可能精简工作人员的政策(而非像当前的一些机构所做的那样似乎想拥有尽可能多的工作人员),各个机构都要制订关于最低人员需求的表格,任何想要提高这一最低限额的建议都要在政策根据方面接受严格审查。如果可能的话各机构应合并内部管理及其他职能,以尽可能地减少不必要的文件工作和对"应急"报告的要求。

1950 年以来美国支持自由中国的努力是值得美国人自豪的。这一工作进展顺利,最终能够、也应该圆满地完成计划。判断成功与否的标准之一是在我们的培训和指导下中国人在多大的程度上获得了怎样的自治能力。在不久的将来,美国人应该逐渐地、有计划有步骤地撤出，到那时中美双方的密切配合将变得至关重要。另一种选择是美国不知不觉地陷入新殖民主义，想要占有中国。

k·L·兰辛

附上如前所述的 11 个附录。

k·L·兰辛：moc

注：要求国务院将本急件及其附件的 20 份复印件发送给驻台北大使馆。

附录一

第 193 号急件

台北（1956 年 11 月 6 日）

Foreign Service Despatch 193

美国政府驻台机构和人员的背景资料

（1956 年 10 月 1 日）

美国大使馆
台湾台北
1956 年 10 月 1 日

作为 1950 年以来国民党中国最后据点的台湾距大陆 80 英里，南方为菲律宾，东北方为日本，西临中国海，东临太平洋。由北向南的山脉构成了岛屿的脊梁，其最高峰为莫里森山，又称玉山，海拔 13 100 英尺。东半面异常陡峭，多峭壁，西坡则地势平坦、土壤肥沃，十分适于种植，每年可生产两季稻米。主要港口为基隆和高雄。

佩斯卡多尔列岛（又称澎湖）位于台湾和中国滨海之间，1895 年被割让给日本。直至第二次世界大战结束重归中国政府管辖以前日本一直统治着列岛。列岛被划归台湾。

台湾本身的形状像一片竹叶，长约 240 英里，宽为 60～90 英里，总面积约 13 800 平方英里，略小于佛蒙特州和康涅狄格州面积的总和。

北回归线穿过台湾中南部。气候一直是夏季炎热，冬季寒冷多雨。岛屿处于所谓的地震和台风带上，不时受到暴雨、洪水、狂风以及强震的侵扰。

严格意义上的台湾人口约为 1 000 万，澎湖列岛的人口近 6 万。其中，约 200 万人口来自大陆。台湾的人口数超过了半数以上联合国成员国的人口。台湾的生活水平在亚洲位居第二，仅次于日本。

至 1956 年 9 月 15 日美国政府驻台人员为 4 339 人，外加 3 789 位随从人员。绝大部分分属于以下美国政府机构：

(1) 美国使馆

(2) 防务武官办公室(Offices of Defense Attaches)

(3) 包括农村重建联合委员会(Joint Commission on Rural Reconstruction)和合同人员在内的国际合作署

(4) 美国新闻署

(5) 台湾防务司令部

(6) 军事援助顾问团

(7) 所有其他的美国军事和情报组织

(参见附件)

关于全部人员分类的统计表格附于此报告中(此表格仍属机密文件；附件中的其余部分已经公开)。

驻台人员的主要任务是执行国家安全委员会文件中阐明的美国对中华民国政府的政策。

使馆的评估集中于最重要的国际合作署、军事援助顾问团和美国新闻署对台计划上。

1. 在一份解密文件中,国际合作署声称其在台湾的任务如下：

国际合作署驻华共同安全代表团

国际合作署驻华共同安全代表团负责代表国务院国际合作署管理美国共同安全计划中的经济和技术援助。

这一经济计划的内容是：协助中国政府制订以经济稳定为目标的经济和财政计划；为了提高台湾的自立能力,促进当地工农业的发展；协助台湾为中国军队建设提供经济基础；提供农业、工业和社会经济层面的技术援助。

以下目标已经基本上实现了：(1) 在中国政府资金不足的情况下资助它进口必不可少的物资并上马重要的开发项目；(2) 分析财政、预算以及税收等领域的状况并提出建议；(3) 为中国政府提供经验丰富的技术顾问,由他们在自然资源的开发、工业发展以及资源管理方面提出建议；(4) 资助和安排工业、教育、公共健康领域的杰出的年轻领导人到美国及其他自由国家进行广泛的研修考察。

对负责制订和推行台湾农业和农村开发计划的农村重建联合委员会等各专业组织提供的资助也促进了国际合作署驻华共同安全代表团目标的实现。应中国政府的要求,驻华共同安全代表团为几个专业公司或机构与作为接受方的中国组织签订的意在提高工程、教育以及其他行业等专业领域业务水平的合同支付费用。

农村重建联合委员会

根据1948年对外援助法第407款的授权,1948年10月1日通过由两国最高领导人指定的委员(三位中国人和两位美国人)与一个由大批技术和管理人员组成的工作组通过交换备忘录的形式建立了"制订并推行中国农村地区的重建计划"的中美农村重建联合委员会。

虽然依照立法和双边协议,农村重建联合委员会是一个自治的、半独立的组织,但它要在国际合作署驻华共同安全代表团的政策框架内运作,其职能与代表团农业科的一般职能相同。联合委员会的目标是:提高作物和家畜的产量;改善农村人口的生活条件;开发农村人口在重建自己家园方面的潜力;支持并加强为农业服务的政府机构职能;鼓励并开展领导组织工作。

美国援助委员会(the Council for United States Aid)

美国援助委员会是驻华共同安全代表团的中国对应机构,是中国政府行政部门不可或缺的一部分。行政院院长是美国援助委员会的当然主席,委员会成员则由行政院指定。一般来说国际合作署的代表会出席美国援助委员会会议。之所以在此提及美国援助委员会原因在于它是美国对台援助计划中的一个重要机构。

委员会的职责是:通过有计划地利用美国所有的经济援助和商品使美国的经援与中国政府的经济和财政计划融为一体;安排、监管并实际从事援助的出售工作,将援助出售所得存入特别账户(对等基金)或以当地货币的形式偿还中国(因剩余农产品计划而)亏欠美国政府的债务;汇报、收集数据信息,监管援助项目;保持与驻华共同安全代表团的合作与联络;与包括直接军队支持在内的美国经济援助有关的其他事务。

在有计划地利用美国经济援助的过程中,在通过驻华共同安全代表团向国际合作署提出要求其批准的计划建议之前美国援助委员会要认真考虑整个经济的需求。在美国援助委员会代表出席、驻华共同安全代表团观察员通常也会出席的会议上要由中国政府各部委对以上所有事务做出决策。由委员会充当中国政府各个组织与驻华共同安全代表团之间的协调和联络机构,协助整理和陈述由这些组织提出的、经中国政府批准的援助请求的充分理由。

签 约 组 织

与驻华国际合作署代表团一起工作并获得驻华国际合作署代表团资助的签约团体包括:

J·G·怀特工程公司(The J. G. White Engineering Corporation)

J·G·怀特工程公司是纽约一家接受了驻华共同安全代表团资助的顾问工程公司,它与中国政府签订合同,为后者提供促进台湾公共事业、工业发展以及自然资源开发的技术援助。

在J·G·怀特工程公司的指导下,1948年以来中国从其有限的财政资源中抽出大笔资金用于发展化肥、电力、纺织等重要工业以及重建港口、高速公路和铁路。在台湾国有和私人工业开发活动的几乎每一个阶段都可以见到J·G·怀特工程公司提供的工程和管理服务。由政府成立的各种委员会经常需要获得关于发放工业贷款、新项目、在台湾可以利用的设备和原料以及产品的成本和质量等问题的建议。另外,与驻华共同安全代表团的计划相关联的是J·G·怀特工程公司要核实原料的规格和数量以及以维持当地工业产量和满足当地市场需要为目的的其他商品需求。该公司还要检查核实进口需求的明细表,并协助中国政府和驻华共同安全代表团制订全面的工业发展计划。它还得检查与私人公司签约开发的项目,掌握修建工作的进展情况,确定大体的管理责任,并与中国管理者一起从事管理工作,以确保项目得以完成和一直处于运作之中。

在各种与军事援助顾问团有关的防务支持项目中 J·G·怀特工程公司也开展同样类型的工作。

宾州州立大学

根据在国际合作署资助下由宾夕法尼亚州州立大学与台湾省师范大学签订的合同,宾州州立大学的工作组要协助后者组建培养工科教师的工业教育系。另外,该工作组还要协助国际合作署代表团与工业职业学校和试点社区学校进行合作。

普渡大学(Purdue University)

同样也是根据一个国际合作署资助的合同,在台南(Tainan)(台湾南部)普渡大学的工作组正在向台湾工业大学提出课程设置以及改善教学方法和设施方面的建议。该工作组还致力于促使工科教育更好地服务于台湾的工业建设。

加利福尼亚大学

来自加利福尼亚大学的一个合同工作组正在帮助台湾国立大学农业学院改善课程设置和研究计划。1954年,在国际合作署和农村重建联合委员会的联合资助下,台湾国立大学与加利福尼亚大学签订了这样一个为期三年的服务合同。加利福尼亚大学工作组还为农业学院主持的、农村重建联合委员会协助的项目提供建议。

民 航 小 组

作为中国民航学院的顾问组织,来自美国民用航空署的五位专家组成了技术援助小组,在各种空中救援以及空中航行控制装备和包括预计1957年完工的松山机场新建跑道工程在内的机场设施方面提出建议。在空中航行控制通讯领域,小组正在以该领域最先进的、此前在远东尚未得到应用的技术培训中国民用航空协会(CCAA)。

美国开垦局小组

根据国际合作署和美国内务部之间达成的部际协议,美国开垦局的三人小组在国际合作署的资助下正在为台湾电力公司工作,就建造中的为日月潭(Sun-Moon Lake)发电站提供大约1.6亿立方米水资源的大坝提出建议。这个高300英尺的大坝将成为远东最高的大坝之一。台湾电力公司为美国开垦局的工程师及其家属在位于台湾中部偏南的雾社(Wu Sheh)(由台北驾车到此地大约要七个小时)的大坝所在地提供了住房设施,通过提前预约,代表团及其随行人员还可以获得一套客房。

亨利 F·泰克曼公司(Henry F. Teichmann Incorporated)

竹东(Chutung)(新竹的外延岛屿,由台北驾车到此地约两小时的路程)建立了一家玻璃窗厂,值此工厂刚刚开工之时,由作为工厂设计者的四位技术人员组成的小组正在为新竹玻璃窗厂工作。工厂预计每天生产30吨成品玻璃。当前,小组由一位工厂总负责人、两位机器操作人员(比利时人)和一位陶瓷部件切割磨光工(黎巴嫩人)组成。

碳氢化合物研究公司

台湾工业发展中的一个重要项目是为位于南港(由台北东部驾车约20分钟即可到达)的台湾化肥公司建造化肥厂。在来自碳氢化合物研究公司的三位建筑承包商和设备顾问的协助监管下工厂的建造工作正在进行。随着工作的进展,公司还会派其他代表来帮助完成这一项目。预计整个工程建设期间,派赴项目组的工程师和技术人员最多可能会达到16人。工厂计划在1957年春开工。

乔治·弗赖伊联营公司(George Fry & Associates. Inc.)

中华民国行政院美国援助委员会聘请乔治·弗赖伊公司协助制订并推行一个重要计划,即:剔除军队中没有战斗力的人员,并促使他们成为民用经济从业人员或在必要时送他们入院治疗或进入收容机构。自1955年8月以来,乔治·弗赖伊公司一直与(行政院)国军退除役官兵就业辅导委员会(the Chinese Vocational Assistance Commission for Retired Servicemen)(VACRS)合作。

2. 军事援助顾问团

1951年5月1日,在中华民国国民政府的倡导下,美国在台湾建立了军事援助顾问团,依照美国共同防卫援助计划在训练中国军队方面提出建议并协助装备中国军队。(另参见1954年12月2日中美共同防御条约。)

军事援助顾问团由总参人员、特殊参谋人员和三个分支顾问组组成,三个顾问组分别与中国军队组织形式中的陆军、空军和包括海军陆战队在内的海军相对应。

军事援助顾问团的各个顾问组分别与中国军队中相应的军种交涉并提出建议。空军基地、海军设施、军校和训练中心以及包含技术军种的军队中均有军事援助顾问团的顾问。同样,军事援助顾问团的总参人员与中国国防部的总参人员交涉,军事援助顾问团团长则直接与中国国防部总参谋长交涉。

除了负责训练和充当顾问外,军事援助顾问团还依据美国军事援助计划制订军事装备进口计划。作为其经济援助职责的一部分,国际合作署通过对等基金计划提供军事建设所需的当地货币。

3. 美国新闻办事处(United States Information Service)

美国新闻办事处负责美国在台湾的海外信息计划。它要做的是利用出版物、报纸杂志、广播和电影等媒介针对台湾居民、东南亚华人及那里的政府和公民进行新闻报道。新闻中心设于台北、高雄和台南。

另附上经常使用的、与对台援助计划有关的缩写一览表。

附件:

(1)缩写一览表

(2)数据表

经常用于对台援助计划中的缩写

AFFE	远东陆军	GRC	中华民国政府
AMC	空军材料指挥部	HED	重型设备科
BEC27	军事援助顾问团广播电台	IAO	国际援助办公室（官员）
BES	工程服务局	ICA/C 或 ICA/MSM/C	驻华国际合作署 驻华国际合作署共同安全代表团
BOT	台湾银行		
BUSANDA	补给和账目局	ICA/W	华盛顿国际合作署
CA	中国陆军	IDC	工业开发委员会
CAF	中国空军	ISA	国际安全局
CAT	民事空运	JCRR	农村重建联合委员会
CEA	对等基金开销局	MAAG	军事援助顾问团
CHOSA	最高海外供应局	MCC	军事建设委员会
CINCFE	远东地区总司令	MDAP	共同防御援助计划
CINCPAC	太平洋地区总司令	MND	国防部
CMC	中国海军陆战队	MOF	财政部
CN	中国海军	MOEA	经济事务部长
CNO	海军参谋长	MSA	共同安全法
CPC	中国石油公司	NANAP	太平洋北方空军材料区
CSF	联合部队	NGRC	中华民国国民政府
CTC	中国中央信托	NT$	新台币（当地货币）
CUSA	美元运用委员会	OKED	冲绳工程区
DEPTAR	陆军部	OASD	国防部长办公室助理
DOD	国防部	OMA	军事援助办公室
DFS	直接军队支持	OSD	国防部长办公室
DS	国防支持	PA	采购授权
DSSC	国防支持分委会	PEO	项目工程办公室
ESB	经济稳定委员会	PIO	项目实施命令
EAP	设备援助计划	PIO/C	项目实施命令之商品部分
FASD	外事服务科	PIO/P	项目实施命令之人员部分
FR	坚决要求	PIO/T	项目实施命令之技师部分

续　表

POL	石油、燃油和润滑油	FTA	台湾森林管理局
PPA	建议项目申请	THB	台湾高速公路管理局
RETSUR	退伍军人计划	TPC	台湾石油公司
SAMAP	南太平洋空军材料区	TRA	台湾铁路局
SAPOT	台湾分区石油办公室	USAF	美国空军
TBC	台湾基地指挥部	VACRS	国军退除役官兵就业辅导委员会
TDC	台湾国防指挥部		

受雇于美国政府的在台美国人情况表

(1956 年 9 月 24 日)

组　织	缩　写	接受其汇报者	美国工作人员	美国随从人员	资料日期
美国大使馆 一般计划 管理支持 难民计划 语言学校 海军陆战队士兵	AMEMBASSY	国务卿	23 7 }(41) 12 13 }(11) 8	24 3 }(32) 10 20 }(13) 0	1956 年 9 月 15 日
陆军武官	ARMA	陆军部参谋本部军事情报部（G－2 DEPTAR）	21(17)	48(44)	9 月 15 日
海军武官	ALUSNA	海军情报局(SECNAV)	20(20)	28(28)	9 月 15 日
空军武官	AIRA	美国空军情报科	11(11)	14(14)	9 月 15 日
国际合作署（包括农村重建联合委员会与合同人员）	ICA	华盛顿国际合作署	123(123)	143(143)	9 月 15 日
美国新闻办事处	USIS	美国新闻署	11(11)	19(19)	9 月 15 日
美国台湾防务司令部	USTDC	太平洋地区司令部	197(205)	151(137)	9 月 15 日
军事援助顾问团	MAAG	太平洋地区司令部	2 423(2 637)	2 738(2 760)	9 月 15 日
第 13 空军特遣部队（临时）（包括第 6209 空军基地中队）	ATFT(P)	第 13 空军克拉克空军基地，P. I.	* 525(487)①	243(244)	9 月 15 日

---

① 原注：此处人数的上升是由于 9、10 月份人员的轮值替换导致对一些人员的重复统计。1956 年 10 月的轮班总共有 90 位军人。据 ATFT(P) Pers. Section 所知,还没有安排再次进行人员轮换。圆括号中显示的数字是 8 月 15 日报告中送呈的数字。

续　表

组　织	缩　写	接受其汇报者	美国工作人员	美国随从人员	资料日期
特别调查办公室	OSI	华盛顿特别调查办公室	5(7)	10(10)	9月15日
第176陆军安全连（以前名为第327 Comm. Rec.）	327th GRC	驻东京的远东陆军	440(392)	28(24)	9月15日
Det. 1-6925th无线电移动中队 ……①	DET1-6925 RSM	驻东京的远东空军	239(239)	9(8)	9月15日
海军安全小组特遣小分队	NAVSECG RUDET	太平洋舰队总司令	50(42)	25(19)	9月15日
海军辅助通讯中心	NACC	华盛顿	157(157)	248(248)	9月15日
第2海军医疗研究小组	NAMRU-2	太平洋地区总司令	10(10)	22(22)	9月15日
海军处,联合作战中心	NAVSECJOC	第七舰队司令部	18(16)	3(3)	9月15日
第10陆军安全分遣小分队	10ASD	ASA-FEC,东京	32(32)	2(2)	9月15日
		合　计	4 339(4 466)	3 789(3 776)	
		最终总计			8 128(8 244)

附录二

第193号急件
台北(1956年11月6日)
Foreign Service Despatch 193

关于驻台国际合作署活动的详细报告

(1956年11月6日)

机　密

1. 国家需求：对台湾的经济援助计划意在实行国家安全委员会第5503号文件概述的

---

① 原文此处数行未解密。——译注

美国对台政策。中华民国政府本身并没有充足的资源实现中美共同的目标,必须依靠美国的支持来满足财政需要和维持收支平衡。为了更好地利用援助供应品和自身资源,台湾还需要美国的技术建议和援助。

2. 计划目的:如前所述,计划的目的是实现已经获得批准的美国在台湾的目标。援助计划当前的首要目标是以物资和当地货币的形式支持中华民国军队要求上马的项目。第二个目标是保持经济(价格)稳定。第三个目标是提高中华民国的声誉。第四个目标是为了减少台湾对美援的依赖而采取提高台湾自立能力的措施。最后一个目标是获得并保持合理的生活水平。

3. 计划的有效性:目前已经证明国际合作署计划能够有效地完成其目标。它与军事援助顾问团密切合作,协助评估拥有对等基金分配最高优先权的军事援助计划的当地货币需求并将这些需求列成细目表。(关于军事援助的详情参见有关军事援助顾问团计划的报告。)国际合作署已经成功地实现了经济稳定的目标。它所提供的价格合理、数量充足的商品援助是台湾消费必需品的来源。不仅如此,国际合作署还建议并协助中国政府通过扩大生产、平衡政府预算和限制银行贷款来控制通货膨胀。

自1951年以来,台湾的物价水平确实平均每年上涨了约百分之十,但这与以往不可遏制的通货膨胀相比是名副其实的进步。而且,此前的一年间台湾的物价一直非常稳定。

所有美国在台湾的计划都努力提高中华民国在台湾及其他地方的声誉。国际合作署负有通过其经济发展计划、稳定措施、技术援助以及包括与贸易和投资计划、教育、海外华人有关的计划在内的各种特别计划提高中华民国声誉的职责。虽然无法对这一目标的实现程度进行准确的量化考评,但可以有把握地说,如果没有国际合作署的计划,台湾人民不会像现在那样满意或满足,提高自由中国国际声望的前景也会黯淡许多。

1952～1954年的援助计划有效地重建或维修安装了此前十年间变得破旧不堪或遭到破坏的工业厂房或设备。结果,此间工业产量明显上升。目前,较容易的项目已经完成了,新计划在能够促进台湾提高工业产量之前尚需要大量的时间、资金和努力。当前,美国在那些耗时几年才能完成的计划上投入了大量的援助,因此现在就谈论要明显降低台湾对美国经济援助的需求还为时过早。

经济援助计划明显地提高了台湾本就不错的生活水平,使之达到了相当高的水准。在援助计划实施的头几年,保持公众的士气和台湾人民对中华民国的拥戴在很大程度上取决于基本生活条件的改善。中国政府一直并将继续重点强调保证基本消费品的正常足量供应,但随着时间的推移,我们希望台湾生活水平进一步改善的动力来自于生产能力的提高和额外的资本投资而非美国的非计划援助。

4. 各计划彼此间的关系:国际合作署的活动意在实现美国在台湾广泛的目标。驻华共同安全代表团及其相关机构行使着各种复杂的职能,这些只能经常与其他机构的工作直接相关。因此,驻华共同安全代表团必须在直接军队支持计划所需的对等基金方面与军事援助顾问团密切合作,在与信息、教育和海外华人有关的事务方面与美国新闻办事处保持密切的联系。第 480 号公法的活动与国际合作署负责商品计划的官员们直接相关。依据华盛顿国际合作署的全局指示,作为国家工作组成员的驻华共同安全代表团要在大使指导下努力使自己的计划与其他机构的计划协调一致,避免彼此间的冲突或重复。

5. 计划的优先性:国际合作署在台湾的计划是基础性的:在当前的情况下,不向中国政府提供某种形式的经济援助,美国要想从事其他的活动即使不是不可能的也是很困难的。

由于同样的原因,在国际合作署计划中支持军事计划具有高度的优先性。提高台湾生活水平并促进当地工业发展的根本理由还是要将台湾建设成为一个抵御共产党袭击的强大的基地。所有国际合作署在台湾的计划都有助于实现美国的目标,但美国经济援助数量的变化将会给计划的各个方面带来不同的影响。假如我们削减了援助,为了维持必要的日常活动,那么可能就有必要推迟或取消本应继续进行的长期项目。

6. 计划方向或规模的改变:驻华共同安全代表团在阐述 1957 财年和 1958 财年的计划时提出了华盛顿国际合作署确定的经援总数,这一数额总体上是令人满意的。随着时间的推移,无论在军援还是经援方面美国都将更多地把注意力放到确保在一定程度上提高台湾人的自立能力上,使他们在一定程度上利用自身资源以实现自给。直接军队支持计划对当地货币的需求将会逐渐下降,国际合作署计划的重点也将逐渐由商品援助转向计划援助和技术援助。然而,美国明显地倾向于在一切可行的计划中尽量以农业和其他"软"商品的形式来援助台湾,这种做法可能会推迟向提供机械设备援助转变的进程。同样,相比较而言许多中国官员也愿意接受非计划援助。

7. 能够将计划合并吗? 即使可以在国际合作署的组织管理及其在台湾的相关计划方面做出某些改变,但我们相信这样的做法也不会取得明显的成效。自从军事援助顾问团接管直接军队支持计划以来,对该计划的管理工作就一直不令人满意,主要原因是华盛顿做出的决定是不现实的。在台湾,最好由驻华共同安全代表团在大使的宏观指导下全权负责协商售卖协议并依据第 480 号公法进行商品援助规划。这样做会带来更大的灵活性,可以使以上计划与国际合作的常规计划更加协调一致。另一方面,至少在目前,我们还不建议将大使馆负责的经济计划与驻华共同安全代表团的计划合并。

8. 放弃无效的计划和次要的活动:国际合作署在台湾的计划是美国军事、政治和心理工作的基石,只要美国的远东政策遵循当前的路线,那么就不能废弃该计划。应该逐一对各项计划和活动领域进行全面审查,确定在它们身上所付出的时间、资金和努力是否完全值得。在进行以上评估的过程中,应充分考虑美国的总体目标,且一定要注意避免对可取的项目心存偏见。华盛顿国际合作署应努力减轻管理援助计划方面过重的负担。繁杂、拖拉的官样文章是令人难以承受的,结果只会是丧失灵活性并疏远中国人。

9. 对人员补充问题的评价:当前,驻华共同安全代表团似乎不会裁员。然而,管理程序的简化可能会使人员流向中国需要和欢迎的有经验的技师所在的技术援助领域。

10. 可用人员:美国在让中国人更多地承担援助规划的责任方面取得了相当大的成功。驻华共同安全代表团的一贯政策是加强训练中国人,一旦他们有能力在哪一领域承担职责便立即安排责任移交工作。驻华共同安全代表团雇用了大批中国人从事行政和技术工作,这些人已经成为代表团不可分割的一部分。此外,驻华共同安全代表团拿出一部分援助资金为参与筹备上马特别援助项目、制订总体经济计划并进行宏观经济调控的美国援助委员会、经济稳定委员会(the Economic Stabilization Board)和工业开发委员会(the Industrial Development Commission)这些中国政府组织支付所需花费。在此期间,美国希望中国政府能够逐渐承担起支付以上组织花销的负担。

虽然存在下面提到的困难,但美国的人员总体上还是够用的:

(1)诸如胜任的统计员等合格的技术人员不足。

(2)国际合作署无力支付一流人员所要求的薪水。

(3)在招募和供养合同人员方面存在某些问题。

11. 可用资源:美国可用资金的数额足够实现计划目标之用。援助资助的进口物资也基本满足了计划的需求。然而,国际合作署拒绝为进口原油和铁屑等商品支付费用有时会引起麻烦。美国政府力促本国"软"商品尤其是剩余农产品出口的偏好造成了计划的扭曲变形。

国际合作署鼓励尽量以对等基金购买当地的原材料。然而,这样一来便出现了水泥、建筑用的钢材和木材等原材料的供给无法满足军方、驻华共同安全代表团和平民承包商的大量民用需求的情况。根据以美援支持一次性项目的总体政策主张,大部分达到驻华共同安全代表团标准的新的建筑工程至少部分受到了美国援助资金的资助。就工业项目而言,援助资金是以贷款的形式提供的,借方必须提供项目所需资金的一半。

如果美国削减了非计划美元援助和来自于对等基金的政府财政支持,那么用于美元供应贷款和对等基金贷款的金额将可能增加。为了鼓励中国企业家参与投资并为有开发价值的项目申请贷款或许应该继续执行当前50%的资金投入比率准则。以后,在情况允许的时候可能会要求中国发起人提供更大份额的项目所需资金。

12. 美国未按规定进行交付:过去,主要问题在于计划批准和必需消费品运输方面的延误。目前非计划商品正在源源不断地足量按时运达。台湾援助项目的发起人时常不能按时完成项目,但美国未能及时地提供项目所需设备只是其中一小部分原因。

13. 美国未能履行承诺:现在,还未发现美国未能兑现对中国人的承诺的明显的事例。

14. 不适用。

15. 不适用。

16. 与其他国家计划的一致性:所有美国在台湾的计划都是密切相关、相得益彰的。在一项复杂的、充满活力的计划中存在某些轻微的冲突和矛盾并不出人意料,不过这些问题很快就获得了解决且国际合作署的活动与其他计划的协调一致并未遭到明显的破坏。

17. 与美国政策目标的一致性:台湾政治、经济、军事力量以及心理素质的明显增强证明在实现美国的目标方面美国的计划总体上是成功的。如前所述,美国的经济计划在重建和开发作为美国防务链关键一环的台湾方面起到了关键的作用。

附件：

   1. 1957 财政年度国防支持工作计划和技术合作工作计划的项目说明。

   2. 1958 财政年度计划进展情况说明。

   3. 共同安全计划及其作用的货币表。

附录三

第 193 号急件

台北(1956 年 11 月 6 日)

Foreign Service Despatch 193

有关重申或修改 1957 财政年度直接军队支持计划并就 1958 财政年度直接军队支持计划的制订提出建议的各机构活动的详细报告

（不早于 1956 年 7 月 25 日）

机　密

   1955 年 9 月驻台军事援助顾问团提交了一份关于 1957 财政年度直接军队支持计划的说明书。这一计划经过了三军在 1956 年 2～5 月间的精心提炼修改,5～6 月间美国驻台司令部又对计划进行重审。7 月初军事援助顾问团接到指示,要求它准备一份计划草案,以便给制订 1957 财政年度共同互助防御计划和评估 1957 财政年度共同互助防御计划的工作打下一个基础。1956 年 7 月 25 日计划草案出台并被提交给国防部长办公室助理。

   出于完善该计划的需要,我们主要依据下列因素制定了一些标准:

   (1) 国防部制定的针对中华民国的目标。

   (2) 中华民国在共同协定的框架内充分支持计划的能力。

   (3) 已经核定的军队目标。

   (4) 优先批准的计划。

   (5) 厉行节约的观念。

   (6) 新近批准的 1956 财政年度计划。

   美国已经批准了利用台湾本土军事力量的计划,为了支持该计划,配合这一最高军事优先权的需要,还要对此计划提出进一步的要求。

   在计划获得最后批准之前,我们还要继续对 1957 和 1958 财政年度计划进行修改和提炼。

1. 国家需要。

确定中国军队需求的依据是完成绝密文件中提出来的三件首要的事情所必需的条件。在评估所需的条件时,要考虑现有的资产和未完成的已经获准的计划(管道)。

2. 考虑美国长短期目标的各项计划的目的。

军事援助计划的目的是向中华民国提供其执行筹建特种军队或使特种军队的战斗力保持在特定的水平之上的计划时所需要的军事装备、服务和训练。

3. 各项计划的效率。

陆军　(1)共同防御援助计划大体正在依据各作战单位有效利用和维护装备的能力安排交付工作。

海军　(2)如果没有共同防御援助计划,现在中国海军的舰只很可能还不能投入使用。交付工作已经超过了中国海军计划的进程,大部分是令人满意的。

空军　(3)RF-84型飞机的组织工作和战区所需的维修工具和设备的接收工作没有按时进行。这次交付在某种程度上缩短了中间培训的时间,不过最近的接收工作还是令人满意的。

由于台湾三军源源不断地接收着援助计划装备,其总体战斗力持续上升。

4. 计划间的相互关系。

就对中国军队的物资援助而言,共同防务援助计划和直接军队支持计划被视为是同源的。但是,这些计划又与国际合作署防务支持计划以及接受国的政治状况有着直接和密切的关系。通过与大使馆、驻华国际合作署以及驻华共同安全代表团密切的联系和合作,消除和避免了工作上的重复劳动。

5. 一项计划相对于另一项计划的优先性或一种因素相对于其他因素的优先性。

由于目前共产党中国和中华民国之间政治和军事关系的紧张以及公开侵略使美国和自由世界其他国家和地区在安全上面临的军事威胁,美国及其盟国必须继续保持并加强其军事力量。只要这一威胁存在,我们就坚信对华军事援助计划应该被视为头等重要的大事。

6. 计划需要进行方向或规模上的转变吗?

军事援助计划努力的方向是提高并保持特种军事分队的战斗力,使之能够成功地保卫台湾和沿海岛屿。应该继续向这一方向努力。然而,我们还必须在中华民国的自助原则上做出更多的努力,并更加强有力地表达我们希望在台湾自身资源允许的范围内支持军事建设的意愿。我们必须进一步强调,军事援助计划对于中华民国来说只是起到一种补充作用,而不可能提供100%的支持。

对中华民国军事援助计划的规模问题使台湾军事援助顾问团日益忧虑,担心中华民国无力支持这一计划。因此,军事援助顾问团想要削减军事援助并将其保持在一个稳定的水平上,尤其在建筑施工方面更是如此。军事援助计划的规模使驻华国际合作署以及驻华共同安全代表团难以提供与该计划所需的当地货币对等的美元。

7. 能够将计划合并吗?

就美国的美元部分而言(除农产品外),计划(共同防务援助计划——直接军队支持计划——设备援助计划)是可以合并的。但考虑到与美元对等的当地货币部分,以上举措是行不通的。国际合作署与国防部的计划程序并不协调,1956~1958财政年度的军事援助计划没有为驻华国际合作署提供确定军方对于对等基金美元需求的必要信息,以致军事援助顾问团要为驻华国际合作署另外提供预算报告。

8. 不适用于军事援助顾问团。

9. 全面审查人员补充情况。美国能够裁减官员和合同人员吗?

军事援助顾问官正在通过自然减员来降低军事人员需求并继续对军事人员需求进行研究。除了左营(Tsoying)、澎湖(Penghu)和高雄港计划、清泉岗(Kung Quan)机场建设工程之外,军事援助顾问团并不需要美方的合同人员。

10. 美国和当地政府可用的人力资源。

当地普通劳动方面的人力资源实际上是无限的,但受过良好教育和训练的技师以及其他类型的人员的储备明显有限。军事援助顾问团在当地雇用了约200人,让他们分别担任文员、秘书、办公室机器操作员和修理员。军事援助顾问团还雇用了几位美国技术代表担任军需、工程和信号专家。这些技术代表在武器、信号和工程方面向中国军队提出建议。此外,军事建筑委员会顾问办公室(the Military Construction Commission Advisory Office)还雇用了五位负责在设计和建造军事工程方面提出建议的美国民用工程师。

11. 美国和当地政府可用的原料资源。

中国军队可以不同程度地利用当地生产的木材、水泥板、水泥、生产排炮和弹药的某些原材料、铜线、电话以及电线杆。例如,中国军队仅能从中国政府那里获得占当地木材产量约百分之二的木材,这迫使军事援助顾问团在直接军队支持计划中进口木材。中华民国不愿意以低廉的军事物资的价格向军方大量出售商品。这是粗暴的垄断,至今军事援助顾问团仍无法干预这一问题。不过,美国正继续在这方面努力。

12. 当前计划中美国尚未交付的情况

1950~1956财政年度共同防务援助计划中尚未交付的情况如下:

空军——25%尚未交付。

陆军——13%尚未交付。

海军——8%尚未交付。

这是根据共同防务援助计划的最新统计信息得出的大致的百分比数。直接军队支持的总的未交付数不得而知,原因是1955年7月1日以前由国际合作署(援外事务管理署)负责执行直接军队支持计划,而它并未按照军种保留必要的数据。不过,这一计划中的物资仍在运送之中,据说将有大量物资运达台湾。无疑,以上未能立即交付的情况除了增加了美国顾问的负担以外还引起了中华民国负责官员的疑虑。

13. 当前计划中美国未能兑现的承诺。

相对对中华民国的支持来说,美国未能兑现的承诺是很少的、微不足道的。

14. 不适用于军事援助顾问团。

15. 不适用于军事援助顾问团。

16. 各项计划与其他计划的一致性。

在台湾政治经济的发展取决于中国军队的军事力量和战斗力方面,军事援助计划与其他国家计划是一致的。此外,在提供共同防御、保持政治经济稳定的意义上所有计划的目的都是相同的,都与美国目标保持一致。

17. 各项计划与美国总体计划目标和外交政策目标的一致性。

军事援助顾问团认为,军事援助计划与美国总体计划目标和外交政策目标相一致。军事援助顾问团进一步认为,中国军队在保卫台湾和中华民国占据着的沿海岛屿方面取得了长足的进步。这种显著的进步几乎完全是美国所提供的物资、训练和顾问援助的结果。

附录四

第 193 号急件

台北(1956 年 11 月 6 日)

Foreign Service Despatch 193

美国新闻办事处的建议

(不早于 1956 年 9 月 13 日)

机　密

1. 美国实行对华信息计划的必要性表现在两个方面。像在世界其他国家一样,依据艾森豪威尔总统的界定,驻台美国新闻办事处的任务是解释符合美中两国共同利益的美国的政策。在文化方面,美国新闻办事处要表明美国对中国文化的关注和欣赏并使中国人了解美国文化的多样性和深度。

美国在中国信息计划的另一方面是非常独特的。我们已经意识到根据美国大规模的对华援助计划、中美共同防务条约以及美国想要继续使中华民国成为中国唯一合法政府的意图,协助中华民国加深外部世界对其政策和立场的理解是符合美国国家利益的。同样,抵制共产党的宣传并使世界上特别是东南亚地区的其他国家更加尊敬和同情自由中国,这对美国也是有利的。

2. 美国新闻办事处对华计划意在促进美国长短期目标的实现。依据规定,该计划的目的如下:

(1) 在反对共产主义的斗争中提高中华民国政府的威望和政治效率。

(2) 为了促进阻止"海外华人"倒向中国共产党政权这个总目标的实现,在可行和必要的情况下必须尽可能地扩大美国新闻办事处分支机构在华人聚居区的活动。

(3) 在可行和必要的情况下扩大或增强中国政府机构和美国政府的其他机构针对中国大陆的活动。

(4) 任何特定的时候,在条件允许的范围内,培育和加深台湾居民对符合双方共同利益和愿望的美国政策和行动的理解。

3. 美国新闻办事处计划并不是完美无缺的,但在它负责的主要地区该计划确实产生了预期的效果。这一计划在实现以上第2部分列举的目标方面不断地取得进步。在台湾,美国新闻办事处最直接利用的传播媒介是出版物、文化事务、电影和图书馆。通过以上媒介,美国进行了宏观上的自我宣传并解释了符合共同利益的美国政策。计划主要致力于在中国外部进行宣传活动,主要项目包括出版、书籍翻译、杂志购买和广播。根据其他分支机构的执行情况和不断提出的建议和评价,这些计划将会越来越有效并得到进一步的改善。

4. 美国新闻办事处有必要同在这一国家的其他美国计划保持密切的关系,因为美国新闻办事处要对所有美国的信息活动负总责。

5. 一项计划相对另一项计划的优先性要由大使同所有美国的项目负责人协商决定。一种因素相对其他因素的优先性需要不断进行检讨。至于说美国新闻办事处,将会受到新上任的负责人的密切关注。

6. 美国的政策是协助维持中华民国作为中国唯一合法政府的地位,并使其继续拥有在联合国的席位。由于当前共产党所推行的"软"路线,我们的政策变得越来越难以为继。对于美国来说,重要的是中华民国能够继续独立生存、提高效率并保持高昂的士气。如果中华民国的国际地位得不到改善,更为不可忽视的是如果它的地位下降了,就将要求美国更多地开展信息活动,向中华民国证明他们拥有可以依靠的朋友,与美国结盟就会拥有差强人意的未来。

长期以来,美国新闻办事处始终坚持运用自己的才智在东南亚海外华人中开展活动,以防止他们倒向共产主义,并使他们更加同情和支持中华民国。中华民国同美国在亚洲的其他盟国之间的关系以及亚洲当地人民对自由中国的态度对美国的国家利益尤为重要。经美国驻东南亚盟国公共事务官同意,美国驻台北新闻办事处建议由美国新闻办事处和中华民国借助一切媒介通过主题积极的、有限的计划发起攻势,目的是提高自由中国在海外华人以及东南亚政府和当地人民中本不应该如此之低的声望和公共地位。我们认为由美国新闻办事处在该地区分支机构执行的这一新计划是可行的。

在支持国务院努力保持中华民国的国际法律地位时,新上任的主任要马上建议美国新闻署批准一个恰如其分的计划，在整个自由世界中较为广泛地发布可信信息，目的是使中华民国获得更多的理解和同情。宣传的重点将放在台湾在美国及其机构协助下实行的改革和所取得的进步上。在一切现实的领域中，自由中国都将被描绘为中国共产党政权理想的替代者。美国将坚决鼓励中华民国为新计划付出越来越多的努力并尽可能地支付更多费用。这些计划不牵涉大幅增加人员或资金的问题。以英文在更广泛的范围内发布信息资料，其中许多资料可以与以中文向东南亚发布过的资料相同。

文化活动不断增加且许多迹象表明在今后的一两年间仍会如此。中国政府正在继续扩大吸引海外中国学生到台湾而非红色中国留学的计划。为此，国际合作署向台湾提供了一些直接财政援助，美国新闻办事处文化官是负责在整个地区范围内协调这一计划的人员招募工作的委员会成员。同时，美国新闻办事处文化科也向与在台湾实施这一计划有关的其他各委员会派出了代表。此外，还要考虑对新生进行培训、为他们安排住房、向这些人提供指导和咨询以及组织其进行课外活动等问题。随着到自由中国留学的海外中国学生数量的增加，美国新闻处文化科的工作负担和责任也会相应地加重。

负责美国政府交流计划的官员正在考虑与第三国交流的可能性问题，一旦此事获准，文化科的责任就更大了。即便与第三国交流的计划没有获准，中华民国也可能会鼓励越来越多地进行这样的交流。与获准由我们承担的提高中华民国政府政治效率的任务相一致，美国新闻办事处文化科将与驻该地区的其他分支机构进行书信往来、讨论和合作，以确定最好的、最适合与之进行此类交流活动的备选对象。

无论 1956 年 9 月 26 日由大使馆、美国新闻办事处和国际合作署联合发出的第 137 号急件中提出的哪一个项目建议获准实施，美国新闻办事处的责任都会增加。

美国和中华民国最近签署的第 480 号公法协议考虑要投入相当于 60 万美元的当地货币建造供两国中心或英语学院使用的房屋。其中任何一种选择都会明显地使美国新闻办事处承担更大的职责负担。

第 480 号公法协议还考虑投入相当于 25 万美元的当地货币重新启动富布赖特计划。这一包含规模有所扩大的双向交流项目的计划的重新启动将会进一步增加文化科的工作量。

一旦国际发展形势损害了中华民国政府的利益，影响了它的士气和精神状态，以至于美国必须组织信息活动以保持士气并使中华民国继续成为有价值的可靠盟友，那么美国就要提前制订计划，美国新闻署的活动可能也要随之增加。

此外，虽然预计达不到以上情况所要求的那种程度，但还有一种局势的发展也可能要求美国新闻办公室付出额外努力，即中华民国因对美国逐渐削减经济和军事援助产生误解而做出不良反应或表现出沮丧情绪。即使美国的援助并未减少，美台也会致力于推行"一个不断让当地民众了解美援计划的目标、内容和成就尤其是使他们了解美国正在实行一种符合受援国利益的特别计划"。作为对 1956 年 8 月 30 日的国防部第909304 号信息的答复，军事援助顾问团在 1956 年 9 月 13 日的第 2109 号信息中做出了这一承诺。

7. 目前美国在中国进行的所有信息活动之间保持着紧密协调与合作。应该使当前的信息计划更加协调一致还是对它们进行合并,应由代表团团长在与所有其他美国对华计划的负责人讨论之后再予以决定。

8. 修改或放弃经审查证明无效或相对其财政支出而言并不完全值得的所有的计划或活动。

9. 美国驻华新闻办事处计划是所有美国计划中规模最小的。就人员和财政而言它所占有的份额均远不及美国对台计划总体的百分之一。考虑到当前和预计今后所要承担的责任建议适当地增加对我们的人员补充。我们已经建议美国新闻署,除了新增11位当地雇员外,还要增派副公共事务官、文化事务助理、电影官和新闻官。以上第6点以及致美国新闻署的另外一封急件均清楚地说明了这样做的理由。

10. 美国新闻办公室正在与中国政府的新闻机构密切合作,预计将来这种合作关系会更加密切。所有中国政府机构均面临着严重的财政困难,根本无法指望中国政府直接增派人员协助美国从事新闻活动。

当前我们正在接收且预计会继续接收的有价值的建议、情报和研究数据以及其他类型的信息一并构成了间接的人力资源贡献。我们会继续鼓励中华民国新闻机构在外交关系允许的外部地区更多地从事新闻报道活动。当这些机构越来越有能力独立地完成工作的时候,他们也是在间接地为实现以上第2点中列举的第1和第2个美国的目标提供人力资源。如果中华民国计划的规模扩大了,效率提高了,那么最后美国新闻办事处也就不用再像现在这样为了双方的利益开展那么多的工作了。

11. 虽然以上所说的合作使美国注意到了自己想要得到的信息资料,但所有中国机构都面临的财政短缺的困扰使他们无力提供大量的信息资源。

12. 虽然依据当前的计划,美国历次未兑现援助的情况均在新闻报道方面引起了问题,需要美国新闻办事处与其他美国机构一道尽可能地减少这种不良影响,但这一条与美国新闻办事处的活动并没有直接的关系。

13. 参见以上的第12条。

14. 不适用。

15. 由代表团团长负责。

16. 此事要由代表团团长最后决定。

在美国新闻办事处看来,它所实行的计划与其他国家计划是一致的。

17. 此事要由大使馆全权负责。在我们看来,美国新闻办公室的计划与美国的计划和对外政策目标是一致的。

18. 大使馆已经审查了以上建议,同意代表团团长在其宏观计划评估中所做出的评价。

附录五

第 193 号急件

台北(1956 年 11 月 6 日)

Foreign Service Despatch 193

计 划 回 顾

(1956 年 9 月 25 日)

美利坚合众国外事处

(Foreign Service of the United States)

远东难民计划

台湾台北

1956 年 9 月 25 日

题目: 计划回顾

致: 驻台北大使馆

参考文件: (1) 1956 年 9 月 5 日国务院第 168 号往来电报

(2) 1956 年 9 月 10 日美国驻台北大使馆的备忘录

1. 由于共产党占领了中国大陆,几十万中华民国的难民逃往港澳地区和东南亚。虽然事实证明如此庞大的难民群是沉重的负担,但对于自由世界来说他们的存在又是一笔极为宝贵的资产,可以借此说明这些人对于共产主义的憎恨。因此,中国政府有必要帮助他们,不仅仅因为他们是中国公民,还因为他们所持的反对共产主义的立场。然而,由于财政和技术上的困难中国政府在照顾这些寄居于港澳及其周边地区各营区和无人居住区中的难以维持生计的难民时需要外界的协助。远东难民计划已经向中国政府提供了重新安置和集合台湾及其他地区的难民所需要的技术和财政援助。

2. 和整体上的美国逃亡者计划(United State Escapee Program)(USEP)一样,远东难民计划的目的也是双重的:表明自由世界尤其是美国对于反共难民的深切关注,并利用这种危机的局势对人们施加心理上的影响,削弱共产党人在人们心目中的地位。

计划的短期目标是通过技术援助和资金供应帮助中国政府有效地完成重新安置和集合中国难民的计划,以救助难民并维护中国政府的声誉。这些活动大部分是由中国知识分子难民救援组织(Aid Refugee Chinese Intellectuals)(ARCI)和自由中国救济协会(Free China Relief Association)(FCRA)等义务性机构进行的。

除了物质方面以外,远东难民计划还努力使自由中国成为中国自由爱好者的天堂和避难所的代名词,并说明美国人民一直关心处于共产主义压迫之下的人们的命运。

3. 要想非常准确地判断在台湾实行的远东难民计划的效果并不容易。由于对中国难民的慷慨大方和关心爱护,东南亚和其他国家不断对自由中国进行正面报道。难民们继续请求在台湾避难并重新安家。

4. 对台计划与其他国家队计划的目标相类似,负责住房、医疗服务、教育、职业训练、工作实习、政治经济报道和心理战等领域的事务。

5. 根据与计划目标相关的政治经济力量和公众舆论确定重点。

6. 依据可资利用的人员、物资和基金以及上述第 5 款列举的各项因素改变计划的努力方向和规模。

7. 虽然在目标方面与国家团队类似,但远东难民计划所利用的设施是独一无二的,因此不能与当前的其他计划合并。

8. 1953 年初开始在台湾进行的向中国知识分子难民提供援助的项目已经取得了圆满的成功,正在逐步走向结束。今后,美国仅提供最低限度的援助,由反过来接受国际合作署援助的中华民国满足项目的需求。在不阻碍计划目标实现的前提下,按照政治经济力量的要求可以取消某些项目。

9. 尽可能少地增加合同人员,且相对其他政府和商业企业的开支来说,资金划拨应向管理费用倾斜。美国国务院驻外事务处参谋和 FSL 的数量应保持在最低水平线以下。

10. 可用的合格人员:目前人员严重短缺。

11. 物资供应没有问题,但花费高昂。

12. 不适用。

13. 不适用。

14. 当前每个季度进行一次的计划回顾是为驻香港远东难民顾问准备的(对支出进行的描述和统计),年度报告则在相关的政府机构中广泛地分发。

15. 有人经常及时地向代表团团长汇报本计划中各个项目的进展情况。

16. 经常与其他相关的美国和驻在国政府机构保持联系,以避免重复和重叠。

17. 远东难民计划与美国政府对远东的政策是一致的,并在目标方面尽可能地与其他国家保持接近。

18. 本计划需要较为有力的行政支持,例如常设的办公空间、账目和审计服务以及通过美国新闻办事处更好地利用计划材料。

对台远东难民计划年度报告的解密部分
(未解密的文字部分将会另行提交)①

二、计划服务

(二)与当地人的融合

4. 在对东南亚反共难民困境的描述中,我们听到了关于政治、经济和社会冲突的说法,

---

① 原文如此,因本附件并未完全解密,故以下有缺文,标题序码跳跃。——编注

这部分地说明确实应该有选择地向某些特殊团体提供援助。虽然程度上或许不及以上情况,但现在在台湾也存在这样的冲突。

虽然没有可资引用的证据来源,但评论认为使移居者融入当地社会会给台湾带来诸多的政治影响,如安全问题、难民过分依赖政府的想法以及他们与当地人某种友好亲善关系的缓慢发展等。

这样做给台湾带来的经济影响是多重的,例如:(1)虽然不充分就业的状况严重,但台湾的失业率并不高,且许多家庭里不止一人挣钱,平均生活水平高于东南亚。(2)台湾缺乏技术人员,可许多技术工人和专业人员却到香港或东南亚去工作了。(3)台湾人在某种程度上对难民心存忌恨或忧虑,私人雇主尤其如此,在某些情况下政府要为他们安排就业。(4)虽然农民在难民中居少数,但未被使用的农田也并不多见,因此这些人的技术难以得到发挥。(5)没有足够的针对青年和年轻的成年人的各级培训机构。

对于移居者来说,农村地区没有多大吸引力。人口稀少的东海岸也是如此,因为人们一直以来就害怕地震、台风和洪水。因此,非常不幸的是,城市地区不断地在扩张。1949年以来移居台湾的200万人中大多数居住在城市(据估计,台湾人口为1 000万)。结果是生活环境过于拥挤,且出现了擅自占用他人土地的移民聚居区。虽然政府正在采取应对措施,但情况仍不利于大规模地吸纳新的移居者。

五、管理问题

(五)中华民国在福利方面的贡献

1956财年间中华民国在福利方面的贡献见下表:

表一

类　　别	预算额(新台币)	比　例
公共健康	39 053 000	42.0
对失语和失明者的教育	1 018 000	1.1
一般社会福利(省政府社会事务部)	18 214 000	19.6
对土著村落的补贴	34 784 000	37.3
合计	93 069 000	100

相当于3 771 029.17美元的年支出完全来自于中国政府自身的财政。

显然,从开支模式来看,1956财政年度的工作重点是公共健康和向土著居民提供福利,省政府社会事务部所进行的一般社会福利工作并未受到同等重视。在1957财政年度的预算中这一趋势得以扭转,获得最大拨款额的是一般社会福利工作。

为了表明1956和1957财政年度中国政府社会福利工作所取得的进展,下表中的数字是以比较的形式列出的：

表二

类　　别	预算额(新台币)	
	1956 财年	1957 财年
公共健康	39 053 000	46 821 000
对失语和失明者的教育	1 018 000	2 021 000
一般社会福利(省政府社会事务部)	31 642 000	73 333 000
对土著村落的补贴	34 784 000	34 224 000
总额	106 497 000	156 399 000

应该指出的是：(1)表二中 1956 财政年度用于一般社会福利工作的资金中包括美国援助的 13 428 000 新台元；(2)目前尚不知道 1957 财政年度的资金额中是否会包括美国援助。不过，表格并未表明政策有所变化。

1957 财政年度中用于一般社会福利工作的资金翻了一番还多，而用于公共健康的资金仅略有增长。此次的开支是历年来最多的，表明福利计划的重点发生了改变。中国政府开始意识到一般福利工作的重要性，在 1957 财政年度它打算将大部分福利资金投入这一领域。

1957 财政年度福利开支的总额比 1956 财政年度增加了约 50%。这表明中国政府正在越来越多地关心人民的福利。

附件：

1. 附有图片的 1956 财政年度计划行动的年度报告。
2. 1956 年报告的文字部分。

附录六

第 193 号急件
台北(1956 年 11 月 6 日)
Foreign Service Despatch 193

美国在自由中国的义务性机构救济计划

(1956 年 11 月 6 日)

机　密

本报告的标题之所以用自由中国而非台湾，原因是美国在当地的义务性机构救济计划的覆盖范围包括整个台湾省和属于福建省的金门和马祖这些自由中国地区。

在自由中国,许多美国义务性机构正在广泛地从事救济活动。其中,至少国家天主教福利会(the National Catholic Welfare Conference)、基督教世界会(Church World Service)、路德救赎会(Luthern Relief)、中国知识分子难民救助组织和门诺中央委员会(Mennonite Central Committee)①这五个机构已经在华盛顿国际合作署登记,因此可以无需为救济物资支付海运费并依据第480号公法以优惠的价格订购用于救济自由中国的美国剩余农产品。

其他许多在台湾参与救济活动的美国义务性机构是在当地组织的。几乎所有的美国救济服务团体都是台湾义务性机构协调委员会的成员,该委员会经常将它们召集在一起交流工作思想、统一救济行动。

据估计,1956财年度以上美国救济团体将向中国提供价值近2 000万美元的免税援助物资,其中500万美元来自于它们自身的捐赠,另外还有大约1 500万美元的剩余农产品。这些美国救济团体正在与中国政府和救济团体密切合作,迅速加强它们的援助项目和计划。它们正在共同参与在当地被称之为义务性的美国剩余农产品救济分配计划(Voluntary Agency US Surplus Agricultural Commodities Relief Distribution Program)。

国际合作署中国代表团在其救济援助活动中与义务性机构保持着非常密切的联系,他们在共同关注的计划上互相帮助,建立起了极好的通力合作的工作关系。

在与义务性机构进行联络的过程中国际合作署中国代表团一直注意保持义务性机构救济工作的基本性质,即义务性机构的计划并非美国政府的活动,而是以私人身份出现的美国公民与中国公民之间的计划。

考虑到前面的序言,目前可以从以下几个方面讨论美国义务性机构在自由中国的救济计划:

1. 国家的需要。

除了在任何一个国家中都要进行的常规的基本救济工作外,自由中国还要为成千上万的反共难民提供一个避难所。岛上人满为患的状况是导致台湾结核病高发的原因之一。当地的日常饮食蛋白质严重不足,数百万人营养不良。国家经常受到台风、地震和旱灾等自然灾害的困扰,这一切又使几千人挨饿。据估计,台湾总共约有200万人因为无钱购买粮食和没有其他替代性食物而无法维持温饱。只要美国尚有用于救济的剩余农产品,那么自由中国就来者不拒。

2. 各项计划的目的要与美国的长短期目标相一致。

本计划给了美国私人公民和团体一个对需要救济和援助的自由中国人施以援手的机会。计划也将美国的援助直接送到了自由中国最穷的人的手中,否则他们中的大部分人不

---

① 门诺教会是形成于16世纪的一个基督教团体。在西方,它以"和平教会"而著称,致力于反战、非暴力活动以及社会服务。门诺信徒在世界上有100万左右,其中约一半生活在美国和加拿大,但是很多人源自东欧各国。加拿大的门诺信徒于20世纪20年代成立了门诺中央委员会,为乌克兰的饥民提供赈灾物资。时至今日,门诺中央委员会已经在全球55个国家拥有1 400多名员工,监督健康、教育、农业、冲突平息和赈灾等领域的多个发展项目。——译注

会感受到美国援助计划对其个人的影响。最后,当中国政府与富有奉献精神的美国团体合作时援助计划也促使该政府完善自身的救济服务和管理。

3. 各项计划的效率。

目前计划按照要求非常成功地使 100 多万穷人接受了援助。即使在共产党的炮弹呼啸而过时我们依然一如既往地帮助自由中国沿海岛屿上的每一位公民。

4. 计划彼此间的关系。

无论何时,只要义务性机构的活动能够增强实力,国际合作署就会马上予以配合。例如,当大陈岛撤退者和退伍军人在援助项目中进行异常繁重的体力劳动时他们的粮食配给量就会增加。

5. 项目的优先性。

义务性机构长期从事救济服务工作,即便美国的经济援助停止了,财政盈余也不复存在了,这些机构的活动还会继续下去。对于他们来说,该计划使其有机会充分利用美国充足的农产品。只要美国还有可以用于救济国外地区的剩余农产品,那么这一计划就应该继续下去。

6. 需要改变计划的努力方向或规模吗?

计划正在有效地运作,且规模适中。

义务性机构、中国政府和国际合作署代表团都认为应该修改美国有关在台湾分配剩余粮食的规定,允许将粮食作为工作救济用于开发活动,救助数以千计的同样营养不良的失业者和未充分就业者。这样做可以大大促进社区自助计划的发展。

7. 计划能够被合并吗?

义务性机构剩余农产品救济供应分配计划已经是一个将在台湾的义务性机构的各救助项目合并在一起的计划了。

8. 取消无效的计划或次要的活动。

本计划非常有效,在很大程度上是(当地)对美国友好态度的源泉,同时又给美国提供了一个以让许多人受益、提高美国的声誉并促进义务性机构发展的方式处理剩余农产品的机会。

9. 对人员补充情况的回顾。

义务性机构中有许多为本计划工作的美国人,他们是靠私人支持的,其中两人为全职,其余的是兼职,大部分为传教士。驻华国际合作署代表团规定团中的工作人员要将 15% 的时间用于本计划上,同时驻华国际合作署和共同安全代表团的负责人偶尔也实行人员最终任用情况核查计划。

10. 美国及当地政府中可用的人力资源。

中国政府中有许多人从事救济工作,他们中的许多人自从本计划开始实行以来就一直特别忙。人员是充足的。

11. 美国及当地政府的可用资源。

为了支持这一计划,中国政府 1956 财年度提供了 20 万美元的海运费。此外,中国政府每年从对等基金中拿出相当于大约 40 万美元的资金用于支付国内运输和分配供应品所需的费用。它还将年度预算额的近 2% 用于救济工作。

12. 美国有没有按照当前的计划进行交付的情况？

没有。

13. 美国有没有按照当前的计划履行承诺的情况？

没有。

14、15. 不适于本计划。

16. 各项计划与其他国家计划协调一致吗？

本计划保持着与经济援助计划密切协调的关系，以确保用于救济分配的剩余农产品的进口不至于导致用于当地售卖的农产品进口额的削减进而使对等基金的收益下降。

17. 各项计划与美国总体上的计划目标和美国外交政策目标一致吗？

据认为，本计划与美国在这一地区的所有目标相一致。

A·S·弗雷利（A. S. Fraleigh）

附录七

第 193 号急件

台北（1956 年 11 月 6 日）

Foreign Service Despatch 193

计 划 回 顾
（1956 年 9 月 25 日）
美利坚合众国外事处驻台北大使馆陆军武官办公室

机　密

台湾台北

1956 年 9 月 25 日

题目：计划回顾

致：美国驻台北大使馆

参考文件：（1）1956 年 9 月 5 日国务院第 168 号往来电报

　　　　　（2）1956 年 9 月 10 日美国驻台北大使馆的备忘录

1. 作为对基于参考文件（1）撰写的参考文件（2）的答复，下面的报告介绍了美国陆军武官办公室的活动。

2. **任务：**美国陆军武官办公室的任务是

（1）在办公室负责的地区内收集、评估并汇报陆军部所需要的一切可资利用的情报信息。……①

3．代表团正在完成：……②

（6）个人监视。

（7）按代表团团长的要求执行以上任务并进行相应的述职。

（8）出席会议并协助进行详情介绍。

（9）监督见习和短期小组（项目）〔FAST（P），Familiarization and Short Team（Program）〕分遣队并向其提供行政支持。

4．本办公室还履行与自身行动有关的一切必要的管理职能，并负责处理空军武官办公室的预算、财政和财务工作。

5．人员构成：

（1）官员4人（包括1名执行官）。

（2）普通军人4名。

（3）美国平民1名。

（4）非美国平民8名。

（5）平民2名（非美国见习和短期小组（项目）分遣队队员）。

6．1957财政年度活动支出估算表（预计1958财政年度间不会有明显变化）

	陆军武官	见习和短期小组（项目）分遣队	总　额
当地和美国平民支出	15 985.00	11 120.00	27 105.00
租房	17 215.00	4 450.00	21 665.00
出行	2 000.00	6 500.00	8 500.00
住房养护、燃油和公用事业	8 760.00	1 380.00	10 140.00
DEPS教育	1 500.00	1 950.00	3 450.00
杂项	3 775.00	800.00	4 575.00
总额	47 735.00	24 250.00	75 435.00

沃尔特·E·巴克（Walter E. Barker）

总参谋部上校

陆军武官

---

① 原文（2）～（6）无法辨识。——译注
② 原文（1）～（5）无法辨识。——译注

附录八

第 193 号急件

台北(1956 年 11 月 6 日)

Foreign Service Despatch 193

计 划 回 顾

(1956 年 9 月 20 日)

美利坚合众国外事处驻台北大使馆海军武官办公室

机　密

台湾台北

1956 年 9 月 20 日

题目： 计划回顾

致： 美国驻台北大使馆

参考文件：(1) 1956 年 9 月 5 日国务院第 168 号往来电报

(2) 1956 年 9 月 10 日美国驻台北大使馆的备忘录

1. 作为对基于参考文件(1)撰写的参考文件(2)的答复,下面的报告介绍了美国海军武官办公室的活动。

2. 任务：美国海军武官办公室的任务是

(1) 在被派驻的地区尽可能地收集、评估并汇报包括空中情报在内的海军和美国海军陆战队感兴趣的信息和情报。

(2) 在海军事务方面,向外交代表团团长及其成员提出建议。

(3) 在所派驻的外国代表海军参谋长和美国海军。

3. 信息收集责任：……①

4. 其他责任：与履行……②有关或除履行……③以外,海军武官还应该……④

(1) 作为大使工作人员中的美国海军顾问人员出席各种研究人员会议并参与研究人员的研究工作。

---

① 原文此处十几行未解密。——译注

② 原文此处近一行未解密。——译注

③ 原文此处近一行未解密。——译注

④ 原文此处未解密。——译注

（2）……①

（3）在海军事务方面与中国和美国的各个军队司令部保持联络。

（4）对被派往美国执行命令或接受培训的中国海军人员进行安全审查。

（5）请求中国政府批准美国海军飞机飞抵或飞越台湾以及美国海军舰只驶入台湾港口。满足前来访问的美国海军舰只的后勤需要。在需要的时候为美国海军人员申请出入许可证。

（6）为访问台湾的美国海军要员、官员和平民安排并协调日程表和在当地的行程。

（7）使用并保养海陆空军武官共同所有的秘密通讯设备。

5. 人员构成：

（1）官员 6 名（包括联合武官联络官）。

（2）军人 14 名（包括 9 名秘密联络员）。

（3）非美国平民 10 人。

6. 活动开支：

在整个 1956 财政年度间租赁办公室、购置办公室设施、维持办公室日常运作、保持公用车队运转、保养和使用秘密通讯设备、支付平民雇员的工资以及官员的临时差旅费共花费 26 608.80 美元。

A・D・基尔马丁（A. D. Kilmartin）

美国海军上校

美国海军武官

附录九

第 193 号急件

台北（1956 年 11 月 6 日）

Foreign Service Despatch 193

计 划 回 顾

（1956 年 9 月 12 日）

美利坚合众国外事处驻台北大使馆空军武官办公室

机 密

美国驻台北大使馆

1956 年 9 月 12 日

题目： 计划回顾

---

① 原文此处未解密。——译注

致：美国驻台北大使馆

1. 参考文件 1956年9月5日国务院第168号往来电报和1956年9月10日美国驻台北大使馆的备忘录。

2. 任务 空军武官办公室的任务是：

(1) 收集美国空军和其他政府部门明显感兴趣的战略情报。

(2) 在空军事务方面向大使提出建议并协助大使展开工作。

(3) 在处理同中国国民党政府关系的过程中充当美国空军部长和参谋长的个人代表。

3. 职能 在完成以上任务时,按照要求空军武官办公室应履行以下职能：

(1) ……①

(2) 充当大使下属工作人员中的空军顾问,尽可能地履行大使赋予他的职责。

(3) 按照大使的指示,参与美国社区委员会和计划(U. S. Community Committees and Programs)。

(4) 改善与准许立即实施某些与美国空军战争计划有关的当地程序。如果当地不存在以上程序,则在实施计划前获得中国政府的准许。

……②

(8) 在当地充当美国空军与所有中国军队和政府机构保持联系的联络办公室。

(9) 提议并监督对被派往美国本土去美国空军或其他军校上学的中国空军人员进行安全审查。

(10) 在庆祝建军节和空军节等特殊时刻充当美国空军的代表。

(11) 请求中国政府准许所有美国空军的飞机出入台湾并依据空军的60-8号规定飞越台湾。

(12) 请求中国政府准许美国空军人员以官员的身份而非依据军事援助顾问团协议访问台湾。

(13) 请求中国政府准许美国空军小组在中国领土上执行军事援助顾问团协议规定以外的任务(例如绘制地图和进行天文观察等)。

(14) 就在办公室负责地区进行飞行活动所面临的危险问题向美国空军远东执行机构提出建议。(MOTAMS)

(15) 为对中国政府进行官方访问的美国空军要人(军官和文官)安排参观活动和日程。

(16) 协助大使安排美国重要访问者的行程。

(17) 按照美国空军司令部的指示安排空运。

(18) 在需要的时候,协助军事援助代表团执行任务。

(19) 通过驻双方共同支持地区的空军武官和联络官为中国空军充当负责当地联络的

---

① 原文(1)部分未解密。——译注
② 原文(5)、(6)、(7)部分未解密。——译注

联络办公室,使中国空军与和其没有直接联系的外国空军能够沟通。

(20) 在与其基本任务相关的情况下协助中国空军采购不在双边互助防御项目援助范围内的、采取行动所必需的装备和物资。

(21) 依据指示代表台湾以外的美国空军司令邀请中国空军官员或其他政府官员参观他们的基地和活动。

4. 人员构成:

(1) 4 名军官。

(2) 7 名空军士兵。

(3) 5 名当地平民。

5. 工作量　1955 年 7 月 1 日至 1956 年 6 月 30 日期间(即 1956 财政年度)空军武官办公室在执行任务时完成了如下工作:

(1) 发送电报 1 659 份①;

(2) 接收电报 2 973 份②;

(3) ……③

(4) 收发信件 1 501 封;

(5) 每年积极地参加 500 次定期召开的会议;

(6) 有两人在负责地区以外参加工作培训;

(7) 请求美国空军飞机 663 次进入台湾防空识别区(ADIZ, Air Defense Identfication Zone)。

6. 1956 财政年度预算分析:

(1) 活动总开支 35 344.58 美元;

(2) 人均年活动支出 2 209.28 美元;

(3) 人均月活动支出 184.10 美元;

(4) 呈交的情报报告每份平均支出④ 32.97 美元。

罗伯特·W·菲什(Robert W. Fish)

美国上校

空军武官

附录十

第 193 号急件

---

① 原注:均为官方事务。
② 原注:均为官方事务。
③ 原文(3)部分未解密。——译注
④ 原注:不包括通过电报和特别信件发送的不完整的报告、评估、电讯报告、每日摘要以及雷达轨迹报告等。

台北(1956 年 11 月 6 日)

Foreign Service Despatch 193

计 划 回 顾

(1956 年 9 月 26 日)

美利坚合众国外事处台中外事机构中国语言和地区培训中心

机　密

台湾台北

1956 年 9 月 26 日

题目：计划回顾

致：驻台北美国大使馆

参考文件：1956 年 9 月 10 日大使馆备忘录

1. 由于总体上美国不了解中国及其文化基础,大多数美国官员在与中国人打交道的过程中被迫使用英语。更有甚者,他们以与中国人完全格格不入的文化思维模式来进行口头和书面上的思想表达。这一事实断绝了美国人与几乎所有中国人的联系,使他们仅仅能够与一小部分因为精通英语而已经开始不像中国人的中国人交流。

2. 语言和地区培训中心的目的是双重的：(1)为培训中国问题专家提供场所,使之能够充分了解这一地区及其历史、文化、经济和政治模式,并能够流利地使用当地语言；(2)使其他并非专家的人员获得足以缓解在异地他乡日常生活中的冲突的语言能力。实现以上目标的途径是台中语言学校(现正在培训的学员有 11 名)以及大使馆、美国新闻办事处、国际合作署和武官办公室人员参加的在台北大使馆和国际合作署举办的初级培训班。

3. 虽然当前计划实施的时间还很短,以至于无法证明其效率,但过去的经验已经通过以上受训专家与社会各界的中国人建立起来的更加紧密亲善的关系证明了这一计划的价值。

4. 该语言和地区计划的扩大迟早会对在这一国家的美国所有其他的计划产生明显的影响。

5. 当前这一计划的重点仅仅是台中语言学校。虽然也允许其他地方的美国官员抽时间来听课,但其他工作常常是压倒一切的。

6. 虽然计划的方向似乎是正确的,但还应进一步努力使台中的学校更多地开设关于中国历史和经济的课程。

7. 没有理由将该计划合并到大使馆的计划中。倒是可以考虑将国务院和国防部中文研究计划的头几个月的活动合并在一起进行。

8. 不需要取消计划中的任何部分。

9. 不需要削减人员补充的数量。

10. 不应打破美国人员与当地人员之间的平衡。

11. 除了高级学员之外,其他人必须继续完全依靠美国的资料。

12. 不适用。

13. 不适用。

14. 不适用。

15. 不适用。

16. 本计划与所有其他的国家计划是一致的。

17. 本计划与美国对外政策目标完全一致。

18. 建议通过减少总工作量或全面提高人员补充的数量来扩大在台北进行的在职语言培训的规模。

附录十一

第 193 号急件
台北(1956 年 11 月 6 日)
Foreign Service Despatch 193

大使馆日常计划
(1956 年 10 月 19 日)

机　密
美国驻台北大使馆
1956 年 10 月 19 日

1956 年 9 月 5 日国务院第 168 号往来电报要求对所有的美国计划进行回顾和评论,包括通常由大使馆负责的与政治、经济与贸易发展等活动有关的计划。

大使馆附属的政治和经济机构的组织和人员安排是严格依照国务院的规定进行的。此次回顾也讨论了一些可变因素。

政治

驻台北大使馆在美国对外关系中所占据的重要地位说明美国在台湾的政治工作是不容忽视的。这一工作在世界事务中的敏感性和战略重要性是评估其政治责任时需要考虑的因素。在远东复杂的形势下保证自由中国的生存的重要性要反复强调。

在评估大使的政治职责之际,总统在最近的一项指令中重申和强调了大使要负责美国政府在其驻在国的所有民事行动,这使国际合作署、军事援助代表团、美国新闻办事处以及其他相关计划都成为关注的焦点。

因为驻台大使馆悄无声息地、顺利地履行了它的职责,所以它在政治方面的重要性被遗忘了。由包括军方在内的各种机构团体组成的官方大家庭内部以及所有美国人员与中国人之间的关系是极其融洽的。这并非偶然,而是源于政治领导层所作出的大量艰苦的工作。

国务院已承认了大使馆政治工作的重要性,正在将使馆政治工作的负责人升格为参赞并向这里增派政治官员。

经济和贸易发展

大使馆附属的经济机构是严格依照外事手册和其他相关规定设立的。这一机构中设立的职位包括四位官员、一位美国办事员(要求再安排一位办事员)以及五位当地职员(尚有一个空缺)。它负责起草经济、政治经济和统计报告,促进贸易发展,保护美国的经济利益,协商签订政府间协议,进行最终用途调查并处理商业事务。以上在台北进行的各种活动的相对重要性多少有些反常。因此,促进贸易、采取贸易保护措施以及例行报告不如许多职责重要,但报告政治经济情况、管理外国财产和东西方贸易的责任要比一般外交任务的责任更加重大。

除了正常的职责外,依据10575号行政指令,大使馆附属的经济机构在完成经济使命的同时还要履行代表团团长参谋人员的职责。这些职责包括:(1)与国际合作署代表团一起制定经济援助政策;(2)起草关于经济援助计划进程的分析报告,并在此基础上提出政策建议;(3)建议国际合作署代表团和国务院采纳有利于实现美国在远东地区的经济和政治利益的经济援助计划;(4)向因这一计划而在利益上受损的国家的代表进行解释,消除他们的怨气;(5)在具有经济意义的军事发展形势和政策方面与美国驻台军事机构保持密切的联系;(6)让代表团团长和其他相关人员了解经济计划。

大使馆的经济职责还包括:(1)与中国政府、美国新闻办事处和国际合作署合作,共同应付共产党在东南亚发起的贸易攻势;(2)在关于联合国亚洲和远东经济委员会(ECAFE)、国际食糖委员会(the International Sugar Council)和其他国际经济组织的问题上与中国政府保持联系;(3)协助美国新闻办事处处理其计划中经济和财政事务。驻台北农业随员的任命尚处于待定状态,但在这位农业官员上任之前大使馆附属经济机构将继续履行余下的农业领域中的汇报和发展贸易的职责。例如,最近大使馆的经济工作人员与台湾协商签订了关于第480号公法的协议且在新的农业随员到来之前大使馆还会通过其一般计划人员处理与第480号公法有关的事务。

目前,美国还在考虑将大使馆附属经济机构与国际合作署代表团合并的可能性。支持合并的理由很多,但直到现在这样做仍是弊大于利。

DDRS,CK 3100228889

梁志译,梁志、双惊华校

国务院情报研究和分析所关于中国大陆和台湾获得国际社会承认情况的分析

(1957 年 11 月 7 日)

IR 7610

国际社会对中华民国政府和"中华人民共和国"政府的承认

(1957 年 11 月 7 日)

国务院情报研究和分析所远东组编制

本报告以表格的形式对中华民国和"中华人民共和国"的外交状况进行了对比。

列表表明,联合国 81 个成员国(不包括中国,但包括白俄罗斯和乌克兰)中 42 个承认了中华民国,27 个承认了北平。其中,柬埔寨、加纳、老挝、利比亚、马来亚、摩洛哥、苏丹和突尼斯这 8 个国家对两者均未承认。埃塞俄比亚、奥地利、爱尔兰和冰岛的情况尚不清楚。在主要的非联合国成员中,大韩民国、越南共和国和梵蒂冈承认了中华民国,瑞士承认了中华人民共和国,联邦德国对两者均未承认。(参见所附列表。)

所有西半球的国家都承认中华民国并在联合国中支持它。在西欧,斯堪的纳维亚、英国、荷兰和瑞士承认北平,但其余国家(除了德国、奥地利、爱尔兰和冰岛外)一直承认中华民国。所有属于苏联集团的东欧国家和南斯拉夫都承认北平。在亚洲和非洲,13 个国家承认中华民国,11 个国家承认中华人民共和国,8 个国家两者均未承认,1 个国家的立场尚不清楚。(外蒙古、北朝鲜和北越这些亚洲共产党政权也承认中华人民共和国。)澳大利亚和新西兰承认中华民国。(就这样,英联邦在这一问题上产生了分裂:英国、印度、巴基斯坦和锡兰承认中华人民共和国,而加拿大、澳大利亚、新西兰和南非联邦承认中华民国。双方旗鼓相当。加纳和马来亚这两个最近新成立的国家则对两者都未予以承认。)

就最近的趋势而言,中华民国在正式的外交关系方面总体上维持着有利的局面。自 1950 年共产党在朝鲜发起的进攻终结了 1949~1950 年仓促承认中华人民共和国的风潮以来,只有尼泊尔、埃及、叙利亚和也门 4 个国家承认了北平。同时,许多以往没有同中华民国建立外交关系的国家已经或将要同台北建立正式的外交关系。另外,还有几个国家通过协议将(驻台北的)公使馆升格为大使馆,在原来没有驻外政治代表的代表团中派驻了驻外政治代表。

在联合国,中华民国继续代表中国。每年通过的"搁置争论"案推迟了对中国代表权问题的实质进行的争论。事实上,甚至一些已经承认了中华人民共和国的国家也投票支持中华民国代表团继续代表中国。在所附表格涉及的上一次投票中,对于这一方案,48个国家支持、27个国家反对、6个国家弃权、1个国家缺席。虽然整个投票结果与承认情况略有相似,但有16个国家并未按照在承认问题上所持的立场进行投票:投票赞成这一动议的国家中有3个国家(荷兰、巴基斯坦、英国)已承认中华人民共和国,有2个国家(利比亚和马来亚)对两者均未予以承认,有3个国家(奥地利、埃塞俄比亚和冰岛)在承认问题上的立场尚不明确。投票反对这一动议的国家中,有3个国家(加纳、摩洛哥和苏丹)对两者均未予以承认,有1个国家(即在严肃认真的投票中可能会支持中华民国的爱尔兰)的立场尚不明确。有两个承认中华民国的国家(葡萄牙和沙特阿拉伯)和一个承认中华人民共和国的国家(以色列)投了弃权票。承认中华民国的南非缺席。

正如所附表格表明的那样,承认并不一定意味着互派外交代表。在承认中华民国的45个国家中,有3个国家与中华民国并未建立外交或领事关系。在其余42个国家中,中华民国向40个国家派驻了外交代表(其中一些是非驻外政治代表),向2个国家派出了领事代表。在以上42个国家中,有13个国家向中国派出了外交代表,有27个国家没有派出外交或领事代表,有2个国家派出了代理领事。在承认中华人民共和国的国家和共产党政权中,除以色列和也门外,其他都与中华人民共和国互相派驻了外交代表。英国和柬埔寨是两个特例。承认中华人民共和国并在北平设有使馆的英国在台湾还保留着一位负责与台湾省政府进行交涉的领事。既未承认中华民国也未承认中华人民共和国的柬埔寨与中华人民共和国互派了官方经济代表团,而中华民国根据以前法国高级专员递交的委任状继续在金边保留着一位领事。

此类表格反映出某些技术问题。下面简要讨论一下选择的根据。

自1949年10月1日中国共产党政权成立以来,目前已经承认了该政权的国家的列表及其外交关系的水平大体依据的是官方记载。然而,从技术上讲,就1911年中华民国成立以后承认该政权的所有国家而言,只要它们没有特地发表声明承认共产党政权是中华民国的接替者,那么我们就认为这些国家依然承认中华民国。这一事实使对承认中华民国的国家进行列表的工作复杂化了。在所附的表格中,只有那些以某种方式特意重申其承认中华民国的国家才被列了进去。自1950年中华民国迁往台湾以后,埃塞俄比亚、奥地利、爱尔兰和冰岛一直没有申明它们承认中华民国。因此,它们的立场在这里被归入尚不清楚那一栏,但考虑到这些国家早期在承认方面的举动(就冰岛而言,在战前它和丹麦一起承认了中华民国),它们可能被列为承认中华民国的国家。

根据1957年10月17日可资利用的资料制成的这一表格仅表明了那时的情况,而没有对未来的趋势或变化作出预测。本表格尽可能地依据中华民国和中华人民共和国官方公布的资料。在时间方面,与其他表格相比存在的一天之差是由于新闻报道来源不同造成的。

附表

国际社会对中华民国(GRC)政府和"中华人民共和国"(PRC 政府)的承认

	承 认	向中国派驻的代表机构	中国向该国派驻的代表机构	联合国投票(1)①	注 释
联合国成员					
1. 阿富汗	中华人民共和国	大使馆	大使馆	反对	1950 年 1 月 12 日承认北平;1955 年 1 月 19 日达成互派代表协议。
2. 阿尔巴尼亚	中华人民共和国	大使馆	大使馆	反对	1949 年 11 月 21 日承认北平。
3. 阿根廷	中华民国	无	大使馆	赞成	
4. 澳大利亚	中华民国	无	大使馆	赞成	
5. 奥地利	不清楚	无	无	赞成	1946 年 7 月 7 日中华民国承认了战后的奥地利政府。1947 年 12 月 19 日和 1948 年 3 月 5 日中华民国和奥地利分别在对方国家建立了公使馆。以上关系随着国民党撤出大陆而终结。奥地利并未撤回对中华民国的承认,但 1950 年以来也一直没有重申其承认中华民国的立场。
6. 比利时	中华民国	代理领事馆	大使馆	赞成	
7. 玻利维亚	中华民国	无	没有驻外政治代表的大使馆(秘鲁)②	赞成	
8. 巴西	中华民国	大使馆	大使馆	赞成	
9. 保加利亚	中华人民共和国	大使馆	大使馆	反对	1949 年 10 月 3 日承认北平。
10. 缅甸	中华人民共和国	大使馆	大使馆	反对	1949 年 12 月 16 日承认北平。

---

① 原注:(1) 1957 年 9 月 25 日(第 12 届联合国大会期间)就不考虑中国代表权问题的"搁置争论"案所进行的投票。

② 括号内的国家表示表格第一列国家政治代表的常住地。——译注

	承 认	向中国派驻的代表机构	中国向该国派驻的代表机构	联合国投票(1)	注 释
11. 白俄罗斯苏维埃社会主义共和国	中华人民共和国	无	无	反对	除了在联合国以外没有外交关系。
12. 柬埔寨	对二者均未予以承认	驻中华人民共和国经济代表团	中华民国向该国派驻了领事,中华人民共和国向该国派出了经济代表团。	弃权	中华民国驻金边领事仍是向前法国高级专员递交委任状者。柬埔寨在北平和台北之间保持"中立"。事实上,北平在 1954 年日内瓦会议的最后宣言中承认了柬埔寨。柬埔寨和中华人民共和国之间已经互派了官方经济代表团。
13. 加拿大	中华民国	无	大使馆	赞成	
14. 锡兰	中华人民共和国	大使馆	大使馆	反对	1950 年 1 月 7 日承认北平。1956 年 9 月 14 日达成互派代表协议。
15. 智利	中华民国	无	大使馆	赞成	
16. (中国)				赞成	
17. 哥伦比亚	中华民国	无	公使馆	赞成	
18. 哥斯达黎加	中华民国	代理领事馆	公使馆	赞成	
19. 古巴	中华民国	无	大使馆	赞成	1957 年 8 月公使馆升格为大使馆。古巴驻中国大使馆正在设立之中。
20. 捷克斯洛伐克	中华人民共和国	大使馆	大使馆	反对	1949 年 10 月 5 日承认北平。
21. 丹麦	中华人民共和国	大使馆	大使馆	反对	1950 年 1 月 9 日承认北平。1956 年 2 月就将代表团升格为大使馆一事达成协议。
22. 多米尼加共和国	中华民国	大使馆	没有驻外政治代表的大使馆(巴拿马)	赞成	

	承 认	向中国派驻的代表机构	中国向该国派驻的代表机构	联合国投票(1)	注 释
23. 厄瓜多尔	中华民国	无	大使馆	赞成	
24. 埃及	中华人民共和国	大使馆	大使馆	反对	1956 年 5 月 16 日承认北平。
25. 萨尔瓦多	中华民国	无	公使馆	赞成	1957 年 7 月宣布建立设有驻外政治代表的公使馆。
26. 埃塞俄比亚	不清楚	无	无	赞成	
27. 芬兰	中华人民共和国	大使馆	大使馆	反对	1950 年 1 月 13 日承认北平。1954 年 9 月就代表团升格为设有驻外政治代表的大使馆一事达成协议。
28. 法国	中华民国	大使馆	大使馆	赞成	
29. 加纳	对二者均未予以承认	无	无	反对	
30. 希腊	中华民国	无	大使馆	赞成	
31. 危地马拉	中华民国	无	公使馆	赞成	
32. 海地	中华民国	无	没有驻外政治代表的公使馆(古巴)	赞成	
33. 洪都拉斯	中华民国	无	公使馆	赞成	
34. 匈牙利	中华人民共和国	大使馆	大使馆	反对	1949 年 10 月 4 日承认北平。
35. 冰岛	不清楚	无	无	赞成	
36. 印度	中华人民共和国	大使馆	大使馆	反对	1949 年 12 月 30 日承认北平。
37. 印度尼西亚	中华人民共和国	大使馆	大使馆	反对	1949 年 12 月 28 日中华民国承认印度尼西亚。1950 年 3 月 28 日中华人民共和国承认印度尼西亚,而 1950 年 4 月 13 日印度尼西亚承认中华人民共和国。

续　表

	承　认	向中国派驻的代表机构	中国向该国派驻的代表机构	联合国投票(1)	注　释
38. 伊朗	中华民国	没有驻外政治代表的大使馆（日本）	大使馆	赞成	
39. 伊拉克	中华民国	无	大使馆	赞成	
40. 爱尔兰	不清楚	无	无	反对	1950 年以来一直没有采取积极行动重申其承认中华民国的立场，但在联合国的实质性投票过程中有可能支持中华民国。
41. 以色列	中华人民共和国	无	无	弃权	1950 年 1 月 9 日承认北平，但由于北平支持阿拉伯国家，双方不可能建立外交关系。
42. 意大利	中华民国	无	大使馆	赞成	
43. 日本	中华民国	大使馆	大使馆	赞成	和平条约生效以后 1952 年 8 月双方建立外交关系。
44. 约旦	中华民国	无	没有驻外政治代表的大使馆（伊拉克）	赞成	
45. 老挝	对二者均未予以承认	无	无	弃权	在 1954 年日内瓦会议的最后宣言中北平在事实上承认了老挝，但老挝官方在北平和台湾之间保持"中立"。
46. 黎巴嫩	中华民国	无	大使馆	赞成	1957 年 9 月公使馆升格为大使馆。
47. 利比里亚	中华民国	无	无	赞成	根据 1937 年签订的友好条约 1957 年 8 月 20 日双方宣布达成互派代表的协议。
48. 利比亚	对两者均未予以承认	无	无	赞成	
49. 卢森堡	中华民国	无	没有驻外政治代表的公使馆（比利时）	赞成	

续 表

	承 认	向中国派驻的代表机构	中国向该国派驻的代表机构	联合国投票(1)	注 释
50. 马来亚联邦	对两者均未予以承认	无	无	赞成	对中华民国和中华人民共和国均未予以互换性承认。
51. 墨西哥	中华民国	无	大使馆	赞成	
52. 摩洛哥	对两者均未予以承认	无	无	反对	对中华民国和中华人民共和国均未予以互换性承认。
53. 尼泊尔	中华人民共和国	没有驻外政治代表的大使馆(印度)	没有驻外政治代表的大使馆(印度)	反对	1955 年 8 月 1 日承认北平。
54. 荷兰	中华人民共和国	大使馆	大使馆	反对	1950 年 3 月 27 日承认北平。
55. 新西兰	中华民国	无	领事馆	赞成	
56. 尼加拉瓜	中华民国	无	公使馆	赞成	
57. 挪威	中华人民共和国	大使馆	大使馆	反对	1950 年 1 月 7 日承认北平。1954 年 10 月 5 日,达成互派代表的协议。
58. 巴基斯坦	中华人民共和国	大使馆	大使馆	赞成	1950 年 1 月 5 日承认北平(最初在联合国投了弃权票,但后来改为赞成议案)。
59. 巴拿马	中华民国	大使馆	大使馆	赞成	
60. 巴拉圭	中华民国	无	无	赞成	1957 年 7 月达成互派代表的协议。
61. 秘鲁	中华民国	无	大使馆	赞成	
62. 菲律宾	中华民国	大使馆	大使馆	赞成	
63. 波兰	中华人民共和国	大使馆	大使馆	反对	1949 年 10 月 5 日承认北平。
64. 葡萄牙	中华民国	无	公使馆	弃权	
65. 罗马尼亚	中华人民共和国	大使馆	大使馆	反对	1949 年 10 月 3 日承认北平。

	承　认	向中国派驻的代表机构	中国向该国派驻的代表机构	联合国投票(1)	注　　释
66. 沙特阿拉伯	中华民国	无	大使馆	弃权	
67. 西班牙	中华民国	大使馆	大使馆	赞成	
68. 苏丹	对两者均未予以承认	无	无	反对	对中华民国和中华人民共和国均未予以互换性承认。
69. 瑞典	中华人民共和国	大使馆	大使馆	反对	1950 年 1 月 14 日承认北平。1956 年 2 月就代表团升格为大使馆一事达成协议。
70. 叙利亚	中华人民共和国	大使馆	大使馆	反对	1956 年 7 月 2 日承认北平。埃及驻中华人民共和国大使同时担任叙利亚大使。
71. 泰国	中华民国	大使馆	大使馆	赞成	
72. 突尼斯	对两者均未予以承认	无	无	弃权	对中华民国和中华人民共和国均未予以互换性承认。
73. 土耳其	中华民国	大使馆	大使馆	赞成	
74. 乌克兰苏维埃社会主义共和国	中华人民共和国	无	无	反对	除了在联合国以外，与中华人民共和国没有外交关系。
75. 南非联邦	中华民国	无	领事馆	没有投票	
76. 苏联	中华人民共和国	大使馆	大使馆	反对	1949 年 10 月 2 日承认北平。
77. 英国	中华人民共和国	大使馆	大使馆	赞成	1950 年 1 月 6 日承认北平，但在台湾仍驻有领事。驻北平的使节为代办。
78. 美国	中华民国	大使馆	大使馆	赞成	
79. 乌拉圭	中华民国	无	公使馆（阿根廷）	赞成	1957 年 10 月 17 日，根据此前不久达成的协议，中国驻阿根廷大使向乌拉圭总理递交了委任状。
80. 委内瑞拉	中华民国	公使馆	公使馆	赞成	

续　表

	承　认	向中国派驻的代表机构	中国向该国派驻的代表机构	联合国投票(1)	注　释
81. 也门	中华人民共和国	无	无	反对	1956 年 8 月 21 日承认北平。1956 年 9 月 24 日达成互派部长级代表的协议，但一直未宣布任命。
82. 南斯拉夫	中华人民共和国	大使馆	大使馆	反对	1949 年 10 月 5 日承认北平；1954 年 12 月 14 日这种承认被普遍认可；1955 年 1 月 2 日达成互派代表的协议。
非联合国成员					
1. 德意志联邦共和国	对两者均未予以	无	无		
2. 罗马教廷	中华民国	公使馆	公使馆(罗马教皇教廷公使)①		
3. 大韩民国	中华民国	大使馆	大使馆		
4. 瑞士	中华人民共和国	大使馆	大使馆		1950 年 1 月 17 日承认北平。1956 年 1 月 3 日就代表团升格为大使馆一事达成协议。
5. 越南共和国	中华民国	无	公使馆		
共产党政权					
1. 东德	中华人民共和国	大使馆	大使馆		1949 年 10 月 27 日承认北平。
2. 北朝鲜	中华人民共和国	大使馆	大使馆		1949 年 10 月 4 日承认北平。
3. 外蒙古(MPR)	中华人民共和国	大使馆	大使馆		1949 年 10 月 6 日承认北平。
4. 北越(DRV)	中华人民共和国	大使馆	大使馆		1950 年 1 月 15 日承认北平。

---

① 罗马教皇教廷公使是指罗马教廷派驻与其有外交关系的国家中的外交使节。——译注

O. S. S. /State Department Intelligence and Research Reports，Part IX，China and India，1950 - 1961 Supplement，Washington，D. C. ：University Publications of America，1979，Reel - 3 - 0580

梁志译，梁志、双惊华校

国务院情报和研究署关于国际社会对台湾地位认识的分析

（1960 年 1 月 14 日）

IR 8195

中华民国政府的国际地位

（1960 年 1 月 14 日）

秘密/不可向国外发表

......①

国务院情报和研究署

这份报告的信息截止到 1959 年 12 月 31 日。

摘　　要

非共产党国家的官方和公众对"中国问题"——承认中华民国(GRC)还是中华人民共和国(CPR)的问题——的态度不一，背后的缘由差别很大。不过，在分析国际社会对中华民国和中华人民共和国的态度的过程中可以发现以下几个主要因素：(1) 在涉及中华民国的问题上，大多数西方国家倾向于听从美国的领导；(2) 西藏的事态和北平的"强硬路线"并没有明显地影响国际社会对承认问题的态度，大多数国家并未因此改变原来的立场；(3) 虽然许多国家都觉得有必要全面重新评估一旦蒋介石退出历史舞台应如何处理同中华民国关系的问题，但它们对包括蒋介石去世的可能性在内的中华民国的内务兴趣不大；(4) 大多数国家对于和平解决中华民国和中华人民共和国沿海岛屿争端的信念远远超过了对任何一方立场的同情和理解。然而，倘若北平攻打这些岛屿，许多国家就会默然接受美国对中华民国的支持。相反，如果是中华民国挑起了冲突，它们则会反对中华民国。

去年，虽然国际社会明显地反对红色中国，但也基本并未给予中华民国以积极的支持。相反，中华民国的国际地位越来越不稳固了，主要表现在两方面：在联合国之外，同情共产党中国的非洲新兴国家不断增加；在中国问题上，拉丁美洲国家更加不愿继续接受美国的领导了。

---

① 原文封面页的下一页无法辨识。——译注

一、引　言

下面的报告总结了非共产党国家对中华民国的态度，具体涉及承认中华人民共和国（CPR）、接纳中华人民共和国进入联合国以及沿海岛屿这样几个问题。报告还讨论了一些未来可能发生的事件，这些事件的发展进程或许会改变这些国家目前的态度。然而，这份报告并不是对中华民国外交关系的全面总结。

我们给所讨论的国家排序的规则是：首先按照各自所在的地理区域归类，然后将同一地域内的国家按照英文国家名的字母顺序排列。附加的表格有两个：表1显示了世界各国在承认中华民国和中华人民共和国问题上的立场，并按照各国在1957～1959年联大对暂缓讨论接纳共产党中国进入联合国问题进行投票时的态度进行了分类；表2统计了1957～1959年联大对暂缓讨论问题的投票结果，计算出了赞成票和反对票的总数。

二、欧洲和加拿大

（一）奥地利

奥地利没有向国民党中国或共产党中国派出任何外交、领事或商业代表，仅向香港派出了一位负责处理奥地利与这一地区贸易事务的贸易专员，与国民党中国的其他事务均由奥地利驻新德里使馆处理。

在过去的几年里，尤其是1958年间，奥地利对共产党中国的出口（主要是化肥，还有部分机械设备）不断增长；可是，1958年对共产党中国的出口仅占奥地利出口总额的1.5%。联邦商会（Federal Chamber）和奥地利工业家联盟（Austrian League of Industrialists）对与红色中国进行贸易非常感兴趣，以至于要求贸易部向北平派出某种级别的商业代表。共产党中国"中国国家进出口公司"（China National Import-Export Corporation）在伯尔尼的欧洲总部已经明确表示可能会进一步提高由奥地利的进口数额。可是，在双方打交道的过程中共产党中国已经不止一次地告知奥地利，未来他最可能的是向那些同共产党中国保持官方或半官方关系的国家的公司订货。在1958年对共产党中国的出口达到顶峰以后，1959年间再没有那么多的奥地利公司获得共产党中国的订单了。

关于代表级别的问题，奥地利认为仅仅扩大驻香港贸易专员的权限是不够的。有人建议向北平派出一位联邦商会的常驻代表。考虑到商会在国家事务中的地位，奥地利这样做看来是要同共产党中国建立半官方的关系。

至今，奥地利仍未向北平派驻代表，但奥地利政府正面临着解决这一问题的压力。

奥地利满怀希望地期待着国民党中国和共产党中国通过某种形式的协商和双方的让步解决台湾海峡问题。一直以来，奥地利新闻出版界都认为蒋介石退出政治舞台可能会使美国实行更为"现实的"远东政策，特别是在认真努力地寻求裁军的时候。最近中印边界的冲突特别是西藏起义使奥地利公众非常不安,这一点在新闻出版界表现得尤为明显。

(二) 比利时

比利时保持着同中华民国的外交关系,但它只向台北派出了一位领事代办①。中华民国在布鲁塞尔设有大使馆,且 1959 年 11 月代办汪孝熙晋升为大使。自朝鲜战争以来,比利时代表团一直投票坚决反对接纳共产党中国进入联合国。然而,比利时在这一地区并没有政治利益。目前它在中国问题上的立场主要是基于下列假设:当前西方国家在这一问题上的立场的任何转变都将意味着美国政策的失败,而且还会伤害北约国家之间的伙伴关系。另外,在比利时看来,接纳红色中国进入联合国会明显地增强共产党集团对亚非国家的影响力,并加强亚非集团在联合国的力量,后者对作为殖民国家的比利时来说具有重要意义。比利时官方认为应该拿承认红色中国问题作交易,在世界范围内讨价还价,只有在换取了让步的情况下才能给予承认。同时,反对承认的人还指出,这样做得不到商业利益,因为共产党中国的限制性的经济政策同样仅应用于那些承认北平政府的国家。

但是,当前比利时的公众舆论强烈支持最终承认中共政府,且外交部也赞同这一观点。比利时人确信共产党政权将长期存在,试图推翻这些政权极易引起战争。他们非常想获得在红色中国的贸易机会,并担心其他贸易国的竞争,这也在很大程度上促使这些人支持承认中共政府。支持承认的其他理由是希望获得建立联系所带来的好处、向广袤的中国大陆派出观察员并促使共产党中国逐渐脱离苏联而倒向西方,至少也要走向独立自主。

这几年,在野的社会党通过了支持承认中共政府的决议。不过,许多自由派人士也赞同这一观点,认为承认有利于促进比利时贸易的发展。目前作为自由派联盟主要成员的基督教社会党(Social Christian Party)原则上可能支持承认,但面对美国的强烈反对在坚持己见方面它比其他党更加犹豫不决。不过,现在还没有哪一个团体施加强大的压力,要求立即承认共产党中国的政权或接纳共产党中国加入联合国。因此,除非美国的政策发生改变或该地区出现新形势,否则两三年内比利时不可能重新考虑它的立场。

在上一次台海危机期间,比利时特别担心作为美国的北约盟国被拖入战争。比利时政府和公众舆论都主张协商解决,以金门和马祖的非军事化换取共产党承诺不以武力解放金马。一旦类似的危机再次发生,比利时人可能会更加努力地推动协商谈判。虽然在上一次危机中比利时外交部长声称不支持美国以武力保卫金门和马祖的尝试,但比利时非常注重北约的团结,可能不会坚决反对其在北约中的主要盟友。一旦共产党进攻台湾,我们可能会得到比利时公众和官方的支持。

一旦中国国民党的军事进攻引发了危机,比利时人可能会认为以上行动获得了美国的默许,必然因此而加以反对。到那时,他们可能连像在上次危机中那样不情愿的支持都不会再给予美国了。

---

① 领事代办是级别最低的领事官员。——编注

除了担心中华民国的举动会引起东西方全面冲突之外，比利时对中华民国的其他方面再未表现出明显的兴趣。商业考虑是微乎其微的，且比利时人坚信国民党永无可能再重返大陆。他们建议双方妥协，采纳"两个中国"的概念：独立后的台湾放弃解放大陆的想法，并且双方都要承认台湾脱离中华人民共和国这一事实。蒋介石再次当选或由遵循他的政策的人接任几乎都不会引起比利时明显的反应。不过，一旦蒋介石去世，比利时可能就会催促对形势进行全面的重新评估，强调北约成员国一道商讨并制定可能获得所有盟国积极支持的共同的政策。

（三）加拿大

加拿大已经同国民党中国建立起了外交关系，虽然国民党中国向渥太华派出了大使，但在台北并没有加拿大的代表。加拿大舆论界强烈反对蒋介石及其政府。加拿大公众和新闻出版界认为蒋介石是暴君，其政府专制腐败，压制福摩萨当地人民。如果蒋第三次当选，加拿大公众舆论会认为这一结果违反或践踏了国民党中国宪法，并愈加证实了当前加拿大人对蒋介石及其政府的看法是正确的。一旦蒋去世或下台，大多数加拿大人不会认为这是中国人民的损失，但仍希望蒋的继任者继续统治该政权。

加拿大官方的态度可能不会如此糟糕，但倘若国民党政府明目张胆地以专制的方式解决重新当选或继任的问题，那么这可能会使加拿大政府内外支持承认共产党中国并接纳其进入联合国的人更加理直气壮。

目前，在承认红色中国的问题上加拿大政府的官方立场是继续考虑此事。1959 年 7 月刚刚就任的外交部长证实，当前的政策是在贸易和人员访问等有限的领域采取主动，以改善两国关系。这一过程是否成为承认的前奏要看以上意在改善关系的举动的结果如何以及对于此举会给加拿大和国际社会带来何种好处的评估。加拿大总理迪芬贝克（Diefenbaker）公开和私下里均表示，当前他强烈反对承认共产党中国，但他并未草率地排除未来进行政策调整的可能性。

加拿大的公众舆论普遍倾向于反对承认且 1959 年这种情绪更加强烈了。不过，新闻出版界总体上支持承认。

在接纳共产党中国加入联合国的问题上加拿大基本上是反对永远将红色中国排除在联合国之外的，因为它认为这样做会削弱其强烈支持的联合国解决国际争端的作用。在 1958 年的联大会议上加拿大非常不情愿地在推迟考虑共产党中国代表权问题上投了赞成票，原因是它认为不应考虑让陷入台海危机之中的红色中国加入联合国。那时，加拿大表示今年它支持推迟讨论中国加入联合国问题上不会采取人们预料中的必然态度。1959 年 9 月很大程度上是因为共产党在西藏、老挝和印度边界的行动，加拿大再次投票反对讨论共产党中国的联合国代表权问题。

虽然加拿大大多数报纸表示在刚刚过去的九月份北平"如愿以偿了"，但新闻出版界普遍支持接纳共产党中国加入联合国。近些年公众舆论也越来越支持中国获得联合国代表权了,但 1959 年间共产党在老挝、西藏和印度采取行动以后他们也改变了想法。

1958 年台海危机期间加拿大的主要反应是担心会因为并不值得的沿海岛屿问题而被卷入一场全球战争。政府、新闻出版界和公众舆论均不是非常赞同美国的立场。无论是哪一方挑起争端,加拿大对新的岛屿危机的反应可能都不会有多大的差别。

不过,得到出版界和公众支持的政府赞同保卫台湾,认为这是自由世界明确的承诺。如果威胁台湾安全的危机明显地是由国民党的行动引起的,除非冲突蔓延到了台湾以外的地区,否则加拿大可能会隔岸观火,并严厉斥责美国允许国民党挑起争端。

（四）法国

法国还没有承认北平政权且继续保持着同中华民国的代办级的外交关系。这些年,由于下列原因,法国转变立场可能性已经下降了:（1）忌恨共产党中国在 1949 年侵占中国时虐待法国官员;（2）印支战争期间美国向法国提供了援助;（3）共产党中国在法国被驱逐出远东的过程中所起到的作用;（4）法国对北平援助阿尔及利亚叛乱和承认阿尔及利亚共和国临时政府（PGAR）表示不满。

法国断绝了同承认阿尔及利亚共和国临时政府的“负责任的”政府的外交关系,这一政策似乎排除了它同这样的政府建立外交关系的可能性。这个原因还在很大程度上使法国不可能改变在红色中国联合国代表权问题上的立场。

法国认为将驻中华民国代表的级别提升至大使级意味着它将进一步介入中国问题,因此在最近一段时间它不可能这样做。然而,如果北平进一步介入阿尔及利亚问题,那么法国可能会考虑报复性地向台湾派出一位大使。另一方面,国民党中国不可能以不利于法国的方式介入阿尔及利亚问题,因此法国也就不会考虑降低同国民党中国外交关系的级别或完全断交。

在上一次台海危机中法国小心翼翼地关注着事态的发展,希望冲突不要向外蔓延。在它看来美国军队的介入是危险的。而且法国似乎认为在不损害福摩萨防务的前提下可以允许共产党中国占领沿海岛屿。在 1958 年台海危机突然爆发以后法国显然接受了美国必须采取坚决措施的看法。因此,另一场与此相类似的危机不可能使法国公众和官方过度惊慌。另一方面,如果危机显然是由于中华民国的行动引起的,法国可能做出对美国不利的反应,同时可能认为美国是国民党行动的幕后指使者或美国已经不再能够控制蒋介石了,这两种情况均对世界和法国的和平构成了威胁。

在接班人问题上,法国一向认为新的候选人将是由蒋介石亲自挑选的继承者,因此无论蒋再次当选还是主动下台,都不会使法国的看法有多大改变。另一方面,在法国看来也许蒋介石落选或退出政治舞台同去世没什么两样。

蒋介石个人博得了法国总统戴高乐相当程度的尊敬和同情,因为戴高乐经常回想起最初作为流亡政府首脑时面对盟友的处境。然而,戴高乐的这种情感是不可能转移到蒋的继承人身上的。万一蒋介石去世,法国或许会认为这有利于三大国重新通盘考虑两个中国和台湾政权继续存在的问题。法国可能会催促美国体面地从它认为无法解决的问题中脱身。总之,法国很可能非常急切地寻求同美英两国就协调未来西方的远东政策问题进行磋商。

（五）意大利、西班牙和葡萄牙

三国都没有承认中国共产党政权,且都保持着同中华民国的外交关系。但是,意大利想要同共产党中国进行某种形式的"贸易对话",意在加强和改善双方的商贸关系。葡萄牙没有向台北派出代表（虽然中国在里斯本设有一个公使馆）,而且由于它的兴趣在澳门,因此总是低调地批评中国共产党。由于佛朗哥（Franco）统治的西班牙推行顽固的反共政策,因此它是三国中唯一坚决反对西方向共产党中国"示弱"的国家。西班牙在台北设有大使馆,但大使常驻马尼拉。中国驻马德里大使还是中国在罗马的代表。三国改变同国民党中国和共产党中国外交关系的可能性都不大。

在联大对暂缓讨论共产党中国代表权问题进行投票时意大利和西班牙总是投赞成票,葡萄牙则投弃权票。

（六）荷兰

1950 年 3 月荷兰政府承认中国共产党政府为合法政府,并同北平保持着代办级的外交关系。几乎可以肯定地说,对于向对方派出代表一事,中国共产党的重视程度远胜过荷兰。而且,荷兰较大幅度地提高同共产党中国贸易额的可能性不大。即便有这些考虑,事实上在台海危机和共产党中国联合国代表权问题上荷兰仍完全支持美国,且没有迹象表明近期内海牙同北平的外交关系会发生改变。不过并不能排除双方关系最终走向停滞不前或断绝的可能性。

荷兰政府依旧反对联合国及其相关机构接纳中国共产党。但是,1958 年 11 月荷兰外交部的一位高级官员声称,最终美国及其盟友必定要重新评估他们在这一问题上的看法。虽然这一直是荷兰人的主流观点,但我们预计只要多数联合国成员国支持美国在共产党中国联合国代表权问题上的主张,荷兰就会保持目前的合作态度。

倘若中共的侵略行为引起了另一场台海危机,荷兰政府很可能会像在 1958 年危机中那样再次义无反顾地支持美国的坚定立场。荷兰确信美国的政策能够最有效地抵制中国共产党的侵略。然而,荷兰不会支持中国国民党挑起争端。它认为这样的行动会使世界的和平与安全受到巨大的威胁,且表明美国失去了对蒋介石的控制。

蒋介石第三次当选或主动退位对荷兰官方和公众舆论的态度不会产生多大影响,甚至根本就不会发生任何影响。在荷兰看来国民党中国的任何一位总统候选人都是蒋亲手挑选的继承者。另一方面,荷兰又将蒋介石去世或失去对国民党中国的控制视为敦促美国重新考虑其远东政策的良机,因为在荷兰人看来美国当前的政策是难以长久维持下去的。

（七）瑞士

由于瑞士不是联合国成员国且 1950 年又承认了红色中国,因此瑞士并没有对台湾国际地位的问题做出官方评价。瑞士决定承认中国共产党以后 1950 年 2 月国民党中国的代表团撤出了伯尔尼。现在台湾和瑞士之间不存在外交或领事关系。当前瑞士在北平和上海分别设有大使馆和总领事馆;反过来中国共产党也在伯尔尼建立了大使馆,向伯尔尼派出了贸易代表团,并在日内瓦设有总领事馆。伯尔尼贸易代表团担负着中国国家进出口公司欧洲总部的职责,同时还是大使馆的商业附属机构。众所周知,瑞士对这样一个庞大的特别是作为几个国家活动中心的代表团的存在心存不满,因此该国的警察严密地监视着红色中国贸易代表团。虽然贸易代表团的驻地在伯尔尼,但共产党中国并未参加瑞士交易会,瑞士和中国的贸易额也是微乎其微的。1958 年,瑞士同"中国地区"(即红色中国、香港、澳门和台湾)的贸易额仅占其贸易总额的 1.3%。

总的来说,瑞士官方和公众舆论强烈反对在台湾海峡动武,主张以协商而非武力的形式解决台海问题。由于瑞士坚决反共,共产党占领台湾会引起它的忧虑和不满。不过,瑞士很少支持蒋介石及其政府。

(八) 英国

一般来说,英国(包括保守党政府、反对党工党、新闻出版界以及公众)很少尊重和支持其通常称之为"蒋介石政府"的政权。英国政府认为中国国民党几乎不具备夺回大陆统治权的能力且国民党重返大陆的野心对世界和平构成了威胁。

影响英国对中华民国态度的首要因素或许是其对中华人民共和国的看法。自从 1950 年 1 月承认中华人民共和国以来英国就一直坚持认为他们是按照国际法公认的原则行事的。换言之,只要一国政府有效地控制了该国的大部分领土并获得了多数人民的支持,那么它就应该获得承认。影响英国对中国问题的看法的其他重要因素如下:英国政府不想采取可能使英印关系紧张的行动;英国希望能够不断加强同中国大陆的贸易;香港的地理位置决定了它很容易遭到攻击。

关于台湾的法律地位问题,英国政府认为虽然 1952 年日本和平条约规定日本放弃在台湾和佩斯卡多尔列岛的所有权利,但它并没有将台湾和佩斯卡多尔列岛的主权移交中国共产党或中国国民党,因此依据法律台湾和佩斯卡多尔列岛的主权仍是"未定的"。保守党政府坚决主张按照 1943 年开罗宣言的规定将台湾归还中国。1958 年年末,外交部发言人表示,英国的立场是:由于开罗宣言并未明确规定如何将台湾归还中国,因此最好的办法是等待,让这一问题顺其自然地得到解决,这意味着英国可能会继续几乎无限期地搁置台湾问题。

英国驻东南亚最高专员(Commissioner General)1958 年年末汇报说,如果不考虑法律因素,英国参谋认为台湾在热战中不具有战略重要性,甚至还可能是个累赘,只有在冷战的条件下台湾才具有战略重要性。在这位最高专员看来,仅在和平时期台湾的重要性才表现在政治和心理方面。另外,外交部还表示,即便是在大陆发生变故的时候,中国人民新的领导人也不会来自台湾,而且台湾并不是海外华人要效忠的真正对象。

在今后四五年不可能重新掌权的工党主张"在当地人民有能力自决以前应由联合国托管台湾"。1958年9月工党领导人休·盖茨克尔（Hugh Gaitskell）指出，这将意味着"蒋介石必须下台"。英国公众普遍倾向于让联合国代替中国国民党统治台湾。

英国政府始终支持联合国按照美国的提议暂缓讨论中华人民共和国联合国代表权的问题。同时，英国政府官员认为联合国迟早要接纳中国共产党。他们的观点是：要想更好地约束富于侵略性的中国共产党，就要接纳它进入联合国而非将其拒之门外；共产党中国加入世界组织会使中苏关系更加紧张。

工党支持接纳中华人民共和国加入联合国，且公开表示工党政府将"投票并敦促其他国家投票"赞成共产党中国加入联合国。50年代的大部分民意测验表明大多数英国民众对共产党中国加入联合国的问题持支持态度。在1958年年末的一次民意测验中，45％的人支持接纳共产党中国加入联合国，其中58％的人认为国民党中国应该继续留在联合国。因此，与官方的态度相反，英国公众舆论似乎非常乐于接受"两个中国"的解决方案。

1955年年初以来英国政府的官方立场是沿海岛屿"无疑是中华人民共和国领土的一部分"。或许英国政府希望国民党撤离沿海岛屿，将其移交共产党，但同时它谴责了中华人民共和国以武力改变沿海岛屿现状的做法。虽然在1955年和1958年共产党挑起事端期间英国政府支持美国维持台湾海峡的现状，但事实上英国并不愿意这样做，因为从那以后它在官方声明中（一再）表示在台湾海峡画线有利于英国支持美国。

工党也认为沿海岛屿属于中华人民共和国，并坚决主张国民党军队撤离。英国新闻出版界和公众差不多异口同声地强烈反对中华民国继续占领这些在他们看来对保卫台湾毫无用处的岛屿。1958年秋的民意测验表明英国公众几乎不加区别地对待台湾和金门的问题，认为应由联合国管理这两座岛屿。

过去的经验似乎表明，在另一场显然是由共产党引起的台海危机中，虽然英国会反对使用武力并敦促立即由联合国出面解决这一问题，但它仍将支持美国。一旦这场危机显然是由中国国民党引起的，那么英国政府的反蒋情绪甚至可能会更加强烈。无论以上哪一种情况发生，英国都可能不会再像以往那样同情中国国民党政府，且在重大举措中将反映公众希望国民党人放弃沿海岛屿控制权的态度。

尽管英国早早地承认了中华人民共和国，但英国政府在台湾一直保持着领事馆，其驻台湾省政府领事馆的所在地为淡水（Tansui）①（而非台北）。领事馆成员中除了一位领事和几位副领事之外，还有一位海军军官。没有迹象表明英国要改变这种外交关系。

（九）德意志联邦共和国

德意志联邦共和国对台湾和红色中国的政策是不介入，即不同北平和台北的任何一方保持外交或半外交关系。然而，西德是同情和偏袒自由中国的。

---

① 疑为 Tanshui。——译注

虽然目前还没有考虑同中华民国建立外交关系的问题,但西德政府已经决定在台北建立一个意在促进两国文化交流的德国文化学院,并出资在台湾建立一个农业培训机构。然而,西德却拒绝接纳国民党非官方的贸易代表团,原因是它认为这样做的后果是要被迫接受一个类似的共产党中国的代表团。虽然同共产党中国的贸易对西德来说具有重要的意义,且德国商人还想进一步提高对共产党中国的出口,但西德政府坚决反对红色中国来访。

鉴于自身同共产党集团之间存在的问题,西德几乎从未介入中国问题。因此,西德政府很可能将继续对台湾和红色中国保持模棱两可的态度。总的来说,西德不希望美国因为过分介入远东事务而忽略了西欧。唯其如此,下次台海危机将引起西德的忧虑和不安,因为他们认为这样一来西方盟国在对远东政策的问题上将会再次发生争执,这将削弱西方在欧洲的实力地位。

西德的公众舆论强烈反对共产党在任何地区的扩张,倾向于支持中华民国。然而,他们并不信任蒋介石,不会对蒋的退位或去世感到遗憾。

三、中　东

(一) 阿富汗

我们预计阿富汗会继续支持共产党中国加入联合国。目前,阿富汗同共产党中国的关系是正常的,基本不可能转而与中华民国建立外交关系。1949 年阿富汗政府承认了中华人民共和国,1955 年在北平设立了大使馆。受到政府控制的新闻出版界坚决支持中国共产党,甚至连中共在西藏起义期间的行动都受到了他们的好评。

另一场台海危机会引起阿富汗政府的忧虑,但除非危机严重到了可能引起全面战争的程度或使阿富汗同日本的商业和经济联系中断,否则它是不会感到恐慌的。有限的危机不可能改变阿富汗亲中华人民共和国的政策。受到控制的新闻出版界在社论中可能会站在中华人民共和国一边,例如它将 1958 年危机归咎为国民党中国的侵略行为以及中华人民共和国在无法发挥"大国应有作用"时的挫败感。总之,阿富汗在普什图尼斯坦(Pushtunistan)问题[①]上的民族统一立场促使喀布尔政府在台湾问题上亲中国共产党。

另一方面,如果北平政权像中国在历史上所做的那样再次要求获得北克什米尔(Northern Kashmir)罕萨和古德拉尔(Hunza and Chitral)的"主权"或单方面改变帕米尔高原(Pamirs)的边界,那么阿富汗和中华人民共和国的关系可能会随之出现严重的危机。

阿富汗政府可能希望蒋介石下台,认为他的去世或退位会削弱中华民国并降低该地区战争威胁的风险。

---

① 从 19 世纪 30 年代开始,英国为抗衡俄国南下对印度造成的威胁而企图占领阿富汗,两次侵阿战争的失利使英国转而实行缓冲国政策,以划定阿富汗北部边界的方式与俄国划分了势力范围。为防止普什图山地部落人民威胁印度边界,英国殖民者又通过"杜兰线"将阿富汗东南部普什图族山地部落数百万人民划归印度,从而造成了印巴分治后长期影响阿富汗和巴基斯坦关系的"普什图尼斯坦"问题。——译注

（二）希腊

在 1958 年 9 月 19 日联合国大会程序委员会会议上希腊政府针对美国"不考虑"中华人民共和国席位问题的提案投了弃权票，但 1959 年它投了赞成票。在某种程度上，希腊倾向于根据中华民国在塞浦路斯问题上的投票记录决定其采取何种方式支持中国在国际组织中拥有代表权。然而，许多希腊人认为依据权利平等的原则应该接纳共产党中国加入联合国及其相关组织，而且从政治的角度考虑这样做也是迟早的事。1958 年 12 月，一位执政的民族激进联盟（National Radical Union）（ERE）成员和一位资深的自由党成员发表了一系列文章对这一问题进行了广泛的探讨和争论，从中可以看到以上观点。

中国民国在雅典设有领事馆，而希腊并未向台北派出代表，不过目前两国关系是正常的。除非美国改变立场，否则希腊不可能转而与中华人民共和国建立外交关系。

不管是由于中国共产党还是中国国民党引起的下一次台海危机都会令希腊忧心忡忡。希腊航运界和政府部门都表示希望中国能够包租希腊的船只，任何骚乱都会危及希腊的利益。而且，希腊商贸界人士眼巴巴地盼着能够向共产党中国出口希腊的农产品。

或许，希腊政府并不关心蒋介石的命运，不管他是第三次当选，还是拒绝参加第三次选举，抑或一命呜呼。

（三）伊朗

伊朗可能会继续在联合国内支持中华民国，但也存在着另外一种可能性：出于未来安抚苏联的考虑，伊朗或许会改弦更张，选择投弃权票。不过伊朗还会继续保持同中华民国的外交关系。目前，中华民国驻伊朗大使的驻地在德黑兰，但伊朗驻中华民国的大使的驻地却在东京。在承认中华人民共和国的问题上，伊朗可能会继续追随美国。

一旦中国共产党在台湾海峡再次挑起争端，伊朗政府会对此予以谴责，但如果责任在中国国民党，那么伊朗政府则会袖手旁观。

或许，伊朗政府并不关心蒋介石的命运，不管他是第三次当选，还是拒绝参加第三次选举，抑或一命呜呼。

（四）伊拉克

1958 年伊拉克承认了中华人民共和国，且在去年 9 月的联大上投票支持接纳中国加入联合国。伊拉克可能在所有涉及台湾的问题上支持共产党中国。

（五）以色列

在联合国对涉及台湾和共产党中国的问题进行投票时，以色列一般投弃权票。它既未同共产党中国也未同台湾互派外交代表。1949 年 3 月，国民党中国承认了以色列。然而，1950 年 1 月以色列却承认了共产党中国，但共产党中国并未承认以色列。

（六）黎巴嫩

黎巴嫩承认了中华民国。中华民国在贝鲁特设有大使馆，黎巴嫩驻中华民国公使的驻地在东京。虽然不断传来黎巴嫩将要承认红色中国的谣言，但那就像黎巴嫩突然全面改变外交政策一样几乎是不可能的。不过，黎巴嫩可能会稍微调整一下在联合国中相对公开的亲台湾的倾向，转而在涉及与冷战有关的中华民国内政问题和承认中国的问题时逐渐采取"中立主义"的态度。

（七）巴基斯坦

巴基斯坦支持美国关于"不考虑"中华人民共和国联合国代表权问题的程序性提议。1958 年实施军事管制的亲美政府的出现使这一立场变得不可逆转。虽然 1950 年巴基斯坦承认了中华人民共和国，但最近两国关系紧张起来，卡拉奇大使馆曾在汇报中提及巴基斯坦政府或许会考虑承认中华民国的可能性。目前巴基斯坦采取这一步骤的可能性似乎并不大，但中国共产党在西藏的侵略行为已经使巴基斯坦知会印度两国需要携手保卫次大陆。像印度一样，巴基斯坦同北平也存在边界问题，需要就地图上未标明的边界进行说明。据说，中国共产党正在边界进行勘察和飞行侦察，巴基斯坦声称要抵制中国共产党对其边界的渗透。然而，在联合国它并没有在西藏问题上发挥积极作用，巴基斯坦政府希望心平气和地同共产党中国协商边界问题。

今年 7 月由去麦加朝圣归来的穆斯林组成的国民党中国代表团访问了卡拉奇，中国共产党不仅抗议巴基斯坦外交部长接见这一代表团，而且还对巴基斯坦政府其他的一系列举动表示不满。巴基斯坦政府并未对中共的照会作出答复，但该国的外交部官员表示政府会予以正式的回应。

无论下次台海危机是由哪一方引起的，都不会成为巴基斯坦政府对中华民国态度的决定性因素。巴基斯坦同共产党中国的边界问题及其与印度的关系才是它们的根本利益所在，是它考虑问题的主要指针。

对外交事务感兴趣的那一小部分巴基斯坦人对蒋介石的评价并不高。随着情况的变化，他们可能希望蒋介石退出政治舞台。巴基斯坦政府领导人对台湾的国内政治知之甚少。考虑到目前巴基斯坦和共产党中国的关系并不令人满意，巴基斯坦人可能会支持当今台湾潜在的最强硬的领导人上台。如果他们认为蒋介石的继承人软弱无能或蒋介石不再参与大选会引起权力斗争，那么这些人会支持蒋介石继续掌权。

（八）沙特阿拉伯

在有关中国问题的所有事情上沙特阿拉伯公开的官方态度仍是"中立"。它一直同中华民国保持着外交关系，中华民国在沙特阿拉伯设有领事馆，沙特阿拉伯驻中国大使的驻地在东京。在当前的情况下，沙特阿拉伯似乎不可能改变不承认中国共产党的现有政策。

(九) 苏丹

虽然苏丹向共产党中国出售了一定数量的棉花,且两国已经在今年年初就互派外交代表的问题达成了协议,但我们预计苏丹会避免卷入任何涉及中国共产党的重要的联合国问题。苏丹不愿意履行互派大使的协议,并在冷战中奉行不结盟的政策。

(十) 土耳其

我们预计土耳其会继续在联合国支持中华民国,并保持同中华民国政府的外交关系。虽然美国同中国共产党和解会使土耳其不安,但它的立场仍会随着美国立场的改变而改变。土耳其认为中华民国的处境或多或少地与自己的情况相类似,任何有损台湾独立的协议都将会证明它的预见性。

无论下次台海危机是由中国共产党还是由中国国民党引起的,都会令土耳其感到不安。他们会追随美国。

土耳其官方和公众对于蒋介石第三次当选或不参加大选的反应都会是中性的。一旦蒋介石去世,土耳其仍会支持并祝福其继任者。

(十一) 阿拉伯联合共和国[①]——阿拉伯联合国家[②]

尽管对民族主义和共产主义矛盾冲突的日益了解使阿拉伯联合共和国与红色中国严厉地指责对方,但是在可预见的将来已经承认了中华人民共和国的阿拉伯联合共和国不可能明显地转变对台湾和中华人民共和国的态度。由于以下两个因素的存在中华民国的主动示好将会徒劳无功:亚非国家普遍认为大陆政府是唯一可能统治中国人民的政府;阿拉伯联合共和国的要求非常简单,即可以进口埃及的棉花并在需要的时候能够购买埃及的军火。虽然存在各种各样的可能引起局势紧张的因素,但阿拉伯联合共和国不会改变在联合国对中国问题进行投票时的态度。下次台海危机无论是由哪一方引起的,阿拉伯联合共和国都会依照具体情况加以处理。上一次台海危机发生于阿拉伯联合共和国同西方关系紧张之际,那时阿拉伯联合共和国明显地持亲共产党中国的立场。如果在阿拉伯联合共和国同苏联集团关系紧张时再次发生台海危机,那么可以想见阿拉伯联合共和国新闻出版界会持有限的亲台湾的态度,但它低调"客观"地对待危机的可能性更大。台湾政局的发展可能促使阿拉伯联合共和国做出类似的反应。由于阿拉伯联合共和国推行的是"积极中立"的政策,因此它不可能在国际上或"冷战"中针对中国问题采取政治或外交行动。

我们预计,同样承认了中华人民共和国的也门会追随阿拉伯联合共和国的路线。在纳赛尔发起反共产主义的运动之后,也门也相应地采取了意在遏制中国共产党的行动,这便是明证。

---

① 1958 年 2 月 1 日宣告成立的埃及和叙利亚的政治联合体。——译注
② 1958~1961 年阿拉伯联合共和国和也门王国结成的联邦。——译注

四、亚　　洲

(一) 澳大利亚

澳大利亚可能会继续支持美国关于推迟讨论中国代表权问题的提议。然而,澳大利亚政府一直面临着来自各方面(商界、劳工界和知识界)的要求承认共产党中国并支持其加入联合国的压力。在某种程度上,这些压力似乎已对某些政府官员形成了影响,尤其是工业部部长约翰·麦克尤恩(John McEwen)。可是,只要孟席斯(Menzies)总理继续任职,澳大利亚就不会发生任何向支持共产党中国的政策转变。近来,澳大利亚已经同意接受中华民国大使。1959 年 9 月中华民国大使到澳大利亚赴任。此前的中国使馆是由一位代办领导的。但至今澳大利亚政府仍不愿在台北设立大使馆,虽然美国提出了类似的建议,但该国政府未加理会。如果北平挑起台海争端,或许澳大利亚因此会更加支持中国国民党。相反,一旦中国国民党的言行引发了危机,澳大利亚可能就不会再继续加强对中国国民党的支持了,不过一般来说澳大利亚还不至于因而承认共产党中国。澳大利亚人可能非常关注蒋介石的再次当选、退位或去世,尤其是在以上事态可能对西太平洋的力量平衡产生某种影响的时候。

(二) 缅甸

对共产党中国的恐惧使缅甸联邦政府(GUB)不敢同中华民国建立密切的联系。而且,缅甸的公众和政府均认为驻扎在中缅边界的掸邦和瓦邦(Shan and Wa States)的中国国民党非正规军接受台北的供给和指挥。缅甸可能会继续支持共产党中国加入联合国,且除非共产党中国入侵缅甸,否则缅甸很难改变当前承认中华人民共和国的立场。倘若台湾海峡再次爆发危机,无论是哪一方挑起的,缅甸都会强烈反对使用武力,敦促和平解决争端。

(三) 柬埔寨

1958 年 7 月以后柬埔寨王国政府(Royal Khmer Government)依法承认了共产党中国,中华民国在柬埔寨的地位受到了严重的打击,至今仍未恢复。1958 年 10 月柬埔寨王国政府要求中华民国关闭其在柬埔寨设立的领事馆,这个领事馆还是法国成为柬埔寨保护国以后中华民国在柬埔寨设立的。

今后两三年西哈努克(Sihanouk)领导下的柬埔寨王国政府基本不可能改变对中华民国的反对态度。这一态度似乎与柬埔寨王国政府对共产党中国的恐惧密切相关。无论蒋介石去世还是再次当选,我们预计下一次危机的发生不会改变以上状况。

(四) 锡兰

锡兰会继续支持共产党中国加入联合国,该国政府基本不可能改变承认北平政府的政策。锡兰支持印度关于沿海岛屿乃至台湾都应归属共产党中国的观点，且在未来的几年可能都会保持这种立场。一旦共产党中国在台海挑起新的争端，认为中华民国对沿海岛屿的主权要求缺少依据的锡兰现政府可能仅仅呼吁以和平的方式解决问题。倘若危机是由中华民国引起的，我们预计锡兰会追随印度反对中华民国的行动。

（五）印度

1959 年间印度和共产党中国的关系明显地恶化了，但印度政府官员在公开和私下里均声称印度不会改变 1949 年承认了共产党中国这一对北平政权的基本立场。印度会继续支持共产党中国加入联合国，理由是中国共产党有效地控制了中国大陆，且让其成为联合国成员有助于削弱北平政权的影响力。印度不大可能会承认中华民国，除非中国共产党对印度发动全面进攻。正如尼赫鲁在公开场合所阐明的那样，印度官方对于中华民国未来的看法是沿海岛屿和台湾最终都要归属共产党中国。然而，印度在沿海岛屿和台湾本身的法律地位之间作了区分。尼赫鲁声称，金门和马祖对台湾的防务并不是非常重要的，显见中华民国控制这些地区对北平政府构成了挑衅。他主张和平地将这些岛屿转交给共产党中国，以缓和台海紧张局势，但移交台湾尚没有一个固定的时间表。

在今后几年里，印度可能会继续反对任何一方在台海使用武力。然而新德里出于对沿海岛屿问题的看法，相对来说在公开场合它可能会更加严厉地批评中国国民党的侵略行径。即将到来的总统选举不会对官方或公众的态度产生多大影响甚至根本就不会产生任何影响。蒋介石的去世不会影响印度的政策，但一些印度人可能会将其视为最后解决中华民国和共产党中国争端的必经之路。

（六）印度尼西亚

最近美国驻雅加达大使馆的试探表明印度尼西亚会继续坚持在共产党中国代表权问题上的传统立场。中国国民党涉嫌干预印尼叛乱一事在印尼和国民党中国之间引起的冲突至今仍未解决，因此印尼似乎不会关闭在北平的大使馆而在台北设立大使馆。印尼对 1958 年台海危机、老挝局势和中印边界争端有些担忧，但印尼的声明强调的是"和平解决"而非真正关注中共的意图。无论哪一方再次引起台海危机，印尼都可能表现得更加忧虑，但它并不会因此明显地改变当前亲北平的立场。蒋介石的再次当选或去世可能都不会明显地改变印尼对台湾的态度。

近来印尼严惩农村地区的中国零售商的行动使北平和雅加达的关系变得紧张起来，但这一事态丝毫没有改善印尼和中华民国对对方的看法，主要原因是中华民国致力于保护海外华人的利益。事实上，台北领导人基本顶住了要求严厉斥责印尼排华政策的国内压力。可是印尼官员最近在私下里建议中华民国发表声明支持印尼的政策，这表明印尼没有注意到中国民众的感受和中华民国的官方立场。

（七）日本

台湾和中华民国的问题使日本决策者陷入了两难的境地：一方面，虽然他们对中华民国长期维持现状的信心不大，但日本现任领导人认为要想确保本国的安全，就要尽可能地阻止共产党占领台湾；另一方面，他们认为日本最终一定要与控制大陆的政权实现关系"正常化"。在他们看来最好的解决方式是伴随着中华民国"台湾化"的进程，进一步使"两个中国"的状态永久化，虽然他们对如何实现这一目标并没有明确的想法。

在这种情况下，在可预见的将来日本或许会继续执行当前的政策——同中华民国保持外交联系且在联合国和其他地方支持中华民国，但同时在"非政治"方面寻求同北平达成某种妥协。倘若共产党中国加入了联合国或像加拿大和法国这样的重要国家承认了北平，虽然承认共产党中国意味着赞同其对台湾的主权要求，因此日本不可能承认北平，但日本国内仍会向政府施加异常强大的压力，要求承认共产党中国。

一旦中华民国在台湾海峡的挑衅行为引起了可能使日本卷入其中的严重对抗，日本一定还会为此忧心忡忡。他们希望中华民国撤出沿海岛屿。不过在1958年台海危机期间日本政府并未对驻台湾海峡的美军使用日本基地表示反对。倘若台海再次发生危机，日本或许仍会顶着国内的巨大压力继续允许美国利用在日本的基地进行临时驻扎、补给和维修。

（八）朝鲜

大韩民国（ROK）和中华民国对共产党威胁的看法相类似。像中华民国一样，大韩国民也曾被迫同共产党进行真刀实枪的对抗，也对同共产党谈判没有信心并认为武力是对付共产党的唯一途径。因此，大韩民国会竭尽全力地支持中华民国。大韩民国并不是联合国成员国，因此无力影响联合国的决定，但在其他的国际场合它会给予中华民国以外交上的支持。假使台海再次发生军事危机，不管是什么原因引起的，大韩民国都会在外交上或许还会以军队和武器装备的形式在军事上支持中华民国。一旦蒋介石因为某种原因失去了最高决策权大韩民国会密切关注中华民国的态度是否可能因而出现软化的迹象，但蒋介石的命运不会影响大韩民国的友好立场。

（九）老挝

虽然老挝同中华民国和中华人民共和国都没有正式的外交关系，但去年中华民国在老挝的地位得到了明显的改善。之所以如此，主要原因在于新上台的老挝政府亲美反共。1958年8月该政府建立以后老挝同意中华民国在万象设立领事馆，并同台湾互派了官方的友好和经济代表团。在同中华民国扩大联系的同时老挝并没有相应地加强同共产党集团的关系。

可能会破坏两国关系的唯一事件是在缅甸的压力下1959年5月驻扎在缅甸境内的国民党军队突然入侵老挝。老挝政府要求驻台北的美国代表出面想方设法促使国民党军队撤离该国。

老挝政府友好地对待生活在老挝的 3.5 万～4 万中国人，据中华民国所说，这些人大部分是反共的。老挝总理公开对来自南越、泰国、柬埔寨和香港的海外华人表示欢迎，邀请他们到老挝投资，帮助老挝发展经济。

蒋介石再次当选或去世以及台海危机的再次爆发或许都不会影响当前老挝政府对中华民国的基本态度。然而，如果在未来的两三年内台湾政府倒台或被一个相对缺乏反共热情抑或更加倾向于中立的政府所代替，那么目前正在发展的老挝和台湾的关系就一定会受到非常明显的影响。

（十）马来亚

在马来亚联邦中 37％的人口是中国人，比例非常高，这是影响其对台湾态度的主要因素。在短期内这一因素不会受到台湾发展的影响。1959 年 8 月温和的联盟党（Allaince Party①）的重新执政预示着马来亚的外交政策不会发生大的改变，它仍主要关心同英联邦的纽带关系。只要马来亚依旧存在共产党武装叛乱，联邦就既不会承认中华民国也不会承认中华人民共和国，其国内状况也排除了政府在共产党中国的问题上与英国站在一起的可能性。倘若在今后大约一年的时间里出现紧急状况，要求重新考虑承认问题的压力可能会增大，但由于这样做将会鼓励马来亚华人左翼，因此坚决反共的联盟党不会同共产党中国建立正式的联系。联邦华人的马来亚化同样也不利于马来亚同中华民国建立外交联系。

一旦台海再次出现紧张局势，不管原因是什么，马来亚政府都会继续保持中立。台湾的发展不会改变马来亚在国际上不介入中国问题的想法。假使联盟党在 1964 年到任以前下台或 1964 年以后明显地代表华人利益的左翼政府上台，马来亚对承认问题的看法可能会随之发生一些改变。尤其是一旦英国成功地促使新加坡最终与联邦合并在一起，那么在马来亚占据人口优势的华人可能会支持马来亚全面加强同中国大陆的联系。

（十一）尼泊尔

虽然尼泊尔新政府的政策是公开其与共产党中国的分歧，但科伊拉斯（Koirals）总理声称尼泊尔会继续保持同中华人民共和国的外交关系并支持北平加入联合国。同共产党中国接壤以及在国际立场方面同印度大体保持一致（的政策）使尼泊尔不可能进一步发展同中华民国的关系。尼泊尔可能会强烈反对北平和台北在台海动武。即将到来的中华民国总统选举对尼泊尔的关注点不会产生明显的影响，甚至根本就不会产生任何影响。

（十二）新西兰

新西兰看来不大可能会明显改变在中国联合国代表权问题上支持中华民国或与在惠灵顿设有总领事馆的中华民国保持外交关系的政策。由北平引起的台海危机可能会使新西兰

---

① 疑"Allaince"应为"Alliance"。——译注

更加担心全面战争的爆发。由中华民国引起的台海危机则会使新西兰更加严厉地批评国民党中国,或许还会要求美国尽量约束国民党。新西兰将会密切关注蒋介石是否再次当选、下台或去世,因为蒋介石的命运可能会对西太平洋的力量平衡产生影响。

(十三) 菲律宾

菲律宾同中华民国保持着外交关系,并在联合国及其他国际机构支持中国政府。虽然最近就如何处理非法驻留菲律宾的中国人问题在某种程度上使菲律宾和中华民国的关系变得紧张,但总体上双方一直保持着良好的关系。近来台北在自愿遣返的原则上作出的让步或许有助于使二者的关系恢复到原来的较为和睦的状态。

菲律宾人全力支持美国对台湾的看法。由北平引起的台海危机可能会使菲律宾更加坚持现在的态度,而由中华民国引起的危机或许会使菲律宾私下里向美国表明自己的担忧。菲律宾人可能对蒋介石的再次当选、下台或去世非常感兴趣,但如果需要的话菲律宾似乎准备在制订对后蒋介石时代的台湾政策时遵从美国的指示。

(十四) 泰国

决定泰国同中华民国关系的主要因素有二,一是其对中国共产党扩张主义的恐惧,二是与泰国境内约占人口总数15%的庞大的华裔少数民族有关的问题。泰国政府会继续同中华民国保持外交关系,并将支持中华民国作为其总体上反中华人民共和国立场的一部分,以此消除共产党策反当地华人所带来的不良影响。虽然相当一部分泰国人认为中华民国撤出沿海岛屿有助于该地区的和平稳定,但泰国的立场不会随台海形势的发展而改变。尽管泰国十分关心中华民国是否会改变对大陆的立场,但蒋介石下台或去世不会对泰国的政策产生多大影响,甚至根本就不会产生任何影响。

(十五) 越南

总的来说越南共和国(GVN)和中华民国的关系良好。两国政府均坚决反共并且尤其敌视中国共产党。虽然过去双方在越南共和国境内的中国居民越南化问题上曾发生过一些摩擦,但两国外交关系发生改变的可能性不大。即便由于某种原因越南共和国断绝了同中华民国的关系,它也不会让中华人民共和国的代表取代中华民国的代表。

无论下一场台海危机是由国民党引起的还是由共产党引起的,南越都会明确地站在国民党一边。可是,中华民国能够指望得到的全部帮助只可能是南越新闻出版界的支持和道义上的声援。越南共和国不是联合国成员国,在联合国中对中华民国不会有多大的帮助。

关心蒋介石是否再次参加选举的主要是在越南的华人。越南共和国担心中华民国对中华人民共和国政策出现动摇或发生改变,但到底是蒋介石还是他的儿子、抑或是其他人当选总统对南越共和国来说并不十分重要。

南越会对蒋介石的去世表示哀悼,但除非台湾政府的性质或中华民国的外交政策发生明显改变，否则此事可能不会对两国关系产生多大的影响。

五、非　　洲

从总体上看，非洲独立国家倾向于认为中国问题相对来说与它们无关且几乎完全是一个理论问题。与对待安哥拉问题的态度不同，它们并不认为台湾海峡的难题或中国共产党联合国代表权问题需要整个非洲齐心协力地去解决。以南非联邦、利比里亚和利比亚为代表的几个国家已经承认了中华民国政府。其余的国家正在同中国共产党建立联系。然而，总的来说，大部分非洲国家在一定程度上是尊重中华人民共和国的，它们认为中华人民共和国是一个正在迅速向强大工业化国家迈进的非西方欠发达国家。尽管共产党中国所掌握的"真正的"科学知识非常有限，但因为这也是非洲国家的目标，所以它们对中华人民共和国正在利用的技术越来越感兴趣。

虽然在承认中国的问题上还没有达成一致，但在较长的时间内甚至或许就在两三年内中华人民共和国和非洲的外交和经济联系可能会变得更加紧密。当越来越多的撒哈拉沙漠以南非洲国家迅速走向独立的时候，承认共产党中国并使之加入联合国的问题可能会越来越多地成为讨论的话题。1960年尼日利亚、索马里、多哥和喀麦隆将会独立，且大约一年以后塞拉利昂可能也会紧随其后。与此相类似，英国在东非和中非的领地也将大踏步地走向独立。明年马里联邦（由塞尔维亚和苏丹组成）可能也会获得独立。真若如此，目前属于法国的几块领地或许也将宣布独立自主。以上国家可能多数都会同中华人民共和国建立外交关系。

目前摩洛哥和中华人民共和国保持着长期的商业往来和牢固的外交关系。摩洛哥政府、政党和工会的领导人屡次访问北平。另一方面，突尼斯也在小心翼翼地同共产党集团建立商业关系。利比亚的立场多少有些反复无常。虽然利比亚政府最近承认了中华民国，但它在联合国席位问题上仍然投弃权票。此外，阿尔及利亚流亡政府毫不掩饰地表示愿意接受中国共产党的武器及相关援助，并欢迎后者在联合国对它的支持。中国共产党对阿尔及利亚民族主义者的援助提高了中华人民共和国在许多亚非国家心目中的地位。

加纳承认了共产党中国，理由是它"承袭"了英国的承认政策。1957年3月中国共产党代表团出席了加纳的独立庆典。双方并未互派外交代表，但加纳显然正在认真地考虑此事。有谣言称恩克鲁玛总理或许会访问共产党中国。除了各种各样的共产党中国的代表团和记者前来加纳访问以外，两国间其余的联系可能都在伦敦进行。然而，1959年秋访问了中华人民共和国及其他远东国家的加纳贸易代表团可能打开了两国进行更为广泛的经济、政治和文化联系的大门。在第12、13和14届联大上加纳投票反对推迟讨论中国代表权问题的议案。在1958年台海危机期间恩克鲁玛总理表示对"两个中国"的方案感兴趣。

加纳主张当它独立时无需承认那些现存的国家，而只应请求他国政府公开宣布加纳获得独立即可。可能是对这一看法的反应，1958年10月初中共外交部长对塞古·杜尔

(Sekou Toure)总统表示祝贺。想必这就是中共对加纳的承认。不知道加纳是否要求中华民国对其予以承认，但1958年11月中华民国政府承认了加纳。1959年4月台北正式建议向加纳派出代表，但据说加纳并没有因为这一请求而采取任何行动。接下来在1959年10月4日的一份公报中加纳同意与北平互派大使。在加纳看来这样做或许并不妨碍以后再同台北互派大使。在过去的六个月里加纳迅速地加强了同中国共产党的联系。1959年6月北平向加纳运送了5 000吨大米，以缓解当地的饥荒。1959年6月以来双方三次互派代表团，并就加纳学生到共产党中国留学和互派文化代表团的问题达成一致意见，订立了关于教育、科学和艺术合作的文化协议。

1958年12月加入联合国以前加纳对中华民国代表"保证""最近"在中国代表权问题上加纳将投弃权票，但即便是这一含糊其辞的协议加纳也未长期遵守。1959年9月它对有关推迟讨论中国代表权问题的议案投了反对票。

利比里亚和南非联邦承认了中华民国，接受了中华民国的外交使节，并一直反对联合国接纳共产党中国，在可预见的将来它们可能仍会这样做。

六、拉 丁 美 洲

所有拉美国家都承认了中华民国政府。中华民国向其中16个国家的首都派出了常驻代表，同时还具备了向另外4个国家派出常驻代表的条件。7个拉美国家向台北派出了常驻代表，1个国家在台北设有领事馆。直至1959年古巴在推迟讨论中国联合国代表权问题上投弃权票为止，所有拉美国家在联合国的代表一直都支持美国在中国代表权问题上的立场。

总的来说拉美对中国问题兴趣不大，拉美国家均认为承认问题与它们没有多大关系。因此蒋介石的去世、辞职或第三次当选对拉美国家的看法不会产生明显的影响。很少有拉美国家了解沿海岛屿问题究竟是怎么一回事，对沿海岛屿的归属问题有自己看法的拉美国家就更少了。当下一场台海危机看起来可能会引发世界范围的冲突时，拉美的观点或许会随之改变，认为其他考虑可能会变得更加重要。否则，无论下次台海危机是由谁引起的，都不会受到拉美的关注。

我们预计在接下来的一段时间里拉美在中国联合国代表权问题上支持美国立场的总体态势不会发生明显的改变，但它们对中华民国的支持将会越来越少，长远来看台北继续获得（目前）这种支持的前景并不乐观。几位拉美国家的领导人私下里批评说，美国坚持不承认共产党中国的政策缺乏现实性。委内瑞拉国会最近投票支持承认包括中国共产党在内的所有"社会主义"政府，而且执政党的国会议员也投了赞成票。墨西哥政府官方在私下里也表示希望美国改变有关承认共产党中国的政策。随着民选政权纷纷执政及许多拉美国家逐渐扩大言论自由，近年来拉美国家的公众开始越来越多地表示支持承认共产党中国。

虽然共产党中国的活动依旧有限，但在过去的两年里意在使更多的人支持承认中华人民共和国的活动明显增加了。

尽管共产党中国同拉美国家的贸易额占整个拉美贸易总额的比例仍然微乎其微,但1958年双方的贸易额约为1 300万美元,比上一年差不多翻了一番。拉美对共产党中国的出口约为1 290万美元,进口约为60万美元。出口几乎全部是由巴西、古巴和乌拉圭完成的,约75%的进口来自墨西哥和委内瑞拉。拉美同香港也有贸易关系,每年的贸易额约为600万美元,其中很大一部分无疑是同共产党中国进行的。拉美还通过欧洲间接地和共产党中国进行贸易。虽然北平试图同阿根廷、智利和乌拉圭协商贸易或支付协议的问题,但至今拉美国家仍未和共产党中国签订这样的协议。

共产党中国-拉美友好协会共在5个拉美国家设立了18个分会。1957年12月北平广播电台开始用西班牙语向拉美播音,每周7小时;1958年秋播出时间延长为14小时。1958年9月至1959年5月由54人组成的共产党中国杂技团访问了乌拉圭、阿根廷、智利和巴西,受到了当地民众的热烈欢迎。此后由4人组成的共产党中国记者团访问了智利、乌拉圭和巴西。1959年上半年拉美共有包括官员和私人在内的约159人访问了共产党中国,而1958年全年访问共产党中国的拉美人数仅仅约115人。一般来说以上来访者都受到了共产党中国高级官员的接待,有时毛泽东还亲自接待他们,这些人因此而感到荣幸并对共产党中国产生了好感。

表　中华民国和中华人民共和国的国际地位

国　　家	承　　　　认		联大对推迟讨论中国代表权问题的议案的投票情况			
	中华民国	中华人民共和国	1957		1958	1959
			赞成	反对	赞成　　反对	赞成　　反对
1. 阿富汗		✕		✕	✕	✕
2. 阿尔巴尼亚		✕		✕	✕	✕
3. 阿根廷	✕		✕		✕	✕
4. 澳大利亚	✕		✕		✕	✕
5. 奥地利	不清楚		✕		弃权	弃权
6. 比利时	✕		✕		✕	✕
7. 玻利维亚	✕		✕		✕	✕
8. 巴西	✕		✕		✕	✕
9. 保加利亚		✕		✕	✕	✕
10. 缅甸		✕		✕	✕	✕
11. 白俄罗斯(苏联)				✕	✕	✕

续　表

国　家	承认		联大对推迟讨论中国代表权问题的议案的投票情况					
	中华民国	中华人民共和国	1957		1958		1959	
			赞成	反对	赞成	反对	赞成	反对
12. 柬埔寨		×	弃权			×		×
13. 加拿大	×		×		×		×	
14. 锡兰		×		×	×			×
15. 智利	×		×		×		×	
16. 中国(中华民国)			×		×		×	
17. 哥伦比亚	×		×		×		×	
18. 哥斯达黎加	×		×		×		×	
19. 古巴	×		×		×		弃权	
20. 捷克斯洛伐克		×		×		×		×
21. 丹麦		×		×		×		×
22. 多米尼加共和国	×		×		×		×	
23. 厄瓜多尔	×		×		×		×	
24. 萨尔瓦多	×		×		×		×	
25. 埃塞俄比亚	不清楚		×		×		弃权	
26. 芬兰		×		×		×		×
27. 法国	×		×		×		×	
28. 加纳	不清楚			×		×		×
29. 希腊	×		×		弃权		×	
30. 危地马拉	×		×		×		×	
31. 几内亚		×						×
32. 海地	×		×		×		×	
33. 洪都拉斯	×		×		×		×	
34. 匈牙利		×		×		×		×
35. 冰岛	不清楚	×			弃权		弃权	

续 表

国　　家	承　认		联大对推迟讨论中国代表权问题的议案的投票情况					
	中华民国	中华人民共和国	1957		1958		1959	
			赞成	反对	赞成	反对	赞成	反对
36. 印度		×		×		×		×
37. 印度尼西亚		×		×		×		×
38. 伊朗	×		×		×		×	
39. 伊拉克		×	×		×			
40. 爱尔兰	不清楚			×	×			×
41. 以色列		×	弃权		弃权		弃权	
42. 意大利	×		×		×		×	
43. 日本	×		×		×		×	
44. 约旦	×		×		弃权		×	
45. 老挝	二者均未承认		弃权		弃权		×	
46. 黎巴嫩	×		×		×		×	
47. 利比里亚	×		×		×		×	
48. 利比亚	×		×		弃权		弃权	
49. 卢森堡	×		×		×		×	
50. 马来亚	二者均未承认		×		×		×	
51. 墨西哥	×		×		×		×	
52. 摩洛哥		×		×		×		×
53. 尼泊尔		×		×		×		×
54. 荷兰		×	×		×		×	
55. 新西兰	×		×		×		×	
56. 尼加拉瓜	×		×		×		×	
57. 挪威		×		×		×		×
58. 巴基斯坦		×	×		×		×	
59. 巴拿马	×		×		×		×	

续 表

国 家	承 认		联大对推迟讨论中国代表权问题的议案的投票情况					
	中华民国	中华人民共和国	1957		1958		1959	
			赞成	反对	赞成	反对	赞成	反对
60. 巴拉圭	×		×		×		×	
61. 秘鲁	×		×		×		×	
62. 菲律宾	×		×		×		×	
63. 波兰		×		×		×		×
64. 葡萄牙	×		弃权		弃权		弃权	
65. 罗马尼亚		×		×		×		×
66. 沙特阿拉伯	×		弃权		弃权		弃权	
67. 西班牙	×		×		×		×	
68. 苏丹		×		×		×		×
69. 瑞典		×		×		×		×
70. 泰国	×		×		×		×	
71. 突尼斯	二者均未承认		弃权		弃权		弃权	
72. 土耳其	×		×		×		×	
73. 乌克兰(苏联)				×		×		×
74. 南非联邦	×		没有投票		×		×	
75. 苏联		×		×		×		×
76. 阿拉伯联合共和国		×				×		×
77. 英国		×	×		×		×	
78. 美国	×		×		×		×	
79. 乌拉圭	×		×		×		×	
80. 委内瑞拉	×		×		×		×	
81. 也门		×		×		×		×
82. 南斯拉夫		×		×		×		×

续　表

其他国家的承认情况		
非共产党政府	承　　认	
	中华民国	中华人民共和国
西　德	二者均未承认	
梵蒂冈	×	
南朝鲜	×	
瑞　士		×
南　越	×	
共产党政权		
东　德		×
北朝鲜		×
北　越		×
外蒙古		×
其　他		
"阿尔及利亚共和国临时政府"	×	

O. S. S. /State Department Intelligence and Research Reports，Part IX，China and India，1950 - 1961 Supplement，Washington，D. C. ：University Publications of America，1979，Reel - 3 - 0631

梁志译，梁志、双惊华校

国务院情报和研究署关于国际社会对台湾和中国大陆承认情况的分析

(1961 年 2 月 20 日)

IR 8411

中华民国(GRC)政府和"中华人民共和国"(PRC)政府的国际承认情况

(1961 年 2 月 20 日)

仅限官方使用

国务院情报和研究署

引　言

本报告替代了 1958 年 12 月 22 日的 IIB - 56 文件,提供了各种有关国际社会对中华民国(GRC)和"中华人民共和国"(PRC)承认情况的表格。报告所提供的信息截止至 1961 年 1 月 31 日。

表 1 总结了当前国际社会对中华民国和中华人民共和国的承认情况。

表 2 和表 3 按照年份分别列出了那些承认和不再承认中华民国和中华人民共和国的国家。此处所列的仅是那些目前是联合国成员国的国家。

表 4 总结了 1950～1960 年联合国成员国承认中华民国和中华人民共和国的情况。

表 5 总结了 1951～1960 年联大对"推迟"讨论中国代表权问题决议案的投票情况。

表 6 是最基本的表格,它将国家分成联合国成员国和非联合国成员国两大类。其中联合国成员国按照地域排列。表格从是否承认中华民国和中华人民共和国、承认的日期、互派外交代表团以及在 1960 年对"推迟"决议投票中的态度几个方面说明了各国的情况。

表 1　当前对中华民国和中华人民共和国的承认情况

	中华民国	中华人民共和国	二者均未承认	总　数
联合国成员国*				
西半球	21	1	0	22
亚　洲	5	7	2	14
近东和非洲	15	11	10	36
非共产党欧洲	7	6	3	16
共产党国家	0	8	0	8
总　数	48	33	15	96

* 不包括中国、乌克兰和白俄罗斯。

在主要的非联合国成员国中，大韩民国、越南共和国和毛里塔尼亚承认了中华民国，瑞士承认了中华人民共和国，德意志联邦共和国两者均未承认。如果将这些国家算在内，承认中华民国的国家共有 51 个，承认中华人民共和国的国家共有 34 个，两者均未承认的国家共有 16 个。（关于非联合国成员国的所有资料参见表 6 的结尾部分）

表 2　联合国成员国（以 1960 年 12 月为准）
对中华民国承认情况的变化（按时间顺序排列）

1950 年年末以前	阿根廷、澳大利亚、比利时、玻利维亚、巴西、加拿大、智利、哥伦比亚、哥斯达黎加、古巴、多米尼加共和国、厄瓜多尔、埃及、萨尔瓦多、法国、希腊、危地马拉、洪都拉斯、伊朗、伊拉克、意大利、利比里亚、卢森堡、墨西哥、新西兰、尼加拉瓜、巴拿马、秘鲁、菲律宾、葡萄牙、沙特阿拉伯、西班牙、叙利亚、泰国、土耳其、南非联邦、美国、委内瑞拉
1951	—
1952	获得：日本
1953	—
1954	—
1955	获得：黎巴嫩
1956	获得：海地 失去：埃及、叙利亚
1957	获得：约旦、巴拉圭、乌拉圭
1958	失去：伊拉克
1959	获得：利比亚
1960	获得：喀麦隆、刚果（布拉柴维尔）、塞浦路斯、加蓬、马达加斯加共和国、塞内加尔、多哥 失去：古巴

表 3　联合国成员国(以 1960 年 12 月为准)
对中华人民共和国承认情况的变化(按时间顺序排列)

1949	缅甸、印度、波兰、南斯拉夫、阿尔巴尼亚、保加利亚、捷克斯洛伐克、匈牙利、罗马尼亚、苏联
1950	锡兰、印度尼西亚、巴基斯坦、阿富汗、以色列、丹麦、芬兰、荷兰、挪威、瑞典、英国
1951	—
1952	—
1953	—
1954	—
1955	获得：尼泊尔
1956	获得：埃及、叙利亚、也门
1957	—
1958	获得：柬埔寨、伊拉克、摩洛哥、苏丹、阿拉伯联合共和国 失去：被阿拉伯联合共和国所取代了的叙利亚和埃及
1959	获得：几内亚
1960	获得：古巴、加纳、马里、索马里

表 4　1950～1960 年联合国成员国对中华民国和中华人民共和国的承认情况

	全部联合国 成员国*	承认中华 民国的国家	承认中华人民 共和国的国家**	两者均未 承认的国家
1950	60	35	17	7
1951	60	35	17	7
1952	60	35	17	7
1953	60	35	17	7
1954	60	35	17	7
1955	76	39	24	12
1956	80	39	27	13
1957	82	42	27	12
1958	82	41	30	10
1959	82	42	31	8
1960	99	48	35	15

* 联合国成员国总数中包括中华民国,因此表格中任何一年里其余三栏国家数的和均比联合国成员国总数少一位。

** 包括白俄罗斯和乌克兰。

表 5 1951～1960 年联大在推迟讨论中国代表权问题上的投票情况

年　份	赞　成	反　对	弃　权	缺　席	总　数*
1951	37	11	4	8	60
1952	42	7	11	0	60
1953	44	10	2	4	60
1954	43	11	6	0	60
1955	42	12	6	0	60
1956	47	24	8	0	79
1957	48	27	6	1	82
1958	44	28	9	0	81
1959	44	29	9	0	82
1960	42	34	22	1	99

　　* 表 5 同表 4 中总数的差异原因如下：1955 年 12 月 16 个国家加入联合国，因此它们并未参加当年对"推迟"议案的投票；同样，分别在 1955 年加入联合国的日本和 1958 年加入联合国的几内亚也因为加入时间太晚，没来得及参加当年对"推迟"议案的投票。

表 6 国际社会承认中华民国（GRC）政府和
"中华人民共和国"（PRC）政府的情况

	承认（承认中华人民共和国及 1950 年以后承认中华民国的日期）	中国代表机构	驻华代表机构	在 1960 年联大对"推迟"议案投票时的态度
联合国成员国				
西半球				
1. 阿根廷	中华民国	大使馆	大使馆	赞成
2. 玻利维亚	中华民国	非常设大使馆（秘鲁）	—	赞成
3. 巴西	中华民国	大使馆	大使馆	赞成
4. 加拿大	中华民国	大使馆	—	赞成
5. 智利	中华民国	大使馆	—	赞成
6. 哥伦比亚	中华民国	公使馆	—	赞成
7. 哥斯达黎加	中华民国	公使馆	代理领事馆	赞成

续 表

	承认(承认中华人民共和国及 1950 年以后承认中华民国的日期)	中国代表机构	驻华代表机构	在 1960 年联大对"推迟"议案投票时的态度
8. 古巴	中华人民共和国 (1960 年 9 月 28 日)	大使馆	大使馆	反对
9. 多米尼加共和国	中华民国	大使馆	大使馆	赞成
10. 厄瓜多尔	中华民国	大使馆	大使馆	赞成
11. 萨尔瓦多	中华民国	公使馆	名誉领事	赞成
12. 危地马拉	中华民国	大使馆	—	赞成
13. 海地	中华民国 (1956 年 4 月 25 日)	公使馆	—	赞成
14. 洪都拉斯	中华民国	公使馆	名誉领事	赞成
15. 墨西哥	中华民国	大使馆	—	赞成
16. 尼加拉瓜	中华民国	公使馆	—	赞成
17. 巴拿马	中华民国	大使馆	大使馆	赞成
18. 巴拉圭	中华民国(1957 年 7 月)	非常设大使馆(巴西)	—	赞成
19. 秘鲁	中华民国	大使馆	—	赞成
20. 美国	中华民国	大使馆	大使馆	赞成
21. 乌拉圭	中华民国(1957 年 9 月)	公使馆	—	赞成
22. 委内瑞拉	中华民国	公使馆	公使馆	赞成
亚洲				
23. 澳大利亚	中华民国	大使馆	—	赞成
24. 缅甸	中华人民共和国 (1949 年 12 月 16 日)	大使馆	大使馆	反对
25. 柬埔寨	中华人民共和国 (1958 年 7 月 18 日)	大使馆	大使馆	反对
26. 锡兰	中华人民共和国 (1950 年 1 月 7 日)	大使馆	大使馆	反对
27. 中国(中华民国)				赞成

	承认（承认中华人民共和国及 1950 年以后承认中华民国的日期）	中国代表机构	驻华代表机构	在 1960 年联大对"推迟"议案投票时的态度
28. 印度	中华人民共和国（1949 年 12 月 30 日）	大使馆	大使馆	反对
29. 印度尼西亚	中华人民共和国（1950 年 4 月 13 日）	大使馆	大使馆	反对
30. 日本	中华民国（1952 年 4 月 28 日）	大使馆	大使馆	赞成
31. 老挝	两者均未承认	驻中华民国的领事馆	—	弃权
32. 马来亚	两者均未承认	—	—	弃权
33. 尼泊尔	中华人民共和国（1955 年 8 月 1 日）	大使馆	非常驻大使馆（印度）	反对
34. 新西兰	中华民国	总领事馆	—	赞成
35. 巴基斯坦	中华人民共和国（1950 年 1 月 5 日）	大使馆	大使馆	赞成
36. 菲律宾	中华民国	大使馆	大使馆	赞成
37. 泰国	中华民国	大使馆	大使馆	赞成
近东和非洲				
38. 阿富汗	中华人民共和国（1950 年 1 月 12 日）	大使馆	大使馆	反对
39. 喀麦隆	中华民国（1960 年 2 月 24 日）	大使馆	—	弃权
40. 中非共和国	两者均未承认	—	—	弃权
41. 乍得	两者均未承认	—	—	弃权
42. 刚果（布拉柴维尔）	中华民国（1960 年 9 月 23 日）	—	—	弃权
43. 刚果（利奥波德维尔）	两者均未承认 *	—	—	未出席
44. 塞浦路斯	中华民国（1960 年 9 月 10 日）	大使馆	—	弃权

续　表

	承认(承认中华人民共和国及 1950 年以后承认中华民国的日期)	中国代表机构	驻华代表机构	在 1960 年联大对"推迟"议案投票时的态度
45. 达荷美	两者均未承认	—	—	弃权
46. 埃塞俄比亚	两者均未承认	—	—	反对
47. 加蓬	中华民国 (1960 年 12 月 10 日)	—	—	弃权
48. 加纳	中华人民共和国 (1960 年 7 月 5 日)	大使馆	临时性大使馆 (1960 年 10 月 27 日)	反对
49. 几内亚	中华人民共和国 (1959 年 10 月 4 日)	大使馆	—	反对
50. 伊朗	中华民国	大使馆	非常驻 公使馆(日本)	赞成
51. 伊拉克	中华人民共和国 (1958 年 7 月 18 日)	大使馆	—	反对
52. 以色列	中华人民共和国 (1950 年 1 月 9 日)	—	—	弃权
53. 象牙海岸	两者均未承认	—	—	弃权
54. 约旦	中华民国 (1957 年 8 月 8 日)	大使馆	大使馆	赞成
55. 黎巴嫩	中华民国(1955 年 2 月)	大使馆	非常驻公 使馆(日本)	赞成
56. 利比里亚	中华民国	大使馆	—	赞成
57. 利比亚	中华民国 (1959 年 5 月 10 日)	大使馆	—	弃权
58. 马尔加什共和国	中华民国 (1960 年 7 月 26 日)	大使馆	—	弃权
59. 马里	中华人民共和国 (1960 年 10 月 14 日)	—	—	反对
60. 摩洛哥	中华人民共和国 (1958 年 10 月 27 日)	大使馆	—	反对

续 表

	承认（承认中华人民共和国及 1950 年以后承认中华民国的日期）	中国代表机构	驻华代表机构	在 1960 年联大对"推迟"议案投票时的态度
61. 尼日尔	两者均未承认	—	—	弃权
62. 尼日利亚	两者均未承认	—	—	反对
63. 沙特阿拉伯	中华民国	大使馆	非常驻大使馆（日本）	弃权
64. 塞内加尔	中华民国（1960 年 8 月 21 日）**	大使馆	—	反对
65. 索马里共和国	中华人民共和国（1960 年 12 月 15 日）	—	—	弃权
66. 苏丹	中华人民共和国（1958 年 12 月 1 日）	大使馆	—	反对
67. 多哥	中华民国（1960 年 4 月 27 日）	非常驻大使馆（喀麦隆）	—	弃权
68. 突尼斯	两者均未承认	—	—	弃权
69. 土耳其	中华民国	大使馆	大使馆	赞成
70. 南非联邦	中华民国	领事馆	—	赞成
71. 阿拉伯联合共和国	中华人民共和国（埃及：1956 年 5 月 16 日）（叙利亚：1956 年 7 月 2 日）	大使馆	大使馆	反对
72. 上沃尔特	两者均未承认	—	—	弃权
73. 也门	中华人民共和国（1956 年 8 月 21 日）	公使馆	—	反对
非共产党欧洲				
74. 奥地利	两者均未承认	—	—	弃权
75. 比利时	中华民国	大使馆	领事馆	赞成
76. 丹麦	中华人民共和国（1950 年 1 月 9 日）	大使馆	大使馆	反对
77. 芬兰	中华人民共和国（1950 年 1 月 13 日）	大使馆	大使馆	反对

	承认(承认中华人民共和国及 1950 年以后承认中华民国的日期)	中国代表机构	驻华代表机构	在 1960 年联大对"推迟"议案投票时的态度
78. 法国	中华民国	大使馆	大使馆	赞成
79. 希腊	中华民国	大使馆	—	赞成
80. 冰岛	两者均未承认	—	—	弃权
81. 爱尔兰	两者均未承认	—	—	反对
82. 意大利	中华民国	大使馆	—	赞成
83. 卢森堡	中华民国	非常驻公使馆（比利时）	—	赞成
84. 荷兰	中华人民共和国（1950 年 3 月 27 日）	大使馆***	大使馆***	赞成
85. 挪威	中华人民共和国（1950 年 1 月 7 日）	大使馆	大使馆	反对
86. 葡萄牙	中华民国	公使馆	—	弃权
87. 西班牙	中华民国	大使馆	大使馆	赞成
88. 瑞典	中华人民共和国（1950 年 1 月 14 日）	大使馆	大使馆	反对
89. 英国	中华人民共和国（1950 年 1 月 6 日）	大使馆***	大使馆***	赞成
共产党欧洲				
90. 阿尔巴尼亚	中华人民共和国（1949 年 11 月 21 日）	大使馆	大使馆	反对
91. 白俄罗斯	在联合国之外没有外交关系	—	—	反对
92. 保加利亚	中华人民共和国（1949 年 10 月 3 日）	大使馆	大使馆	反对
93. 捷克斯洛伐克	中华人民共和国（1949 年 10 月 5 日）	大使馆	大使馆	反对
94. 匈牙利	中华人民共和国（1949 年 10 月 4 日）	大使馆	大使馆	反对

续　表

	承认（承认中华人民共和国及 1950 年以后承认中华民国的日期）	中国代表机构	驻华代表机构	在 1960 年联大对"推迟"议案投票时的态度
95. 波兰	中华人民共和国 （1949 年 10 月 5 日）	大使馆	大使馆	反对
96. 罗马尼亚	中华人民共和国 （1949 年 10 月 3 日）	大使馆	大使馆	反对
97. 苏联	中华人民共和国 （1949 年 10 月 2 日）	大使馆	大使馆	反对
98. 乌克兰	在联合国之外 没有外交关系	—	—	反对
99. 南斯拉夫	中华人民共和国 （1949 年 10 月 5 日）	大使馆	大使馆	反对
非联合国成员国				
1. 德意志联邦共和国	两者均未承认	—	—	
2. 梵蒂冈	中华民国	公使馆	罗马教皇的代理大使馆	
3. 大韩民国	中华民国	大使馆	大使馆	
4. 瑞士	中华人民共和国 （1950 年 1 月 17 日）	大使馆	大使馆	
5. 越南共和国	中华民国	大使馆	大使馆	
6. 阿尔及利亚共和国临时政府	中华人民共和国 （1958 年 9 月 22 日）	—	1960 年 7 月 31 日任命了代表	
7. 毛里塔尼亚	中华民国	大使馆（1960 年 11 月 29 日）	—	
共产党政权				
1. 东德	中华人民共和国 （1949 年 10 月 27 日）	大使馆	大使馆	
2. 北朝鲜	中华人民共和国 （1949 年 10 月 4 日）	大使馆	大使馆	
3. 蒙古人民共和国	中华人民共和国 （1949 年 10 月 6 日）	大使馆	大使馆	

续　表

	承认(承认中华人民共和国及 1950 年以后承认中华民国的日期)	中国代表机构	驻华代表机构	在 1960 年联大对"推迟"议案投票时的态度
4. 北越	中华人民共和国 (1950 年 1 月 15 日)	大使馆	大使馆	

　　＊ 1961 年 2 月 21 日,北平宣布中华人民共和国和布拉柴维尔的基赞加(Gizenga)政权签署了一个关于外交承认和互派大使的联合公报。此事发生在本研究之后,因此在本文件的其他表格中没有得到体现。

　　＊＊ 8 月 21 日解体以前,马里联邦已经同中华民国建立了外交关系。塞内加尔继续维持着这种关系,但宣布独立以后的马里承认了中华人民共和国。因此,报告撰稿人武断地(aribitrarily 疑为 arbitrarily 之误)选择 8 月 21 这个日期作为塞内加尔承认中华民国的日期。

　　＊＊＊中国共产党官方称荷兰和英国驻北平的外交机构为"荷兰代办处及其英国女王陛下代办处"。中国共产党在伦敦和海牙的外交机构被表述为"代表团"或"局"。显然,及至双方互派大使之时,对大使馆的称呼就不会再用这些外交机构的名称了。此外,英国还在台湾保留了驻省政府的领事馆。

O. S. S. /State Department Intelligence and Research Reports，Part IX，China and India，1950－1961 Supplement，Washington，D. C.：University Publications of America，1979，Reel－3－0320

梁志译,梁志、双惊华校

中情局关于台湾在联合国地位的评估

(1964 年 4 月 16 日)

OCI 1117/G4

国民党中国在联合国的地位

(1964 年 4 月 16 日)

时事情报办公室时事情报备忘录①

题目：国民党中国在联合国的地位

1. 蒋介石长期以来对于台湾岛内民心士气的担忧使其更加固执地坚持中华民国政府是唯一中国政府的原则。由于这一原则是支撑中华民国政府的生存之本，如果在中国代表权问题上他不能获得联合国成员国简单多数的支持，那么蒋可能情愿离开联合国也不愿依靠复杂的程序来解决问题。在他看来后者有损台湾政权的声望。

2. 联合国代表权对国民党中国至关重要，因为拥有联合国代表权象征着一种国际认同，表明国际社会支持它对于国民党中国代表全中国的诉求。然而，在联合国及其附属机构的代表权给它带来的实际利益的问题上国民党政府认为是予大于得，该政府的官员们对于背负维护台湾投票权所带来的财政负担的怨气也越来越深。蒋介石坚决反对"两个中国"的主张一直使台北无法在中国代表权问题上保持策略上的灵活性。面对法国承认北平引起的接连不断的反响，蒋介石很可能感到一旦国民党连简单多数的支持都没有获得，那么原则上出于个人和国家的自尊决定了他必须撤出（联合国）。

3. 蒋越来越担心他的国内地位。1 月末一位高级军官在部队集会上训话，批评高级国民党官员，呼吁发动一次军事行动来改变中华民国政府。此事使蒋介石更加忧心忡忡。接踵而来的是法国承认北平，这无异于雪上加霜，极大地打击了来自大陆的官员的士气。从蒋介石对法国承认北平问题的处理来看他认为国内政治比国际关系更重要，在联合国代表权问题上他可能会对美国的策略建议置之不理。

4. 在联合国内部中国代表权问题的情况随时都可能发生变化，以至于我们无法准确地对今秋联合国大会期间的投票结果进行估计。不过，美国驻联合国代表团确信我们的主要支持者仍会追随美国，进而使美国获得多数票并否决类似于过去三年中的那些要求接纳北

---

① 原注：中央情报局国家评估办公室和中央情报局计划处副处长对此表示赞同。

平、驱逐台北的议案。而且,当前联合国绝大多数成员可能仍会支持1961年联大关于中国代表权问题属于需要三分之二多数票方能予以通过的"重要问题"的裁定。实际上,虽然联合国大会有权撤销这项裁决,但它并没有这样做。

5. 然而,法国承认北平使人们有些担心法属非洲国家会改变态度。日本驻联合国代表的估计最为悲观,他们预计法属非洲国家在这一问题上会分裂成势均力敌的两派。

6. 安全理事会中也可能掀起反对台北代表权的风潮。此时,法国立场的改变已经严重损害了美国的利益。只要"友好的"主席主持工作,那么美国就确信能够通过由主席裁定动议违反规程(这样的裁定结果只有在7票反对的情况下才能被推翻)的方式否决任何不利的提议。除非美国可以拉到7张支持撤销"不友好"主席(本月主席为捷克斯洛伐克人)不利裁决的选票,否则台湾的席位就难保了。如果法国在这些程序性运作的过程中不支持美国(看起来他们不会支持美国),那么关键性的第七票就要由象牙海岸或挪威投出了。象牙海岸这个前法属非洲国家在过去的两年里一直支持台北,且在最近的3月28日还重申了这种支持。承认共产党中国的挪威仅同意支持安理会"程序性的"活动。在实质性问题上,奥斯陆很可能会选择支持北平。

7. 否决不利建议的程序性的运作是复杂的。考虑到蒋介石总统目前的情绪,在美国开始运作以前他就可能命令其在安全理事会的代表退席。

8. 国际法权威或联合国成员国政府尚未就否决权是否适用于两者争夺安全理事会的同一个席位的问题达成一致意见。至今,这一问题已成为许多著作讨论的对象,且各种政府间和非政府间的讨论会也费尽心思地对其进行了研究和争论。实质上,在4月8日致得克萨斯参议员托尔(Tower)的信中,针对他关于国务院在否决权是否适用于中国代表权争端这一问题上所持立场的询问,国务院做出了如下答复:考虑到问题的复杂性及其出现形式的多样性,国务院要根据时下普遍的情况在立场和策略方面保持一定的灵活性。

9. 然而,只有作为联合国主要机构的、不受其他联合国机构支配的安全理事会才有权最后决定谁应是理事会的理事国或常任理事国。在国务院看来,中国代表权问题不属于宪章规定的程序范畴,因为它涉及的不仅仅是资格问题。问题的本原是:谁是代表中国的政府? 问题的解决也最终由排除一位原告而告终,在这种情况下,也就是问题下面还有问题,由常任理事国作出的否决投票可能会被认为是由美国操纵的否决。美国是否要运用否决权的决定最终取决于多数安理会成员国——七位同意驱逐台湾代表并由北平取而代之——是否已经存在于联合国之中。现在还不存在这样的情况。除非北平能集聚到七位安理会成员国,上述情况才有可能发生。

CIA Research Reports, China, 1946 - 1976, Washington, D. C.: University Publications of America, 1982, Reel - 2 - 0034

梁志译,梁志、双惊华校

中情局关于 1966 年联大会议
以前蒋介石言行的分析

（1966 年 11 月 30 日）

在联合国就中国代表权问题进行投票的前夕
蒋介石总统假装焦虑和担心的可能性

（1966 年 11 月 30 日）

中央情报局

情报信息电报

1966 年 11 月 30 日

国家：中国（台湾）

DOI： 1966 年 11 月末

题目： 在联合国就中国代表权问题进行投票之前的日子里蒋介石总统假装焦虑和担心的可能性

ACO： ……①

来源： ……②

1. 在 1966 年 11 月 29 日联合国就中国代表权问题进行投票前夕，蒋介石总统明显地表现出焦虑和关注，但实际上他并非真的沮丧。他将大部分精力用在联合国问题上，希望中华民国能够留在联合国。同时，他感到联合国不会以任何方式帮助中华民国。留在联合国是一个颜面的问题。

2. 11 月 30 日蒋介石总统及其夫人打算离开台北去高雄住 10 天到两周的时间。1966 年 12 月 1 日他们将庆祝结婚 40 周年纪念日。此间，总统将向一些军事院校的毕业班发表演讲。

……③

5. ……④分发：国务院［马康卫（Mcconaughy）大使，只得浏览］、美国驻台湾防御司令部［金特纳（Gentner）上将，只得浏览］、军事援助顾问代表团［约翰逊（Johnson）将军，只得浏

---

① 原文此处未解密。——译注
② 原文此处未解密。——译注
③ 原文 3、4 部分未解密。——译注
④ 原文此处数词未解密。——译注

览]、第 327 空军师[皮茨(Pitts)将军,只得浏览]、太平洋总司令[夏普(Sharp)上将,只得浏
览]、(美国空军)太平洋空军部队[哈里斯(Harris)将军,只得浏览]、APPAC[比奇(Beach)将
军,只得浏览]、太平洋舰队[约翰逊(Johnson)上将,只得浏览]、[(北大西洋公约组织)政治
顾问(罗伯特 A·费尔里)(Robert A. Fearey)只得浏览]。同时,发给驻香港领事[赖斯
(Rise)将军,只得浏览]。

DDRS,CK 3100337175—CK 3100337177

梁志译,梁志、双惊华校

第二部分　台海局势与两岸关系

7 - 11

国务院关于中国大陆攻占
台湾的可能性的分析

(1950 年 7 月 26 日)

IM 312, D/FE

中共早期成功进攻台湾的前景①

(1950 年 7 月 26 日)

草　案

1. 中国共产党人攻击台湾的概念

要想入侵台湾,中国共产党人需要机动灵活地使用他们特殊的能力来弥补两栖作战能力的不足。中共的作战行动可能不是西方意义上的两栖进攻,即在广泛的、井然有序的海空军支持下使用高度专业化的舰船进行攻击,而是利用他们巨大的人力资源和包括橡皮船在内的机动灵活的小型舰船进行登陆作战。在他们的调度下,中国共产党人可能会设计出瓦解对手海面防御的计划,在良好的天气环境下,利用夜色作掩护,在多个地点登陆。② 中国共产党人可能计划在危急时刻通过突击队员破坏中国国民党关键的防御设施和通信系统来抢占先机,并对中国国民党人发动致命性的打击,即使以大量官兵的伤亡为代价也在所不惜。此外,共产党人两栖作战能力不足,但他们并未因此推迟自己的作战时间安排,而是继续挺进,主要有以下两点考虑:首先,中国共产党人希望在台风季节到来之前进行登陆作战,因为他们在水上交通方面主要仰赖小型舰船,这种行动可能将在最近几周内即行开展。

---

① 原注:提请(部际)情报顾问委员会注意的是,定量的军事数据需要进一步核对。
② 原注:更详细地说,中国共产党人的进攻可能会继续采用他们以往的作战模式,组建一支人数相对较少、训练有素、装备精良的突击队,使用现代化的能量巨大的冲锋舟,在台湾岛顶端的一个或者多个海岸进行登陆作战。在发动初次进攻之后,中国共产党人攻击力量的主力可能会蜂拥而至,他们乘坐的不仅仅是标准意义上的冲锋舟,也不仅仅在正对台湾的福建海岸开展行动,而会在多点展开。上述登陆行动始发地点有上百种选择,从汕头到杭州湾都在可选范围之中,已经有报道说,这些地区已经集结了数以千计的帆船以供中国共产党人发动攻击之用。常规意义上的以发动机为动力的水上运输力量和其他共产党人能够得到的摩托艇很有可能从上海-杭州湾海域出发,数量众多的、便于共产党人使用的登陆地点分布在台湾的西海岸。此外,在发动登陆台湾作战以前,中国共产党人可能使用一支规模相对较小但训练有素的攻坚力量。在攻击开始不久,中国共产党人希望利用这支力量来压制中国国民党人的精锐空中力量,摧毁国民党人的海军基地,破坏海岸交通线上的地道、桥梁。

其次,限于中国共产党人有限的海空军支持力量,他们将会希望在美国大批海军力量进入台湾地区之前发动进攻。

2. 共产党人的力量

(1) 地面部队

现在中国共产党人的武装力量大约有 370 万人,其中 170 万为正规军。据估计目前在浙江-福建沿海地区有 37 万兵力,隶属于陈毅将军率领的三野。以前这支部队中的很多人就准备对国民党人占据的舟山群岛发动攻击,因此可以假定他们装备精良且接受了两栖作战训练。此外,至少还有 45 万人的部队可以用来支持对台作战,他们隶属于林彪的四野。这样一来,估计有 82 万接受了两栖训练的部队可以投入战斗,其中大约有 10% 的人员曾经参加过类似中共成功解放海南等战役,有水上两栖作战实际经验。我们相信,这些军队的驻地已经转移到能够投入台湾战役的位置,部署在汉口到衡阳一线。

(2) 水上运输力量①

我们相信,中共的早期水上运兵能力至少为 20 万~20.5 万人。在过去的岁月中,中国共产党人一直在建造和收集用于航海的帆船,包括一些摩托化帆船。据保守估计,他们在上海到汕头的海岸沿线部署了超过 5 000 艘航海帆船和可牵引船只。假定这些帆船的最小时速为四节,它们从大陆出发,穿越台湾海峡最狭窄部分需要 24 小时。而且,中国共产党人至少拥有 75 艘登陆艇和其他各种类型的海岸艇,有为数众多的游艇、拖船和大约 130 艘前联合国善后救济总署留下的拖网渔船。目前这些船只绝大多数部署在上海-杭州湾地区。我们相信,除了帆船的其他水上运输潜力足以运送 6 万~8 万全副武装的士兵。

(3) 海军支持

我们所了解的中国共产党人能够投入战斗的实际护航力量由 28 艘作战舰船组成,其中最大的是 5 艘巡逻护卫舰(前日本留下的护航驱逐舰),或许这些舰船中的一部分已经老化,丧失了作战能力。此外,我们知道苏联人缴获了 34 艘前日本海军舰艇,其中至少有 8 艘是巡逻护航级舰船。这些舰艇可以随时供中国共产党人攻打台湾战役使用,因为这不涉及苏联自身的舰队问题。

(4) 空中支持

我们估计,中国共产党人可能拥有 100~150 架作战飞机。尽管我们尚未观测到中国共产党人在战术行动中的空军力量,但有报道称从 1947 年初开始中国共产党人就在满洲培训飞行人员,这表明共产党人确实在发展自己的空军,虽然这一活动开展已经有一段时间,但可能进展缓慢。我们相信中国共产党人大约已经训练出了 400 名飞行员,另有 2 000 名中国国民党的技术人员和飞行人员加入了中国共产党人的空中力量之中。

中国共产党人的飞机仅由战斗轰炸机和轻型轰炸机组成,至少有一半的飞行器由苏联人提供,苏联人将他们在远东的剩余库存转让给中国人。我们甚至认为,苏联人在远东地区

---

① 原注:数据需要进一步核实。

有足够的剩余飞机,中国人现有的100～150架飞机可能全部来自苏联。中共空中力量最致命的弱点就是,要想完成飞行任务,他们急需进一步的援助。在有限的时间内苏联人可能还会提供一些帮助,在较少的程度上提供一些海军支持。除了已提供的培训援助外,苏联人可能会保持克制,不参与地面作战。他们在海南战役和舟山战役中发挥联络和顾问作用,而在台湾战役中(苏联人的作用)可能也会仅限于此。

我们都知道现在上海地区部署了一支喷气式飞行中队。然而,这支部队不是中国共产党人自己的空军力量,而是苏联远东空军的一支独立飞行中队,部署在上海地区主要出于心理方面的考虑。我们不相信上述苏联飞行员或者飞行中队会实际参与台湾海峡的战斗。

(5) 对台湾的颠覆和渗透

正如日益猖獗的走私问题所表明的那样,台湾相对容易到达且中国国民党人的士气已极为低落,台湾岛极易受到中国共产党人颠覆和渗透活动的影响,这种活动至少进行了一年以上。虽然在最近几个月,国民党人采取了应对措施,逮捕了数以百计的背叛者和共产党人的间谍,但中国共产党人仍能有效地渗透到台湾重要的国防基地和联络中枢中,在一些危急时刻,例如像中国共产党人发动登陆作战的初期,(这种渗透)甚至能够使国民党人的防御部队遭到致命性的打击。

3. 国民党人的力量

(1) 地面部队

中国国民党人的地面军事力量大约为37.7万人,共分为40个师,训练有素,装备精良。这支部队绝大多数是步兵,有大约2万装甲部队和9 000炮兵。装甲司令部大约拥有250～300辆轻型坦克。约有6.5万步兵驻守在靠近厦门的金门岛,剩下的力量驻防台湾。当前的计划要求对台湾岛进行一种固定的环岛防御,装甲部队被指定为唯一的核心机动预备队。全岛被分为北部、中部、南部和东部四区,分别由不同的军级和师级单位承担防御职责。这样一来,台湾的防御力量被稀疏地分散在环岛沿线的各个地方。

(2) 海军力量

中国国民党海军总计拥有66艘舰船,其中35艘为作战船只,最大型的是前日本留下的驱逐舰。国民党人还有相当数量的辅助船只和较小的帆船,这些船只都能执行巡逻任务。

中国国民党的海军总人数约为4万人,其中9 000人为水兵。目前国民党人的海军力量主要用于巡逻台湾海峡和支援金门守卫。国民党海军的最大问题就是给养不足和缺乏后备部队。对海军人员的训练很少。效率低下、政见不一等问题折磨着中上级军官。虽然一些特定类型的航海弹药匮乏,但燃料补给充足。至今为止,没有多少证据显示海军与其他部队在岛屿防御计划方面进行着合作。过去已经发生过多起船只和海军人员背叛的事件,中共今后还会继续在国民党海军这块肥沃的土地上从事渗透活动。

(3) 空军

中国国民党人的空军力量都驻扎在台湾岛,由两支轻型轰炸机联队、四支战斗机联队、两支运输机联队和一支摄像侦察中队组成。在全部433架战术飞机中,270架为作战飞机——91 架轻型轰炸机、179 架战斗机。这些飞机中有一半正在使用。中国国民党的空军人数总计约为 8 万人。国民党空军的机场约有 20 个,遍布台湾岛,目前的主要任务是进行有限的侦察活动。

中国国民党空军给养不足且缺乏后备部队。据报道有五座雷达站正在使用,但我们不相信这些雷达的侦察范围足以有效地防止中国共产党空军的突袭。中国国民党的飞机均未配备雷达搜索传动装置。目前的空中火力和燃料补给尚且充足。尽管他们手头拥有足够的防空设备,但防空炮兵部队缺乏实战经验。

国民党空军的士气稍好于其他部队,这主要得益于较高的薪酬和良好的待遇,空军过去也发生过大量的叛变事件,现在国民党空军不允许任何一个飞行员执行飞越中国大陆的任务,除非这位飞行员的家属在台湾岛上。

（4）机构、指挥和士气

目前中国国民党的最高指挥权依旧分散,各个部队之间缺乏真正的合作。蒋介石比以往任何时候都多疑,通过以将制将的方式渔翁得利,对下属控制极为严苛,整个指挥机构仍完全是一部服务于他个人及其集团的政治机器,丝毫不考虑人员专业才能发挥的问题。

部队的士气、国民及军队领导人的信心均因海南岛及舟山群岛的丧失而受到重创,加上有报道和谣言宣称苏联人将会在各个方面增加对中国共产党人的援助,因此岛内民心不稳。看起来美国 1950 年的"6·27 声明"暂时鼓舞了国民党人,但他们对美国的反感也在加深。一直有人认为,美国的干涉是一种保全面子的行为,因为台湾岛的安全防御和抵抗侵略的责任由此将转给美国。此外,国民党领导人之间公开的政治密谋和镇压活动都显著增加,加深了民众对该政权的厌恶和对前途的普遍悲观情绪。这样一来,一旦中国共产党在台湾登陆而美国不加干预,可以预见中国国民党人的士气将跌落到极点,甚至会比"6·27 声明"发表之前更甚。

4. 双方的力量对比

中国共产党军队数量上的优势不足以确保他们在台湾战役中获得成功。国民党的防御力量十分强大,无论是军队数量还是资源方面都足以确保开展成功的防御战。此外,国民党人的海空军还能够开展海岸作战。然而,中国国民党的各级人员均缺乏坚定的战斗决心,忠诚度不高,整个军事系统尤其是高级指挥人员中充斥着缺乏专业能力的人,(国民党)并未占据明显的优势。

中国共产党部队掌握主动权,可以选择作战时机、登陆和内部攻击地点。由于连连报捷,他们士气高昂,官兵忠诚,纪律严明。此外,中国共产党人拥有数以百计的帆船和其他舰只,有能力穿透国民党人构建的防御圈。我们估计,如果不考虑可以利用的美国海军部队的力量和战斗力,中国共产党人拥有占领台湾的力量。

5. 共产党人的目的和迹象

共产党中国发誓要吞并台湾。"解放"台湾的承诺最早是在 1950 年作出的,毛泽东 6 月

6 日讲话、周恩来 6 月 27 日讲话和 7 月 6 日周恩来给联合国的信息中均重申了该承诺,但这些声明都没有暗示攻打台湾的时间安排。只要台湾一天不在中国共产党人的掌控中,北平就会在国内外丧失一些政治声望。当然,保全"政治面子"的考虑不足以驱使他们立刻进攻台湾。然而,从军事角度讲,共产党人必须在美国加固台湾岛的防御之前发起攻势。从中华人民共和国的立场来看他们不能接受进攻失败的结局。为了提升中共部队的士气,特别是考虑到中国大陆局势不稳、经济困难等因素,流产的进攻将会是一种挫折,中国共产党人不会喜欢冒这种风险。不过,我们现在不能特别肯定,在这种风险面前,苏联人指挥进攻的念头是否会被打消。

共产党中国和苏联都能从中共成功攻击台湾中获益,这将会(1)实现中国共产党人长期以来将全中国从国民党手下"解放"出来的誓言;(2)在面对美国试图阻止共产党人入侵台湾时展示国际共产主义的力量;(3)为苏联人和共产主义阵营争取到一个基地,从此地进一步威胁美国在太平洋的军事地位,在世界战争中保卫中国大陆免受攻击;(4)可能使美国卷入与共产党中国的长期军事行动之中,进一步消耗美国的资源;(5)宣扬美国承诺的义务落空,全面打击美国的政策,逐渐打消全世界非共产主义国家抵抗苏联侵略的念头。

既然克里姆林宫允许北朝鲜的军事力量与美国发生军事冲突,它可能也会允许中国共产党人采取类似的行动。尽管进攻台湾扩大了共产主义力量和美国力量冲突的范围,加大了苏联人卷入世界战争的风险,但这种行动可能不会比中国共产党人对朝鲜、香港和东南亚地区开展军事行动遭到国际社会更多的反对和抵制。

过去 60 天内中国共产党军队在中国南部和东南部频繁调动。这种军事力量的重组表明,他们可能将兵力配置在相互邻近的地区,可以很方便地从这些地区抵达中国东海岸的集结地区。再从这些集结地点出发,中国人民解放军的主力部队能够(相对不太引人注目地)迅速转移到各个登船地点,从而发动对台湾的登陆作战。

没有迹象表明美国 1950 年的"6.27 声明"促使中国共产党人放弃战备。相反该声明可能使共产党人发动进攻的时间提前,以便在美国巩固自己在远东的地位之前攻占台湾岛。中共计划加快步伐的迹象已经在他们最近的几次会议中露出端倪。在北平 7 月 10 日会议上陈毅和林彪等中国人民解放军高层领导人与会。

6. 结论

我们预计,除非美国海军力量进驻台湾水域,否则中国共产党人的军队有能力尽早对台湾发动攻击。而且,除非美国进行有效地反对,要不然中国共产党人的重大进攻努力可能将数量有限的大型水上运兵舰船与许多极为混杂分散的登陆船只联合在一起,这样才能确保他们争得一个安全的立足点。要想实现目标——使大约 7.5 万全副武装的兵力登陆——中国共产党人可能准备接受高达 40%~50% 的部队伤亡减员率。

共产党人考虑了下面这种情况发生的可能性,即事先积极鼓动、支持国民党人的叛变活动,大力开展策反、颠覆和渗透活动,这可能会在国民党部队中引发雪崩效应。上述情形最有可能发生中国共产党人面对美国有意使台湾海峡中立化的宣言而成功登陆并建立滩头阵地之后。尽管国民党人会各自为政地抵抗一段时间,但全面大规模的国民党的抵抗将不复存在,中国共产党人将会在建立最初的滩头阵地的两到三周内成功占领台湾。

DDRS,CK 3100047045—CK 3100047062

双惊华译,梁志、双惊华校

中情局关于中国共产党人与国民党人
对台湾的意图和能力的分析

（1950 年 7 月 27 日）

Intelligence Memorandum 312

中国共产党人和中国国民党人对台湾的意图和能力

（1950 年 7 月 27 日）

中央情报局情报备忘录①②

结　　论

（1）尽管中国共产党人夺取台湾的长期目标已经确立，现在尚没有足够的证据来预计中国共产党人准备在何时发动袭击。

（2）然而，除非考虑美国进行有效干预，否则我们估计中国共产党人的部队有能力控制台湾。

（3）中国共产党人有可能尽早袭击台湾。尽管该地区驻有美军，但仍不能排除这种可能性。

1. 中国共产党人攻击台湾的概念

中国共产党人对台湾的袭击可能会继续采用以往的模式，组建一支人数相对较少、训练有素、装备精良的突击队，使用现代化的能量巨大的冲锋舟，在台湾岛顶端的一个或多个海岸登陆。在发动初次进攻后，中国共产党人攻击力量的主力可能会蜂拥而至，他们乘坐的不仅仅是标准意义上的冲锋舟，也不仅仅在正对台湾的福建海岸开展行动，而会在多点展开。可以相信，上述登陆行动始发地点从汕头到杭州湾有上百处，有报道说，这些地区已经集结了几千只帆船以供中国共产党人发动攻击使用。常规的以发动机为动力的水上运输力量和其他共产党人能够得到的摩托艇很有可能从上海-杭州湾海域出发。数量众多的、便于共产党人使用的登陆地点分布在台湾的西海岸。此外，在发动登陆台湾作战以前，中国共产党人可能使用一支规模相对较小但训练有素的攻坚力量。在攻击前不久，中国共产党人希望利

---

① 原注：该分析没有涉及使用美国力量防御台湾的问题。
② 原注：国务院情报机构赞同我们在这篇备忘录中的分析，海军、空军的情报机构则持反对意见，请特别关注附件一、二，还未收到陆军部的正式评论。

用这支力量来压制中国国民党人的精锐空中力量,摧毁国民党人的海军基地,破坏海岸交通线上的隧道和桥梁。

中国共产党人在发动这场战役时,可能计划在危急时刻通过突击队员破坏中国国民党关键的防御设施和通信系统来抢占先机,并对中国国民党人予以致命性的打击,即使以大量官兵的伤亡为代价也在所不惜。此外,共产党人两栖作战能力不足,但他们并未因此推迟自己的作战时间,而是倾向于继续前进,主要有以下两点考虑:(1)中国共产党人希望在 9 月中旬之前发动登陆作战,因为他们在水上交通方面主要仰赖小型舰船,当然会密切关注海洋环境的变化;(2)因为中国共产党人海空军的支持力量有限,希望在美国舰队进入台湾地区之前发动攻势,原因是后一种情况出现的可能性越来越大。

2. 共产党人的力量

(1)地面部队。中共正规军约有 278 万人,其中 171 万人为有组织的战术野战力量,剩下的属于军区部队。除上述力量外,还有大约 200 万民兵不在正规军事建制之中。目前在浙江-福建沿海地区有 35.5 万兵力,隶属于陈毅将军率领的三野。以前这支部队中的很多人曾参加过对国民党人占据的舟山群岛发动的攻击,所以可以假定他们装备精良且受过两栖作战训练。此外,至少还有 40 万人的部队可以用来支持台湾的行动,他们归属于林彪的四野。估计有 75.5 万人已接受水陆两栖训练,其中大约有 10% 的人员曾经参加过类似中共成功解放海南等战役,有实际水上两栖作战经验。我们相信,这些力量的驻地已转移到能够投入到台湾战役中的地方,部署在汉口到衡阳一线。

(2)水上运输力量。我们相信,中国共产党人的初期水上运兵能力至少为 20 万~20.5万人。在过去的岁月中,中国共产党人一直在建造和收集用于航海的帆船,包括一些摩托化帆船。估计他们在上海到汕头的海岸沿线部署了超过 5 000 艘的航海帆船和可牵引船只。假定这些帆船时速为 4~5 节,从大陆出发穿越台湾海峡最狭窄部分需要 16~20 小时,穿越海峡北端需要 24~30 小时,穿越海峡南端需要 32~40 小时。而且,中国共产党人至少拥有75 艘登陆艇和其他类型的海岸艇以及为数众多的游艇、拖船和大约 110 艘以前联合国善后救济总署留下的拖网渔船。目前这些船只的绝大多数部署在上海-杭州湾地区。我们相信帆船以外的其他水上运输力量足可以将 6 万~8 万全副武装的士兵运送到作战前线。

(3)海上支持。我们了解的中国共产党人能够投入战斗的实际护航力量由 28 艘作战舰船组成,其中最大的是 5 艘巡逻护卫舰(前日本留下的护航驱逐舰)。或许这些舰船中的一部分已经丧失了作战能力。此外,我们知道苏联人缴获了 34 艘前日本海军舰艇,其中至少有 8 艘是巡逻护航级舰船。这些舰艇可以随时供中国共产党人攻打台湾战役使用。

(4)空中支持。我们估计,中国共产党人可能拥有 200~250 架作战飞机,也许额外还有 100 架飞机。尽管我们尚未观测到中共空军的战术活动,但有报道称从 1947 年初开始中国共产党人就在满洲培训飞行人员,这表明共产党人确实在发展自己的空军,虽然这一活动开展已有一段时间,但可能进展缓慢。在过去的 90 天里中国共产党人增加了自己的空中活动。中国共产党人的空军力量约为 6 500 人,其中有 300~400 位飞行员和 1 000 名不是飞行员而是接受过培训的机务人员。

相信中国共产党人拥有战斗轰炸机、地面攻击机和轻型轰炸机。至少有200架正在使用的作战飞机明显来自苏联，苏联将他们在远东武器库中剩余的部分转给中国。而且，苏联人在远东地区有足够的剩余飞机，我们分析中国人现有的飞机估计全部来自苏联。中共空中力量最致命的弱点就是缺乏维修设施和训练有素的人员。在过去几个月，苏联顾问和地勤人员的到来可能会使他们的维修问题获得解决，但对此我们不得而知。

有很多报道称，在过去几个月浙江及福建省的机场正在进行准备。在距离台湾250海里之内的中国海岸线上有多达九个机场，在过去的六个月，一些其他的机场正在建设或者维修。我们知道沿"入侵海岸线"适合常规战斗机起落的机场位置包括汕头、厦门、福州、温州、宁波和杭州湾地区。

（5）苏联援助。在中国共产党人尽早攻打台湾的战役中，苏联的援助主要是对中共的飞机进行维护、提供补给和飞行方向的指导。有了苏联人的上述援助，在攻击行动之初，中国共产党人可以完成日均150架次的飞行出击任务。如果完成中共的飞行任务需要进一步援助，苏联人将会在有限的时间内提供一些额外的支持，并在必要的情况下为中共所有兵种提供后勤援助和顾问咨询。

现在上海地区部署了一支由30～40架喷气式飞机组成的飞行队。然而，我们相信，这支部队不是中国共产党人自己的空军力量，而是苏联远东空军的一支独立飞行部队，部署在上海地区主要是出于心理方面的考虑。我们不相信上述苏联飞行员或者飞行部队会实际参与台湾海峡的战斗。

（6）对台湾的颠覆和渗透。有报道称台湾（本地）人的力量和中共因素在台都很微弱；因为在过去的岁月中，他们和以其他任何方式反对中国国民党政府的团体都遭到了残酷的镇压。尽管面对这些措施，大陆的中国共产党人还是坚持派遣间谍，并将他们所需的设备和宣传资料运往台湾。如果发生对台湾的全面袭击，在必要的时候，中国共产党人控制的"第五纵队"将可能迅速浮出水面，有效地渗透到台湾一些重要的国防基地和联络中枢中去。在中国共产党人发动进攻之初，特别是受到成功建立立足点的鼓舞，国民党人的防御部队和国民都有可能准备"阵前倒戈"。

3. 国民党人的力量

（1）地面部队。目前中国国民党人的地面军事力量大约为37万人，其中3.5万人是后勤和具有其他各种功能的部队，共编为40个师，训练有素，装备精良。这支部队绝大多数是步兵，有大约2.9万装甲部队和9 000炮兵。装甲司令部大约拥有400辆轻型坦克。约有6.5万步兵驻守在靠近厦门的金门岛，剩下的力量驻防台湾。现有的计划要求对台湾岛进行一种固定的环岛防御，装甲部队是唯一的核心机动预备队。全岛被分为北部、中部、南部和东部四区，分别由不同的军级和师级队伍承担防御职责。这样一来，台湾的防御力量被稀疏地分散在环岛沿线的各个地方。

（2）海军力量。中国国民党海军总计拥有35艘可用船只，其中的35％～50％因为检查和维修的缘故在某一时期可能不能发挥作用。最大型的是前日本留下的驱逐舰。国民党人还有相当数量的辅助船只和较小的帆船,这些船只都能执行巡逻任务。

中国国民党的全部海军人员约为 4 万人,其中 9 000 人为水兵。目前国民党人的海军力量主要任务是巡逻台湾海峡和支援金门守卫。国民党海军的最大问题就是保养不当和缺乏后备部队。对海军人员的训练很少。效率低下、政见不一等问题折磨着中上级军官。虽然一些特定类型的航海弹药匮乏,但燃料补给充足。至今为止,没有多少证据显示海军与其他部队在关于岛屿防御计划方面进行着合作。过去已经发生过多起船只和海军人员背叛的事件,中共今后还会继续在国民党海军这块肥沃的土地上从事渗透活动。

(3) 空军。中国国民党人的空军力量都驻扎在台湾岛,由两支轻型轰炸机联队、四支战斗机联队、两支运输机联队和一支摄像侦察中队组成。在全部 433 架战术飞机之中,270 架为作战飞机——91 架轻型轰炸机、179 架战斗机。这些飞机有一半正在使用。中国国民党的空军人数总计约为 8 万人。国民党空军的机场大约有 20 个,遍布台湾岛,目前主要进行有限的侦察活动。

中国国民党空军给养不足且缺乏后备部队。据报道有 5 座雷达站正在使用,但我们不相信这些雷达的侦察范围足以有效地防止中国共产党空军的突袭。中国国民党的飞机均未配备雷达搜索传动装置。目前的空中火力和燃料补给尚且充足。尽管他们手头拥有足够的防空设备,但防空炮兵部队缺乏实战经验。

国民党空军的士气稍好于其他部队,这主要得益于较高的薪酬和良好的待遇,空军过去也发生过大量的叛变事件,现在国民党空军不允许任何一个飞行员执行飞中国大陆的任务,除非这位飞行员的家属在台湾岛上。

(4) 机构、指挥和士气。目前中国国民党的最高指挥权依旧分散,各个部队之间缺乏真正的合作。蒋介石比以往任何时候都多疑,通过以将制将的方式渔翁得利,对下属控制得极为严苛,整个指挥机构仍然完全是一部服务于他个人及其集团的政治机器,丝毫不考虑人员专业才能的发挥问题。

部队的士气、国民及军队领导人的信心均因海南岛及舟山群岛的丧失而受到重创,加上有报道和谣言宣称苏联人将会在各个方面增加对中国共产党人援助,所以岛内民心不稳。看起来美国 1950 年的“6·27 声明”暂时鼓舞了国民党人。然而,一旦中国共产党登陆台湾而美国不加干预,可以预见中国国民党人的士气将会跌至谷底,甚至会比“6·27 声明”发表之前的预期更甚。

4. 双方的力量对比

中国共产党军队数量上的优势不足以确保他们在台湾战役中获得成功。国民党的防御力量十分强大,无论是军队数量还是资源方面都足以确保开展成功的防御战。此外,国民党人的海空军还能够开展海岸作战。然而,中国国民党的各级人员均缺乏坚定的战斗决心,忠诚度不高,整个军事系统尤其是高级指挥人员中充斥着缺乏专业能力的人,(国民党)并未占据明显的优势。

中国共产党部队掌握主动权，可以选择作战时机、登陆和内部攻击地点。由于连连报捷，他们士气高昂，官兵忠诚，纪律严明。此外，中国共产党人拥有数以百计的帆船和其他舰只，有能力穿透国民党人构建的防御圈。我们估计，如果不考虑可以利用的美国海军部队的力量和战斗力，中国共产党人拥有占领台湾的力量。

5. 共产党人的目的和迹象

共产党中国一直重申要吞并台湾。"解放"台湾这种意图最早是在1950年作出的，毛泽东6月6日讲话、周恩来6月27日讲话和7月6日周恩来给联合国的信息均予以重申，但这些声明都没有暗示攻打台湾的时间。在中国共产党人的近期宣传中，解放台湾的主题不断重现。

过去60天内中国共产党军队在中国南部和东南部频繁调动。这种军事力量的重组表明，他们可能将兵力配置在相互邻近的地区，可以很方便地从这些地区抵达中国东海岸的集结地区。再从这些集结地点出发，中国人民解放军的主力部队能够（相对不太引人注目地）迅速转移到各个登船地点，从而对台湾采取登陆作战行动。进一步来讲，有报道暗示大量的小船和帆船加速购买货物并向福建沿海地区转移，它们有可能在运送作战给养。

没有确切的情报表明中国共产党人打算在不久的将来进攻台湾。另一方面，也没有迹象表明美国1950年的"6·27声明"促使中国共产党人放弃自己的战争准备。事实上，该声明可能使共产党人提前采取行动。所以，我们不能排除中国共产党人尽早发起进攻的可能性。

附录一

海军情报官员的反对意见

海军情报部主任反对IM-312的理由如下：

(1) IM-312没有考虑到使用美国力量防御台湾的承诺对中国共产党人意图的影响。所以，因为没有权衡到影响台湾局势的所有重要因素，这份报告不足以用作制定美国政策的基础。

附录二

未能及时收到空军情报组织反对IM-312的报告，也就不能及时发布这一消息。一旦收到该备忘录，将会尽快表明空军情报组织反对IM-312的缘由。

DDRS, CK 3100255769—CK 3100255777

双惊华译，梁志、双惊华校

7－13

国务院情报研究所关于影响中国大陆进攻台湾决策有关因素的分析

（1950 年 9 月 11 日）

OIR 5346

在是否攻击福摩萨问题上影响中国共产党人决策的因素

（1950 年 9 月 11 日）

机　密

国务院情报研究所远东处[①]

对原始材料的最终分析已经包含在 1950 年 8 月 31 日的报告中。

摘　　要

在我们能够获取到的军事情报基础上进行分析，我们估计中国共产党人有能力突然（大约三到五天）对福摩萨发起攻击。除了显而易见的力量外，现在还没有切实的迹象表明中国共产党人的意图。不过，权衡中国共产党人攻击福摩萨的利弊得失，分析已经出现的一些端倪，使我们能够得出一些假设性的结论来。

即便是军事准备充分使得中共自信能够成功地对福摩萨发起攻击，中共领导人也一定会清醒地意识到他们的困难，在美国有可能采取军事行动的情况下，中国共产党人要想巩固胜利成果必然十分困难。中共定会认识到发动福摩萨攻势对他们眼前的国内建设帮助不大，反之，对福摩萨的军事冒险可能会促使美国采取某些对策，这将长期威胁他们政权的生存和发展。进一步来说，虽然福摩萨可以用作一个有价值的基地，成为中国共产党人对印度尼西亚、菲律宾实施颠覆计划的桥头堡，但长期进行各种活动代价颇大，将严重削弱中共领导亚洲共产主义运动的能力。

我们还不清楚苏联在福摩萨问题上的政策。如果从国际共产主义战略的角度出发，苏联人可能赞成中国共产党人现在就进攻福摩萨。虽然中共有这样那样的国内考虑，但如果

---

① 原注：这是一份情报分析报告，没有考虑将该报告用作美国政府或国务院的政策声明或者作为任何假设政策的建议。

他们认为一场世界大战迫在眉睫或苏联人尽管承担其他的义务，但还是能够向中国提供足够的军事援助和其他资助，帮助中国人渡过美国可能采取的对策给他们造成的难关，这种攻击也是有可能发生的。另一方面，如果中共继续欺诈性地在形式上保持中国大陆对福摩萨的军事威胁，无论是苏联还是中国的战争风险都有可能降低，二者都能获益，大概两国都会考虑这一问题，同时中国人也能减少自己对苏联援助和指导的依赖。

尽管仅凭现有的迹象还不能下定论，但对福摩萨的最终决策有可能被搁置起来，联合国安理会就朝鲜和福摩萨问题的讨论一直悬而未决。只要苏联人继续在联合国讨论福摩萨问题，发动突袭的可能性就不大。9 月以后的气候状况越来越不适合发动袭击。中国共产党人和苏联人的外交策略表明他们延迟了在 9 月以后攻打福摩萨的决策，这意味着此类攻击被不定期地延迟了。

在是否攻击福摩萨问题上
影响中国共产党人决策的因素

这篇文章想回答两个重大问题：

1. 在杜鲁门总统 1950 年"6.27 声明"命令美国第七舰队中立福摩萨之后，在有关攻击福摩萨的问题上哪些因素影响着中国共产党人的决策？

2. 根据近来的迹象和报道是否能够证实这一结论，即中国共产党人已经决定在不久的将来发动对福摩萨的进攻？

一、假　　定

（一）军事能力

在我们能够获取到的军事情报基础上进行分析，我们估计中国共产党人有能力突然（大约三到五天）发起对福摩萨的攻击。上述分析是建立在以下几个大家普遍认可的事实上的：

1. 中国共产党人拥有攻击福摩萨的充足的人力资源。

2. 为发动两栖行动所作的大规模部队集训一直集中在正对福摩萨的海岸沿线，在主要的海岸交通线附近配备了大量的后勤补给。

3. 包括摩托化帆船、摩托化及非摩托化帆船在内的水上运输力量大量集结，看起来高折损率的前景不会延缓中国共产党人发动侵略的企图。

4. 中国共产党的海军比中国国民党的海军要弱，但有可能会成功地建立一些滩头阵地，特别是因为中国国民党海军官兵的忠诚度和决心都成问题。

5. 中国共产党空军足以压制国民党空军，可能需要暂时使用美国第七舰队的力量。

6. 中国共产党人拥有足够的燃料和其他补给。

7. 中国共产党人甘愿承担大量的官兵伤亡、船只折损和物资耗费。

(二) 时机

1950 年最适合发动福摩萨战役的时机已经过去。如果共产党人想在年内发起袭击,最可能是在 9 月。这一结论主要出于对以下因素的分析:(1) 天气状况;(2) 美国加紧准备应对。在 9 月中旬之后或至迟在 10 月初发动袭击是不可能的,除非以下情况发生:(1) 美国决定撤出或者大量削减自己的"中立化"部队;(2) 苏联决定大幅度提高援助水平,包括向中国共产党人提供飞机和舰艇;(3) 世界战争或者国际危机迫使美国转移自己部署在太平洋的力量。

二、影响中国共产党人决策的因素

在考虑是否发动对福摩萨攻击的事情上,中国共产党人要思考的因素很多,除了美国第七舰队以外,双方可能的力量对比、美国的意图、国民党政府的目标以及很多其他的国内外政治因素都需要仔细斟酌。下面列出其中一些主要考虑因素。

(一) 中共对美国力量及意图的评估

在评价美国的军事潜能方面,中国共产党人可能主要考虑以下几点:

1. 赞成发起攻击的因素

(1) 美国进入朝鲜初期的不利局面说明了美国在短期内处于军事弱势。然而,朝鲜和福摩萨的情况不同,所以这一点对中国共产党人的军事决策只起到了较为次要的影响。

(2) 美国对福摩萨的政策几乎没有得到任何国际支持,所以美国支持福摩萨的军事行动不大可能得到其他联合国成员国的有力支持。

(3) 美国的力量有可能被牵制在朝鲜和其他发生共产党起义的地区。

2. 反对发动攻击的因素

中共军事领导人在此问题上表现出了非同寻常的谨慎,主要是因为他们在夺取舟山群岛的战役初期损失惨重,这也使得他们在袭击福摩萨问题上犹豫起来,面对美国的反对,特别是中国共产党的空军力量未曾上过战场,其海军力量也没有强大到能与美国第七舰队抗衡的程度,即便是中国共产党人认为他们有机会成功发动对福摩萨的袭击,下列长期因素可能也会影响他们,使其做出不发动袭击的战略决策:

(1) 美国长期的军事潜力得自于美国的工业垄断地位,这一点在第二次世界大战中得到了证明。

(2) 很显然,美国决心坚决抵制共产主义的进一步蚕食,朝鲜战争可以作证。

(3) 毋庸置疑,美国有能力干扰和削弱中共新生政权,主要通过:

① 造成中共大量的人员伤亡和巨大的财产损失;

② 发动一些后续行动,反对和封锁驻守福摩萨的中国共产党部队,这会使得中国共产党人的这次征服非但不会带来财富,反而会造成巨大的负担;

③ 通过海空军行动破坏港口和军事设施、通信系统、制造中心等等;

④ 封锁中国大陆;

⑤ 通过上述手段,通过支持游击活动,通过攻击其政治弱点,特别是在安全系数较小的中国南部和长江流域地区,危及共产党人在中国的政治统治。

（二）中共对国民党政府力量及意图的评估

中国共产党人对国民党政府力量及意图的评估,几乎从所有方面都倾向于赞成现在就攻打福摩萨。在他们攻打海南岛和舟山群岛时国民党主动放弃了这些岛屿。虽然中国共产党人不能指望中国国民党人完全放弃台湾岛,但他们预期会出现国民党政治全面动荡的状况①,认为国民党陆海空力量在经历初期失利之后可能出现大规模起义,高层国民党领导人可能惊惶逃窜并流亡。余下的仍在作战的那些国民党高层人物可能优柔寡断、缺乏合作,绝大多数台湾本地人的态度起不了什么关键性的作用。这些方面都对发动袭击非常有利。

（三）国内因素

中国共产党人作出是否发动福摩萨战役的决策时,有以下几点与其国内因素有关:

1. 赞成攻击决策的因素

（1）通过宣传爱国主义精神和进行大规模的军事训练及其他方面的建设,中国人已经为攻打台湾进行了大量的准备。中国共产党人一直强调有"必要"且"一定"尽早发起攻击。共产党人的战役动员和准备达到了今天的程度,如果放弃或进一步推迟进攻时间,就会在政治上"丢脸",除非对民众作出令人信服的合理解释,否则共产党人就会骑虎难下。在美国决定使福摩萨"中立化"之后,中国共产党人并未放慢备战的步伐,因为仅仅是美国军事力量在该地区的存在很难（对民众）说是一种真正合理的解释。中国共产党人可能会对现在未能发动袭击作如下合理解释:① 大力宣扬他们的一种精心准备的解释,表示中国共产党人热爱"和平",为了创造机会,通过联合国和平解决朝鲜问题和福摩萨问题,所以中共愿意暂时不攻占福摩萨;② 发动一场让人眼花缭乱的替代性的军事战役,为没能攻打福摩萨提供令人信服的理由。

（2）如果中国共产党人有可能认为,因为他们承担了国际共产主义的责任或因为他们的舆论准备有必要发动一场重大的军事战役,那么攻打福摩萨将会赢得更多的民众支持,这会比冒险进攻朝鲜、印度尼西亚、缅甸甚至西藏或香港都要稳妥。

（3）中国共产党人希望在占领福摩萨后,巩固自己的统治,这将彻底结束中国内战,消除威胁中共政权的象征,铲除未来可能发展成为自己政权对立面的潜在的政治威胁。中国

---

① 原注:参见 OIR 5320,1950 年 8 月 21 日,"福摩萨局势的图表观察",绝密。

共产党人可能担心,虽然目前美国推行"中立化"政策,但是,在美国的支持下,福摩萨政权有可能逐渐发展成为威胁共产党人稳定的力量。这种说辞可能是共产党人最重要的考虑之一,但在朝鲜危机爆发后,远东局势出现了巨变,上述说法的重要性正在逐渐降低。北平一定料想到,即便自己成功地占领了福摩萨,其后果必然是陷入与美国的长期全面纷争,从而加剧而不是终止其内部的平定问题。

(4)福摩萨为中国共产党人提供的外汇和潜在的稻米数量虽少,但意义重大,在一定程度上有助于提升中共的经济重建能力。

2. 反对制定进攻决策的理由

有人认为强调上述国内因素可能会忽视一些看起来更为紧迫的状况:

(1)主张冒与美国开战风险的观点不太流行。面对普遍的动荡不安,中国共产党领导人已经认识到,虽然经过数月全国性的舆论宣传,但中国人民仍然注意到了美国的军事潜能并对苏联人的动机心存疑虑。中国人已厌倦了战争和战争带来的痛苦:苛捐杂税、兵役、通货膨胀和失去财产所有权。一旦与美国开战,共产主义政权将会丧失很多的民众支持。甚至有一些势力还会将战争视为推翻共产主义政权的机会。

(2)中共领导人不愿危害国内的大规模经济建设,影响已经开始实施的很多计划,对福摩萨的挑衅性攻击可能会导致(敌方)对中国城市的报复性空袭,对中国海岸线的严格封锁,中国将为此付出巨大的经济代价,旷日持久的福摩萨战役将会削弱中国人的经济实力。

(3)中共的国内问题。即便不需要在福摩萨进行长期的军事冒险,中国国内仍存在着许多严峻的问题,需要中国人民投入全部精力去解决。当前最紧要的问题包括盗匪横行、普遍的局势动荡、游击敌对势力、经济停滞、农业发展失衡和其他涉及加强共产党政治控制的问题。

(4)将留在台湾海峡的蒋介石和美国部队作为未来中共可能面临的失败的方便的替罪羊,特别是因为近来美国"中立化"政策反过来限制了蒋介石对中国大陆的实际进攻行动。

(5)一旦攻击失败或者损失巨大,中国共产主义政权就会面对危险,目前相当稳定的局面就要经受考验,可能会导致一些重要的军事、政治势力的背叛。

(四)国际因素

1. 与非共产主义政府及联合国的关系

在福摩萨问题上,许多非共产主义国家采取了不同于美国的做法,要么保持中立,要么支持中共的立场。不过,面对美国促使岛屿中立化的努力,中国共产党人袭击福摩萨将会使很多国家意识到中共目标中更加好斗的一面。许多非共产党国家不会因为福摩萨战役而改善与共产党中国的关系,特别是菲律宾、日本、印度尼西亚、法国可能还有英国等国家,不管这些国家以前在福摩萨问题上的立场如何,它们都会关注中共在远东发动侵略的可能性问题。美国与共产党中国间的对抗将会使得联合国接纳中国共产党政权的前景极为渺茫,因为极少有国家愿意支持公开与美国为敌的政权。此外,共产党中国与非共产党国家重新恢复正常贸易的机会也会明显减少,特别是美国、日本、菲律宾等国都会实行严格的贸易禁运。

北平发动对福摩萨的袭击是不可能有助于共产党中国获得国际社会认可的。正像过去北平政权表现出来的那样,这可能是一个次要的方面,除了对获得联合国接纳感兴趣外,中国共产党领导人显然没有对与非共产主义国家的友好关系作出很高的评价。然而,在冒与美国开战的风险而发动攻击之前,共产党领导人有可能宁愿试探一下和平解决的可能性,因为在福摩萨问题上,共产党中国的立场非常有可能获得相当多的联合国支持。中共在发动袭击之前可能会愿意观望一段时间,根据联合国在朝鲜问题和福摩萨问题上的争论情况作出决策。

2. 与共产主义政权和共产主义运动的关系

(1)赞成进攻的因素 对中共政权来说,最重要的就是保持其与国际共产主义运动的关系,特别是目前中国在亚洲共产主义运动中占有优势地位。毫无疑问,成功袭击福摩萨,特别是在冒着美国反对的情况下发动攻击,将能提升共产党中国的威望,为中国共产党人提供进一步颠覆菲律宾和印度尼西亚的有用踏板,并能将中国共产党的军事力量解放出来,使其有能力从事其他活动。

(2)反对进攻的观点 中国共产党人必然权衡成功袭击的好处与福摩萨问题的僵局甚至进攻失败带来的弊端,后者将会大大降低共产党中国在亚洲未来活动中的能力和威望。

3. 苏联政策

在中共进入针对福摩萨问题的实质性决策阶段时,苏联的政策是中共所考虑的最重要的因素。该因素自身的分量超过了其他考虑加在一起的总和。苏联在福摩萨问题上的政策取向还不是很清楚,也不知道如果苏联人倡导的政策在中国人看来是危害了他们重要的国家利益时,苏联是否会或能够将自己的政策强加给中国共产党人。现在我们手上没有有关苏联取向的明确证据,我们假定苏联人在制定政策的过程中必然要考虑以下因素:

(1)赞同中国共产党人进攻的因素 苏联人可能希望中国共产党人进攻福摩萨,主要出于以下任何一个或几个方面的考虑:

① 获得一个军事基地。但是,就苏联防御而言,福摩萨并非处在直接的战略重心区,远不及朝鲜和日本重要。它的价值主要源于中共获得该岛就能够打破美国用一系列岛屿构筑的基地链条,并拥有了开展反菲律宾和印度尼西亚的活动基地。

② 将美国拖进一场令人疲惫不堪的、漫长的军事竞赛中,进而削弱美国的实力,打击美国的威望,通过将美国的力量转移到福摩萨来支援北朝鲜正在开展的军事活动。

③ 分裂西方团结的阵线,扩大美国和其他国家在美国目前实行的"中立化"政策上的分歧。

④ 在福摩萨地区使中国共产党的力量与美国对抗,减少中国共产党人对北朝鲜的直接军事援助需要,因为在苏联人看来,后者会扩展中国共产党人对北朝鲜的影响。

(2)反对中国共产党人进攻的原因 苏联人反对中共对福摩萨发起攻击,可能的原因如下:

① 担心这种进攻将会耗尽共产主义支持朝鲜的资源。如果推迟对福摩萨的进攻,苏联以前计划针对福摩萨问题提供的军事援助将能转向支持北朝鲜。

② 有这样一种可能性,即中共未能在福摩萨战役中赢得迅速的、有决定意义的成功,这将导致中国共产党人持续不断地提高对苏联军事和经济援助的要求,以弥补自己在反对美国军事行动中耗尽的资源。

③ 怀疑中国共产党是否能在美国反对的情况下为这种行动做充分的准备。

④ 担心中国共产党人顶住美国的反对取得进攻福摩萨战役的胜利,这将大大提高中国共产党人在亚洲的威望,从而鼓励中国共产党内部要求极端自主的那一方。

⑤ 反过来说,苏联人也担心中共未能赢得有决定意义的胜利会招致亚洲世界普遍怀疑的增长,亚洲国家拿不准自己追随苏联的领导是否明智。

⑥ 可能相信,采取较为稳妥的政策同样能很好地服务于国际共产主义运动的目标,这种政策主要通过针对福摩萨炫耀武力来实现。

⑦ 不愿意通过要求毛泽东执行一项明显违背中国共产主义利益的政策来检测毛泽东目前是否愿意接受苏联的领导。

如果莫斯科出于国际共产主义战略考虑所制订的福摩萨政策被中国共产党人认为是侵犯了中国重要的国家利益,中共就不得不考虑苏联将会施加给中国的政治和军事压力,考虑中苏关系可能破裂的其他后果。莫斯科可能劝说中国共产党人相信苏联有能力并愿意提供足够的军事和经济援助,缓解潜在的美国力量对共产党中国施加的压力。即便在这种情况下,北平仍然宁愿找到一种能减少对苏联援助和指导的依赖的解决问题的办法。一旦中国共产党部队投入到对福摩萨的进攻中,美国的坚决反对将会使中共需要苏联继续援助的问题变得非常关键,以至于中共被迫处在一个极易受到苏联威胁的位置,苏联可以以拒绝提供进一步援助相威胁。

尽管在决定是否攻击福摩萨的问题上,苏中两国可能存在利益分歧,但中苏关系不大可能因此长期紧张,因为没有理由认为苏联人会在此时愿意牺牲在中国获得的国际共产主义运动的利益来换取其他考虑,也因为福摩萨可能不是国际共产主义运动的核心区域。例如,继续对福摩萨虚张声势可能最好地服务于目前苏联和中国的利益。这将能降低战争的危险。与此同时,我们可以假定苏联人和中国人都在关注减少中共对苏联援助和指导的依赖问题。

三、中共可能意图的实际迹象

(一) 有关中苏争论的报道

过去几周我们不断收到关于中共与苏联领导人在福摩萨问题上意见不一的消息。至少从两个独立渠道得来的消息都显示,近期在中苏的高层讨论中,苏联人无法说服中国共产党人同意推迟攻打福摩萨,这种讨论还在继续,最终计划在九月中旬前作出决策。另一份价值较小的情报则称,尽管苏联反对,中苏争论还是要以毛泽东拒绝放弃攻打福摩萨的计划为转移。

(二) 周恩来向联合国提出的建议

既然最适宜攻击福摩萨的天气状况仅能维持几周的时间,周恩来要求联合国采取行动反对美国"侵略"福摩萨的建议可以被解释为最后通牒,也能被理解成他正在努力拖延中共最终决策的出台,可能直至天气状况不再允许发动任何攻击行动为止。周恩来通告的语气显示后一种的可能性较大。我们应该注意,中共将福摩萨问题提交联合国审议冒了很大风险,因为在接下来的适宜向台湾发动攻击的大部分时间内,安理会可能一直在讨论或调查该问题。尽管现在很多国家赞成共产党中国的立场或对此问题态度消极,但如果中共在安理会讨论该问题期间向福摩萨发动攻击,将很容易使非共产党国家联合起来反对共产党中国。对周恩来提交联合国建议的最后评价将取决于安理会讨论的情况。苏联在联合国进一步采取行动期间,联合国是不会通过最终决议的。

(三) 其他建议

最近只有一份来自中共方面的其他建议受到关注,但这也可以被解释为最后通牒。据可靠报道称,蒋介石收到了张治中的来信,这位与中共政权合作的前国民党高官提出,如果蒋介石答应让中共占领福摩萨,蒋介石将有机会携家属和财产流亡。据报道,张治中写道,迄今为止中国共产党人一直避免对福摩萨发动袭击,以保全人民的生命安全和避免破坏。根据报道,很难将张治中的信函视为向蒋介石提出的严肃的谈判提议。看起来更有可能的用意是宣传中共出于"人道主义"考虑才没有攻击福摩萨。倘若如此,这有可能是一种中共舆论宣传的先兆,可能是中共为了推迟进攻寻找的合理理由。

(四) 宣传路线

中国共产党人一直宣传发誓要"解放"福摩萨。如果有什么变化的话,那就是在 1950 年杜鲁门总统"6.27 声明"出台后,他们关于福摩萨问题的宣传更为有力,但在近期的舆论宣传中,没有迹象表明中共立刻会发起袭击或者透露出一种可能的时间安排。

(五) 策反国民党政府官员的企图

中国共产党人作出了长期持久的努力,致力于向福摩萨进行渗透,策反中华民国政府的军事和政治官员。然而,现在还没有明显的加强策反活动的迹象,就像在进攻努力开始前一段时间总要进行的那样。据我们所知,最近对福摩萨实施的政策措施不是直接展开策反活动,而是根据以往记录搜出那些可能不愿服从国民党领导的可疑分子。

(六) 其他报告

最近几个月,有关中国共产党人对福摩萨的意图报道无数,谣言四起。很多报道都提到,中国共产党人会在 1950 年 10 月前或 10 月发动袭击。许多说法都相当可信。然而,我们没有收到关于中共意图的确切情报。福摩萨的国民党政府官员说法不一,无论是官方表述还是私人看法都各不相同。1950年5、6月间,他们中的很多人认为1950年不会发生任何入侵事件,其中一些人可能是通过他们在大陆的联系人获得上述消息的。朝鲜战争爆发后,美国官员获取的很多情报都称,尽管美国采取"中立"政策,但中共会"立即"发动攻击,所以国民党需要展开与中国大陆的对抗行动。近一段时期以来,我们注意到,来自国民党方面的传闻——无论是官方还是媒体——都认为中共可能取消了行动或者推迟了发动侵略的时间。这些不断得到散布的谣言的最大动因在于获得尽可能多的美国援助以抗击可能发生的共产党人的入侵,虽然这似乎并不是合理的解释,但不可忽视的是以上全部或很多谣言都很有可能是特意"安排"的结果。

（七）军事准备

最能说明中共意欲进攻福摩萨的迹象就是中国共产党人的军事准备,这一点在前面的段落中已作了说明。

四、结　　论

在缺乏中国共产党人在福摩萨问题上的意图的确切证据的前提下,我们只能依据逻辑和已掌握的情报作出以下假设性的结论:

（一）即便中国共产党人认为他们能够夺取福摩萨,他们也一定预料到巩固其胜利成果的困难,除非他们得到苏联的全力援助,否则他们将会面对与美国的全面对抗。

（二）中国共产党人似乎已经意识到其国内的共产主义建设不会马上从占领福摩萨一事上获益,反过来说,对福摩萨的军事冒险将会带来严重的军事、经济和政治后果,很容易危害他们的发展计划,破坏共产主义取得的光辉成就。举例来说,中国共产党人意识到美国的海空军力量将会对中国沿海地区造成严重破坏。

（三）中国共产党人可能认为,他们对福摩萨开展的进攻不大可能会改善他们与非共产党国家的关系,除非他们能够迅速巩固占领台湾的胜利成果而美国又苦无对策,否则他们无法提高自己在国际共产主义运动中的地位。

（四）苏联的取向不是很明确,但苏联人很可能赞成中共对福摩萨发动攻击。尽管中国共产党人或许认为这种进攻可能违背他们眼前的国家利益,但这种攻击仍然有可能发生,只要苏联人对中国共产党领导人施加足够大的压力,或者中国共产党人认为世界大战马上就要爆发以及认为苏联人尽管作出了其他的承诺,还是会提供足够的军事援助,确保中共能够应付可能的美国对策。不过,我们应该注意,至少在目前,中国共产党人对福摩萨采取了狡猾的欺诈和保持中国大陆对福摩萨的持续威胁的态势,因为采取这种态度可以降低战争的风险(这有可能是苏联人和中国共产党人都很关注的问题),减轻中共对苏联援助和指导的依赖程度,因为这样对中国共产党人和苏联人最为有利。

（五）9月份以后的气候状况将会越来越不利于发动攻击,这可能限制了共产党人作出决策的时间。不过,攻打福摩萨的最终决策可能仍然悬而未决,事态还要取决于安理会对朝鲜问题与福摩萨问题的讨论。在苏联将安理会在福摩萨问题上的立场解释为一种明确的回绝以前,这种进攻不大可能爆发。中国共产党人和苏联人保持外交灵活性,继续在事实上推迟决策,这可能证明他们不定期地推迟了发动进攻福摩萨的时间。

MF 2510407 - 0524,The University of Hong Kong Main Library

双惊华译,梁志、双惊华校

中情局关于中国大陆进攻台湾的"威胁"的分析

（1950 年 10 月 12 日）

中国共产党人入侵福摩萨的危险①

（1950 年 10 月 12 日）

绝 密

三、中国共产党人入侵福摩萨的危险

（一）问题

1. 分析 1950 年中国共产党人入侵福摩萨的危险。

（二）能力

2. 尽管中国共产党人肯定缺乏海空军力量，两栖部队的训练和理论方面也可能存在不足，但他们现在有能力出动 20 万部队，借助有限的空中掩护，发起对福摩萨的进攻。苏联人可能提供少量的战术指导、技术和后勤支持。

3. 尽管中国国民党部队的数量和装备情况足以防御福摩萨，……②

4. 在中国共产党人的全力进攻面前，如果苏联人不直接参与且美国武装部队给予强有力的海空军援助的话，中国国民党的防御力量能够守住福摩萨。

（三）有关目的的因素

5. 意图迹象。中国共产党人频繁发表官方声明，明确表达了夺取福摩萨控制权的愿望。但是，现有的情报没有预示他们要在近期采取行动。关于侵略意图的一个未知因素是苏联能够在多大程度上对中国共产党人施加控制以及苏联在福摩萨问题上的用意如何。

6. 赞成侵略福摩萨的因素

（1）占领福摩萨将能消除中国国民党抵抗的象征，削弱对中共政权进行协调一致的反对的潜在力量，将会大大减少在中国和整个东南亚存在的持久的反共抵抗活动。

（2）放弃或者进一步推迟攻打福摩萨的计划将会使中国共产党人"颜面尽失"。

---

① 本文是节译。——译注
② 原文此处一段未解密。——译注

（3）福摩萨为中国共产党人提供的外汇和潜在的稻米数量虽少，但意义重大，在一定程度上有利于提升中共的经济重建能力。

7. 反对攻打福摩萨的因素

（1）不可能取得胜利。

（2）只要美军驻扎在福摩萨和中国大陆之间，攻击福摩萨就要冒与美国开战的风险。中共领导人不愿意危害已经取得的人民的广泛支持，损害在国内取得的成就，影响很多内部计划。对福摩萨的挑衅性攻击可能会导致（敌方）对中国城市的报复性空袭以及对中国海岸线的严格封锁，中国将为此付出巨大的经济代价，旷日持久的福摩萨战役将会削弱中国人的经济实力。

（3）中国共产党人面临着许多严峻的国内问题，包括盗匪横行、普遍的局势动荡、游击敌对势力、经济停滞、农业发展失衡和其他涉及巩固共产党政治控制的问题。上述因素的存在使得局面非常危险，一旦攻击失败或损失巨大，中国共产主义政权就要面临危险，其目前相当稳定的局面就要经受考验，可能会导致紧张局面的出现。

（4）考虑到目前联合国对福摩萨问题的兴趣，中国共产党人有理由希望联合国出台一份有利于他们的政治解决方案。

四、中国共产党人发动进攻的可能性

8. 我们认为，除非苏联决定引发一场世界大战，否则在 1950 年余下的时间里中国共产党人是不会企图攻打福摩萨的。

DDRS，CK 3100409087—CK 3100409089

双惊华译，梁志、双惊华校

国务院关于背叛国民党人员的名录

(1950 年 11 月 3 日)

OIR 5307

背叛国民党人员名录

(1950 年 11 月 3 日)

机　密

一、导　　论

这份报告包括了 123 位重要叛逃者的名录,他们是在 1948 年 11 月奉天(Mukden)陷落后离开国民党或中华民国政府的。当然,并非所有的变节者都被囊括其中。我们在国务院人物情报部的卷宗中进行筛选,只挑选那些真正离开国民党岗位及中华民国政府职位的人,不管他们是否投降到共产主义一方或是现在失去了他们的政治影响力。所以,一些服务于现政权的非常显要的上海商人不在我们的考察视野之内,除非他们以前在国民党或是中华民国政府内部担任要职。迄今为止的事实表明,这里列举的人很多投靠了共产党政权,这可能是因为前国民党官员投靠共产党政权后曝光率较高,而那些脱离国民党后不与其他政治力量发生隶属关系的人不会吸引别人的注意,所以国务院的情报就没有将这些人罗列在内。虽然这份国务院名单上的一些人的随后的活动没有被报道,但他们曾经发表过支持共产党政权的声明。在当时的情况下,那些声明曾经产生过影响,所以这些人也包括在国务院的卷宗之内。

可以指出作为一个整体的这个团体拥有一些特定的因素。

1. 这里给出了很多军事集团人员的名单,很能会使人产生错误的印象,我们应该认识到:

(1) 许多现在支持新政权的知识分子没有被收入,因为他们以前没有参加国民党或当过中华民国政府官员;

(2) 以前是中华民国政府或者省政府中中级官员的人不是很重要,也没有收入名单。

2. 在这些变节者中有相当一部分人以前属于不同的军阀派系,不完全忠于蒋介石,或者因为这样那样的原因一直对国民党统治中国不满。这样一些人——例如邵力子(Shao Li-tzu)和张治中(Zhang Chih-chung)——一直属于国民党自由派,后来也加入到效忠新政权的群体之中。

3. 尽管如上所述对名录有一定条件的限制，从名单上可以看到相当一部分党务官员，包括高级党务人员。

4. 一些加入国民党的军事政治军阀也投靠了共产党，他们多是西部或是西南省份的实际控制者，现在这些人仍然控制着这些省份，拥有军事实权。

5. 共产党人甚至似乎接受了一些他们称之为战犯的官员。

6. 一些显要的前国民党商人，以前也是国民党的官员，好像现在也与新政权合作。

7. 陈明仁[①]（Chen Ming-jen），前军事指挥官，他的例子可能表明中共使用这些才干并不突出的背叛国民党的人物已成为一种趋势。陈明仁中将 1949 年 8 月背叛国民党，不久之后就被任命为共产党支持的湖南省政府省长兼湖南军区副司令。但旋即被解除了这些职务，他现在只是省政府的一员。

二、名　　单[②]

三、人 物 传 记[③]

O. S. S. /State Department Intelligence and Research Reports, Part Ⅸ, China and India, 1950 - 1961 Supplement, Washington, D. C.：University Publications of America, 1979，Reel - 1 - 0547

双惊华译，梁志、双惊华校

---

① 陈明仁(1903～1974)，湖南醴陵人。曾任国民党政府华中军政长官公署副长官兼第一兵团司令官。1949 年 8 月与程潜率部起义，湖南和平解放。中华人民共和国成立后，任中国人民解放军湖南军区副司令员，第二十一兵团司令员，国防委员会委员，政协全国委员会常务委员等职。——译注
② 名单略去。——译注
③ 人物传记略去。——译注

中情局关于中国大陆的
力量及其对台湾意图的评估

（1951 年 4 月 10 日）

NIE 27

中国共产党的力量及其对台湾的意图

（1951 年 4 月 10 日）

秘 密

问　　题

评估 1951 年的中国共产党的力量及其是否有意攻占台湾。

结　　论

1. 我们相信中国共产党人不会对台湾发动大规模袭击,中国军队没有从中国的其他地区向海峡集结地区进行大规模调动。我们还认为这种遭调将会对他们在朝鲜和其他地区的行动和承诺起到不利影响。

2. 在防御台湾方面,如果缺乏美国的参与,中国共产党人在进行必要的部署之后,能够通过大规模的进攻占领台湾。然而,我们相信,如果美国第七舰队参与台湾岛的防御,中共在没有苏联实质性援助的情况下没有力量成功地大规模入侵台湾。苏联人可能估计,如果他们(向中共)提供了对台作战所需的援助类型以及规模,就可能冒与美国开战的真正风险。我们不相信苏联人会甘愿冒这种程度的风险,此判断主要是基于我们对苏联人能够从 1951 年中共攻占台湾行动中获得利益的分析。

3. 尽管军事和后勤上的困难严重限制了中共马上发动大规模进攻的能力,但我们估计中共现有的能力可以对台湾发动有限的攻击。他们希望在美国第七舰队能够进行有效干预之前开始登陆作战并发动这种攻击,他们还希望发动台湾岛内潜在的对中华民国政府存有异心的政治力量。

4. 现在我们缺乏充分的情报来作出准确的预测,但我们估计只要美国对台政策保持不变,只要中共继续致力于朝鲜战争,共产党中国在 1951 年就不可能对台湾发动大规模进攻或有限袭击。然而，如果下面任何一种情况发生，中国共产党人的入侵意愿就将有可能显著上升：

（1）如果夏季来临以前中共能够在朝鲜取得决定性的胜利或他们能摆脱朝鲜战役的束缚；

（2）如果朝鲜的战局发展使得美国舰艇部队不可能重新部署在朝鲜海域；

（3）如果中共确信中华民国政府及其防御力量虚弱不堪，他们能够在刚刚显示中共力量之际就一举粉碎国民党的防御体系。

（4）如果共产党人的战略全局要求他们不计风险地拿下台湾。

5. 如果中国共产党人决定对台湾发起进攻，最有可能是在春夏天气和海洋条件最有利之时采取行动。（见附录一）

6. 我们认为共产党中国在1951年最有可能采取的行动路线是：

（1）保持对台威慑。

（2）试图扩大对台颠覆活动的网络。

（3）在国内宣传中强调美国对中华民国政府的支持就是对中国的侵略。

（4）激化国际社会对台湾地区部署的争论，掀起国际社会对美国支持蒋政权的批评。

（5）将台湾问题与有关和平解决朝鲜问题的建议联系在一起。

（6）有可能出兵攻占国民党人控制的中国东海岸的小岛。

讨　　论

中国共产党人进攻台湾的能力

7. 中共政权的军事能力几乎完全取决于它的地面作战部队（野战部队）力量，大约有200万人。目前这些部队的主要任务如下：

（1）虽然不能确定，但肯定有数量庞大的野战部队和民兵部队在中国大陆追剿那些政见不同的人和盗匪，估计约为60万人。

（2）目前中共将大约37万野战部队投入朝鲜战场，并在满洲保持大约36.5万人的野战力量。

（3）中共将大约20万部队部署在距离中国-印度支那边界250公里以内的中国南部地区。

（4）据报道，大约38.5万野战部队沿上海到广州海岸沿线驻防。

8. 要想在1951年对台湾发动大规模入侵，中共需要对军队部署作出重大调整。当进攻箭在弦上之时，中共要将很多部队从中国的其他地区调出，以确保中国东南部的安全。我们认为，如上所述，在不影响中共其他义务和行动的前提之下，中共不可能拥有如此众多的可用补充部队来开展行动。如果他们开始部队的这种调遣，将可能需要90天的时间来完成部队的重新集结。

9. 中共空军可能至少拥有1 200位常备飞行员，可能还有3 000位飞行员尚在训练之中。

我们估计,中共空军可能有大约 650 架喷气式飞机、活塞式战斗机、地面攻击机、轻型轰炸机、运输机,其中至少有 250 架飞机直接受苏联人的控制。据报道,上海和广州地区都有苏式喷气机。在战斗机和轻型轰炸机能够有效轰炸台湾的范围内,中国共产党人拥有足够的可用机场。但是,因为很多中共飞机部署在满洲和中国东北部的其他地区,中共要想获得对台湾地区的最大攻击力,就需要对自己的飞机进行大规模的调配。而且,在缺乏苏联大规模后勤支持的情况下,由于战斗损耗巨大,维修困难,持续作战一周之内中共空军的战斗力将大大下降。

10. 中共海军规模很小且缺乏实战经验,大约有 80 艘舰船,其中最大的舰种是巡逻护卫舰。尽管有报道说苏联向中国海军提供了一些潜艇,但我们怀疑中国船员是否会驾驶。

11. 如果企图开展重要的两栖进攻行动,中共可能需要动用自己能够召集的全部海上运输能力。

(1) 使用种类各异的船只,包括蒸汽机、摩托艇、摩托化帆船、少量的武装登陆艇,中国共产党有能力运送 20 万部队。但是,使用常规意义上的舰艇,例如登陆艇和海岸汽船等,他们的运兵能力可能不超过 6 万人。

(2) 在开始的 24 小时里,中共的空运力量估计能运送大约 3 000 部队。据报道,中共正在训练 2 万至 2.5 万空降部队,他们现在就驻守在用于发动入侵的沿海地区。

12. 为了支持对台湾的进攻,中共面临着严重的后勤补给问题,特别当对台攻势在朝鲜战争仍在持续之际展开,困难就会更大。因为国内交通线路很差,中共必须考虑到快速部署部队及运送物资的困难。所以,在他们企图进攻以前,中共不得不将战役所需的大量物资储备和大部分部队运送到在邻近战线的港口地区,这项工作远未完成。每天要向攻击部队运输大量的援军和补给,这就要求中共必须保持大量的日常水运活动,从而又使中共在海峡地区保持空中及海上优势成为必需。

13. 此外,中共事实上不可能在一场重大袭击中获得奇袭的效果,这不仅因为需要预先进行大规模的建设,而且因为:

(1) 即使他们的运输和存储设施允许中共将战争所需的全部人员、船只和给养配置在毗连台湾的三个港口(汕头、厦门、福州)地区,这种集结很难秘密进行(参见地图);

(2) 如果中共企图从广泛分散于海岸线的多个地点出发,协同作战,他们的进攻部队将分别从相距遥远的多个港口登船,这样一来,(例如从上海或广州)出发的队伍与部署在厦门或福州部队的出发时间将有 24～28 小时的间隔。

14. 苏联人除了给予计划性的援助、战术建议、后勤支持外,还能够在潜艇、空中和水雷战中大幅提升中共的实力。

15. 如上所述,在缺乏苏联额外援助的情况下,军事和后勤困难严重限制了中共对台湾发动大规模入侵的能力,但我们不能忽视中共对台湾岛发动有限攻击的可能性。在实施这种攻击时,他们可能使用登陆舟和海岸汽船,一夜(黄昏到第二天拂晓)在 120 公里的有效航程内,将最多 6 万人的部队运送过海。他们还会用小规模的空降行动配合两栖进攻。在发动这种进攻时,中国共产党人可能希望在美国舰队实施有效干预之前完成登陆,并希望发动台湾岛内潜在的对中华民国政府存有异心的任何政治力量。

国民党防御台湾的能力

16. 中国国民党防御台湾的理念要求一种固定的边界防御，在中央部署步兵配以装甲力量，同时以摩托化预备队相配合。

（1）大约30万国民党部队，主要是步兵，驻扎台湾。装甲力量估计有3万人和400辆轻型坦克。与国民党从中国大陆败退时期相比，国民党地面部队当前的力量有了明显提升，这主要归因于长时间不间断的训练、较高的薪酬和定量配给以及指挥能力某种程度上的提升。蒋介石一直致力于在军队中铲除所有不忠的人员，并将政治"顾问"安插到军队的各个单位中去，但国民党部队的潜在战斗力仍然因为统帅部的纷争而遭到削弱。

（2）据报告，中国国民党空军部队的全部力量总计为845架飞机，其中只有345架可以使用。国民党空军中没有喷气式飞机。就目前的状况看，国民党空军的防御作战能力极低。但是，国民党空军拥有良好的组织结构和必要的人员，包括1 700名受过良好训练的常备飞行员，他们有能力通过引入和使用追加的装备来提高自己的防御能力。但是，单独追加装备不足以使国民党空军防卫岛屿免受共产党人的空中打击。

（3）中国国民党海军大概有150艘各种舰艇，其中最大的为7艘驱逐舰。约有半数的国民党舰船经常需要停航检查和维修。尽管海军人员接受了相当好的训练，高级军官在政治上的钩心斗角明显影响了海军的战斗力。

17. 通过严格的监督和严酷的手段，中华民国政府采取很多方法防止中共颠覆台湾。然而，中共好像还是在台湾岛内保持了一些地下组织，在攻击到来之时，这些组织有可能会破坏交通线和军事设施。如果国民党官兵认为中国共产党夺取台湾的胜利迫在眉睫，其中许多人很容易阵前倒戈，不同团体出于自身利益最大化的考虑，从共产党侵略中捞取各种好处的活动将会迅速蔓延开来。

18. 如果美国不参与防御台湾，中国共产党人在经过必要的部署之后，可能会通过大规模进攻一举拿下台湾。[①] 国民党海军在海上拦截来犯船只的能力极为有限。国民党空军也不可能在中共发动攻击时向台湾提供足够的防御力量。作为防御岛屿的核心力量，装甲部队受限于其设备状况和备件，可能很难完成自己作为机动后备队的使命。在上述因素的影响下，即使不考虑可靠性的因素，在中国共产党人成功发动大规模登陆作战之际，中国国民党的地面部队也很难成功地保卫台湾。

19. 另一方面，我们相信，如果美国的海空军力量真正迅速参与岛屿的防御，而苏联不加干涉的情况下，中国国民党人有能力控制该岛，抵御中共的全力入侵。[②]

----

① 原注：情报部和美国空军估计只要中共继续在朝鲜投入重兵，不直接使用美国部队，中国国民党人也有能力控制台湾，抵御中共的坚决入侵。前提是：（1）美国现在就向国民党提供更多实质性的援助，而不是在进攻开始以后提供帮助；（2）苏联人不加干预。

② 原注：情报部和美国空军估计只要中共继续在朝鲜投入重兵，不直接使用美国部队，中国国民党人也有能力控制台湾，抵御中共的坚决入侵。前提是：（1）美国现在就向国民党提供更多实质性的援助，而不是在进攻开始以后提供帮助；（2）苏联人不加干预。

中苏的台湾意图

20. 我们不断收到的情报声称,在中国大陆的东海岸中共一直对其部队进行两栖训练,建造登陆船只,这表明北平可能一直没有放弃进攻台湾的计划。近期中共部队在正对台湾的海岸集结,在机场附近修造很多建筑,这些情况说明他们准备尽早攻击台湾或者袭击国民党控制的一些东海岸小岛(例如金门和马祖),中共可以轻易地占领这些小的岛屿;另一方面,这些举措有可能是防御措施,主要用来预防美国支持的国民党部队反攻大陆。

21. 中共认为占领台湾意义重大。台湾如果掌握在国民党人手中,作为最后一块有组织反抗中共政权的重要残余基地,它将成为抵抗的象征,并向中国大陆的那些持不同政见者提供后援。毫无疑问,中国共产党人相信,除非他们控制台湾,否则台湾终将成为美国援助下的反攻大陆的基地,因而中共将台湾视为对他们安全的威胁。尽管中国共产党领导人明显地渴望继续推进占领台湾的进程,并不断重申要"解放"该岛,但最近的中国宣传不太强调台湾问题,政府也不再强调早日发动攻击。(见附录二)

22. 苏联人可能赞成中共尽早占领台湾,以打破美国的太平洋防线,为共产主义向南方的进一步侵略提供一块战略基地。然而,中国人和苏联人可能都不把台湾问题视为一个孤立的问题,他们将该问题与世界局势特别是远东局势联系在一起。如果总体的战略考虑不允许他们冒险早日攻击台湾,目前的僵局就将持续下去,这对他们也有一定的好处,因为这将会分裂西方强国,并成为中共反美主义的又一焦点。

23. 我们相信,只要美国舰队承担保持台湾现状的责任,中共就不大可能企图对台湾发动大规模进攻,除非苏联提供充足的援助,以此来抵消美国力量参与防卫的影响。

苏联人可能希望在不引发世界大战的前提下向中国人提供充足的援助以确保中共能够攻占台湾。然而,必须认识到,要达到这种援助规模他们必将冒与美国开战的真正风险。苏联人可能也估计到,如果他们提供了成功作战所需的援助类型和援助规模,他们要冒与美国开战的真正风险。所以,苏联不得不在中国人占领台湾的好处和某种程度的战争风险之间权衡。我们不认为苏联人仅仅因为中共1951年占领台湾的收益而甘愿冒这样大的风险。

24. 如果下面的任何一种情况发生,中国共产党人的攻击意愿就有可能显著上升:

(1) 如果夏季来临以前中国共产党人能够在朝鲜战场上取得决定性的胜利,或者他们能从朝鲜战役中抽身;

(2) 如果朝鲜的战局发展使美国舰队不可能调防;

(3) 如果中国共产党人确信中华民国政府及其防御力量虚弱不堪,他们能够在刚刚显示中共的力量之际就一举粉碎国民党的防御体系。

(4) 如果共产主义的战略全局要求他们不计风险地攻下台湾。

25. 然而,我们认为,在目前的局势下,1951年中共非常有可能将对台湾的行动限制在:

(1) 保持对台威慑;

(2) 试图扩大对台颠覆活动的网络;

(3) 在国内宣传中强调美国对中华民国政府的支持就是对中国的侵略;

（4）激化国际社会在台湾地区部署上的争论，掀起国际社会对美国支持蒋政权的批评；

（5）将台湾问题与和平解决朝鲜问题的建议联系在一起；

（6）有可能通过攻占国民党人控制的中国东海岸小岛来显示他们的实力。

附录一

台湾海峡的天气状况

我们相信，如果中共决定对台湾发起进攻，最有可能是在春夏天气和海洋条件最有利之时采取行动。

时　间	总　体　状　况	大规模海上作战的可行性
10月～次年3月	强劲的东北季风，水流从海峡的西南部穿过，12月～次年1月达到最大流量，流速每天达到60～65英里。	气候不适合进行大规模海上作战。
4～6月	从东北季风向西南季风转换的时期；风向不定；水流较轻且方向不定，但通常是东北流向；4～5月份有6%～10%的几率观测到公海和海潮。台风可能在6月份出现。	4～5月是最佳的大规模海上作战时间；6月份有可能遭遇台风。
7～8月	西南季风；平均风速很低，较为平稳；海洋与拍岸浪较为温和。台风从太平洋经过台湾海峡向正西方运动后进入中国。	平均条件比4～5月要好，但台风的危险增强，使得这段时期不太适合大规模作战。
9月	从西南季风向东南季风转换的时期；台风可能出现，风向多变。	9月末到10月初台风危险消失，强劲的东北季风还未到来，这段时期可能对海上作战不是特别不利。

附录二

近期中国对台湾问题的宣传路线

无论在中共的国内外宣传还是在联合国谈判中，他们从未改变夺取台湾的公开誓言。然而，情况还是发生了变化，目前他们的宣传重点相对强调"解放"台湾的誓言以及开展行动的时机选择。1950 年中共中央委员会发布的新年公告声称,1950 年的任务是"解放台湾、海南岛和西藏,歼灭蒋介石匪帮的残余力量,完成中国的统一大业,不允许美帝国主义的侵略力量在我们的领土上有任何立足之地"。与此相对照,在 1951 年的新年公告中,中共并未保证在接下来的一年里针对台湾采取特殊行动。而且,中共将台湾与他们和美"帝国主义"的更加全面的斗争特别是朝鲜问题联系在一起。尽管最近北平有关台湾的广播仍然表示台湾的胜利"不会再被长久地延误",但主要强调的是呼吁"台湾人民"和中国大陆"人民"一起解放台湾,呼吁国民党军事、政治领导人返回家乡,加入"新中国",不要留在台湾等待灭亡。中国共产党没有在宣传中详细说明进攻台湾任务的具体完成时间,这本身就说明中共没有计划在 1951 年开展此类活动。

中共有关台湾的宣传路线开始改变,但没有像朝鲜战争爆发以后那样立即强化对美国的仇视。他们没有公开说明攻台时间推迟了,美国舰队存在于台湾海峡水域为他们提供了一个借口,以此表明其没能立即进攻的原因,他们的主要注意力聚焦于美帝国主义的侵略策略上。1950 年 7 月 6 日,外交部长周恩来在致联合国秘书长的信中表明了中国共产党的立场:

台湾是中国领土不可分割的一部分。这不仅是举世公认的历史事实,且为《开罗宣言》、《波茨坦公告》及日本投降以后的局势所肯定……现在,我以中华人民共和国中央人民政府的名义宣布:不管美国政府采取何种军事阻挠,中国人民抱定决心,必将解放台湾。

中共一直没有忽视台湾问题。1950 年 9 月他们在媒体上发布消息,将台湾问题与美国通过朝鲜战争对中国构成的威胁联系在一起。台湾的地位被降低到美国力量计划进攻中国的第二块跳板。呼吁人民有必要准备抵抗侵略,这是对暂时延迟"解放"台湾的一种含混隐约的解释。1950 年 10 月 6 日叶剑英将军在广州说:

与此同时我们必须清醒地认识到,蒋介石匪帮盘踞台湾一隅,受美帝国主义的直接指挥,虽然目前没有反攻大陆,但仍派遣他们的战船和飞机袭击我们的海岸防线和大城市,派遣特务及其帮凶渗透进我们的阶级内部从事破坏活动。所以,我们必须强化我们反攻击和反渗透的力量,巩固我们的内部,加强团结,坚决镇压犯罪分子,巩固安全。

台湾作为持久的中国"防御"主题的组成部分,被中共最大限度地加以利用,成为他们干涉朝鲜的借口。1950 年 11 月 16 日发表在《人民中国》上的文章就是对待台湾问题的典型,它部分地表示:

美帝国主义者明知,在中国人民解放军开始准备的打击之下,在英雄的岛上人民的配合下,他们的蒋介石傀儡政权必将垮台,但是他们决定,必须掩饰事实真相,借助厚颜无耻的侵略行动达到继续控制台湾的目的。这是杜鲁门政府决定派遣第七舰队的直接原因，他们妄图阻止中国人民解放该岛，他们还会进一步派遣空中和地面部队、军事使团和顾问。

在联合国中，中共将台湾问题与整个苏联集团的目标联系在一起，试图利用美国不受欢迎的地位，特别希望强调印度等国的中立，削弱美国在朝鲜的行动。他们继续进行被人们所熟知的指控，指责美国武装侵略台湾和其他中国领土，台湾政权实际上不能代表任何人等等。中国代表伍修权将军于 11 月 28 日在联合国安理会发言：

不管美国政府采取何种军事阻挠，无论它如何以联合国的名义相冒充，中国人民抱定决心，必将从美帝国主义的侵略铁蹄之下解放台湾和其他属于中国的领土。这是中国四亿七千五百万人民不可变更的意愿。

在有关停火建议方面，在不同的官方和非官方的声明中，中共坚持美军撤出台湾是一个基本条件，这是朝鲜对抗和远东问题的解决基础。

DDRS，CK 3100242028—CK 3100242038

双惊华译，梁志、双惊华校

中情局关于 1952 年中国大陆的
力量及其对台湾意图的评估

（1952 年 4 月）

NIE 27/1

1952 年中国共产党的力量及其对台湾的意图

（1952 年 4 月）

秘　密

问　　题

评估 1952 年中国共产党的力量及其对台湾的意图。

假　　设

苏联人将继续在远东支持共产党人的活动，但不会进行直接、公开地干预。

结　　论

1. 1951 年 4 月第 27 号国家情报评估报告（NIE 27）发表以来，中共对台作战的整体能力没有发生大的变化，无论是大规模进攻还是有限突袭都是如此，但中共的空军力量显著增长。自那以来，中国国民党防御台湾的能力没有实质性提高。

2. 倘若美国对台政策保持不变，美国的海空军力量可以参与防御台湾，中共针对台湾的作战行动必然失败。

（1）在目前的局势下，我们不相信中共在大规模袭击中能获得奇袭的效果。除非中共能在美国海空军力量施加影响之前就能确保将奇袭变成既成事实，否则中共的大规模进攻企图肯定失败。

（2）如果中共使用精锐部队发动有限的袭击，可能会获得奇袭的效果，但国民党自身的力量就能牵制住这种进攻，除非共产党人能够为大规模的增援赢得时间。即使有中共援军，美国海空军力量也一定会阻止这种援军的到来。

3. 如果美国对台政策发生变化，美国不再参与防御台湾，在面对共产党人大规模进攻时，中国国民党部队无法成功防御台湾。

4. 只要蒋介石总统掌握政府的权力，中华民国政府就会保持相对的稳定，不存在严重的派系斗争。一旦蒋介石去世或被推翻，派系斗争将会激化，在另一位国民党领导人确立自己的权威以前台湾将会经历一段不稳定的时期。

5. 军事势力、舆论宣传和其他迹象都表明中共并未打算尽早攻击台湾。

6. 不考虑朝鲜局势的发展，我们相信只要美国对台政策不变，中共在我们评估的这段时间内就不会对台湾发动大规模进攻或有限的奇袭。

7. 在本次情报评估的时间内，中共可能对国民党人控制的沿海岛屿进行侦察、无线电干扰和破坏性袭击（海上或空中袭击），可能会攻击和占领其中的一些岛屿。但是，我们不认为这种行动必然暗示着中共会立即攻打台湾。

8. 从长期来看，我们相信，如果可能的话，中国企图通过外交手段控制台湾；此外，如果时机有利的话，他们也可能采取军事行动。只要美国和共产主义者在远东的相对军事力量不发生重大变化，美国对台政策保持不变，中共就不会贸然攻打台湾。

讨　　论

中共局势
中共军队

9. 1951 年 4 月 NIE 27 发表以来，处在攻击台湾位置的中共部队的估计力量和战斗力没有显著的变化。估计大约有 24.9 万部署在台湾对面中国大陆东海岸（浙江省、福建省、广东省东部）。此外，约有 15.1 万在上海和广州地区驻防，也用以攻击台湾（参见地图）。总计大约有 40 万部队，包括一个炮兵师和几千其他专业兵种的部队，这是中共攻击台湾的主力。除了武器装备稍差一点，后备部队的人数和保障规模较小以外，估计中共攻台部队的战斗力和中共在朝鲜的部队不相上下。

10. 有消息称至少 2.5 万中共部队在中国北部和满洲地区接受了一些空降训练，我们不知道这条消息是否准确。也有消息称，一些中共部队接受了两栖训练，但我们不认为这种类型的训练规模会很大。

11. 如果中美双方恢复在朝鲜的全面对抗，上述中共力量可能仍被用于攻击台湾。

12. 在朝鲜停战的情况下，最多大约有 30 万目前承担朝鲜任务的部队可以重新调配到中国大陆东海岸，参与攻打台湾。

中共空军部队

13. 1951 年 4 月 NIE 27 发表以来，用于攻打台湾的中共空军的总体能力有了显著提高,现在已发展成为一支令人可畏的军事力量。1951年4月至1952年2月中共空军作战部队的飞机总数从650架升至1 700架,喷气式歼击机的数量从400架增加到900架,中共空军的出击能力有了显著提高。(见附录一)

14. 中共空军的主力在满洲和中国北部驻防。但也有部分空军驻扎在长江以南:估计广州有37架喷气式歼击机,杭州有74架喷气式歼击机,上海有74架喷气式歼击机和40架活塞式战斗机,南京有80架活塞式战斗机。(参见地图)在中国共产党人对台湾发动大规模空袭之前,上述飞机还须重新配置。中共在袭击之前或与飞机重新部署同步必须进行大量的后勤建设,这种活动很难保密。

15. 除了已经部署在长江以南的飞机外,在攻击台湾时,中共能够调用120架活塞式战斗机、120架地面攻击机、160架轻型轰炸机以及150架可用运输机中的很大一部分,而且这种调遣不影响他们目前在朝鲜进行的空中活动的规模。

16. 过去几个月间中共一直在中国大陆东海岸实施加紧建设和改善机场的计划。现在距台湾500海里范围内他们拥有32个一流机场,其中6个位于能够直接攻击台湾的喷气式歼击机的有效作战半径之内。

17. 一旦朝鲜战争发展到联合国军的空军力量有非常正当的理由攻击中国或是满洲目标的地步,中共对台湾发动空中打击的能力将会急剧下降,并与联合国军行动的打击力度和持续时间成反比。

18. 如果朝鲜休战,中共会立即将相当一部分飞机重新配置到中国南部。但要想发动全面进攻,这种调遣必须伴以大规模后勤补给、燃料及其他必备物资的运输,这将非常困难且耗费时日。

中共海军

19. 能够支持两栖作战的中共海军力量仅限于以下行动:

(1)在相关水域的布雷与有限的扫雷行动;

(2)包括使用小型舰船在内的侦察行动;

(3)对国民党人控制的中国沿海岛屿开展两栖作战行动;

(4)以摩托鱼雷艇突袭美国及国民党海军,甚至包括自杀性船只的攻击;

(5)对商业船只有限的反潜护航作业;

(6)使用常规海军潜艇和转归海军使用的摩托化帆船在中国沿海水域巡逻;

(7)可能极为有限地使用潜艇。

20. 中共海军力量不会明显地受到朝鲜停战或对抗激化的影响。

中共大规模攻击台湾的能力

21. 中共大规模攻击力量的局限性。中国共产党人很少准备应付涉及大规模两栖作战的问题。他们此前的两栖作战经验仅限于较短的水面距离和沿海岸线的运动。中共仅有几艘常规登陆艇,所以他们必须使用包括帆船在内的其他各类船只运送士兵。这些船只的登陆和协同能力成为他们最头疼的问题。对这种作战的空中支持能力受到中共缺乏海空两栖作战经验的牵制。此外,部队和装备的登陆离不开海面上海军的支持。最后,在大量卸载重型装备之前中共不得不夺取台湾的港口设备。

22. 两栖运输。我们估计中国有能力同时运送 7 个军的部队(约 21 万人)。但是,使用可用的两栖船只和注册总吨位超过 1 000 吨的船只,中共只能运送 2 个军(约 6 万)全副武装的士兵。剩下的人员不得不靠注册总吨位小于 1 000 吨的帆船或其他小型船只来运送。这些船只的时速大约只有四到五节,所以从汕头、厦门港集结、出发乘坐帆船的中共士兵需要超过 24 小时才能到达离他们最近的福摩萨西海岸港口。朝鲜战争的局势不会显著影响中共攻击台湾的水运能力。

23. 空运。处在攻击台湾的有效航程之内的中国大陆机场足以支持大规模空运。但我们估计,中共的空运能力是能够一次性将约 2 700 人的部队运送到 500 海里以内的地方。

24. 后勤支持。要想支撑一场对台湾的大规模攻击战斗,中共面临着严重的后勤困难。

(1)福建、广东东部和浙江南部不通铁路,京广铁路和湘赣铁路与福建、江西的一些重要集结地点——福州、厦门、汕头——通过中国国内公路网相连。在发动大规模进攻之前,中共不得不储备物资,并将所需部队的很大一部分运送到出发港口附近地区。

(2)假定台湾坚决抵抗,为攻击部队运送增援人员和补给要求中共每天都进行大量的水运活动,这反过来又要求他们掌握台湾海峡的制空权和制海权。在美国参与的情况下,中共可能不具备补充他们所需的空中和海上力量。

25. 朝鲜休战还是重新开始大规模对抗都不会从实质上改变中共攻击台湾的力量。

26. 奇袭的可能性。在目前的状况下,中共不可能通过大规模突袭取得重大胜利。

(1)中共能够发动突袭的地点只有三个港口:厦门、福州和汕头,三地的运输、储备、港口设备不足以满足发动大规模进攻的需要。无论如何,进行大规模的部队集结、物资调运都很难不被人发现。当然,在开始准备进攻和我们侦察到中共的准备活动之间会有一段时间间隔。

(2)如果中共进攻部队中的很大一部分从更为遥远的港口出发,例如上海或是广州,增加的水上距离使得这支重要的力量在海上的时间比从正对台湾的港口出发的舰队提前 48 小时,这自然会减少发动突袭的机会。(见附录二)

(3)即使中共发动突袭,在台湾成功登陆,在共产党人没能完全卸运或没能修筑好滩头阵地之前,美国力量就能参与战斗,这样一来中共的登陆部队就会陷入孤立无援的境地。

中共发动有限突袭的能力

27. 在进攻台湾的战斗中,中共要想取得胜利就必须在大规模美国部队干涉之前就结束战斗。中国共产党人要想对台湾发动奇袭,只有将他们的进攻部队限制在空运和其他能够用常规登陆船只运送的部队。在人员方面总计约空运 2 700 名士兵,海运 25 000 名士兵。

气象因素对中共大规模袭击台湾的影响

28. 考虑到任何两栖作战的固有困难,进攻舰船的型号各异,多个登船地点的必要性等因素,我们相信中共要想开展行动,必须考虑在较长时间内天气条件都较为有利。在每年10月到来年3月,超过70%的时间都会吹拂强劲的东北风或北风,这种不利的天气条件使得海上波涛汹涌,将会严重妨碍部队的调动和登陆。所以,中共可能会等待较为适宜的气候的出现——在每年的4～9月——以开展大规模的进攻或是有限的袭击活动。(见附录三)

中国国民党局势

中国国民党陆军

29. 1951年4月NIE 27发表以来中国国民党地面部队的力量、部署和构成没有什么显著的变化。国民党陆军共有45.5万人,多数驻守台湾。其整体战斗力很低,但去年在美国军事援助顾问团的努力下,情况稍有改善。物资匮乏、训练不足、缺少大规模协同作战训练、高层指挥官无能,这些仍在妨碍国民党陆军的进一步发展。此外,蒋委员长分而治之的政策、以个人效忠作为官员升迁的依据以及政治警察系统的存在等因素继续影响着陆军的士气,削弱了各个司令部的权威。

中国国民党空军

30. 正如NIE 27指出的,中国国民党空军的力量不足,作战能力仍然低下。但与中国共产党人的空军力量相比,中国国民党空军比NIE 27发表的时候处境更糟。中国国民党空军最大的问题是缺少喷气式飞机,缺乏作战经验和训练,设备、配件的维修不足和短缺。在国民党空军的战术单位中有320架第二次世界大战类型的飞机仍在使用,其中118架为活塞式战斗机、36架为轻型轰炸机。现在,中国国民党的空军力量不足以有效防御台湾。(见附录一对中国共产党空军和中国国民党空军出击能力的比较。)

中国国民党海军

31. 在一定程度上中国国民党海军比NIE 27提到的低水平的状况稍有改善,但这种力量也不足以有效威慑中国共产党人对台湾的进攻。

国民党政权的稳定

32. 只要蒋介石总统控制政府,国民党政府就会相对稳定,派系斗争就不大可能白热化。尽管存在派系斗争,蒋介石在维护自己的权威方面经验老到,所有的派系都将蒋介石作为解决派系争端和敌对状态的最高仲裁者,蒋介石的权力因而得到强化。蒋介石去世或因突发政变下台都会带来严重的后果,虽然后者几乎不会发生。在上述两种情况下,派系斗争将会激化,随之而来的是相当一段时间的动荡,直至新的国民党领袖树立起自己的权威为止。因为军队人员都是效忠某个人的,军事领导人的纷争当然会削弱军队的士气。不过,除非派系斗争发展到相互敌对的势力面临发生军事冲突的程度,否则国民党部队防御台湾的能力不会因为派系斗争而受到明显的削弱。

中国共产党胜利进攻的前景

33. 除非得到外援,要不然在中国共产党人发动大规模进攻企图面前,中国国民党人没有能力守卫台湾。如果美国海空军及时有效地参与,并给予后勤支持,中国国民党人也许能够打败中共入侵部队。只要美国对台政策不变,朝鲜停战的结果也不会对中共在台海地区的相对力量产生显著的影响,因为在中共增强了自己在台湾地区作战能力的同时,美国守卫台湾的能力也在增强。

34. 我们估计,在缺乏外界支持的情况下,不考虑朝鲜战争的进程,中国国民党人有能力抵御和击退中国共产党人以有限力量发动的奇袭,关于这种袭击,我们在 19 段已描述了中国共产党人投入力量的规模、性质。

35. 在目前局势下,中国国民党人极好地控制住了中共对台湾的颠覆活动,且有能力保持这种控制。中国国民党的警备力量仍在搜寻共产党特务,在国民党正规部队中,甚至在一些重要位置上,肯定还隐藏着某些共产党特务。一旦中共发动大规模进攻,这些特务将会煽动破坏和投降活动,削弱中国国民党部队的防御力量。

中共对台湾意图的迹象

军事迹象

36. 尽早大规模进攻　我们掌握的情报不能表明中共准备在最近几个月对台湾发动大规模进攻。

(1) 在预料港口附近没有部队或物资集结的迹象;

(2) 没有迹象表明中国共产党人正在大规模集合或训练水上运输力量以为大规模两栖作战所用。(1950 年春准备攻打台湾的迹象非常明显,侦察情报和报告表明中共水上运输力量的集结持续了几个月的时间。)

37. 有限的奇袭　尽管对台湾发动有限规模的奇袭不大引人注意,但我们还没有观察到中共正在进行袭击前的必要准备活动:

(1) 没有证据说明中共的伞兵部队接受了配合空战的足够训练或已部署在满洲或是中国北方以外的地区;

(2) 没有迹象表明,中共的飞机已经大规模调往处于攻击台湾的有效作战半径之内的地区。

38. 未来对台湾的攻击　中共作出了几项军事安排,揭示出了中共攻击台湾的长期计划。

(1) 喷气式战斗机和轻型轰炸机从满洲或中国北方飞往上海、南京、杭州、广州等地,这表明中共准备进一步攻击台湾。不过,我们相信这种安排的主要目的是为了加强空防。

(2) 中共已经对国民党人控制的部分中国沿海岛屿发动了进攻,这可以被认为是为攻击台湾做准备(见图)。共产党人占领了这些岛屿,增强了他们集结船只和部队、补充物资的能力。总之,我们相信这些行动只是一系列活动的开始,其主要目的是铲除后患并防止国民党人将这些岛屿作为他们开展情报收集活动、进行游击战争和其他预期骚扰中国大陆活动的基地。

(3) 刚刚投入使用不久的汕头机场又在进行重修和扩建。

舆论宣传迹象

39. 近期中共的宣传没有强调在不久的将来"解放"台湾的目标。1950 年中共中央委员会发布的新年公告声称,接下来一年的部分任务是"解放台湾、海南岛和西藏",1951出现了几则不同的消息,中共将台湾问题与他们同美"帝国主义"的全面斗争联系在一起,没有暗示中共要在1951年对台湾采取任何特别的行动。1952年官方的新年社论只是将台湾作为美国侵略中国的事例,没有提到台湾岛的"解放"。毛主席1952年的新年致辞也没有提到台湾。

40. 同样的表述出现在1951年10月23日周恩来所作的政治报告中。他宣称:"中国人民决心从美国侵略者的铁蹄之下解放台湾,决不罢休,直到获得最终的胜利",这表明北平没有放弃"解放"台湾的终极目标。"解放台湾"的口号一直服务于北平实现军事现代化计划的目标。

41. 尽管中共的舆论宣传不再将"解放台湾"作为他们的近期目标之一,我们不能把这种忽略本身视为北平意图的极有意义的暗示。

中共在联合国的活动迹象

42. 1951年苏联及其卫星国的驻联合国的代表们在台湾问题上兴趣不大,不像1950年那样强烈。尽管苏联人不断指控美国人密谋侵略共产党中国和东南亚地区,还将国民党部队从台湾运送到泰国和缅甸,但这些指控主要是苏联对美国整体舆论进攻的一个组成部分,并不是有意为将来可能采取的侵略台湾的行动打基础。

中共对台湾意图的迹象

43. 我们相信,不管朝鲜局势如何变幻,只要美国不撤回保卫台湾的承诺,中共就不会企图对台湾发动大规模进攻或有限的袭击。

(1) 共产党人肯定估计到,如果在1952年对台湾发起攻击的话,他们将会被美国的海空军力量击溃。中共可能也估计到美国的对策将包括攻击士兵登船的港口,轰炸中国国内的交通线,对全中国范围内的重要城市和工业地区进行空袭。

(2) 只要中共希望有关朝鲜的谈判能够继续下去,他们就不大可能攻击台湾。

(3) 如果朝鲜和谈失败,朝鲜战争升级并蔓延到中国境内,上述美国对策的威胁将不再能明显地阻碍中国人的行动。但我们相信,在这种情况下中国共产党人攻击台湾的军事能力将会明显下降,因而也就排除了发动这种攻击的可能性。

44. 即使国民党内部的派系斗争激化,我们也不相信中国共产党人会乘机攻占台湾,除非美国在此前已放弃了保卫台湾的承诺。

45. 在评估期内中国共产党人可能会对国民党控制的沿海岛屿进行一些侦查活动,干扰或破坏雷达(空中、海上),袭击并占领其中的一些岛屿。但我们相信,这种活动并不一定表明中共将立即进攻台湾。

46. 从长远来看,我们相信,如果可能的话,中共会企图通过外交手段夺取台湾;当时机对他们有利时也会发动军事进攻。只要美国和共产主义者在远东的相对军事力量不发生实质性的变化,只要美国对台政策保持不变,我们相信中共一定不会贸然进攻台湾。

附录一

中国共产党空军与中国国民党空军的出击能力

1. 目前中国国民党空军的战术部队拥有 118 架活塞式战斗机,估计最大的空防能力为:在对方进攻的最初 24 小时内可以执行 310 次出击任务,在随后的 30 天内每天可以执行 59 次出击。反观中国共产党人的空军力量,1952 年,从福建省机场起飞,在攻击台湾的有效作战半径之内,可以用来投入袭击台湾行动的飞机估计可以采取如下行动:

种　　类	数　　量	最初(24 小时)出击能力	随后 30 天行动中的日平均出击能力
喷气式战斗机	185	500	90
活塞式战斗机	160	425	80
地面攻击机	120	315	60
轻型轰炸机	240	630	120
运输机	150	370	75
总　　计	855	2 240	425

2. 双方空军的出击能力基于如下分析:在攻击发起的最初 24 小时内以三次飞行任务的平均值为基准,(在预备性航行后)最高有 90% 的飞机可以正常使用,飞机的损耗率为活塞式战斗机 1.5%,轻型轰炸机 1.8%,攻击机 1.8%,(攻击型)运输机 9%。对上表所列的双方空军力量拥有的所有类型飞机的最大稳定战斗率估计为每月每机 15 次出击。对以后持续的行动没有规定损耗率,因为我们假设双方的战斗损失能够及时被后备飞机所补充。不计作战损耗因素实际上是低估了中共空军的喷气式战斗机的出击次数,因为他们的这种飞机不会受到中国国民党空军同类飞机的拦截。中国国民党空军活塞式战斗机作战损耗率的计算基础是对方也使用活塞式战斗机。如果中国国民党空军活塞式战斗机遇到了中国共产党空军的喷气式战斗机,前者的战斗能力将会在短时间内急剧下降。综上所述,在中国共产党空军从中国大陆对台湾发动空袭时,中国国民党空军没有能力对台湾提供有效的空防。

附录二

港口和登陆海滩

1. 登船港口　我们认为,下列中国大陆港口适于中共对台湾发动两栖作战时使用。

港　口	港口能力 (LT/20—HR. DAY)	港　口	港口能力 (LT/20—HR. DAY)
连云港	3 450	厦　门	3 450
青　岛	22 400	汕　头	750
福　州	750	广　州	9 300
上　海	51 550	港口估计能力总值	91 650(LT/Day)

另外有 16 个小港口可能也会被使用，平均能力为 300～400 LT/20‐HR. DAY。

2. 下船港口 下列台湾港口如果被中国共产党人占领，将会被用来卸载物资，士兵由此登岸。

港　口	位　　置	港口能力(LT/20—HR. DAY)
高　雄	西南海岸	31 580
基　隆	北部海岸	24 100
安　平	西南海岸	5 850
淡　水	西北海岸	1 500
新　高	西部海岸	
北部和西部海岸港口共计 63 300		
花　莲	东部海岸	2 700
苏　澳	东北海岸	5 700
KAIKO	东部海岸	150
神港	东部海岸	450
东部海岸港口共计 9 000		
估计全部的港口能力为：72 300 LT/DAY		

3. 两栖登陆海滩 我们认为，台湾总计有 58 个适合包括常规登陆船只和帆船登陆在内的水陆两栖登陆的海滩。这些海岸的坡度有的平坦，有的稍有倾斜，最佳的登陆海滩是台湾西海岸的高雄地区（在东港和台南之间），西北海岸则在新竹和淡水之间，东海岸是在苏澳、花莲港和台东附近。但东海岸通向人口稠密的福摩萨西部的道路不多，唯一一条横贯岛屿的公路几乎连接了岛屿的南北端。

4. 处在东港和台南的六个海滩总计约 25 英里可用。新竹和淡水之间的七个海滩大约与此等长,都适于登陆。

　　5. 没有资料显示中共部队任何给定吨位卸运物资所需的时间。① 我们估计中共的补给需求(食物和军火)是每月每人 0.5 长吨②,或者说每天要为 20 万人补充大约 3 400 长吨的物资。按照上述要求,在中共关心的海滩问题上,他们将不受任何限制。

附录三

台湾海峡的天气状况

时　间	总　体　状　况	大规模海上作战的可行性
10 月~次年 3 月	强劲的东北季风,水流从海峡的西南部穿过,12 月~次年 1 月达到最大流量,日流速达到 60~65 英里。	气候不适合进行大规模海上作战。
4~6 月	从东北季风向西南季风转换的时期;风向不定;水流较缓且方向不定,但通常是东北流向;4~5 月份有 6%~10% 的几率观测到公海和海潮。台风可能在 6 月份出现。	4~5 月是最佳的大规模海上作战时间;6 月份有可能遭遇台风。
7~8 月	西南季风;平均风速很低,较为平稳;海洋与拍岸浪较为温和。台风从太平洋经过台湾海峡向正西方运动后进入中国。	总体条件比 4~5 月要好,但台风的危险增强,使得这段时期不太适合大规模作战。
9 月	从西南季风向东南季风转换的时期;台风可能出现,风向多变。	9 月末到 10 月初台风危险消失,强劲的东北季风还未到来,这段时期可能对海上作战不是特别不利。

附录四

台湾和中国大陆南部沿海地图③

　　DDRS, CK 3100242039—CK 3100242052

双惊华译,梁志、双惊华校

---

① 原注:美国在第二次世界大战中的经验是每天在每英里海岸卸下 2 500 长吨。
② 1 长吨=1.016 05 公吨=1 016.046 kg=2 240 磅=1.12 短吨。中国的计量单位是公吨,长吨、短吨是英美国家的计量单位。——译注
③ 地图略去。——译注

中情局关于台湾国民党政权今后实际反攻能力及对美国助国民党反攻大陆计划的可能反应之评估

（1952 年 6 月 12 日以后）

SE 29

中国国民党人现实及潜在的反攻能力及对可以确认的美国准备帮助国民党人反攻中国共产党人计划的可能反应①
（1952 年 6 月 12 日以后）

问　　题

评估中国国民党当前及潜在的进攻中共行动的各种能力，评估对可以确认的美国准备帮助国民党人反攻中共计划的（国际社会）的可能反应。

结　　论

1. 中国国民党人当前没有能力入侵中国大陆或海南以及参与在朝鲜或东南亚的战争。现在中国国民党仅能在中国大陆附近进行小规模的偷袭和有限的空袭。由于缺乏必要的装备和训练，这种行动在范围和种类上都将极为有限。

2. 至少要经过三至四个月的大规模联合训练，拥有有效作战能力的 25 000 名地面部队才能被用在朝鲜战场或东南亚的进攻行动中。如果上述训练被为期三至四个月的协同两栖训练所取代，如果训练飞机配备充分，那么这支队伍将会拥有有效的水陆两栖偷袭能力。

3. 尽管国民党海空军力量的不足将持续性地限制它偷袭中国大陆活动的范围，但是通

---

① 原注：在准备这篇评估时，国务院、陆海空及参谋长联席会议的情报机构都参与其中。1952 年 6 月 12 日（部际）情报顾问委员会的所有成员都赞同我们在这篇备忘录中的分析，但是空军的情报机构指挥官希望记录下面的内容：尽管他同意对现状的描述，但他认为本评估没有对中国国民党向西方大国提供军力的潜能作出有效积极地暗示。如果国民党发展出一支有效的军事力量并得到足够的支持，国民党对共产党的威胁将持续增长。面对这种威胁，共产党将被迫在中国大陆维持一支庞大的军事力量，特别是在从广东到上海的沿海地区。而且，这种发展的潜能将提供一种现实的有用力量，可以用来抵抗苏联在远东使用的卫星国力量。

过 25 000 名地面部队的偷袭，将可能牵制现在部署在从广东到上海沿线 40 万中共军队的重要转移调动行动。

4. 在得到所需的美国后勤支持和顾问援助后，国民党重组的 21 个师将获得有效的进攻能力。这些部队，除了上面提到的 25 000 人，每个师需要大概 1 年的训练。这个估计时间尚不包括水陆两栖训练的时间。21 个师中平均每个师有 10 000 人。这所有 21 个师的训练时间也有赖于可资利用的训练设备以及某些师需要防守台湾等因素来决定。

5. 得到了美国海空力量、后勤支持和全面指导，国民党的这些力量将能承担在大陆的主要行动。有必要继续做出美国对台湾安全保护的承诺。

6. 考虑到国民党在台湾可利用的有限人力（参见第 18 段）以及中国共产党巨大的人力资源优势，在没有招募到大量新兵以及出现大陆军队大量倒戈的情况下，国民党不可能在大陆支持持续的大范围行动。

7. 美国帮助国民党制订进攻大陆的计划将大大增强国民党的士气，也将鼓舞国民党领导人将美国的这种决心解释为美国将会派兵参与未来国民党入侵大陆的承诺。他们认为美国一旦作出承诺就将不会放弃，这种自信的感觉将会使国民党领导人开始独自行动而对美国的指挥置若罔闻或不考虑是否存在成功的前景。

8. 尽管几乎可以肯定国民党领导人将会优先将自己的部队投入对中国大陆的入侵之中，但如果给以鼓励，他们可能延长自己可用于朝鲜战场部队的期限。国民党领导人也会愿意参与由美军力量负责的对东南亚的防卫。不过，在对上述对东南亚或朝鲜战场派兵之前，中华民国政府肯定将寻求美国额外的承诺。

9. 中共方面对于美国准备帮助国民党进攻大陆计划的反应，除增加反美宣传外还将包括：（1）增强中共应对不断增加的国民党威胁的能力；（2）夺取国民党控制的中国沿海岛屿；（3）可能对台湾进行空袭。如果中共评估认为台湾已成为美国支持下的国民党力量的基地，大陆将在未来的某一天被从台湾而来的部队侵袭，那么中国共产党就会觉得他们被迫在牺牲其他地方军事建设的情况下大大增强现存的沿岸防御力量。一旦中共坚定这种军事防御姿态，他们对目前及将来的军事活动的考虑将受他们对沿海边界安全威胁的影响。

10. 一般而言，近东地区对于美国准备帮助国民党部队发动进攻行动的计划无动于衷。大部分印度次大陆和远东的非共产主义国家将表示反对。因为在朝鲜战场和中国大陆使用国民党军队将能成功地缓解东南亚等国的压力，所以特别是菲律宾、泰国和印度尼西亚联邦等国将不会强烈反对。西欧国家将对美国的这种计划做出有害反应。不过这种有害反应将不会严重破坏西欧各国政府与美国在欧洲事务上的合作。

11. 如果一项可以确认的美国准备帮助国民党部队进攻行动的计划将导致共产党增加在朝鲜的行动，西欧国家将很可能支持美国的计划，其他非共产主义国家的反应也会比上面提到的要弱一些。

讨 论

一、影响中国国民党进攻能力的因素

中国国民党的军事形势

12. 地面部队：目前有战斗能力的中国国民党陆军有 37.5 万人。[①] 尽管目前军中的士气令人满意，但是没有一个师已经为发起进攻行动作好准备。此外，大炮、信号灯和工程设备已经过时并且缺乏供给；目前的作战单位人员编制上不足；在作战单位和联合训练中补给严重不足；师以上的指挥官要么无能，要么缺乏大规模联合行动或计划的经验。国民党陆军的任何单位都没有接受过水陆两栖训练。

13. 空军：中国国民党空军总共有战略飞机 311 架（111 架 F-47 和 F-51 战斗机，36 架 B-24 和 B-25 轻型轰炸机，3 架 F-38AC 侦察机，161 架 C-46 和 C-47 运输机）。[②] 至少在防御台湾的初期，在对抗攻击中几乎所有的飞机都将需要参战。中国国民党空军的将士士气高涨、领导有力，但由于缺乏零部件和各项设备，包括石油在内的物资供给不足，再加上有限的训练和经验不足，特别是没有足够数量的轰炸机，这些因素都降低了国民党空军的有效战斗力。不过，更为重要的事实是国民党没有喷气式飞机。

14. 海军：国民党海军有 160 艘小型舰船组成，最大的是七艘驱逐护卫舰。160 艘中包括 30 艘水陆两栖船，其中 10 艘是登陆船。中国国民党海军的士气高涨。尽管个别舰船的有效战斗能力有所提高，但目前战舰整体作战能力依然低下，原因如下：（1）后勤能力不足；（2）在协同行动中对指挥责任准则的错误理解及使用；（3）官员任用体制严重地制约了官兵提升的可能性。国民党海军陆战队士兵有 11 000 人，但他们的作战能力不及一个营，目前仅有一个营的装备具备了有限的水陆两栖作战能力。

15. 游击队：在国民党控制的沿海岛屿大概有 9 000 名有组织的游击队员，他们接受过突击训练，具有相应经验。这些力量大致有一个营的规模且装备至少和中国国民党正规军一样。尽管估计在中国大陆有 17.5 万分散的游击队员，但国民党不能对这些分散的作战单位力量进行有效的控制或指挥。

国民党的人力资源

16. 目前国民党的军队大多在二战结束前组建。从 1949 年来台之后这些部队很少解雇人员或招募新兵，所以军队兵力的正常耗损越来越严重。在国民党能够对台湾本土之外的行动提供大量部队之前，他们不得不寻找额外的预备队和补充兵源。

---

① 原注：中国国民党陆军的军事战斗人员目前被组织成由 38 个师组成的 12 个军，1 个装甲旅，1 支空降集团，6 个独立炮兵团，预计 1952 年底完成改组。这些军力将被重组成由 28 个师组成的 12 个军，1 个装甲旅和 1 个空降集团。

② 原注：目前中国国民党空军人员为 68 046 人，包括 5 487 名飞行人员，其中 1 777 名被训练成熟练的飞行员，这是中国国民党空军最大的计划机动潜力部队。

17. 对国民党来说其可资利用的主要人力资源来自于台湾本地民众之中。目前仅有少部分台湾籍人加入国民党军队。如果国民党能够确保做到公平对待,特别是组建全部由台湾籍人构成的作战单位,台湾籍人可能将不再抵制征兵。台湾籍人中的绝大部分都反对共产主义,如果对这样的部队提供足够的训练和装备,他们将能对台湾进行有效的防卫。估计现在身体条件合格的 15～29 岁的男性人数有 80 万,其中台湾本地人为 65 万,还有来自中国大陆的 15 万人(除去军人以外)。考虑到现存的失业问题(严重),将有超过 30 万人可立即征召入伍,另外 30 多万将在一年内招到并且不会严重影响台湾的生产。由于台湾本地人可能讨厌参与反攻大陆的行动,而国民党也不愿意建立(完全)由台湾本地人组成的队伍,因此只有一小部分台湾(本地人)的部队将会加入到国民党反攻中共的队伍中。

18. 总而言之,台湾籍人力情况评估如下:

		总　人　力	身体条件合适的人力①	身体合格、能用于军事服务且不对台湾经济构成不利影响	身体合格且能用于进攻中共行动之中
成建制的国民党军队		585 000	585 000	585 000	585 000
年龄在 15～29 岁的民众	台湾籍人：1 025 000		650 000	600 000	150 000
	来自大陆的中国人：300 000		150 000		
	1 325 000		800 000		
年龄在 30～40 岁的民众	台湾籍人：400 000		200 000		
	来自中国大陆：200 000		100 000		
	600 000		300 000		
沿海岛屿的游击队		9 000	9 000	9 000	9 000
总计		2 519 000	1 694 000	1 194 000	744 000

19. 除了台湾民众外,目前国民党还有其他少量的人力资源来源。出于政治因素考虑可能将排除早期来自朝鲜转向台湾的反共中国战俘或国民党在缅甸的相当数量的军人。国民党曾想方设法希望使被法国关押在印尼的 30 000 军人获得释放,但他们没有取得成功。(虽然这些被拘留者的忠诚和可用度都值得怀疑,但一旦他们被释放,将有一半的人能被用于军事活动中)。香港和东南亚的海外华人在对谁忠诚的问题上意见不一,对于北平和台北

---

① 原注：身体合格者在全部人口中的比例预计为：在 15～29 岁的民众中是三分之二,而在 30～40 岁的民众中是二分之一；这个群体的大部分被用于防卫国民政府和台湾,也是这个群体能够被更多地用于军事力量之中；另外,只有少量的台湾人能够用于对中共发起的进攻行动之中(参见 17 段)。

仍采取"观望"态度,所以这些人不能成为国民党的重要人力来源。此外,这些海外华人大都从事商业活动,也不愿意放弃他们现在相对安全的环境。最后,东南亚各国政府要么害怕与中国共产党对立,要么是不同情国民党现政权,他们将不可能允许国民党公开地在本国招募华裔居民。

20. 考虑到国民党有限的可用人力来源以及中国共产党巨大的人力资源优势,在没有招募到大量新兵以及大陆人民大量倒戈的情况下,国民党将不可能在大陆支持持续的大范围行动。

影响国民党反攻能力的政治因素

21. 中国国民党的政治图谱以高度集中的中央集权为特点,权力掌握在少数人手中并最终操控在一个人手里。确保中央集权控制的连续性主要仰仗两个手段,一是分而治之的政策,二是官员升迁的首要条件就是对委员长始终不渝地忠贞。在军事领域内同样的因素导致了权力和政治政策权威的过度膨胀。此外,给军事无能者加官晋爵,在所有权威层次上的指挥官与他们肩负的责任都不相适应。

22. 中华民国政府通过允诺早日重返大陆来维持士气并使之成为其军事计划的目标。这些诺言一直无法实现,不断的失信将不可避免地导致大范围失望情绪的滋生和醒悟的蔓延。不过,许多负责任的国民党领导人认识到在没有大量外援帮助、缺乏外部指导和参与的情况下,在可预见的将来大规模的反攻行动不可能取得成功。

23. 台湾的共产主义活动已被成功镇压,除非岛内颠覆活动有共产党对台湾入侵的配合,否则不会严重影响国民党的军事能力。

24. 一般说来台湾籍人憎恨国民党的存在。不过,尽管存在摩擦,但台湾籍人对国民党的反感却在日益减少,目前已经不太强烈了。

影响国民党军事能力的经济因素

25. 台湾没有足够的资源来维持国民党现有军事力量的建制规模。尽管今年的生产已大约恢复到1940年的水平,但台湾的人口却比那时增加了70%。

二、国民党进行各种各样反共行动的能力

通过偷袭、佯攻、牵制活动来反攻海南和大陆

26. 现在一个国民党海军营和9 000名沿海岛屿的游击队员只能对大陆进行有限的偷袭。国民党海军目前没有能力发动对海南的进攻。只有在目前登陆艇、歼击机、船用防空保护不足以及官员效率低下的局面都得到改善的情况下,国民党的这些力量才能开展更广泛以及更有效的行动。

27. 目前国民党可用的力量除了一个海军营和沿海岛屿的游击队外,还有25 000人的地面部队所组成的一个军事司令部和两个师也基本上做好了投入战斗的准备。如果对这些力量进行最少三至四个月的广泛的大规模联合训练,这支力量将可用在朝鲜战场或东南亚

的进攻行动中;如果上述训练被为期三至四个月的协同两栖训练所取代且如果训练飞机得以充分配备,这支队伍将会拥有有效的水陆两栖偷袭能力。不过,国民党海空军力量的匮乏仍将持续性地限制这些袭击行动的范围和有效性。

28. 中共还没有能力对整个中国沿海进行封锁以免国民党实施有效偷袭。国民党人的这种袭击行动将可能牵制现在部署在从广东到上海沿线 40 万中共军队的重要转移调动行动。

反攻大陆的海军行动

29. 我们认为国民党海军不足以防卫台湾。如果美国继续承担保卫台湾的责任,那么国民党海军将有能力发动小规模的偷袭,并且炸毁福建省和浙江省一些防御较弱的沿海据点。如果西方海军封锁了共产党中国,那么国民党海军将能通过拦截过往台湾海峡的船只来协助西方的封锁。就目前的态势和准备来说,国民党海军比现存的中共海军力量要强。

反攻大陆的空军行动

30. 如果动用国民党的全部空军力量来空袭中国大陆,刚开始可能会使共产党相当多的军事设施和通讯线路遭到毁灭性打击。然而,由于国民党空军后勤和给养的缺乏以及中国共产党相对强大的反空战行动能力,国民党空军对大陆空袭的有效性和持续性相当有限。目前国民党有能力一次性空运 1 500 名伞兵,但它没有能力为这种空运提供有效的战斗机护卫,1 500 这个数字超过目前国民党士兵中参加过部分伞兵培训人数的 2 倍。国民党空军的空运能力也能被用来运输支援中国大陆的游击队所需的人员和给养。

31. 如果给予足够的物质支持和培训,国民党空军在其现有的人员和组织结构的基础上很可能发展出一支喷气式轰炸机大队;一支使用 F - 47 和 B - 26 飞机的战术空军力量;一支用来监视共产党的军事港口、飞机场及其他中国沿海战略设施的喷气式拍摄侦察机力量;一个拥有地面控制拦截能力的 24 小时不间断的空中防御系统。该计划可能在两年内完成。①

反共产主义的游击队活动

32. 在可预见的将来国民党实施游击活动的能力将可能仅仅限于对中国沿海岛屿实施偷袭,建立(台湾)与中国大陆游击队的交通线,并使游击队骨干悄悄潜入大陆。

在朝鲜和东南亚使用部队

33. 国民党能在三至四个月的时间内准备 25 000 人的军队(在上面 27 段已讨论过)用于朝鲜和东南亚的行动。

入侵中国大陆

34. 当前国民党没有能力承担对大陆的入侵。台湾和佩斯卡多尔群岛准备为实施反攻行动重组 21 个师,这种重组的进程将取决于是否及时收到大量武器装备和美国军事顾问是否及时到达。在收到所需的美国后勤以及顾问支持后,这 21 个师将能发动有效的进攻行

---

① 原注:要想执行空军部分的这项计划,台湾军事援助顾问团建议:用 78 架 F - 84F 喷气式飞机、225 架 F - 47N 活塞式战斗机、48 架 B - 26 轰炸机、15 架 RF - 80 喷气式侦察机、14 架 F - 89 或 F - 94 全天候喷气式拦截机和有效的空中防御系统所需的电子设备来装备中国国民党空军,随同这些飞机和设备还要向后者提供训练和附带的物质援助。

动。这些部队除了在前面 27 段提到的 25 000 人外,每个师将需要大约 12 个月的训练(平均每个师 10 000 人)。这所有 21 个师的训练时间也视他们可资利用的训练设备数量以及某些师需要防守台湾等因素而定。这个估计的时间不包括水陆两栖训练所需时间。即使在上面所有需求都满足的情况下,国民党海空军的能力也不足以支持这些力量开展重大的海陆两栖行动。不过如果美国提供海空军和后勤支持及美国全面的指挥,这支力量将有能力承担在大陆的重大行动。有必要继续做出美国保证台湾安全的承诺。

美国准备帮助国民党反攻中共计划对国民党人的可能影响

35. 美国准备帮助国民党发动进攻行动的计划将大大增强国民党人的士气,并为他们的重返大陆的军事和心理计划赋予新的意义。这也将鼓舞国民党领导人将美国的这种决心解释为美国将会派兵参与未来国民党入侵大陆的承诺。他们认为美国一旦作出承诺就将不会放弃,这种自信的感觉将会使国民党领导人开始独自行动而对美国的指挥置若罔闻或不考虑是否存在成功的前景。

36. 尽管几乎可以肯定国民党领导人将会优先将自己的部队投入对中国大陆的入侵之中,但如果给以鼓励,他们可能延长自己可用于朝鲜战场部队的期限。国民党领导人也会愿意参与由美军力量负责的对东南亚的防卫。不过,在对上述对东南亚或朝鲜战场派兵之前,中华民国政府肯定将寻求美国额外的承诺。

三、国际社会对于可以确定的美国准备帮助中国国民党实施反攻中共活动计划的可能反应

共产党中国和苏联的反应

37. 共产党人可能相信美国已经为国民党将来的反攻行动做好了准备,他们也认为美国准备将用自己的军队支持这种行动。

38. 如果美国对国民党的帮助仅仅限于人员培训和后勤支援上,北平和莫斯科很可能预计中共在可预见的将来将会击退国民党的任何进攻行动;如果共产党估计美国海空军事力量将支持国民党的入侵行动,他们可能增强他们的防御能力直到足以击退增强了的国民党威胁的程度。如果中共评估认为台湾已成为美国支持下的国民党力量的基地,大陆将在未来的某一天被从台湾而来的部队侵袭,那么中国共产党就会觉得他们被迫在牺牲其他地方军事建设的情况下大大增强现存的沿岸防御力量。一旦中共坚定这种军事防御姿态,他们对目前及将来的军事活动的考虑将受他们对沿海边界安全威胁的影响。

39. 无论如何,为了应对国民党人的军事准备,北平和莫斯科肯定会加快目前的反美宣传力度并进行恶意攻击,试图在美国与其盟国之间打入一个契子,并且通过"软硬"两手政策去恐吓美国-国民党计划的潜在支持者,使世界相信共产主义的和平意愿。除此之外,共产党的反应可能还将包括:加速准备中国沿海防御;夺取国民党控制的沿海岛屿;最后,中国共产党空军可能会空袭台湾。

非共产主义国家的反应

40. 日本：日本当然希望降低共产党中国与苏联这两支远东力量的联合。不过它暂时几乎完全依赖美国对它的安全保护，所以日本更担心远东的任何对抗行动的扩大将使日本直接卷入其中。在日本人看来美国-国民党计划会制造很大的风险，一方面会使美国把对日本进行防御的力量转移出来，一方面会扩大远东的对抗，因此，日本对于该计划的反应即使不是反对也可能会非常忧虑。如果国民党反攻的准备是在朝鲜战事明显扩大之际，不管这种扩大是中国共产党挑头还是美国行为引发，特别是在共产党遭受重大损失的情况下，日本对计划的理解有可能增加；另一方面，如果国民党的进攻准备是在朝鲜停战之后进行，日本的反应将会相反。

41. 东南亚：一般来说东南亚各国对于可以确定的美国准备帮助国民党进攻大陆计划的反应消极，但因为在朝鲜战场和中国大陆使用国民党军队将能成功缓解东南亚等国的压力，所以特别是菲律宾、泰国和印度尼西亚联邦等国将不会强烈反对。一般来说东南亚各国害怕激起中国共产党对他们的进攻，也担心远东不断扩大的对抗形势将发展成全面战争。除此之外，他们这种消极反应的形成还源于对国民党政权的普遍厌恶以及对国民党进攻能力的悲观评价。如果国民党准备进攻大陆的计划选择以下两个时机执行，即要么是在朝鲜停战之后，要么是在美国扩大朝鲜战争的背景下进行，他们的反应都将较为强烈。如果国民党的进攻准备是在中国共产党大规模增加在朝鲜的行动下进行，东南亚各国的反应可能是不会强烈反对，但一般仍将很消极，可能除了泰国、菲律宾和印尼联邦以外。

42. 澳大利亚和新西兰：既鄙视国民党又看不起他们的进攻能力，他们期望避免全面战争的风险，来自工党反对派的声音所带来的国内政治压力也将影响两国的态度，阻止政府对可以确认的美国准备支持国民党的进攻计划的支持。

43. 南亚：美国支持的国民党准备进攻中国共产党的计划将在全南亚引起反对之声，特别是印度。南亚人会认为这种行动使得全面战争离世界更近了，并把它理解为美国侵略行为的一种显著迹象。他们的态度受朝鲜事件进程的影响有限。

44. 近东：鉴于近东所发生的事件，近东国家一般持同情态度，这些国家主要是中立主义者，他们把美国准备帮助国民党力量的反攻行动理解为美国扩大远东战争的努力。这种反应不会明显因为朝鲜事件而改变。不过，土耳其将可能基本上支持该计划。

45. 西欧：西欧各国对美国的这个计划反应将很消极，他们确信这种决定不仅导致美国把资源转向亚洲，而且暗示美国意图扩大在远东的冲突，这种观点将会进一步促成西欧国家的上述消极态度。不过，这种不利的反应不会严重破坏西欧各国政府与美国在欧洲事务上的合作。倘若共产党增加了在朝鲜战场上的军事活动，西欧各国将支持美国武装国民党军队的计划。但是，西欧各国政府更希望商议有关最终使用国民党军队的问题。

DDRS，CK 3100224959—CK 3100224968

冯帅鹏译，双惊华校

国家安全委员会关于台湾局势及中国大陆对台湾意图及能力的评估

（1952 年 11 月 1 日）

III - E - 1

远　东①

五、中国国民党在台湾的局势和中国共产党人对台湾的能力与意图

（1952 年 11 月 1 日）

绝密安全情报

中国国民党的政治局势

中华民国政府保持相对稳定，只要蒋介石总统执掌政府，激烈的派系斗争就不可能发生。一旦蒋介石去世或被推翻，台湾就会经历一段不稳定的时期，派系斗争将会公开化，直至新的国民党领导人树立起自己的权威为止。

中国国民党的政治图像是典型的中央集权化，职权掌握在少数人手中，最高权力归于一人。分而治之的政策和国民党的实践——个人获得提拔的前提是坚定不渝地效忠委员长本人——是保证维持中央控制的主要手段。在军事领域，同样的因素造成了权力的过分扩张和政治决策的权威化，特别是所有层面上的指挥官都不能获得与他们职责相对应的权利，致使军事上无能的状态继续发展。

中共在台湾的活动被有效地镇压，除非这种颠覆活动与中共侵略台湾相伴，否则不大可能会对国民党的军事力量造成严重的影响。

国民党军事局势

目前中国国民党陆军的作战力量为 37.5 万人，然而，眼下没有任何一个师已经做好了防御准备。装备供给不足，部队和联合训练中问题随处可见，师级指挥官无能，缺少大规模协同作战的计划和行动。中国国民党的战术空军部队拥有 311 架飞机。空军的士气和领导较好，但因为各种配件、设备以及包括燃料供给等军需物资短缺，且缺乏作战经验和训练，所以军队战斗力低下。不过，更为重要的是他们事实上没有一架喷气式飞机。中国国民党海军拥有 160 艘小型舰船，其中最大的为 7 艘驱逐舰，共有 11 000 名国民党水兵。这些舰队的战斗力低下。除了这些常规力量外，在国民党控制的中国沿海岛屿上还有大约 9 000 有组织的游击力量，这些力量一直进行突击队的训练，具有一些实战经验。尽管中国大陆上的分散

---

① 本文是节译。——译注

部队中还有多至 10 万的游击人员，但我们不大相信中国国民党人有效控制或领导着这些游击部队。

现在中国国民党人无力反攻中国大陆、海南或参与朝鲜及东南亚的作战活动。目前国民党只能对邻近中国大陆的地区发动一些小规模的袭击或有限的空袭。主要受缺乏装备和训练的限制这些活动的规模和程度有限。中国国民党人的海军和空军力量不足，这也将长期制约着中国国民党人对中国大陆发动袭击的规模。

如果对中国国民党的部队进行最少三至四个月大规模密集训练，并给予充足的装备，一支由 2.5 万人组成的战斗力非常强的地面部队将能够用于朝鲜和东南亚地区的进攻行动。再进行另外四至六个月的两栖作战训练，这支力量将能发动两栖作战，向筑有坚固防御工事的海岸发起进攻。如果这支力量袭击中国大陆，他们可能会牵制住目前部署在广州到上海海岸沿线大约 40 万的中共武装力量，防止中国共产党人将这些力量中的重要部分派往其他战场。

如果事先能获得国民党人所需的美国顾问和后勤支持的话，国民党整编以后的 21 个师将能发动有效的进攻行动。除了上面提到过的 2.5 万人外，这些部队中的每一个师还将需要十二个月的训练。我们估计的这段时间不包括两栖训练所需时间。这些师的平均规模将有 1 万人。培训全部 21 个师所需的时间将取决于训练设施的实用性，取决于将部分师部署在台湾的防御位置上需要多少兵力。……①

考虑到台湾中国国民党人可怜的人力资源和中国共产党人异常丰富的人力资源，国民党人无力支撑对中国大陆的大规模行动，除非能从中国大陆大规模地招募新兵和叛变者。……②

尽管几乎可以肯定，国民党领导人一直宁愿将国民党部队用于进攻中国大陆，但如果给予鼓励的话，他们也有可能改变将自己的力量用于朝鲜战场的条件。中国国民党领导人可能也希望参加承担东南亚地区防御责任的联合国军。当然，在将自己的部队用于东南亚或朝鲜之前，除了接受以前美国对台湾的承诺外，国民党政府领导人一定会要求美国作出更多的承诺。

中国共产党人的力量和可能的针对台湾的行动③

目前大约有 40 万中共部队部署在上海到广州的海岸沿线地区，这些力量可以用来发动针对台湾的行动。除了武器装备稍差一点以及支援部队的人数和后勤兵力的人数较少以外，估计这些部队的战斗力和中共在朝鲜部队的战斗力不相上下。在朝鲜停战的情况下，超过 30 万目前承担朝鲜作战任务的中共部队可以重新配置，调往可以直接攻击台湾的大陆沿海地区。

---

① 原文此处一段未解密。——译注
② 原文此处一段未解密。——译注
③ 原注：这一部分是从 NIE 27/1"1952 年中国共产党的力量及其对台湾的意图"中摘编而成的（1952 年 4 月 1 日，第 11 页）。该评估的主要内容仍然有效。

中共空军的主力在满洲和中国北部驻防。但也有部分空军驻扎在长江以南,在中国共产党人对台湾发动大规模空袭之际,这些部队还必须重新调动。如果朝鲜休战,中共手上可用的飞机能够有相当一部分在克服一些困难之后转到中国南部。

因为缺少大规模两栖作战的经验,中共袭击台湾的能力被削弱。他们此前的两栖作战经历一直限于较近的水面距离和沿海岸线的运动。中共仅有几艘常规登陆艇,所以他们必须使用包括帆船在内的各种船只来运送士兵。这些船只的登陆和协同能力一直是他们最头疼的问题。对此类行动的空中支持能力受到中共缺乏海空两栖作战经验的牵制。此外,完成部队登陆和装备卸载的任务离不开海军的支持。最后,为了能够卸载大量的重型装备,中共不得不夺取台湾的港口设施。

倘若现在的美国对台政策保持不变,美国的海空军力量可以用于保卫台湾,中共针对台湾的行动必然失败。如果美国对台政策发生变化,美国不再参与保卫台湾,中国国民党力量不能在共产党人大规模进攻面前成功地保卫台湾。

不考虑朝鲜局势的发展,只要美国对台政策不变,我们相信中共在最近这段时间内就不会对台湾发动大规模进攻或有限的袭击。

中共可能对国民党人控制的中国沿海岛屿进行侦察、干扰或发动破坏性袭击(海上或空中袭击),可能会攻击和占领其中一些岛屿。但我们不认为这种行动一定代表着中共会立即进攻台湾。

从长期来看,我们相信,如果可能的话,中国企图通过政治手段控制台湾;如果时机对他们有利的话,他们也可能采取军事行动。只要美国和共产主义者在远东的相对军事力量不发生实质性的变化,只要美国对台政策保持不变,我们相信中共不会贸然对台湾发动进攻。

Papers of HST, PSF, Subject File, NSC, Memoranda-Report1, Box 194；NSC, Current Policies of The Government of The United States of America relating to the national Security, Volume I, Truman Library

双惊华译,梁志、双惊华校

中情局关于在美海空军直接参与下国民党人重新夺回海南岛可能引发的反应的评估

(1953 年 9 月 9 日)

Special Estimate 50

在美国海空军直接参与下，
中国国民党人重新夺取海南岛可能引发的反应

(1953 年 9 月 9 日)

绝 密

问 题

如果在美国海空军直接参与下中国国民党人重新夺取海南岛，预测共产党中国、苏联和非共产党世界的可能反应。

假 设

（我们已经将表明这种作战可能具有的性质和规模的假设提供给了情报部门，这些假设仅仅作为分析的基础。）

1. 估计中国国民党人将会为行动提供下列武装力量：接受过两栖作战训练的 4 个师，加上 8～12 个步兵师。

2. 美国将会提供：

（1）制订计划和予以指导的人员；

（2）在作战的准备阶段提供充足的装备和密集训练的计划，在作战开始后继续保障后勤供给；

（3）使用美国海军的海面部队承担水上运输、护航、海上火力支援任务；

（4）使用以航空母舰为基地的美国海空军部队提供空中支持；

（5）使用以地面为基地的美国飞机从海南以外的基地起飞为行动提供空中支持；

（6）增强对台湾的空中和海上保护。

3. 从现在开始八至十二个月之后将可以采取这种军事行动。

4. 这种军事行动将会成功。

结　　论

1. 中共可能在早期阶段就将获悉我们正在进行某种形式的进攻准备,他们将会作出如下反应:(1) 采取除了公开侵略以外的军事和政治行动,试图拖延预期中的袭击;(2) 在中国东海岸和南部海岸,可能也包括海南和其他岛屿在内,增强防御准备。苏联人将肯定会支持中国人的上述活动,提供指导,保证后勤供给。

2. 一旦行动开始,我们相信共产党人将会顽强抵抗,但不会以严重损害他们在其他地区的军事地位为代价,特别是不会牺牲中国北部、朝鲜、满洲地区的利益。共产党中国将会运用他们在邻近地区的可用的全部陆海空三军奋起抵抗。他们将会企图从一些较为遥远的地方调兵遣将。在此阶段苏联人将寻求使对抗局部化,但会增加对共产党中国的后勤补给供应。苏联人可能不会公开投入自己的陆海空部队保卫海南岛,但他们可能会派遣飞机和潜艇给予增援。

3. 与此同时,苏联和共产党中国将会尽可能扩大世界范围内的外交和舆论宣传,试图孤立美国,赢得非共产党世界对共产党中国的支持。苏联人一定会在联合国中施压,要求制裁美国和中华民国。

4. 苏联和共产党中国的统治者将会视丢失海南为严重的心理挫折,认为这会打击共产党中国的军事威望。他们肯定会认为重新占领海南是美国在远东实施新的侵略计划的第一步。他们可能会认为这种行动已进一步将东西方推向军事摊牌的境地。

5. 随着时间的推移,苏联和共产党中国将会接受丧失海南。但我们相信,他们非常可能继续施加军事压力,试图重新夺回海南,并尽可能多地将美国的兵力牵制在海南与台湾的防御上,将继续进行世界范围内的外交和舆论努力。虽然苏联人和中国共产党人可能对香港、东南亚甚至对朝鲜采取侵略性报复行动,但我们相信,他们更可能会对这种对抗行动进行严格的限制。苏联人肯定不会因为海南挑起世界大战。

6. 在目前的局势下,世界上大多数非共产党国家的反应将会对我们不利,在某些情况下反应甚至会非常强烈。

(1) 西欧国家和加拿大将会普遍认为这种行动越来越证实了他们对美国政策取向的忧虑,有些国家认为美国引导国际事务走向了不必要的危险之地。他们担心这种行动将会使世界大战发生的可能性增加,美国会将资源从欧洲抽离并将长期卷入与共产党中国的军事对抗之中。

(2) 远东的绝大多数非共产党国家将会批判针对海南的军事行动,印度的批评可能最为严厉。日本将担心这种行动最终会把日本裹胁进去,它将竭力置身事外。大韩民国可能乐于看到这种局面,并积极施压,要求同时攻击北朝鲜。菲律宾可能赞同此事。

（3）大体而言，很多中东和近东国家的政府将会关注此事，他们的反应将对美国不利。然而，考虑到与美国的特殊关系，希腊和土耳其可能会被迫保持沉默。

（4）包括拉丁美洲国家在内的其他国家将会关注此事，但可能不会就此事表态。

（5）尽管绝大多数国家的反应不利于美国，但一些国家将会考虑成功的反共行动的积极影响。

7．如果在大多数非共产党国家知道美国计划采取此类行动之前，共产党中国和苏联在世界任何地区进行了新的武装冒险或其言行明显致使朝鲜战后和谈的破裂，那么这些国家的态度就会比上面分析的更为积极。反过来说，如果在此期间这些国家有理由相信共产党人为了缓和东西方的斗争作出了某种努力，他们对美国挑起海南冲突做法的批评将会比上面分析的更为尖锐。

讨　　论

一、共产党中国和苏联可能的反应

（一）行动准备阶段的反应

8．在美国的直接参与下，国民党人即将采取侵犯中国共产党人疆域的行动，这种行为不可能保密。尽管最初中国大陆好像是这次行动的目标，尽管美国和中华民国的欺骗性姿态将能隐瞒行动的规模和真正的目标，但我们相信，共产党人能够分析出海南将是这次行动的可能打击目标。

9．行动准备阶段中国共产党人的反应可能是：（1）采取行动，试图拖延预期中的美国袭击；（2）在中国东海岸和南部海岸，可能也包括海南和其他岛屿在内，增强防御准备。共产党中国将会试图通过下列措施来延缓对手的攻击，例如增加或威胁增强对东南亚地区共产主义武装运动的援助，袭击中国国民党人控制的中国沿海岛屿，警告要对香港、朝鲜、台湾或东南亚采取报复性措施等等。我们相信，共产党中国在这一阶段不会真正在这些地区采取侵略性的军事行动。中共将会加强外交和舆论攻势，赢得非共产党国家的支持。他们将会努力寻求苏联的外交支持，要求苏联增加军事援助和作出进一步的保证。同时，他们将试图规劝美国，表明美国对中国共产党人领土的任何袭击都将会在1950年的中苏条约的规定之下导致苏联的直接军事卷入。

10．在此准备阶段，苏联人肯定会援助共产党中国，提供指导，增加后勤补给，并作出如下姿态：（1）在联合国和其他地方展开外交和舆论攻势，扩大美国和其他非共产党国家在这种准备活动方面的分歧；（2）赞成中国共产党人警告要在东南亚地区采取报复性措施的做法；（3）暗示对海南的袭击将导致援引中苏条约的可能性。

(二) 对作战的反应

11. 一旦行动开始,我们相信共产党人将会顽强抵抗,但不会以严重损害他们在其他地区的军事地位为代价,特别是不会牺牲中国北部、朝鲜、满洲地区的利益。共产党中国将会运用他们在邻近地区的可用的全部陆海空三军奋起抵抗。他们将会企图从一些较为遥远的地方调兵遣将。中共空军将会向企图登陆海南或已在海南岛上的部队和其他支援部队发起进攻。中共海军可能试图用鱼雷袭击船只并进行布雷作业。中共将会试图空袭台湾、澎湖列岛和国民党控制的其他中国沿海岛屿,将会威胁在远东其他地区采取行动。但在此阶段中共可能不会再次挑起朝鲜战争或在其他地区采取大规模的军事行动,他们希望自己扮演侵略活动受害者的角色并从这种局势中获得巨大的政治资产。

12. 中共在海南的部队不会比中国国民党的部队多出许多。海南当地人民中很大一部分可能对袭击不置可否,不会有很多人真正赞成或反对攻击。大多数人——特别是非汉人的土著居民——将会继续持消极的态度,躲藏在深山避难直至他们确信攻击行动已胜利结束。局势明朗后,中国国民党部队将呆在岛上,大约 280 万海南岛居民中至少有大部分人可能会支持国民党人,但也有少部分人将会进入山区从事游击活动。

13. 对海南的袭击将会鼓励中国大陆的反共产主义的力量,这些反共势力将会确信从共产主义束缚下解放出来的时刻即将到来,进而开始组织自己的力量,但在此阶段他们可能不会仓促行事。除了某些孤立的事件外自发性的起义将不会发生。共产主义政权将会强化自己的控制手段,满足维护秩序的需要,防止有组织的反政府力量的壮大。

14. 在此阶段苏联人将可能寻求使对抗局部化。因此,他们可能会加强对共产党中国的后勤支持,公开派出苏联人驾驶的飞机和潜艇,但不会公然派遣苏联的海陆空军队保卫海南。如果中国共产党人提出要求,苏联人有可能同意保卫朝鲜和满洲,保证这些地区免受攻击。这样,中国共产党人的力量就能从保卫朝鲜和满洲的义务中解脱出来,投入海南和中国南部的战斗。最后,苏联人肯定会在联合国施压,要求制裁美国和中华民国。

15. 如果我们将对中国南部空军基地的空袭作为攻击海南行动的一部分,必将使事态激化,但可能不会从本质上改变中国共产党人和苏联人对袭击海南事件本身的反应。既然共产党人认为海南是共产党中国的组成部分,朝鲜局势的模式可能不再适用。在必要的情况下,苏联人驾驶的飞机和苏联防空炮兵部队将会承担对中国大陆的防御任务,因为这样做不涉及由于苏联人被俘而被迫妥协的问题。

(三) 胜利结束海南战事之后的反应

16. 苏联和共产党中国的统治者将会视丢失海南为严重的心理挫折,认为这会打击共产党中国的军事威望。他们肯定会认为重新占领海南是美国在远东实施新的侵略计划的第一步。他们可能会认为这种行动已将东西方进一步推向军事摊牌的境地。随着时间的推移,苏联和共产党中国将会接受丧失海南的事实,因为他们需要推迟东西方最终摊牌的时间直至共产党世界的权力更加巩固为止。但是,我们相信他们极有可能会继续施加军事压力,试图重新夺回海南,并尽可能多地将美国兵力牵制在海南与台湾的防御上,并将继续进行世界范围内的外交和舆论努力,孤立美国,赢得非共产党国家对共产党中国的支持。虽然苏联人和中国共产党人可能对香港、东南亚甚至朝鲜采取侵略性的报复行动,但我们相信,他们更有可能会对这种对抗行动进行严格的限制。苏联人肯定不会因为海南挑起世界大战。

(四)这些反应对世界局势发展的影响

17. 共产党人对袭击海南事件的反应可能不会明显地改变世界局势,事件前后的世界局势应该差不多。一般而言,如果共产党人认为他们对美国的政策性孤立业已奏效,他们可能更倾向于限制自己在海南地区的军事活动。反过来说,如果共产党中国已经决定对抗到底,共产党世界可能更为强硬,较少顾及引发世界大战的风险。

二、非共产主义世界的反应

18. 在目前的局势下,世界上大多数非共产党国家的反应将会对我们不利,在某些情况下反应甚至会非常强烈。人们会普遍认为袭击是美国行为,很多国家会认为这种袭击象征着美国的一种政策取向,即宁愿通过侵略行动也不愿通过谈判来解决东西方问题。这种解释会加重人民的忧虑,担心美国政策是否明智,是否具有连贯性,害怕美苏之间爆发世界大战,质疑美国防御西欧和近东的能力。尽管绝大多数国家的反应不利于美国,但一些国家将会考虑成功的反共行动的积极影响。

(一)西欧国家的反应

19. 西欧国家和加拿大将会普遍反应强烈。他们将会认为这种行动越来越证实了他们对美国政策取向的忧虑,有些国家会认为美国引导国际事务走向了不必要的危险境地。他们担心这种行动将会使世界大战发生的可能性增加。美国会使类似对海南的攻击继续下去,进而将资源从欧洲转移到亚洲。他们可能还认为,中国共产党人有苏联人撑腰,会一直努力试图收复海南,美国将在海南和中国南部长期卷入与共产党中国的军事对抗之中,进而可能引发中美冲突的全面深化。

20. 法国与瑞典的反应与其他西欧国家大体类似,但也有自己的特质。在欧洲的国家中,法国人的反应可能最为强烈。他们担心这次行动必将降低美国支持法国的军事能力。此外,法国人更为关注这次行动对法国在印度支那地位的影响。他们越来越认为全面解决远东问题最有可能使法国减少在印度支那的义务,而美国的这次行动将会使法国全面解决远东问题的希望成为泡影。尽管重新占领海南将会减少对法国控制的东京湾的潜在威胁,法国驻印度支那的军事力量将会欢迎这种发展,但法国政府担心中国共产党人将会对印度支那采取报复性行动,甚至可能直接干预印度支那事务。瑞典将会视美国参与海南行动为侵略,瑞典人将会因此更加拥护他们一贯的政策,避免与美国结盟。这种反应将会使整个斯堪的纳维亚地区更加支持中立主义政策。

21. 西欧国家政府的官方反应可能止于最强烈的抗议。这些国家可能不会主动在联合国中谴责美国是侵略者,也不大可能投票支持这种谴责。其中的几个国家可能会在投票中弃权。但是,西欧国家反应的一些间接方面可能会严重损害美国的利益。西欧国家人民可能会强烈批判其政府的行为。因而这些政府接受美国领导的能力或者在防御计划方面与美国合作的愿望将会大大下降。

22. 不管美国在开始行动之前是否与这些国家进行过磋商,对于这些国家的反应来说这都不是一个非常重要的因素。如果有过事前沟通,他们的反应将会遵循上述路线。如果美国事先没有通告他们就发动了攻击,即使美国取得胜利,也不会改变这些国家的看法,它们会认为美国的行为是鲁莽的,完全不顾及盟国的意愿。另一方面,如果美国事先没有与这些国家磋商,他们也肯定会在预计攻击时间之前很早就得知美国计划的行动,并立即提出某种抗议。无论是美国拒绝这些国家的抗议,还是美国和这些国家进行磋商后拒绝认同这些国家的观点,这些国家的反应都不会有什么大的不同。

(二) 远东国家的反应

23. 远东的绝大多数非共产党国家将会批判针对海南的行动。他们认为,在远东业已出现了维持局面稳定的希望,而美国的这种行动会严重损害这一前景。

24. 东南亚国家可能会倾向于将此事视为美国侵略政策取向的明证。他们可能会痛恨这种行动,认为此举似乎是在使东西方斗争进一步激化并有意使其扩大到东南亚地区。印度尼西亚会借助此事为其中立主义外交政策辩护。缅甸一直深受境内存在的中国国民党残部之苦,将会强烈反对美国的行为。与印度支那问题相关联的国家的反应可能极为复杂,一方面担心这一行为会导致中共入侵印度支那,另一方面又希望美国重新攻占海南将会减轻中国加诸于他们身上的压力。泰国可能非常关注事态的发展,寻求增加美国军援或要求美国作出坚定的军事承诺,以应对有可能涉及泰国的中国对策。菲律宾政府对这种行动的反应可能是正面的,因为它不信任共产党中国的最高目标,可能欢迎美国向南中国海加派军事力量。泰国和菲律宾政府可能不支持谴责美国行动的联合国议案。缅甸和印度尼西亚可能赞成这种联合国决议,特别是如果印度提出这种议案或者强烈支持这种议案的话,他们的态度将受到印度的影响,但如果这种议案是苏联提出的话,他们可能弃权。

25. 日本可能担心这种行动最终将把日本裹胁进去。日本政府将竭力试图公开证明与攻击事件无关。中立主义者和左翼将会猛烈抨击此举,日本政府因而觉得继续奉行与美国合作的政策困难重重。即使在攻击行动结束之后日本人仍会密切关注爆发战争的危险。如果在重新占领海南之后共产主义分子没有什么对策,战栗不安的日本人将会逐渐平静下来,右翼集团将会士气大振,对共产主义集团的态度可能会普遍强硬起来。

26. 大韩民国可能乐于看到这一局面,并积极施压,要求在扩大对海南行动的同时发起对北朝鲜的攻击。

27.除大韩民国外,事先与其他远东国家磋商不会改变它们的反应,如果美国预先和韩国人商量此事,他们可能会减小要求美国同时攻击北朝鲜的压力。不管美国事先告知与否,其他国家肯定会对行动有所觉察。那些主张被美国拒绝的国家将会觉得美国和以前的殖民主义列强一样,丝毫不考虑他们的利益和看法。即使行动取得胜利,他们的愤怒仍将持续下去,痛恨美国不顾他们的抗议而发起进攻。

(三)其他非共产主义国家的反应

28.在世界其余的非共产党国家中,印度对美国行动的反应将会最为强烈。在印度人看来,进攻海南的行动彰显了美国在远东的侵略意图,在武装行动与和平谈判解决问题之间美国人倾向于选择前者。按照这种解释,印度人将会就联合国谴责美国为侵略者的议案投赞成票,甚至可能会主动提出此类议案。

29.大体而言,很多中东和近东国家政府将会关注此事且他们的反应将会对美国不利。但是,考虑到与美国的特殊关系,希腊和土耳其可能会被迫保持沉默。

30.拉丁美洲国家将会关注此事,但可能不会表态。如果就谴责美国为侵略者的联合国提案进行表决的话,美国可以指望得到大多数拉丁美洲国家的支持。除危地马拉外,其他拉丁美洲国家可能都不会投票反对美国,但有几个国家可能会投出弃权票。

(四)世界局势的发展对这些反应的影响

31.在获知攻占海南计划之前一段时间世界局势的发展将会改变非共产党国家对事件的反应:

(1)如果在大多数非共产党国家知道行动计划之前,它们逐渐看到共产主义者不妥协的态度导致朝鲜战争后政治和谈的破裂,那么这些国家就会比上面分析的更为赞同美国的做法。但是,在这种情况下,大多数非共产党国家更加确信,美国的海南行动不仅与扩大亚洲战争有关,还与美国-联合国解决朝鲜问题的某种战略计划相关联。

(2)如果中国共产党人打破朝鲜休战局面,在朝鲜半岛重启战端,大多数国家的反应将会是同情美国。如果苏联或共产党中国在朝鲜以外的世界其他地区进行了新的武装冒险,大多数国家的反应将会更有利于美国。如果美国的行动是在面对侵略时所采取的强硬措施,很多非共产党世界的国家将会改变自己的态度,更有可能会赞成美国的做法,只有在中国共产党人干涉印度支那时,海南行动才有可能是一种非常适宜的反侵略行动。

32.反之,如果这些非共产党国家在了解到美国有计划的行动之前相信共产党人为了缓和东西方的斗争正在作出某种努力,他们对美国挑起海南冲突的批评将会比上面分析的更为尖锐。一般来说,西欧国家相信应该认真研究东西方缓和的可能性。他们因而认为,海南行动从根本上预示着美国非常不合时宜地拒绝尝试通过谈判缓和东西方紧张关系的可能性。印度和东南亚国家的反应将更加强烈,他们倾向于认定目前至少在远东存在真正解决

东西方分歧。此外,他们担心远东的其他地方可能会爆发新的战争。因此,他们比西欧国家
更不愿意相信海南行动是必要的或有作用的。

DDRS,CK 3100059718—CK 3100059738

双惊华译,梁志、双惊华校

中情局关于中国沿海岛屿局势的分析

（1954 年 9 月 8 日）

CIA 50318

中国沿海岛屿
（1954 年 9 月 8 日）

绝 密

地图 中共炮击金门①
地图 中国南海岸（包括福摩萨）机场位置和沿海岛屿的地点

一、金门岛上中国国民党人的境遇

（一）中国国民党人的力量

中国国民党人在金门的力量分布在四个岛屿之上——金门、小金门、大担、二担。包括服务部队和指挥部人员在内的全部国民党官兵人数约为 42 100 人。此外，大约有 6 000 名配备有轻型装备的游击人员。岛上的居民人数约为 6 000 人。

1. 在金门岛上估计有 34 000 正规军，此外还有一些游击队，所有这些力量都隶属于第 8 军团，包括第 33、34、68、69 步兵师。第 69 师不包括其下属的第 205 团，这个团级作战部队被派去卫戍距金门以北 200 英里的马祖列岛。所有这些师接受的都是美式训练，由美台双边互助防御计划提供装备，被美国军援顾问团认为是最好的师，所有这些师的不满员率大约都在 15% 左右。他们共有 3 个配备 75 毫米口径榴弹炮的炮兵部队。除美国军援顾问团训练的部队外，还有一支旧金门遗留下来的游击队，编为第 19 军第 45 师，只有 6 600 人。他们没有接受过美国军援顾问团的训练，未配备双边互助防御计划提供的装备，不太受人重视。

在金门的其他一些部队直接受军团控制，包括：
炮兵
5 支 155 毫米火炮部队（GPF）
3 支 105 毫米榴弹炮部队（36 门榴弹炮）
4 支 4.2 英寸迫击炮连队，每队有 6 门迫击炮

---

① 此及以下地图略去。——译注

装甲兵

有消息称,金门大约有 50 辆轻型坦克,其中的 22 辆部署在最后防御线的附近,位于岛屿东端的高地上。

2. 小金门由第 34 师(缺少 1 个团)守卫,共有 4 500 人。该师有拥有独立建制的炮兵部队(1 个 75 毫米驮载榴弹炮营)和 20 辆轻型坦克。

3. 大担岛和二担岛有 1 个营的常规部队,总计 700 人。

(二) 中国国民党人的增援力量

中国国民党人大约有 11 000 人的金门游击队可以作为机动力量进行增援。这些援军中包括来自海军旅的 4 000 人,可以从福摩萨的左营(Tsoying)乘坐国民党海军舰船过来增援;来自第一步兵师的 7 000 人,他们处于随时待命的状态,由高雄通过商业船舶至金门。9 月 9 日的一则报道说第 19 步兵师和 1 个炮兵营现在正在登船,准备开赴金门。

(三) 中国国民党部队的部署

金门司令部将该岛分成六个防御区和一个岛上观察点,有报道称这些部队根据地形进行了合理部署:68 师控制西北部地区;69 师负责中部平原;33 师的卫戍区在东北部;134 团加上该岛原来留下的游击队承担西南部分的防御;45 师保卫东南部分;34 师在小金门和其他两个小岛上布防。……①

有消息称,国民党人在金门岛东端围绕太武(T'ai Wu)山基地建立起了最后防御圈。游击队已经转移到这一区域,并赶筑起新的防御工事。一支轻型坦克后备队也驻扎在这道防御圈附近。

(四) 中国国民党的空军、海军和后勤支持

中国国民党有能力每天出动 175 架次飞机支援金门游击队。这一数字包括 F - 47 战斗机出动 117 次,F - 84 战斗机出动 45 次,轰炸机出动 13 次。据报道,9 月 8 日国民党出动了 F - 84 战斗机。资料显示,迄今为止国民党的最大空军活动是一次袭击中国共产党人的海岸装置的行动,冒着共产党人密集的防空火力出动 75 架次。

对金门游击队的海上支持包括 2 艘驱逐舰、3 艘护航驱逐舰、2 艘巡逻炮艇、2 艘较小的巡逻艇、大约 10 艘装甲帆船。驱逐舰装有 5 英寸火炮,较小的巡逻炮艇上有 3 英寸火炮。这些船只能够抵御共产党人从厦门东南海岸进行的海岸炮击,国民党人指望用海军力量来阻止共产党人在金门南部海岸顺利登陆。

如果我们假定目前的战斗是有限的攻防战的话,金门贮藏的军需物资大约能撑 15 天。估计福摩萨运往金门的补给够用 45 天。对金门部队的再补给可能要用登陆舰从金门南部海岸上岸。

---

① 原文此处数行未解密。——译注

(五) 金门国民党人的士气

在中国共产党人 9 月 3 日开始炮击之前,一位美国海军官员正好到过金门。他汇报说,金门岛上的居民和士兵都"战战兢兢"。但我们后来接到的报告显示,在共产党人炮击之后,部队较为稳定,据说士气并不"低",这可能是因为情况改善的缘故。国民党反过来攻击共产党火炮点,并对共产党的战略目标实施空袭,这都提升了部队的士气。有报道称,9 月 7 日,指挥官下令"准备战斗,希望共产党人前来进攻"。据说,金门人民的生活迅速恢复正常,居民可以自由走动,孩子们在家门外玩耍。……①

……

(中国共产党人)曾经在 1949 年准备从这些海滩登陆金门,但后来被迫放弃,他们估计在自己打到金门海岸之前可能就有 4 000 人伤亡。

潮汐非常大,平均 12.5 英尺。9 月份是两个季风的转换时期,风向和水流易变。潮汐、风浪、水流不会妨碍两栖作战。

(八) 交通线

金门东南角的料罗(Liaolo)飞行跑道不在中共炮击的有效范围。这是一条泥土跑道,状况良好,3 280 英尺长,100 英尺宽。在干燥的天气中,这个机场能飞 C - 46、C - 47、PBY 反潜机、AT - 6 型飞机。F - 47 轰炸机甚至 B - 26 轰炸机能在这条跑道上紧急降落。岛上的公路和小道足以供内部调动使用。金门城内的港口只能停泊小型船只。船只的主要停泊地点是在金门城的西面,岛屿的西端。岛屿能够得到充分的补给,补给船只能从南部海岸顺利撤离。

(九) 美国在金门的公职人员

……②

2. 美国军援顾问团共有五人在金门,三位官员,两位士兵。9 月 10 日,另有三位官员和两位士兵会抵达金门。我们目前还不知道有关他们撤离的计划。

二、金门岛上中国共产党人的境遇

(一) 共产党人在该地区的力量

1. 地面部队……③　在邻近金门的厦门,中国共产党人驻有至少一个军,还有一个海运师。……④有消息称,目前在该地区还有另外一个军。在厦门方圆 150 英里之内还有:(1) 汕头有一个军;(2) 福州和福州以北的地方有一个军;(3) 海运师剩下的人员。这样,在

---

① 原注:第 8~9 页未解密,E. O. 12356 1.3(a)(4)(5)。
② 原文此处一段未解密。——译注
③ 原文此处数行未解密。——译注
④ 原文此处数词未解密。——译注

金门方圆150英里内已经驻守的部队加上几乎可以立即用于攻击的部队人数至少有16万，可能多达20万人。所有这些部队的作战能力都相当强，据报道，其中的一个军被认为有赴朝参战的经验。

2. 空军 目前我们知道，共产党人有两支喷气式战斗机师位于打击金门的作战半径内，这些部队部署在广州和南昌，距离较远，不能对金门地区的作战行动提供有效的空中保护。驻扎在上海、长沙、广州的轻型活塞式轰炸机也在空袭金门和国民党其他基地的范围之内。上海到厦门之间至少有四个机场，即衢县、建瓯、南泰、高吉，都离金门很近，喷气式战斗机和轰炸机都可以从那里起飞。但是，通向衢县、南泰、高吉的道路状况不佳，这可能使向这些机场提供后勤支持异常困难。

3. 海军 厦门地区中共海军力量可以忽略不计，共有6艘小型巡逻艇，15～20艘摩托化帆船，400～500艘各种各样的捕鱼船和海岸轻型运输帆船。这是该地区通常状态下的海军力量。至今为止，中国共产党人没有从其他地区调遣新的海军力量，但部署在上海地区的护卫舰、炮艇和坦克登陆舰能够在48～72小时内赶到。有一个令人怀疑的消息称，最近他们观测到了11艘中国共产党人的"登陆艇"（和坦克登陆舰大小相似）驶到了金门东北120英里的海坛岛的东方，共产党人的"轻型巡洋舰"停泊在金门东南60英里远的位置上。

（二）共产党人援军的力量

1. 中国共产党人增援厦门地区的力量较为有限。我们估计，如果他们计划发起攻击，一定是拥有了他们所需的大部分炮弹和补给。这一地区没有中共商船往来，只有一些小规模的汽艇和帆船活动。这一地区距浙赣铁路500英里，距广州也是500英里，两个最近的补给站之间交通极差，运力很低。考虑到所有的道路条件（山地地形、最近的暴雨、路宽10～20英尺、晴朗的气候条件、渡船、长度等等），我们相信到厦门的卡车运送能力为每天1 000吨以下，可能会非常低。这就意味着他们能够运进部队和重要的军需物资，但同时启动一个喷气式战斗机师就非常困难，或者说几乎不可能，因为这支力量每天消耗大量的燃料（100吨或更多）。

中国共产党人对厦门岛的补给能力显著提高，他们在厦门岛的北端和中国大陆之间搭建一座临时的浮桥，1953年12月开始修筑。迄今为止，中国大陆到厦门岛的交通全部依靠摆渡，但这座浮桥很容易被国民党的飞机侦察到。

（三）共产党人部队的部署和武器的配置……①

14门120毫米和155毫米口径火炮已经从大嶝运到厦门岛。……②我们相信，在中国

———————

① 原文此处数行未解密。——译注
② 原文此处数行未解密。——译注

共产党人部署在该地区的部队中,第 31 军驻扎在金门西部 15 英里的厦门。……①第 41 军从汕头(金门西南 100 英里远)的驻扎地出发,到达距金门西南 30 英里的漳浦。距金门北部 10 英里的连河海岸有水运师的一个团。

(四) 共产党人的两栖运输能力

在攻击金门的行动中,中国共产党人使用 400～500 艘帆船和小型船只,能够立即运送至少 3 万部队,并能迅速增援更多的人。[9 月 3 日以来,在厦门地区通过……②能够观测到的帆船是:30 只木船在邻近祥芝角(海军第 74 特遣部队)的地方抛锚;110 只木船在邻近永宁的地方抛锚;30 只木船在邻近浯屿的地方抛锚;100 只木船在邻近石湖的地方抛锚;大约有 300 只各种各样的帆船集中在陈海和水头水域。……③](仅供参考,有消息称,该地区通常有 500 只帆船,大多属于当地百姓。)

三、目前的金门冲突

(一) 7～8 月

7 月和 8 月上旬,中国共产党人发动了强大的舆论攻势,8 月中旬一则未经证实的消息称,他们将部队派遣到金门对面的厦门地区。据说至少涉及一个军约 5 万人的兵力。同时,中国共产党人逐渐加大夜间侦察袭击的力度,明显是在测探金门防御部队的情况并通过抓获战俘收集情报。

(二) 9 月 3 日的炮击

9 月 3 日,驻扎在厦门附近和大陈岛的中共炮兵炮击了大金门的北部和西部地区,向小金门渗透,并对国民党的海军舰船进行打击,这些船只在大金门西海岸和金门、大担之间抛锚停靠。在 5 小时的炮击中,6 000 枚 120 毫米和 155 毫米口径的炮弹倾泻而下。……④两位美国军援顾问团顾问在炮击中丧生。国民党的伤亡人数尚不得而知。几艘国民党海军小型舰船被毁;至少一艘已经沉没。

(三) 美国与国民党人的反应

反应极为迅速。9 月 5 日清晨,第七舰队的 3 艘航空母舰、1 艘巡洋舰和 3 个驱逐舰师在福摩萨海峡巡逻,距离金门只有几英里远;国民党的海空军力量开始打击中国大陆沿海的目标,努力破坏对方的炮击和共产党人入侵部队的所有作战意图。

---

① 原文此处数行未解密。——译注
② 原文此处数词未解密。——译注
③ 原文此处数行未解密。——译注
④ 原文此处数行未解密。——译注

（四）国民党人袭击的后果

……①9 月 7 日，国民党 76 架次的空中打击破坏了共产党人 14 个炮击阵地中的 5 个，……②国民党的飞机只有 3 架被毁。台北的媒体大受鼓舞，可能使用夸张的言辞吹嘘他们集中火力攻击了中共火药库，数以百计的帆船沉没，中共部队遭受集中打击。北平的广播承认至少 60 人在厦门附近地区因为国民党的轰炸而牺牲。据说，大陆炮击已击落了至少 6 架国民党人的飞机，损毁了其他 25 架飞机。9 月 8 日北平宣称，福建人民的"怒火已经被点燃"。

（五）当前共产党人的活动

共产党人持续向金门的国民党阵地开火，但 9 月 3 日以来从密集炮击转向零星攻击。没有确切的报告显示中国共产党人在当地的空中活动，中共海军和地面部队的活动也没有什么不同寻常。遍布中国东海岸的雷达继续 24 小时活动，探测美国和中国国民党人的空中巡逻线路。

（六）厦门的背景资料

厦门是一座福建沿海岛屿，拥有 20 万人口，没有重要的工业，但长期以来一直是重要的农业、渔业和手工业贸易中心。

厦门距离最近的铁路有 500 英里远，连接岛屿和内陆的道路条件极差。厦门的机场没有启用。如果没有英国的航海运输，厦门可能会一直孤悬海外；一直以来，由于担心遭到国民党海军的袭击，中国共产党人的商船队没有冒险停泊在福建的任何一个码头。厦门的内外港口条件良好，既深又大，便于隐藏，使其成为一个绝佳的海军基地。

四、其他的中国沿海岛屿

（一）大陈岛

1. 我们认为，中国国民党部署在大陈岛上的部队有 1.5 万人，其中的 1 万人隶属于第 46 师，这是台北最好的一个师，其余 5 000 人是以前偶尔用来袭击中国大陆的游击力量。大陈的军事基地建筑在该岛的战略核心区，作战位置很好。但是，这一基地也容易遭到中国共产党人的空袭和夜晚的海上入侵。

中国国民党在大陈岛附近的海军力量通常包括 1 艘护航驱逐舰和其他 10 艘小型巡逻艇。这些船只都容易遭到中国共产党人的空袭。对大陈的空中支持是由以福摩萨为基地的 F－47 常规战斗机来完成的，其性能比中国共产党人的喷气式战斗机相差很远。

国民党国防部发誓要投入全部海陆空力量全力保护大陈岛免遭入侵。然而，中国国民

---

① 原文此处数行未解密。——译注
② 原文此处数词未解密。——译注

党的增援能力将取决于中共的军事活动是否破坏了中国国民党占领的其他沿海岛屿。没有当地美国海军力量的帮助,相当数量的国民党地面部队将不能及时被运送到前线。空军力量也只能继续使用福摩萨的基地;海军支持可能是从目前部署在金门的驱逐舰中抽调2艘,从福摩萨水域抽调2艘驱逐舰和大约100艘巡逻艇。

大陈岛很容易成为国民党人的监听哨,如果共产党人对福摩萨发起空中或海上袭击,大陈岛将发出预警。它也能够成为反攻中国大陆的基地。

2. 位于中国东部的45万军队拥有充足的力量,可以占领任何国民党控制的沿海岛屿。在大陈岛方圆150英里内至少部署有三个军的力量,其中任何一个军都能够在海空军的支持下占领大陈岛。大陈岛特别容易遭到部署在上海地区数量庞大的各种类型机群的空袭。

3. 3～5月,中国共产党人占据了6座距离大陈岛20英里以内的岛屿。从那时起,国民党人与共产党人的海空军摩擦开始频繁。有消息称,中国大陆的运兵船向大陈岛对面的港口集结,这表明中共计划发起攻击。6月初和8月,美国第七舰队两次出现在大陈岛附近,这有助于限制中共在当地的军事行动,大陈岛最近一段时期以来的活动止于空中摩擦。8月中旬有消息称,中共将一个师调往嵩门——大陈岛正西方的海港——中共的威胁仍将继续存在。

4. 正对大陈岛的中国大陆地区是理想的后勤保障场所,并可以由此发动攻击。它距离杭州铁路枢纽只有150海里远,中国的商船活动频繁。在空中掩护下可以从宁波机场和上海、杭州的基地发起攻击。

(二) 马祖岛(包括百犬列岛)

1. 我们相信,中国国民党用于执行马祖列岛卫戍任务的可能只有9 000正规军和游击队。中国国民党人有能力从大陈岛增援同样数量的军队。

就像大陈岛一样,马祖也是国民党人非常有价值的监听哨,能在对手对福摩萨进行海空袭击时提前预警,并成为反攻大陆活动的基地。

2. 就像其他岛屿基地一样,中国东部的中共力量能够非常轻松地制服马祖的国民党守军。对中国共产党人而言,马祖不像大陈岛那样具有很高的空中活动价值,中共能用一个师(1.7万人)的兵力拿下马祖。中共也可以秘密召集这样一支攻击马祖的力量。中共占领这些沿海岛屿不像拿下金门或是大陈岛那样有价值,但占领这些基地能使中共干扰国民党的活动,使后者利用这些岛屿保障大陈岛供给的企图无法得逞。

3. 今年没有关于中共军队和中国国民党军队在马祖地区发生摩擦的报道,但马祖附近中共帆船和巡逻艇的数量明显增加,这种情况使得在福摩萨的美国观察员推测,中共可能会在已经过去的7月末攻击马祖。但从那以后,中共在马祖附近的活动没有表明中共打算发起这种攻击。

4. 就像厦门地区一样,福州-马祖地区也远远地孤立于中共的补给中心之外,离它最近的是广州和杭州。中共的常规商船不经常在这一地区作业,通过路况很差的山路与400英

里以外的距离最近的铁路相连。考虑到最近的暴雨,现在的补给能力肯定不会超过每天
1 000吨,甚至低于每天500吨。因为补给困难,中共不能指望福州南泰(Nantai)机场上的喷
气式飞机能够有效活动。

五、表明共产党人意图的迹象

7月初以来,北平的广播开始威胁"解放"沿海岛屿和福摩萨。我们相信,如果仅凭国民
党自身的力量去对抗的话,中共有能力占领任何岛屿。因此,在9月3日炮击金门之前,很
多人就认为中国共产党人有可能很快采取试探行动,探测美国有关沿海岛屿防御的真实意
图。中共采取行动的时机可能受到他们意愿的影响,即他们希望以此来影响马尼拉会议。
当然,在任何情况下他们都希望尽早摸清美国的用意。

9月5日,中国共产党人肯定观测到了美国大规模海空军力量出现在福摩萨水域。北平
甚至没有提及美国的行动,这表明中共还是不能确定美国的真实意图,这与上个月美国海军
访问大陈岛时形成鲜明对比,北平当时发起了及时且广泛的公开舆论宣传运动。

中国共产党人选择了小心谨慎的处理方式。他们没有针对美军采取任何行动,也一直
没有表示他们的部队已做好准备,企图对金门发起进攻。

虽然中共估计他们对抗强大的美国力量的前景还无法确定,但我们相信中国共产党人
将会作出判断,侵略企图得逞的可能性最多只有五成。他们当然认识到,有预谋的进攻一旦
失败将会非常丢脸,这比他们推迟金门战役的时间更为丢人。

中国国民党人不断袭击厦门地区,这使得中共越来越觉得丢脸。国民党人的这种行动
可能增加了中共对金门采取报复性行动的可能性,使中国共产党人更有可能在大陈岛和马
祖列岛采取冒险行动。此外,中国共产党人对福摩萨空袭的可能性也在增加。

六、附录:福摩萨

1. 中国国民党人的力量①
2. 中国共产党人的力量②

DDRS, CK 3100219143—CK 3100219171

双惊华译,梁志、双惊华校

---

① 此及以下附录略去。——译注
② 原注:第27～33页未打印,E. O. 12356 1.3(a)(4)(5)。

中情局关于美国对台湾国民党政权的行动进程可能引发的国际反应的评估

（1954 年 11 月 2 日）

美国关于中华民国的行动进程可能引发的反应

（1954 年 11 月 2 日）

副本

中央情报局致国家安全委员会的备忘录

主题：美国关于中华民国的行动进程可能引发的反应（就像第 4～7 页第 1～3 段描述的那样，10 月 28 日国家安全委员会考虑过撰写相应的备忘录）

下面评估的是拟议中的美国关于中华民国的特定行动进程可能引发的共产党世界和非共产党世界的反应。分析是依照国务卿与副国务卿、中央情报局局长的谈话作出的，本评估仅供中央情报局内部使用，没有与情报咨询委员会的其他成员磋商。

假　　设

1. 不管联合国安理会针对沿海岛屿问题采取何种行动，美国都将会继续与中华民国讨论共同防御条约问题。

2. 在介绍联合国安理会决议之前或同时，宣布美国与中华民国就共同防御条约进行谈判的消息。

3. 中华民国政府赞同联合国安理会的决议，赞成共同防御条约中地理学意义上的固有限制。

评　　估

一、对联合国决议案的行动

1. 大多数非共产党国家可能会同意联合国讨论有关（共产党人）攻占沿海岛屿的问题。

2. 中国共产党人一直坚定地认为沿海岛屿是北平领土不可分割的一部分，不愿意将沿海岛屿的安排问题交由联合国讨论。然而,我们相信苏联人不会立即就决议投否决票,虽然这将会在中苏关系中制造一定的紧张。苏联人可能宁愿引导或建议将关于中国沿海岛屿问题的议案扩展到直接讨论这些岛屿和福摩萨的最终领土归属问题。除非议案经过修改包括了岛屿归属问题,否则苏联人定会行使否决权。如果议案包括了沿海岛屿归属问题,而没有关于福摩萨命运的内容,苏联人仍有可能使用否决权,但可能性比上一种情况要小得多。

二、共产党世界的反应

3. 共产党中国和苏联将会强烈谴责美台共同防御条约。我们相信,共产主义者仍坚守他们获得福摩萨控制权的基本目标,但他们可能企图通过颠覆而非军事活动赢得控制权。至于联合国决议,我们不认为该议案通过与否能够非常明显地影响共产党人对福摩萨的政策。

4. 我们相信,如果讨论的时间不超过 30 天,决议又即将出台时,中国共产党人可能不会攻击沿海岛屿。他们可能会推迟攻击时间,因为他们担心这件事可能会在全世界范围内引发强烈的负面效应,也不能肯定美国将作何反应。从那以后:

(1) 我们相信,如果对决议案的修正增加了关于岛屿的领土归属问题,尽管中国共产党人会继续发动小规模的袭击,但他们可能不会采取完全违反决议精神的行动路线。

(2) 不大可能发生的是,如果议案中没有包括岛屿的领土归属问题,中国共产党人破坏决议的可能性将会显著上升。

(3) ……①

5. 中国共产党人可能预测,美台共同防御条约(加上联合国决议或根本不存在联合国决议)可能不会在很大程度上改变福摩萨地区的力量平衡。所以,条约将不会促使中国共产党人大规模重新部署武装部队,不会明显改变他们在亚洲其他地区的行动路线。

三、非共产党世界的反应

6. 非共产党世界当然会有条件地接受条约。虽然世界上很多人和政府对蒋介石政权抱有一点同情心,但他们还是将对美国作出正式持久的承诺感到遗憾。如果条约的防御性质尤其是限制中国国民党人行动的条款能够确立下来的话,人们将会很快接受该条约。这样一来,美台防御条约和美国支持联合国关于沿海岛屿的行动将会被视为是受人欢迎的,人们会觉得美国并没有执行不计战争风险的危险政策。这将会被认为有利于缓和目前紧张的东西方关系。

7. 南韩人不会欢迎美国的新政策,因为这种政策意味着美国不再对共产党中国态度强

---

① 原文此处数行未解密。——译注

硬。印度人的认识截然相反,他们认为美国与蒋介石政府缔结条约是美帝国主义干涉亚洲事务的又一明证。东南亚的非共产党国家会把美国对国民党人行为的约束解释为美国抵抗共产主义决心的下降,但我们相信此事的重要性将主要取决于美国在该地区的后续政策。

8. 海外华人逐渐认为中国共产党人而不是国民党人执掌着中国的有效权力。美台缔约将会加强上述倾向。但是,海外华人是否会逐渐成为不稳定的源泉将主要取决于侨居国政府对他们的政策。

9. ……①条约将会进一步削弱蒋介石政权的指导原则和民心士气。对他们来说,进行相应的调整将会非常困难。中国共产党人颠覆福摩萨的可能性将会增加。台湾岛时局的发展主要取决于美国在新形势下对福摩萨政府采取何种政策。

DDRS,CK 3100233723—CK 3100233725

双惊华译,梁志、双惊华校

---

① 原文此处数行未解密。——译注

中情局关于中共针对美国在中国沿海岛屿某些可能行动路线的反应的评估

（1955年1月25日）

SNIE 100-3-55

共产党人针对美国在中国沿海岛屿某些可能行动路线的反应

（1955年1月25日）

绝 密

国家情报特别评估

问 题

　　评估中共对美国可能采取的某些行动路线的反应，主要针对总统1955年1月24日致国会的特别咨文和1955年1月24日众议院第159号联合议案，①特别是中共对美国下列行动路线的反应：（1）美国说服国民党人从除金门可能还有马祖以外的其他沿海岛屿撤军，并使用美国的武装力量帮助国民党人完成这种撤离；（2）美国使用美军帮助国民党防守金门或许还有马祖免遭中共袭击，并针对大陆的军队和装备采取适当的军事措施，限制这些力量直接用于支持共产党人的攻击，使联合国有关在该地区恢复和平与安全的行动路线决议悬而未决。

假 设

　　议会支持总统的要求。

---

① 原注：美利坚合众国参众两院举行国会会议，通过如下决议：兹授权美国总统，在他认为有必要确保和保护台湾和澎湖列岛免遭武装进攻时，使用美国武装部队，这项权力包括确保和保护该地区现在在友好国家手中的有关阵地和领土，采取他认为对保卫台湾和澎湖列岛来说必要的或适当的其他措施。当美国总统认定，通过联合国和其他组织采取的行动已确保该地区的和平、安全，该决议应终止，同时他应就此向美国国会作出汇报；议案名称为"授权总统在台湾海峡使用武装部队的紧急决议"。——译注

估　计

中共的反应

1. 中共将会坚持其一贯强硬的宣传立场,重申台湾、澎湖列岛和沿海岛屿问题都是中国的内政,将会敦促国际舆论声讨美国,强调美国干涉和侵略中国的企图和在远东制造紧张局面的妄想。① 同时,中共可能会将国民党的任何撤退行动解释为中共的胜利,表明国民党的软弱和美国支持的失败。这些主题可能反映中共在世界范围的宣传中。

2. 我们相信,在美国协助国民党卫戍人员撤退时,中共不会主动攻击美军,但也不排除发生严重突发事件的可能性。

3. 我们相信,即使国会批准条约和咨文,中共也会继续针对主要的沿海岛屿采取试探性行动以试探美国的意图。如果他们相信美国决心阻止他们夺取主要岛屿,以至于不惜攻击中国大陆目标或重新夺回丢失的岛屿,中共可能会在近期内放弃夺取岛屿的企图。但他们还是会坚持刺探和试图策反国民党卫戍军队。他们将继续努力在沿海岛屿及整个台湾和澎湖问题上使美国丧失信誉并孤立美国。②③

4. 中共会继续保持坚决占领沿海岛屿的决心。从长期来看,随着他们力量的增长,特别是如果世界和美国的舆论不利于美国采取强硬对策时,中共的行动可能会日益失去耐心和谨慎。不过,中共肯定会克制自己,避免采取那些在他们看来会导致与美国发生全面战争的行动,但仍存在中共对美国反应程度作出错误判断的危险。④⑤

5. 如果美国部队对中国大陆目标发起大规模进攻,中共可能会使用自己的全部剩余力

---

① 原注:国务院负责情报的特别助理认为,这一段除了表明中共怎样企图利用这一事件进行宣传外,还应评估他们在事实上会怎样打断这一进程。所以,特别助理在第1段开头写了这样一句话:"对历史上公认的侵略者持深深的怀疑态度的中国共产党人肯定会将这一行为当作是美国对抗、侵略共产党中国的又一铁证。"

② 原注:情报局副局长、参谋长联席会议主席、海军情报局局长认为这一段应该这样表述:"我们沿用了美国政策制订的惯例,在国会核准使用美军保卫台湾、澎湖列岛和我们认定在保卫福摩萨方面不可或缺的沿海岛屿的政策决议之前,在国会进行充分的讨论,这样会消除中共领导人对侵略这些地区后果的任何怀疑。在这种情况下,尽管中国共产党人能够迅速占领已撤出国民党武装力量的岛屿,但不可能袭击仍掌握在国民党手中的那些岛屿。他们肯定会继续努力争取在所有这些问题上质疑和孤立美国,同时密切关注留在国民党人手上的这些岛屿。从长时间来看,如果继续维持美国建立在此份决议基础之上的政策立场,中共可能想试探美国的真实意图。从近期来看,远东爆发战争的危险正在降低,而不是增加。"

③ 原注:国务院负责情报的特别助理和美国陆军情报局二部副参谋长都认为第3段应该这样写:"中共可能不会采取那些在他们看来将会导致与美国发生全面战争的行动,但他们不可能认为占领一座沿海岛屿,甚至在美国暗示承担该岛的防御任务时,就会导致这种全面战争的爆发。他们可能不会因为仅仅担心(美国)局部卷入而延迟自己进攻沿海岛屿的计划。因此,如果中共估计他们有能力迅速占领任何一个岛屿时,他们将有可能这样做。在任何情况下,他们都会继续自己的刺探活动,企图策反这些岛上的卫戍部队。"

④ 原注:情报局副局长、参谋长联席会议主席认为这段话的最后一句应这样表述:"尽管中共可能会克制自己避免采取那些在他们看来会导致与美国发生全面战争的行动,他们可能错误地判断美国的反应带来的局势。如果发生误判,美国反应的性质和程度大概应该足以阻碍中国在不久以后再次进行这种冒险。"

⑤ 原注:国务院负责情报的特别助理和美国陆军情报局二部副参谋长都认为,不管美国的保证和可能卷入与美国的冲突的危险如何,中共迟早都会对国民党控制的沿海岛屿采取军事行动,这不是中共误判的结果,所以他们认为本段的最后一句应该这样写:"他们不大可能采取自认为将会导致与美国全面战争的行为。但如果他们认为自己有能力迅速占领一个或多个有防御力量的岛屿,中共可能会企图这样做。"

量反击美国的进攻部队和美国用以发动攻击的那些基地。如果美国卷入与共产党中国的大规模战争,北平可能会全力促使中苏条约(的相关规定)付诸实施。苏联人肯定会企图将对抗限制在可控的范围内,但他们得出的结论将是,应该向中共提供任何看似必要的有限军事支持,以保持中苏同盟并防止中共政权崩溃。[①]

Fiche 37,Item 170,SNIE 100 - 3 - 55,The National Archives,US

双惊华译,梁志、双惊华校

国务院情报研究所关于中共在
台湾海峡活动的再评估

（1955 年 8 月 24 日）

IR 6974

再次评估中国共产党人在台湾海峡的活动

（1955 年 8 月 24 日）

秘　密

这篇报告的资料截止到 1955 年 8 月 23 日。

摘　　要

中共在台湾海峡的基本目标就是铲除中华民国政府，占领台湾和中国国民党人控制的其他岛屿，在中国内战中赢得共产主义的最终胜利，防止这些地区成为美国潜在的基地。然而，朝鲜冲突开始以来，这种目标的未来开始变得不确定起来。

因为近期无法实现占领台湾的最终目标，中共最近的活动好像主要是为了维持和推进对台湾的所有权请求；防止台湾海峡的局势得到国际社会的认同，因为稳定和得到国际社会承认的台海局势将会使未来中共借机铲除中华民国政府的活动变得极为困难；减少亚洲爆发大战的风险。中国共产党人极力保持这些政策之间的平衡，追求多项次要目标：（1）利用台湾局势将美国孤立于其盟国之外；（2）将国民党军队和美国军事装备牵制在一些不太重要、易受攻击的地区，以便将来可以使用中国的海空军和炮兵部队对其予以打击；（3）削弱国民党人的士气，损蚀美国防御台湾的决心；（4）加强中国大陆沿海地区的安全；（5）试探美国对中国沿海岛屿的意图；（6）最近，他们表现出愿意为了实现政治经济目标而缓和亚洲紧张局势的迹象。

为了追求上述目标，中共的活动不断变化。1950 年台湾危机之后他们一直在台湾海峡进行零星的军事行动。但是因为军事活动的规模有限，中共海岸地区也没有进行重大的军事建设，所以并不存在迫在眉睫的危险。

1954 年年中，局势发生了变化。中国共产党人发动了一场极具煽动性的"解放台湾"的舆论攻势，开始增强他们在中国东海岸的军事潜力。1954 年 9 月猛烈炮击金门，1955 年 1 月对大陈群岛的一江山岛发动进攻，引发了严重的危机。确实像中共鼓吹的那样，他们针对沿海岛屿发动的行动确实是攻占台湾本土的"垫脚石"。

1955 年 4 月万隆会议召开之前不久中共加强了他们的"和平"努力，台湾局势重新回归平静。他们舆论宣传的调门迅速下降，军事活动的水平降低，共产党人通过谈判缓和"紧张"的外交努力却在不断增强。不过，中共在海岸地区进行军事建设的步伐并未放慢。

1955 年初以来，周恩来和其他中共发言人发表了各种各样公开或私下的讲话，详细阐明了中共有关台湾谈判的观点。北平仔细区分了关于美国"干涉"问题的国际谈判和关于"国内""和平解放"问题的地方谈判。北平表示，它不会在国际论坛上就台湾部署的"国内"问题展开讨论，但愿意和作为"地方当局"的国民党人在国内论坛上进行谈判。他们暗示，谈判的目标应是：在国际上，撤销美国对台湾的军事保护；在国内，确保台湾回归北平的控制之下。

近几周中国共产党人的行为确实有助于台湾局势的实质性缓和，北平可能因此受到鼓舞，希望进一步通过双方一系列的让步和"真诚的姿态"缓和紧张关系。在他们看来，一系列让步可能通过谈判成为风气，大概能在外交部长级的会谈中使"紧张关系的缓和"形式化。

但事实上可以肯定，不管北平怎样鼓励缓和紧张关系，中国共产党人都不会讨论任何正式的停火协议或放弃在台湾海峡使用武力，因为这将否定共产党中国对台湾拥有"毋庸置疑的权利"或企图模糊地"冻结"台湾海峡的现状。北平最多在有限的非正式场合默许"两个中国"，希望逐渐削弱中华民国政府的地位，损蚀美国模糊地支持中华民国政府的决心，希望利用缓和紧张关系的契机为北平赢得政治和经济利益。

尽管北平希望避免与美国的战争，但不能保证北平目前的政策路线是永恒的。如果其他手段不能奏效的话，北平会继续计划使用军事手段最终夺取台湾。我们应该小心，不能把一切缓和紧张关系的努力都解释为中共放弃了他们的要求和目标。在正对台湾和国民党控制岛屿的大陆海岸地区中共的军事建设仍在紧锣密鼓地进行。毫无疑问，尽管北平认为在最近的将来他们没有足够的军事能力在美国反对的情况下攻占台湾，但他们可能估计他们有足够的能力占领沿海岛屿或使这些岛屿上的国民党守军不战而降。不论北平眼下在台湾海峡问题上作出怎样的"和平"举动，对国民党海空军的军事打击以及袭扰、侦察、拦阻直至全面攻击沿海岛屿的可能性依然存在。

一、中共的台海目标

中共在台湾海峡的基本目标就是除掉其竞争对手中华民国政府，占领台湾和中国国民党人控制的其他岛屿，在中国内战中赢得共产主义的最终胜利，防止这些地区成为美国潜在的基地。1950 年初这些目标是中国共产党人的即时目标，但它被朝鲜对抗和美国 1950 年 6 月 27 日的中立声明不定期地推迟了。

因为无法实现占领台湾的目标，特别是在朝鲜和印度支那停火之后，中共最近的活动和声明显示，他们正在致力于防止北平和台北的关系"冻结"成既成事实，那将会使未来中共借机铲除中华民国政府的活动变得极为困难。这种倾向不仅表现在中共军事和外交活动的模式中，也表现在北平对待一些建议的强硬反应中，他们对于包含承认"两个中国"内容或台湾海峡实现正式停火的建议均表示强烈抗议，因为这些建议都未能承认中国共产党人的要求。

中共希望立即在台湾海峡获得军事胜利的目标受到自身忧虑的限制，他们希望能够避免与美国的对抗或最多只在台湾海峡陷入这种对抗。不过，过去五年中中国共产党人对朝鲜的政策、在印度支那问题上的政策和他们在台湾海峡问题上的政策都表明，在"有利的"条件下或出于"重大"国家利益的考虑，共产党人会甘冒与美国及其盟国发生战争的风险而果断地采取行动。

中共在制定政策时既要阻止台湾海峡的局势稳定下来，又要减少爆发重大战争的风险，中国共产党人极力要在这些政策之间保持精确的平衡，在不同的时期企图：（1）利用台湾局势，通过提升战争威胁和企图加剧非共产党国家在台湾政策上的分歧等手段将美国孤立于其盟国和中立国之外；（2）将国民党军队和美国军事装备牵制在一些不太重要、易受攻击的地区，以便将来可以使用中国的海空军和炮兵部队进行打击；（3）通过炮击进程和看似漫长的战斗前景削弱国民党人的士气，损蚀美国支持国民党人的决心；（4）加强中国大陆沿海地区的安全，破坏或压制能够被国民党人用于发动游击袭击或进行间谍活动的基地；（5）试探美国在沿海岛屿防御方面的意图，探明这些岛屿是否被明确地纳入美国防御条约覆盖的地区。

在共产党人设计政策时，上述长期目标和短期目标与北平政权希望获得的其他目标不可分割。台湾海峡的斗争是中国共产党完成国内革命计划的组成部分，他们努力铲除潜在反对派、持不同政见者的残余力量，消除西方的影响，沿着苏联路线发展现代化工业经济和军事，建设"新"中国，从而使自己在亚洲不会受到挑战。因此，在台湾海峡问题和其他国内外政策发生矛盾和抵触时，中共不会以牺牲一方来换取另一方，可能的做法是改变实现具体目标的时间表或寻求在实现各目标方面的最佳平衡。本报告就是通过近期某些具体的迹象来分析他们时间表的某种变化。

二、北平在台湾问题上的立场

中共在台湾问题上的构想是歼灭蒋介石的"最后残余力量"，防止台湾作为美国的潜在基地，从 1950 年初开始北平将台湾问题视为中国内战的未竟事业。此间，北平一直坚持强调军事因素在"解放"计划中的重要性。

（一）进攻时间表

在总的框架下北平的立场相当灵活。从 1950 年早期中国共产党人的声明和媒体可以明显看出，他们将会立即进攻台湾，当年"任务"的重心就是占领台湾岛。朝鲜战争爆发后，特别是在杜鲁门总统 1950 年 6 月 27 日发布中立化命令以后，中共将自己的入侵计划不定期地延迟了。① 1950 年 8 月 24 日外交部长周恩来向联合国安理会指控美国"武装侵略"台

---

① 原注：导致中共不再确定精确时间的原因现在还不清楚。有一些迹象说明，该决定实际上在朝鲜进攻爆发前就已经作出，因为他们预见到，攻击台湾将会使远东局势大大复杂化。

湾,并保证在1950年余下的进攻气候适宜的季节中使台湾问题停留在外交层面而非使用武力的层面。此后,北平不再公开宣布进攻台湾的精确时间表。随后的舆论宣传也避免时间选择这一主题或含糊其辞地表示要"最终解放"台湾。

(二) 中共声明中的基本原理

1950年年中,中共在台湾问题上的基本原则发生了变化。在朝鲜战争爆发以前,他们将占领台湾仅仅合理地解释为内战中的军事目标。在杜鲁门总统中立化命令发布之后,北平在舆论宣传中越来越强调历史与尊重法律的表述,声称台湾"理应"属于中国,美国的中立化行动构成了国际侵略,干涉中国的内战,是对"和平"的威胁。

(三) 谈判与"和平解放"

随着1955年上半年以来局势的发展,中共的立场开始向后斯大林时代国际共产主义的"和平"口号转变。中国共产党和苏联官员越来越多地提到通过谈判"缓和"台湾地区的"紧张"以及"和平解放"台湾的可能性。周恩来在万隆会议上首次公开诠释了中共这一当下的立场,实际上以前中国人和苏联人的外交声明已暗含了这层意思,例如,苏联外交部长莫洛托夫1955年1、2月间会见英国驻苏大使海特尔(Hayter)以及1955年1月周恩来与联合国秘书长哈马舍尔德的会谈都包含了相关内容。

最能说明中共立场的是1955年5月13日周恩来向全国人民代表大会常务委员会汇报万隆会议时的发言。周恩来指出,台湾是中国领土,"解放"台湾是国内问题,但北平愿意与美国通过谈判来缓和美国"占领"台湾造成的"紧张"局势。周恩来补充说,共产党中国与美国之间不存在战争,因而谈不上停火问题。他明确表示,"不能有任何谈判哪怕在最轻微的程度上影响中国人民行使自己的主权……去解放台湾",北平不可能赞成中国国民党人参加国际会议。但是,周恩来指出,"中国人民愿意争取尽可能地通过和平方式解放台湾"。[①]

(四) 与以往立场的连贯性

中共反复指出他们的这一立场与以往并无不同。针对台湾的"和平解放"的意义以前就有过几次定义。北平把这种表述类比于1949年北平的"和平解放",当时的国民党军事指挥官向包围北平的中国共产党人投诚,随后在北平政权中拿到了工作清闲而报酬丰厚的高级

---

① 原注:1955年5月13日周恩来报告的相关段落已经被中国共产党发言人经常引用,作为阐述中国共产党对台湾政策的权威性声明:"台湾是中国的领土,生活在台湾的人民是中国人民,中国人民解放台湾是中国的内政,美国侵占台湾造成台湾地区的紧张局势,这是中美之间的国际性问题。这两个问题不能混为一谈。中美之间并不存在战争,因此谈不上停火问题。中国人民对美国人民是友好的。中国人民不希望与美国开战。为了缓和台湾地区的紧张局势,中国政府愿意坐下来与美国政府谈判。至于谈判的形式,中国政府支持苏联召开十国会议的建议并愿意考虑其他方式。但是,不能有任何谈判哪怕在最轻微的程度上影响中国人民行使自己的主权——即解放台湾这一公正的要求和行动。同时,中国政府在任何时候都不同意蒋介石集团参加任何国际会议。中国人民解放台湾有两种可能的方式——战争方式与和平方式。只要可能,中国人民愿意争取通过和平方式解放台湾。"

职位。① 周恩来暗示,北平愿意在纯粹的国内层面上同国民党谈判,这种谈判的唯一目的是将台湾转交中国共产党人手中。他甚至暗示,可以为蒋介石在北平提供一个很高的军事职位,以此作为台湾投降的代价。② 但北平所有的讲话都表明,在北平的计划中最主要的还是继续强调"解放",要么通过直接的军事行动,要么是通过直接的军事威胁促使对手投降。

关于同美国谈判的问题,北平同样继续坚持其一贯立场。1950 年以来北平注意将台湾问题的国际方面限制在美国的"侵略"和"干涉"问题上。1950 年 8 月周恩来向联合国提议,指控美国"侵略"。随后,伍修权将军作为北平代表参加了联合国的讨论,仅仅复述了这些指控,主张台湾地位问题是纯粹的中国内政。同样,1955 年 1 月新西兰向联合国安理会提交了要求讨论台湾海峡问题的提案后,中国拒绝参加联合国讨论,仅仅同意参加苏联关于美国在台湾地区的"侵略行为"提案的讨论。中共其他关于可能进行谈判的各种各样的讲话也局限于这样一种表述,声明他们愿意讨论美国"侵略"、"入侵"或"干涉"造成的"紧张"局势。北平利用一切场合排除使台湾成为国际讨论主题的可能性。

在该问题上,北平唯一灵活的地方表现在可能进行的会谈形式上。北平在不同的时间里暗示,他们能够接受联合国、类似莫洛托夫 1955 年 2 月建议的 10 国会议或双边会议等形式。在 1955 年 1 月的联合国安理会会议上,中国国民党代表团的出现和获得充分授权的中国共产党代表的缺席被北平视为一系列联合国谈判的严重障碍。但 1950 年同样的局面并没有被当作阻止伍修权出现在联合国会场上的足够理由。

(五) 沿海岛屿

国民党占领的沿海岛屿(现在将范围缩小在金门和马祖列岛)问题非常重要,但从 1954～1955 年开始中共对此却较少给予关注。北平坚持沿海岛屿和台湾一样都是中国的一部分,对这些岛屿的攻击是为了防止美国人永久"占领",制造"两个中国"和阻止共产党中国"解放"它自己的合法领土。

(六) 结论

1950 年以来中共在台湾问题上虽然没有改变其立场的实质,但立场的变化还是具有重要意义的。北平不再为"解放"台湾任务制订具体的时间表,宣布要将夺取台湾建立在尊重法律和道义的基础上,而非通过军事手段强行占领,这使其要求合理化,为他们在国际上赢得了越来越多的政治收益。很多中立国从他们拥护"谈判"的姿态中看到其"热爱和平"的本质。同时,北平主张将沿海岛屿作为继续发动军事行动的舞台,而且这种军事行动的范围具有高度的灵活性,从而防止台湾问题冻结为既成事实,并造成他们要定期制造危机的氛围,

① 原注：这种类比由郭沫若在共产党人倡议的新德里万隆会议预备会议和周恩来在万隆会议上作出表述。
② 原注：这是周恩来在万隆会议的评论,第一次表示中国共产党人可能会特赦包括蒋介石在内的"战犯"。但这种表示并非绝对空前。1950 年,有报道称,蒋介石曾经收到过张治中——一位前国民党领导人,后来与北平政权合作——的建议,给蒋介石一个流亡的机会,如果蒋介石愿意将台湾交到中共手中,允许蒋介石带着他的财产和家人流亡。

以此来激励自己"和平"目标的达成。

三、台湾海峡的军事活动

北平在台湾海峡的目标反映在其军事活动的模式方面。如上所述,1950 年中共为入侵台湾制造的台湾海峡危机最后得以平息是因为朝鲜对抗和杜鲁门总统 1950 年 6 月 27 日签发中立化命令、第七舰队进入台湾海峡。在随后四年里,他们继续在台湾海峡进行零星的军事活动,但是因为军事活动的规模有限,中共海岸地区没有进行类似 1950 年初的大规模军事集结,中共舆论减少了尽早"解放台湾"的威胁,所以这几年不存在迫在眉睫的危险。

1954 年年中局势发生了变化,印度支那休战后,中国共产党人发动了一场极具煽动性的"解放台湾"的舆论攻势,开始增强在针对台湾和国民党控制沿海岛屿的中国东海岸地区的军事潜力。中共在 1954 年 9 月猛烈炮击金门,1955 年 1 月又利用战术空中支持对大陈群岛的一江山岛发动进攻。中共舆论夸耀说,针对沿海岛屿发动的攻势是攻占台湾本土的"垫脚石",从而引发了严重的危机。就在万隆会议召开之前,中共加强了他们的"和平"努力,台湾局势重新走向缓和,威胁台湾的舆论宣传调门迅速下降,军事活动的水平降低,通过谈判缓和"紧张"的外交努力却在不断增强。但是,中国在海岸地区的军事准备的步伐并未放慢。

如前所述,中共在台湾问题上立场的变化不涉及本质问题。考察有关台湾地区军事活动的相关资料,就可以发现该地区军事领域和其他活动的相似性、连贯性。我们要特别关注以下因素:

(1)1949 年中共掌握了中国大陆的统治权以来中国东南海岸地区冲突不断。

(2)1954 年 9 月以前双方控制的岛屿不断发生零星的炮击交火事件,国民党人袭击中国大陆,并偶尔拦截海岸商船。至 1954 年 9 月,国民党控制的岛屿缩减到了大陈、南麂山、马祖和金门群岛。

(3)1954 年 9 月 3 日零星交火的模式突然中断,中共猛烈炮击金门。1955 年 1 月中国共产党人第一次在该地区使用战术空军部队,对大陈群岛的一江山岛发动进攻。

(4)另外,该地区持续的活动和以前有很多类似之处,但在下列方面出现了新的发展:炮击变得密集频繁;双方都使用喷气式飞机;国民党海军和共产党海军第一次交战;双方都着手进行军事准备。从大陈和南麂山撤退之后,国民党控制的岛屿缩减到马祖和金门,只有金门卷入了炮击战斗中。

(5)9 月 3 日的炮击看起来是由中国共产党人进行的,但在接下来的几天,国民党以炮击、海军炮火和空中炮击相回应。所以,没有确切的证据表明,在日常的炮击活动中,究竟是哪一方一直在采取主动。在万隆会议即将召开之际,大多数炮击好像是由国民党人主动进行的。

(6)1955 年军事活动逐渐减少,但该地区的军事准备却在逐渐加强。共产党人的军事准备是广泛的,包括加强防空能力、修建炮兵掩体、改善运输和交通状况、加快机场建设和完善计划。国民党人的准备一直是有限的,主要是强化金门与马祖列岛的力量和防御能力,包括在重要岛屿的通道上埋设地雷。

(7) 1954 年 7 月日内瓦会议刚刚结束后不久,共产党人突然加强了对台湾和沿海岛屿的舆论攻势,直至万隆会议即将召开时,这种舆论战才从很高的级别与调门上降下来。目前,处在一种极低的层面上。

四、中共台湾政策中的国内因素

旨在最终实现中国大陆工业化和社会主义化的中共国内建设计划和旨在最终占领台湾并铲除残存的中华民国政府的中共台湾政策之间在几个层面上相互矛盾。但在北平眼中,国内的工业化建设项目和占领台湾的目标并不冲突,而是一个重大目标的相互关联的两个侧面,那个目标就是:将中国大陆改造成为广受国际社会主体认可的社会主义社会,其军事和经济力量足以反击任何"帝国主义"威胁。

中华民国政府的政策仍然是继续骚扰、拦截沿海的过往船只,鼓励沿海地区的游击和特务活动,为中国大陆的持不同政见者和叛乱者秘密提供支持。尽管目前这种政策的影响主要是地方性的、微不足道的,但只要这种袭扰活动一天不停止,就将会消耗中共很大一部分潜在的经济力量。进一步来说,中共需要采取军事措施应对这种袭扰,对国民党控制的沿海岛屿保持一定的压力,准备最终攻占台湾,这些会与中共计划的纯粹经济层面争夺本已匮乏的资源和技术。

但从另一方面来说,铲除台湾的中华民国政府的战役也为国内的共产主义建设创造了有利的环境。他们称国民党人是无能的、笨拙的和罪恶的,将他们说成是美国的走狗,使他们成为中共计划失败和弊端的替罪羊,为北平提供了统一和反西方的理由。这场战役同时成为中共建设所需的一种合理化因素,有利于北平保持良好的发展节奏,集中注意力和养成节约的风尚。

在过去的时间里,北平进行的两项重要的国内宣传活动都与国民党人有关。直到万隆会议召开前不久,北平一直利用"解放台湾"战役解释不同的国内政策,从企图获得西藏教会人士的效忠到加快土地集中的步伐等等。

同样,镇压"反革命"运动也具有多方面的功用,包括共产党高官(高岗和饶漱石)、左翼知识分子("胡风集团")、农民、工人、工程师等没有达到政权所要求的高标准行为的人,甚至包括普通的罪犯和贪污腐败官员都在运动中被一并镇压。在共产党人的宣传中,所有这些"反革命分子"都有一个共性——写明的或是未写明的——即有"资产阶级成分和思想",所以他们对蒋介石集团和他的美国"主子"极为有用。中国共产党人无论何时,不管因为台湾海峡问题造成的国际紧张的程度如何,他们利用中华民国政府的宣传及其政策都有利于在国内制造紧张氛围。

相对而言,在北平政权的对台政策上,国内因素比军事和道义因素使其更加自由。在国内舞台上，没有其他任何一个因素能够比"解放台湾"运动更加重要，也没有任何一个非军事因素能够限制针对台湾和其他岛屿可能采取的行动。如果与国内建设的冲突尚未激化，北平的台湾政策对实现其经济建设目标具有很大意义。显而易见，在工业化建设的初期阶段，北平更愿意缓和而不是激化亚洲的紧张局势。但同样明确的是，北平也不会牺牲自己的重要目标来获得这种相对缓和的氛围。他们甚至会在国内积累尚未完成之前情愿冒战争风险上升和紧张局势加剧的风险，前提是这样的冒险可能使他们获得重要的国际利益。

五、国际因素和中共的台湾政策

尽管北平明确表示台湾是纯粹的中国"国内"问题，但台湾问题仍是中共国际关系中的核心因素。台湾问题是它与美国关系的焦点。联合国代表权问题和国际承认问题也与此有关，因为中华民国政府也坚持自己的要求且和一些国家还保持着领事及外交关系，而另外一些国家愿意与北平的关系"正常化"。台湾问题是北平与亚洲中立国和一些亲西方国家关系的中心问题，这些国家急于居中调停，防止台湾局势恶化和战争爆发。最后，虽然台湾问题对北平极为重要，但对苏联意义不大，这可能会提供一个考验中苏同盟和伙伴关系的机会。

在这些因素中，最为重要的就是北平与中立国的关系（进一步促进共产主义"和平"运动是中共台湾政策的辅助性目标）以及北平与苏联的关系，这些关系的发展变化将成为共产党中国与中华民国和美国通过军事力量进行摊派的主要原因。

（一）与中立国的关系

北平利用台湾问题和大部分亚洲中立国在台湾问题上基本同情北平的立场进一步服务于自己的目标，鼓励、利用和滥用亚洲的中立主义。特别是在万隆会议上周恩来极为成功地说服了很多亚洲国家，使他们相信共产党中国在本质上是"讲道理的"和"爱好和平的"。如前所述，"讲道理"和"爱好和平"不会牺牲北平在台湾问题上的根本立场和目标。北平机动灵活的策略确实取得了成功，但也使它承担了责任：建议继续进行谈判和暂时控制重大的军事行动，以免有损万隆会议的胜利果实。但是，这并非是一种永久的责任。北平可以在事先不提出任何警告的情况下将强调重心从进一步的中立主义这一补充目标转向占领台湾这一主要目标。这种转变会使它丧失与很多中立国的友谊。这种损失是否会持续下去令人怀疑，特别是当我们考察朝鲜冲突的历史时可以看到印度最初是站在大多数联合国成员国一边的，为联合国军提供了一个救护部队，但后来其立场转向了中立。在停战期间，特别是在战俘交换阶段，共产党人一直企图利用这种中立立场。

如果将北平与中立国和其他试图调停台湾争端的国家打交道视为一种能够迫使北平将目前的相对军事暂停长期化或者能够接受协商妥协的解决方案的因素，则是错误的。同时，北平不可能仅仅出于掩饰其在台湾问题上的立场这一目的就花费很大精力来赢得中立国的支持。北平不大可能牺牲自己潜在的收益来换取它与亚洲中立国的友谊，除非这样做能够确保他们在实现其主要目标——铲除中华民国政府,占领台湾和其他国民党人控制的岛屿——方面有更多的收获。

(二) 中苏关系

在评价中共对台湾海峡的活动时最为关键的因素可能就是中苏关系。离开苏联的援助,北平无力发动进攻,甚至无法对台湾和国民党控制的其他岛屿构成明显的威胁。在最近的这次危机中,通过在"峰会"召开前不久制造和缓和台海危机,苏联获得了巨大的国际利益。然而,我们现在不清楚,苏联的建议和指导在多大程度上对制造危机和缓和危机这两种形势的发展进程起到了作用,苏联领导人能够在怎样的程度上允许或希望危机加深或缓和。我们相信,苏联人或许希望像朝鲜冲突一样,共产党中国和美国能够打一仗而苏联没有直接卷入。苏联领导人或许也希望能将国际紧张局势控制在不爆发战争的临界状态,防止北平和美国再次接近。另一方面,苏联领导人可能也愿意使台湾地区的紧张局势缓和到足以消除战争危险甚至于北平与美国能够讨论双方的外交与贸易关系问题的程度,这可能有助于中共的国内建设。

关于上述问题的证据不太充分。苏联一直向北平提供战争所需的力量,使之有能力在台湾海峡地区产生重大的军事威胁。它为共产党中国配备了现代化的飞机——从军用飞机的数量上看,共产党中国已成为世界第四大国——和海军的核心装置。根据报道,在"峰会"召开前夕苏联增加了对共产党中国的海军援助,提供了驱逐舰、潜艇和其他舰船,总量或许是以前中共海军接受援助的两倍之多。我们不知道这种苏联的援助主要为了激化台湾地区的紧张局势还是出于维护和强化中苏同盟的需要。但考虑到苏联对共产党中国经援的有限性,我们必须假设苏联向北平提供慷慨的军事援助——不管是赠予、贷款还是现金——至少表明苏联部分同意中共在台湾海峡地区的军事政策。

从北平的角度看,苏联对共产党中国公开的和外交辞令上的支持给北平留下了很多想像的空间,我们可以从中共不断的暗示中看出,他们比苏联发言人更愿意公开阐述战争爆发情况下的苏联军事义务。不过,苏联人不断重复并在每一个重要关头表示"支持"北平,将台湾问题写入近期的重要文件中,例如在赫鲁晓夫代表团访问贝尔格莱德之后的苏联-南斯拉夫公报和尼赫鲁访问莫斯科之后的苏联-印度公报。苏联人在作出军事承诺时较为克制,特别是在"高级首脑会议"即将召开之际,他们更多地强调使用"和平"手段。这可能表明一种限制苏联作用发挥的意向,但也同样很好地说明了经过仔细评估的中苏世界战略的部分内容。

从某种意义上说中苏在外交领域的合作并不全面。例如,苏联人明显不清楚北平是否能够接受新西兰向联合国安理会提交的关于解决台湾问题的讨论议案。另外一个事例就是在值得回忆的旧金山联合国会议上,在就台湾问题上的谈判和联合国作用的发挥等问题上苏联的立场没有中国共产党明确,苏联人同意由联合国出面处理台湾"回归"共产党中国可能性的问题,而不是单单提出美国"侵略"一事。在最近的一些场合,包括布尔加宁在日内瓦讲话在内的苏联领导人的发言都非常含混,远没有中国共产党人在同样情况下的表述清晰,他们仅仅承认共产党中国对台湾拥有"无可争辩的权利"。双方缺乏密切合作,这一方面证明了中苏关系的本质,在涉及到另一方的问题上每一方都拥有战术上的自由,另一方面也表明了苏联在台湾问题上的政策和利益更为灵活。此外,虽然证据不太充足,但是这可能也反映了一种倾向,即苏联人越来越希望和平解决台湾问题。

总之,我们能够得出的合乎逻辑的结论是:

（1）在复杂的中苏关系中,共产党中国不是苏联的卫星国,任何一方都不能完全自由行事。苏联和共产党中国通过意识形态纽带紧紧地捆在一起,拥有共同的观念,对外部世界特别是美国极为仇视,在军事和经济上相互依赖,这既包括共产党中国的人力资源和在亚洲的战略位置,也包括苏联的工业水平和核潜力等。在这种情况下,维护和强化中苏同盟就成为双方的重要目标,偶尔也可能以牺牲一方的局部利益为代价。

（2）远东绝大多数重大的共产主义国际计划都由北平和莫斯科合作完成。在有关亚洲的战争与和平的决策上,莫斯科的决定权可能更大,因为它控制了部队的补给、军火、核武器和技术指导。

（3）但是,相当明确的是双方仍保有相当的战术自由。例如,在双方都能接受的目标框架下,中共的外交活动（就像在万隆会议上）和苏联的外交活动（就像在旧金山和日内瓦会议上）可能是独立的,或许只是在事后进行一些临时的磋商。同样,尽管如果可能的话,中共不会在不与莫斯科磋商的情况下就贸然在台湾海峡采取重大的军事行动,但莫斯科不可能预先知道中共在台湾海峡所有的军事行动。

（4）在具体的台湾海峡问题上,与莫斯科相比,北平的利益更为迫切和直接,所以北平可能愿意冒更大的风险来达到自己的目的。在这种情况下,从理论上讲,在战争与和平问题上北平的战术独立可能使它不再听从莫斯科重要但无意义的指挥。事实上,苏联有时企图在西方世界制造这种印象,让西方人以为是苏联制约着中国共产党人,防止后者挑起冲突。但北平肯定认识到这样一个事实,在任何对抗局势发展的过程中是北平而非莫斯科在承受着美国对策的冲击。尚无迹象表明在没有得到苏联首肯的情况下北平曾有过不计后果的疯狂之举。在共产主义在亚洲发动的重大侵略——朝鲜冲突——之中,苏联人的计划最初没有对中国共产党人起到主导作用,有一些证据说明,中国共产党人不愿全面卷入朝鲜事件。

六、未来中共的行动路线

（一）和平姿态与谈判

1954年下半年,共产党人制造的沿海岛屿危机导致举行某种形式的谈判以解决危机并长久缓和紧张局势的国际要求急剧上升。作为这次危机的一个后果,中国共产党人至少收到了美国对其试探活动的部分回应,大大减少了在该地区进一步试探美国的必要性。如上所述,值此之际共产党人作出了某些"和平"的举动:军事活动逐渐减少,回到了进攻一江山岛和炮击金门之前的水平上；关注台湾海峡的舆论宣传急剧减少；共产党人暗示对通过某种形式的国际谈判来解决台湾地区的"紧张局势"感兴趣。在万隆会议上，周恩来表示共产党中国准备直接与美国谈判，通过该讲话将上述"和平"举动公之于众。不管是有意还是无意，这些举动对共产党中国来说代价不大，共产党人狡猾地利用了人们缓和紧张局势的普遍愿望，而这种紧张局势恰恰是共产党人主动挑起沿海岛屿危机的结果。

与共产党人"和平"姿态相伴生的是北平继续计划最终攻占台湾，不管是以和平的方式还是以别的方式，他们继续拒绝在台湾地位问题上作出让步，并将该问题与台湾海峡的"紧张"局势问题区分开来。在8月1日日内瓦大使级会谈开始之际北平的宣传再次要求中共部队"积极准备解放台湾"。不过从总体上讲，共产党人允许台湾局势明显地走向缓和。

在最近的行动中，北平对涉及"主权"的细微问题异常敏感，对指控他们可能屈服于"压力"的说法非常小心。中共继续攻击美国想要从"实力地位"出发进行谈判的建议或美国希望达成"两个中国"解决方案的意见。在与梅农、哈马舍尔德及其他人的讨论中，在日内瓦会谈上，中国共产党人一直希望给人留下这样一种印象，缓和紧张局势的最佳途径不是威胁或承认现状，而是双方做出真诚姿态和一系列的让步。中国共产党人一直试图宣称自己主动采取了这种姿态，例如最近释放11名在押美国飞行人员就是明证。在中国共产党人看来，他们最终的让步就是谈判，推测起来这大概就是指外交部长级谈判，从而正式实现"紧张局势的缓和"。由于采取这些策略，中共准备谈判的进程非常缓慢，不愿意在哪怕非常微小的条款上进行让步，除非他们可以和西方进行等价交换。由于很少与媒体接触，他们希望从每一次接触和让步中获取最大利益，外交建议因此进一步受到阻滞。在释放美国飞行员事件上，北平可能希望给哈马舍尔德、梅农或许还有吴努和英国人留下这样的印象，每个人都在赢得释放的进程中扮演了主要角色。

中国共产党人可能从杜勒斯国务卿及艾森豪威尔总统最近的公开声明中得出结论，美国可能寻求达成在台湾海峡地区拒绝使用武力的协议。目前出现了一些相互矛盾的迹象，有些谣言甚至是由中国共产党外交人员传出的，暗示北平可能正在根据自己的条件为达成这种协定做准备。中国共产党人拒绝使用武力的承诺可能仅限于国际事务，不涉及"解放"台湾的"国内"事务。或许北平会走得更远，将拒绝动武这一条款具体应用于台湾，条件是美国必须对中国共产党人的要求作出重大让步。7月30日，周恩来向全国人民代表大会汇报，"只要条件允许，中国人民准备寻求通过和平手段解放台湾"。可以肯定，中共的条件将包括：美国撤出在台湾海峡的军事力量，抛弃蒋介石政府，留下一个更容易通过颠覆手段而实现最终占领的台湾。

迄今为止，北平对放弃使用武力的反应一直非常模糊。它始终表示，美国放弃使用武力的主张和美国继续承担防御台湾的义务不一致。在美台共同防御条约的框架下，美国仍会保卫台湾免遭中共攻击。在《人民日报》最近的社论中，北平表示中国共产党人决心不会"在威胁使用武力面前终止对他们自己的领土（即台湾）行使他们的主权"。

但是，从近来中共机动灵活的举措可以看出，不管北平怎样鼓励进一步缓和紧张局势，中国共产党人都不会签署任何正式的停火协定或正式放弃在台湾海峡使用武力。当不承认共产党中国对台湾拥有"毋庸置疑的权利"或企图模糊地"冻结"台湾海峡的现状成为解决之道时,中共是不会同意这些折中的办法的。尽管如此,最近几周共产党人的军事和外交活动确实促使台湾海峡的紧张局势出现了实质性的缓和,东西方的进一步接触还有可能继续缓和紧张局势。

苏联在这种缓和中可能起到的作用仍不甚明朗。莫斯科曾经表示,希望苏联集团与非共产党世界的关系出现全面缓和。7月31日苏联外交部长莫洛托夫公开表示,他的政府就台湾局势发出"警告"。此后苏联的努力和讲话表明苏联似乎希望消除该地区的紧张局势,虽然没有必要消除这种紧张。我们相信,莫斯科希望将台湾问题作为谈判的主题,主要的努力有:(1)建议联合国安理会讨论该问题;(2)建议召开针对台湾问题的10国会议;(3)赞同周恩来举行美国-共产党中国双边会谈的建议。

尽管苏联人希望将台湾问题放在外交领域来解决,但莫斯科一直表示完全赞同和支持北平在该问题上的立场。苏联部长会议主席布尔加宁在7月18日日内瓦会议上的公开讲话中呼吁"在承认中国对该岛具有毋庸置疑的权力的基础上"解决台湾问题。苏联人的心中可能有一个暂时妥协规则,这将延缓台湾问题最终解决方案的出台。很显然,共产党人将台湾问题看作分裂东西方的核心问题之一;进一步来讲,在任何涉及北平与美国的谈判中,不管共产党中国采取何种外交立场,莫斯科都将会继续给予坚定的支持。

(二)未来的军事行动

1950年年中以后共产党人的行动充分说明北平已认识到了这一任务的艰巨性,任何进攻台湾的行动都将面对美国的反对。此外,迄今为止北平针对台湾的颠覆和鼓动叛变的计划收效甚微,中共也认识到在目前的局势下通过偷偷摸摸的手段占领台湾是不现实的。最近几个月北平的活动表明,他们希望形成这样一种局面,使其能够不规定期限地延迟对台湾的进攻,同时又不会构成中共放弃对台湾的要求。此外,北平致力于进行长期军事建设,其部分目标是在未来某一天,在有利的时局下,中国共产党自己有能力占领台湾。现在还不清楚北平的这种计划是否明确地分成了若干阶段,但中共显然希望最终占领台湾,如果可能的话将采取外交手段,否则就将使用军事与颠覆相结合的混合手段。

有关沿海岛屿的局势则截然不同。毫无疑问,北平认为目前它自己拥有足够的人力物力资源,能够在仅面对中国国民党人反抗的情况下占领任何一座沿海岛屿。北平可能进一步估计即使面对美国的反对,如果美国这种反对不是迅速或有效的,共产党人也有能力占领其中的一些岛屿。共产党人全面进攻沿海岛屿想法的主要障碍来自美国干预的危险,因为这种举动有可能导致美国对中国大陆目标进行破坏性的打击。

在沿海岛屿问题上,另外一个进入中共考虑范畴的因素是国民党人的位置极易遭到空中、海上和炮击活动的拦截。中共也许认为,仅仅通过这些拦截可能就会使一些主要岛屿难以防守,甚至不出动两栖进攻部队就能迫使国民党军队撤离。进一步来说,即使这些拦截活动失败,也能保持这些岛屿事态的严峻程度,使国民党人耗费巨资——这种形势的发展变化可能比预想的还要有利于中国共产党人——因为这将继续把国民党军队的很大一部分主力困在这些沿海岛屿之上。目前中共致力于改善针对金门和马祖岛的中国大陆沿海地区的补给状况,加强炮兵力量,加快机场建设,这种努力将使未来中共可能进行的拦阻活动的力度更大。

在可预见的将来,只要台湾仍处于美台防御条约的保护之下,中共可能就不会企图发动对台湾的侵略。进一步来说,在近期共产党人可能不会试图进攻沿海岛屿,他们可能更愿意采取制造摩擦、拦截和偶尔袭扰的策略来削弱国民党人的防御决心,降低美国可能的反应力度。但在任何时候,只要局势相当明朗地表明美国将不参与某座沿海岛屿的防御时,共产党人即刻发动攻击的危险就会大大增加。除非与大陈岛战役的进程一样,在美国决定继续采取超然的态度时,有迹象表明国民党部队才可能紧急撤离。

上述中共可能采取的军事行动与中共希望看到台湾海峡局势有限缓和的估计并不矛盾。中共虽然明确表示台湾和沿海岛屿都是中国的一部分,但他们认识到大多数非共产党国家在沿海岛屿问题上比在台湾问题上更支持他们,更愿意他们进攻这些沿海岛屿而非台湾,特别是在美国对此问题没有表态的时候,他们的机会更多。

(三) 结论

中共台湾海峡政策的两难在某种程度上源于他们两个短期目标之间的冲突：削弱中华民国政府,保持和提高共产党对台湾和其他国民党人控制的岛屿的要求;避免在远东挑起战争。中共认为,要在这些目标之间寻求平衡,就必须避免让别人怀疑他们屈服于美国的压力之下或他们害怕战争的危险。同时,中共希望通过主动发起"和平"斗争,在精打细算的折衷、让步和全面的协调方案之间获得最大的收益。中国共产党人的政策算计极为复杂,共产党人决心不作过分的妥协,避免危害他们的长期目标——沿着苏联路线建设"新"中国,发展现代化的工业经济和军事建设,并牢牢地控制住包括台湾在内的传统的中国领土。

因此,中国共产党人的活动不可避免地包含三个方面的内容：(1) 通过宣传、外交和可能的周期性的军事活动在一定程度上维持台湾海峡的局部紧张,防止目前局面的长期化,避免"两个中国"趋势的发展;(2) 在一些对中共次要的目标上(例如美国公民在中国的处境问题),通过谈判、故作姿态和妥协全面缓和亚洲地区的紧张局势;(3) 继续在中国大陆加快军事建设的步伐,特别是在针对台湾的海岸附近地区加强力量,同时继续努力,暗中破坏中华民国政府,摧毁台湾的士气。

在不久的将来中共政策的重心将可能转向利用业已赢得的亚洲紧张局势的缓和来推进自己的政治经济目标。例如,因为他们在最近一些类似于万隆会议和日内瓦会谈的场合采取了"合理的"立场,中共可能希望他们在联合国代表权问题上取得进展,中国国民党人将会因此付出代价。同样,北平可能希望重提放松针对共产党中国的贸易禁运的国际要求,从而给中国国民党人的闭港政策制造困难。北平可能还希望通过这些手段阻碍或防止"两个中国"被人接受。近来有证据表明,北平可能愿意在关于国际社会承认"两个中国"的问题上付出有限的代价,以此来缓和紧张局势,避免战争爆发,因为北平希望逐渐损蚀中华民国政府的立场,降低美国明确支持该政府的意愿。

但我们无法保证北平目前的政策重心能够长久地持续下去。过去中国共产党人不太相信通过非军事手段能够实现自己的领土目标;毛泽东的意识形态对政治因素与军事因素的相互作用问题认识得非常清楚。毛泽东认为,在中国共产党人实践经验的基础上,不管软化敌人的政治措施是否奏效,最终只能通过武力赢得战役胜利。只要中国大陆由共产主义者统治,而台湾由非共产主义者占领,台湾海峡紧张局势的永久缓和就不可能实现。

双惊华译,梁志、双惊华校

国务院关于中共在某些沿海岛屿展开军事行动可能性的评估

(1956 年 4 月 10 日)

SNIE 100 - 4 - 56

中国共产党人对某些沿海岛屿展开军事行动的可能性

(1956 年 4 月 10 日)

秘 密

1. 在第 13 - 56 号国家情报评估中①,我们估计:

只要美国维持对国民党人的承诺,中国共产党人就可能无意进攻台湾。几乎可以肯定的是,他们将对沿海岛屿采取试探性行动。只要中国共产党人确认美国不会使用自己的力量保卫这些岛屿,他们就可能企图攻占这些岛屿。如果北平的军队成功占领了国民党人控制的沿海岛屿而未遭到美国军事报复,他们就会加快进攻台湾的步伐。

现在我们认为这一估计仍然有效。中共几乎肯定继续把控制沿海岛屿作为其行动目标,并有能力在事先不发出警告或几乎使对方无法警觉的情况下对这些岛屿发动突袭。

2. 中共可能认为对金门和马祖列岛的主要岛屿发动大规模的正面攻击可能会遭到顽强的抵抗,引发美国的干涉,并损害北平在其他地方的"和平"姿态。但对于像乌丘和阴山这样防御薄弱、战略意义不太大的岛屿,中共可能觉得如果他们进攻这些岛屿,引发美国人干涉的可能性不大,对北平的"和平"姿态造成的损害也要小得多。

3. 在这种局势下,我们认为在未来六个月左右的时间里,中国共产党人企图夺取一些无足轻重的沿海岛屿的可能性不超过 50%。但是,如果此间中国共产党人估计自己正在通过其他方式使其公开宣布的外交政策目标取得重大进展的话,我们相信上述攻击行动出现的可能性将会减小。

Fiche 42, Item 188, SNIE 100 - 4 - 56, The National Archives, US

双惊华译,梁志、双惊华校

---

① 原注:NIE 13 - 56 于 1956 年 1 月 5 日公布,题为"1960 年的中共力量和可能的行动路线"。

中情局关于台湾海峡地区的可能发展的评估

（1958 年 8 月 26 日）

SNIE 100 - 9 - 58

台湾海峡地区的可能发展

（1958 年 8 月 26 日）

秘密

SNIE 100 - 9 - 58 特别情报评估被批准解密的日期为 2004 年 5 月。

问　　题

评估未来几个月台湾海峡地区的可能发展，特别关注（1）中共力量，（2）中共的行动路线，（3）中国国民党人的行动路线，（4）在中国国民党和/或美国采取措施维持对沿海岛屿的控制面前中共的可能反应。

结　　论

1. 我们相信共产党中国将它在台湾海峡的军事压力逐步升级，主要是为了试探美国和中华民国在沿海岛屿的意图。共产党中国可能希望由此引起的紧张局势的升级能增强对国际社会的压力，迫使国际社会接受共产党中国参与世界决策，阻止局势向着任何接受事实上的"两个中国"的趋势转变，特别是如果美国看起来不愿意在控制沿海岛屿问题上采取强硬措施的话国民党人的士气将因此更加低落。（第 13~18 段）

2. 考虑到美国承诺防御台湾，同时我们估计无论是中共还是苏联目前都不愿冒大战的风险，我们相信，至少在未来 6 个月中国共产党人将不会试图占领台湾或澎湖。（第 19 段）

3. 尽管中共可能冒险对重要的沿海岛屿发动突袭，但我们相信，在最近的将来中共因为担心美国可能干预，更有可能不作上述努力。共产党中国可能将会继续对金门和马祖列岛施加军事压力，并想方设法避免使局势发展到军事摊牌的地步。在对美国的反应做出判断的基础上，中共可能持续并加强对金门的炮击，在海峡地区发动攻击性的海空军行动，占领一些防御薄弱的沿海岛屿,对金门和马祖的补给采取一系列拦截活动。如果美国对这些压力的反应使得中国共产党人认为美国不会介入的话,那时他们将可能企图占领金门或马祖,也有可能试图同时攻占这两个岛屿。(第20～24段)

4. 如果只有中国国民党的部队进行抵抗,中共有能力抗击中国国民党的空军部队,拦截国民党对沿海岛屿的补给,或者占领这些岛屿。中共对金门或马祖的攻击准备完成之后,我们也许不能获得适时的警告。(第10段)

5. 只要美国没有明确保证防御这些岛屿,或者承诺出动美国的海空军力量至少保卫通往这些岛屿的补给线的安全,在采取这些举措前突然刹车,我们相信,中国将会不顾美国的举措而不断加强军事压力。然而,如果美国作出了明确的保证或者承诺要使用美国的力量防御重要的沿海岛屿,中国共产党人可能将不会试图夺取这些岛屿或者切断对这些岛屿的补给。(第32～33段)

6. 不管中国国民党和美国的行动如何,共产党中国修建海岸机场的活动都会加紧进行,他们也将加强自己的攻击性活动,防止有飞越自己领空的事件发生。在一种较轻的程度上,中共也会加大自己在台湾海峡地区的空中出击和其他试探性活动的力度。(第31段)

7. 只要中共的压力在对沿海岛屿实施持续猛烈的空中轰炸和炮击前刹车,或者没有采取坚决的行动切断对金门和马祖的补给线,中国国民党人将可能不会采取针对中国大陆的单边行动。一旦中国共产党人采取了上述行动,中国国民党人将比以往更有可能发动他们能做到的任何打击大陆的军事行动。倘若如此,他们有可能攻击大陆目标,甚至在美国明确表示反对时依然故我。(第28～29段)

讨　　论[①]

一、介　　绍

8. 最近几周来,在台湾海峡地区,中共突然打破了超过两年的相对平静,持续增强了自己的军事压力。7月底媒体突然临时大力加强了宣传力度,重新强调解放台湾的主题,此后他们日益增多了在福州-汕头地区的6～7个喷气式机场的活动,这些机场在1956年接近完工,但至今仍未启用。目前这些机场约有200架喷气式飞机。中国国民党人的几次空中活动都被中共的飞机跟踪,中国共产党人在沿海地区的空中巡逻次数增多,力量增强。在最近几天内在台湾海峡地区有几次攻击性的中共海军行动,中共对金门群岛的炮击更为密集,在金门附近地区的空中活动也日益频繁。中国国民党官员担心这些行动可能对中华民国政府

---

① 原注:参见1956年5月22日的NIE 100-5-56,这份特别情报评估的题目是"未来6个月内中共在台湾海峡地区的力量和可能的行动路线"。有关共产党中国全面的军事力量的数据和分析,参见1958年5月13日的NIE 13-58;"共产党中国",另参见SNIE 100-7-58。

的安全和地位带来严重的威胁,他们致力于寻求获得更多的美国承诺。

9. 台湾海峡地区局势的恶化是和中东危机同步并行的,最近赫鲁晓夫、毛泽东及他们的国防部长也在北平举行了会晤。此外,我们必须考虑到中共的海峡行动还有如下背景,他们去年有关世界全面政策的声明充满了好斗言论。我们下面会分别讨论近来有关中共意图、中国国民党的意图、台湾海峡对抗扩展及深化的可能性等重大问题的进展情况。

二、中 共 的 能 力①

10. 假使国民党人能够继续获得美国的军事补给(在数量上还有可能增加),但是国民党人自己负责向沿海岛屿运送援军和补给并负责这些岛屿的实际防御,在这种情况下,中共拥有如下能力:

(1) 在台湾海峡地区,中共空军部队能够建立和保持他们对国民党空军部队的优势。在炮兵部队、空军部队和海军部队的联合作战中,中共能够切断国民党通向沿海岛屿卫戍力量的补给线。

(2) 中共部队从他们现在已经部署的位置出发,能够夺取任何防御力量薄弱的小岛。他们能够在事先不被侦查到的情况下迅速发起对这些岛屿的攻击。

(3) 过去几年来,中共在福州地区部署了用以攻占马祖的充足的地面部队(估计有 4.8 万人)。要发动这种进攻,中共只需调遣少量的海军部队即可。但是要想成功地进攻金门,中共可能最少还要补充 20 万部队。估计在正对金门的厦门地区有 8 万人,补充的兵力应该能够迅速移动,也有可能不被我们察觉。用以提供攻击掩护的大量火炮已经安置到位。要想为轰炸行动提供飞行掩护或者喷气机的密切支持,中国即便需要进一步调遣飞机也为数不多。中共能够为袭击这两个岛屿准备充足的临时运输力量,在他们对这两个岛屿的进攻准备全部完成以后,我们仍有可能没有得到适时的预警。

11. 中共有能力组织、发动对台湾和澎湖大举进攻,并能为这种大规模袭击提供后勤的支持。在采取这种进攻行动之前,他们将不得不在候船地点附近贮备大量的额外物资,向中国东部调遣额外的部队,并将大部分所需部队集中在候船地点的附近地区。他们将不得不在上海和广州地区集结大量的海军力量和两栖部队。他们不需要启用额外的海岸机场。袭击发起的最初阶段是对台湾的轰炸,他们将能够在不调遣轰炸机的情况下就开始这种袭击。对台湾发动重大攻击的准备活动应该能够被我们识别出来,至少在这种准备的最后阶段我们应该能够察觉到。考虑到美国承诺防御台湾和澎湖,我们不打算评估这种重大袭击的后果。

---

① 原注:有关中国共产党和中国国民党在台湾海峡的军事力量和能力,参见附件。

三、可能的中共意图

（一）中共的动机

12. 作为他们的根本目标的一部分中国共产党人一直致力于铲除残存的中华民国政权并将他们的统治伸展到台湾。过去他们一直采取包括向沿海岛屿施加军事压力，直接向台湾施加心理压力等措施，努力实现自己的目标。但迄今为止，中国共产党人的这些努力一直因为美国对中华民国政府的直接或者间接的承诺而受挫，美国从中作梗使得中共不得不面对他们不能接受的巨大军事风险，（美国的做法）也有利于维持国民党人的士气，并将在很大程度上削弱中共的威胁和诱导的影响。

13. 随着时间的流逝中共可能逐渐感觉急躁和灰心起来，在消灭现存的中华民国政权这一既定目标上他们一直未能取得明显进展。过去两年中他们的种种策略都未能奏效，比如策动台湾的起义，阻止事实上的"两个中国"局面获得更为广泛的国际认可，取代中华民国政府在联合国中代表中国的席位或者北平参与国际决策等等。

14. 这样一来，中国共产党人可能认为台湾海峡局势一定时期内的紧张有助于让世界想起北平的实力和实现自己目标的坚定决心。此外，他们可能认为，国际趋势的发展和时间的流逝已经在某种程度上削弱了国民党人的士气，损蚀着国民党人的信心，他们可能还希望美国协防沿海岛屿的决心已开始逐渐减弱。他们可能开始检视这些观点的正确性，并视占领海岸机场为极有意义的第一步，因为国民党人在 1956 年曾公开威胁，如果中共胆敢采取行动的话国民党人就要针对这些机场采取报复行动。

15. 中共可能对目前的局势中还有更为广泛的考虑。近几个月来，中共领导人及其宣传都表明，他们对和平共处这一社会主义阵营的整体集团路线所造成的部分后果逐渐变得不耐烦起来。中共争辩说，目前的国际力量平衡对社会主义阵营极为有利，西方是"纸老虎"，社会主义阵营能够在不造成致命破坏的情况下，在一场核战争中摧毁西方，目前的国际局势是扩大社会主义阵营影响的一次"革命机遇"。我们并不是说中国共产党人现在就准备将社会主义集团推向全面战争，或者中共急于要求莫斯科采纳这种政策。但我们认为，中共现在觉得局部战争发生的风险在某种程度上比他们刚刚准备进入苏联卫星国时代之前要小一些。同样，中共对自由世界舆论的反应较以往更加迟钝，对维持和平的姿态更加不理不睬，更加倾向于通过向世界展示他们日益增强的力量来实现自己的目标。

16. 希望讨论台湾问题可能是导致近期赫鲁晓夫与毛泽东会晤的部分原因。此外，近来赫鲁晓夫加快了走向苏美峰会的步伐，中共对此极为不安，这可能也是赫鲁晓夫与毛泽东会晤的部分原因之一。无论如何，几乎可以肯定，中共和苏联双方都认为世界发展的节奏需要双方在政策方面进行更为紧密的合作。此外，在未来军事合作（甚至包括导弹与核武器方面）的性质与程度上双方可能达成了新的协定。

17. 苏联人可能不反对加剧台湾海峡的紧张局势；实际上苏联人可能认为，这种局势的发展可能会更好地服务于他们的利益。我们认为，在台湾海峡政策上苏联和共产党中国大体一致。但是，如果中共将要采取的行动路线会冒与美国部队发生重大军事冲突的实质性风险，苏联人肯定会想办法抑制北平。

18. 我们相信，在一段时间内，北平将会继续保持紧张的氛围，试探美国和中华民国的意图。中共领导人不会希望通过这种行动进程迅速实现他们的根本目标。但是，他们可能希望通过展现他们的力量来削弱国民党人的士气，使国民党人怀疑"光复大陆"的论调，使一些国民党人更加感受到强大的心理压力，更容易受到诱导，特别是如果美国没能给国民党人强大的支持，情况更是如此。此外，中共可能还希望通过加剧台湾海峡地区的紧张局势对那些绝对需要共产党中国参加的国际会议制造压力。

（二）可能的中共行动进程

19. 考虑到美国承诺防御台湾，同时我们估计无论是中共还是苏联目前都不愿冒大战的风险，我们相信至少在未来 6 个月内中国共产党人不会试图占领台湾或澎湖。

20. 在不久的将来中共可能会进攻金门或马祖，抑或同时进攻这两个岛屿。他们有能力夺取这些岛屿，但对美国可能干涉的顾虑或许会延迟这种攻击行动。如果中国共产党人确实打算占领这些岛屿，他们可能会争取速战速决。中共可能估计，他们迅雷不及掩耳的行动将不给美国以考虑政治对策之机，使得美国没有时间采取有效的非核手段的军事干涉。中共估计美国在防御沿海岛屿时将不会使用核武器，他们决定进攻金门或马祖可能正是基于这样的估计。进一步来说，中国共产党人可能也估计到，即便是美国使用核武器，其规模也将极为有限，且使用核武器带来的任何负面的国际政治和心理效应都将使美国的地位明显下降，这能为共产党中国带来长期的利益。

21. 我们相信，中共将极有可能打算施加广泛的军事和心理压力，并想方设法避免使局势发展到军事摊牌的地步。这些压力的主要用意在于拉紧台湾海峡的战争神经和试探美国对沿海岛屿的意图。如果美国对这些压力的反应使得中国共产党人认为美国不会介入，那时他们将可能企图占领金门或马祖，也有可能试图同时攻占这两个岛屿。

22. 尽管中共可能暂时回归到较低水平的军事压力上去，但我们相信，他们想要提升目前军事活动的水平。其手段很多，包括通过攻击性的空中活动防止中国国民党的飞机在海峡地区活动，增加海军的活动，通过持续密集的炮击袭扰金门群岛。在这种情况下，中共将可能对国民党人在台湾海峡的巡逻活动进行拦截，并对沿海岛屿发动空袭。他们还有可能挑衅性地飞越台湾上空。这将有可能与美国在该地区的飞行活动发生意外的摩擦。此类活动将导致中共与中国国民党不断在空中交火，如果这种状态持续下去，将会严重耗损国民党的空中力量，并在相当程度上增强国民党领导人和武装部队的危机感和不安。中国共产党人还希望他们在这种层次上的活动将能使国民党人感到气馁，甚至可能主动撤离沿海岛屿。

23. 中国在逐渐增加活动的同时,为了进一步试探美国的意图,可能还会占领一个或者更多的防御较为薄弱的沿海岛屿。这种行动将会极为迅速,事先不会有太多预兆甚至根本就不会有任何预兆。这种形势将会对全部国民党人——特别是像金门或马祖这样的重要沿海岛屿上的国民党守军——造成严重不利的心理影响。在判断会冒多大风险时,中共可能会做出明确的区分,将通常被认为属于金门和马祖列岛的部分小岛与那些更为孤立的岛屿区别开来。

24. 中共可能会下很大力气切断国民党向重要沿海岛屿的补给线。如果中共采取了这种行动路线,他们可能估计到自己正在冒美国干预的重大风险,甚至在美国尚未明确表明自己的意图之前,这种风险就已经存在了。对孤立沿海岛屿的行动可以通过中共的空军、炮兵和海军部队协同完成。仅仅是炮击行动就能够给金门的补给造成严重的困难。但是,在沿海岛屿的库存消耗到极低的水平之前,中共可能需要两到三个月的强化努力来切断对这些岛屿的补给。如果在对金门和马祖采取拦截行动之后一段时间中共没有发觉美国要防御这些岛屿的明确迹象,我们相信,届时在国民党人不会立即投降的情况下,他们将可能对这些岛屿发动侵袭。面对共产党人的进攻,国民党人无力撤回自己在这些岛屿上的卫戍部队。

四、中国国民党人可能的行动路线

25. 迄今为止,国民党对中共日益增强的压力的反应一直较为平和。国民党人反复重申守卫金门和马祖的决心。他们向海岸上空的中共飞机发起挑战,且一直继续他们的侦查活动。不过,中国国民党人一直保持克制,没有轰炸新启用的中共飞机场。他们增强了寻求美国额外军事援助的努力,希望获得美国更加坚决的防御承诺。

26. 金门和马祖对中华民国政府极为重要。大约三分之一的国民党部队负责这些岛屿的防御。这些岛屿是台湾早期预警系统的一个重要组成部分,同时也是中华民国政府威信的象征。这些岛屿维系着台湾重返大陆的希望,一些国民党官员也将这些岛屿视为将美国拖入与共产党中国战争的可资利用的工具。目前中华民国政府可能确信,为了维持重返大陆的希望,防止对民心士气造成灾难性的打击,防止中华民国政府的威信和国际地位进一步下降,支持台湾的防御,它必须保住金门和马祖。

27. 此外,我们相信,在任何情况下丢失沿海岛屿都会严重挫伤国民党人的士气。如果美国撤回了自己的支持或者驻扎在这些岛屿上的国民党部队被中共打得落花流水,失地的影响将会更加严重。假使这些岛屿上的国民党卫戍部队在美国的协助下自行撤离,丢失岛屿的影响很可能会不那么严重。任何情况下,只要中华民国政府存在,它就需要美国新的、更有说服力的承诺,表明美国仍然决心保卫台湾,捍卫中华民国政府的国际地位。

28. 没有美国的参与,国民党采取重大行动的余地将极为有限。最重要的行动将是发动对中国大陆的空袭。考虑到台湾极易遭受报复性打击、美国不与支持等因素，只要中共的军事压力没发展到对沿海岛屿实施持续猛烈的空中轰击和炮击的地步，或者没有采取坚决的行动切断对金门和马祖的补给线，中国国民党领导人可能不会采取这种行动路线。

29. 然而，一旦中国共产党人采取了上述行动，我们相信中国国民党领导人将比以往更有可能采取他们能做到的任何打击大陆的军事行动。届时，他们有可能攻击大陆，甚至在美国明确表示反对之时依然故我，以此迫使美国出手干预事态的进一步发展。

五、在中国国民党和/或美国采取措施维持对沿海岛屿的控制面前中共的可能反应

30. 中国共产党人可能希望，他们在台湾海峡采取的军事主动能够产生其预想的效果，即在美国或是中华民国政府采取对策以后，他们能将侵略责任推卸到美国或是中华民国政府身上。共产党中国的领导人们可能估计，虽然他们不断增强压力将会导致对围攻沿海岛屿事态发展的一些国际同情，但国际的主流反应将会是担心战争和希望美国采取措施缓和紧张局势，消除对和平的威胁。北平和莫斯科可能得出结论，美国采取的维持沿海岛屿控制权的任何追加举措都会使美国在该问题上的外交更加孤立。这样，一旦美国采取此类行动，他们就能期望社会主义阵营的外交和宣传可以从中获取国际政治利益；美国的承诺越多，共产党的政治活动就会越积极。

31. 迄今为止，不管中国国民党和美国的行动如何，共产党中国修建海岸机场的活动都会加紧进行，他们也将加强攻击性活动，且企图防止飞越自己领空的事件发生。在一种较轻的程度上，中共也会加大自己在台湾海峡地区空中出击和其他试探性活动的力度。因此，即便美国/中华民国政府采取的特定反应可能导致中共约束自己占领沿海岛屿和切断对这些岛屿的补给线的企图，中共仍将继续保持某些压力。

32. 只要美国没有明确保证守卫这些沿海岛屿或承诺出动海空军保卫通往这些岛屿的补给线，中国将会持续增强对国民党人的军事压力。尽管中共可能变得稍微谨慎一些，但我们不相信，美国的船只和飞机频繁在该地区出没、改善中华民国的武器装备以及以一般的措辞向中国共产党人发出警告等相对较小的压力就能迫使他们放弃既定计划。

33. 然而，如果美国明确保证使用美国的海空军积极参与重要沿海岛屿的防御或保证补给线的安全，中国共产党人可能将不会试图夺取重要岛屿或切断对这些岛屿的补给。我们依然认为中共希望避免与美军发生大规模冲突。此外，这时莫斯科可能也会劝说中共约束自己。不过，美国与中共的船只和飞机还是在相当的程度上存在发生意外冲突的风险。再者，为了在联合国和其他国际论坛上制造事端，他们会故意引发此类冲突，这是完全有可能的。

附录

中国共产党人和中国国民党人在
台湾海峡地区的军事力量和能力

一、中共地面部队

1. 在南京、福州和广州军区,中共大约有 894 000 地面部队,编成 12 个集团军和支援部队。这些军队可能全都是一线部队。其中 3 个军驻扎在靠近台湾海峡地区的汕头、厦门和福州附近。估计每个军的力量都在 46 000 人左右。在福州军区有 11 个作战师,总计 107 300 人。此外,南京军区有 20 个作战师,总计 244 700 人,广州军区有 16 个作战师,总计 223 000 人。未经证实的情报表明中国还将其他的部队调往沿海地区。但以上军队调动可能非常迅速,或许我们根本就不会察觉到。

2. 1954 年以来中共部队一直进行整编,各军种之间的力量更为平衡,能够更好地执行两栖协同进攻任务。我们相信在对沿海岛屿的任何两栖攻击中,中共在兵力对比上至少占据 3：1 的优势,尽管他们可能不需要动用全部兵力。当然,攻击部队的实际人数要视具体的进攻目标而定。对于像高登(Kaoteng)这样的防御力量薄弱(700 人)的岛屿,中共可能只需要投入不超过一个加强团的兵力。为了进攻金门,他们的确要集结 200 000 人。如果中共在该地区掌握了制海权和制空权,这些部队将能够执行非常成功的攻击行动。

3. 估计共产党人有超过 400 门野战炮对准金门地区,包括至少 36 门 152 毫米口径榴弹炮和/或 152 毫米口径的其他炮/榴弹炮以及 120 门 122 毫米的火炮和/或榴弹炮。从厦门港附近区域发射,这些武器的火力能够完全覆盖金门岛。但是,他们实施有效拦截极为困难,原因是搜寻范围太广,能够达到岛屿上所有目标的炮台数量有限。此外,由于缺乏有效的空中观察,中共可能无法开展有效地拦截国民党人运送补给的活动。

4. 估计共产党人有 184 门野战炮对准马祖地区,包括 24 门 122 毫米的火炮和/或榴弹炮。能够覆盖马祖列岛的火炮数量相对较少,限制了中共对该地区实施有效拦截的能力。

二、中国国民党人的地面部队

5. 在中华民国的 45 万军队之中,接近四分之一的部队(作战力量的三分之一)部署在沿海岛屿上——86 000 人驻扎在金门群岛,23 000 人卫戍马祖列岛。剩下的 16 000 人防守澎湖群岛,331 000 千人驻守台湾岛。

6. 国民党部队的防守阵地很好。金门水域埋设了很多水雷。金门和马祖群岛的海滩都有众多的铁丝网、钢筋水泥掩体及地雷区域掩护。沿着海滩及在海滩后的防线有为数众多的坑道保护。两个群岛可能都有 30 天以上的库存补给,军火弹药除外。金门群岛大约有 40 天的军火库存,马祖列岛大约有 50 天的库存。此外,在这些沿海岛屿上的国民党部队的训练状态很好,官兵士气高昂。他们的作战意志坚决,深信一旦被袭,一定能从台湾获得强大的支持,中华民国政府肯定能做到这一点。

7. 不过,国民党的阵地还存在一系列弱点。金门的防御阵地集中在海滩沿线,对岛屿内部的控制程度较弱。岛屿东南部的防御相对薄弱,当地最好的海滩被用来卸载补给物资。国民党的武装部队暴露在中共 393 门野战炮的火力攻击范围内(基于编制装备表上的估计),其中的 210 门被配置在能够攻击金门全岛或者部分地区的阵地上。国民党人只有 308 门炮。驻守在马祖列岛上的国民党守军同样暴露在共产党人的火力攻击范围内。如上所述,估计中共有 184 门野战炮(基于编制装备表上的估计),其中的 68 门能够攻击高登岛和北竿岛(Peikan)。此外,还有不知道数量的火炮能够向南竿岛(Nankan)开炮。在国民党所有的 80 门炮中,只有 8 门 155 毫米火炮能够攻击共产党人的阵地。马祖列岛各个岛屿之间的距离为 3~8 英里,一个岛上的国民党阵地不能向另外一个岛上的国民党军队提供支持。这些原因加上所有这些岛都靠近中国大陆,如果国民党没能占据空中和海上优势,面对共产党人的坚决进攻,这些岛屿是防守不了几天的。

8. 把沿海岛屿上的常规部队计算在内,国民党的力量如下:

(1) 金门群岛

① 金门——74 000

② 小金门——10 450

③ 大担——1 300

④ 二担——250

(2) 马祖列岛

① 南竿——11 500

② 北竿——5 000

③ 高登——700

④ 东犬——2 300

⑤ 西犬——3 300

三、中 共 海 军

9. 中共的海军人数总计为 58 000 万人,包括 8 000 海军航空兵。其作战单位如下:

驱逐舰(DD)	4	巡航舰(PF)	16
		猎潜舰(PC)	29
潜水艇：①			
短程	4	摩托鱼雷艇(PT)	120
中程	4		
远程	10	布雷艇	31
		包括：	
护航船(DE)	4	扫雷艇	4
		登陆舰	53
巡逻舰船	240		
包括：		服务性船只（大约）	300

10. 海军航空部队拥有 490 架战斗机。

11. 海军的中程、短程和远程潜水活动能力逐渐发展起来，沿海地区的水上活动能力也逐渐增强。进攻性与防御性的布雷活动能力突出。在空军力量的配合下，沿海地区的中共海军拥有极强的打击国民党海军部队的能力。

12. 在台湾海峡空中力量的支持下，中共海军有能力发起针对马祖和金门区域的作战行动。我们相信，现在隶属于黄海舰队的部队向南调遣之后，中共海军能对通往沿海岛屿的补给线实施有效的拦截活动。

13. 在针对金门或马祖的两栖进攻中，受制于极为恶劣的海滩状况，中共不大可能使用较大规模的两栖部队（坦克登陆舰部队、中型登陆舰部队），一些非海军船只可能会派上用场。海军作战部队（DI,炮艇等）可能不会在金门向海的那一边使用。在较深的、对船只限制较小的马祖水域，中共可以较为自由地使用上述作战部队支持其攻击行动，特别是在严重摧毁了国民党海岸的防御阵地之后。

14. 针对澎湖和台湾的两栖行动受到水域条件限制不大，海滩更为广阔，所有的海上力量都可以尽情使用。使用可用的包括商业登陆舰在内的两栖船只，大约相当于三个中共步兵师的平衡力量就能够发动这种进攻。

四、中国国民党海军

15. 中国国民党的海军人数总计为 58 000 人，包括 25 400 名海军陆战队队员。海军计划在明年增加 1 艘驱逐舰和 2 艘坦克登陆舰，其构成如下：

---

① 原注：(中共)新的造舰能力使其潜艇数量以每年增加 4 艘的比率上升。

驱逐舰(DD)	4	**布雷船只**	
护航船(DE)	5	海岸布雷艇(MMC)	2
巡航舰(PF)	7	扫雷艇(MSF)	5
猎潜舰(PC)	16	海岸扫雷艇(MSC)	2
摩托炮艇(PGM)	2	**杂项**	
摩托鱼雷艇(PT)	6	两栖船只	35
		辅助和服务性船只	71

16. 国民党海军的普遍训练状态良好。对沿海岛屿的后勤支持足以满足目前的需要。因为给养状况的改善、维护和检查水平的提高以及作战程序的改进,行动效率持续增强,全面作战能力不断提高。

17. 海军大体只是能力有限的防御型部队。它能发动有限的反潜战和水雷战,能为沿海岛屿的反两栖登陆作战运送一个师的部队。但中国国民党海军并不像中共海军那样拥有能在台湾海峡活动的摩托鱼雷艇和潜水艇等大型装备。缺乏国民党空中部队的支持合作,当海军行动急需这种支持时却无法获得,这严重妨碍了海军的行动。考虑到中共在台湾海峡的空中力量,此不足尚未成为致命的缺陷。

18. 25 400人的海军陆战队的人力、设备和技术使其有能力开展现代化的两栖作战。海军陆战队继续拥有在师或旅的级别上规划和实施两栖作战的能力,为现代化的防御提供足够的海空军支持。

五、中国共产党空军部队和海军航空部队

19. 共产党中国的空中力量由强大的现代化战术部队构成。他们的装备、训练和配置均指向空防和战术作战支持。拥有在朝鲜战争中与美国战术空军作战经验的战斗机飞行员成为这支力量的核心。

20. 中国共产党人的防空系统围绕着良好的早期预警系统组织起来,在白天和能见度好的大气环境中拥有极好的地面控制拦截能力。因为缺少电子空中拦截设备,较高高度上的测高能力不佳,在晚上和恶劣的气候条件下,中共空军的拦截能力有限。在香港到上海的沿海地区他们的地面控制拦截能力可能会更好。

21. 中共联合空中力量拥有2 460架喷气式飞机,其中的1 785架是战斗机,450架为高程轰炸机。在台湾对面的沿海地区有七个机场可以供喷气式飞机使用。其中六个机场正在使用,另外一个可以很快启用。在直接对着台湾的机场上没有轰炸机活动。但是,台湾仍然在中共轻型喷气轰炸机的有效轰炸范围之内,这些轻型轰炸机并未驻扎在紧邻台湾的区域。中共希望将一些活塞式飞机和轻型轰炸机调遣到沿海机场的后方地区。

22. 几乎可以肯定地说,虽然中国国民党空军部队拥有数量庞大的飞机,但除非国民党

部队获得美国空中力量的支持,否则在任何有决定意义的竞赛中,中共空中力量都将在数量上迅速超过国民党空军。

中国共产党空军部队和海军航空部队(库存总量)

喷气战斗机	1 785	中程活塞式轰炸机	20
活塞式战斗机	275	活塞式运输机	280
喷气轻型轰炸机	430	其他喷气式飞机	225
活塞式战术歼击机	505	其他活塞式飞机	810
地基反潜机	20	总　计	4 350

六、中国国民党空军部队

(一) 现有力量

23. 中国国民党空军是一支独立的现役部队,与中国国民党的其他军事部队平起平坐,在亚洲非共产党空军中,它是最强大的本土空中力量。

中国国民党空军部队(库存总量)

喷气战斗机	450	活塞式运输机	143
喷气轻型轰炸机	1	其他喷气式飞机	46
活塞式战术歼击机	9	其他活塞式飞机	167
地基反潜机	10	总　计	826

24. 中国国民党空军拥有超过 800 架飞机,几乎三分之二在作战部队手中供其作战之用;在这些飞机中,超过 450 架战斗机类型的飞机配备在经过充分装备的战斗部队中。全部人数接近 88 000 人,其中包括 1 300 位经过专门训练的飞行员(此外,还有接近 800 位经过专门训练的飞行员占据了指挥或参谋人员的职位,不需要经常飞行);另有 250 位飞行员正在受训。

(二) 现有能力

25. 目前国民党空军的基本战术能力是在台湾方圆 750 英里范围内进行空中照相侦察,在方圆超过 1 000 英里的范围内进行有限的夜间侦查。目前经常执行飞越共产党中国大陆任务的是国民党空军的两支战术侦查中队,他们使用的是 RB-57 和 RF-84F 飞机(偶尔使用 PF-86F'S 飞机)。

26. 仿效美国空军,最近国民党空军终于拥有了相对良好的管理组织和空地支持功能。为了确保这一系统及其各个组成部分之间的战术效率,国民党空军还需要进行相当多的训练。

27. 尽管国民党空军拥有组织良好的早期预警/地面控制拦截系统和能进行日间作战的 6 个 F-86F 飞行中队,但我们预计,国民党空军只能迟滞共产党中国发动的空袭活动。这种防御只能在白天进行,也只能坚持很短的时间,希望能支撑到美国空军支援部队的到来。

28. 国民党空军没有战略空中力量,也没有制订任何通过军事援助计划获得能够提供这种战略空中力量的飞行器。国民党空军能够对两栖登陆或者防御两栖登陆提供有限的支持,在台湾海峡可以袭扰敌船的航行。33d 轰炸机中队(10 P4Y-2'S)能在台湾海峡上空执行有限的巡逻任务。

29. 过去两年国民党空军的空运能力有了显著的提高。经过了联合行动和向中国南方空投小册子和食物的训练之后,空降技术得到了改善。两个空运联队——一个专用于空运,一个执行空运部队行动——能够执行后方地区的空中补给任务,支持两栖作战开始之初的有限空降和伞兵活动,通过向中国大陆空投食物和宣传册帮助开展心理战。

地图　中国东部地区和台湾①
地图　台湾海峡地区

National Intelligence Council, *Tracking the Dragon: National Intelligence Estimates on China During the Era of Mao*, 1948－1976, October 2004, pp. 163－178

双惊华译,梁志、双惊华校

———————

① 此及以下地图略去。——译注

中情局关于中共与苏联在台湾海峡地区的可能意图的评估①

（1958年9月16日）

SNIE 100－11－58

中共和苏联在台湾海峡地区的可能意图

（1958年9月16日）

秘　密

问　　题

根据最新情报，再次评估共产党中国和苏联在台湾海峡地区的可能意图。

估　　计

一、共产党中国

1. 我们相信，在最近的将来中共最有可能采取的行动路线是继续保持军事上的袭扰和拦截对金门的补给。中共这样做的初衷可能是想让这些岛屿防守不住，从而迫使美国在行动上作出回应。美国的选择范围有限：美国可以允许沿海岛屿在炮击下陷落；可以协助中国国民党人从沿海岛屿撤退；可以同意国民党进攻大陆；可以通过美国的全程护航保证国民党对金门马祖的补给；可以单方面采取军事行动，保证国民党控制的沿海岛屿所需要的补给供应。后三条行动路线最终可能导致美国进攻中国大陆，世界舆论将会谴责美国扩大了武装冲突的规模。

2. 如果美国采取上述行动路线，中共极有可能甘冒同美国发生大规模武装冲突的极大风险而采取行动。如果美国船只在为国民党补给提供护航的过程中驶向近海水域，中共可能不会停止对正在卸载的国民党船只的炮击。如果美国企图通过武力制止共产党人封锁补给线，投入行动的美军肯定受到有限的中共军队的攻击。如果美国宣布将为金门的补给提

---

① 原注：这份评估报告是对1958年8月26日SNIE 100－9－58题为"台湾海峡地区的可能发展"的增补。

供全程护航(并配备以适当的作战力量,准备在遭受攻击之时进行防御),我们相信,中共将可能攻击美军,尽管也有可能不这样做。但无论如何,中共将会呼吁国际舆论谴责美国的侵略,并将力促达成有利于共产党中国的政治解决。

3. 除了继续封锁金门以外,中共可能会在很少发出警告或者根本没有发出警告的情况下夺取一个或者更多的较小的沿海岛屿。他们可能估计,这些岛屿处于美国对国民党人承诺的防御范围之外,将进一步服务于中共削弱国民党地位的目标。中共认为,这样做并不会损害中共在谈判中的立场,相反倒是会增加和平解决台湾问题的国际紧迫感,并进一步对美国施加政治压力。

4. 中共也有可能不坚持持续拦截国民党对沿海岛屿的补给。他们可能会让一些补给船只零星通过,其目的是延长当前的危机而不使其成为一个需要尽早解决的问题。这种行动可能与华沙大使级会谈和联合国大会的活动有关,但我们相信中共停止拦截行动只是权宜之计。

5. 我们认为,中共不大可能采取的另一条行动路线是逐渐停止取消对金门补给线的拦截。倘若他们真的这么做,可能是由于他们意识到,或被苏联说服,继续坚持拦截的危险过大,应等待机会在将来的某个时期的再次出现。

6. 最后我们认为虽然有可能,但是可能性很小的行动就是,中共对一个或多个重要沿海岛屿发起攻击。我们觉得中共不可能采取这种行动的原因在于,在他们看来:(1)这将几乎肯定会导致他们与美国发生大规模对抗;(2)这将削弱中共目前在政治上和宣传上取得的优势;(3)这种行动可能没有必要,因为中共将能通过其他方式获得这些岛屿。

二、苏 联

7. 苏联在台湾海峡局势上的看法几乎肯定是建立在对中共意图和计划真实了解的基础之上。苏联领导人——至少在毛泽东与赫鲁晓夫会晤之后——可能不仅在事先被告知中共的行动,而且基本上同意中共在台湾海峡地区采取的行动。8月31日后,苏联通过加强宣传公开承诺支持中国共产党人。此外,我们认为,他们的这一承诺是建立在对形势判断的基础上的:苏联人认为,台湾海峡地区的活动不会引起美国的正式干预,以致要求苏联进行军事介入。

8. 苏联领导人不会非常关注这些沿海岛屿的命运,他们所承受的直接风险不及中共大,所以他们可能倾向于采取一条更为保守的行动路线。他们的首要目标是政治性的:使美国受辱;遵从中国盟友的愿望并提高中苏集团的力量和威望。他们相信可以借此机会将美国推上被告席,应该充分利用这种能够指控美国危害和平的机会,而国际舆论对美国的支持要比中东危机时期少得多。他们也相信,如果美国在沿海岛屿的立场上食言或者无视世界舆论而采取行动都将给美国带来一系列的政治挫折。

9. 尽管苏联可能不愿见到对抗规模的扩大和自身卷入事态可能性的增大,他们很清楚美国将会视中共投入武装部队的行动进程而定。如果对抗开始，但仅限于台海附近的中国大陆地区以及使用常规武器之时，苏联可能认为中共不需要直接的军事援助，而仅向中共提供道义、政治和物资援助。这样，他们就几乎用不着进行军事干预了，至少不会非常明显地冒美苏两国部队直接对抗的危险。

10. 如果敌对行动持续很长时间，特别是对抗在区域和规模上扩大到了一定的程度，苏联就可能认为他们将不得不进一步支持中国。而苏联对美国使用核武器的反应则在很大程度上取决于美国进攻的规模、投放核武器的区域范围以及整个事态的发展。苏联人可能得出结论，他们可以通过军事克制和在世界舆论面前发动谴责美国的政治战的方式，以最小的代价、最低的风险换取最大的利益回报。他们将会获得很多的支持者。另一方面，在苏联认为局势已经发展到了必须进行核报复的程度，苏联可能会向中共提供有限的核报复能力。更为重要的是，一旦苏联认为局势的发展不断损害和威胁中共政权，苏联可能会直接进攻同中共作战的美军，包括进攻实施这些作战的基地，而不顾由此带来的全面战争的风险。

National Intelligence Council，*Tracking the Dragon: National Intelligence Estimates on China During the Era of Mao*，*1948 - 1976*，October 2004，pp. 179 - 184

双惊华译，梁志、双惊华校

国务院情报研究和分析所关于台湾海峡危机期间苏联的声明及舆论反应的评估

（1958 年 9 月 29 日）

IR 7812

台湾海峡危机：苏联的声明及舆论反应

（1958 年 9 月 29 日）

机　密

国务院情报研究和分析所苏联与东欧研究与分析科①

这篇报告的资料截止到 1958 年 9 月 15 日。

摘　　要

在此次台湾海峡危机中，莫斯科给了北平空前有力的外交支持，说明苏联人愿意在这种路线上冒比以往更大的风险。这种姿态可能萌芽于 7 月 31 日到 8 月 1 日赫鲁晓夫-毛泽东会谈的决议中，与 1954～1955 年台湾海峡危机期间莫斯科小心翼翼的立场形成了鲜明的对比。苏联承诺支持北平的第一份权威表述是在 8 月 31 日真理报的"观察家"文章之中，随着危机的发展这种支持越来越强烈和明确，直至 9 月 19 日赫鲁晓夫致信美国总统时达到高潮。与类似紧张局势时期苏联发给美国的其他信函相比，9 月 19 日信函的措词最为强硬。赫鲁晓夫强调，他在 9 月 7 日就警告过美国人：直接根据 1950 年中苏条约的誓言，对北平政权的侵犯就是对苏联的侵犯。赫鲁晓夫表示，一旦美国对共产党中国发动核攻击，苏联将进行核报复，他用接近最后通牒的语言要求美军必须"立即"撤离台湾地区，否则将被中国共产党军队驱逐出去。

苏联的宣传和官方声明强调对北平政权予以国际承认的主题，把该问题与台湾海峡局势直接相连，并断言危机的解决和远东紧张局势的缓和取决于承认共产党中国的联合国代表权和在其他地方的合法地位。

---

① 原注：本文追踪了苏联在此次台湾海峡危机中显示出来的公开姿态的发展脉络。正在准备的第二份文件意在关注苏联的可能意图这一主题。

对于正在进行的华沙会谈，起初苏联人的表述有一定的保留。与中国共产党人最初的声明不同，头两份关于台湾局势的苏联官方声明丝毫没有提到华沙会谈。与中国共产党人的初期声明相比苏联的宣传否定了会谈成功的可能性。但这些强调重点的分歧似乎很快得到了弥合，赫鲁晓夫在 9 月 19 日致艾森豪威尔的信中对"中华人民共和国的主动"表示欢迎，其基调转而与北平的宣传口吻相一致。在讨论台湾局势的联合国大会问题上，莫斯科与北平的方针稍有不同，他们为在正式联合国大会辩论上可能提出苏联的建议留下了余地。

一、背　景

在 1954 年年中到 1955 年年初的上一次台湾地区危机中苏联对北平"解放"台湾和中国沿海岛屿的宣言表现得非常克制。1954 年 9 月 30 日赫鲁晓夫在北平发表讲话，第一次承认了北平"解放"战役的正义性，指出"苏联人民对伟大的中国人民的崇高事业表示深切的同情"。随后包括赫鲁晓夫、布尔加宁、莫洛托夫和 1954 年 12 月 15 日苏联外交部官员的声明在内的苏联有关美台共同防御条约的官方评论都程式化地表明了<u>公众的</u>①支持，而避免提到任何的<u>政府</u>支持。

在使台湾问题成为国际谈判的主题一事上，莫斯科好像比他的中国盟友投入了更多的精力。1955 年 1 月 30 日苏联政府正式提请联合国安理会讨论台湾问题，当然仅仅是使用了美国"侵略"的措辞，并建议联合国将该问题列入 6 月的会议日程。北平的努力更多涉及在中美双边会谈上讨论该问题。看起来北平对在联合国的舞台上讨论台湾问题兴趣不大，哪怕是在有利于共产党人的条件下讨论这一问题也是如此，但北平支持莫斯科 2 月 4 日提出的召开 10 国会议讨论台湾问题的建议（四大国，共产党中国，五个科伦坡计划的参与国②）。

苏联的宣传比官方的立场更加直接，苏联舆论明确承认共产党中国解放台湾和沿海岛屿的合法性，有时甚至炫耀北平的力量和解放台湾的坚定决心。但莫斯科避免主动表示 1950 年的中苏友好同盟互助条约将被应用到台湾海峡的对抗之中。简言之，尽管苏联发表声明强烈支持北平诉求的正当性，但其真正的意义至少部分地包括维护苏联的声望，苏联没有公开发表支持北平的官方承诺，没有明确指出一旦发生与西方国家的对抗，苏联将会支持北平。

在目前的台湾海峡危机中，苏联人介入此事好像是从 7 月 31 日到 8 月 3 日赫鲁晓夫访问北平开始的。赫鲁晓夫在与毛泽东的会谈中可能着重讨论了台湾和沿海岛屿问题，尽管双方发表的会谈公报没有直接提到该地区，仅仅表示"两党在一系列重大问题上充分交换了意见，讨论了两国在亚洲和欧洲面临的问题……同意采取一些措施"。

以下情况证实了这一结论：在赫鲁晓夫与毛泽东会谈时中共针对沿海岛屿的军事行动

①　此及以下的划线均为原文所加。——译注
②　即苏、美、英、法四大国，中华人民共和国，印度、缅甸、印度尼西亚、巴基斯坦、锡兰五个东南亚国家。——译注

已箭在弦上,北平已经在台湾海峡的海岸地区做好了最初的军事准备并发起了"解放台湾"的舆论攻势。8月23日,在中苏领导人会谈后的第三周,北平开始炮击沿海岛屿,从而引发了眼下这场危机,我们假设中共在采取这一行动之前至少通报了苏联领导人。最后,苏联和共产党中国国防部的官员参加了中苏领导人会谈,这表明此次会谈至少包含了军事领域的讨论。

二、苏联对危机的反应

莫斯科关于台湾局势发展的第一份评论(不同于新闻报道)出现在8月7日《苏联舰队》报的一篇文章上,这篇文章指控美国"挑起了台湾海峡事端"。在8月23日中国共产党人首次炮击金门后几天,苏联在台湾地区问题上的评论显著增多。但莫斯科在这一阶段的评论没有采取危言耸听的语调,而是遵循赫鲁晓夫斯摩棱斯克讲话的路线(8月24日发表),强调减少爆发战争的危险。

8月31日苏联《真理报》"观察家"文章将苏联对台湾危机的关注提升到了全面舆论战的水平,据称这篇文章是由苏联大使馆撰写的,所以这可以被看作是苏联外交部在台湾海峡局势问题上官方立场的表述。这篇文章没有提到中国共产党人对沿海岛屿的进攻(8月26日苏联首次告知本国居民中国共产党人的军事行动,此后直至9月6日苏联媒体再未提及此事),在苏联对此次危机的反应中,这篇文章首次明确地将目前的紧张局势与共产党中国"解放"台湾与沿海岛屿的渴望联系在一起。

此后,在苏联的广播和社论中,对台湾海峡危机的评论数量急剧增多。当然,作为一场舆论战,到本篇报告写作时为止,文章的数量还是低于近期中东危机爆发期间的水平。苏联的新闻媒体和广播继续将斗争焦点放在指控美国在台湾地区的"挑衅"上面,意在表明目前紧张局势的根源在于美国的行动。莫斯科广泛散布消息,特别是向西方新闻媒体散布消息来源,声称美国发出了恐吓,警告人们关岛美国战略空军司令部基地的轰炸机携带了原子弹,指控中国国民党人准备"……在华盛顿的全面支持下,轰炸中国大陆"。与此相对照,他们对苏联国内人民很少提及中国共产党人针对沿海岛屿的军事行动,9月6日以后才涉及该问题。

苏联人大段大段地援引了西方媒体和公众的声明,包括成段引用美国公众的讲话,强调美国政府由于采取现政策而被孤立于盟国之外。他们也对北约成员国和日本发出警告,规劝他们不要"参与美国在亚洲的军事冒险"。

像在1956年苏伊士运河危机和上次中东危机中那样,苏联在此次台湾海峡危机中开动了舆论机器,在当地召开"抗议"会,不过规模要比苏伊士危机和中东危机中的小很多。迄今为止,苏联政府还没有在美国驻莫斯科大使馆前举行示威,而在1956年11月他们在英国、法国和以色列驻苏大使馆前,1958年7月在美国驻苏大使馆前举行了示威。在最近的中东危机中,他们在苏联与土耳其和伊朗接壤地区宣布进行军事调动,以达到示武的目的,目前苏联人正在保持克制，并没有故伎重施。在上一次台海危机中，苏联通过外交和其他渠道散布一系列的非官方"警告"，至少在目前的危机中苏联人还没有使用这种策略，不过这种活动也有可能即将开始，特别是要向其他政府发出这种警告。在当前的情况下，也许苏联人觉得在赫鲁晓夫致艾森豪威尔总统的信中苏联政府已发出了正式的官方警告，这一活动本身就足以"警告"美国。但是，我们现在还不清楚，为什么苏联领导人克制自己不采取以上措施，或在使用某些策略时降低调门。但看起来非常有可能的是迟迟按兵不动没有反映出苏联在这次台湾海峡危机中的真实意图，仅仅反映了一种官方的关注，他们害怕采取上述措施会引起苏联民众的过分忧虑，担心这场危机有可能引发战争。

苏联针对危机第一份官方声明是9月7日赫鲁晓夫致艾森豪威尔总统的信。这封信中最醒目的地方就是警告美国人，对共产党中国的攻击将被认为是对苏联的攻击。同时，赫鲁晓夫广泛地攻击美国的远东政策和对其他地区的政策，要求美国"认识到中华人民共和国的合法权利和利益，立即结束对中国人民的所有挑衅和勒索政策"。（但是，赫鲁晓夫没有重复苏联媒体指控美国正在准备进攻中国大陆的言辞。）除了建议联合国采取行动限制美国舰船的活动外，这封信没有提出任何通过外交谈判解决问题的具体建议。但赫鲁晓夫暗示，可以就"远东的紧张局势"召开多边会议。

9月11日艾森豪威尔总统发表了电视讲话，苏联媒体和广播评论非常关注，但对演说本身的报道却是极度歪曲的。其中最强烈的贬损性评论是将讲话说成是美国总统企图打消本国公众的疑虑，但实际上却揭示了美国侵略的真实意图。评论强调了总统讲话的"保留"——关于中国国民党人的利益和强调放弃使用武力的必要性——并因此断言，这些证明了在寻求解决与共产党中国的争端时美国人是"毫无诚意的"。

最后，9月19日赫鲁晓夫发给艾森豪威尔总统的信对总统9月12日的复信作答，这可能是在类似的紧张局势中，美国政府收到的来自苏联政府的语气最为强烈的官方信息。信中非常详尽地对艾森豪威尔总统信件中涉及的各个问题进行了逐一驳斥，积极捍卫中国共产党人的立场。最重要的是，赫鲁晓夫用非常具体的措词重申他在9月7日信件中作出的誓言，即对共产党中国的攻击将被视为是对苏联的攻击。他特地援引了1950年中苏条约的内容，并强调如果美国对共产党中国发动核攻击，它将会立即遭受应有的、同类武器的反击。他进一步断言，如果美国不"立即"撤出自己在台湾地区的军队，北平将别无选择，只有"把敌视他的武装力量从他自己的领土上"赶出去。赫鲁晓夫要求美国承认共产党中国，不再反对后者获得联合国代表权。

艾森豪威尔总统否定了赫鲁晓夫的9月19日信函，迄今为止苏联对此的反应却是出人意料的平淡。苏联方面最强烈的评论是9月23日《苏维埃俄罗斯》的文章，它将美国的这种行动定义为外交"挑衅"。但是，同一天苏联在更具有官方色彩的《消息报》社论中仅仅表示，美国的这种做法"违背了普遍接受的外交关系惯例和国际准则"。目前还没有任何官方评论。

三、苏联支持共产党中国

在此次台湾海峡危机中,苏联政府公开姿态中最显著的特征就是十分郑重地明确保证,在美国"侵犯"共产党中国的情况下苏联一定会支持北平。这一立场与1954~1955年台湾海峡危机中苏联小心谨慎的立场形成了鲜明的对照。目前苏联公开承诺,一旦局势突然恶化,苏联将支持共产党中国,这一点非常值得玩味,更何况这一立场与中苏在这次危机中的意图密切相关。这表示,在支持外交政策目标方面,苏联政府愿意比以前冒更大的风险。

苏联保证支持共产党中国,这一点越来越明确。随着危机的发展,附带着对美国发出的警告也越来越多,苏联人威胁美国要认清发动攻击的后果。第一份较为权威的苏联评论是8月31日《真理报》"观察家"文章。该文章提及中国共产党人决心解放台湾和中国沿海岛屿,将整件事件定义为美国"占领"和"侵略"台湾。《真理报》文章这样表述对北平的支持:

> 那些企图威胁侵略中华人民共和国的国家不要忘记,它同样也在威胁苏联……苏联和中华人民共和国并肩战斗,一起对抗任何阴谋破坏和平的敌人。在这场正义的战斗中,苏联将给中华人民共和国必要的道义和物质援助。

《真理报》文章同时发出警告,"美国在远东发起的任何侵略将会不可避免地……导致战争向其他地区蔓延"。

发表于9月5日的第二篇《真理报》"观察家"文章进一步强调,苏联有义务在目前的危机中支持北平。它表示,苏联"与中华人民共和国因为兄弟<u>友谊</u>和<u>相互</u>帮助而紧紧地联合在一起",以这种略微委婉的措词暗示了1950年中苏条约中的友谊、同盟和相互援助(如上所述,在1954~1955年台湾海峡危机中没有提到这一点)。文章还指出,"中国人民得到……整个社会主义阵营的支持","苏联不会坐视美国在太平洋的备战活动,太平洋的水也冲刷着苏联的海岸","苏联人民将会一如既往地……向中国人民提供各种援助,以此来抑制充满危险的战争挑衅"。文章引申了《真理报》以前的相关论述,如中苏因为"兄弟般的友谊与合作而联系在一起",莫斯科准备"给予中华人民共和国必要的道义和物质援助"。文章同样警告说,"冒险家"不能靠"报复性打击来制约其把手伸向台湾和中国沿海岛屿地区",并补充说"他们将会受到毁灭性的反击,这将能够结束美帝国主义侵略远东的历史进程"。在美国可能遭到报复打击的区域方面,这篇文章比8月31日的文章限制更多,但其语调比前一篇文章更具威胁性,警告"美国的侵略"将会"不可避免地……导致战争向其他地区蔓延"。

苏联支持北平对台政策的主张随后上升到了政府政策的层面上,在9月7日赫鲁晓夫给艾森豪威尔总统的信中,莫斯科用有史以来最强烈的口气、最明确的语言告诉美国:

> 对我们伟大的朋友、盟邦和邻国中华人民共和国的侵犯也就是对苏联的侵犯。苏联将

会忠于自己的义务，将尽一切可能同人民中国一道来捍卫两国的安全……

　　苏联对共产党中国的这种承诺被莫斯科随后的宣传路线发扬光大。赫鲁晓夫9月11日在斯大林格勒的公众集会上发表演说，也把这种承诺作为重点，煽情地问听众：你们怎么想？你们的政府警告美国，对中华人民共和国的攻击将被视为对苏联的攻击，这样做对吗？可以想见，群众齐呼，"是的"。

　　在美国攻击共产党中国行动的可能后果问题上，赫鲁晓夫表示，这"完全取决于美国政府采取的进一步行动是否能使亚洲的和平延续下去"。很明显，赫鲁晓夫同时考虑了政治方面和军事方面的应对措施。在早几天的信中他已经强调，美国需要改变在中国联合国代表权问题上的政策，承认共产党中国，除非美国部队撤出台湾海峡地区，否则"远东不可能有稳定的和平"。赫鲁晓夫"回忆"起美国已经丧失了核武器的垄断，暗示一旦中国大陆遭受核攻击，苏联可能会进行核报复。在这封信的最后两段，他断言，一旦战争"强加到北平头上"，"中国人民将会通过适当的方式打击侵略者"。

　　几乎上述所有的承诺和警告在赫鲁晓夫9月19日给艾森豪威尔总统的第二封信中措辞更为强烈和精确。关于苏联的义务，赫鲁晓夫明确指出，苏联的义务在1950年中苏条约中有明确规定。他重复了以前说过的话，即对共产党中国的侵犯就是对苏联的侵犯。他补充说："没人会怀疑，我们将完全履行我们自己所应承担的义务。"赫鲁晓夫再次对美国发出警告，这使得上述誓言更为有力。他要每个人思考一下"侵犯"共产党中国的后果，这可能是这封信中最有意义的部分。赫鲁晓夫表示，如果共产党中国成为原子武器袭击的受害者，"侵略者将立即遭到应有的、同类武器的反击"。他还警告说："触发一场对中华人民共和国的战争就意味着……导致一场世界大战的爆发。"最后，赫鲁晓夫将以下接近于最后通牒的话作为这封信的结尾：

　　必须立刻永远地结束对中国内政的干涉。美国舰队必须撤离台湾海峡，美国部队必须离开台湾回家去。否则，远东就不能有持久的和平。

　　如果美国现在不这样做，那么人民中国别无他法，只有把敌视它的武装力量从它自己的领土上、从建立进攻中华人民共和国的基地的领土上驱逐出去。

　　我们完全站在中国政府、中国人民这一边。我们过去和将来一直都支持他们的政策……

　　但是，这种表述还没有达到最后通牒的程度。要求美国部队撤出是共产党人的一贯路线。现在他强调美国必须"立即"采取这一步骤，威胁美国如果不走这一步，其后果是——北平将"敌视他的武装力量"驱逐出去——含糊不清的，因为这将取决于所涉及的威胁行动的时机选择。这种含糊的话还有一些，例如，"远东就不能有持久的和平"。最后，赫鲁晓夫没有明确指出，如果中国共产党人采取了这些行动，苏联将给予何种形式的支持，仅仅在接下来的段落中,在其他的上下文中表示,"我们"——苏联人——"过去和将来一直都支持他们的政策"。

对赫鲁晓夫信件的后续的权威性的评论在某种程度上软化了先前的立场,较有意义的表述主要有两次。9月21日《真理报》社论和9月22日《真理报》"观察家"文章虽然重复要求美国部队撤出,但是将"立即"一词改成了"如果美国不这样做……"这样一句话。此外,《真理报》社论仅仅要求美国"放弃干涉中国内政",而不提赫鲁晓夫对美国的要求——这种"干涉""必须立即永远结束"。

四、苏联在谈判问题上的立场

9月6日,周恩来在代表中国政府发表的关于台湾海峡局势的声明中提出了恢复中美大使级会谈的倡议,此后直至赫鲁晓夫给艾森豪威尔总统的第二封信发出时为止,苏联人对<u>中美大使级会谈的可能性</u>明显持怀疑态度。赫鲁晓夫没有<u>直接提到周恩来9月6日宣布要进行大使级会谈</u>的事情,只是(批评性地)传达了白宫宣布接受周恩来建议的信息。尽管开始苏联媒体和广播勉强承认,假若有"具体举措"支持的话,美国接受周恩来建议是一个"积极的因素",但是他们暗示会谈可能不会成功,并且在信件相同的上下文中提到美国继续在远东进行军事准备和"挑衅"。随后的评论主要强调美国"毫无诚意"的主题,对美国和共产党中国之间达成任何协议的机会持怀疑态度。

9月18日以前莫斯科官方在这件事上继续沉默寡言。苏联政府发表了关于目前台湾海峡局势的第二份官方声明——葛罗米柯9月18日在联合国大会的发言——苏联人再次对华沙大使级会谈只字不提。

在北平对会谈的评论中,中国共产党人也对美国的诚意表示质疑,最初对可能的结果未作明确表态。在9月8日的最高国务会议上,毛泽东指出,他对会谈"抱有希望","如果双方都有解决问题的真诚愿望,该会谈可能会取得一些成果"。9月11日艾森豪威尔总统发表讲话,其中提到了谈判的前景,"如果谈判不是意在欺骗国际民意的话,倒也不是坏事",9月15日《人民日报》社论攻击了上述发言,并下结论说美国的诚意"将在会谈过程中经受检验"。

对于会谈问题,最初莫斯科与北平在强调重点和语气上的不同到了9月19日赫鲁晓夫给总统的信中似乎得到了弥合。赫鲁晓夫表示,为了对总统支持恢复大使级会谈作出回应,"我们也欢迎中华人民共和国的主动,很高兴看到中华人民共和国在此方向上作出的努力得到了美国政府的有限回应"。几乎与此同时,从9月18日开始,北平的评论也与莫斯科路线保持一致,公开怀疑美国在华沙谈判中的诚意,指控美国意在"破坏"会谈。

目前我们尚无法解释最初莫斯科与北平在看待华沙会谈问题上的公开态度的差异。可能这种分歧主要反映了两个共产主义强权国家在目前谈判中所起的作用不同。苏联路线的动机之一可能是建立一个责怪美国的基础,如果会谈没有达成任何结果,美国应该为会谈的失败负主要责任,同时对美国的谈判立场施加强大的心理压力。至少在最初,因为北平自己是会谈的参与者,所以在采用与苏联同样的策略方面中国共产党人可能有所节制。而苏联在参加东西方会谈时,在采用该策略方面较少克制。此外,如上所述,在1954～1955年危机中,在政治谈判的最佳场合问题上,莫斯科和北平明显持不同的观点。

在9月7日给总统的信中,赫鲁晓夫暗示,针对目前的危机可以召开<u>多边会议</u>,表示"我们希望,在我们与你们之间找到共同语言……所以,在消除目前在远东业已存在的紧张局势方面,苏联、美国、中华人民共和国和其他国家应该共同努力"。在随后的评论和讲话中,苏联没有沿着这一方向继续走下去。在目前的危机中,北平一次也没有直接或者间接提到召开多边会议的可能性。

在涉及台湾海峡危机争论的<u>联合国作用问题</u>上,苏联的直接发言较少,9月15日塔斯社的一篇长文和9月16日《真理报》社论的出现打破了这种局面,两篇文章都对即将召开的第13次联合国大会进行了预测。除了将台湾局势与中国联合国代表权问题联系在一起以外——这个问题放在下面专门讨论——这两篇文章都强调,联合国大会的注意力应"集中于"台湾局势之上,它们注意到尽管初步的议程没有提到"美国在台湾海峡地区的军事挑衅活动",但是该问题在联大的一般性辩论中应作为"广泛讨论"(塔斯社用词)的主题,应把这个问题与有关中国联合国代表权问题的辩论结合在一起。(几乎可以肯定,苏联代表团将会向联合国大会提交讨论台湾局势问题的议案,他们可能要求在决议中写入禁止"海空军力量勒索、胁迫和准备发动侵略的活动"的内容。赫鲁晓夫9月7日给总统的信和莫洛托夫9月18日在联大的讲话都<u>重点提到</u>了这一点。)

上面提及的评论清楚地说明,苏联代表团将会(就像它已经做的那样)在一般性辩论中,将很大一部分注意力放在台湾海峡局势和中国联合国代表权问题上。更为重要的是,苏联的评论建议本国政府单独提出台湾问题,这一立场将和中国共产党人背道而驰,后者在涉及单独讨论台湾问题上非常谨慎。非常令人瞩目的是,莫斯科强调将台湾问题作为联大关注的"焦点",而北平第一次对第13次联合国大会进行评论时(9月16日新华社急电)仅仅顺便提到了台湾,极力避免任何提请联大讨论台湾问题的建议,北平与莫斯科的<u>立场</u>形成了鲜明的对照。

此外,9月15日北平的《人民日报》社论对艾森豪威尔总统9月11日的演说发表评论,指出:"艾森豪威尔暴露了美国欲利用联合国<u>干涉</u>中国人民解放自己领土的企图,他说,如果大使级双边会谈未能奏效的话,还有'希望'通过联合国对台湾海峡局势'施加和平的影响'"。中共外交部长陈毅9月20日发表的声明沿用了同一路线,批评了美国国务卿杜勒斯9月18日在联大会议上关于台湾海峡局势的发言,(用陈毅的话说)"杜勒斯扬言要把中美之间的争端提交联合国",使人怀疑美国对"中美谈判"有多少诚意。最后,9月22日新华社从北平刊发急电,声称"现在美国当局策划在破坏中美会谈之后,将该问题提交联合国。这是企图以联合国的名义来<u>干涉</u>中国内政的阴谋",这份声明的观点应最具代表性,当然它不是非常权威的表述。

这些批评性的评论反映出,在涉及联合国大会正式讨论台湾问题的可能性时北平是敏感的,这是可以理解的,因为它认为该问题属于中国的国内事务。这些评论也反映了中国共产党人的担忧,他们害怕对台湾问题的正式讨论将会导致要求无条件停火的联合国决议出台。另一方面,莫斯科赞成联合国大会讨论台湾问题,显然希望苏联更多地介入联合国事务,希望在条件允许的时候为苏联在联合国大会上提交关于解决台湾问题的建议(不管这是苏联主动提出的,还是作为对美国类似举动的回应时提出的)留下方便之门。

五、苏联在中国联合国代表权问题上的立场

某些证据显示,在北平会晤中,毛泽东说服或者鼓励赫鲁晓夫应更加努力地实现他们在国际外交领域的目标,解决中国共产党的代表权问题。在那次会晤之后,苏联的新闻媒体和发言人将相当多的注意力投向国际社会普遍承认共产党中国的问题。此次舆论战的最初阶段——联合国安理会的中国代表权问题——好像要达成某种特殊的目的,苏联在 8 月 5 日呼吁联大召集紧急会议,苏联人希望以此来证明这次呼吁的合理性(国际社会普遍指控目前联合国安理会的构成不具有"代表性",苏联的此次呼吁也同这种指控有关);后来苏联在该主题上的宣传增加了对北平政权进行广泛承认的内容。

从 9 月 7 日赫鲁晓夫的信中可以看出,苏联的这种努力与目前中苏在台湾海峡的目标息息相关,也有可能就是其目标的一个组成部分。赫鲁晓夫直接将远东"危险局势"与"美国追求的对华政策"联系在一起,声称:"因为美国政府的态度,像中华人民共和国这样的伟大国家被剥夺了参与联合国工作的机会,我们绝不允许这种局面继续下去……"

9 月 15 日塔斯社的评论也呼吁国际社会关注中苏两个共产主义国家所提出的要求的相互关系,这表明制造台湾海峡紧张局势的一个重要目的是为国际社会广泛承认北平政权制造更多的根据。塔斯社声称,台湾局势和中国代表权问题"密不可分","代表们不能不考虑这样一个显而易见的真理,那就是:没有中国的参与,不可能解决任何有关加强远东和平与安全的问题或者其他重大的国际问题"。

9 月 14 日《真理报》"观察家"文章和《消息报》文章都表示,正如赫鲁晓夫在 9 月 7 日信件中所指出的,要想解决争端,唯一"现实的"途径就是:美国接受中国发生的"历史巨变",承认中国的"合法权利与利益",停止美国对中国的"挑衅"。在 9 月 19 日赫鲁晓夫给艾森豪威尔总统的信中,赫鲁晓夫进一步阐发了这一主题,不仅要求美国不再反对给予中国联合国席位,而且特别要求美国承认北平。他声称:

如果一国不是执行积极进行战备的政策,而是真正受和平合作理念的支配,其最重要的事情就是承认中华人民共和国政府。美国政府采取这样一种举措将能立即净化国际环境。这是通向解决国际问题的有效途径……这也使得恢复中华人民共和国在联合国中的合法权利势在必行,应放弃错误的政策,不要在联合国继续制造障碍,使得这一至关重要的紧迫问题不能早日得到解决。

上面加下划线的这句话出自 9 月 26 日《真理报》"观察家"的文章。文章声称,"局势如此紧迫,避免战争的唯一希望就是中国共产党人进入联合国"。

在联大就中国代表权问题进行辩论时,赫鲁晓夫信件中的这一主题也被苏联发言人反复引用。

MF 2524609－0074,The University of Hong Kong Main Library

双惊华译,梁志、双惊华校

中情局关于台湾海峡危机可能发展趋势的评估

(1958 年 10 月 28 日)

SNIE 100 - 12 - 58

台湾海峡危机可能的发展趋势①

(1958 年 10 月 28 日)

秘 密

问 题

评估 8 月份开始的台湾海峡危机中中共可能的行动进程；中国共产党人、中国国民党人和非共产党东亚国家对台湾海峡局势的各种可能发展趋势的反应。

评 估

一、中国共产党人和台湾海峡

(一) 中共挑起危机的目标和动机

1. 在挑起目前这场危机时，中共比以往任何时候都更为大胆地试探美国在台湾海峡地区的意图。这种策略变化的产生背景是苏联在火箭发展上取得突破后中国的信心大增。但是，总而言之我们相信，中共对台湾海峡地区策略上的变化没有预示中共外交政策的指导方式出现了根本变化，亦如我们在 NIE 13 - 58(1958 年 5 月 16 日)分析的那样。②

2. 中共认为中华民国继续控制沿海岛屿是对其国家威望与尊严的侮辱，同时国民党在沿海岛屿的驻军得到美国的支持也被视为一种军事威胁。但我们并不认为中共在挑起此次

---

① 原注：这份评估报告是对 1958 年 8 月 26 日题为"台湾局势的可能发展"的 SNIE 100 - 9 - 58 的增补。

② 原注：NIE 13 - 58(1958 年 5 月 16 日)认为，目前中共对社会主义集团在世界舞台上的地位非常自信；他们认为亚洲向着反对西方的趋势发展；他们在向目标迈进的过程中有点急躁；他们将主要精力用于实现中期目标：削弱美国在亚洲的地位和影响力；他们政策的主攻点将继续是理性与和平共处，当然他们会越来越自信；他们关注"两个中国"概念的发展；他们可能不会采取明显会导致与美国对抗的军事侵略行动；他们继续努力削弱中国国民党人的意志；"不能排除下面这种可能性：中共将在沿海岛屿问题上采取更具侵略性的政策，部分因为他们怀有强烈的愤怒和受侮辱感，部分因为他们要强调摧毁国民政府的决心，部分是为了试探美国在台湾海峡地区的意图"。

危机时就下定决心，不管美国、中华民国及国际社会作何反应，一定要拿下沿海岛屿。最近在危机的发展进程中出现了一系列事件：投入进攻行动时中国共产党空军部队的失利；炮击的损失比预想中最糟的情况还糟；更加强调打击中国国民党人的士气；10月6日到20日暂停炮击。这些都说明北平领导人使用军事力量的初衷是将其作为一种政治武器，并没有决定不惜任何代价立即夺取沿海岛屿。

3. 我们也不认为中共视占领这些岛屿为他们的根本目标。毫无疑问，他们在台湾海峡地区增强军事和政治压力的主要用意是促进其消灭中华民国并将美国力量赶出台湾地区的最终目标的实现。中共相信，他们可以通过以下行动为上述目标服务，这些行动包括：（1）试探美国支持中华民国的决心；（2）在美国和中华民国之间打下楔子；（3）在世界舆论面前破坏中华民国和美国的声誉；（4）提请世界注意中共的重要性；（5）阻止更为普遍地接受事实上的"两个中国"；（6）销蚀国民党的士气。尽管国内因素可能在中共发起攻击的决策中也起到了一定的作用，但我们认为，在他们决心发动攻击之初，国内因素的考虑已退居到次要地位。

4. 虽然无法得出定论，但我们有证据表明苏联没有鼓励中共挑起危机。不过苏联显然默许并支持中共的炮击行为，当然这是因为苏联人相信这不会导致中共和美国之间发生大规模对抗。即便苏联人起了作用，也没有证据说明苏联人到底发挥了什么作用，特别是在暂停炮击时他们是否起了作用。

（二）目前的中共意图

5. 不管中共领导人在7、8月间是怎样设想的，他们可能已经开始确信，面对直接的军事压力时，美国将会开展斗争而不是听任沿海岛屿陷落。在这种情况下，中共显然不愿意冒险采取逐渐升级的军事手段，而加强军事手段是有效拦截沿海岛屿补给之必需，他们可能估计目前追求自己目标的最佳手段是在保持军事压力的同时强调政治努力。中共可能还保持着相当的自信，他们认为其"打打停停"的策略可以使美国和国民党之间的关系更加紧张，销蚀国民党人的士气，美国在来自世界与国内的压力面前可能转过来向国民党部队施压，使国民党人从沿海岛屿撤军，这是通向共产党中国消灭国民党的目标的一个台阶。

6. 几乎可以肯定的是，中共认为他们的立场是强硬的，他们无意强制自己作出让步。他们可能会愿意继续进行华沙会谈，与美国会谈的唯一主题就是要求美军撤出台湾地区，坚持沿海岛屿和台湾问题纯粹是中国的内政。不过，他们可能希望通过继续这种会谈向世界表明他们愿意谈判，阻止联合国或其他国际组织介入危机，引起国民党人对美国政策的猜疑，并从同美国的直接谈判中赢得声誉。同时，他们将会继续努力，建议与中华民国进行谈判，希望国民党人能够开放一点，通过与共产党人直接接触，在美国放弃国民党人之前与共产党人进行更好的交易。他们可能更愿意通过这种谈判渠道进行接触，而不是在联合国和其他任何国际论坛讨论危机问题，因为后者的决议可能不会完全赞同北平的立场，可能会隐含"两个中国"的内容。

7. 北平的谈判立场受制于他们的忧虑,他们担心接受任何让步都将会损害他们对台湾和沿海岛屿的要求。他们可能希望美国向中华民国政府施压,使其从沿海岛屿撤军,中共认为这种压力会使美国同国民党的关系更加紧张。但是,中国共产党人并不接受通过撤军永久解决台湾问题,尽管他们可能会建议如果他们得到这些沿海岛屿,如果美军撤出台湾地区,他们将在一段特定的时间内不对台湾动武。他们肯定不会接受以事实上的中立和削减国民党守军为核心内容的决议,也不大可能对包括任何让步条件的建议作出回应。他们决定反对相互让步的措施,即将正对沿海岛屿的海岸地区划为非军事区。

8. 受上述条件的限制——避免两个极端,从极度冒险到重大让步——未来中共的具体行动将很难估计。中共的策略在很大程度上取决于苏联的态度和国民党的行为,尤其是美国的行为。中共可能会将新的、性能更高的飞机和其他武器运送到临海区,但我们认为,只要中共相信,直接占领重要的沿海岛屿将会使其卷入与美国的敌对行动,他们将继续克制自己不发动如此直接的进攻。但这并不排除他们会在台海地区恢复更为严密的拦截活动以及部署更具侵略性的海空军部队,特别是他们目前的策略不能达到其预期目标时,情况更是如此。同时,尽管中共目前可能相信,在面对直接的军事压力时美国将会开展斗争而不是听任沿海岛屿陷落,但他们同样相信,只要中共不进行直接而明显的挑战,美国也将极大地约束自己的行为。所以,他们可能认为,在台湾海峡地区再次制造高度的军事紧张也将会是安全的。在这样一种局面下经常可能会有一系列误判情况的发生,美国和中共之间的对抗可能会由此产生。

9. 总而言之,我们认为,在未来一段时间内,台海局势可能会是现在局势的延伸:没有大规模的拦截行为,没有认真的谈判,没有解决方案。假设国民党依然戍守沿海岛屿,中共在未来的一段时间内可能会在沿海岛屿地区保持一种危机和紧张的氛围。无论如何,他们将不会放弃破坏美国与中华民国政府的关系、消灭中华民国政府以及损害美国在亚洲的声誉的努力。

10. 虽然我们预计中共在近期将不会对远东其他国家采取明显的军事行动,但如果国民党丢失了沿海岛屿,我们能预见到中共将会对亚洲其他地区施加更大的压力。

National Intelligence Council, *Tracking the Dragon: National Intelligence Estimates on China During the Era of Mao*, 1948 - 1976, October 2004, pp. 185 - 190

双惊华译,梁志、双惊华校

中情局关于中共在台湾海峡地区的意图和可能采取的行动的评估

(1959 年 3 月 13 日)

SNIE 100 - 4 - 59

中共在台湾海峡地区的意图和可能采取的行动进程

(1959 年 3 月 13 日)

秘 密

问 题

评估明年共产党中国在台湾海峡地区的力量、意图和可能采取的行动路线。

结 论

1. 我们相信共产党中国去年 10 月在台湾海峡危机中暂息干戈的主要原因是因为他们相信,增强对台湾海峡的军事压力直到确保成功地对金门实施拦截的需要将会给他们带来与美国对抗的不能接受的风险。此外,美国与中华民国政府的关系没有受损,国民党人的士气仍然很高,由于北平行动引发的紧张局势有损共产党中国的国际声誉。北平也担心一些亚洲国家建议北平考虑的妥协措施是北平不能接受的。(第 15～18 段)

2. 去年 10 月以来,台湾海峡的军事形势没有发生什么变化。单单通过炮击活动本身,中共没有力量阻止国民党人向马祖和大小金门地区运送补给。如果他们选择运用他们的全部炮兵能力,他们能在任何时间给金门群岛制造相当严重的破坏,其程度可能超过前一次危机。而且,通过补充飞机和摩托化鱼雷艇,可能再加上攻击型潜艇,其炮击能力将会大大增强,这可能使得金门与马祖的戍卫军队根本无法获得再补给和增援,除非美国的空军和海军力量承诺一直保持补给线的畅通。中国共产党部队有能力在事先不发出警报或者仅有微小警报的时候迅速攻占其他沿海小岛。除非美国干预,否则他们还能占领较大一些的沿海岛屿。(第 23～25、27 段)

3. 目前没有迹象表明中国共产党人准备增强对台湾海峡的军事压力。也没有确实的证据表明,中共向海峡地区派遣了增援部队、重型炮兵,部署了新的导弹、飞机、摩托鱼雷艇

或者布雷船。但是,共产党力量能够迅速移动和增援,在他们进行这种部署时,我们可能很难察觉。(第 31 段)

4. 几乎可以肯定,中共寻求避免与美国的直接对抗。我们相信,他们可能不会占领金门或者全力以赴地阻止国民党人向金门运送补给。我们同样认为,针对马祖展开此类行动的可能性也不大,因为在这一点上中国共产党较少获知美国的意图,猜测不出美国可能采取的行动。但是,我们相信中共将会继续保持军事压力,以支持他们针对台湾海峡展开的重要的政治战和心理战。他们企图使台湾海峡局势保持活跃,可能不会放松他们的军事压力,不会允许局势在今后向着逐渐沉寂的方向发展。(第 37 段)

5. 中共可以采取多种手段保持军事压力。他们可能会周期性地猛烈炮击金门、马祖,并在海面上采取小规模的海军、空军行动以干扰金门、马祖上的国民党守军的活动;如果中共空军力量增强,他们将会更加积极地对抗国民党空军。中共可能会占领一个或者几个小型的、防御松懈的沿海岛屿,特别是大担岛和二担岛,在国民党采取有效的对策之前,这些岛屿就可能遭到突袭。(第 38~39 段)

6. 在柏林危机的过程中,中共可能通过加剧台湾海峡的紧张局势来展示自己的实力,这既是相互合作的共产主义阵营战略的一个组成部分,又能进一步促进他们的远东目标的实现。我们相信,如果事先没有征求苏联的同意,中国共产党人不会加剧台湾海峡的紧张局势。在台湾海峡危机和柏林危机中,苏联的立场都取决于谈判的进程,在柏林危机中还取决于一些突发事件本身。只要苏联人判断柏林的局势正向他们希望的方向发展,他们可能希望在远东地区保持目前业已存在的紧张局势。如果苏联人估计柏林局势正在恶化,他们就可能会建议中共加剧远东的紧张局势。中国共产党人对苏联这种建议的反应将会受很多因素的影响,不但依据柏林局势和苏联意愿,还依据北平自己对利弊得失的判断,他们将会分析加剧台湾海峡局势或者远东其他可能地区的紧张局势对中共的利弊得失。但是,几乎可以肯定的是,加强台湾海峡紧张局势的任何举措肯定都不会达到挑起重大对抗的程度。(第 34 段)

讨　论

一、介　绍

7. 过去几个月中,中共外交政策的语气发生了明显的变化。在 1958 年的绝大部分时间里,北平外交政策的指导原则充满着好战和刚性的色彩,8 月共产党中国突然对台湾海峡发起了 1949 年以来最为猛烈的攻击,并将对台湾海峡的军事压力保持到了去年 10 月,但是在这以后,他们又淡化了自己外交政策口径中的好战色彩。

8. 不过,台湾海峡危机涉及的那些问题仍然没有得到解决。中共在台湾海峡地区的根本目标依旧是:消灭美国的力量,消除美国的影响,摧毁中华民国政府,占领目前还在国民党人手中的全部领土。本份评估报告的目的就是考察 1958 年台湾海峡危机的源起和进程，中共如何暂停这场危机以及从那以来的事态进展，以便为分析明年中共在海峡地区的可能行动路线打下基础。

二、1958 年台湾海峡危机

9. 我们认为，在 1958 年中共决定提高在台湾海峡军事活动水平的背后有着多方面的考虑。在最为普遍的意义上，这种行动反映了中共政权在面对 1958 年的国际局势时自信心明显增强。随着苏联人在火箭技术上取得突破性的成就，北平领导人好像认为，世界力量平衡已经发生了决定性的变化，开始向有利于社会主义阵营的方向倾斜。从北平的宣传中可以看出，中共的情绪有点急躁，希望利用社会主义阵营处在有利地位这一时机，使自己的行动更加有力。在台湾海峡问题上，他们的"和平共处"路线已经失败，不能为共产党中国带来实际的利益；该路线实际上令国际社会陶醉不已，且使世界舆论产生了接受事实上的"两个中国"局面的倾向。

10. 在这种大氛围之下，北平领导人可能认为，对中华民国政府进行新的打击的时机已经成熟。共产党中国可能估计，在沿海岛屿问题上，美国可能会处于外交上极为孤立的状态，苏联在先进武器上取得的突破可能会使美国人更加谨慎，阻止美国在局部战争中承担更大的风险。北平可能认为，美国在承担中东义务的同时，可能不愿意或者无力阻止沿海岛屿的丢失。为了检验上述估计，北平开始采取试探性行动，探测美国的可能反应，他们抱有这样的希望，如果美国不加干涉，他们就能通过拦截行动、国民党军队的撤退甚至可能出现的大规模起义来夺得这些岛屿。北平认为，丧失这些岛屿将会极大地削弱国民党的民心士气，动摇国民党在台湾的权力统治，在美国和中华民国之间制造更大的裂痕，美国在亚洲的威望和影响力也会因此受到重创。

11. 北平可能预测，在这种试探性行动中他们或许不会损失什么。他们认为，即使美国在台湾海峡问题上态度强硬，随之而来的紧张局势也会使美国与它的盟国和亚洲中立国之间的关系出现很大的问题，使国际社会更倾向于承认共产党中国，并阻止任何倾向于承认事实上的"两个中国"局面的进一步发展。

12. 无论如何，中共领导人可能不会希望他们采取的措施将大大增加美国攻击中国大陆的危险。他们可能认为，密集的炮击是能够安全使用的首选作战手段，在何种程度上利用其他军事手段可能要取决于美国和中华民国的反应。

13. 我们依然认为，外交政策和社会主义阵营政策的考虑是共产党中国决定加强台湾海峡对抗的主要因素。但是，中共政权在制订计划的过程中必须认真考虑这种军事危机与国内的"大跃进"和人民公社运动的相互影响。台湾海峡的冒险将会是一件有用的武器，可以借此提出加速发展国内经济并组织民众进入公社的迫切要求。中共政权可能打算利用台湾海峡的行动推动国内的这些计划，但我们不认为中共采取这些行动仅仅是迫于任何国内强制性因素的压力。

14. 苏联在 1958 年海峡危机中的作用仍然不是很清楚,但我们依旧认为,苏联没有主动鼓励中国人挑起这场危机,而是默许并支持了中国人的主动。我们可以确信,要在海峡地区制造事端的念头来自于中国人,他们计划和密谋了很长一段时间,并且制定了激化事态的某种形式的时间表。赫鲁晓夫离开莫斯科到北平访问是在中东危机的高潮期间进行的,这说明这两个联盟国家觉得有必要促进两国在政策方面进行更加紧密的合作。随后的 8 月事件表明,苏联在海峡冒险时期同意了中共的计划,甚至可能在某种程度上还推了一把。毛泽东和赫鲁晓夫会晤时可能得出结论,双方同意将压力转移到海峡地区可能有助于获得社会主义阵营在中东的利益,高度紧张的局面将同时刺激两个前沿地区事态的发展:远东和中东。

三、共产党中国暂停台湾海峡危机

15. 北平对危机的估计。我们认为,去年 10 月共产党中国暂停台湾海峡危机主要是因为他们发现自己已经将军事压力提升到了他们希望看到的程度上,既能够成功地试探对方的反应,又没有冒与美国对抗的无法接受的风险。而且,美国和中华民国的关系并没有被削弱,而自己推动的紧张局势又破坏了共产党中国的国际声誉。总之,中共领导人发现,他们在海峡进行的冒险没有获得政治与军事上的回报,他们手上的问题就变成了怎样尽可能优雅地从紧张事态中脱身,寻找新的手段和方法实现在中共台湾海峡地区的目标。

16. 中共领导人显然对美国军事反应的迅速、规模和形式留下了深刻的印象。可能以前北平领导人不是特别清楚美国在沿海岛屿问题上的意图,现在他们清楚地知道美国将会干预此事,不会任由金门落入共产党手中。但是对于马祖和其他较小的沿海岛屿,美国的意图还不是特别明朗。

17. 北平也发现,他们低估了国民党人的胆量、士气和军事能力。中国共产党空军无法和技术娴熟的国民党飞行员抗衡,后者在中共密集炮击开始以后击落了大约 30 架共产党人的米格(MIG)战斗机,而自己仅仅损失了一两架 F - 86 飞机。国民党空军的优势因为引入了空对空响尾蛇导弹(Sidewinders)而更加明显。中国共产党人也发现,单单进行炮击不能诱使大批国民党官兵背叛,也不能阻止国民党/美国向金门增援。① 在沿海岛屿和台湾的卫戍部队中没有发生叛变事件,事实上国民党人的士气反而逐渐上升。

18. 中国共产党人可能惊讶地获知,有相当数量的亚洲国家领导人赞同美国的对策,认为侵略的责任应由中国人承担。在行动的进程中,北平注意到几个亚洲国家提出了一些妥

---

① 原注:中共发现炮击可能导致暂时的中立化,但不具有决定性意义,除非配合其他手段同时使用;中共的射击指挥手段和程序不足以摧毁国民党人的阵地设施,破坏其反击能力;除非拥有现代化的技术装备,否则非直接的火力技术无法真正完全拦截装备现代化设备的有决心的两栖补给行动;中共的防御工事无法保护自己免受国民党精确的炮火反击。

协性的建议,而这些建议都是中国共产党人不可能接受的。中共领导人发现自己在台湾海峡地区的军事行动破坏了中共对亚洲的影响力,特别是这种进攻行动发生在自己开展公社革命时期,中国逐渐强硬的外交政策已经在亚洲引起了很多负面效应。

19. 危机以来的北平策略。共产党中国从早先的军事战和心理战压力策略上后退,几乎完全恢复到了危机发生以前的一般活动。与以往最大的不同在于他们启用了沿海机场,炮击的烈度比危机爆发初期的几周可能更大一些。

20. 去年10月以后,中国共产党人在台湾海峡的主要活动是通过零星的炮击、宣传呼吁、谈判建议和向台湾的老朋友写信等方法削弱国民党人的士气,诱使国民党人叛变。目前的活动和过去大同小异,主要是为了:(1) 通过种种手段分裂美国和中华民国的密切同盟及防御关系,主要是向双方暗示,每一方都被对方廉价出卖;(2) 对照共产党中国的发展,削弱公众对国民党长期生存能力的信心,说明共产党人能够且"不可避免地"将取得最终的胜利;(3) 劝说台湾的官员和技术人员返回中国大陆,告诉他们"新中国"为他们保留了位置;(4) 向世界表明,共产党中国将永远不接受"两个中国"的解决方案,共产党中国力量的不断增强决定了国际社会必须承认共产党人解除持续危机的方案:美军撤出台湾地区,外部世界不得干涉北平与台北的"国内"斗争。

21. 我们没有证据表明,国民党人会接受共产党人的上述建议或者给以秘密回应。我们不相信共产党人的上述努力实际上已经取得了很大的进展。国民党人非常清醒地意识到中国大陆很多不引人注目的公共生活状态,非共产党发挥作用的空间非常有限,而台湾更为自由,生活水平更高,美国将会继续支持台湾。不过,我们不知道的某些私人渠道的双方沟通可能正在进行。

22. 在继续进行的华沙大使级会谈中,我们估计共产党中国肯定不会承诺放弃沿海岛屿。他们可能愿意继续进行这种会谈,给世人留下愿意谈判的突出印象,避免对谈判破裂负责。北平可能还希望在美国的心目中制造对中国国民党人的怀疑和不信任,通过直接与美国谈判在某种程度上提高自己的威望。

四、中国共产党人的能力[①]

23. 实际上去年10月以来台湾海峡的军事地图几乎没有发生什么变化。共产党人和国民党人双方都稍微增强了自己的空中力量,国民党人向金门的炮兵增援,但是整体的力量平衡状态和去年8～9月大体相同。可能最重大的变化就是通向福州的铁路全线贯通导致中国共产党向正对马祖地区的补给和增援能力显著增强。

24. 如果美国不加干预,我们相信中共有能力拿下金门或马祖,尽管要付出相当大的代

---

① 原注:参见军事附件和地图1～6。

价。[①] 足以成功袭击马祖列岛的部队现在已经部署在福州地区(估计有 47 600 人)。我们估计,在中共的考虑中,成功的金门战役将需要 20 万作战部队。尽管他们还需要向厦门地区增派 10 万地面部队,但调动将会非常迅速,可以在不被察觉的情况下完成。美国军事卷入的程度和性质将会在争夺较大岛屿的决战中成为决定性因素。

25. 仅仅通过炮击,中国共产党人无力阻止国民党人向大小金门运送补给。[②] 但是,如果中国共产党人全力进行密集的、全方位的炮击,他们能够比以往任何一次危机时期都更加严密地封锁金门群岛,使运送补给一事变得非常困难,并给金门守卫部队制造更多的困难。为厦门地区的中共炮兵增援,没有什么重大的后勤上的限制。

26. 仅仅通过炮击,中国共产党人无力阻止国民党人向马祖运送补给。尽管估计中共有 90 门炮的炮弹可以达到马祖列岛最北端的三个小岛,但即使能见度很好的时候他们还是很难直接观测到目标,这将妨碍中共进行有效的侦察。

27. 中共能够在事先不被察觉的情况下迅速占领任何一个小型沿海岛屿,特别是东腚、乌丘和东引。尽管相对其他较为孤立的小岛而言国民党人便于支持大担、二担岛(在金门地区)的防御,中共仍能占领并防止国民党人重新夺取这些岛屿。如果北平下决心守卫(已经夺取的)大担、二担岛,国民党人将很难对共产党的防御力量实施骚扰。

28. 上面我们已经提到了国民党空军战斗机编队的优势地位,在任何与国民党人的空中交火中,北平都将被迫准备接受不成比例的损失,除非共产党空军战斗机编队的性能获得很大的改善。如果战斗持续下去,共产党的损失将会非常惨重。虽然飞机性能落后,在飞机数量上中国共产党人相对国民党人来说却拥有绝对优势,且在正对沿海岛屿的大陆海岸线上还有大量的机场,这给共产党空军有效阻止国民党对沿海岛屿的补给和增援行动创造了条件。中共也有能力保护己方地面行动免受国民党空军的具有决定意义的干扰。苏联空对空导弹的引入和适当的训练将会缩小国共两党在飞机性能上的差距。

29. 中共的飞机、摩托化鱼雷艇或许还有进攻型潜艇的活动能够对炮击进攻构成补充,完全阻止国民党人对沿海岛屿的补给和增援,除非美国的海空军力量承诺直接保证这条补给线的畅通。

30. 中国有能力对台湾和澎湖列岛发动空中打击或两栖进攻,但不能在美国的反对下压制或占领这些岛屿。

31. 目前没有明显的迹象显示中国共产党人准备增强对台湾海峡的军事压力。也没有确实的证据证明,中共派遣了增援部队、重型炮兵,部署了新的导弹、飞机、摩托鱼雷艇或布雷船进入海峡地区。但是,共产党的部队、舰船、飞机随时可以迅速转移,对攻击沿海岛屿的行动予以增援,在他们进行这种部署时我们可能很难察觉。

---

① 原注:关于中国沿海岛屿的分布,见地图和军事附件的第 A1 段。
② 原注:在台湾海峡危机时期,金门的补给形势从来没有达到非常危急的程度,甚至连最紧要的物资都总是够用 30 天。在停火期间,除了天气原因以外,通过海空运输,甚至连日用品都得到了充足的补充。去年 10 月以来,对金门的补给情况进一步得到改善,见军事附件。

五、可能的中共行动进程

(一) 整体考虑

32. 我们相信共产党中国对台湾海峡的基本目标不会发生什么变化。经历了去年的台湾海峡危机之后,中国共产党领导人可能会作出很好地估计,认为没有一条现实的道路可以更快地实现他们的基本目标。但他们肯定会认为机会在他们一方,他们能够通过常规活动或他们持续不断的压力引起的新的事件而在台湾海峡地区创造新的机遇。

33. 与此同时,目前的局势也为他们提供了一些有利之处。他们能够利用国际环境的变化或者适合自己的国内要求来加剧或者缓解海峡地区的紧张。去年10月以来,他们一直坚持沿海岛屿和台湾是一个问题,必须同时解决,这种设计可能是因为他们部分认识到了自己没有能力马上占领这些岛屿;他们讨厌别人说他们在去年的危机中失利。此外,他们可能也认为,就像他们声称的那样,只要国民党人占据着这些沿海岛屿,台湾海峡就没有形成天然的分界线,而天然分界线的形成将为国际社会认可"两个中国"决议打下基础。他们可能还认为,目前的局势包含着打击国民党人士气和分裂美台关系的某些机会。

34. 在柏林危机的发展进程之中,中共可能通过加剧台湾海峡的紧张局势来展示自己的实力,这既是相互合作的共产主义阵营战略的一个组成部分,又能进一步促进他们的远东目标的实现。我们相信,如果事先没有征求苏联的同意,中国共产党人不会加剧台湾海峡的紧张局势。在台湾海峡危机和柏林危机中,苏联的立场都取决于谈判的进程,在柏林危机中还取决于一些突发事件本身。只要苏联人判断柏林局势正向他们希望的方向发展,或许他们就会希望在远东地区保持目前业已存在的紧张局势。如果苏联人估计柏林局势正在恶化,他们可能会建议中共加剧远东的紧张局势。中国共产党人对苏联这种建议的反应将会受很多因素的影响,不但包括柏林局势和苏联意愿,而且包括北平自己对利弊得失的判断上作出的很多考量,他们将会分析加剧台湾海峡局势或者远东其他可能地区的紧张局势对中共的利弊得失。但是,几乎可以肯定的是,加剧台湾海峡紧张局势的任何举措肯定都不会达到挑起重大对抗的程度。

35. 我们不认为共产党人的国内考虑会使共产党中国明年在台湾海峡地区发动重大军事行动。但是,在他们的国内建设需要更多的公共牺牲和民众热情之际,北平随时都可能会制造更加紧张的台海局势,借此保证经济快速、有力地发展,保证社会的团结。

36. 还有其他一些因素也将会影响北平在台湾海峡的行动进程。虽然最近几个月北平的总体外交政策声明中好斗的语调适当放缓,但他们的观点中仍保留着某些1958年那种典型的过分自信的特征。台湾海峡局势为这种自信提供了最便利的表现机会,不过如果中共在别的地方看到机会,他们可能就不大倾向于在海峡地区增强压力。任何导致中共看到美国或者中华民国政策可能出现变化的发展都可能对北平的行为产生影响。继续进行的华沙会谈可能会略微制约一下中共的行为,但通过华沙会谈不可能阻止中国共产党人采取更有力的行动的决心。

（二）可能的行动进程

37. 几乎可以肯定，中共寻求避免与美国的直接对抗。我们相信，他们可能不会占领金门或全力以赴地阻止国民党人向金门运送补给。我们同样认为，针对马祖展开此类行动的可能性也不大，因为在这一点上中国共产党较少获知美国的意图，猜测不出美国可能采取的行动。但我们相信中共将会继续保持军事压力，以支持他们针对台湾海峡展开的重要的政治战和心理战。这种压力可能不会重复去年毫无回报的军事活动。但北平将可能企图使台湾海峡局势保持活跃，可能不会放松军事压力，不会允许局势在今后向着逐渐沉寂的方向发展。

38. 中共可以采取多种手段保持军事压力。他们可能会周期性地猛烈炮击金门、马祖，并在海面上展开小规模的海空军行动以干扰金门、马祖地区国民党守军的活动。中共可能企图占领一个或几个小型的、防御松懈的沿海岛屿，特别是大担岛和二担岛。北平可能会实施这种突袭来支持他们的政治活动或为国内的政治或者宣传目标的逐渐实现提供特定的证据。

39. 尽管我们认为不大可能，但也不能完全排除中共恢复对较大的沿海岛屿猛烈持续炮击的可能性，他们甚至可能使用更大型号的火炮。他们可能主动对沿海岛屿地区，可能还有海峡地区，发起一系列空中进攻活动。但他们可能不愿意使他们的空军力量面对再次被国民党空军打败而蒙羞的可能性，所以我们认为他们可能不会主动采取这种空中行动直到他们大大改善了飞行器的性能为止。在未来的几个月中，中共空军的少数编组的力量在装备了现有的设备之后可能获得充分的改善。此外，在本评估期间，中共空军可能已经获得了更多的先进飞机，甚至有可能获得空对空导弹。

40. 北平可能会加强对中华民国政府的政治战与心理战。这样做风险很小，代价很低，不会对中共领导层和资源提出太多的要求。特别是北平将会通过散播自己在与中华民国领导人进行秘密谈判的谣言加强进攻。这将会重提正式的包括具体条件的谈判建议，可能会为北平在某些非共产党国家中赢得支持。

41. 北平可能重申其要求，建议在与美国的部长级会谈中讨论台湾和其他问题，可能会引用华沙大使级会谈没有取得成果的例子说明双方需要高级别的讨论。北平将会拒绝国际组织特别是联合国关于解决台湾海峡问题的一揽子计划。

42. 尽管我们认为，在本份评估期间，中国共产党人不会采取一些在他们看来可能导致冒美国部队卷入的巨大风险的那些重大举动，但他们肯定不会改变他们在该地区的根本目标。从长期来看，随着中国共产党人经济和军事实力的增长，他们的领导人在追求这些基本目标时可能会越来越胆大。

附录

军 事 附 件

一、概　括

1. 100 海里宽的台湾海峡将台湾岛与中国大陆分开。[①] 64 个岛屿构成的澎湖列岛（佩斯卡多尔群岛）点缀在台湾西边 25 海里远的海域里面，就像台湾主岛一样，这些岛屿都得益于相对宽阔的海峡的保护。从防御的角度看，沿海岛屿的地理位置就没有这么幸运了。这些岛屿组成了两个较大的群岛和三个较小的群岛。最大的金门群岛的构成如下：（1）金门岛，47 平方英里，由 5 个师加上支持部队来戍守；（2）小金门，6.7 平方英里，由 1 个师加上支持部队来戍守；（3）8 个小的、多岩石的担岛，其中的 3 个由金门守军中的轻型武装部队来卫戍，大约 1 200 人驻守大担岛，215 人守卫二担岛，可能还有 70 人守着虎仔。但岛的军事意义（除了士气的因素之外）主要体现在它们是观察厦门港口地区的极佳哨所。另外一个重要的岛屿群是包括白犬列岛在内的马祖列岛。马祖是其中最大的岛屿，大约 4 平方英里，由 11 500 装备精良的常规部队戍守；长墟（Chang-hsu，音译），3 平方英里，有 5 000 常规部队；高登约 1 平方英里，位于马祖列岛的最北端，约有 750 人驻守。在列岛南段，白犬列岛上有一些守卫力量，主要由正规军在管理；3 300 人在 1 平方英里的西犬岛上，2 300 人在稍小一点的东犬岛上。马祖列岛上的其他岛屿没有正规部队驻防。

2. 在那些相对孤立的小的群岛中，最大的是东引群岛。距离国民党正规部队戍守的最近岛屿（马祖列岛的长墟，在长墟的东北东的位置）还有 26 海里[②]远，群岛构成中的两个崎岖的小岛（一个 1.8 平方英里，一个 0.6 平方英里）由大约 2 000 名配备轻型装备的游击队员守卫。处在金门和马祖的中途，大陆东南 14 海里远的位置上有两个乌丘岛，最大的一个有 250 英亩。约有 600 名配备轻型装备的部队把守这个群岛。小的东碇岛，距离金门约有 14 海里远，离大陆只有 8 海里远，由金门部队中的约 70 名正规军守卫。

3. 面对着中华民国政府在马祖列岛上部署有 23 000 人的部队，估计中共在福州地区驻扎有 47 600 人的部队。面对着中华民国政府在金门群岛上部署有 86 000 人的部队，估计中共在厦门地区驻扎有 86 900 人的部队。现在中华民国政府在金门和马祖的卫戍力量恰好或者接近于最佳力量。金门和马祖地区的炮兵力量大约如下表所示：

---

① 原注：参见地图(1～6)。
② 原注：本报告中所有的水上距离都是以海里为单位。

共 产 党 人		国 民 党 人	
厦门地区		金门地区	
152 毫米	108	8 英寸榴弹炮	11
122 毫米	264	155 毫米火炮	20
76、75 和 57 毫米	237	135 毫米榴弹炮	84
		105 毫米榴弹炮	122
		75 毫米榴弹炮	80
总计	600*	总计	317
福州地区		马祖地区	
152 毫米	2	155 毫米火炮	8
122 毫米	88	105 毫米榴弹炮	60
76 或者 57 毫米	15	75 毫米榴弹炮	12
总计	105	总计	80

＊ 我们认为,在金门地区,除 63 门炮外,所有的中共火炮都在国民党阵地的射程之中。除了表上列出的以外,该地区还有 274 个隐蔽的阵地,其使用情况不得而知(参见地图3~4)。

4. 台湾海峡主要的气候条件在很大程度上决定了国民党力量能够很好地向任何沿海岛屿运送补给和进行增援,而对共产党人任何企图进攻台湾和澎湖列岛的行动都形成制约。春天(4~6 月)多变的和风及风浪很小的海面为穿越台湾海峡的活动创造了最佳条件。夏天(7~9 月)发生台风的可能性更大,在相当长的时间内从台湾到沿海岛屿的交通随时可能被完全阻断。冬天和春天海上吹拂强劲的东北风,形成了一段强风巨浪时期,这也限制了在海峡的移动,使得卸货的工作只能在几个特定的处于下风口的有利海滩位置上进行。气候的季节变换非常不利于大陆向沿海岛屿发动两栖进攻。

二、中国国民党人

5. 后勤考虑。共产党人对中国国民党人向金门守军运送补给的活动进行拦截,构成了台湾海峡危机期间的突出问题。不过,在台湾海峡危机期间,金门的补给情况从来没有恶化到极为危险的程度。中共拦截国民党的补给行动对国民党的反炮击能力构成一定的影响,且自然而然地促使国民党执行全面紧缩的补给消耗计划。不过,至 1958 年 10 月 5 日(中国共产党人宣布单方面停火),尽管还面临着拦截,但是国民党的补给物资已经非常充足地运送过去。根据美国军事援助顾问团的计算,支持金门守军的补给物资数量已达到日均输送 320 吨物资的水平,其中包括 900 发反炮兵战的炮弹。在停火的前 4 天,单单是空运就达到每天平均 240 吨。9 月 14~30 日,尽管面临着中共拦截,天气条件也极为恶劣,每天平均运输量大约是 175 吨。单日最高纪录是 553 吨(9 月 27 日),10 月 1 日为 422 吨。在停火后的两周,总计约 40 000 吨的补给运抵前线。

6. 在持续对沿海岛屿运送补给的过程中,在共产党人的炮火拦截面前,中华民国政府最有价值的行动是大大改善了自己的两栖运输和空运能力。1959年2月马祖和金门的补给状况很好,国民党卫戍部队的手上都有大约够用三个月的充足的供给储存。

金门每日的供给状况

种　　类	1958 年 9 月 7 日①	1959 年 2 月 14 日
Ⅰ……(定量配给)	33	94
Ⅱ-Ⅳ……(装备)	46～60	90～120
Ⅲ……(油料)	53	96
Ⅴ……(小型武器)	90	90
Ⅴ……(炮)	33～78	84

1959 年 2 月 14 日金门的炮弹库存(发)

8 英寸榴弹炮	30 081	105 毫米榴弹炮	491 812
155 毫米榴弹炮	296 797	90 毫米火炮	11 155
155 毫米火炮	60 621		

7. 补充了BARCs(驳船、两栖船和补给货物的)国民党海军的两栖船只被分配到陆军,每天最少能够向沿海岛屿运输320吨的补给。中国国民党空军力量能够每天向沿海岛屿空运大约300吨的补给物资。

8. 海军力量　在1958年对抗中遭受损失的海军力量逐步得到了补充,接下来的6个月还计划有一批美国船只补充进来。

国民党现存海军力量:60 800人,包括25 000水兵。

驱逐舰	4	驱潜艇	15
护航船	14	两栖船只	61
布雷艇	2	辅助和服务性船只	67
扫雷艇	7		

尽管国民党的船只力量比1958年8月的水平还要稍微小一点,但损失不是特别严重,很快就能得到补充。军队部署方面没有什么重要的变化。随着不断获得新式装备,特别是

---

① 原注:在接受再补给之前。

坦克,中华民国政府海军陆战队的两栖力量持续增强,也进行了更多的登陆练习。我们认为,现在这支部队有能力对大陆发起袭击。

9. 空军力量。在8~9月间国民党人的F-86F's对抗共产党人的米格战斗机的空战中,国民党人赢得了决定性的胜利,这清楚地表明了国民党空军战斗机部队的高质量的训练水平和极佳的作战能力。他们的F-86F战斗机飞行中队已跻身世界上最好的日间作战的空中战斗部队行列。随着越来越多的国民党飞行员接受了使用响尾蛇空对空导弹的训练,他们极好的战斗能力正在进一步得到改善。随着海峡紧张局势的逐渐缓解,国民党空军计划通过大量训练改善自己的空地支持能力。国民党空军的运输和运兵中队在最近这次危机为金门运送补给的行动中表现良好,随着向金门空运补给和人员工作的持续,他们将获得进一步的训练。最后,过去几个月中,伞兵部队跳伞训练也在深入开展。

10. 过去几个月间中华民国空军陆续接受了美国的新型装备,整体力量不断加强。在一些战斗机上补充装备了响尾蛇导弹,增强了中华民国空军的作战能力;预计到1959年底总共有155架国民党战斗机上会装备导弹。随着更加先进的F-86F战斗机取代了F-84G's,国民党战斗机中队的力量也会持续增强。1960年大约90架F-100's飞机会投入飞行。不定期地租借16架C-119飞机也会提高国民党空军的空运能力。

11. 中华民国政府部队中正在使用的飞机总数为:

	使用中的		使用中的
喷气式战斗机	397	活塞式运输机	117
喷气式战斗机(侦察)	21	其他喷气式飞机	
轻型喷气式轰炸机(侦察)	3	其他活塞式飞机	10
地基反潜机	4	共　计	552*

* 此外还有237架飞机没有处于使用状态:训练、存储或者废弃。

12. 导弹。通过将大批美式奈基-大力神部署到台北地区,并将以前单单防御台北的国民党的防空炮兵部队调遣到其他战略区域,中华民国的防空力量得到了加强。台湾也有一个美式斗牛士导弹中队。

13. 沿海岛屿的防御。经历了上一次台湾海峡危机之后,现在强调的重点是加强沿海岛屿上国民党人的反炮击能力:

(1)金门:在1958年9月危机刚刚爆发之际,隶属于金门防卫司令部的国民党炮兵部队绝大部分分散在司令部下辖的6个师中,绝大部分属于轻型炮兵建制,共有308门炮。面对共产党人在岛屿对面使用的超过600门的炮火群,国民党守军只有56门155毫米火炮和榴弹炮能够有效反击。不过,到了1958年11月1日,大小金门上的国民党炮兵的反炮火能力提高了一倍。这主要是靠从强调轻型火炮到强调中型和重型火炮的转变完成的,期间火炮的总数量实际上仅仅增加了9门。此外,已经在台湾准备好了12门240毫米榴弹炮为金门的国民党守军所用;不过,配置的数据现在还不能确定。国民党人已经提高了观察能力,向声光基地提供设备、加强训练并在沿海岛屿扩大电子气象截面。

（2）马祖:8月份马祖防卫司令部的炮火总量为32门火炮和榴弹炮,目前已增加到80门。马祖地区共产党与国民党的反炮击武器的比例大约是11∶1,而双方在金门地区的这一比例仅仅是3∶1。马祖炮火群当然远远没有金门炮火群重要,但也需要有计划地增强该地区的重型炮火力量。（参见图五）

14. 1958年秋的台湾海峡危机之后,国民党在沿海岛屿上的军事阵地——特别是在金门主要岛屿的阵地——都不断得到加固。驻守金门的国民党卫戍部队人数大约还是86 000,不过,中华民国政府已经"在原则上"同意削减15 000人。同意进行人员的削减与增加火炮和自动化武器同时进行,两相抵消,这些岛屿上的整体防御能力仍将得到提高。如果实现这种削减,驻守金门的国民党部队将从6个师缩减到5个师。目前国民党步兵师中大约63%的人员、33%的机械化部队、低于50%的炮兵和全体人员使用的武器与美国二战时期步兵师的配置一样。中华民国政府新采用的"向前看的"步兵师（全部21个师中的7个师计划在1959年12月进行重组）将使得57%人员、50%的机械化部队、炮兵与美国二战时期步兵师的配置一样。完成重组的一个或多个师将可能在1959年戍守金门。中华民国政府典型的师中没有一个拥有成建制的装甲配置。据报道,戍守沿海岛屿的部队,包括在小担岛上的部队,士气都很高。

15. 国民党保卫沿海岛屿的能力不大可能因为局部的颠覆或破坏而被明显削弱。如果美国给予及时的全力支持,国民党部队可能能够无限期地守住重要的沿海岛屿;没有美国的这种支持,在中共的大举进攻之下,国民党部队可能撑不了多长时间。

三、中国共产党人

16. 后勤考虑。尽管台湾海峡是一道保卫台湾和澎湖列岛的天然屏障,但对于打击沿海岛屿的行动来说,可能除了油料供给之外,对他们来说不存在重大的后勤困难。共产党人的地面运输系统每天将最多能向厦门-福州地区供应7 500吨的物资。这两个城市之间还有铁路（5 000吨）和河流（2 000）的运输能力。此外,还具备每天500吨的公路运输能力。在炮击金门的最初6周内,对炮弹消耗数字的估计就是中共这种充足运力的明证。在1958年8~10月间,日均炮弹消耗量450吨,全部消耗大约为20 000吨——估计共产党中国的库存是220 000吨,年生产水平约为44 000吨。中共作战部队的每日补给需求为509吨,这再一次证明了福州-厦门地区的大陆运输系统足以满足支持军事活动的需要。不过,其内部的瓶颈——全部车辆的匮乏、油料的匮乏——将会在长期行动中继续紧缩。

17. 海军力量。过去几个月以来中共的整体海军力量有所提高,不过我们相信,这种提高是过去几年一直进行的海军建设项目的一个组成部分,与台湾海峡危机没有直接的关系。

中国共产党现存海军力量：57 000人，不包括8 000名海军航空兵。

驱逐舰	4	巡逻舰船 （包括125艘摩托鱼雷艇）	200
潜水艇	21		
护航船	4	登陆艇	53
布雷艇	33	服务性船只（大约）	300

在沿海岛屿地区，中共海军部队的力量看起来大体与近期危机的高潮时期相当，我们不知道他们是否永久性地派驻了拥有潜水艇、大型水面舰船和登陆船只的部队进入海峡地区。台湾海峡相对较浅的水域使得潜水艇的有效使用更为困难，大大增加了它们易受反潜攻击的可能性。

18. 很难将中共在该地区活动的小型舰船的数量固定下来。这一点论证起来很容易，因为摩托鱼雷艇能够不被察觉地穿梭其中，在一段相对较短的时间内，小型巡逻艇和登陆艇类型的船只可以大量进入。此外，考虑到相对较短的距离，大批重型海上力量能够在很少被觉察或者根本不被觉察的情况下在24~48小时内进入海峡地区。现在还没有确切的证据表明中共在该水域开展水雷战或在海岸沿线存有大量水雷。但我们知道，中共海军强调水雷的作用，加之各种类型舰船的水雷投射能力都相当可观，如果发生新的冲突，我们必须预料到攻击型水雷战爆发的可能性。

19. 空军力量。在台湾海峡地区，可能除了战斗机的力量稍有增长之外，中共空军力量的水平大体上仍与1958年8~10月相当。目前，大约有200~250架飞机停在福州-汕头的机场上。虽然这些机场没有轰炸机在活动，但中共一直在能够有效打击台湾范围内的机场上配置了很多轻型喷气式轰炸机。中共可能在海岸机场的背后布置了一些轰炸力量。

20. 中国共产党人对自己的战斗机飞行员在危机中的表现一定非常不满意，所以我们认为他们一定会实施集中训练来弥补这一弱点。不过，我们对此并没有直接的证据。估计中共空军要花上四个月的时间进行集中训练，这样才能（在现有的装备下）使其作战编队精通飞行技术。

21. 中共可能从苏联接收了一些米格-19飞机；但中国飞行员能够在战场上熟练操作这种飞机还需要几个月的时间。

22. 我们认为去年秋天中国共产党人遭受了令人难堪的空中损失，加上他们看到了响尾蛇空对空导弹的巨大威力，所以中国共产党人肯定会向苏联提出得到同类武器的要求。我们估计苏联人已经研发出了几种短程空对空导弹，装备以烈性炸药弹头。这种导弹有可能被中共喷气式战斗机使用；但是，我们没有证据证实这种武器在中国大陆是否存在。

23. 中共空军和海军航空联合部队共有2 395使用中的喷气式飞机，其中1 795架为战斗机，460架为轻型轰炸机。目前在作战部队中使用的飞机总数估计为：

	使用中的		使用中的
喷气式战斗机	1 795	活塞式中程轰炸机	20
活塞式战斗机	35	活塞式运输机	100
轻型喷气式轰炸机	460	喷气式教练机	140
轻型活塞式轰炸机/战术/攻击	235	其他活塞式飞机	150
地基反潜机	10	共　计	3 035*

＊ 此外还有大约1 386架飞机没有处于使用状态：训练、存储或者废弃。

24. 增援力量。在12天内，可能在中华民国和美国军队完全没有觉察的情况下，中共能够向厦门-福州地区增派大约255 000人的部队，包括3个空降师（每师7 000人）。在21天里，估计另外46 000人的军队能够调遣到厦门-福州地区，和已经部署在当地的24个步兵师汇合。这种兵力调动不牵涉目前部署在厦门、福州地区以外的任何沿海部队的调防（估计这些兵力驻守现在的位置是为了防止国民党人可能的反攻）。中共步兵师的人数大约和美国二战时期的步兵师相似（大约17 000人），但只有大约50％的炮兵、25％的坦克及摩托化部队。中共军队的士气很高。

25. 运输能力。在针对金门或者马祖的两栖进攻之中，受限于极为恶劣的海滩状况，中共不大可能使用较大规模的两栖部队（坦克登陆舰部队、中型登陆舰部队）。但是，中共能够使用一些轻型的两栖部队（实用登陆艇部队、机械化登陆艇部队）和已经做好准备的本地驳船，在有利的海浪条件下，以人数上远大于金门或马祖守军的兵力向这些岛屿发动进攻。当他们完全做好进攻这两个岛屿的最终准备之后，我们有可能不能发出及时的警告。

26. 在登陆日，利用指定的运输机，加上可用的民用运输工具，在不考虑正常的维护及使用损耗、作战损耗的情况下，中共空降力量最多能在两次空运中将10 200部队空降到沿海岛屿上，登陆后的第一天可以空降5 100人，第二天可以完成3个空降师剩下的5 700人的空降作业。他们的空降力量主要是轻型步兵力量，因为中国共产党人没有能力和飞机来空降重型机械或超过75毫米口径的榴弹炮。在距离国民党阵地极近的范围内，中国东南部有足够的机场供他们发动这种行动所用。使用直升机从中国大陆向金门或马祖运送人员将使中共运送部队的总量明显增长，具体增长水平将取决于直升机的运输飞行次数。估计中共有40架直升机，每架能够运送16位士兵。

27. 导弹。最近有一些底层报告表示，苏联已向共产党中国提供了短程弹道导弹，但目前我们没有证据证明这一点，此外，我们也没有切实的证明表明中国共产党人已经把某一种类型的导弹部署到了台湾海峡地区。当然，我们也没有切实的证据排除中共可能已经接收了苏联导弹并把一些导弹部署到台湾海峡地区的可能性，虽然我们认为这是不可能的。

地图　中国东部地区和台湾地区①

地图　1959 年 3 月中国东部地区和台湾的武装部队

地图　金门地区中共野战炮的最大打击范围

地图　金门地区中国国民党人野战炮的最大打击范围

地图　马祖地区野战炮的最大打击范围

地图　台湾海峡地区

National Intelligence Council，*Tracking the Dragon: National Intelligence Estimates on China During the Era of Mao*，*1948 - 1976*，October 2004，pp. 192 - 213

双惊华译,梁志、双惊华校

---

① 此及以下地图略去。——译注

中情局关于台湾国民党政权的飞机
在飞越中国大陆时失踪的分析

（1959 年 10 月 8 日）

SC 00342

中国国民党的飞机显然在飞越中国大陆时失踪

（1959 年 10 月 8 日）

秘 密

1. 10 月 7 日一架中国国民党人的 RB-57D 飞机显然是在飞越中国大陆时失踪了。……①

2. 我们没有进一步的资料表明这架飞机现在可能的命运。但也没有证据显示，在报告飞机失踪时，该地区有中共战斗机在活动，除了在较长一段时间内这架飞机速度很慢且失去了平衡以外，没有从该飞机收到什么不幸的信号。

3. 此处所说的 RB-57D 机型的飞机是中国国民党空军执行收集照片情报任务的飞机。这种类型的飞机过去被广泛用于执行同样的任务，没有发生过事故，只遇到过中共进行中途拦截的紧张局面。执行这种任务时的飞行高度超出了大陆战斗机的打击能力。

4. 很难解释 RB-57D 飞机失踪的原因，进一步的资料可能会带来关于事故的具体细节，对失踪的可能解释如下：

（1）机械故障。

（2）中共战斗机的中途拦截。如果是这样的话，这将表明中国共产党人提升了他们的高空拦截的作战能力，可能使用了米格-19 的 FARMER 型飞机。这也提高了中国共产党人使用空对空导弹的可能性。过去三周中共频繁进行高空测试飞行，和这次一样，最近还有两次企图进行高空拦截。

（3）机上人员叛变。过去有过一些叛变事件，但是近年来还没有出现过国民党机上人员叛变的情况。

5. 这架 RB-57D 飞机的失踪将会导致国民党人减少针对中国大陆的航拍收集情报活动。而且，如果这架飞机确实落在中国大陆，共产党人可能将该事件作为美国"侵略"的"证

---

① 原文此处数行未解密。——译注

据",即使没有任何美国人员在这架飞机上。

DDRS，CK 3100099643—CK 3100099644

双惊华译,梁志、双惊华校

中情局关于台湾国民党政权对中国大陆军事行动的可能后果的评估

（1962 年 3 月 28 日）

SNIE 13-3-62

国民党在中国大陆军事行动的可能后果

（1962 年 3 月 28 日）

秘 密

问 题

评估中华民国政府 1962 年对中国大陆进行有限军事行动的意图和能力，以及这种行动的前景和后果。

结 论

1. 共产党中国的公众普遍存在不满和消沉情绪，地方官员和下级党员干部纪律松弛。尽管如此，整个政权的控制机构结构完整且运作有效。目前的迹象表明，该政权仍然能孤立并镇压任何可能针对其权威的内部挑战。（第 5～7 段）

2. 即使国民党特种部队能够在中国大陆成功立足，也几乎一定会在短时期内被摧毁。（中国大陆上）没有多少人，也没有重要的部队，愿意在不大可能取得重大军事胜利的情况下加入国民党军队。我们认为，没有美国的大规模支援，国民党不可能取得这种军事胜利。（第 17 段）

3. 美国拒绝支持或同意中华民国政府关于特种部队军事行动的提议，将会增加美台关系中的紧张因素。我们认为，尽管中华民国政府的能力有限，但即使没有得到美国的认可，其政府领导人仍有可能在 1962 年以某种特种战争的方式袭击中国大陆。（第 9 段）

4. 无论美国支持与否，如果中华民国政府对中国大陆采取军事行动，共产党中国和苏联都将发动强大的反对台湾和美国的宣传及政治攻势。北平可能会在台湾海峡地区采取一些报复行动。只要中华民国政府的军事行动没有取得重大胜利，莫斯科就不大可能改变其对共产党中国和美国的政策。万一共产党人在大陆的统治受到威胁——尽管这种情况不大可能发生——几乎可以肯定,苏联领导人将给予中共政权以必要的支持,平息叛乱,同时利用这个机会,试图将北平的政策和观点重新纳入苏联的轨道。(第18～21段)

讨　论

一、中国大陆的形势[①]

5. 虽然中国人民付出了十年极其艰苦的努力,但粮食短缺问题依然极为严重,中共政权不得不承认重大的经济失败。公众的不满和消沉情绪普遍存在,地方官员和下级党员干部纪律松弛。但(民众)这种不满的典型表达方式是冷漠而非具有一定规模的积极抵抗。尽管有报道称,中国境内发生了一些起义,但主要在少数民族地区,特别是西部。除西藏外,没有证据表明这些起义持续了很长时间,涉及了众多的群众或超出地方事件的范畴。有报道称在诸多局部地区发生过粮食暴动,但均很快平息,没有扩大为抵抗运动。

6. 整个政权的控制机器——政党和武装力量——保持完整且可以进行有效运作。特惠优待的生活水平和严格的政治教化使得军队一直保持着较高的纪律性。但是,军队不能与人民群众遭受的苦难和由此产生的幻灭与不满完全隔绝。也有报道称,在配给粮食和供应品时,军队干部和后方服务人员中出现了一系列令人失望的贪污腐化事件。我们相信,在武装部队和政党干部中出现的这种士气低落和不满情绪肯定会比以往经历的任何事情都更能威胁政权生存,但目前我们估计,在内部稳定方面,现在该政权并未面临迫在眉睫的危险。

7. 共产党中国的公众士气低落,只要目前的经济衰退持续下去,这种士气将不会提高。在晚春冬小麦收获以前,北平仍然要面对危机深化的局势。如果再次出现农产品歉收,士气将会更加低落,公开表示不满的事件可能增多,暴力对抗政权的局部事件也会发生。但目前的迹象表明,该政权仍能孤立并镇压可能对其权威构成威胁的内部挑战。

二、中华民国政府的意图和能力

8. 中华民国政府领导人——特别是蒋介石——的目标就是且一直是恢复对全中国的统治。目前他们普遍忧虑和首先关心的就是美国现在有可能转向"两个中国"的政策。同时,中华民国政府领导人的希望再次燃起,因为中国大陆面临严峻的经济困难,他们认为大陆出现的公众不满已经达到了相当的程度。过去他们认为,国民党人光复大陆的最好时机就是在一场美国大败中共的战争之后。但现在他们将中国大陆不断恶化的局势看成自己的

---

① 原注:共产党中国的局势将会在 NIE 62"共产党中国"中更加详细的分析,目前准备在 1962 年 4 月 18 日出台这份文件。

机会，认为应当采取行动，策动人民起义，培养一些潜在的领导人以期不满的中国人可以团结在这些人周围。在中华民国政府领导人看来，这种局势将能成为美国加大支持力度的足够动力。

9. 中华民国领导人对美援的要求越来越多，越来越具体，且提议对中国大陆展开试探性的活动，进而提高他们针对中国大陆的行动规模。中华民国领导人特别是蒋介石本人一直假定这是光复大陆的"最后时机"，他们表示，决心在 1962 年采取一系列针对中国大陆的有相当规模的军事行动。在他们看来，美国对这些光复大陆建议的回应实际上检验了美国支持中华民国和在远东抵御共产主义进一步扩张的意志和决心。美国拒绝支持或者不赞同中华民国政府关于特种部队军事行动的提议将会增加美台关系中的紧张因素，他们将对美国施加更大的压力，要求美国作出支持中华民国光复大陆最终目标的承诺和表率。我们相信，即使没有得到美国的认可，1962 年中华民国政府领导人也会在他们自身能力的范围内针对中国大陆采取一些比以往规模更大的空降和攻击行动。他们将会进一步开展情报试探活动，发展中国大陆的地下网络，为以后开展大规模进攻行动做好准备。我们不认为他们将会因为一些反建议而推迟上述行动。

10. 1951 年以来，在美国的合作之下，中华民国不断派遣 6～15 人的空降小分队，物色并激励中国大陆的反政府人员。1960 年 6 月蒋介石呼吁艾森豪威尔总统支持中华民国的建议，空降几支 200～300 人的准军事部队进入中国。美国的反应是建议开展较小规模的试探性活动。所以，1961 年秋制订了在中国南方的一些特定地区空降几次 20 人小分队的计划，但中华民国政府一直拒绝实行这些计划。

11. 几年以来，中华民国部队一直进行两栖作战训练。1961 年年中蒋介石总统签发命令，要求制订对中国大陆实行两栖攻击的计划，最初投入四个师，到行动结束计划使用 30 个师。他告诉那些计划制订者不要指望美国的援助。蒋介石很清楚，没有美国的援助，中华民国开展这种袭击活动的能力不足。所以，他的进攻计划可能是向美国施压的一种手段，希望美国能够支持他更大规模的空降计划。

12. 1962 年 3 月，中华民国政府向美国提出了迄今为止最为明确的要求，要美国支持他们进攻中国大陆的行动。他们希望能够获得 4 架装备有电子对抗设备的 C - 130 飞机，以便对中共空中预警系统进行干扰，希望美国同意他们派遣 5 支特种兵分队（共计 1 200 人）在中国南部的 5 个内陆地区空降。① 中华民国领导人企图向美国保证，他们不会在某种意义上将美国卷入这种行动当中。同时他们的行动也清楚地表明，他们将准军事行动看成是一种"政治"行为，因此这种行动不属于经过美国同意才能实施的打击中国大陆的军事行动的范畴。

13. 总计由 10 000 人构成的特种部队，②是中华民国进行游击战和非常规战争的力量核心。在美国观察员眼中，这支特种部队的士气很高，专业能力很强。他们是一支精锐力

---

① 原注：这些地方在距香港 250 英里的弧形地带分布。
② 原注：其中 2 500 人的部队接受美国军事援助计划的支持。

量,接受过跳伞训练,并集中接受了夜间降落、山地作战和游击战的训练,兵员征召入伍是为了生活——或者刚刚释放——他们拿到很高的薪酬。为了配合这支特种部队,其军事指挥人员也接受了培训。此外,中华民国还有一支空降团(约 3 000 人)、一支接受过一些跳伞训练的步兵师(大约 10 000 人)和一支由 7 000 人组成的游击力量,后者绝大多数部署在沿海岛屿,没有接受过跳伞训练。

14. 通过使用目前全部库存的飞机,中华民国政府最初大约能够将 3 500 位接受过跳伞训练且配以小型武器装备的士兵运过台湾海峡,在距台湾 500 英里的半径之内跳伞,此外,他们还能在 45 天内每天为这支力量空投 300 吨补给物资。通过现实的考虑,我们可以预测这支部队将会因为中共的探测和拦截行动以及中华民国后勤补给的困难而降低战斗力。看起来中国共产党人有足够的能力侦察到台湾对中国大陆采取空中入侵行动,我们认为,中共的这种侦察探测能力超过了实施中途拦截入侵的能力。中华民国要想采取他们提议的大规模空降行动,后勤补给将成为一个制约性因素。我们无法预测这种空降行动成功的可能性有多大,因为这种活动要受多种因素的影响,包括天气、夜色、飞行剖面、飞机类型和中共反应等。没有美国的支援,中华民国政府可以成功地实现在中国大陆的空降,但可能不会采用他们拟议的模式。如果他们获得了电子对抗装备,空降作战能力将会大大增强。

15. 中华民国一直希望在中国大陆建立小型特务组织,执行小规模破坏任务,但在中华民国的多次努力中,他们都没有取得过有意义的胜利,即使在附近的地域也是如此。许多空降在中国大陆上的人员一去不复返。即使有一些能够实现无线电联络,但很少有人在一个月以后仍保持联络。1959 年以后他们再没有开展这种活动。但我们相信,中华民国政府对取胜机会不大这一问题比较敏感,他们将执行这种空降任务视为在他们能力所及的事情。

16. 从理论上来说,中华民国政府有发动 15 000 人两栖作战的能力。但是这种能力的假设前提是:他们遇到较小的抵抗或根本没有遇到抵抗。即使登陆成功,这支力量的作战能力也将因为后勤补给的有限性而受到严重制约。几乎可以肯定,任何规模的两栖作战行动都将被中国共产党人侦察到。

三、中华民国政府军队对中国大陆
实施拟议中的军事行动的后果

17. 目前,不管是否得到他们要求的美国某种形式的支持,中华民国通过采取拟议中的行动而触发中国大陆抵抗运动的几率都非常低。即使国民党小分队最初能够在中国大陆成功立足,也几乎一定会在短时期内被中共军队和治安警察搜查到并加以摧毁。最好的情况就是中华民国的特种部队可能在人口密度很小的崎岖山地建立临时据点。尽管中国大陆存在普遍的不满情绪,但没有多少人,也没有大规模的军队,愿意在不大可能取得重大军事胜利的情况下加入国民党军队。我们认为,没有美国的大规模支援,国民党想取得这种军事胜利是不可能的。

18. 如果中华民国政府对中国大陆采取具有一定规模的、能够持续一段时间的军事行动，北平第一反应将是发动强大的反对台湾和美国的宣传及政治攻势。中共可能会在台湾海峡地区采取一些报复性的军事行动。我们相信，他们不大可能直接攻击台湾，因为他们考虑这种举措可能引发美国的激烈反应。

19. 任何有意义的中华民国的行动都将暂时拉近北平和莫斯科的距离，如果两个共产主义强权国家处在分裂的边缘，这一事件可能暂时能够阻止分裂的发生。苏联人可能也在某种程度上希望看到共产党中国受到有限的本土叛乱的困扰，他们希望这种局势能够带来中国共产党领导人的更迭。但是，苏联不会希望对共产党中国的这种压力达到危及共产主义政权在中国统治的程度。他们可能会特别关注中华民国鼓动的这种叛乱，因为如果这种叛乱不能很快平息，就将会达到可怕的规模从而吸引美国的支持。

20. 虽然苏联会发动反对台湾和美国的宣传攻势，但只要中华民国政府的军事行动没有取得重大胜利，苏联领导人就不大可能改变其对共产党中国和美国的政策。万一军事行动取得成功——尽管这种情况不大可能发生——几乎可以肯定，苏联领导人将在必要的程度上支持中共政权平息叛乱，同时利用这个机会试图将北平的政策和观点重新纳入苏联的轨道之下。

21. 如果中华民国对中国大陆采取了有意义的军事行动，国际舆论一定会认为美国应对此事负责。尽管社会主义集团不可能促使联合国正式谴责美国，但有可能在联合国会员国中引发对美国的诸多批判，使这些国家在下一次联合国会议期间改变对中华民国联合国代表权问题的态度，从而使该问题进一步复杂化。

22. 如果拟议中的中华民国行动受到迅速的打击，部队遭受毁灭性伤亡，这将会使中华民国的军队和政府官员的士气更加低沉，虽然不会达到危急的程度。如果行动取得了初步的胜利，但随后被压制和摧毁，中华民国肯定会把失败的责任推到美国头上；中华民国和美国的关系会因此恶化。在上述两种情况下，中华民国的官员（总统除外）都有可能更加关注加强中华民国在台湾的长期立场的政策。

DNSA CIA - CH 00009

双惊华译，梁志、双惊华校

中情局关于台湾国民党政权飞机在飞越中国大陆领空时出动战斗机提供空中掩护的报告

（1963 年 12 月 12 日）

中华民国计划在飞机飞越中国大陆领空时出动战斗机提供空中掩护

（1963 年 12 月 12 日）

中央情报局电报

1. 摘要。中华民国空军部队计划出动战斗机为中华民国政府飞机在中国大陆飞越领空时提供空中掩护。

2. ……① 中华民国空军制订了一项新的行动计划，要求在飞机飞越中国大陆领空时出动战斗机为政府提供空中掩护。……② 如果中共的战斗机发动攻击的话，这些战斗机能够对其他飞机提供保护。尽管战斗机不是自始至终都能完成这种任务，但在对方战斗机紧急入侵和退却期间，他们应该提供这种掩护。

3. ……③

4. ……④

DDRS, CK 3100000909——CK 3100000910

双惊华译，梁志、双惊华校

---

① 原文此处数行未解密。——译注
② 原文此处数词未解密。——译注
③ 原文此处数行未解密。——译注
④ 原文此处数行未解密。——译注

中情局关于台湾国民党政权巡逻艇沉没的报告

（1965 年 8 月 7 日）

中华民国巡逻艇的沉没

（1965 年 8 月 7 日）

史密斯（Bromley Smith）致总统

中央情报局 1965 年 8 月 7 日摘要

1. 越南

一艘名为 Polotsk 的苏联货船，……①在前往海防的途中。这艘船在印度尼西亚卸下军事物资；现在没有证据显示这艘船还载有军用物资。

2. 南越

Pleiku 省 Duc Co 地区的局势没有发生明显的变化，在那里南越的空降兵部队正在努力消除越共对政府准军事营地的袭扰。

3. 共产党中国

8 月 5 日，中国国民党的两艘巡逻艇在台湾海峡南端远离中国大陆海岸线的地方与中国共产党海军舰船相遇并沉没。迄今为止，这好像是一个孤立的事件。在双方船只尚未接触以前国民党船只就沉没了，一艘中国国民党船只汇报说三个"目标"被击沉，但这种说法没有得到确认。目前也没有任何证据证明，中国国民党人侵入了中国共产党人控制的水域，而中共进行了有意义的军事反击。②

4. 印度尼西亚

……③三天前苏加诺病倒，昨天仍然卧床。

除了长期肾脏不好并延迟治疗外，苏加诺近来身体好像还不错。……④一支中共医疗队一直计划访问雅加达，可能给他进行一些针灸治疗。

……⑤尽管苏加诺可能仅仅患了感冒，但有可能已经开始了背后的政治运作，以防病情恶化。

---

① 原文此处数行未解密。——译注
② 1965 年 8 月 6 日，在福建东山岛和广东省南澳岛附近海面，中国人民海军和国民党军队海军发生激战，国民党海军大型猎潜舰"剑门"号和小型猎潜舰"章江"号被击沉。——译注
③ 原文此处一行未解密。——译注
④ 原文此处半行未解密。——译注
⑤ 原文此处半行未解密。——译注

5. 希腊

国王继续与政治领袖们商谈。最后一句话是,……①尽管他今天可能已经作出决定,但他将拖到周一再宣布他对总理人选的新的选择。

共产主义势力控制的媒体正在宣传一份虚构的文件,声称美国与去年11月在一个共产党人主办的庆祝会上的悲剧性爆炸有关。在危机期间,此举显然意在摧毁亲美势力。

6. 多米尼加共和国

美洲国家组织工作组仍然在与双方领导人谈话,可能会在周一宣布他们的目标,以获得人民对他的支持。

有报道称,叛乱中的极端主义者正在企图从农村地区征募青年新兵,在他们的圣多米尼加要塞施以教化并进行军事训练。

DDRS, CK 3100059804—CK 3100059806

双惊华译,梁志、双惊华校

---

① 原文此处数词未解密。——译注

中情局关于台湾国民党政权
反攻大陆能力的分析

(1965 年 8 月 18 日)

SC 10078/65/a

台北攻击中国大陆的能力

(1965 年 8 月 18 日)

绝 密

白宫总统国家安全事务特别助理麦克乔治·邦迪致总统的备忘录

我认为你可能会对附件——题为"中国国民党进攻中国大陆的能力"的备忘录——中的内容感兴趣。现存的台北力量是亚洲强权的一个平衡因素,并对中国共产党人侵略东南亚构成制约。国民党人多次表示,长久以来他们的军队一直企盼反攻中国大陆。因此,该备忘录可能会为您提供一些有用的背景资料,以备在不久的将来展开讨论。

附录: SC NO. 10078/65 中央情报局代理局长克莱因 (Ray S. Cline)

中央情报局情报备忘录

中华民国政府反攻大陆对中国和台湾可能产生的影响

(1965 年 8 月 18 日)

如果美国不对中华民国提供全面的大规模支持,包括美国力量直接参与军事行动,蒋介石的提议——在中国南部海岸登陆,切断中国和北越之间的主要交通线,占领广东省——变成现实的机会微乎其微。

中华民国的广东远征队从台湾出发,在不借助外援的情况下其力量将会非常弱小。国民党人自己认为,在大约 250 英里的半径内,他们有能力将 4 个师(大约 5 万人)的部队送上海岸,并支持他们大约 30 天的时间。随着距台湾越来越远,中华民国的力量将会急剧减弱。

中华民国执行任务的部队不得不面对中共的摩托鱼雷艇和轻型巡逻艇的坚决抵抗,就是这种巡逻艇于 8 月 6 日在金门南部海岸击沉了两艘国民党船只。

中华民国空军只能对在广东北部海岸登陆的攻击部队提供一些微弱的空中掩护,对在汕头(详见地图,显示了中华民国空军力量的有效作战半径)登陆的部队提供断断续续的空中掩护。一旦登陆,中华民国部队将面对数量众多的中共地面部队的攻击。

地图 中国南部的战斗顺序①

单在广州军区,中共就有超过 30 万人的常规部队——步兵、炮兵、装甲兵编为 5 个军。此外,中共在该地区还拥有 6 个边防师。这些部队和大批装备重型武器的常规军都被部署在海岸沿线或者附近地区,他们都能够直接对抗中华民国部队的登陆行动。共产党的战斗机和轰炸机将会为其部队提供空中支持,虽然其性能可能不如中华民国的飞机,但他们拥有数量优势,且能够从附近的基地起飞投入战斗。

地图②

除非假定中共的主要军事部队被立即击溃并加入到国民党入侵者的行列中——我们认为这种情况根本不可能发生——我们预期的最好结果就是一种打了就跑的突击队袭击方式能够奏效。即使这样,这也是一种令人不安的活动,因为一旦进攻力量大部分伤亡或被俘,这种进攻就会失败。这就重复了国民党人小规模袭击失败的老路,1962 年末至 1964 年年中,中华民国每次 30 人左右的突击队企图进行海岸登陆作战,但都无果而终。

这种袭击在 1963 年有 33 次,1964 年 25 次,反倒增强了中共的侦察能力。突击队只能到达中共海防、地方民兵和公安部队设在中国海岸的第一道防线前。而中共部队没有与袭击队合作的倾向,在数小时内就将其杀伤、俘虏或是击退。我们有理由相信,国民党不借助外援的稍大规模的作战部队与突击队的最终命运并无不同,尽管这可能要花中共部队更多的时间。

如果中华民国的武装力量能够成功占领一些海岸,中共的地方防御部队将会誓死抵抗,为正规军调动赢得时间。(地图:中华民国武装力量,从略)正规军将会迅速集结,负责压制并最终摧毁侵略者。中共部队几乎一定能实现这一目标。中国人民解放军是一支战斗力极强的部队,训练精良,纪律严明。他们在朝鲜战争中表现突出,1960 年在邻近中国边境的缅甸地区成功抗击来自台湾的特种部队组织国民党非正规军的行动,展示了他们的战斗能力,在 1962 年中印边界战争中也有上佳表现。

在缺少美国支持而成功采取行动的可能性方面,中华民国私下估计的结果和我们估计

---

① 地图略去。——译注
② 地图略去。——译注

的差不多,但蒋介石脑海中有更加野心勃勃的设想。他认为,在反攻大陆的战役中最差美国也能在很大程度上支持他将国民党士兵送到大陆沿岸。如果他的部队在登陆后陷入困境,美国将会扩大支持力度,直接参战(至少参加空中战斗)。

即使出动美国海空军在水域边缘支持中国国民党部队,登陆作战可能会进展良好,但实现最终目标——占领或者控制广东全境或者大部——的希望仍十分渺茫。即使国民党能够集合一支最大的远征军,并在美国的帮助下登上中国大陆海岸,他们将会遇到数量上远多于自己的中共部队,且后者还能够迅速集结、调遣战略预备队支持已经部署在南部中国的部队战斗。

1963年中华民国政府制订了详细的进攻广东的两栖作战计划。该计划投入了53.8万人——陆海空三军——差不多相当于国民党全部的军事力量,只留下了正规军中卫戍部队的精锐力量来防御台湾和沿海岛屿。时任美国驻中华民国大使柯克(Admiral Alan Kirk)和美国驻台湾防御司令部副司令麦尔森(Admiral Charles Melson)参与其中的美台高级会晤并详细审阅过该计划。

审查这一拟议计划时他们发现很多关键组成部分存在严重缺陷。中华民国政府没有足以支持该行动的两栖运输力量,即使美国提供了他们所需的额外的登陆船,也没有受过训练的船员来驾驶。国民党海军没有足够的船只进行登陆准备和火力支持,没有足够的战术空军在所需的作战半径内提供反侦察和近距离火力支持,也缺乏经过训练的飞行员补充战争中的伤亡人员。所有陆海空三军都缺乏受过训练的专家,特别是支持行动所需的后勤保障部队更缺少技术人员。参与行动的中华民国所有兵种的武装力量大约需要150万吨的物资,他们自己无力运输。

麦尔森将军评论说,如果上述这些缺陷都能克服,中华民国的远征军可能会占领滩头阵地,并夺取汕头港口,但除非得到美国部队的援助,否则他们不可能离开最初的立足地。如果远征队被控制在汕头地区,国民党部队的士气能够坚持多久值得怀疑。中华民国部队的高级军官和军士是大陆籍人,他们的作战动力可能比较大,但普通士兵中约85%是台湾本地人,不想冒险反攻中国大陆,在持续的重压之下,这些士兵或许很快就会丧失信心。

共产党人可能会迅速反击侵略者。大约有230万人的中国人民解放军是北平军事力量的支柱。这支力量的三分之一——总计为63.4万人——沿着从上海到中越边境的海岸线布防。这些部队包括30个正规的步兵师、9个炮兵师、1个装甲师和12支边防师。国民党登陆地点的中共部队将会立即打击和压制侵略者,直到大规模后援部队到来为止,这支占据压倒性优势的力量将会从中国北方和东北方的战略防守地区迅速集结在一起。

地图　1962年中共部队在台湾海峡地区的集结[①]

1962年6月中国共产党部队在台湾海峡地区的集结表明了他们增派新生力量的速度。

---

① 地图略去。——译注

为了应对北平假设的美国支持下的国民党人的可能进攻行动,中国共产党人在一周内调遣了6个步兵师和1个炮兵师进入福建省,将那里的战斗力量从19.4万人提升到31.1万人。

在广东,中共所需的额外的空中防御力量也能以同样的速度快速集结。在1962年的集结中,4个战斗机编队在几天内被调到了后备机场。目前在广东沿海的有效作战区域内,中共的空军力量有390架喷气式战斗机和25架轻型喷气轰炸机,这支力量能够在短时间内迅速得到增强。北平共有1700架喷气式战斗机、275架轻型喷气轰炸机,在中国南部至少有7个未被使用的机场,但它们定能为增援的飞行编队所用。当然,中国空军力量很大一部分达不到西方的标准,但在反击侵略时他们能够有效地发挥作用,而入侵者却不具备地利优势。

中华民国政府相信,他们发动的大规模进攻可能会使很多中国人民解放军军官叛变。这一看法缺乏根据。中国共产党人部队一直待遇优厚,不断接受政治教条的灌输。即使是在1960~1962年的"大跃进"经济灾难时期,中国大陆出现很多动荡,但中国人民解放军中没有任何背叛的迹象。1.4万名在朝鲜被俘的中国战俘——很多人以前就是国民党士兵——很多人在1954年初选择去台湾而非重返中共统治区域,其武装部队很少出现叛变。士兵几乎一直以取胜为己任。所以,除非在入侵的一开始,国民党人能够取得一系列的重大胜利,打败中国共产党人,否则共产党部队就不可能发生大规模叛变。

国民党人还希望中国大陆发生大范围起义,这将破坏中国共产党人的防御,支援国民党人的行动,这种想法显然也是荒唐的。我们所有关于中国南部海岸地区公众态度的调查都表明,目前即使国民党人发动了大规模进攻,也不会激起什么广泛的起义浪潮。

中国以外的观察家都曾发现中国大陆公众的不满情绪一度激化。1960~1962年很多地方发生过动荡,严重的农业歉收造成了半饥荒状态。但是,最近的旅行者和从中国沿海地区逃出来的难民不断表示近来的粮食状况明显改观。

共产党人的统治机器——警察和公安——可能最忠于这个政权。主要是低层政党官员承受着公众因国家政策失败而发出的责难,在去年的新一轮"肃反"运动中,他们又受到了冲击。这些人的士气有可能因此而低落,但没有几个人会叛党,这说明中国大陆的局势还没有破坏这一中坚力量对党的基本忠诚。

总的说来,中国南方人比北方人更加怨恨政府强加给他们的一切,但他们可能觉得在共产党人和国民党人之间没有什么好选择的。他们有很多理由不喜欢现政权,因为这个政府实施了严格的政治控制,经济建设方面又很失败,但所有的证据都表明,他们仍对国民党充满着深深的不信任。

所以,中华民国政府不能指望中国大陆人民会帮助他们。最好的情况是,在局势尚不明朗之际,人民中的绝大多数保持中立,等待时局的进一步发展,准备将自己的命运交给获胜一方。最坏的情况是,人民可能听信中共的宣传,认为国民党登陆是"帝国主义"力量及在政权背后隐藏的帝国主义走狗发动的外部侵略。

中国共产党人的军事反应可能不仅仅局限于在广东抗击中国国民党人的入侵。沿海岛屿几乎肯定将面临重大的军事压力。激烈的炮击可能发生在回应行动的第一阶段,如果共产党人得出结论，他们能迅速地击败不断减少的国民党卫戍部队，有可能占领其中的一些甚至是全部的中国沿海岛屿。他们可能不会发动针对台湾的大规模两栖作战，但可能会从中国大陆发起突击队攻击，对国民党人的军事设施进行精确的打击。国民党在澎湖列岛和东引的海军设施、在高雄的港口设施都可能成为共产党人的攻击目标。中国共产党人可能还企图打击台湾南部的空军基地，这些基地是国民党人支持侵略部队的空军大本营。但是在任何攻击行动中，中国共产党人可能都希望避免采取激化台湾民众敌对情绪的行动。

北平一个最重要的目标就是将台湾人变成反对国民党政府的力量，如果可能的话，激起一场反对中华民国政府及其美"帝国主义主子"的"爱国"起义。中共的宣传将会把国民党人的入侵描绘成残忍地利用台湾"同胞"服务于外国人利益的行动。

台湾民众对中国大陆籍人的任何政治派别都没有什么好感，也不对中国共产党人抱有同情。因此，北平"重新统一"台湾和大陆的呼吁可能不会得到什么响应。但如果伴随着军事失败而来的是对中华民国领导的不信任和大规模的人员伤亡——绝大多数是台湾籍人——这将会使民众的不满转化为严重威胁中华民国政府稳定的力量。统治精英——中国大陆籍人——的士气将会消沉，因为他们作为征服者重返大陆的梦想已然破灭。

北平将会利用国民党进攻的时机提高自己的地位，加强中国的爱国主义宣传，作为抵抗外国侵略的一个组成部分，号召人们重新燃起对政权全面建设的热情。胜利将会展示共产党人的力量，毛泽东的著名论断"帝国主义都是纸老虎"将会再次得到验证。在海外，中国共产党人的宣传将会主要强调：美国支持的中华民国进攻的失败证明中国人在东亚的霸权是"未来的潮流"。同时，北平的宣传将会强调，"美帝国主义的侵略"正在威胁世界和平，使其他国家不再信任美国，刺激美国的盟国和中立国劝阻华盛顿。

中共可能希望支持告诫美国的舆论攻势，指责美国正在通过军队调动和其他军事示威发起"亚洲战争"，意在表明北平有能力随意扩大冲突的规模，从扩大朝鲜战争到印度边界冲突概莫能外。当然，北平也有可能不进行这种扩大升级行动，而集中精力歼灭来犯的国民党登陆力量或者把他们赶进大海。

DDRS，CK 3100488102—CK 3100488114

双惊华译，梁志、双惊华校

中情局关于蒋经国希望美台联手反对大陆演说的汇报

（1965 年 9 月 22 日）

蒋经国希望与美国讨论中华民国－美国针对共产主义中国的战略问题

（1965 年 9 月 22 日）

中央情报局情报信息电报

国家： 中国（台湾）

1965 年 9 月 22 日

题　目
蒋经国渴望讨论美台联手反对共产党中国的战略

国务院： 只分发给托马斯　·L·休斯（Thomas L. Hughes）

国防情报局： 仅分发给卡罗尔（Carroll）

国家军事指挥中心/军事委员会（或海军陆战队）：专门分发给陆军负责情报的助理参谋长戴维斯（Davis）将军、海军情报局局长泰勒（Taylor）上将、负责情报事务的空军参谋长托马斯（Thomas）将军

国家安全局：仅分发给卡特（Carter）将军

1. 中华民国政府国防部部长蒋经国就美台在打击中国共产党政权方面的作用问题发表了如下看法。……①

2. ……②美国已经非常严肃地做出了符合整个非共产党世界利益的承诺——遏制中国共产党政权并挫败其在东亚的扩张野心。中华民国赞成这一政策,且会竭尽全力地帮助美国维护其在亚洲的地位、抵制中国共产党政权直接或间接的侵略。毛泽东及其同僚的两个主要的、永久不变的目标对他们在从克什米尔、印度边界到东南亚、台湾和朝鲜的亚洲的历次行动都产生了重要影响。这两个目标就是羞辱美国及其在亚洲的盟友,败坏他们的名声并在可行的情况下立即通过直接的军事行动或借助美国威望下降引起的失望情绪通过内部颠覆夺取台湾。毛希望通过军事威胁和发动间接侵略(从简单易行的政治颠覆到仿效越南的大规模游击战)使共产党中国的周边处于混乱之中。只要毛或与毛的那些与其想法相同

---

① 原文此处数行未解密。——译注

② 原文此处半行未解密。——译注

的同僚控制中国大陆,那么东亚就不会拥有真正的和平。

3. 中华民国正在为其在台湾岛上的生存而苦苦抗争,因为它坚信最后中国共产党政权与中华民国将是你死我活的关系。中华民国正在使台湾人民拥有一个好政府和欣欣向荣的经济与社会环境,所以它能够在当地实行统治。然而,北平政权将会不遗余力地败坏中华民国的名声,劝告台湾民众不能指望中华民国或美国来保护他们免受共产党中国日益增强的力量的影响。除非毛政权被推翻,否则随着时间的推移,它将会成为核强国,并不断地向周边国家施压,迫使后者依照中国共产党的政策行事,这一切将使越来越多的台湾人民相信中国共产党政权将引导未来的潮流。正因为如此,蒋介石总统及其拥戴者才认为,<u>他们的目标不仅是希望中国摆脱共产党专制者的统治或重返大陆,而且还是真正意义上的争取维持自身生存的抗争,这是简单的事实。同样是由于这个原因,中华民国赞成采用军事手段从正面抗击中国共产党赤裸裸的军事威胁。除非美国想要不顾颜面地从现在影响东亚全局的位置上退出,否则中国共产党会继续按照现在的路线行事,且最终会在东亚挑起一场针对美国及其盟国的全面冲突。中华民国希望也相信美国不会违背对远东的承诺,并因而认为那场战争是不可避免的。当前,这场战争是有限的,原因是由于共产党中国离核大国的地位只有一步之遥了,因此现在苏联还不想保卫中国共产党政权。中华民国并非是在迫不及待地催促美国"开战",而只是迫切地希望美国意识到它与共产党中国之间的冲突是不可避免的,中华民国认为有效维护美国在远东利益的唯一途径就是阻止并最终推翻中国共产党政权。</u>①

4. 中华民国要依据自身能力和美国援助水平建设一支尽可能强大的军队。原因是它感到对全体中国人民负有一种竭尽全力地使中国大陆摆脱共产党掌控的责任。见识广博的中国国民党领导人认识到中华民国仅仅依靠自身力量无法击败中国共产党。尽管不能公开这样说,但他们愿意向美国高级官员承认这一事实。<u>虽然为了保持台湾岛的士气,中华民国必须寄希望于光复大陆,但蒋经国这一代的重要人物已经意识到在中国大陆重建非共产党政权可能需要很长一段时间,或许倾他们毕生的精力也无法实现这一愿望。</u>但是,中华民国的官员们希望尽力而为,<u>利用一切机会挫败中国共产党的野心,加强自身的实力地位,为将来削弱和瓦解北平政权打下基础。</u>

5. 由于国民党领导人中见多识广的年轻一代认识到他们无法确保在可预见的将来一定能够推翻中国共产党政权,因此这些人认为<u>中华民国的首要政策和战略目标应该是同美国保持密切的合作关系并支持其东亚政策。</u>在他们看来,最终历史会向美国证明<u>通过和平手段是不能遏制中国共产党的,必须消灭它。</u>同时,中华民国要花不知多少年才能够与美国建立起<u>一种开诚布公的、完全意义上的伙伴关系,才能在各方面尽可能地协助美国保持其在远东的实力地位。为了适应美国的全球战略,中华民国会不断调整其政策和关注点,因为这是中华民国唯一的生存之道,唯有如此它才有望维持自身生存甚至实现解放中国大陆的愿望。此时蒋经国访问华盛顿的目的是将他的打算和盘托出,</u>希望向美国说明,与共产党中国

---

① 此及以下的划线均为原文所加。——译注

有某种形式的冲突是不可避免的,恳求与美国结成最彻底的战略联盟,商讨共同的战略计划。如果中华民国对于东亚发展形势的看法是正确的,那么在未来各种可能发生的情况下,中华民国和美国如何才能并肩击败中国共产党。

6. 但是,中华民国仍然非常自信,他们认为,如果美国已经开始破坏中国共产党政权,那么他们将会一直这样走下去。为了维持美国在东亚的战略地位,继续保持影响,美国必须在东亚寻找盟国。中华民国希望成为美国在亚洲的盟友,以自己的政治影响和军事力量帮助美国。东南亚的战争是至关重要的,中华民国打算利用其在广东省的部分军队切断越南和老挝的物资和援军的补给线。不过,中华民国并没有坚持实行某项特别的军事行动计划。蒋经国的目的是达成一种谅解,允许中华民国发挥积极有效的政治军事作用,在整个东亚范围内成为美国战略的得力补充力量。

7. 分发范围:无。

情报结束

DDRS, CK 3100337159—CK 3100337164

双惊华译,梁志、双惊华校

中情局关于在严家淦与约翰逊会谈前就台湾对大陆的军事政治意图的评估

（1967 年 5 月 5 日）

Intelligence Information Cable Routine in 61842

局势评估：在副总统严家淦与约翰逊总统讨论前夕
评估中华民国对中国大陆的军事政治意图

（1967 年 5 月 5 日）

国家：中国（台湾）

时间：1967 年 5 月 5 日

主题：局势评估：在副总统严家淦与约翰逊总统讨论前夕评估中华民国对中国大陆的军事政治意图

信息来源：情报咨询委员会的一位官员。这位……①对目前局势的评估……②是情报咨询委员会或其下属机构的非官方判断。它代表一位分析人员在准备本报告时在他能够获得情报的基础上的观察和解释。这份文件供内部使用，分发作为问题背景介绍的该评估意在对其他部门评估局势有所帮助。

1. 尽管中华民国政府表面上还决心重新夺取对中国大陆的统治，但并没有计划在不久的将来通过采取军事行动实现这一目标。总统蒋介石、国防部长蒋经国及其他高级军事顾问目前的军事定位在本质上是防御性的。中华民国政府制订的应急军事行动计划上面布满灰尘，其军事建设主要是因为中国共产党人进攻能力的提高而带来的一些更为紧迫的问题，此外还有提高美国军事援助的水平和关于防御设施效率低下的复杂的行政命令等问题。

2. 蒋介石总统公开呼吁，在中华民国政府和中国大陆反毛力量之间建立合作关系，但这并不意味着中华民国政府事实上正准备与不满中共统治的持不同政见者进行认真的谈判。蒋介石最近明显强调政治行动而非军事行动，这可能说明他正确评估了自身不断下降的"反攻大陆"的实力，而非更多地建立在对共产党中国局势的新的分析之上。许多有见识的国民党官员非常清楚中华民国政府缺乏大规模地、有组织地支持中国大陆活动的能力，他

---

① 原文此处一词未解密。——译注
② 原文此处一词未解密。——译注

们认为,由于自己的权力基础不稳固,蒋介石总统不会接受谈判带来的羞耻和可能引发的后果,所以中华民国和中国大陆任何有影响的反抗组织之间都不会进行合作……①

3. 中华民国政府迅速下降的军事政治能力不可能对中国大陆的发展产生太多影响,加之最近台湾更加依赖美国,中华民国比过去更为关注美国的政策而非中国大陆近来的事态发展。中华民国政府领导人特别在意美国目前的军事、经济援助的水平,他们的情报认为,美国试图逐渐放弃对中华民国政府承诺的义务,准备最终与中共统治下的中国大陆达成某种形式的和解。所以,这种忧虑进一步强化了中华民国政府业已占主导地位的工作重心:强调台湾岛内的安全,既然这样就要更加注意美国官员的一举一动,避免美国鼓励台湾人和其他的内部反抗势力采取对抗中华民国政府的行动。

4. ……②分发:国务院(仅哈默尔)、美国驻台湾防御司令部(仅金特纳上将)、军事援助顾问团(仅约翰逊将军有权阅读)、327 空军师(仅皮特将军有权阅读)、太平洋总司令(仅夏普将军有权阅读)、(美国空军)太平洋空军部队(仅赖安将军有权阅读)、驻太平洋美国军队……③(仅比彻将军有权阅读)、太平洋舰队(仅约翰逊将军有权阅读)、(北大西洋公约组织)政治顾问(仅菲瑞有权阅读)……④

DDRS，CK 3100337194—CK 3100337197

双惊华译,梁志、双惊华校

---

① 原文此处一行未解密。——译注
② 原文此处一词未解密。——译注
③ 原文此处一行未解密。——译注
④ 原文此处一行未解密。——译注

第三部分 台湾岛情与国民党政权的基本形势

7－38

中情局关于台湾未来发展趋势的预测

（1949 年 3 月 14 日）

ORE 39－49

台湾可能出现的发展态势

（1949 年 3 月 14 日）

秘　密

摘　要①

1. 倘若共产党人在战时控制了台湾，进而使得苏联人进入该岛，这将对美国的战略蕴涵极为不利。

2. 台湾从法理上看并非是中华民国的一部分。该岛的地位留待对日和约来决定，它仍然属于被占地区，美国对此区域享有专有权益。

3. 台湾土著居民将乐于从中国人的统治下解放出来，但现在台湾籍人的力量没有强大到能够成功发动反叛的程度。不过，由于国民党官员和武装部队的涌入，台湾本地人越来越难于驾驭，将会越来越容易受到共产党人的影响。

4. 若美国方面不作为，则台湾终将落入中国共产党人之手。倘若美国实施任何旨在阻止共产党人控制台湾的计划，从军事战略的角度可以获取好处，但同时若综合权衡，则亦会遭遇一些不利的政治后果，利弊得失的具体对比将随着美国实施此类计划的具体时间与方式的不同而不同。

目前看来，美国没有现实的手段去阻止共产党人占支配地位的全中国政府的初步确立。我们可以假定，这样一个政府一定会争取在台湾树立自己的威信。有证据表明，即使是现在，中国共产党人也正在想方设法地将他们的控制扩展到台湾岛上，他们当然会继续进行这

---

① 原注：国务院、海军和空军的情报机构赞同本报告；情报处、陆军部没有发表意见。本份报告的情报截至 1949 年 2 月 25 日。

种努力。因为现存的中华民国政府将台湾发展成为继续与共产党人战斗的主要基地，所以，直到中国共产党人控制了台湾，他们才能最终获得他们所憧憬的全中国的胜利。在本讨论内我们假设中国共产党人的取向是他们将会继续亲苏，他们建立的政府将在战时与苏联结盟。

（一）台湾对美国而言的战略重要性

倘若中国共产党人控制台湾，进而出现苏联人进入该岛的前景，这种战略蕴涵将对美国的安全极为不利。

共产党在不远的将来可能会在中国赢得胜利，这种胜利将会阻止美国进入中国大陆的任何具有战略价值的地区。在这种情况下，一旦出现战争，台湾作为部队集结区域、战略性空中行动的基地、控制连接日本和南方的海上航线的海军基地，以及美国主导下的互相支持的岛屿防卫链的重要一环，台湾对美国的潜在价值将会不断增长。

我们假设中国的新共产党人政府将会倒向苏联一边，在战时将成为苏联的盟友，共产党人控制台湾将使得苏联在战事发生后能够进入台湾岛。苏联对台湾军事上的利用就会增强苏联人破坏西太平洋海空交通及对琉球群岛与菲律宾发动打击行动的能力。

台湾并没有多少战略资源，亦不具有巨大的工业潜力。但对任何能够占领该岛的政权而言，该岛都将是一笔经济上的资产而非负担。鉴于中国和日本目前的经济运行都遭遇到了食物短缺的情形，台湾出产的大量可供出口的大米、糖及其他食物的剩余物资都将发挥重大的作用。若有充足的肥料，台湾的农业生产就可以大幅度增长。尽管台湾的工厂与日本相比规模很小，但在工业落后的远东，台湾的工业力量存续意义很大，其重要性远远超过了其工业的实际规模。

若台湾的大米与糖能够供应日本，这将能够减轻美国在该地区的负担，日本就不必再依靠更加遥远且更不稳定的东南亚的食物来源。日本的纺织品、其他消费品和工业设备若能供应台湾，则一定会被台湾的经济所吸纳。因此，在目前情形下，若能将台湾的经济与中国大陆剥离开来，且经过引导而重新向日本靠拢，则此举很可能会给日本、台湾和美国都带来好处。

（二）台湾的国际地位

目前的台湾在法理上说并非是中华民国的一部分，其地位仍留待对日和约来决定。不过，自从1945年日本投降后，该岛就在中国的管辖之下。中国对台湾的立场包括：（1）军事控制；（2）强调1943年11月的开罗宣言。在开罗宣言中，美英和中国宣称，他们打算将台湾和澎湖列岛都还给中华民国。1945年7月26日美英两国在波茨坦重申了开罗宣言的立场。此后苏联表示恪守波茨坦公告，相应地也就赞同了开罗宣言。但是，美国及其他任何大国都一直没有正式承认中国吞并台湾，并认为台湾的法律地位应留待对日和约作出最后的决定。台湾仍然是一块被占地区，美国及其他对日战争的参战国对此区域仍享有专有权益。

（三）台湾未来可能出现的发展

台湾本地人强烈希望自治，但是台湾本地人和中国国民党集团之间相互冲突的利益诉求使得形势复杂化了。台湾籍人强烈憎恨日本投降后国民党统治台湾的种种表现。中国统治者对台湾当地人的剥削达到了极限，完全不管台湾当地人的福祉，也不注意保留岛内的资源。台湾籍人问题的爆炸性本质在1947年那场失败的起义中突出地表现了出来。

1. 台湾籍人的理想与能力

台湾籍民众若能从中国大陆籍人的统治下解放出来，将会感到欢欣鼓舞。台湾籍人也许并没有马上实现独立的强烈念头，但可能希望得到联合国托管或成为某种形式下的美国的保护领地。

在不远的将来，台湾籍人不可能成功地反叛中国政府，因为台湾本地人缺乏有效的组织与领导，且国民党军队就驻扎于台湾岛上。然而，由于目前大陆中国人不断涌入台湾岛，在任何时候台湾籍人都有可能诉诸暴力和颠覆行动，对大陆籍人的涌入表示抗议。这种爆发行动的动机与其说是希望取得成功，不如说是希望吸引世界舆论对台湾问题的关注。进一步来说，即使非共产主义的台湾籍人政权得以建立，该政权也很难在长时间内抵抗来自大陆共产党政权的压力，因为潜在的台湾领导人缺乏政府管理之经验，且这样的政权将会面临经济问题。

2. 台湾的国民党残部

随着国民党政权在大陆的解体，中国国民党领导人在将台湾发展成为进行持续抵抗和最终避难所的基地方面取得了重大进展。国民党高层和一些重要官员已将其家庭和财产转移至台湾。此外，国民党政府将其黄金储备中最主要的部分移送至台湾。国民党政府可能还在台湾岛上训练着六个师的兵力，随着其他的部队不断从大陆撤退至台湾，驻岛部队的数量还在持续增加。近来美国运来的战争物资陆续抵达台湾籍人的基隆港，使岛上部队的装备和弹药得到补充。此外，国民党还准备将台湾作为中国海空军的最主要的基地。

一些国民党势力显然在考虑以大陆的西南省份为据点继续抵抗共产党，这种抵抗也许会与西南和西部省份其他一些反共势力的抵抗行动相协调。在这样的计划中，台湾将成为最主要的军事与经济基地，乃至成为残余的中华民国政府被逐出大陆后最后的驻地。最近，前参谋总长陈诚被任命为台湾省政府主席，这表现出台湾的重要性。此外，还有不少迹象表明，仍然保留着总统头衔的蒋介石有可能亲自迁往台湾。国民党领导人最近已经公开宣称要将台湾岛建成复兴中华民族的反共基地，并私下里向美国官员建议将美援法案的物资送至台湾，恢复日本和台湾的贸易关系。

但是我们不可能放心地指望撤至台湾的国民党残余政府来阻止共产党人夺取台湾岛的控制权。国民党的海陆空军军力严重不足，其部队的战斗意愿与忠诚度也值得怀疑。此外，这样一个流亡政权受到当地人的仇视，将会是不稳定的，而当地人在这种环境下将会越来越多地受到共产党人的影响。

3. 共产党人对台湾的行动能力

尽管台湾岛上共产党的力量并未达到具有重要意义的规模,但共产党人显然计划将其控制延伸至台湾岛。他们实际上将台湾列为他们想要占领的 16 个主要的抵抗中心之一。在接下来的几个月内,共产党会占领大陆的港口,获取船舶设施,从而有可能对台湾发起军事进攻。但是,只要海空军仍然忠于国民党,他们这种进攻就会被国民党打退。所以,共产党人将会尝试通过各种渗透和政治手段将其影响力扩散到台湾当地人中,而不再打算以直接袭击的方式占领该岛。通过渗透,共产党将向台湾籍起义者提供有效的领导和武器;通过各种政治手段,如向国民党领导人宣布赦免与奖赏,鼓动其中一些人帮助共产党人取得胜利,以此削弱国民党的抵抗意志。这样一来,若没有美国军事力量的支持,国民党政府将会最终被共产党领导的台湾本地人的运动所推翻。

共产党人单单通过政治手段控制台湾的可能性也是存在的,即作为全国或地方层面的和平谈判的成果的一部分,双方缔结国共协议。但是,用共产党人的术语来说,若他们没有得到国民党方面关于保证由共产党来控制台湾的政府军队与资源的承诺,他们不太可能在任何全国层面上与国民党达成协议。

若美国方面不作为,则台湾尽管可能不会立即被中国共产党人控制,但最终将会落入共产党人之手。

(四) 美国采取措施阻止共产党人控制台湾的后果

美国若采取任何旨在阻止共产党人最终控制台湾的措施,都会导致一些不利的政治后果。

1. 美国不论采取任何行动,若想同时避免引起中国国民党人和台湾籍人的敌意,都不太可能做到。因为这两方中的任何一方都会憎恨并抵制美国对另一方的任何支持。美国默认国民党人控制台湾,就会遭到台湾籍人的憎恨。若美国公开支持国民党,就可能将台湾籍人驱赶到共产党人一方。另一方面,美国若支持台湾籍人的理想,就需要接管现存的国民党政权的权利。

2. 美国若采取措施影响台湾的事态发展,会授人以柄,为苏联和中共的反美宣传提供更多的口实。

3. 中国的反美情绪可能会高涨,他们已经把台湾回归中华民国当作既成事实接受,当然美国采取措施的性质不同,其反美情绪的激烈程度亦不同。这方面的问题会使中国共产党政权赢得更加广泛的人心。

4. 如果需要美国与中国共产党政府建立正常的外交与领事关系,台湾问题可能排除了这种可能性。如果美国支持撤至台湾的国民党政权,或被指控支持国民党政权,就肯定会出现美国与共产党政权无法建交的情形。

5. 在联合国会议中,台湾问题可能会被提起,使美国难堪,当然这取决于美国采取的具体措施的特性。

另一方面,美国采取的一些行动可能会对美国的利益有利。在日本、韩国、菲律宾及远东其他地方,包括中国的东南沿海地区,人们抵抗共产主义的意志可能会更加坚决。美国对台湾的明确措施会被认为是美国决心在任何实践允许的场合抵制共产主义在远东扩张的迹象。若美国的计划能够稳定台湾当地的形势,使台湾人感到满意,安抚台湾籍人赞同自治的情绪,就会出现有利于美国的反应。美国对台湾采取措施的同时,应该发起补充性的宣传攻势,显示美国支持远东地区的民族主义思潮,否则就会招致远东各地出现一些明显不利于美国的政治后果。

(五) 结论

对美国而言,台湾的形势日益严峻,台湾籍人不满,中国国民党人准备将台湾作为其最后的基地,中国共产党人对台湾的兴趣和对台湾采取行动的能力都在不断增长。美国如果无所作为,那么台湾最终将会被中共所控制。对美国安全而言,这种情况一旦出现,其带来的战略影响极其严峻。倘若美国实施任何旨在阻止共产党人控制台湾的计划,从军事战略的角度可以获取好处,但同时若综合权衡,则亦会遭遇一些不利的政治后果,利弊得失的具体对比将随着美国实施此类计划的具体时间与方式的不同而不同。

DDRS,CK 3100393008—CK 3100393015

双惊华、忻华译,双惊华校

国务院情报研究所关于台湾国民党政权形势的评估

（1950 年 8 月 21 日）

OIR 5320

台湾局势的图表概括

（1950 年 8 月 21 日）

秘　密

前　　言

......①

摘　　要

　　国民党的权力架构和福摩萨中华民国政府结构的根基并非是正式的法律原则，而是个人对领袖的忠诚以及个人政治。所有像军队、财政和特务这样重要的权力部门都是由蒋介石和一小群忠实的拥趸们所把持。蒋介石牢牢控制权力的方法有二：一种是积极的方法，通过上述拥趸的效忠加强统治；另一种是消极的方法，他善于利用不同派系群体间的利益冲突，使他自己充当仲裁者的角色。另外，蒋介石指挥着花样繁多的特务组织，这也显示了其在党和政府内部的最高权力核心。

　　如今，福摩萨行政集团内部存在很多重大的内部张力，这些矛盾正在削弱政府的统治。较为显著的矛盾是：（1）聚焦于省政府内的陈诚与吴国栋之间的政治分歧；（2）在中央改造委员会和国防部之间的陈诚与蒋经国之间的私怨。这些无法解决的矛盾的存在造成了局势的不稳定，并且呈现出潜在的爆发态势。

　　同样，福摩萨中华民国政府的经济地位依然高度不确定。尽管在过去几年里，政府在经济有效控制方面和资源的有效利用方面已取得了一些进展，但是目前福摩萨的经济能力还是很难支撑政府的开销费用。

　　20 世纪 50 年代台湾经济秩序将会主要依靠经济合作署的援助和政府出售黄金储备来

---

① 原文"前言"内容字迹模糊。——译注

维持。不过，按照现有的黄金汇率来看，政府似乎会在 1951 耗尽其所有的黄金储备。所以说，除非行政当局能够大量减少政府支出，特别是降低相应的军事开支，1951 年岛内的经济稳定才有可能在持续不断增加的国外经济援助的支持下得以实现。

一、党、政府和军事机构

（一）导论：更多的改革与重组

自去年 12 月从大陆迁都至台北后，国民党宣布了一系列党内及政府的改革方案。他们进一步巩固了党的组织系统，重组了政府机构，并对军事指挥系统进行了重构。

然而，岛内基本的政治生态并没有发生变化。尽管民众要求继续对党和政府进行改革，希望管理阶层能够不断吸收新鲜血液，但政府与军队的大权依然掌握在一小部分人手中，由那些效忠或者逢迎蒋介石的政党和军事领导人依次掌权。

（二）蒋介石的三重权力（表一）

国民党政府的所有权力均由蒋介石控制。目前蒋介石是（1）"总裁"，国民党主席；（2）中华民国总统；（3）武装部队总司令。在这三个职务当中，国民党主席的职位最为重要。这个位置使得蒋介石对党内事务拥有最终决定权，而党则直接领导政府以及武装部队的日常运作。当党内各派别之间发生根本的利益冲突时，蒋介石能够以国家总统或者三军统帅的身份超越党派之上，直接处理各种民事或军事问题。

蒋介石经常从他所信赖的小的私人圈子中寻求建议和协助，有些智囊人士在党的政府里并没有正式的官职。现在这个亲密的圈子包括蒋夫人；被称为太子的蒋的儿子蒋经国；少数几个在岛内还拥有自己部队的军阀之一的汤恩伯；现任行政院长陈诚；杭立武，蒋介石让他负责在海外推广"自由中国"的宣传路线；以及巡回大使吴铁城，这位国民党元老与海外华人圈子有着密切的联系。

虽然蒋介石的威信已经有所下降，但因为国民党士气低落，纪律涣散，缺乏任何强有力的联合反抗力量，蒋在党内的权力依然稳固。另一方面，因为一些党和军队的关键人物忠诚地跟随在蒋介石左右，因为蒋介石控制着政府财产和国民党资源的分配，控制着外国援助的分配和全面掌控着特务网络，这些都进一步巩固了蒋介石名义上的权力。

蒋指挥着各种各样的特务机构，这是他掌握党和政府实际最高权力的因素之一。或许只有蒋介石一个人知道今天这样的机构到底有多少个在运作中。这其中最有权力的（或者最广泛宣传的）特务组织有：（1）毛森系统，通过汤恩伯与委员长联系紧密；（2）唐纵派领导的警察系统，它由总裁办公室（参照下面的（三）部分）直接领导，并且可能与谷正纲领导的另一个党的组织关系密切；（3）蒋经国系统，在有武装的力量中这支力量最为强大。毛森、唐纵以及谷正纲系统都是从前戴笠系统分化而来。蒋经国的这个系统相对较新，据说该系统冷酷无情，缺乏经验，但是迄今为止没有出现裂痕。

(三) 蒋介石的私人秘书处(表二)

蒋介石的党政军权均集中于总裁办公室,这是蒋介石作为国民党党魁的私人秘书处。蒋介石及其属下就是通过这个办公室直接管理党内事务,并把各种分散的政府和军队机构联系起来。

1947 年,政府宣布了新的组织法,宣称自己从党的控制下剥离出来,原来中央政府正式隶属于国民党的司法关系在表面上被取消了。但是,国民党通过这个私人秘书处成员以及其他占据政府关键职位的国民党成员对政府政策施加支配性的影响。

王世杰是私人秘书处的高层成员,时任顾问。他原先有一段时间担任外交部长,长期作为国民党发言人,王顾问同时还兼任中华民国政府总统府秘书长。(任秘书长期间他中途截断了自己与和外交部事务的联系。)王还主管着设计委员会,该委员会成员包括台湾省主席吴国桢以及中国中央银行总裁俞鸿钧。通过俞鸿钧,蒋介石控制了政府金库里近半数的黄金储备。

黄少谷目前是私人秘书处的秘书长,同时还兼任政府行政院秘书长。黄在总裁办公室里的主要职能是监督各部门的运作。1949 年 9 月以来,总共九个政府部门中至少有一个(总务部)被废弃;今年 4 月和 7 月的重组过程中又巩固了大约三到四个部门。最重要的部门包括谷正纲和蒋经国领导的党政事务部和唐纵领导的特别服务部(又称特务部)。

党政事务部的谷正纲是国民党中央组织部部长谷正鼎的兄弟。谷氏兄弟一起充当着党内领路人的角色,至少从表面上看,他们的出现大有取代前"CC"兄弟(即陈立夫和陈果夫兄弟)作用的苗头。

(四) 国民党的组织结构(表三)

20 世纪 20 年代国民党初创时期的政党结构建诸于苏联模式之上,其痕迹从现今的国民党组织结构中已很难找到。和政府结构一样,该党的组织结构也正朝着更加简单化的方向迈进。

两个庞大的中央机构,中央执行委员会和中央监察委员会,在 1950 年 7 月就被蒋介石以总裁的名义废止。取而代之的是两个规模较小的机构,即拥有 16 名成员的中央改造委员会(不久将增加 9 人)和拥有 25 名成员的中央评议委员会。中央改造委员会由陈诚领导,其中不乏如谷正纲和蒋经国这样的党内要员,它的主要任务是重组党组织,很明显它将是一个暂时起着领导作用的委员会。中央评议委员会由党内"元老"组成,其重要性徒有虚名。

显而易见,总裁办公室的这些新近变化使它成为最高行政机构和党的政策制订组织。这种趋势的产生源于先前的国民党中央省部执行的很多权力被私人秘书处剥夺了。现在国民党中央和省部的主要工作是指导岛内基层党组织的正常运作以及处理海外华人事务。

中央改造委员会的组成人员显示出一部分人的出现已经改变了党内阶层的权力平衡,尽管这有可能不具有决定性。两个青年会派系获得了显而易见的强势地位,一个由陈诚领导,另外一个由蒋经国领导,相反地,CC 集团的力量被稍许削弱。但是有些像谷正纲这样一直和 CC 集团有紧密关系的人已被任命为委员会成员，这无疑说明 CC 集团在党内的影响力绝对没有完全消失无踪。

仅仅进行党内高层的变动不可能使整个党恢复生机。几乎所有报道都表示国民党普通党员感到迷惑、茫然不知所措。他们所想的只有他们自己的幸福以及如何与国民党完全脱离干系。许多人认为，最近的改革只是蒋介石的老把戏而已，他常常通过分而治之的方法，利用派系斗争和偏宠一方的手段来巩固其权力。

（五）国民政府的结构（表四）

最近的政府组织变更以及政府部长的裁员（由 14 人裁减到 8 人）并没有显著地改变政府的正式结构，它依旧沿袭着 1946 宪法所确立的模式。

现国民政府由国民大会选举产生，国民大会是于 1947 年根据地区及职业团体选举产生的庞大的代表机构。从理论上讲最初成员超过 3 000 人，目前在福摩萨的代表只有大约 1 200 人。

中央政府的主要组成为：由国民大会选举产生的总统；组成政府的五个主要职能部门（行政院、立法院、司法院、监察院、考试院）"五院"；八部及两个委员会；很多下级办公室，处理省级行政部门管理权限之外的地方事务。

总统府为中央政府的最高行政部门，其构成包括一个特别行政机构，由总统任命的若干顾问所组成；一位秘书长；一位总统私人秘书；处理军事事务、外交礼仪及其他行政事务的一系列办公机构。

根据 1946 年宪法，总统在政府正式结构中占有极为重要的地位。宪法赋予总统广泛的权力，包括掌控三军、缔结协约、宣战、对外代表政府以及广泛的决策权和任命权。当然，现在蒋介石的权力职责被大大强化，因为他是国民党主席，他的党员在政府中间官居要职。

总统之下的最高行政机构是行政院，即一般所指的内阁，包括院长、秘书长、几位政务委员（目前为 7 名）以及其他部委的长官。

虽然其他四院仍然存在，但在实际政府运行中，它们所扮演的角色明显处于次要地位，甚至可以忽略不计。

（六）军队建设（表五）

武装军队自上而下的正式指挥链条为：蒋介石（因总统之职而为军队最高统帅）——行政院——国防部及（陆空军）司令——周至柔[①]——海陆空军指挥官。实际的指挥链更为简单：从最高统帅蒋介石直接到周至柔，周对蒋介石极为忠诚，逐字逐句地严格执行蒋的命令。蒋介石通过国民党对国防部进行双重控制，一是通过国防部政务次长袁守谦（现为国民党员中央改造委员会委员）进行监督，二是通过国防部总政治部主任蒋经国（同时是总裁办

---

① 周至柔在 1950 年 3 月 24 日就任国民党军队参谋总长。——编注

公室成员)进行控制。

陆军指挥系统的正式链条是台湾防卫司令孙立人首先发出命令,下达到其下属的五大防区司令(见列表),随后传达到各集团军指挥官。事实上,孙立人的实权很小,直接归他指挥的仅仅是有 25 000 人的训练军队,各防区司令名义上归他指挥,实际上这些司令都分别受蒋介石、周至柔、陈诚及汤恩伯的控制。

目前,派系的存在严重削弱了陆军指挥工作的效率,更重要的是,这种指挥权似乎集中到了汤恩伯、陈诚及蒋经国个人的手上。

海军指挥系统的链条则是由海军总司令桂永清直接到海军各部门及作战单位。所有重要的命令必须有海军司令的签名才能生效。最近或许是出于防卫背叛的考虑发生了一些新的变化,那些有司令签署的命令也必须由政治主任联署才能生效。尽管政治主任可能对国防部长负责,但我们认为他直接向行政院汇报工作。

空军的指挥系统链条比陆军或海军简单很多。空军司令部通过周至柔直接与国防部长联络,周至柔同时兼任空军总司令和国防部参谋长。直接对周至柔负责的副总司令被授予作战指挥的权力,空军战术部队与各部门直接受空军总司令和副总司令的管辖。

(七) 台湾省政府(表六)

台湾省的政治结构较为简单。台湾省主席现在是吴国桢,他由行政院任命,负责在台湾实施中央政府的政策和处理本省事务。他可以颁布一些必要的法令,这些法令不得与中央政府的法律相冲突。他同时拥有一个有名无实的台湾保安司令的头衔,这个有 2 万人的保安部队负责维持台湾内部的安全。目前,副司令彭孟缉握有实际的指挥权,他以前服务于陈诚,且现在仍效忠于吴的前任陈诚。〔有人认为,彭的(台湾警备)司令部和国家防御组织并不协调。〕

中央政府任命了 21 名省委员负责帮助省主席。他们分别是主席委员会、各个政府部门和办公室的负责人。省人民委员会由 23 人组成,其中包括 17 名台湾籍人,他们是按照地域原则被选出来,商讨省政府的一切重大行政措施。省人民委员会没有立法权,但是它可以向主席提出建议,举行听证会和问询政府组织官员等。

省级以下有 8 个自治市(不算首府台北)和 8 个县或行政区。为了消减现存的机构重叠现象,重新设置自治市和县的方案已经完成。在该案中,福摩萨将会有 5 个省辖市(台北、基隆、台中、台南和高雄)和 16 个县①组成。迄今为止在政府中很难直接听到台湾本地人的声音。不过,目前正在一个个地区地规划进行秘密选举,选举出包括村长、市长、县长和所有行政区的议员。地方级和行政区级的委员将会依次选出新的省人民委员会。

吴国桢在去年 12 月接受了任命,蒋介石的承诺将授权他放手推进福摩萨政府的民主化进程和控制台湾经济的通货膨胀趋势的发展。作为交换,吴和他的经济顾问任显群同意把

---

① 分别是台北、宜兰、桃园、新竹、苗栗、台中、彰化、南投、云林、嘉义、台南、高雄、屏东、台中、花莲、澎湖。——编注

税收的绝大部分交给中央政府。……①

二、经济基础

（一）1950 年的福摩萨经济（表七）

福摩萨的经济基础主要是水稻和甘蔗两种农作物。1938 年水稻和甘蔗的产值占全部农作物的 78%，当时提炼出的糖的产值将近占到全部工业产量的五分之三。据估计，1950 年有近五分之三的劳动力从事农业生产，同时还有一小部分工业劳动力主要从事农产品的深加工行业。

据估计，1950 年的总产值高于 1949 年，但仍然大大低于战前的水平，从下表我们可以看到：

	产　　量			产量/公顷		
	1937～1939*	1949	1950	1937～1939*	1949	1950
	(除非另外指定以 1 000 公吨为单位)			(以千克为单位)		
水稻,糙米	1 375	1 229	1 400	2 162	1 670	1 818
甘蔗(当作糖)	1 181	631	613	8 300	4 950	5 200
总农作物(以水稻为参照物)	2 500	1 800	2 000	2 900	2 100	2 300
农业人口人均生产总量(根据每千克水稻的产值)	833	515	570			

* 平均年产量。

1950 年产量的增长部分虚高，因为 1950 年增加了的 10 万英亩的水稻和其他作物的种植，但是这将导致 1951 年甘蔗种植（生长期为 18 个月）面积减少，使得下一年福摩萨糖产量将减产三分之一左右，从而将实质性地减少该岛实际的出口收入。

福摩萨未能恢复到战前的生产水平，主要有以下原因：(1) 无法充分供给肥料；(2) 裁减了农业研究和其他活动，在战前这些活动每年花费 1 000 万美元，雇佣了 2 万多名技术员，他们培育和供养了应变高产的种子，提高了农业培植技术，降低了农作物成本，降低了病虫害造成的损失，发展了灌溉以及其他的农业基础设施；(3) 没能重新恢复商业机构，在开拓国外贸易市场方面也不成功。

（二）国有工业组织（表八）

战后中国政府获得了全部的日本（在台）国有及私人财产，这包括全部的福摩萨大型工厂和占支柱地位的制糖厂。目前台湾的私营企业主要是小型的、类似于手工作坊的

---

① 原文此处字迹模糊。——译注

企业。

国家垄断是国家经济政策的一部分,中央政府将制盐业(控制在盐业部门下)和冶金与采矿公司(控制在台湾资源调查委员会 NRC 下)的所有权收归自己名下。台湾资源调查委员会雇佣着中国最重要的工程师和技术员,它对重大工业所需的工业技术进行有效控制并和台湾省政府共同拥有所有权。余下的企业则归省政府管理。

这种经济控制的分割并没有使工业规划更为合理。省政府的权威人士发现他们对岛内的经济负责,但他们无权控制主要的工业,台湾资源调查委员会控制的企业编制出扩张主义的计划,并它们没有考虑可用资源的最合理使用。更进一步说,在分别控制的情况下,无论是台湾资源调查委员会还是省政府都无法给工业政策以具有重大意义的指导。一直到 1949年春,在控制权分割的情况下,国有企业的竞争性需求是造成福摩萨经济中通货膨胀压力的主要原因。

1949 年春中华民国政府迁往福摩萨,这给岛内经济造成了巨大的负担,需要对政府资源进行重估和动员。1949 年 6 月 1 日台湾工业管制委员会成立——由来自中央政府、省政府、台湾资源调查委员会和台湾银行的代表组成——负责协调工业政策并试图保护资源。这个委员会被授权控制生产规划、预算和用工;分配贷款和外汇;清算毫无希望的、不赚钱的和不重要的资产。在过去的一年中该委员会实施紧缩的贷款政策,指导不同工厂生产和用工的急剧缩减,以及清算了一个焦点问题(台湾凤梨公司)。

(三) 贸易结算(表九)

在 1950 年尽管出口所得不能充分满足岛内进口所需的资金,但我们预计中华民国政府将不会面对严重的外汇问题。总进口中大约 35％将由美国国家经济委员会资助,另外的 12％则利用私人从政府购买的黄金来支付。这些资金加上出口收入就足以满足必要的进口需求,这些进口包括一些维持生存的重要商品和数量有限的重建所需物品,面粉、原油、原棉、衣物、化肥、大豆、麦麸、汽油、工业所需的各种原材料以及五花八门的消费品。

(四) 1950 年政府的收支(表十)

1949 年 6 月伴随着新台币的发行,在中央政府的支持下,台湾省政府通过限制纸币发行的最高限额来实现自己消除通货膨胀的财政计划。尽管这种政策导致了政府支出显著增加,但它还是颇见成效。在过去的一年里零售价格虽然增加了 2.5 倍,但这种增长的很大一部分象征着较高的日用品及商业税。目前,政府的财政运转建立在一种特别的基础之上,通过逐月的会议和谈判做出决定:(1)省当局负责保证税收;(2)军方领导人制定重大支出计划;(3)委员长的代表通过变卖黄金的收入弥补收支的差额。

1950 年军方的支出估计占福摩萨政府总支出的三分之二左右。相对实际需求而言,这种军事支出的数额可能过于巨大。一般而言审计程序极为宽松,这部分表现在军事资金直接按照军衔不同交付给不同级别的指挥官。例如,共计有 60 万人在部队的薪水册上注册,但估计实际的人数应该是 40 万。与此相类似,1950 年报告称军需粮为 38 万吨,按照薪水册上的人数来估算的话,每人每天的粮食标准超过了 4 磅,而按照实际的估算人数的话每人每天的粮食标准超过了 6 磅,这一数字显然有水分。内政官员要求按照军队的实际人数和团级编制支付薪水,但是军方领导人成功地抵制住了这些压力。

据说军事部门的对外采购很少,且通过清算中华民国政府的海外资产获得了资助。因此,军事进口的支出并没有被包括在评估预算(表十)和贸易结算(表九)之中。

民国政府的公务支出估计是 1.5 亿台币。这些支出几乎全部被总裁和特务机构花掉。

表十列出了省政府和地方政府的支出,包括支付大约 10 万名国内雇员的薪水,该数字大约比全部政府支出的 25% 少一点。这些支出可能已经达到了维持最基本的政府职能的极限了。

1950 年预算从侧面反映了财政收入比 1949 有了实际的增长。据估计,1950 年通过关税、垄断利润和消费税获得的收入比 1949 年通过同样渠道获得收入高出三倍还多,这主要是因为高税率和走私的减少。曾经直接卷入走私活动的军队已经逐步接受劝诱,接受了部分走私控制,更重要的因素可能是军队失去了最重要的走私基地——海南岛和舟山群岛。

在预算中农业税不是很多,因为水稻的税收被人为地按照较低的政府购买价格进行估算,且政府强制性地收购水稻,这对农民事实上构成了征税,但这些没有包括在预算收入之内。因为政府购买水稻的价格很低,也就降低了政府在该项上的支出,这同样没有在政府支出的预算中表现出来。1949 年食品部通过以货代款的征税、强制购买和化肥交换等方式,获得了超过 30 万吨的水稻,1950 年它还希望通过同样的方法获得超过 40 万吨的水稻。

私营企业被课以重税,同时还容易在政府的威压下被迫接受"爱国券"和"救助优待券",贱卖自己的商品。因为赎回的前景渺茫,所以这些票券的出售对公众构成了一种相当大的、不分青红皂白的税收负担,估计价值约在 1 亿台币左右。省政府当局已经宣布了一个计划,将在 1950 年的下半年有选择地降低商业税率,希望通过刺激商业活动的增长来增加税收,这个计划策略地承认了目前的这些税率过高。

似乎有证据表明税收已经接近了最大值,因为税收可能快接近福摩萨国民收入的五分之一或者更高,在像台湾这种低收入国家里面这是一种最大比例。然而这些收入仅仅满足了预算支出的 60%,政府为了弥补赤字,有必要变卖黄金贮备和前日本殖民政府留下的资产,实际上政府更多地利用美国国家经济委员会的对等基金。按目前变卖黄金的速度来看,政府可能在 1951 年就耗尽它的黄金储备。所以,除非行政当局能够尽量减少政府的支出,特别是降低相应的军事开支,在持续和不断增加国外经济援助的支持下,1951 年岛内的经济稳定才有可能实现。

表一 蒋介石的三重权力：党、军队以及政府

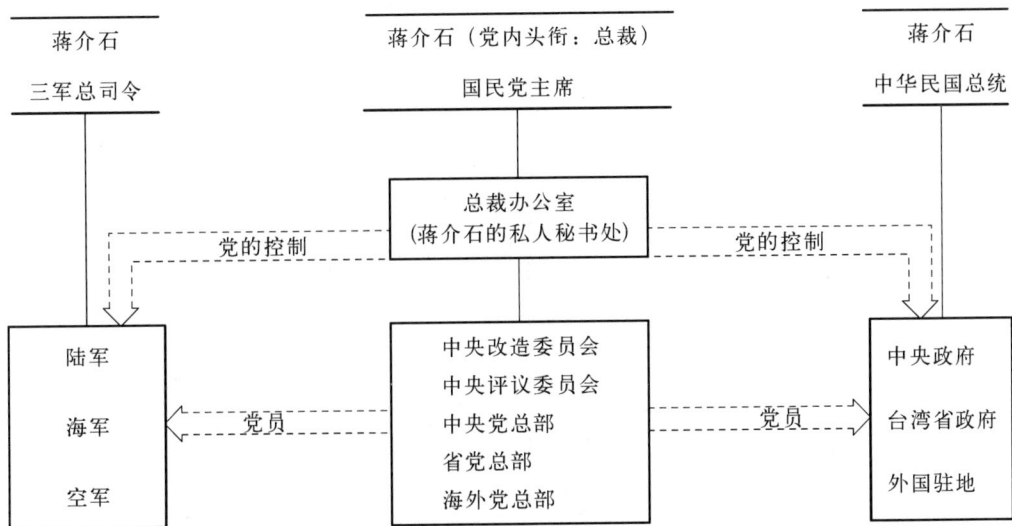

蒋介石	蒋介石（党内头衔：总裁）	蒋介石
三军总司令	国民党主席	中华民国总统

总裁办公室
（蒋介石的私人秘书处）

党的控制　　　　　　　　　　　　党的控制

陆军　海军　空军	中央改造委员会 中央评议委员会 中央党总部 省党总部 海外党总部	中央政府 台湾省政府 外国驻地

党员　　　　　　　　　党员

表二 总裁办公室(国民党委员长蒋介石的私人秘书处)

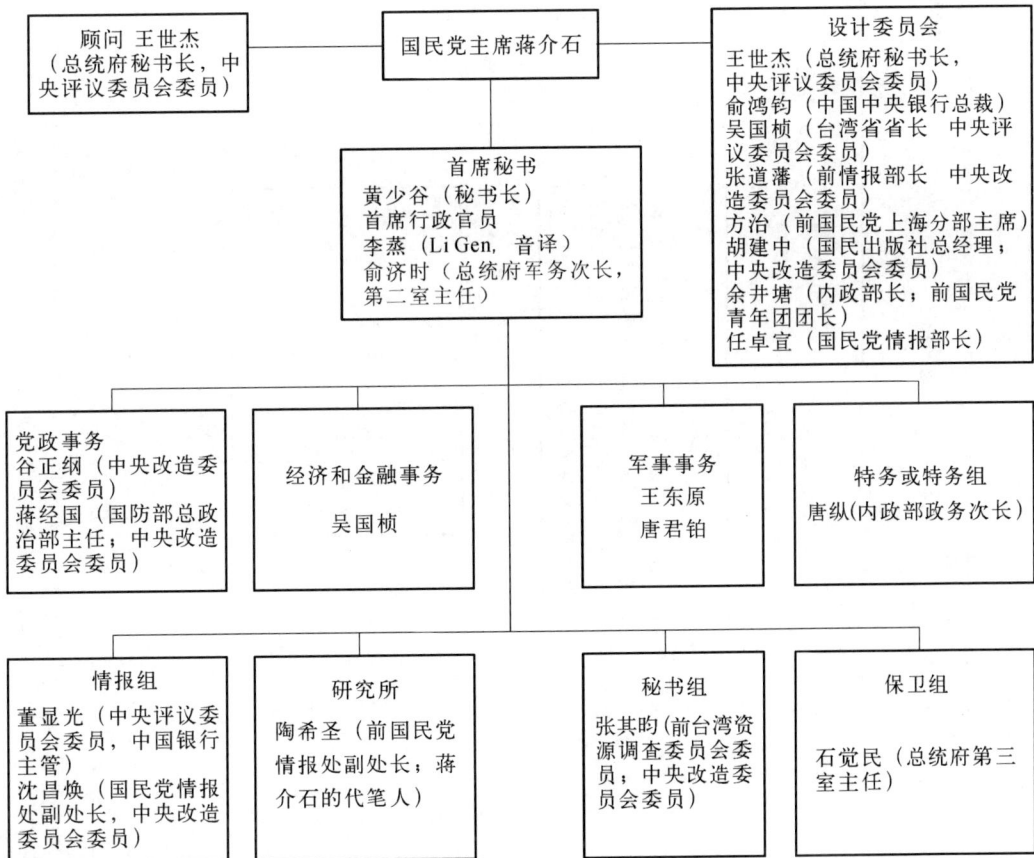

顾问 王世杰 （总统府秘书长，中央评议委员会委员）	国民党主席蒋介石	设计委员会 王世杰（总统府秘书长，中央评议委员会委员） 俞鸿钧（中国中央银行总裁） 吴国桢（台湾省省长 中央评议委员会委员） 张道藩（前情报部长 中央改造委员会委员） 方治（前国民党上海分部主席） 胡建中（国民出版社总经理；中央改造委员会委员） 余井塘（内政部长；前国民党青年团团长） 任卓宣（国民党情报部长）

首席秘书
黄少谷（秘书长）
首席行政官员
李蒸（Li Gen，音译）
俞济时（总统府军务次长，第二室主任）

党政事务 谷正纲（中央改造委员会委员） 蒋经国（国防部总政治部主任；中央改造委员会委员）	经济和金融事务 吴国桢	军事事务 王东原 唐君铂	特务或特务组 唐纵(内政部政务次长)

情报组 董显光（中央评议委员会委员，中国银行主管） 沈昌焕（国民党情报处副处长，中央改造委员会委员）	研究所 陶希圣（前国民党情报处副处长；蒋介石的代笔人）	秘书组 张其昀(前台湾资源调查委员会委员；中央改造委员会委员)	保卫组 石觉民（总统府第三室主任）

表三　1950年7月的国民党组织

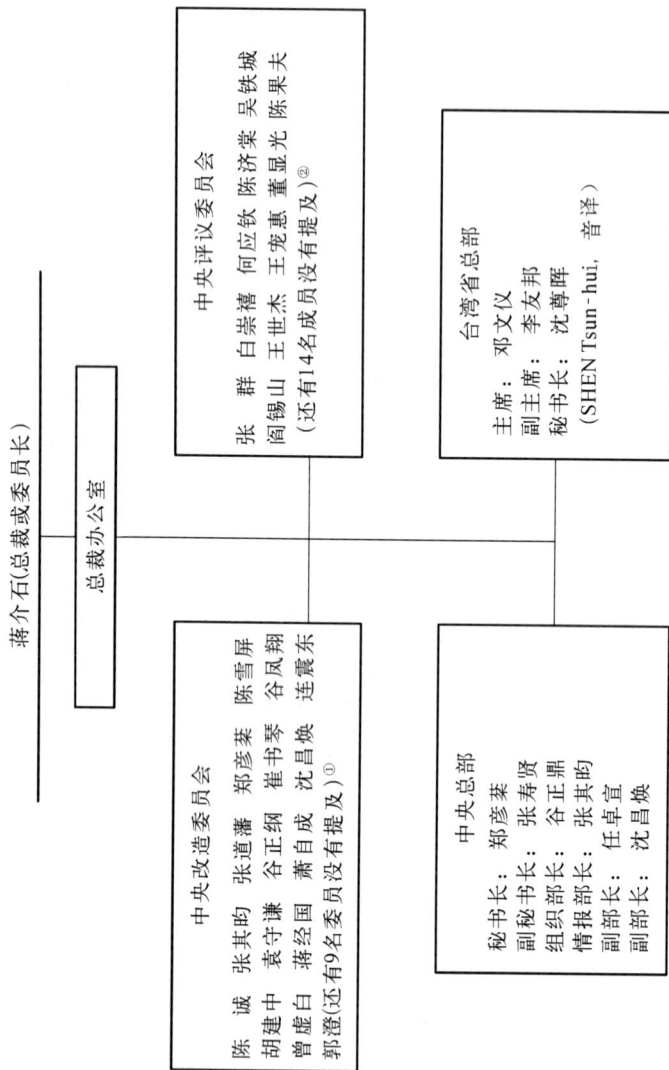

蒋介石（总裁或委员长）

总裁办公室

中央改造委员会

陈　诚　张其昀　郑彦棻　陈雪屏
胡建中　袁守谦　谷正纲　崔书琴　谷凤翔
曾虚白　蒋经国　萧自诚　沈昌焕　连震东
郭澄（还有9名委员没有提及）①

中央评议委员会

张　群　白崇禧　何应钦　陈济棠　吴铁城
阎锡山　王世杰　王宠惠　董显光　陈果夫
（还有14名成员没有提及）②

中央总部

秘书长：郑彦棻
副秘书长：张寿贤
组织部部长：谷正鼎
情报部部长：张其昀
副部长：任卓宣
副部长：沈昌焕

台湾省总部

主席：邓文仪
副主席：李友邦
秘书长：沈尊晖
（SHEN Tsun-hui，音译）

① 1950年8月5日，中国国民党中央改造委员会正式成立。共由陈诚、蒋经国、张其昀、张道藩、谷正纲、郑彦棻、陈雪屏、胡建中、袁守谦、崔书琴、谷凤翔、曾虚白、萧自诚、沈昌焕、连震东、郭澄等16人组成。没有增加其他的成员。1952年10月23日，该委员会将权力移交给国民党第七届中央委员会。——编注
② 这14人是：吴敬恒、居正、于右任、丁惟汾、邹鲁、吴忠信、李文范、马超俊、朱家骅、张厉生、刘健群、吴国桢、章嘉、张默君。——编注

表四 中华民国政府

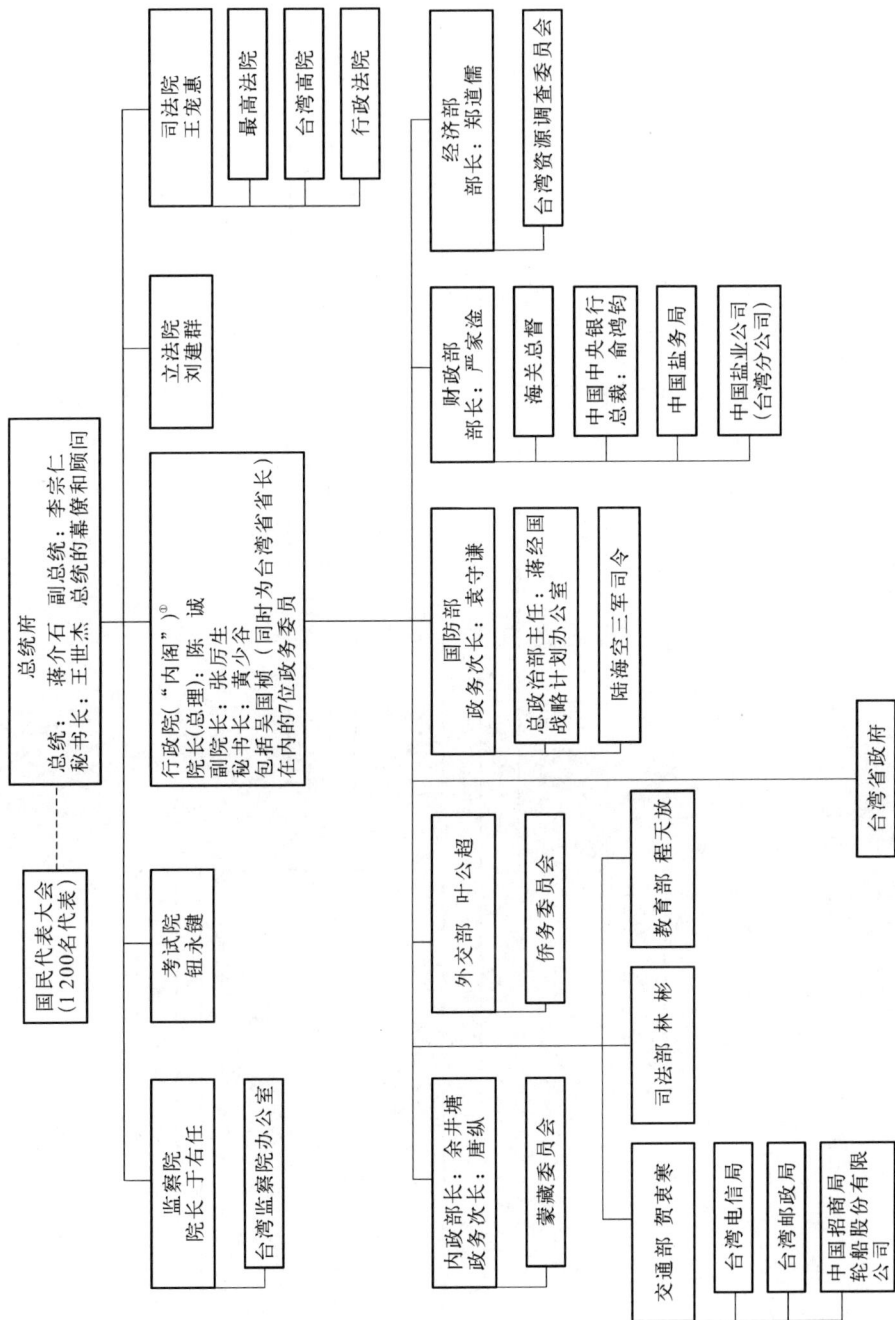

① 当时八部的领导人都分别为：国防部长俞大维（任命未到职），内政部长余井塘，财政部长严家淦，外交部长叶公超，经济部长郑道儒，交通部长贺衷寒，司法行政部长林彬，教育部长程天放。七位政务委员会分别是：吴国桢、蔡培火、田炯锦、董文琦、王师曾、杨毓滋、黄季陆，蒙藏委员会委员长余井塘（兼）、侨务委员会委员长高信。——编注

表五　军　事　机　构

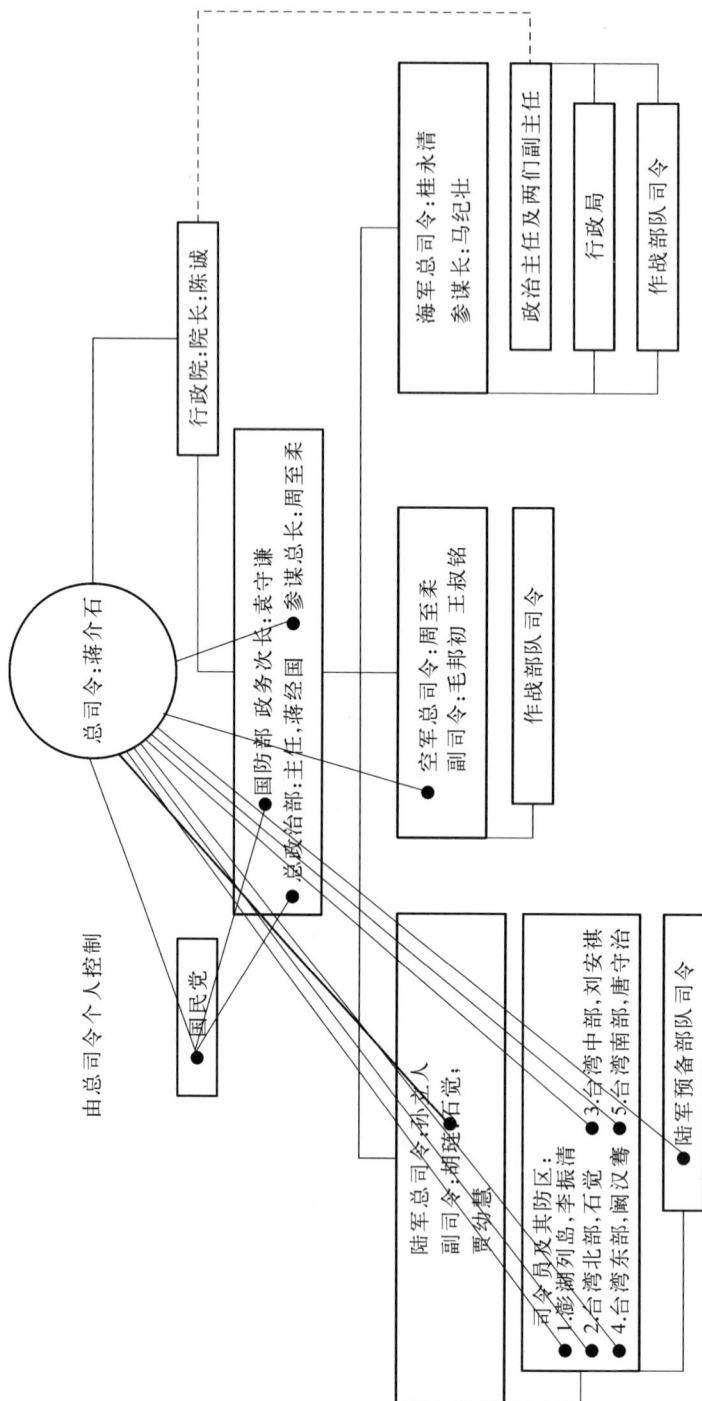

由总司令个人控制

总司令:蒋介石

行政院:院长:陈诚

国防部　政务次长:袁守谦
总政治部:主任,蒋经国　参谋总长:周至柔

海军总司令:桂永清
参谋长:马纪壮

政治主任及两门副主任

行政局

作战部队司令

空军总司令:周至柔
副司令:毛邦初　王叔铭

作战部队司令

国民党

陆军总司令:孙立人
副司令:湖琏　石觉:
贾幼慧

陆军预备部队司令

司令员及其防区:
1.澎湖列岛,李振清
2.台湾北部,石觉　3.台湾中部,刘安祺
4.台湾东部,阙汉骞　5.台湾南部,唐守冶

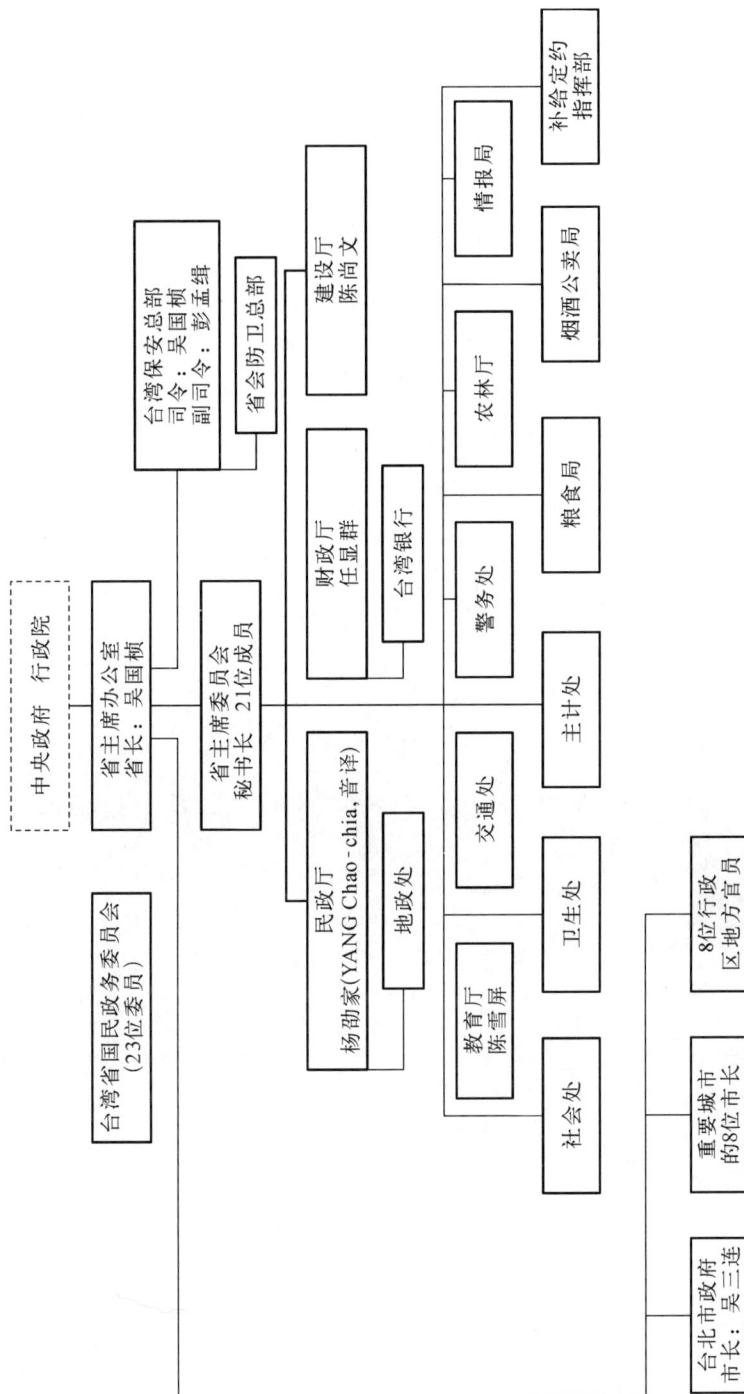

表六 省政府

中央政府 行政院

省主席办公室
省长：吴国桢

省主席委员会 21位成员
省主席
秘书长（YANG Chao-chia，音译）

台湾省国民政务委员会
（23位委员）

台湾保安总部
司令 吴国桢
副司令：彭孟缉
省会防卫总部

建设厅
陈尚文

情报局

补给定约
指挥部

财政厅
任显群

台湾银行

农林厅

烟酒公卖局

警务处

粮食局

民政厅
杨劭家（YANG Chao-chia，音译）

地政处

交通处

主计处

卫生处

教育厅
陈雪屏

社会处

台北市政府
市长：吴三连

重要城市
的8位市长

8位行政
区地方官员

表七　1950 年福摩萨劳动力分布估计（以 1 000 人为单位）

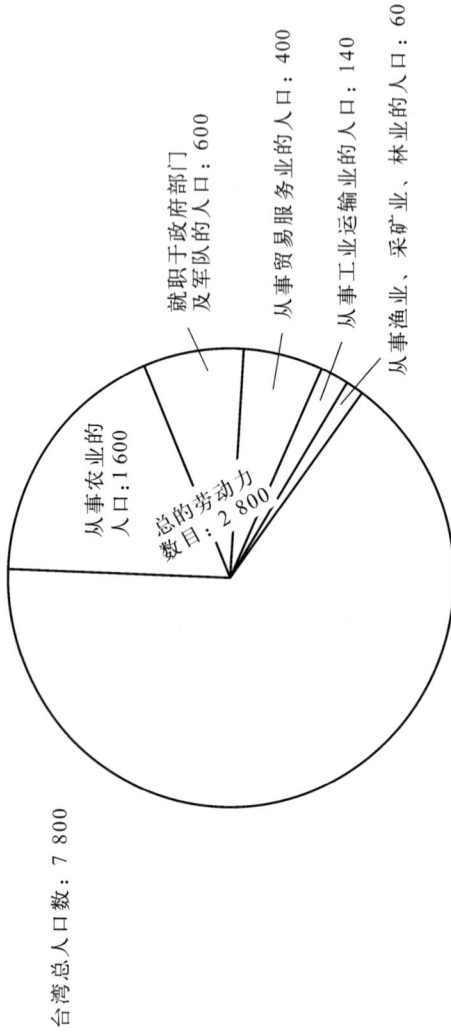

从事农业的
人口：1 600

就职于政府部门
及军队的人口：600

从事贸易服务业的人口：400

从事工业运输业的人口：140

从事渔业、采矿业、林业的人口：60

总的劳动力
数目：2 800

台湾总人口数：7 800

表八　福摩萨工业及政府企业的所有权和控制权

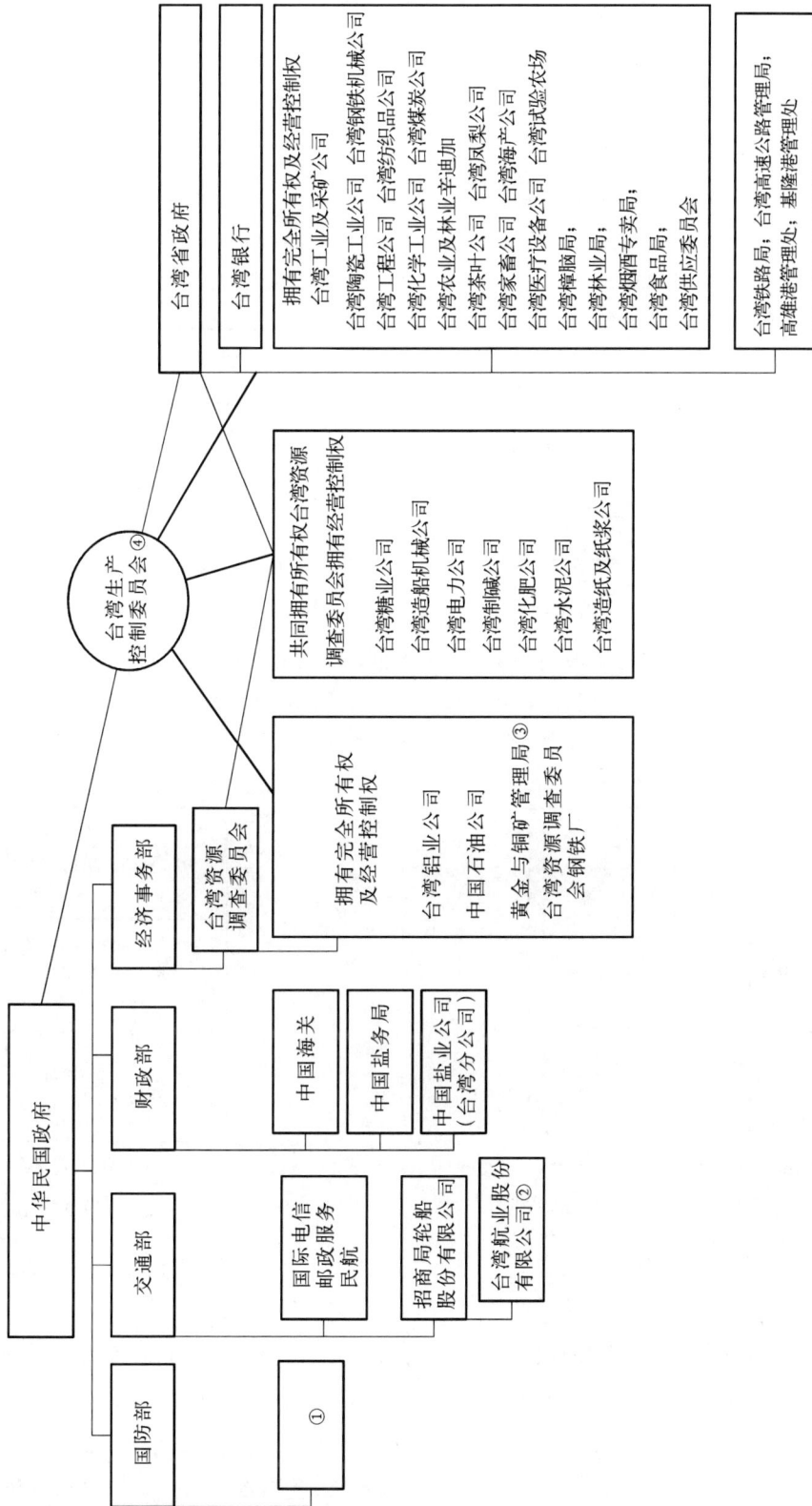

中华民国政府

国防部　交通部　财政部　经济事务部

①

国际电信邮政服务民航
招商局轮船股份有限公司
台湾航业股份有限公司②

中国海关
中国盐业局
中国盐业公司（台湾分公司）

台湾资源调查委员会

拥有完全所有权及经营控制权
台湾铝业公司
中国石油公司
黄金与铜矿管理局③
台湾资源调查委员会钢铁厂

共同拥有所有权台湾资源调查委员会拥有经营控制权
台湾糖业公司
台湾造船机械公司
台湾电力公司
台湾制碱公司
台湾化肥公司
台湾水泥公司
台湾造纸及纸浆公司

台湾生产控制委员会④

台湾省政府　台湾银行

拥有完全所有权及经营控制权
台湾陶瓷工业公司　台湾钢铁机械公司
台湾工程工业公司　台湾纺织品公司
台湾化学工业公司　台湾煤炭公司
台湾农业及林业炼油加
台湾茶叶公司　台湾凤梨公司
台湾畜产公司　台湾海产公司
台湾医疗设备公司　台湾试验农场
台湾樟脑局；
台湾林业局；
台湾烟酒专卖局；
台湾食品局；
台湾供应委员会

台湾铁路局；台湾高速公路管理局；
高雄港管理处；基隆港管理处

① 无法辨认。——编注
② 与台湾省政府共有。——编注
③ 可能与台湾省政府共有。——编注
④ 台湾银行控制贷款政策。——编注

表九　1950 年福摩萨对外贸易

（以百万美元为单位作估计）

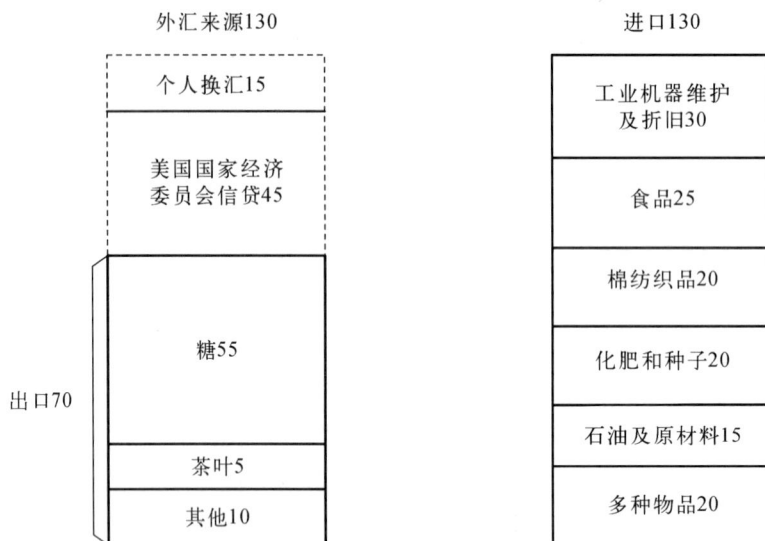

外汇来源130　　　　　　　　　　进口130

个人换汇15	工业机器维护及折旧30
美国国家经济委员会信贷45	食品25
糖55	棉纺织品20
	化肥和种子20
茶叶5	石油及原材料15
其他10	多种物品20

出口70

表十　1950 年在福摩萨政府详细收支状况的评估

（以 100 万新台币为单位，1 美元＝10 元新台币）

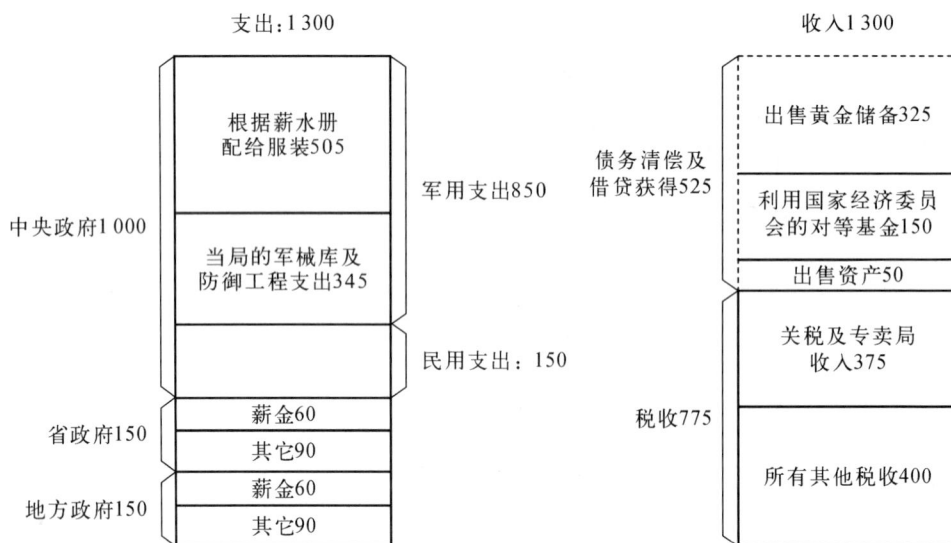

支出：1 300　　　　　　　　　　收入1 300

中央政府1 000
- 根据薪水册配给服装505
- 当局的军械库及防御工程支出345

军用支出850

民用支出：150

省政府150
- 薪金60
- 其它90

地方政府150
- 薪金60
- 其它90

债务清偿及借贷获得525
- 出售黄金储备325
- 利用国家经济委员会的对等基金150
- 出售资产50

税收775
- 关税及专卖局收入375
- 所有其他税收400

O. S. S. /State Department Intelligence and Research Reports，Part IX，China and India，1950 - 1961 Supplement，Washington，D. C.：University Publications of America，1979，Reel - 3 - 0404

朱东飞、吴新胜、双惊华译，双惊华校

国务院情报研究所关于战后
台湾岛内经济形势的评估

(1953 年 8 月 10 日)

IR 6383

台湾食糖–稻米经济的压力和张力

(1953 年 8 月 10 日)

摘　　要①

战后台湾经济问题的主要症结是岛内资源和对这些资源的要求之间的根本不平衡问题。对资源的需求大大增加,一方面是因为 1940～1953 年之间台湾人口增长了 70%,另一方面因为中华民国政府作出了两项承诺,既要把该岛建设成政治、经济发展的楷模,又要使台湾岛成为防御力量的大本营和最终入侵大陆的基地。

长期的通货膨胀压力和大笔交易与支付赤字的平衡问题是这种深层次不平衡的主要表现,食糖出口的下降、大米出口的下跌及国内市场销量的下滑大大加重了这种不平衡。

现在通货膨胀压力最重要的来源是因财政预算赤字而新生的贷款和国有企业的运作。因为一部分的政府赤字依然隐藏在公有企业的账户之中,所以目前财政政策和管理的改善在许多方面比现实情况要显著一些。

由于不断增加的防御和人口负担,台湾的进口需求增加而出口能力急剧减少。通过扩大美国援助弥补了收支逆差,造成了收支的基本平衡。缩小这种支付赤字平衡的前景将主要取决于台湾是否能逐步提高大米出口的能力。而这反过来又将取决于其稻米产量的增长程度和为了减少极高的国内大米消耗现象而进行的国内大米市场政策的再定位。

台湾四年计划书中所阐发的民国政府长期经济政策似乎希望将增加出口和减少进口协调起来。不过增加出口对台湾来说可能非常困难,因为作为其现实和潜在的主要贸易伙伴的日本将渐渐不愿购买台湾的东西,除非日本同样能把自己的产品出口到台湾。许多中国的政策制定者无论如何都反对与日本发展太过亲密的贸易关系,害怕台湾在经济和政治上

---

① 原注:这是一份情报报告而非政府政策声明,这份报告改编自国家情报调查的对台贸易和财务部(NIS 39－65),材料来自远东研究部,截止日期为 1953 年 8 月 7 日。

可能被迫逐渐地丧失独立。

一方面要考虑台湾的资源基础,另一方面要考虑大量的军事需要而形成的庞大承诺义务和沉重的人口压力,达到自给自足看起来并不是一个现实的目标。台湾的经济问题不得不在增强工业扩张、加快农业发展和扩展出口的背景下加以解决。

报　告

战后台湾经济问题的主要症结是岛内资源和对这些资源的要求之间的根本不平衡问题。对资源的需求大大增加,一方面是因为1940～1953年之间台湾人口增长了70%,另一方面因为中华民国政府作出了两项承诺,既要把该岛建设成政治、经济发展的楷模,又要使台湾岛成为防御力量的大本营和最终入侵大陆的基地。

长期的通货膨胀压力和大笔交易与支付赤字的平衡问题是这种深层次不平衡的主要表现,食糖出口的下降、大米出口的下跌及国内市场销量的下滑大大加重了这种不平衡。

一、通货膨胀压力

当1949年中华民国政府和军队将其总部转移到台湾的时候通货膨胀的压力最为剧烈。从那时开始,随着财政管理的改善、国内产量上升、出口的增加、美国经济和军事援助日渐增长,通货膨胀率连续几年逐年递减,下面的图表可以阐明该问题。

时　间	货 币 供 应 量		台北平均批发价格 1952＝100
	百万新台币 NT$	指数 1952＝100	
1949 年 6 月 12 月	89 397	6 27	18 33
1950 年 12 月	826	56	63
1951 年 12 月	1329	90	96
1952 年 12 月	1735	118	99
1953 年 12 月	1994	136	104

货币供应量虽然在1949年6～12月之间增长了4.5倍,但在1950年间只翻了一番,1951年增长了1.6倍,1952年增长不到1.2倍。平均批发价格遵循着一个大体相似的进程。货币供应量在1949年12月至1953年3月间增加了5倍,而平均批发价格增长了超过3倍。

通货膨胀压力最重要的来源是因财政预算赤字而新生的贷款和国有企业的运作。预算赤字从 1950 年的 7 亿新台币降低到 1952 年的 4.4 亿新台币，或者说，从占全部政府开支的三分之一降到了八分之一。填补这些赤字的经费一部分从台湾银行借来，一部分通过向台湾银行和公有企业销售债券筹得。公有企业为了集资购买债券反过来也得从台湾银行借钱。所以从结果而言所有的融资赤字都具有通货膨胀倾向。

因为一部分的政府赤字依然隐藏在公有企业的账户之中，所以最近的财政政策和管理的改善在许多方面比现实情况要显著很多。例如，政府为军队和公务员通过省食品局（PFB）以低于市场的价格购买大米。但是，部分是为这些销售进行补贴的结果，省食品局亏本运作并向台湾银行大量举债。在这种交易中，政府实际的融资渠道有一部分是通过借贷举债而来，但这种借贷不是直接进行，而是间接地通过公有企业进行。与此相类似，许多公有企业向国库支付所得税和利润，看起来是增加了政府账户的收入，但同时增加了企业的短期银行债务。

预算赤字和银行借贷都反映着为维持国防军和大量难民机构的运转需要所带来的沉重财政负担。这两者都代表着对国家资源的消耗，都没有对商品生产作出丝毫贡献。粗略说来，在全部的政府开支中，一半流向军事，四分之一用于公务开支，只有大约 10% 的预算费用被投入了再建设和发展之中。

由于公有企业在运作中追求非经济目标，政府执行相互矛盾的对内对外贸易政策，特别是在有关蔗糖和大米政策方面矛盾丛生，上述负担所造成的通货膨胀压力已经被大大强化了。

二、糖-米问题

台湾所有重要的经济问题无论如何都会反映在糖米困境之上。传统上这两种农作物占岛内交易收入的 70%～80%，同时大米是民众的主食。

由于大陆难民大量迁入，战后岛内的大米需求迅速上升。结果，在牺牲甘蔗产地的代价下稻米作物产区得到了扩张。1952 年大米产量超过了战前水平，但食糖产量依然在战前水平之下。同时可测定的出口数量也在下降。因此，战前平均年出口约为 100 万吨食糖和 66 万吨大米，而 1952 年只有相对应的 46 万吨和 10.5 万吨。

由于不断增加的防御和人口负担，台湾的进口需求增长而出口能力却急剧减少。

许多因素造成了出口的下降。日本的食糖工业不断发展并在受保护的封闭性的日本市场繁荣起来。不过，其他国家与古巴相比食糖的生产成本总是很高。当台湾食糖业不得不进入国际市场竞争时，这个因素在最近几年变得越发重要。随着台湾食糖业逐步恢复，这个问题变得越来越尖锐。比如，今年糖作物的市场形成了战后以来最大的市场，这个市场正在面临实际的困难。

战后制糖业的管理体制进一步提高了本已较高的食糖加工成本。岛内所有的食糖加工业都被政府所有的台湾糖业股份有限公司（TSC）垄断，该公司经营着 36 家前日本留下的制糖厂。因为甘蔗种植面积减少，产量下降，这些制糖厂发现在（开）榨季（节）要想得到充足的原材料以维持相对经济的开工率非常困难，保持单位处理成本的低廉也极为困难。因为制糖成本和价格受到台湾糖业股份有限公司某些非经济化和非商业化考虑的影响，这使得整个问题进一步复杂化。台湾糖业股份有限公司部分地承担了这样的角色，即为前政府官员和其他从大陆来但不能在国家或省政府办公室工作的人提供一个方便的避难所。更重要的一点还在于制糖厂的周围集中了很多社会组织、教育筹资机构和完整的村落结构。因此，台湾糖业股份有限公司事实上扮演着"小福利国家"的角色，其担负的成本经费必定超过了食糖销售的收益。

这样一来在糖业经济政策和社会政策的共同作用下，代表着鼓励和培育台湾甘蔗种植业利益的群体施加着强大的压力。为达此目的，1950 年台湾省政府同意，如果在同等重量下食糖的价格低于大米的价格，就对甘蔗种植者给予补贴。当食糖价格高而大米价格低时，这种 1∶1 的比率没有引起人们的关注。但在 1952 年和 1953 年初局势变得非常严峻，食糖价格暴跌而大米价格上升，最终导致糖米价格比率上升到了 1∶2。结果农民要求（政府）兑现其补助金的承诺，但是省政府缺乏资金，不能提供大约 2.2 亿新台币的补助金需求。现在有人提议把原来的承诺改以债券支付，放弃糖米均价原则，在 1953～1954 年及 1954～1955 年以每吨 1 400 元新台币的价格向种植甘蔗的农民提供现金保证。

1953 年初台湾遭遇了一次极为紧迫的糖业危机。部分成为引诱农民种植甘蔗的一种反映，大量作物被不期然地种植出来，从而导致了当时全球食糖市场的恶化。与此同时，农民收到了交付甘蔗的钱款而未售出的蔗糖库存又变成了额外的通货膨胀压力的源泉。通过艰辛的努力，日本同意购买 30 万吨蔗糖，这个危机才得以勉强渡过。

几乎在同一时刻台湾陷入更为严重的大米危机的剧痛之中，直到 1953 年 5 月底新作物开始出现上市之后，危机才得以缓解。台湾大米库存一度猛烈下降，政府不得不从日本进口缅甸大米来确保该产品的最低供应。这次危机主要反映了省食品局计划不周和执行了错误的价格政策。

1952 年台湾大米产量比战前多 20 万吨左右，但是与战前平均每年出口 66 万吨相比，大米出口只多了大约 10 万吨。在 1934～1939 年和 1952 年之间，台湾国内大米消费呈现 2 倍多的增长，而人口仅增长了 70％。每人消耗糙米的数量从约 120 千克上升到 156 千克左右。台湾经济难以承受如此的消费增长。

国家和省政府一贯希望保持较低的大米价格，这种政策鼓励了大米消耗的大幅度上涨。结果国内米价与国际价格和其他日用品相比持续走低。① 从战前开始，米价和甘薯的价格就日益接近。战前农民的主要食物是甘薯，后来农民感觉他能吃得起更多的米饭，在某些情

---

① 原注：共同安全援助台湾代表团估计，以香港自由市场的汇率为基础台湾国内大米平均批发价格为出口价格的35％，以官方大米出口汇率为基准国内大米平均批发价格为出口价格的56％。

况下要是他喜欢,他甚至可以给自己的家畜喂食稻米。台湾受这些政策的冲击,已经降低了大米进入非农务商业渠道的份额,因此极大地降低了大米出口的可能性。

台湾掌权者害怕哪怕很小的大米价格上涨,因为他们假设这种上涨将造成基本生活成本的大幅度提升,而且这种危险似乎被放大了。在台湾,可能有一半人——比如许多农民、军人、公务员——都不在市场中买米,因此他们不受大米价格波动的直接影响。但是有几种日用品价格与米价挂钩,当米价上涨的幅度超过了普遍价格水平之后也会受到广泛关注。不过1951年12月至1953年3月间,台湾的米价大约增长了70%,而大多数其他主要的日用品价格则相当稳定。

如果台湾所有的采购均由自由市场定价,通货膨胀的影响可能将比普遍预期要轻得多。即使开头带有通货膨胀性质,当大米大量流入市场之后大米的出口量可能会增加,通货膨胀压力也将因此得到确实的缓解。

三、外贸和支付地位的平衡

第二次世界大战前台湾的贸易事务和其他涉外事务几乎被日本独占。台湾在这些交易中一直保持着经常项目的国际收支顺差和贸易盈余。日本通过对台湾当地人销售政府债券向台湾输出剩余产品和筹措经费。

随着国民政府和军队转移到台湾和大陆难民大量涌入台湾,民用和军用进口的需求都随之大幅度增长。同时由于产量下降和国内市场萎缩,也由于台湾与日本的贸易关系发生重大改变,台湾的出口能力大为削弱。结果从1949年开始台湾出现贸易逆差。1950年主要是由于动用了大量的官方黄金储备,这种逆差被弥补。在过去两年中共同安全援助(MSA)在筹措资金方面扮演了重要的角色。

美国的援助无论从相对项还是从绝对项上来说都在逐年扩展。1950年共同安全援助的交付只占台湾总进口的14%,到1952年该比例上升至42%。这里将双边互助防御项目下船运的军事成品进口排除在外。这些海运货物不走外汇账目或预算,没有设立与之对应的当地对等货币基金。

台湾面临的关键问题之一在于它是否能够避免其贸易支付差额进一步扩大,并设法弥补贸易逆差。在接下去的几年中进口需求将不可能降低,相反可能会更高。许多因素造成了这种局面。台湾的人口正在高速增长,军事需要将进一步扩大,在台湾四年计划中工业扩张动力趋向于提升资本货物需求,这些需求中的大多数不得不通过进口加以解决。因此,弥补贸易逆差的程度将取决于贸易政策、出口有效性以及国际食糖和大米市场的价格走向。

考虑到甘蔗种植面积在不断收缩,未来甘蔗的产量不大可能超过战后1952年或1953年的记录。而且,面对国际食糖市场持续下滑的前景,即使食糖产量增加,台湾扩大食糖出口也会非常困难。因此,只有当台湾能够大幅度扩大其大米出口时台湾才可能增加其外汇收益。这反过来又将取决于其稻米产量的增长程度和为了减少极高的国内大米消耗现象而对国内大米市场政策进行再定位。

在评估台湾贸易支付逆差的前景时,一个关键的因素是未来日本的作用。台湾传统上向日本出口食糖和大米,反过来从日本进口肥料、纺织品、资本货物和一些制成品。最近几年日本虽然不是最主要的贸易伙伴,但一直是台湾重要的贸易伙伴。台湾本地纺织品产量逐步提高,差不多快要达到岛内纺织品自给自足的程度。同时,台湾四年计划号召大规模增加国内的肥料生产。因此,台湾的经济政策似乎希望能将增加出口和减少进口协调起来。不过日本将渐渐不愿购买台湾的东西,除非日本同样能把自己的产品出口到台湾市场。

出于政治和安全原因,很多中国政策制定者无论如何都反对与日本发展太过亲密的贸易关系。他们害怕与日本捆得太紧可能会使台湾被迫逐渐地丧失自己的经济独立地位。

一方面要考虑台湾的资源基础,另一方面要考虑大量的军事需要而形成的庞大承诺义务和沉重的人口压力,实现自给自足的目标看起来并不现实。台湾的经济问题不得不在增强工业扩张、加快农业发展和扩展出口的背景下加以解决。这反过来又需要更高级别的进口。不过,随着台湾工业化进程的发展,这些进口中的商品结构可能发生变化。从日本进口的肥料和纺织品可能逐步减少,而资本货物和其他工业品的进口将有可能增加。

O. S. S. /State Department Intelligence and Research Reports, Part IX, China and India, 1950 - 1961 Supplement, Washington, D. C. : University Publications of America, 1979, Reel - 3 - 0473

杨文豪译,双惊华校

国务院情报研究所关于蒋经国之阅历、
权力地位及执政能力的评估

（1953 年 9 月 8 日）

IR 6343

蒋经国在国民党中国中的权力地位

（1953 年 9 月 8 日）

摘　　要

　　尽管接受俄国教育的蒋经国——蒋介石的长子——一直在政府和国民党中占据了几个重要的第二把手的职位,但他没有成为中华民国政治生活中最有权力且最富争议的人物之一,这种情况直到 1949 年国民党败退出大陆之后才发生变化。他进入了最核心的政治和军事领导人决策圈,其个人权力的快速积累令民众纷纷猜测他的雄心和他父亲在规划其职业生涯中的动机到底何在。

　　蒋经国的权威一直被某些党政高官所轻视,他们认为蒋经国仅仅作为他父亲的代理人行事,否认蒋经国正在被安排到足以能够继承中华民国总统的职位上来。然而有足够的证据表明蒋经国在过去三年中所积累的个人权力将会进一步扩大,除非中国政治发生了不可预期的变迁,否则小蒋在塑造未来中华民国命运的进程中将逐渐起到主导性的作用。因此,1953 年 9 月蒋经国的访美之行将会是非常重要,这将扩展他的外交经历,而直到现在他的对外经历仍局限于苏联一地。

　　蒋经国在国民党中国政治王朝中的重要地位源于他的职位：(1) 国防部总政治部主任；(2) 国民党中央委员会的首要成员；(3) 中国青年反共救国团主任。利用这三个组织的功能和活动,小蒋能够在政府和党务运作中扩大其个人权力,他已经成为他的父亲的合法接班人之一。

　　蒋经国目前的权力根基并不完全能够确保他继承大位,在一定程度上他还是依靠他的父亲。在接下来的几年里如果蒋介石继续保持像报道中提到的那种健康状况,小蒋将有时间巩固他的权力。蒋经国早年在苏联度过的 12 年中所接受的共产主义教育和俄国倾向使他在几个重要的国民党高级人物眼中遭到怀疑,他倡导使用极权主义的手段来击败中国共产党,这使他成为那些主张采用更为民主的方法来解决国民党中国未来问题的人的敌人。

蒋经国的首要对手是陈诚，他是目前的行政院长和蒋介石的忠诚副手。

人们将更多的猜测集中在一旦蒋介石去世蒋经国将采取何种行动上面。如果小蒋发现他没有赢得党内其他重要领导人的支持和不能通过制度手段获得总统职位时，他的一个可能的行动策略就是支持党内的选择并等待时机，同时希望他能在接下来的时间内加强他的个人权力。另一种可能的选择就是蒋经国认为他的权力地位足以确保他能够通过政变的手段掌握政权。

报　告

蒋经国中将是蒋介石总统的长子，在俄国受过教育，是今日国民党中国政治生活中最重要、最受争议的人物之一。尽管蒋经国一直占据政府职位，但是他在国民党官僚位次中的快速提升始于1949年底，当中国共产党在大陆取得胜利之后他的父亲选择他作为改造国民党中国的几个重臣之一。自从蒋经国进入政治和军事领导人的最核心层以来，他的权威已上升到将他的影响渗透进每一个日常活动中的地步。

蒋经国权力的快速累积可以从几个原因中得到解释。他的能力得到公认，甚至他的敌人也承认他是有一个能力的人。他是一位有才干的管理者和机敏的政治家，精力充沛、热情、富有雄心，他在行动之前必定分析各种状况，然后精神旺盛、意志坚定地投入战斗。他也是一个谦逊和真诚的人。令人惊奇的是他对很多领域的事务都能很好的领会，他在政府和党的一些次要岗位上工作的几年使他对党政政治运作的很多领域相当熟悉。国民党在大陆失败的混乱局面也有助于他的提升。中国共产党的胜利极大地改变了国民党中国政治权力的根基。一些重要的领导人向共产党投降，许多人逃往中立国，失宠于蒋介石委员长，或者丢掉了构成他们个人权力基础的追随者。在大陆失败之后的时间里需要坚定果断的行动，蒋经国毫不犹豫地承担起挽救一个摇摇欲坠的政府的责任，而没有把责任推给他的父亲或者放弃中华民国的目标。

尽管过去证明蒋经国忠于国民党中国，但党的许多拥护旧路线的坚定分子对其早年接受的共产党教育和俄国倾向心存芥蒂，他们声称蒋经国现在还是有可能投降共产党。其他人对蒋经国处理国民党中国的政治、经济和社会问题的极权方法仍持警惕和不信任的态度。例如，他们坚持认为蒋经国的公开信念——等于是一种热情——对公众教化的实际后果就是一种清除个人主义的政治武器，将造成整个民众都受到监管的局面。不过蒋经国已经赢得了一群极其重要的支持者。这些支持者中的一些人毫无疑问是机会主义者，受到小蒋不断上升的地位的吸引；其他人对蒋经国坚定不移、坚强有力的品格印象深刻，并因而折服于他，相信蒋经国的策略可能是最佳也可能是唯一的能够重新夺回大陆的方法。

蒋经国已经被认为是国民党中国内发展极权趋势的主要倡导者。小蒋和他的支持者坚持认为必须实现光复大陆的目标，甚至不惜以牺牲个人自由和民主进程扩展为代价。这种哲学已经引起党内和政府内的权力斗争,斗争在"独裁集团"和主张在国民党中国未来问题上采用更为民主的方式的鼓吹者之间展开,蒋经国是"独裁集团"的几位成员之一,在这场权力斗争之中,"独裁集团"已经越来越多得赢得蒋介石总统的支持。

一、早　年　生　涯

蒋经国 1909 年生于蒋介石的家乡浙江奉化。他的母亲是蒋介石的第一任妻子,后来和蒋介石离婚了。蒋经国约 16 岁时被送到苏联接受教育。在苏联蒋经国在中山大学和莫斯科军事学院学习①,他在那里的兴趣显然集中在工程学而非军事科学上。1927 年国民党和中国共产党关系破裂之后,蒋经国仍然留在俄国,他公开谴责他的爸爸是"整个中国人民的敌人"。除了知道他加入了俄国共产党并在电子制造厂工作,后来成了副经理并与一位苏联姑娘结婚——即其现在的妻子和他四个孩子的母亲——之外,人们对他在这期间的活动知之甚少。随着 1937 年中日战争的爆发和国共两党抗日民族"统一战线"的建立,蒋经国与其父亲和解并返回中国。

1937 年蒋经国返回中国之后立即承担了有关中国古典传统的研究。1938 年他正式加入国民党,同年被任命为江西保安副司令,这是一个省级准军事组织。1940 年 1 月他被任命为赣南专员,当时日本占领这一地区,他在这一职位干到 1945 年。在任专员期间蒋经国使用大量的财政预算在他控制的 11 个县里建立"示范区"。他的目标是使当地 160 万居民人人有衣服、住房、工作和接受教育。他建立了模范农场,增加工厂和工业合作社数量,扩大教育系统。他的"专制"式的革新乡村的努力使他在当地赢得了"小斯大林"的声誉。然而参观该地区的美国人都对他的勤奋诚实和努力使更多人生活得更好的成就印象深刻。②

蒋经国接受的下一个重要的政府任命是在 1945~1947 年担任东北(满洲)外交事务专员的职位,这一时期在国民党满洲司令部里有一个能理解俄国人的人非常重要。为了将全部时间投入到他同时兼任的中央干部学校教育长的事务中去,蒋经国辞去了东北(满洲)外交事务专员的职位,中央干部学校是国民党的培训和教化中心。

蒋经国 1948 年作为上海经济管制委员会督导委员第一次引起全国的瞩目。他在这一职位上的活动为他赢得了全国甚至是国际上的广泛重视,显示了他的一些个性特点,这些个性在他今天的活动中得以充分展现。他在起诉新经济法规违抗者中的不偏不倚立场和拒绝从该职位上谋取个人利益的态度使其获得了一个清廉的声誉。但是从他起诉甚至是轻微的

---

① 蒋经国 (1910~1988),幼名建丰,号经国,浙江省奉化县人。父蒋介石,母毛福梅。1925 年,蒋经国远赴苏联,进入莫斯科中山大学,同年 12 月加入苏联共产主义青年团。1928 年毕业之后,进入列宁格勒的苏联红军军政学校。1930 年从军政学校毕业后,任中国留学生辅导员。1931~1937 年成为一名基层劳动者,曾被分配到莫斯科郊外的电机工厂劳动,在西伯利亚成为开采金矿的矿工,担任重机械工厂技师、重机械工厂副厂长。1935 年与毕业于技术学校的白俄罗斯女孩芬娜(蒋方良)结婚。——编注
② 1937~1945 年蒋经国历任江西省第四行政区专员兼保安司令、赣南县长、青年军政治部主任、三民主义青年团中央干部学校教育长。国共全面内战期间,蒋经国于国民党政权飘摇之际的 1948 年担任上海经济督导员,对经济违法分子施以铁腕作风,即所谓"打老虎",不过最后无力挽回大局,以失败告终。——编注

冒犯法规者中展现了他无情的一面,面对明显的不切实际的任务时他也试图蛮干的顽固态度又在上海社会各阶层中引起了广泛的憎恨。蒋经国以一种典型的中国方式,即通过公开承认他的失败和要求他的父亲解除他的职务的形式离开了这个职位。

在从公众视线中短暂隐退之后,1949～1951 年蒋经国成为国民党台湾省党部主任委员,这是一个相对不太重要的职务。不过在中华民国政府败退到台湾之后,他就任了国防部总政治部主任(1950)、国民党中央改造委员会的最主要成员(1950)、国民党中央委员会常委(1952)和中国青年反共救国团主任(1952)。①

二、在台湾上升到国家的显著位置上

自从 1950 年 4 月被委以国防部总政治部主任这一重任以来,蒋经国能够在党中央事务和关键的政府组织中扩大自己的影响,从而建立起强大的追随者集团。

1950 年 7 月蒋经国被任命为 16 人的中央改造委员会的成员,这个党的机构其成员均由蒋介石选拔和并受蒋介石直接指挥,委员长让他们去领导、重组和重振国民党。在这一机构存在的两年时间里中央改造委员会变成了国民党的权力中心。小蒋在党的重组进程中起了积极的作用,在影响党的机器向更高的权力集中和对个体成员更严密控制的变化过程中发挥着操控作用。他控制着那个委员会的极为重要的部分,即大约控制委员会委员总数的三分之一,并让他信任的官员负责委员会的一些职能分支机构。当国民党第七次全国代表大会于 1952 年 10 月召开后,终止了国民党的这次改造,蒋经国此时已经能够控制全部代表的 60%～70%。他在党务中的关键职位由代表大会加以正式化,他被选举进入 32 人的中央委员会。② 在中央改造委员会(掌握权力)期间,蒋经国控制了大约三分之一的委员会成员和机构常委中的 6～8 人。不过,更为重要的事实是他的部下领导了关键分支机构,分别处理台湾、大陆和海外中国区域的党组织事务以及党的策略和宣传。我们不清楚蒋经国对党的机器中的省级和地方层次的控制程度,但是国民党台湾省党部主委上官业祐就是他的追随者之一。

蒋经国在中华民国政府中唯一的正式职务是总政治部主任,1950 年 4 月成立的总政治部是国防部的裁决机构,在军事建制中负有重要的政治教导功能和反间谍职责,在此方面它

---

① 原注:1950 年以前蒋经国担任的职位还包括在国民党中央组织部和中央培训委员会内任职(1945～1947),就任青年军政治部主任(1945～1947)、国民党第六届中央执行委员会常委(1946～1950)、国防部青年预备队军官培训管理部主任(1946)和三民主义青年团主席团成员(1947)。他爸爸不时给他以特别"调解纷争专家"的任命,1943 年他与中国共产党谈判,1945 年 6 月和 1946 年 1 月两度到莫斯科执行外交任务。

② 1952 年 10 月 10 日,国民党在台北召开"第七次全国代表大会",蒋介石主持开幕式并致辞,提出四项任务:寻求救国救民的方向;研弈敌情,克制中共;消弭世界大战之浩劫;制定反攻方案。18 日,蒋介石当选为国民党总裁。19 日,大会选举吴敬恒、于右任、阎锡山、何应钦、张群、邹鲁、钮永键等 40 人为中央评议委员会委员,陈诚、蒋经国、张其昀等 32 人为中央委员会委员,郑介民、毛人凤等 16 人为中央委员会候补委员。20 日,大会闭幕。21 日在国民党七届一中全会上陈诚、蒋经国、张道藩、谷正纲、吴国桢、黄少谷、陈雪屏、袁守谦、陶希圣、倪文亚 10 人当选国民党中常委,张其昀为国民党中央秘书长,周宏涛、谷凤翔任副秘书长。23 日,国民党第七届中央委员会宣誓就职,国民党改造委员会的权力正式移交给国民党中央委员会。——编注

的权威超越陆海空三军之上。总政治部还关注国内外的舆论宣传活动。蒋经国作为政治部的首脑将大约 12 000 名政治官员派遣到军事部队的各级单位(师、团、连、空军单位和海军单位等)任职。从技术上讲任何军事单位的政治官员应该对单位的指挥官负责,他的职责仅限于向总政治部报告情况。但是,即便军事官员不对蒋经国个人效忠,由驻军的政治官员考核指挥官及其部下的忠诚、效率的权力为蒋经国提供了确保军事指挥官与他合作的强大武器。孙立人将军是在美国接受过训练的国民党地面部队的将领,曾经大胆地批评过国民党与蒋经国,他宣称官员提升由蒋经国说了算,而小蒋决策的根据则是他的政治官员送上来的那些报告。

通过担任总政治部主任这一职务蒋经国也对国内情报事务施加相当的权威。在搜查颠覆破坏因素的过程中,人们对特工手段和蒋经国策略心惊胆战,并因此对小蒋的特务力量做出夸张性估计,但是也有证据表明蒋经国与国内安全事务相适应的权威已经扩展到国内情治组织中去,蒋经国正在快速成为或者可能已经成为指挥和控制特工网络的最为重要的人物。

蒋经国在情报圈中的影响源于他与负责各种情报事务的几个重要人物关系密切。彭孟缉将军是台湾省级准军事组织保安司令部的副司令,长期被认为是"陈诚的人",现在被吸引到蒋经国的阵营当中。蒋经国的另一个支持者是主管内务部调查局工作的唐纵,他是国民党大陆时期特务系统的长期成员,1952 年末他成为国民党中央委员会秘书长(主管台湾的党组织和党的事务)。程颐宽(Cheng yi-kuan,音译)在 1948 年上海经济改革时期就是蒋经国的左右手,现在是涉外事务警察部的首脑,这个省警察局的下级机构负责包括在台外交人员事务在内的各种涉外事务。在蒋经国坚持下程颐宽被任命为外交部的安全官员。他在这一职位上的重要职能之一是每周会见外交部、调查局和保安司令部的官员,讨论涉及特别护照申请的安全风险问题。

陶一珊 1953 年 6 月被免去省警务处处长一职正是蒋经国在警察事务中权力提升的证明。有报道称陶一珊作为蒋经国的一个追随者运用他的职权谋取个人利益,并与另一个省警察厅内"蒋经国的人"争吵,这是一个更能干的官员。斗争的结果是蒋经国强迫陶辞职。陶的职位已经被陈仙洲将军取代,陈是国民党大陆时期特务网络的成员,直到他被任命为台湾省警务处处长之前他一直是保安司令部侦查科的首脑。陈过去工作的性质使他能与蒋经国接触,他的任命归功于蒋经国。

尽管国防部的保密处(安全局)听取来自蒋经国的建议,但这个重要的情报组织可能是唯一不在蒋经国控制之下的情报组织,而且也是他影响最为薄弱的地方。

1952 年 10 月蒋经国的政治地位获得很大提升,他被授权领导一个新创立的中国青年反共救国团组织,就任主任一职,这是一个外围的国民党学生运动组织,执行准军事路线,召集全国的年轻人投身于国民党中国的事业中。尽管救国团处在初创阶段,但蒋经国和陈诚院长都积极活动,争取获得对该团的领导权,蒋介石决定支持蒋经国。陈诚曾领导了三民主义青年团的派系竞争,而作为国民党外围组织的三民主义青年团也在 1948 年与国民党合并。

在组建期间蒋经国一心一意地关注着中国青年反共救国团，认为它是一个反共斗争的重要工具。尽管 25 000～30 000 名团员名义上独立于国民党和中央政府之外，但救国团的活动受政治部的指导，它的资金来源于国防部的预算。

蒋介石的批评者们视中国青年反共救国团的成立为蒋介石的另一个手段，认为这是通过创造一个独立实体的策略来支持蒋经国，该策略将适时地增强蒋经国争夺最高领导权的能力。如果未来中国青年反共救国团与国民党合并，蒋经国将能大量赢得在党内斗争中增强其地位的追随者。如果救国团继续保持其独立地位，它将给予蒋经国更需要的人才储备和民众支持。因为中国青年反共救国团的主力成员是学生，对该组织的控制也给蒋经国提供了一个在正规教育系统中的立足点，迄今为止教育领域还在蒋经国的影响范围之外。

三、对蒋经国权力的评估

小蒋的快速提升令民众纷纷猜测他的雄心和他父亲在规划其职业生涯中的动机到底何在。蒋经国个人权力的大量积累一直被某些党政高官所轻视，他们拒绝承认委员长正致力于把他的儿子推上能够继承中华民国总统的位置。他们宣传蒋经国仅作为其父亲的代理人行事，是一个政策的执行者而非设计者。然而以下几个方面极为明显：（1）小蒋掌握了非常大的个人权力，虽然还没有完全达到"一人之下、万人之上"，但蒋介石一直扶助着这种权力的形成；（2）蒋经国的个人权力仍在增长；（3）除非蒋经国退休——这看起来是不可能的——或者被政变除掉或被暗杀之外，即使不是最具权力，他也将成为蒋介石去世后中华民国最有权力的人物之一。

蒋经国的主要弱点是他作为国家领导人的经历有限。正因为如此，他可能还是希望在他获得更高地位、取得更多经历以前最好还是站在幕后。他在中央政府中的地位非常有限，他对外交、政府、工业、金融领域的那些资深政客很少有什么个人影响力。然而近来有报告宣称他可能被任命为内务部长，这将扩展他的经历和提高他在内政中的地位，为将来登上更高级的位置作准备。

尽管蒋经国凭其本身的头衔已经成为国民党圈内的一支力量，但是如果党不分裂为派系的话，尽管有其父亲的支持，他的力量依然很弱。国民党围绕着几位杰出领导人分裂成几个集团，蒋经国可以通过分裂他的政敌来增强其权力。然而，国民党是中华民国所有权力的根源，而蒋经国与国民党的关联不像其他党的领导人那样深，他的威信也没有达到被其他党员敬仰的程度。蒋经国信奉的个人准则是"政治家从来不知道仁慈"，这使许多有能力的党的领导人感到害怕，其结果是那些在他的手下工作的人要么接受其绝对统治，要么永远离开。另外，因为他已经与几位重量级的人物为敌，而这些政敌中首要的就是行政院长和委员长的另一位忠诚部下陈诚，这个事实使他面临着巨大的挑战。

毫无疑问蒋经国已经清楚地意识到这些弱点的存在，有念及此，小蒋可能对等待时机的现状感到满意，他的父亲在报道中身体状况良好，蒋经国希望这种情况能够持续下去，直到他巩固了他的追加政治权力为止。小蒋等得起,因为其他党的领导人年龄都比他大,尤其是陈诚——1952 年夏天陈诚糟糕的身体状况就曾在迫使他暂时从活跃的公务中引退——那些反对小蒋的人终有一天将离开其活跃的政治生活。蒋经国对下列政府部门可能越来越感兴趣:(1) 宣传机构;(2) 中央和省级行政部门,特别是与财政和经济事务有关的部门;(3) 教育系统。我们可以设想蒋经国将试图改善与一些比较重要的年轻军事将领的关系。

如果蒋介石在不久的将来去世,现在我们还不可能准确地预测蒋经国的行动策略。台湾省前任省长吴国栋是一位熟悉国内外政治的人,他被与小蒋进行的争夺权力的斗争搞得疲惫不堪、怨恨重重,他相信蒋经国将能驾驭这个政府。不过我们认为,吴高估了蒋经国的实力,低估了他前进路途中的诸多障碍。当然,其中的一个障碍将是选举产生一个新总统的制度性程序问题。继承者的选择将会在党的委员会上确定,而不是在任何正式的代表大会上通过,尽管在代表大会上必须提议国民党的提名人。国民党领导人认为他们希望坚持这种法律程序的规定。

如果小蒋发现他没有赢得党内其他重要领导人的支持和不能通过制度手段获得总统职位时,有以下几种行动方案可供他选择。最有可能的方案是他将接受被党的元老提名的人的领导,因为我们可以假设这将能继续增强他的权力并最终确保他能控制政府。另一方案是蒋经国可能认为他的权力地位足以确保他能够通过政变的手段掌握政府。第三种方案被我们认为是不可能但也不能忽视的一种选择,即他可能从政治生活中引退。

O. S. S. /State Department Intelligence and Research Reports, Part IX, China and India, 1950 - 1961 Supplement, Washington, D. C. : University Publications of America, 1979, Reel - 3 - 0481

何强柱译,双惊华校

中情局关于台湾国民党政权士气的评估

（1955 年 4 月 16 日）

NIE 100‐4/1‐55

台湾的士气①
（1955 年 4 月 16 日）

问　　题

　　如果马祖和金门诸岛失守或在特定情况下从这些地方撤退②，分析台湾的士气和颠覆活动形势，评估在台湾和自由亚洲的其他几个特定国家③可能出现的反应的强度及范围。

评　　估

一、总 体 结 论

　　1. 尽管最近发生了一些事，但从表面上看中国国民党的士气还显得很高。我们还没有侦查到共产党在台湾大规模的颠覆活动，而全岛正在贯彻一些强硬的应对措施。不过来台湾的六年中中华民国政府经历过许多挫折和失望，几乎可以肯定在国民党社会的表象下一些反对的心理力量波涛暗涌。（第 20、21、23 段）

　　2. 近来在国民党人的眼里金门岛和马祖岛极为重要，在最近的危机中不管在怎样的环境或条件下岛屿失守都将沉重地打击国民党人的士气。基本上可以这样认定，如果这些岛屿在共产党的攻击中失守，特别是在美国力量卷入其中的情况下失守，它所带来的影响要比在没有军事冲突的情形下主动撤离这些岛屿的影响要大得多。不过我们认为，这种打击无

---

① 原注：这里说的"台湾"包括澎湖列岛（佩斯卡多尔群岛）。
② 原注：这些可能情况已通知情报委员会作为形成本评估的一个基础。
③ 原注：日本、菲律宾、大韩民国、泰国、南越、柬埔寨和老挝。

论如何都不至于严重到将引起国民党倒台的程度。① 至少在一段时间之内国民党人将会继续抵抗共产党的压力。国民党的行为在很大程度上将会取决于美国对台湾的特别行动上，也会视美国对于共产党下一步行动的反应如何而定。（第23~31段）

3. 对其他在我们视野范围内的亚洲政府（日本、菲律宾、大韩民国、泰国、南越、柬埔寨和老挝）来说，<u>在没有军事冲突的情形下撤离这些沿海岛屿</u>②不太可能导致他们政策的重大变化；特别是日本，反倒会因为压力缓解而欢欣鼓舞；但是在本地区其他国家内可能会引起一些担心，他们会认为美国还没有准备好在前沿地区使用武力。（第37段）

4. <u>如果这些岛屿在美国没有参与防御的情况下在共产党的攻击中失守</u>，这将在上述这些国家中引发议论，人们会普遍认为如果不是美国负责保卫这些岛屿，国民党卫戍军早就会撤退而不会白白牺牲。美国的声誉将会受损。老挝、南越、柬埔寨和泰国这些没有美军驻军或美军基地的国家对美国的怀疑将会增加，他们担心在需要的时候美国是否会保卫他们。这些国家对共产党的政策将可能趋向于更为慎重。（第38段）

5. <u>如果美国力量积极参与了防御活动</u>，这些岛屿的失守将会严重损害美国在整个地区的声誉。除了南朝鲜，这些国家都将会讨论这样一种倾向，即在可能遭到共产党报复的情况下他们都会采取某种更加中立的立场，避免采取剧烈的行动。（第39段）

6. 这些沿海岛屿的失守将会提高中国共产党在海外华人中的威望，主动或者被动的共产党支持者人数都会增加。不过我们认为，除非海外华人的驻在国决定迁就这种行为或者面临马上被共产党推翻的威胁，大部分海外华人会趋向于继续不作明确表态。（第41、42段）

7. 总之，我们认为丢失金门和马祖的影响在很大程度上取决于美国抵抗共产党进一步侵略的决心能否令人信服地在美国前后的行动中表现出来。

二、目前的局势

8. 台湾人主要分成两种类型，即土生土长的台湾籍人和大陆籍人。前者占大部分，他们被动地接受管理，虽然他们把对大陆"侵略者"的愤怒和对过去政策的不满情绪隐藏了起来，但在当前形势下这种的心理因素还不很重要。大陆籍人可以分成四个相互重叠的部分：（1）蒋介石及其亲近的下属；（2）军事和安全部队；（3）官僚；（4）非官方民众，特别是知识分子。

9. 在这四部分人中，由于前两部分人决定政治行动，所以他们的士气程度至关重要。蒋介石及其亲近的部下通过他们的行动、表达的决心、诠释的期望在很大程度上营造并决定一种精神，这种精神能够使他们作出决策，并在官僚和军事指挥系统中将他们的决定贯彻执

---

① 原注：国务院情报处特别助理和陆军部参谋本部军事情报部参谋长助理认为，这两句话过分强调国民党未来行动进程中可能出现的士气变化所引发的可能影响，因此认为这两句的措辞应该是："我们认为，在任何情况下，这种打击都不会严重到摧毁国民党的抵抗信念或激起一种推动力量并导致国民党垮台。我们认为，只要他们还对美国防御台湾的决心和能力抱有信心，他们就会继续抵抗共产党的压力。"

② 此及以下划线为原文所加。——译注

行下去。军事和安全部队是关键因素,因为他们将在很大程度上决定防守的效果,不过这部分人也存在着大量投敌或军事政变的可能性。普通官员在决定士气方面也起一定作用,知识分子、原住居民及其他非官方人员也同样如此。因此,如果不满情绪和低落的士气在这些阶层中广泛蔓延,最终将会动摇国民党的统治。

(一) 当前的士气

10. 表面形势和公众意见不一定必然反映出国民党的士气和他们抵抗共产党压力和诱惑的真实情况。影响台湾关键群体思想状况的主要因素有:① 返回大陆的前景;② 美国防御台湾及支持中华民国政府的前景,以及③ 一个国民党员返回大陆获得权力的机会(见第15～19段)。

(1) 返回大陆的前景

11. 所有阶层一直都被中华民国政府将会返回大陆的信念所支撑。然而几年来,特别是在文职和军队的高层中,实际期望好像已经越来越渺茫。在任何时候,除非能使美国卷入一场全面战争,在国民党官员中间对于让美国支持自己建立登陆据点已经没有信心。早在三年前,一些官员在私人谈话中就承认,除非发生全面战争,他们实际上对返回大陆不抱任何希望,当然这种想法同他们对公众的承诺完全相反。更近一些时候,美国官员的声明可能又加重了中国国民党人对其返回大陆前景的疑虑。

12. 蒋介石是光复大陆信念的突出代表,也是这种信念的主要创造者和推动者。一直以来蒋在保持统一感及树立台湾目标方面做得尤其成功。和1949年前在大陆的情形不同,现在政权内部没有多少要求独立的势力或影响,政治关系和个人关系几乎全部由他自己解决。他在光复大陆问题上极为坚定,一直对支持这个目标负责,不管这个目标本身是多么遥远或者根本不可能实现。

13. 那些显然降低了光复大陆可能性的行动将会腐蚀中国国民党的士气。如果台湾的中国国民党人逐渐认识到不存在返回大陆的可能性,对国民党的士气和蒋介石个人威望都将极为不利。不过,蒋介石肯定有能力维护他的权威。现实地说,几乎不可能让台北实际上承认中华民国政府对大陆不再有任何权利要求的解决方案。虽然国民党官员和民众不再提着衣箱过日子,居无定所,但他们仍然没有适应这种偏居一隅的生存。不过,他们已经逐步采取了某些方案,调整他们自己的心态以便在这个岛上继续生活下去。

(2) 美国防御台湾和支持中华民国政府的前景

14. 维持台湾士气最必要的条件就是需要一些明显的证据,用来表明美国继续防御台湾和支持中华民国政府作为中国合法政府的坚定决心。《共同防御条约》已经在很大程度上满足了这些要求中的前面一个。而关于第二个要求在国民党党员中存在不同的理解。例如,他们对于美国防御沿海岛屿的决心、美国对"两个中国"方案的态度以及美国关于承认共产党政权的长期政策都表示怀疑。他们认为,美国可能存在这样的趋势,美国会极力避免卷入同共产党中国的直接军事冲突并有讨论以和平方式解决台湾海峡问题的意愿,台湾高层可能对美国这种趋势怀有戒心。他们担心这些发展表明美国实际上放弃了对中华民国政府作为中国合法政府的支持,甚至可能放弃了对中华民国政府的独立存在的支持。

（3）国民党员返回大陆获得权力的替代性选择

15．虽然所有阶层都抱有中华民国政府将来能返回大陆的梦想,但很多人有别的想法。最主要的想法有:① 投靠共产党人;② 听天由命地继续在岛上生活下去;③ 移民到其他非共产党统治的地区。

16．共产党中国的吸引力也许主要在心理方面。在台湾的中国国民党人把大陆视为他们的家,许多人的家人仍然留在大陆。另外,很多人对台湾形势的不满,特别是那些缺少机会的知识分子、下级官僚和军官。最后,通过直观的生机勃勃和在世界事务上地位的提高北平表现出很大的吸引力。

17．自从1954年7月特别是从1955年2月国民党从大陈岛撤退以来,中国共产党人开展了一场声势浩大的宣传战役,意在诱发台湾和沿海岛屿民众的投敌变节行为。在这种努力中也包括国民党高级官员和军官在大陆的老朋友发出的一些特别呼吁和中共将会宽恕并充分起用投奔过去的人员的承诺。这些活动还没有取得任何显著的胜利,但是共产党发言人最近宣称,这场战役加上对国民党的持续军事压力终将导致台湾的垮台。

18．不过,在台湾的大部分中国人都意识到北平政权控制的严厉甚于台湾政权对他们的控制。虽然台湾的生活水平与同在远东的日本相比还差一些,但大陆不断紧缩的生活水平对移居到台湾的中国人没有什么吸引力。返回大陆的梦想并没有妨碍大陆籍人对现实生存状态的部分调整,他们逐渐可以接受偏居一岛的生活,而不认为这只是一种权宜之计。另外,目前台湾的国民党领导是中国人中最不妥协的反共力量。

19．鉴于上述考虑,我们认为目前即使允许民众自由离开台湾,离开台湾前往大陆的中国人也不会很多。

（4）当前的士气状态

20．尽管最近发生了一些事,但从表面上看中国国民党的士气还保持得相当好。除了国民党控制的媒体上有一些悲观的社论外,还没有明显的证据表明国民党人的士气已经低落。不过,我们认为这种相当令人满意的士气状态可能更多停留在表面上而非真实的状态。上面已经分析过一些不利的心理力量,特别是他们对美国一些政策的失望正在国民党社会的表面下波涛暗涌。看起来这些因素的比例并不大,但如果国民党中国遭受到其他挫折,那么这些力量的腐蚀性影响就会为士气的加速衰落铺平道路。

（二）内部安全的效力

21．虽然我们在这个问题上的情报不够全面、不够确切,我们还是认为当前共产党在台湾的颠覆活动并不太多,且明显地正在被有效地镇压。① 在1949～1950年间共产党在台湾

---

① 原注:在过去的四年里,由共产党颠覆活动而引起的犯罪案件已经减少了一半,从1951年每月平均22件到1954年已减少为每月平均13件。"案件"数和犯罪的人数之间并没有必然的联系。台北保安司令部于1954年11月16日宣布,1954年前三季度立案的858起颠覆案件涉及了1 745人,其中597人后来被判有罪。

的活动对台湾构成了实质性的威胁,但从那时起由于国民党有力的对策这种威胁的压力明显减弱。国民党对共产党活动的了解和监视工作做得不错。在台湾,这种对策可能在部队士兵中间最为有效,在广大市民中做得也不错,而在高层政府官员中不够有效。① 除了上述国民党安全控制措施的效力以外,一些现实因素也制约着变节投敌行为的发生:远离大陆,离开台湾的手段很少,和共产党机构建立联系渠道极为困难。

三、沿海岛屿的失守对国民党士气的影响和其他可能的事态发展

(一) 总体考虑②

23. 在最近的这场危机中,不管在怎样的环境或条件下发生岛屿失守的情况,都将沉重地打击中国国民党人的士气。自从 1949 年退败到台湾之后,中国国民党人经历了一系列的危机和挫折,最近的挫折就是沿海岛屿危机。过去六年中的挫折与失望加上最近出现的对美国军事介入防御沿海岛屿的希望大大增加了金门、马祖在心理上的重要性,以至于失去这些岛屿将会对国民党人的士气产生不利影响。根据丢失这些岛屿的不同情况产生的影响也各不相同,这些情况将在下面的 27～31 段进行说明。

24. 丢失这些岛屿很可能会被视为美国越来越不支持国民党人光复大陆愿望的证据。国民党领导人或许加上国民党的普通士兵可能都不再坚信美国会在事实上支持这种反攻,除非美国愿意和共产党的中国开战。不过,让他们自己最终承认他们的这种期望已经丧失了基础又是另外一回事。我们认为,即使丢失沿海岛屿以及美国看起来最终会接受这种损失,也不会使国民党人逐渐地主动或被迫承认反攻无望。然而,他们可能会被迫越来越接近于承认,对台湾来说这种冲击将在所有打击中最为强烈。背叛或者其他变心的表现会突然增多,但是对领导层来说,他们将会发现,无论是维持他们自己的士气还是保持下属的忠诚都变得愈发困难。

25. 尽管如此,我们估计国民党人将不会垮台,而将会继续抵抗共产党的压力。国民党的行为在很大程度上将会取决于美国对台湾的特别行动上,也会视美国对于共产党下一步行动的反应如何而定。

---

① 原注:据悉,最近的颠覆案只牵涉到 3～5 名军人,而几乎没有沿海岛屿的地面部队士兵包括在内。卫立煌将军早已就是一个可疑的角色,他在 1955 年 3 月从香港起飞。自从他在 1948 年离开大陆到香港后再也没有和国民党领导人联系过。
　　卫立煌将军 1955 年 3 月返回大陆,历任国防委员会副主席、全国政协常委等。1960 年 1 月 17 日病逝。
　　——编注

② 原注:国务院情报处助理和陆军部参谋本部军事情报部参谋长助理认为,国民党对美国防御台湾的意愿和能力的信心是影响中国国民党士气发展态势的最重要性的考虑因素,也对其士气的发展有示意的作用。他们认为,第 23、24 和 25 段作为一个整体模糊了这个因素的重要性,因此要用以下措辞替换这三个段落:"在当前的危机中沿海岛屿失守将会严重影响中国国民党的士气,同时也意味着一种事态的发展,即看来美国和共产党中国最终发生战争的机会将会减少,这暗示着美国对国民党光复大陆愿望的支持将越来越少。这种士气低落的传播范围及其影响将在很大程度上取决于这些发展如何影响了国民党对美国政策的评估。只要中国国民党对美国防御台湾的意愿和能力的信心依然坚定,下面考虑的突发事件没有单独一件可能会破坏国民党进行抵抗的意志,也不会导致中国国民政府的倒台。"

(二) 特定的突发情况

26. 对丢失沿海岛屿这件事的反应将由于丧失岛屿情况的不同而有所变化。我们考虑到了以下几种可能性。

27. 在受到共产党实质性的持续的军事压力之前,国民党部队在美国的鼓动和援助下撤出沿海岛屿。在美国的鼓动和援助下撤出沿海岛屿可能会遭到蒋介石和国民党官员们的强烈反对。这种撤离将会给国民党领导人带来关于政权合法性的严重问题。保卫沿海岛屿的失败将会严重损害军队的威望和尊严。撤离沿海岛屿同样会大大减少对美国与中共交恶和反攻大陆的可能性。很多国民党人会表现出对时局的沮丧和痛苦,他们会认为他们的利益仅仅从属于美国的防御利益之下。美国与国民党人的合作也会受到严重影响。不过,台湾各方面会继续预计美国还会防御台湾。对美国与中共最终产生冲突的希望仍在持续。在这种条件下,我们相信国民党领导人将会继续控制部下使其忠于自己、防止政权被颠覆并试图减轻共产党人的军事压力。

28. 国民党主动撤离,由某些非共产主义国家组成的多国护卫保证其安全。对于这种情况的反应将不会与上述 27 段的反应有明显区别。如果其他非共产主义国家承诺将会一起参与保卫台湾安全,中华民国政府将欣然接受撤离沿海岛屿。尽管这种承诺将给台湾安全以额外的保证,但是肯定不会受到国民党人的欢迎,因为这样一来很可能会减少美国和中共发生战争的机会,从而减少光复大陆的机会。在国民党人看来,它将可能使美国接受英国的"两个中国"的政策,甚至会导致台湾国际信誉的丧失。

29. 在没有占领的企图和美国没有采取对策的情况下,共产党猛烈的炮轰将导致国民党力量在沿海岛屿上的持续损耗。在长期的摩擦中,国民党人的一些优势军力将会在与共产党的战斗和美国的袖手旁观中逐步消耗,从而使国民党人心生怨恨。① 如果美国继续像现在一样限制国民党人反攻大陆的军事行动,这种怨恨将会加深。一旦国民党确信美国不会干涉事态进展,他们就会要求美国援助他们撤出岛屿。无论如何,这种种表现都将增加他们对美国的怨恨,并觉得美国只是出于自己的安全考虑才对握有台湾感兴趣。到那时这种心态的出现将会对国民党的士气产生极为不利的影响。然而,我们依然认为,他们将继续相信美国会保护台湾,国民党领导人将会继续控制部下使其忠于自己、防止政权被颠覆。

30. 在没有美国干预的情况下,沿海岛屿的国民党力量被击败,岛屿被占领。对这种可能性的反应将会很突然,而且比 29 段提到的反应将更激烈。国民党战斗力减员将会超过五分之一,这将从实质上减少国民党保卫台湾的力量。这种损失将使国民党在面对诸如共产党战无不胜、国民党软弱不堪和美国作为盟友不可靠等宣传时显得更加脆弱。尽管国民党领导人将会对美国防卫台湾的意图产生极大怀疑,我们仍然相信,如果他们决意保卫台湾,经过一小段时间后他们将会继续相信美国。但是,这种继续保卫台湾的决心以及国民党领

① 原注:在 11 个中国沿海岛屿上还有 80 700 士兵驻守,这些部队的配置如下:两个岛上的 800 人属于东引地界,三个大岛上的 12 300 人属于马祖地界内,两个岛上的 2 000 人属于白犬地界内,65 600 人则防守金门地界内的四个岛。

导人继续控制部下使其忠于自己、防止政权被颠覆,在很大程度上将取决于① 他们能否确信在共产党袭击这些沿海岛屿时美国能够在道义上承诺防御这些岛屿并且在事实上保卫这些岛屿;② 取决于美国在这些岛屿失守后能否立即采取适当的措施。

31. 沿海岛屿在共产党人的进攻下失守,而美国进行了局部干预并随后脱离战斗。这种可能的情况将会对国民党士气产生极为严重的影响。国民党人将会担心现政权的安危。政权瓦解的征兆将会迅速蔓延。不过,我们认为在短期内蒋介石仍有能力保持对台湾的控制力。从长期来看,国民党抵抗共产主义压力和诱惑的意愿和决心将在很大程度取决于美国在岛屿失守后采取的对台措施以及随后美国对共产党行动的反应。

32. 在上面的任何一种突发情况下,在丢失了沿海岛屿之后,共产党人将会对台湾发动空袭,如果美国不能针对这种局势采取相应的对策,台湾的士气和忠诚度将会加剧恶化。如果共产党的空袭猛烈且持续时间很长,美国又不能采取什么对策,国民党人将会完全丧失对美国的信任。

33. 我们一直被要求估计这样一种情况,如果在丢失沿海岛屿后中共在台湾的力量有了惊人的积累,这将会对国民党的士气产生怎样影响。我们估计,在不久的将来中共不可能积聚惊人的力量,从而能够确保他们战胜国民党人的军事抵抗,这其中包括必要时美国将对国民党进行支援的可能,中共也没有足够吸引力来促使岛内主要力量倒戈。

34. 蒋介石死亡或退位。蒋介石对国民党政府的团结和决心起着至关重要的作用,他的死亡或退位都会给台湾局势带来严重的不确定因素。目前迹象表明,如果蒋介石下台,那么副总统陈诚很有可能利用一些幕后权力的操纵成为合法继任总统。在蒋介石死亡或退位之后,中华民国政府高层分裂的端倪就会反映到各个社会阶层,并可能使他们更易受到共产党活动的影响。美国的政策和措施将会对稳定局势、重树对政府信心发挥关键作用。不管怎样,蒋介石的死亡或下台将不会导致台湾领导人和民众意志的迅速崩溃,因为台湾内部团结的动因——尤其是面对共产党威胁之时——还将存在,而且蒋介石退出政治舞台也不大可能会动摇美国支持中华民国政府的承诺。

35. 如果在任何上述第三部分(二)节中描述的情况中,在岛屿失守之后,包括地面部队在内的额外的美国力量进驻台湾,和国民党人合作,将会对岛内士气产生积极效应,并且会增强台湾抵抗到底的决心。这些力量的存在将会在一定程度上抵消沿海岛屿失守带来的负面影响,且将会极大增强国民党对到台湾安全的信心。

四、丢失沿海岛屿对亚洲一些国家和团体①的影响

36. 丢失沿海岛屿对亚洲其他非共产主义国家的影响将会同台湾一样,视丢失的情况不同而发生变化。

37. 在共产党袭击之前撤出岛屿将会对我们讨论的这些国家政府产生不利的影响,在

---

① 原注:本份评估只考虑海外华人、大韩民国、菲律宾、南越、老挝、泰国和日本的反应。

所有这些国家中美国的威望都可能将不同程度的下降。在菲律宾这种撤退将会使人们担心美国不准备在前方地区投入兵力,会让政府向美国提出明确的要求,要美国对保卫菲律宾安全的承诺作出更加明确的定义。泰国、老挝、柬埔寨和南越的担心可能会轻一些。大韩民国领导人会非常失望。不过日本的主流反应可能是长出一口气。此外,如果美国重申它将不惜一切代价保护台湾,上述政府都不会对这种撤离过分忧虑,而且不会由于这种撤离而从根本上改变他们的政策。

38. 如果中共占领沿海岛屿而美国不加干涉,大韩民国将会对美国提出严厉批评,菲律宾的批判程度可能会轻一些。其他多数讨论中的政府,尤其是日本,将会因为觉得美国和中共的敌意没有进一步发展而长出一口气。但是,如 37 段所描绘,岛屿失守对民心士气带来的消极影响将会更加显著。此外,人们会普遍认为,如果美国不准备保卫这些岛屿,那么国民党卫戍部队应该早日撤离而不至于白白牺牲,美国的威望将会受损。老挝、南越、柬埔寨和泰国这些没有美军驻军或美军基地的国家对美国的怀疑将会增加,他们担心在需要的时候美国是否会保卫他们。这些国家对共产党的政策将可能趋向于更为慎重。

39. 沿海岛屿在共产党人的进攻下失守,而美国进行了局部干预并随后脱离战斗,美国在上述地区的威望将会大大受损。前面段落中提到的对士气和政策的消极影响也将会加重。在上述多数国家中将会产生一种倾向,即采取某种更为中立的姿态,并在那些可能引起共产党报复性反应的局势中更加消极行事。大韩民国将不会减弱其对抗共产主义的姿态,但是将在对美关系中更加强势。

40. 如果在任何上述情况中,包括地面部队在内的额外的美国力量进驻台湾,和国民党人合作,将可能对上述国家的士气产生积极影响。至少它能使这些国家相信美国准备尊重对他们的直接防御承诺。

41. 海外华人。在亚洲的多数海外华人目前似乎既不能相信国民党,也难以相信共产党。他们对国民党的长期前途不抱信心,也对北平的国内政策有所警醒。对中国政府的一贯忠诚正在减弱,与当地居民社区的融合——即使不是文化上的融合,也是一种政治上的融合——正在逐步进行。尽管多数海外华人可能依然对上述任何一种可能性都反应冷淡,沿海岛屿局势的发展似乎加强了北平的威望,而这将会增加这些地区中对共产主义被动或者主动的拥护者,并将减少与国民党保持联系的人数。重要的中国知识分子和在香港的前国民党官员将会有更多人投向共产党人的怀抱。

42. 不过,我们相信除非海外华人的驻在国决定迁就海外华人的这种行为或者面临马上被共产党推翻的威胁,否则多数海外华人即使在中华民国政府处境逐步困难和恶化的局势中也会趋向于继续不作出明确表态。

DDRS, CK 3100224969——CK 3100224986

张扬译,双惊华校

国务院情报研究所关于台湾独立运动的情报报告

（1956 年 8 月 8 日）

IR 7203

台湾独立运动，1683～1956

（1956 年 8 月 8 日）①

摘　　要

纵观台湾历史其间成立了许多民族主义组织，但只有自第二次世界大战以来在台湾岛外成立的组织一直坚持要求台湾独立。目前台湾没有表现出对这些已经成立的组织的理解和支持，而且这些组织之间也没有任何联系。

最重要的组织台湾民主独立党（TDIL）由流亡海外的台湾人先在香港后在东京组建。1955 年为了使台湾能够摆脱中华民国政府的控制而独立并建立独立的台湾共和国，台湾民主独立党成立了台湾共和国临时国民议会。在这个目标的指引下，国民议会于 1956 年 2 月28 日宣布成立"台湾共和国临时政府"。

另外两个致力于独立的组织均成立于东京。台湾民主独立党的部分成员因政策事务的分歧脱离该组织另立台湾独立联盟。独立台湾会则宣称得到了中国国民党人的支持。

中国共产党也在北平建立了他们自己的组织台湾民主自治同盟，1947 年岛内爆发了一场声势浩大的反政府示威游行，并招致了政府的报复行为，在这次事件中逃离台湾的台湾共产党人组成台湾民主自治同盟。该同盟主张中国对台湾"自古以来"就拥有主权，致力于推动台湾的"解放"。

一、1945 年之前的台湾独立运动

（一）满清时期

直到 17 世纪中叶台湾历史一直是一部以反抗权威为特征的历史。在清朝（满洲）时期，对于反抗外来满族统治的中国人而言台湾是一个避难所。最早的、最广为人知的流亡者是

---

① 原注：报告的情报信息截止到 1956 年 8 月 6 日。

郑成功,他于 1683 年到达台湾,西方人称他为 Koxinga①。在整个满清时期,居住在台湾的中国人为了反对帝国权威、建立独立政府不断进行尝试。岛上的这些反叛者从来没有团结一致,也没有一次起义获得过成功。

(二) 日本占领时期

根据 1895 年所签订的《下关条约》的条款台湾被割让给日本,在此之后台湾民主国于 5 月 23 日在台湾北部成立。6 月 5 日该政府从其首都台北逃走,政权仅仅维持了 10 天。在此之后又成立了台湾南部民主国,以台南为首都,但也只是维持到 10 月日本占领台湾为止。自从日本取得对台湾的控制权之后,反对日本的抵抗运动持续了大约 12 年。由于这些抵抗缺乏组织性及没有领导,很容易被日本人镇压。

在台湾被日本所占领的 50 年时间内,台湾人的民族主义情感频繁地但却不成功地被各种各样的政治运动和为数众多的起义所表达。除了 1895 年昙花一现的台湾民主国以外,只有为数不多的政治活动要求实现台湾独立。台湾本土的政治党派既不要求回归中国大陆实现主权统一,也不要求摆脱日本的统治获得政治自由。在日本占领时期台湾人的政治运动受到日本当局严密的监视与控制,日本当局的镇压措施使得这些持不同政见的力量无法有效地组织起来。

台湾同化会②是首批通过有组织的运动来寻求台湾人政治自由的组织之一,它由一名日本自由主义者板垣退助于 1914 年建立。该组织的目标是迫使台湾人同化并融入日本帝国,同时为台湾赢得法律上的平等地位。该组织在 1915 年受到日本政府的镇压,因为日本政府害怕板垣的这个计划会暗中破坏日本在台湾的经济发展计划。

同期留学日本的台湾年轻人在东京组织了许多团体,要求减少日本对台湾的控制。台湾青年会 1915 年③在东京成立,启发会成立于 1918 年。后者要求实现日本对台湾管理方面的改革,并要求废除"六三法",因为这项法律对反对日本统治的人施加严苛的惩罚,并授权台湾总督可以制定他认为有必要的管理台湾的法律。

启发会在 1919 年解散,一个新的党派即新民会于 1920 年 1 月在东京成立,其目标是为台湾人争取选举立法集会权。该团体建立了台湾议会设置请愿运动,并在 1921 年春天向日本帝国议会提交了第一份台湾议会设置请愿书。帝国议会否决了这个请求,并且直到 1935 年团体最终解散时逐年都加以否决。新民会出版自己的刊物——《台湾青年》,1920 年下半年该团体被解散后这个刊物在一段时间内曾被允许出版。

---

① "Koxinga"一词是外国人对郑成功的习称,源自"国姓爷",郑成功受南明隆武帝赐姓为明朝的国姓朱,并封忠孝伯,这也就是他俗称"国姓爷"的由来。——编注
② 板垣退助在 1914 年 11 月 22 日抵台筹组了台湾同化会,有 500 人参与在台北铁道旅馆召开的创立大会,并推举板垣为总裁。次年 2 月 26 日台湾总督佐久间下令解散了同化会,但其影响仍在部分台湾上层士绅和年轻知识分子中间存在。资料来源:http://www.wordpedia.com/events/TW100/1914.htm。——编注
③ 台湾青年会:1915 年成立,原名高砂青年会,为台湾留日学生团体,首任会长为林茂生。后更名为东京台湾青年会。——编注

被解散的新民会的一个最重要分支就是台湾文化协会,由林献堂、蔡培火、蒋渭水于1921年建立。该协会主要致力于推动台湾文化层面的进步,但也几次向日本当局请愿要求建立台湾代议制政府。1923年该组织的一次请愿被视为叛乱而遭警察镇压,该协会的三位请愿者奔赴东京,在那里得到警察允许发行了杂志——《台湾民报》。这份杂志的编辑是谢南光。1923年年底三位请愿者回到台湾并随即被逮捕。第二年49位台湾议会期成同盟会员相继被捕,台湾文化协会最终于1927年分裂。

台湾文化协会有一系列的后继组织,其中最突出的是新文化协会,它鼓励小商业主的联合。为了实现其文化目标,该组织也建立了一个社会问题研究会。对于更激进的学生成员来说协会中的一些计划显得太过保守,因此这些人在1927年5月成立了台湾政治改革会,也称为台湾人民解放协会。由于这个新组织的激进特征最终在1927年6月被当局解散。

同时,在1920年中期的日本,由于第一次世界大战中民主力量取得了胜利,一股自由主义浪潮开始影响社会和劳工运动,但是当局对台湾民族主义活动的态度基本上没有改变。日本官方政策集中体现在对他们所声称的"危险思想"给予宽容,因为这种态度可以使"危险的思想家"浮出水面,从而更便于日本人控制。1924年台湾第一个农民组织被允许成立,主要由一个制糖公司的种植场工人组成,由于公司否决了工人的要求而引发武装冲突,该组织仅仅维持了十个月。1926年不满政府农业政策的农民成立了台湾农民组合。该组织与日本农民协会取得联系,并派遣代表到台湾提供建议。该组织得以延续到1931年,直到日本政府因其追随共产主义路线而最终将其解散。

20世纪20年代晚期台湾出现了两个带有强烈马克思主义色彩的组织。第一个是台湾工友总联盟,以孙逸仙的三民主义作为其基本原则。直到1931年共产主义被围捕以前,日本当局容忍其存在,1931年则对其进行了镇压,只要在日本统治台湾时期其成员就一直被当作怀疑对象和暴力分子。与台湾工友总联盟密切相关的是台湾无产青年派,其马克思主义见解导致了组织在成立不久就遭解散。

1927年10月台湾民主党成立,它也被称为台湾社会民主党或台湾民众党。台湾民众党由已经解散的台湾政治改革会部分成员组成,这是日本统治台湾时期唯一被日本当局批准拥有其组织、形式、目标的真正政党。台湾民众党用了一个具体的纲领来代替容易招致政府镇压的民族主义口号。该组织的成员来自社会的各个阶层,它的领导人也是进过美国大学的专家和商人。为实现某种程度的自治和取消日本在对台湾统治过程中的恶劣虐待,这些领导人付出多年的努力。1931年2月台湾民众党召开了全党大会并提出了以下九个计划进行讨论:

1. 争取农场工人的政治自由,保护无产阶级以及其他人免受总督迫害的行动。

2. 在最大程度上保护民众,使其不会因为没有代表权而受到立法方面的不公正待遇,保护人民不受官方压迫。

3. 反对总督的绝对专制统治,总督不对岛上的任何人负责。

4. 反对评议会的职责,评议会并没有代表民众。

5. 年满十八岁的民众不论男女都享有民权。

6. 改进税收体系。

7. 禁食鸦片。

8. 废除对鸦片贸易的垄断。

9. 各种社会进步措施。

台湾民众党一直强烈批判政府,认为近期大规模的原著民起义即 1930 年雾社起义[①]就是由于台湾没有代议制政府造成的典型事件。它还就政府苛刻的土地政策发表了一本宣传册。关于鸦片问题,该党坚持认为除了政府垄断这一事实以外,瘾君子与治愈者的数据被篡改也成为政府暗中鼓励吸食鸦片的"遮羞布",这些都大大增加了政府的收益。此外,该党在没有官方许可的情况下就鸦片问题直接向国际联盟提出控诉。

这些活动以及九点纲领公开阐述的后果就是台湾民众党最终于 1930 年解散并有 16 名党员被捕。在台湾民主党被解散之际已经发展成 17 个分部和 800 名党员。在解散之后党内的保守分子组建了台湾地方自治联盟,这个组织的唯一目标就是改革地方政府。台湾地方自治联盟的目标合法,追求目标的手段主要通过说服在台湾的日本官员与东京当局进行谈判,以此来改变台湾的地方政府。由于台湾地方自治联盟的努力,改革在城市、城镇和乡村取得了一些成效。在 1930 年台湾地方自治联盟没有像其他同类组织一样受到当局的迫害,相反它在政府的许可下得以存续下来,成为唯一一个与日本当局和谐相处并成功实现其既定目标的台湾政治组织。台湾自治联盟最终于 1935 年自行解散。

1931 年军国主义分子和极端民族主义分子在日本上台。在首相犬养毅(Inukai)被刺杀之后反对"危险思想"运动逐渐升级,台湾因此笼罩在大规模镇压政策的阴影之下,到 1931年底台湾全部自由主义组织均遭镇压。从此之后,所有的民族主义行动都由台湾的地下组织或者由海外的台湾人组织进行。

在接下来的十年里零星反抗时有发生。其中最重要的一次是由众友会[②]策划的阴谋,这个秘密组织的总部设在台中省。1934 年 9 月该团体秘密生产步枪和军火并通过他的分支机构在全台招募援助,致力于发动反抗日本当局的起义,不过起义最终流产。日本当局发觉了这一密谋,对该组织进行镇压,对参与者施以严厉的惩罚,参与者被秘密警察关押达两年多之久。大约有 400 多人被逮捕,企图参与起义的大多数是年龄在 30~40 岁之间没有受过

[①] 雾社事件是 1930 年 10 月 27 日至 12 月 8 日发生在台湾台中州能高郡雾社(今属南投县仁爱乡)的抗日行动。事件是由于当地泰雅族的一支赛德克族因为不满台湾日治时期台湾总督府与地方政府的压迫而发起的反抗运动,领导人为摩那·罗达奥。雾社事件是日本统治台湾期间原住民最大规模的抗日斗争,因在镇压中间使用毒气,台湾总督石塚英藏被迫辞职。——编注

[②] 众友会:由台湾青年曾宗发起组织,计划举行抗日起义,表面上采取台湾民间原始宗教组织的"父母会"形式作为掩饰。在台中、清水、鹿寮、竹林等地,先后都组织了"父母会"。后曾宗少年时代的挚友蔡淑悔从国内来台,被推为领袖。蔡淑悔入会后,积极推进组织,置办武器,并定 1935~1936 年间即日本所谓"非常时期"起义。但情势日紧,众友会的组织逐渐被日本人注意,于是不得不在 1934 年 4 月初提前发动起义,以袭击台中州西屯、南屯两派出所为目标,由清水出动,到沙鹿的竹林附近。日方察觉后立即进行台中、台南、高雄各州的大搜捕,先后被捕了 425 人,内有领导骨干 25 名。起义失败,曾宗被施以酷刑,死在狱中。——编注

教育的年轻人。对该起义团体严厉的惩罚使台湾民族主义运动一蹶不振。

接下来的反抗努力呈现出周期性的特点，尤其在1937年中日战争爆发之后，这些反抗规模不大，当局镇压起来不费吹灰之力。在第二次世界大战中在重庆的台湾独立发言人进行宣传，意图扩大战前和战争中民族主义运动的影响。

1931年日本的高压政策导致大量持不同政见的台湾人在海外建立政治组织。同年在台湾受到镇压的台湾青年团在上海重组，之后上海台湾青年团更名为上海台湾反帝大同盟。也是在当年台湾改革同盟在中国成立。这些组织以及其他一些次要的海外台湾人组织大部分由知识分子建构，他们在1937年中日战争爆发后变得越来越活跃。

在1940～1942年的这段时间里这些组织联合在一起形成台湾革命同盟会，该联盟主要由以下组织组成：

1. 张邦杰领导的台湾革命党。
2. 李友邦为主席的台湾独立革命党。
3. 柯台山领导的台湾国民革命党。
4. 谢南光为主席的台湾民族革命总同盟，成立于1940年的香港。
5. 陈友钦领导的台湾青年革命党。
6. 翁俊明领导的国民党台湾党部，这是国民党的一个分部。

台湾革命同盟会由不同的甚至相互对立的成分构成，虽然它声称拥有140 000名成员的支持，但是在战争中这个团体的作用既不特别突出也没能代表台湾民意。在领导班子中至少谢南光和李友邦后来被视为共产主义者。谢南光于1952年回到北平，李友邦在1952年因其共产主义行为而被枪决。

台湾革命同盟会的目标包括：（1）扰乱台湾的生产和通信，对日本强大的陆军、海军来说台湾是至关重要的基地；（2）壮大台湾的抗日游击队力量；（3）组织志愿者加入在中国大陆进行的抗日战争；（4）在台湾组织由工人、市政职员、学生参加的罢工；（5）扩大关于反战、反法西斯的宣传；（6）统一台湾所有的革命组织。同盟会在重庆出版了战时英文杂志——《战争中的中国》，1940年8月同盟会在该杂志的社论上阐发了组织的目标：

如果在福摩萨的福摩萨人能够将革命更加有效地开展起来，毫无疑问将会对日本帝国主义者的活动构成沉重打击。这就是台湾革命同盟会的首要目标。自从中日战争爆发以来，福摩萨的革命者们就开展了福摩萨的各种起义并制造了一系列的破坏和动乱。在中国，福摩萨人加入了祖国的反抗行动，作为志愿者冲锋陷阵，支持后方。同盟会的目标是扩大参与中国抗战的规模。中国的抗日与福摩萨的革命是一个事业的两面，不可分割。

同一篇社论还列出了下面三个同盟会声明的目标：
1. 支持三民主义以及抗日和重建中国的政策，服从最高领袖蒋介石委员长的领导。
2. 联合福摩萨的全部革命力量推翻日本在福摩萨的统治并恢复福摩萨人民的自由。

3. 动员福摩萨民众参加革命,扩大福摩萨志愿者的人数,从而将日本驱逐出中国。

在第二次世界大战结束后不久台湾革命同盟会解散,但是他的一些成员仍然活跃于台湾的各种运动之中。

(三) 台湾的共产主义运动

台湾的共产主义运动可以追溯到第一次世界大战之后的时期。第一个台湾共产主义组织1927年成立于上海,该组织延续了其前身上海台湾学生联盟的组织形式。两名创始人林木顺和谢雪红曾求学于莫斯科,并按照共产国际的命令,在日本共产党上海代表的指导下建立了最初的台湾组织,其目标是实现台湾独立。

1928年1月林木顺和谢雪红按照日本共产党的命令将他们的组织改建为日本共产党台湾支部,并在重组过程中寻求中国共产党的指导。这个命令的后半部分可能反映了日本共产党本身无力承担领导责任,这主要是因为日本共产党当时面临着内部分歧以及严厉的政治监督。来自日本共产党和朝鲜共产党的代表以及中国共产党党员都作为顾问参加了改组会议。

改组的成果即1928年4月台湾中央委员会在台湾本土成立。该委员会决定建立组织、宣传、青年和妇女部,并和上海以及东京的支部一起与中国共产党和日本共产党保持联络。在完成重组工作之后,台湾组织重新回到日本共产党的领导之下。1928年由于反共产主义势力的围捕打击,日本共产党受到严重削弱,台湾的共产主义者被迫求助于自己的资源并再次向中国共产党和共产国际远东支部寻求帮助。1930年在共产国际的资助下,另一次改组活动开展起来,但是不久之后台湾的共产主义者转而接受中国共产党的管辖。

台湾的共产主义组织在台湾从来不是有效的破坏手段,对支持台湾人民抗日活动所起到的作用很少,因为:(1)它是日本镇压破坏运动的首要对象;(2)它的领导权一直分裂,形成接受日本共产党领导和中国共产党管辖的两个派系,两派的支持者相互斗争;(3)它没有得到中国共产党的重视,中国共产党当时专注于与中华民国政府的殊死斗争。从1937年中日战争爆发到第二次世界大战结束台湾共产主义组织一直处于止步不前的状态。台湾共产主义者一直是台湾独立于日本的坚定支持者。但是战争刚刚结束台湾就处于中国国民党人的统治之下。中国共产主义者的评论表明,虽然以前中国共产主义者的目标没有被完全放弃,但是它被重新诠释,认定台湾党的目标是实现中国统治下的自治,而不是实现台湾的独立。

二、1945 年以来的台湾独立运动

第二次世界大战结束后中国国民党人掌握了对台湾的控制权,此后台湾的各种组织如雨后春笋般迅速增长,但其中只有少数以实现台湾独立为己任。总体来说,这些组织只是昙花一现,缺乏有效的领导,并且没有严格清晰的目标,也缺少群众广泛的支持。

1945 年 10 月 20 日成立的农会是这些组织的典型代表,由活跃于 20 世纪 20 年代末期的前农会会员组成。该组织的目标是为台湾的农民争取更多的利益。农民协会向国民党省政府递交申请,要求得到开展各种活动的准许,但国民党政府拒绝批准,结果这个新成立的农民协会始终没能发挥作用。

1945 年 10 月成立了两个新的民会。一个寻求"民主"改革,但很快被中华民国政府解散。另一个主要专注于与中华民国政府进行合作,但从不活跃。

一个名为台湾宪政会的组织在 1945 年年底成立,由林献堂领导,他是自 1921 年以来就一直活跃于台湾各种组织中的人物。廖文毅博士注定成为此后台湾独立运动中的重要人物,与台湾宪政会的联系使他开始引人注目。台湾宪政会主张"通过政治的、全民的、文化的途径来团结并改造台湾民众"。

由于台湾省行政长官陈仪领导的中国当局采取镇压活动,没有一个组织能够发挥作用。1946 年在反政府的游行中有 41 位著名的台湾籍人被捕,并导致了政府随后的报复行为,更多的人被捕或者受到驱逐,还有一些人逃到香港或者中国大陆,至此岛上所有台湾籍人的组织全部被解散。

(一) 台湾民主独立党

台湾民主独立党(TDIL)初期称为台湾再解放联盟,也被称为台湾独立联盟,由廖文毅博士在 1946 年春天创建。该组织可能也曾用过上面提到的台湾宪政会和台湾民族精神振兴会这样的名字。即便没有用过这些名称,台湾宪政会和台湾民族精神振兴会也是台湾民主独立党的前身。

最初台湾民主独立党是由有影响力的台湾富人组成的政党,在日本占领台湾时期他们中的一部分人还曾经担任了政府职位。这个团体早先提倡人民更广泛地参与台湾政府的政治活动,但是在台湾省行政长官陈仪领导之下的政局逼迫该组织转变主张,支持"再解放"的诉求。1946 年年底他们开始组织武装抵抗力量并参与到半秘密的反政府活动中。在 1947 年政府镇压示威活动的过程中该组织的领导人被捕,但是廖文毅博士和他的哥哥廖文奎成功地逃到上海并最终到达香港。从那之后,台湾民主独立党被列到了政府的"黑名单"上。

1947 年 11 月廖文毅向麦克阿瑟将军(General Douglas MacArthur)递交了一份请愿书,反映了他的情况并要求将军帮助规划台湾的再解放计划。廖的陈述主要是"民主介绍"、"地方自治措施"、"公民投票"等内容,通过这些措施使得台湾人民能够自己决定自己的地位,纠正对台湾原著居民的"错误"做法。

1950 年 5 月 7 日台湾民主独立党在东京正式采用了现有的名称,联合了集中于东京、神户、大阪、京都的各种小规模极右翼组织,实现改组。我们缺乏这些组织的详细资料,但是可以认定这些只是各个地区的少数。既然很多倡议书是由以下组织以台湾再解放联盟的名义签署,我们可以推断出这些组织都已经合并到台湾民主独立党中:

1. 台湾独立联盟;主席: Y. T. Tsong

2. 台湾青年联盟；主席：黄纪南(Peter K. Huang)

3. 新台湾妇女会；主席：Mrs S. L. Chao

4. 台湾经济研究会；主席：Y. K. Lim

5. 台湾学生联盟；主席：Frank S. Lim

6. 台湾解放协会；主席：P. L. Khu

7. 台湾人民联盟；主席：G. T. T'ang

虽然台湾民主独立党希望通过重组更顺利地达成自己的使命，但是自 1950 年 3 月到 1951 年中期廖文毅因非法进入日本而被逮捕期间联盟一直缺乏活力。在廖文毅停止政治活动并且立刻离开日本的条件下，对廖的审判得以延期进行。虽然廖文毅并没有离开日本，但是他的活动转入地下直到 1951 年对日和平条约签署为止。1951 年 8 月就在和平条约签订之前该党发表宣言，质疑 1943 年开罗会议决议的合法性，因为在开罗宣言中规定台湾回归中国，他们认为只有台湾人民才拥有决定自身政治地位的权利。

1952 年台湾民主独立党开展了一项争取自治的宣传运动。廖氏兄弟向美国、英国、日本当局陈述自己的诉求，争取各方公开或隐蔽的支持，甚至试图将这一问题拿到联合国中寻求解决。没有证据证明英国重视廖文毅的组织，但是日本政府对台湾民主独立党成员提供了政治避难并施以同情。

廖文奎于 1952 年 6 月去世，廖文毅和他的同伴在台湾民主独立党的活动中心东京继续从事其宣传运动。

根据台湾独立民主党成员的说法，在这些年里国民党政府有几次试图接近廖文毅，要么希望劝说他加入政府要么加以收买。他们宣称早在 1948 年的香港和后来的东京国民党人都做过这样的努力。据传闻，廖文毅拒绝了邀请并回信加以斥责。根据报道，1953 年春天廖文毅与蒋介石的儿子蒋经国和国家安全局局长郑介民在东京举行了一次会面。据说廖被邀请加入国民党人计划在台湾建立的联合统一阵线内阁。廖文毅提出了作为让步的条件，要求(国民党当局)释放几百名因从事台湾地下独立运动而被捕的政治犯。根据台湾民主独立党的资料，这种谈判一直持续到 1955 年春天才最终破裂，破裂的主要原因是由于国民党人没有实现释放台湾民主独立党高级领导人的承诺，其中包括该党的副主席黄纪南以及廖文毅的侄子廖史豪。

廖文毅在东京的五年时间里台湾民主独立党的活动几乎全部通过请愿书及其机关报《台湾民报》宣传自己的观点。虽然该党定期地向联合国、麦克阿瑟将军、温斯顿·丘吉尔以及其他人提交请愿书，不过这些请愿的观点大同小异，他们基本上有三项要求：

1. 推翻中华民国政府在台湾的统治。

2. 在举行公民投票由台湾人民决定他们想要什么样的政府之前，台湾暂时置于联合国或者美国的托管之下；

3. 建立一个由台湾人民统治的独立的台湾共和国，其生存受到联合国的保护。

尽管廖文毅博士宣布他的组织在台湾拥有 600 万台湾人民的充分支持，但是没有证据证明他的党获得过任何来自台湾民众的重大支持。台湾民主独立党声称在日本拥有2 000名党员,在台湾、纽约、新加坡、雅加达和香港都有该党的地下支部。它还表示台湾民主独立党接受有关流亡国外台湾人的捐助。没有证据证实这个党获得了来自共产主义者、日本人或者其他途径的支持。

台湾民主独立党深受党内派系斗争的困扰,1954年廖文毅和运动的另一名领导人黄南鹏出现了分裂[还包括王忠明(aka Wang Chung-ming,音译)、欧珠梅(O Chu Mei,音译)、黄纪南、黄保罗(Paul N. Huang)、黄南三(Huang Nan-san)、王昀(Wang Yun)、王惠(Wang Hui)]。廖文毅与黄南鹏在该党对待中国大陆迁台人员的政策上出现意见分歧。廖文毅要求将来自中国大陆的居民驱逐出台湾,而黄南鹏认为这些人可以被台湾同化。1954年5月黄南鹏建立了另一个台湾独立组织台湾独立联盟。尽管他宣称拥有3 000名成员,但事实上这个组织规模很小。黄南鹏有极复杂的经历。在第二次世界大战期间他曾是日本驻满洲里宪兵队的将军,二战之后被国民党在北平俘获,但是当北平到了共产党人手中之后,他逃离了北平。在分裂后,台湾民主独立党和台湾独立联盟两个组织都指责对方是亲国民党分子、亲共分子和亲日分子,指控对方参与致幻毒品的运输和走私。

除了台湾民主独立党和台湾独立联盟以外,在东京还有由陈琦隆(Ch'en Ch'i-lung,音译)领导的第三个组织,叫做台湾独立同志会,该组织主张与国民党人建立友好关系。所有这些组织都努力争取还健在的德高望重的台湾领导人林献堂的支持。林献堂定居于东京,但似乎已经退隐,他并没有对其中的任何一个组织给予支持。

(二) 台湾临时国民议会

1955年9月2日台湾民主独立党的24名成员在东京组成台湾临时国民议会并正式就职。临时国民议会的目标是将台湾从中华民国政府的统治中解放出来并建立一个独立的台湾共和国。廖文毅当选为议会主席,吴振南当选为副主席。

根据台湾民主独立党人的说法,之所以首先建立台湾临时国民议会是因为廖文毅博士和其他领导人认为仅仅依靠一个政党不足以吸引世界舆论的注意力。台湾民主独立党成员也指出议会的建立主要受以下因素的影响:(1)上一年7月的日内瓦四巨头第一次会议中形成"日内瓦精神";(2)正在日内瓦进行的美国与中国共产党人之间的会谈;(3)对迫在眉睫的共产党中国可能成为联合国会员国的考虑。台湾民主独立党领导人迫切希望,在可能接纳共产党中国加入联合国之前,他们有机会作为"台湾政府"向联合国表达他们的意见。

1956年2月28日在1947年台湾武装起义九周年纪念日上,廖文毅和其他台湾临时国民议会成员建立了"台湾共和国临时政府",廖文毅博士当选为大统领,吴振南当选为副大统领。

该举动引起了台湾和中国大陆双方的强烈反响。中国大使董显光质疑台湾民主独立党没有得到日本的允许就进行集会,而日方指出,根据日本的法律没有禁止集会的权利。在台湾的中国人怀疑即使日本人并非真正支持这个举动,但这一运动显然也得到了日本政府的默许。国民党人同样也不能确定廖文毅与美国可能的关系,一方面因为廖文毅总是寻求与美国官方保持联系,另一方面因为国民党人相信廖有时受雇于美国。但是,就我们所知,廖文毅从来没有受雇于美国。

日本官员在公开场合和私底下都很谨慎,不表露出对台湾民主独立党的任何支持与同情。不过,既然他们允许台湾民主独立党在日本存在下去,大概是因为他们对中华民国政府的未来极为关注,还因为他们反对中国共产党人可能占领台湾。我们可以非常确认廖文毅和某几位日本官员保持经常联系。

(三) 共产主义者的作用

直到第二次世界大战结束时中国共产党人一直主张台湾从日本独立出去。但是在1949年中华民国政府退到台湾之后,共产党人开始宣称"解放"台湾是完成中国共产主义革命的重要组成部分。只是在美国干预朝鲜事务和美国的第七舰队奉命维护台湾的中立后,共产党人的"解放"主题才再加修改,包括了强调中国对台湾自古以来的所有权的主张。

北平对廖文毅在东京建立台湾临时政府持敌对的态度,特别是共产党人支持的台湾民主自治同盟北平总部公开抨击廖文毅"临时政府"的建立。台湾民主自治同盟赞同中国共产党人对台湾的要求,主张台湾是"中国领土不可分割的一部分,必须被解放",并指责美国操纵建立临时政府是将台湾置于美国永远"托管"之下的又一阴谋。

台湾民主自治同盟由谢雪红领导,她是一位资历很老的台湾共产党人,在1947年起义后不久逃离了台湾。该同盟接受中国共产党统战部的领导,其成员主要是在1947年动乱后逃离台湾的台湾共产党人,并补充了一些台湾学生和其他在共产党人执政后仍然留在中国大陆的台湾人。同盟的主要目标是向生活在中国大陆而没有加入中国共产党或中共指导下的共青团的台湾人灌输思想,并就直接与台湾有关的事务发表舆论声明。舆论宣传的首要目的是促使台湾人民接受台湾加入共产主义中国的思想。

这个组织在沿海大城市建立了分支机构,台湾民主自治同盟代表在每年的台湾二月起义纪念日里都要发表讲话并发布关于"解放"台湾的声明。在某一年的声明中台盟副主席李纯青指责美国试图将台湾用作企图进攻中国大陆、发动侵略战争的军事基地。在另一份声明中,他们攻击廖文毅的临时政府,因为他们认为这个组织得到美国的支持,使得美国能够继续占领台湾。

虽然台盟只得到少数台湾人的支持,甚至根本没有得到来自台湾的支持,但是它可能得到了在日本的中国左翼和台湾左翼人士的支持。

潘文娟译,双惊华校

中情局关于台湾国民党政权基本形势的评估

(1956 年 9 月 4 日)

IR 7338

中华民国政府的前景

(1956 年 9 月 4 日)

结　　论

1. 在过去几年中，尽管中华民国的国际地位有所下滑，但中华民国依旧保持稳定并已经牢牢控制住了台湾。无论是中华民国政府的行政机制还是政府目标都没有发生大的变化。不断发展的经济和有所改善的财政控制手段确保政府部门有能力缓解通货膨胀的压力，1955 年通货膨胀的压力绝大部分是由不断增加的军费开支造成。然而，接连不断的国际事件增加了人们对台湾未来的忧虑和不安，这对国民党士气产生了极为消沉的心理影响。

2. 国民党武装部队的实力不断提升，当然也还存在着一些弱点，特别是在后勤和指挥能力方面存在很多不足。在中共全力进攻面前国民党武装力量不能成功地防御台湾，中华民国政府的安全依然要靠美国的军事保证。

3. 依靠源源不断的美国援助台湾的军事安全才得以维持，经济的发展才有了保证。但是美国的支持可能无法遏制中华民国政府国际地位不断恶化的势头。如果国际环境对北平政权越来越有利，中华民国政府的根本目标——作为中国的合法政府，以武力光复大陆——将会越发显得不切实际，迁居台湾的大陆籍人不满政府和尊敬共产党政权的危险将会上升。在这种情况之下，中华民国政府可能被迫调整自己的目标和对内政策的方向，为大陆籍人和台湾原住人民找到未来在台湾生存下去的意义。

一、国民党政府的目标和政策

中华民国政府的最根本的目标仍然是：(1) 维系作为中国唯一合法政府的地位；(2) 光复大陆并搞垮中国共产党政权。为实现这些目标，国民党的政策主要集中在五项基本措施之上：(1) 持续维系与美国的同盟，如果可能尽量获得美国保卫沿海岛屿和协助解放大陆的承诺；(2) 保持在由政府参加的联合国和其他国际机构的成员国地位，阻挠这些组织接纳中国共产党代表;(3) 积极培育东亚的反共同盟;(4) 从海外华人社团中谋取越来越多的支持;(5) 维持台湾内部的安全和稳定,将台湾培育成为强大的反共基地。

不过,中华民国政府仅有极为有限的力量来影响达成目标进程的事态发展,它还是得依靠美国的支持和援助来维系着自身的存在。因此国民党的政策和士气对任何可能影响美国态度和对台支持程度的发展都极为敏感。

二、1955 年中期以来影响国民党政府的态势发展

(一) 国际态势

自 1955 年中期以来中华民国的国际地位受到了几个新态势的严重影响,最为重要的国际变化如下:(1) 在国际社会上越来越多的国家开始承认共产党中国;(2) 外蒙古申请成为联合国会员国,国民党中国加以否决;(3) 美国和中共的代表恢复日内瓦大使级会谈并进行持续会谈。

共产党中国日益被国际社会所接受,部分是由于北平所强调的“和平”姿态与中苏阵营的政策相一致,但更重要的原因可能是越来越多的国家确信北平政权已经扎根并且还要维持相当一段时间。自 1955 年中期以来尼泊尔、埃及、叙利亚、也门都承认了北平政权,这些是朝鲜战争爆发以来第一批承认中共政权的国家。在这些国家之中只有埃及一国以前与国民党中国保持着外交关系。

尽管国民党人努力加强与近东及非洲国家的关系,但中华民国政府努力的唯一收获就是 1956 年初和沙特阿拉伯建立了领事关系。没有其他国家愿意承认国民党中国,因而无法弥补埃及取消对国民党政府承认(的损失)。国民党人建议和自由越南、老挝、柬埔寨建立完全的外交关系,但并未得到回应。国际趋势发展的迹象进一步表现在越来越多的非共产党集团的访问者前往共产党中国,越来越多的国家愿意和中国大陆发展商贸和文化关系,法国、比利时、老挝、柬埔寨、日本等国都在其列。

虽然在日内瓦大使级会谈中美国和中共官员是在一种互不信任的气氛下进行直接接触,但日内瓦大使级会谈对台湾造成了重大的心理打击。中共的宣传集中在两个方面:(1) 说明美国拒绝承认北平政权和美国愿意继续进行日内瓦会谈相矛盾;(2) 美国对中华民国政策是美国与中共“谈判”的交易筹码。美国官员不断向台湾重申自己的承诺,但丝毫没能消除国民党人的疑虑,他们认为接连不断的会谈预示着台湾未来的凶兆,他们怀疑美国的支持是否可靠。董显光被任命为中华民国驻美大使和外交部情报局局长,其目的在于加强国民党政府与美国的公众关系,这一举措还反映出台湾越来越担心美国有可能转变观念。

国民党中国否决了外蒙古要求成为联合国会员国的申请动议,这一举动给台湾带来了不利的影响,不仅对那些已经承认了北平政权的联合国成员国有影响,也对某些当前承认国民党政府的联合国成员国有一定影响。

中华民国政府强烈反对接受“两个中国”的存在现状,中共同样如此。国民党政府官员

一直表示,如果中国共产党被接纳进入联合国中华民国政府将会撤走其驻联合国的代表。据报道,蒋介石不顾政府内部反对派的意见,一直声称要将这一原则贯彻到所有的国际集会场合,甚至包括体育界,看起来蒋介石绝不可接受"两个中国"的存在。

台湾海峡的停火或该区域紧张局势的缓和都不为国民党政府所接受。国民党官员害怕任何停火安排都将会影响政府自卫活动和光复大陆行动的自由。他们认为紧张局势的缓和不利于实现国民党的目标,这不仅因为不能指望中共可能答应这种协定,还在于缓和局势对他们光复大陆决心的影响和对美国援助是否持续下去的可能作用。尽管近来的趋势表明越来越多的国民党官员对尽早反攻大陆的预期态度变得更为实际一些,但光复大陆仍然是国民党政府设定的首要目标和舆论宣传的主题。

国民党政府一直保持着与泰国、菲律宾、日本和南韩的友好关系,但他们也注意到有些日本政界和商界领导发表声明,赞同与中共发展贸易关系和其他形式的交往,在万隆会议后在某种程度上泰国和菲律宾也步日本的后尘。国民党领导人热衷于在东亚培育反共同盟并以此作为与美国缔结的双边条约的一种补充,不过他们一直约束自己不采取主动,这主要是因为与南韩和日本结盟非常困难,而且他们担心他们热衷的这种努力并不具备实现的可能性。

在过去几年中国民党人一直进行强化国民党组织的努力,主要试图使大陆籍人适应环境并提高党员的素质,但是这项举措收效不大。海外学生到台湾接受教育的人数一直在增加,不过总数仍然很少。有限的设施和严厉的安全控制措施从根本上制约了大量学生到台湾求学。最后要强调的是,很多海外华人在选择自己的立场时——支持中华民国政府,和共产党人在一起还是保持中立——更多地受临时事件的影响而非经过深思熟虑之后再行定夺。

(二)国内政局发展

1. 政府的管理。在过去一年中中华民国国内政治环境相对平静,无论在人事安排上还是在政策上都没有出现重大的变化。蒋介石依旧宝刀未老,继续是台湾政府和国民党的主宰人物。没有证据表明他在确实考虑走向文官治理模式的重大变革。自1956年7月后现任的海、陆、空军总司令和总参谋将继续留任现职一年。

陈诚依旧是蒋总统指定的接班人,尽管有报道称,由于他没能积极发挥副总统的作用他的地位有所削弱。不过陈诚在国民党内和军队中有着众多的追随者,在他的继任一事上他可能会博得众多现任的文职和军事将领的支持。自从吴国桢被撤销政府职务和孙立人被从军队除名之后唯一挑战陈诚座次的只有总统之子蒋经国。① 虽然蒋经国的影响力还继续要依靠其父亲来强化,但蒋经国在特务、军队政治部门、国民党组织和青年军人中都有重大的影响力。然而蒋经国在博取创立中华民国政府和国民党的老前辈的支持方面在相当大程度上并不成功,蒋经国的影响力主要集中在中下层。以前在大陆拥有强大影响力和权力的政

---

① 原注:吴国桢,1949～1953年台湾省主席,据报道称他被免职是因为他与蒋经国和陈诚的意见不合,随后他离开台湾,目前定居于美国。孙立人,1953～1954年陆军总司令,1954～1955年参谋长,被指控牵涉进1955年的一个中共间谍案中,但其本人表白不是共产党人。两人都被认为是顽固的亲美派,都被国民党官员视为美国当局喜欢的人。

治集团和派系在台湾都没有发挥举足轻重的作用;CC 系在立法院仍占有一席之地,与政学系有联系的几个人物在行政系统中还有一定的影响力。①

国民党内部集权化的趋势体现在加强党对各个党员的控制努力之上。与以前在大陆时期相比,国民党在台湾已建成一个更加集权化、纪律更严格的政党组织,伴随以牺牲领导层内部不同观点的表述和利益分歧。在台湾(除国民党外)还有两个较小的政党,但成员很少,没有什么实际的影响力。

2. 台湾籍人与大陆籍人的关系。在国民党及中华民国政府中,尽管台湾籍人在省一级和地方一级官员中数量众多,但他们几乎无一例外都担任次要一级的职位,对基本政策的制定和执行没有什么影响力。有迹象表明,由于对地方选举的失望,有意加入政府的台湾籍人的素质在逐步下降。

台湾籍人与大陆籍人的个人关系在逐步改善。没有明显的证据表明军方对台湾年轻人加入军队表现出来强烈的不满和排斥。台湾籍人在感情上仍旧非常反感大陆籍人的统治,但是国民党的安全手段阻止了将台湾原住民的反感情绪发展成有组织的表述或群体政治关注。由于台湾乡下相对繁荣,也没有什么特别不平的事件可能成为(骚乱的)导火索,因此目前台湾籍人的态度并不会威胁到台湾的安全和政府的持续稳定。

台湾独立运动已经在日本显示了重新活动的迹象。但是没有证据表明这种独立运动在台湾已经引起了广泛的关注或者形成了某个组织。在日本的台湾独立运动领导者似乎在相当程度上已经失去了与岛内的联系。很难界定台湾籍人当中到底有没有支持独立或者赞同联合国托管的人,但这个也不是一项非常重要的政治因素。

3. 内部安全。国民党严厉的安全措施阻止了将共产主义分子的颠覆企图拓展成为影响政府稳定严重威胁的事态发展。被侦破的颠覆政府的案件好像正在逐步下降,但是国防部二厅秘书处处长因为与共产主义分子有牵连而遭到解职。

尽管中共不断进行宣传蛊惑,但是已经公开报道的台湾叛变案件相对较少且不怎么重要。中共的政治宣传运动主要针对大陆迁台集团,号召他们保持中国人的爱国主义和民族主义情感,并承诺对回归的大陆籍人实行宽大处理。同时中共还指控美国对台湾进行统治和剥削,并且警告他们说美国并不是可靠的同盟者。这种宣传很可能主要是向大陆籍人中的一部分人发出呼吁,因为这部分人对他们自身环境和中华民国政府日益不满,但是没有证据表明中共的宣传已经达到了严重破坏国民党政府安全的程度。

4. 士气。得益于一个稳定的政府和相对满意的生活条件,从整体来讲台湾的士气相当高。大陆籍人对台湾是否能立即回归大陆的前景仍然十分敏感,因此他们的士气呈现波动态势,这种波动主要是由他们的对外考虑决定。台湾的大陆籍人士怀疑美国支持的可靠性,

---

① 原注:CC 系、政学系和黄埔系都是国民党在大陆时期最为重要的派系,对政府都有影响力。CC 系由陈立夫和陈果夫两兄弟领导。政学系是一个松散的组织,派系领导人在政治事务上意见不一。在 1949 年以前张群被认为是政学系最重要的领导人,现任副总统陈诚也是政学系的成员。黄埔系由毕业于黄埔军校的军事领导人组成,由何应钦统帅,但到台湾后何应钦不大参与政治活动。

加上最近发生一系列事件，如埃及还有其他阿拉伯国家对中国共产党的承认以及日内瓦会谈的延续等，这些都对整个大陆迁台团体产生了令人不安的影响。

有迹象表明，在一些大陆迁台团体当中，尤其在低级官员、年轻军官、白领工人和知识分子中间人们的不满和反美情绪正在滋生。这些人工资很低，存款日渐减少，越来越感到经济上捉襟见肘。在与岛内不断改善的美国人的生活水平作比较以后，他们对自身状况益发感到不满。加上在台湾缺乏改善自身条件的机会，这些人的挫折感不断加深。这些团体将摆脱他们困境的主要希望寄托在回归大陆的梦想之上。在一些情况下对目前台湾前景的失望导致了一种倾向，他们越来越倾向于将岛内不好的状况与共产党在大陆取得的成就相比较。

尽管如此，迄今为止没有迹象表明台湾的士气因素损害了国民党领导人抵抗共产党人的决心，降低了他们牢牢控制台湾的能力，或者损害了国民党军队的战斗力，尽管有一些反美情绪正在滋生，但是美国人与中国官员之间的关系总体上还不错。吴国祯与孙立人案的发展在一定程度上被认为是一种警告，警示台湾官员与外国人发展过于亲密关系存在着很大的风险。但是，这看起来并没有严重影响中国官员与美国人合作的意愿，尽管它可能使得中国官员在处理此类事务上将会更加小心谨慎。

（三）军事发展

在美国军事援助顾问团的不断帮助之下，中华民国政府的军事建设大体上正在按照美国建议的方式进行组织和装备。军队的指挥系统进行了一系列基本的改进，军队下层的领导能力得到了提升。其军事指挥系统的根本缺陷仍然在于高层官员把持权力，向国防部政治处负责的政治官员对正常军事指挥渠道的运作施加影响。这些缺点反映出了蒋介石总统的关注重点，因为他有在大陆（失败）的前车之鉴，所以他对军队及其国民党部下的忠诚极为重视。限制军队战斗力的另一个因素是它的后勤系统，尽管有所改善，但如果面对（中共对）台湾的入侵或者要在岛外维持军事行动的时候，这个系统仍旧无法提供足够的不间断的后勤保障支持。

（四）经济发展①

去年台湾经济继续迅猛增长，从1955年开始的通货膨胀压力得到了遏制，这主要归功于台湾财政和信贷控制的改善。政府支出迅速增长，用于训练和提高军事能力的军费开支不断增长，为扩大岛内生产而进行的投资也在增加。台湾经济仍然面对巨大压力，因为总生产的近五分之二被用于政府支出和投资，不过台湾政府在美国的督促下正在采取适当措施以适应经济增长的要求和维护经济的稳定运行。

1. 生产和贸易。去年生产继续以相对较高的速度增长。农业涉及了约80万农民家庭——大约占全台湾人口的一半——正在逐步提高生产力。尽管1955年遭遇了严重的春旱，台湾农产品产量与1954年持平，但1956年由于台湾主要的农作物水稻以13％的速度增

---

① 原注：参见附录一的经济指标图表。

长,所以台湾全部农产品的产量预期会增长 7%。

尽管 1955 年由于干旱造成的电力短缺给经济带来了困难,且 1955 和 1956 年中都发生了工业项目设备交货延迟的情况,但 1955 年工业产量还是比 1954 年增长了 12.2%,1956 年预计也会有相同速率的增长。电力供应是一个制约瓶颈,但电力短缺正在逐步得到缓解,1955 年台湾电力的装机量从 392 000 千瓦增加到了 493 000 千瓦,在 1956 和 1957 年两年中计划达到 630 000 千瓦。在过去一年中,由于电力短缺,化肥和铝的产量几乎没有增长,由于没有市场,糖和棉纺织品的产量也出现了同样的情况;但是石油冶炼、水泥、罐装菠萝、饮料和烟草产品都取得了相当的增长。工业产品变得更加多元化,出现了诸如窗户玻璃、高辛烷值汽油、荧光灯、船舶柴油发动机、有高度挥发性的漂白粉、铝箔等产品,其他新产品如人造纤维、聚氯乙烯、清洁剂等计划在今后几年内开始生产。

对外贸易的增长也很可观。1955 年由于外汇储备的减少,政府实施了严格的进口控制并且专门通过出售库存大米来扩大出口。由于预计 1956 年的农产量将会破纪录,所以大米的出口势头将会保持。当政府的外汇储备恢复后,预计台湾会增加进口。

2. 预算。尽管去年包括军费开支在内的政府支出在迅速增长,但在美国的督促下政府已经采取了一些措施来增加收入,在美国对等援助之下政府预算实质上保持了平衡。将 1956 年前十个月与 1955 年的同时期相比,政府开支增加了 30%,军费开支增长了 36% 并且占了国家和省的支出的 62%。但是,由于政府提高了税率,加强了税款征收措施,发展了新的税源,因此政府税收增长了 34%。1957 年的初步预算计划将进一步增加政府支出,但是由于有了增加税收的支持,所以政府的财政地位看上去将比上一年更加强劲。[①]

3. 价格。1955 年存在着明显的通货膨胀压力,但这种压力被认为处在有效的控制之下,这种控制主要归功于对财政和信贷控制的改善。[②]

三、国民党政府的前景

(一) 概述

国民党政府的前景将会继续主要取决于美国的对外政策。只要目前美国支持台湾的政策不发生实质性改变且台湾没有被卷入大战之中,国民党政府几乎肯定能够维持它在台湾的地位,阻止严重内乱的爆发并且逐步推动岛内经济的发展。然而,在接下来的几年内,如果中国共产党继续保持目前的"和平"姿态,那么中华民国的国际地位将很可能持续恶化。

只要蒋介石总统继续控制政府,那么国民党的基本政策就不可能发生实质性地改变。国民党领导人可能会在不放弃他们光复大陆目标的同时越来越多地考虑如何搞好台湾长期的经济发展。

---

① 原注:参见附录一。
② 原文此处字迹模糊。——译注

因为国民党政府的独立要靠美国的支持,因此该政府会继续对来自美国方面的任何行动或声明都表现出极度的敏感,担心美国的举动可能会影响台湾或者贬低它作为中国合法政府的地位。

(二) 国际前景

朝鲜战争以来中华民国政府的国际地位逐渐恶化。越来越多的国家承认共产党中国,对接纳共产党中国进入联合国的支持力度也逐渐加大,"铁幕"之外的国家要与共产党中国发展贸易和文化关系的压力增强,国民党政府的国际地位将会受到进一步侵蚀。

在 76 个联合国会员国中已经有 25 个国家承认了共产党中国。明年前后一些在该问题上一直举棋不定的阿拉伯国家和其他几国——如比利时、法国和加拿大——可能会承认共产党中国。国民党中国目前与 41 个国家以及罗马教廷保持外交关系,其中 37 个是联合国会员国。①

虽然越来越多的联合国会员国陆续承认共产党中国,对共产党中国加入联合国的支持将继续在很大程度上取决于美国所持的立场:如果美国继续坚决不妥协地加以反对,一些承认共产党中国的联合国会员国在接纳中国进入联合国的投票中将继续保持克制。目前许多联合国会员国赞成接受"两个中国"的代表进入联合国,但是国民党中国和共产党中国都不会接受这样的方案。一旦联合国接纳了中国共产党人,看来蒋介石总统决意要从联合国撤出自己的代表。

跟他们在所谓"两个中国"问题上的观点相一致,国民党人和共产党人可能会继续抵制正式的停火或者任何其他努力冻结台湾地区现状的国际协商。

(三) 国内前景

1. 政府的稳定。在今后几年内只要不发生共产党人大举进攻或者美国政策改变的情况,台湾的政局就可能会保持相对的稳定。政府中现存的力量关系将会保持下去,不会有大的改变。看上去蒋介石总统将会保持陈诚和蒋经国之间的平衡,在可预见的未来不会有其他的领导人挑战陈诚和蒋经国的地位。

2. 继承问题。中华民国政府重视法律形式,如果蒋介石总统去世,他们有可能会遵守正常的宪法程序,这样陈诚就将会成功接任总统职位而不会引起内乱。但是陈诚没能拥有蒋介石的国内国际名望,因此他继任后中华民国政府所面临的保持国内稳定和作为中国合法政府的国际承认压力将会大增。陈诚与蒋经国之间的竞争可能会使陈诚无法保持像目前总统办公室所握有的那种集中的权力。

蒋介石的本届总统任期将会在 1960 年结束。在此之后他究竟会放弃总统职位还是通过修宪或解释宪法而获得第三任总统任期尚不能确定。但是,只要蒋介石还有精力,恐怕他

---

① 原注:见附录二。

不会放松对政府的有效控制。尽管陈诚以前有很严重的胃病，但他目前的身体状况很好。一旦陈诚和蒋介石都无法胜任总统职位，宪法规定行政院院长将会暂行总统职权，但台湾要在三个月之内举行新的选举。在这样的情况下，一位像张群这样的元老就可能被选为总统，不过是否由此会形成一个新的集团从而能够成功地挑战蒋经国的权力尚值得怀疑。

3. 大陆籍人与台湾籍人的关系。在政府内被委以重任的台湾籍人在数量上不会有大的增长，在很近的将来台湾籍人的情感对国民党政策造成的影响可能仍然有限。台湾籍人与大陆籍人的个人关系将会继续改善，但台湾籍人的情感仍旧是他们积极支持中华民国政府继续发展的障碍。

4. 台美关系。虽然反美情绪仍在蔓延，但是鉴于国民党的独立有赖于美国，这种反美情绪不可能被允许发展到能逐渐影响美中官方工作关系的程度。中国人可能会质疑保障中国人联合国代表权席位的美国承诺是否可靠，他们有可能会怀疑美国的种种建议可能会损害国民党人的自身利益。

5. 军事前景。对国民党建制军队进行重组和再装备的方案计划将会在 1957 年完成，该方案得到美国的资助。到那时国民党的地面和空中力量在训练和装备方面可能会与共产党军队相当，尽管两者之间的规模无法相比。

虽然军队作战力得到了改善，但是在防御台湾阻止共产党入侵方面国民党还将继续需要外部的后勤、空中和海上的支持。如果没有美国大规模的军事援助，国民党的力量仍然无法防卫共产党对沿海岛屿的进攻。

在今后几年国民党的军队建制可能仍将停留在现有的人力水平上。但是征召入伍的台湾籍人的比例将会大幅度上升，最迟在 1965 年甚至更早军队中台湾籍人和大陆籍人的比例将会持平。台湾籍人数量的增加将可能在年龄、身体和教育状况方面提高军事人员的素质。

国民党领导人很可能想到通过主动挑起事端强迫美国对其进攻大陆表示支持，但除非是绝望之举，否则他们不太可能走这样一步棋。

6. 士气。保持台湾士气的根本仍是台湾民众对美国军事保卫台湾不受共产党侵略的可靠性及功效的信任。对未来光复大陆的信心仍将会成为影响大陆迁台集团士气的重要因素。

中共被接纳进入联合国或者沿海岛屿失守都会对国民党人的士气产生极大打击。首当其冲的是那些大陆迁台集团，因为上述任何一种情况的发生都会使他们回到大陆的希望变得越发渺茫。这些事件对于台湾籍人的士气影响不大，只有当台湾籍人开始怀疑美国帮助台湾防御大陆攻击的意愿减弱时他们的士气才会受到重大冲击。

在大陆迁台集团中弥漫的低沉士气将会助长他们的不满，对共产党的宣传起到帮助作用。尽管如此，在可预见的未来，如果国民党的希望不被突发的不利进程所摧毁，这种士气的起伏不会对中华民国政府的基本安全造成威胁。

7. 经济前景。根据估算台湾目前的国民生产总值达到 12 亿美元，其中包括每年根据共同防御援助计划（MDAP）从美国接收的价值 2 亿美元的军事装备。在总量当中 89％是台湾国内产量，11％来自美国援助。总产值中大约有 17％用于投资，12％为军事开支，10％用于其他政府支出,剩余的61%用于个人消费。

台湾现有的投资水平足以使台湾的年经济增长率维持在4%～5%左右,这也超过了其2.75%的年人口增长率。但是,如果没有美国持续的经济援助台湾目前的投资水平将无法得到维持。停止或者大规模削减美国援助同样将会引发贸易支付差额危机。台湾目前的出口值仅占其进口的一半多一点,而如果不冒破坏国内生产的风险,台湾不可能较大程度地减缩进口规模。目前台湾工业化计划的目标是以扩大国内生产来替代一部分进口需求,但不断增长的人口与不断提高的生活水平将不可能大规模削减其进口需求。与此同时台湾传统的出口产品诸如糖、大米以及其他农产品的出口量并不会提高,新的出口项目与出口市场也没有多少扩展。

如果美国继续保持与目前大体类似的援助程度,则台湾经济持续快速增长的前景将会比较乐观。政府部门支出与投资的大量需求将持续刺激经济,而经济发展的稳定在很大程度上将依赖于有效的财政管理与经济的宏观调控。目前台湾人口粗略估算超过1 000万(确切数字需要等到1956年人口普查结束才可得知),这些人口在今后十年内将会增长30%。同时期内劳动力也会以相同比例增长。由于从事农业或者从军的人数——目前占所有劳动力的三分之二——将不可能增长,因此,从事工业、矿业、运输业、商业、政府雇员以及其他服务行业的人口将会翻倍。

附录一

经 济 指 标

自从NIE 43 - 55发表以来,我们对于台湾经济数据的收集与分析已经大有改观,对许多统计系列重新进行了修订,不过总体上说来数据变化并不大,除了一点,就是根据对台湾经济总量与结构的彻底检查我们得到一个结果,即投资在总生产中所占的比例达到17%而不是我们预想中的10%～11%。同时1955年汇率发生大幅度变化,我们对高估的台币进行了更正,从而导致评估中对汇率做出重新考虑,在台湾统计系列中表现出了美元贬值。

国际合作署(ICA)改进了工业产品的目录,使其内容更加广泛,并删除了一些重复的记录,但研究方法并没有改变。新增的工业项目包括卡车运输、蔗渣制浆、二氯二苯三氯乙(杀虫剂的一种)、涂料、红糖、小麦粉、皮革制造、夹板、木材处理、制砖以及电子设备等等。对于重复计算的部分进行了适当削减,例如化学工业中的盐业值被删除了。

1955年11月完成了对1950～1954年间国民生产总值系列的评估,而国际合作署以1954年的价格为参考对1955年台湾的经济情况进行了前瞻。尽管1954年美元与新台币的官方汇率为15.65新台币兑换1美元(这一汇率也用于NIE 43 - 55的评估中),但是这一比例从1952年以来就没有变化过,这明显高估了台币价值。1955年台币已经贬值到24.78新台币兑换1美元,我们估计使用1955年的这个汇率以美元统计的台湾国民生产总值系列才会更为现实,1954~1955年平均批发价格将会增加14.4%。这样一来,我们对以美元统计的台湾国民生产总值的估计要比NIE43-55中低很多。

台湾外部经济数据统计的细微变化反映出汇率结算的使用更多来自于台湾银行的报告而不是客户的统计数据。台湾银行的数据相对更为可信,因为客户的统计数据是建立在国内进出口批发价的估算上面。由于使用这些不同数据而导致的变化极为细微,所以对整体评估基本没有影响。

去年开始可用的统计系列包括:(1)1956~1957年间全部政府收支的统一预算;(2)1955~1957年间按功能分类的军费支出预算;(3)行政部门统计的1957年预算性军费支出。

表一 经济指标,台湾
(1951至估计出的1956年)

项 目	1951	1952	1953	1954	1955	1956 预计	1956 6月
农业产量 (指标:1938=100)	83	101	99	100	100	107	n a[1]
工业产量 (指标:1941=100)	88	109	134	148	166	184	n a
1955年国民生产总值 (百万美元)	764	905	958	1 079	1 144	1 236	n a
人均国民生产总值(美元)	81	93	96	105	109	114	n a
批发价 (指标:1952=100)	82	100	109	111	127	141	141

表二 台湾对外账目一览*
(1938至1956年)

(单位:百万美元)

	1938	1951	1952	1953	1954	1955	1956 (1月至5月)**
指定装运港出口额	130	90	119	125	94	131	57
指定目的港进口额	104	150	217	200	211	193	99

[1] "n a"代表数据无法获得。——编注

续　表

	1938	1951	1952	1953	1954	1955	1956（1月至5月）**
贸易平衡	26	−60	−98	−75	−117	−62	−42
经常账目平衡	n a	−60	−93	−85	−119	−71	n a
美国捐赠	n a	61	92	83	85	91	n a
黄金及外汇储备变化（增加）	n a	−11	−4	−17	23	−25	2***
其他交易****	n a	10	10	19	11	5	n a

　　* 经过调整后的汇率结算统计包括历年的援助进口资料。
　　** 中国政府部门向国际合作署汇报的未经调整的数据。
　　*** 一月至四月。
　　**** 包括所有资本交易、错误以及疏忽。

表三　台湾中央与地方各级政府财政统一报告*
（1954年、1955年及1955年7月至1956年4月）

（单位：百万美元）

	1954财年	1955财年	1955年7月至1956年4月
支出	**153**	**199**	**199**
国防	94	117	117
基建投资	14	13	21
区域与地方政府得到的补助与共享税收	6	10	16
津贴、利息和其他日常支出	39	53	51
国内资源所得收入	**120**	**161**	**177**
各类税收	70	102	101
垄断利润	24	32	37
国有企业收入	14	12	16
其他收入	12	15	23
国际合作署对等基金之外的赤字	**−33**	**−38**	**−22**
国际合作署公布的对等基金	**33**	**33**	**27**
预算	6	5	13
额外预算	27	28	14
包括国际合作署对等基金在内的赤字	**0**	**−5**	**5**

　　* 包括预算内外的对应支出。所有新台币数值都已按照24.78∶1的兑换比率换算成美元，并未因国内物价的上涨而做出调整。财年结束于6月30日。

表四　台湾中央、省与地方政府财政统一报告[*]
（1955～1957 财年）

（单位：百万美元）

	1955	1956[**]	1957[***]
支出	**215**	**245**	**286**
国防部	98	123	140
公安		19	25
行政机关	117	35	41
文化、教育以及科研机构		29	35
基建投资		11	16
其他		28	29
收入	**208**	**219**	**253**
税收	136	142	159
垄断利润	32	43	50
国有企业收入	13	10	22
其他	27	24	22
赤字	**7**	**26**	**33**
对等基金(政府预算支持)	**5**	**19**	**12**
对等基金(政府预算支持)之外的赤字	**2**	**7**	**21**

[*]　额外预算的对应支出没有被计算入内。财年结束于 6 月 30 日。

[**]　预算的数据包括 1956 年完成的第六次与最终修订版本。对当年账目的初步估计表明在赤字项目上变化不大而收入与支出则有所增长。

[***]　初步估计预算。

表五　按照功能分类的台湾军费支出[*]
（1955～1957 财年）

（单位：百万美元）

	1955	1956[**]	1957[**]
薪水与补贴	22.0	25.4	27.2
食　物	32.0	38.4	41.4
维持与运作	41.7	48.1	59.2
总　计	**95.7**	**111.9**	**127.8**

[*]　根据军事援助顾问团(MAAG)的报告，这些数字包括只为"援助计划——直接军事支持"提供的对应基金预算的支出，1955 年达到 537.5 万美元；1956 年为 770 万美元；1957 年是 800 万美元。其他对应基金预算没有被计算入内。财年结束于 6 月 30 日。

[**]　估计预算。

表六 按兵种分类的台湾预算内军费支出
(由军事援助顾问团(MAAG)验证)
(1957 财年)

	美元(百万)	占总数百分比
国防部	19.4	15
陆 军	83.1	65
海 军	7.1	6
空 军	10.9	9
海军陆战队	0.6	忽略
特混部队	6.7	5
总 计	127.8	100

附录二

中华民国外交情况一览(以 1956 年 6 月 21 日情况为准)

1. 与中华民国保持外交关系的国家一览

国 家	中方代表在驻在国级别	在台国外代表级别
阿根廷	大使级	
澳大利亚	大使级：代办	
比利时	大使级：代办	
玻利维亚	大使级：驻秘鲁大使馆代办	
巴 西	大使级	
柬埔寨	领事级	
加拿大	大使级	
智 利	大使级：代办	
哥伦比亚	公使级	
哥斯达黎加	公使级	
古 巴	公使级	
多米尼加共和国	公使级	公使级

国　家	中方代表在驻在国级别	在台国外代表级别
厄瓜多尔	公使级	
萨尔瓦多	公使级：驻巴拿马大使馆代办	
法　国	大使级：代办	大使级：代办
希　腊	大使级	
危地马拉	公使级：代办	
海　地	公使级	
罗马教廷	公使级	教皇使节派驻
洪都拉斯	公使级：驻巴拿马大使馆代办	
伊　朗	大使级	
伊拉克	大使级：代办	
意大利	大使级	
日　本	大使级	大使级
韩　国	大使级	大使级
黎巴嫩	公使级	
卢森堡	公使级（办事处在布鲁塞尔）	
墨西哥	大使级	
新西兰	总领事级	
尼加拉瓜	公使级：代办	
巴拿马	大使级	大使级
秘　鲁	大使级	
菲律宾	大使级	大使级
葡萄牙	公使级	
沙特阿拉伯	领事级	
西班牙	大使级	大使级
泰　国	大使级：代办	大使级：代办
土耳其	大使级：代办	大使级

续 表

国　　家	中方代表在驻在国级别	在台国外代表级别
南　非	总领事级	
委内瑞拉	公使级	公使级：代办
越　南	公使级：代办	公使级：即将建立
美　国	大使级	大使级

2. 被中华民国承认的其他国家

利比里亚　　　　　1937 年签署友好协定——由中华民国提出建交申请

利比亚　　　　　　由中华民国提出建交申请

摩洛哥　　　　　　中华民国于 1956 年 4 月 20 日承认

苏丹　　　　　　　中华民国于 1956 年 1 月 2 日承认

突尼斯　　　　　　中华民国于 1956 年 4 月 20 日承认

3. 在台湾有领事但未承认建交国家

英国　　　　　　　领事馆设于淡水

4. 海外中国特派代表

澳门　　　　　　　在澳门设有特派员

O. S. S. /State Department Intelligence and Research Reports，Part IX，China and India，1950 - 1961 Supplement，Washington，D. C. ：University Publications of America，1979，Reel - 3 - 0541

葛子仪、李杉、双惊华译，双惊华校

国务院情报和研究署关于台湾国民党政权治理通货膨胀的货币政策及相关金融形势的评估

(1959 年 7 月 23 日)

IR 8058

台湾正在抵御通货膨胀：中华民国货币供给与物价的关系

(1959 年 7 月 23 日)

摘　　要

　　在过去的一些年里台湾出现了一个显著的经济现象。从 1953 年以来台湾的货币总量已经增长了三倍，加上他们对过去在大陆时期持续多日的金融混乱还记忆犹新，政府对此发展异常警觉，对通货膨胀的危险非常敏感。但是从 1953 年以来，与每年货币供应量增加 27 个百分点相比，生活成本平均每年只上涨 9 个百分点，1958 年货币供应量增加了 35 个百分点而物价只上涨了 5 个百分点。这样的发展与中国之前的货币历史相反，且与经典的理论相背离，经典理论认为物价上升的速率大体上与货币供给量的上升幅度相当。政府对货币供给稳步上升的深切关注遮蔽了他们对其他一些因素的认识，忽视了一些有效的反通货膨胀措施的作用，例如通过增加美国援助及农业、工业产品产量来增加可购买商品的供应量。在这种有点自相矛盾的情况下，台湾主要货币性因素成为货币供给膨胀（储蓄比流通货币增长快得多）及流通速率下降 42 个百分点现象的本质特征。

　　相对稳定的物价水平、投资环境改善的迹象及储蓄的增加都反映了人们对台湾经济的未来及政府抑制通货膨胀能力的不断增长的信心。在现有情况下通货膨胀的风险在一定程度上存在且不可忽视。但是假设目前的经济状况及心理状况（包括非常重要的相信美国会继续支持台湾的信心因素）持续下去，至少短期看来台湾经济前景光明，因为台湾物价的相对稳定也就意味着社会和政治的稳定。

一、介　　绍

　　与大韩民国一样，台湾形成货币供给快速增长但并未导致严重通货膨胀的经济现象（见曲线图一）。1958 年尽管大韩民国货币供给上涨了 33 个百分点，但批发和消费价格实际上却在下降。[1] 很明显，在这些国家货币供给量与价格的关系并非直接关联，反通货膨胀的力量也在起作用。本研究调查了台湾在 1958 年及 1959 年第一季度内——可得数据的最新阶段——的货币供给结构，指出台湾一些对货币供给增加导致通货膨胀这一趋势起反作用的因素。

二、1953 年以来的发展

两方面的——物质的及非物质的或者说心理方面的——因素使得价格从 1953 年以来持续下降。1953 年以来农产品产量增加了 29 个百分点，工业品产量增加了 49 个百分点，加上美国高规格的持续不断的援助，导致了台湾经济供给量的增加，这对物价的稳定起到了重要的物质贡献。一些无法衡量的因素也在起作用，如人们对新台币的信心逐渐增强，对通货膨胀的忧虑逐渐缓解（这一担忧主要是对国民党中国在大陆时期遭遇的通货膨胀灾难的回忆）都有助于增加储蓄及降低投机。民众相信美国会继续为中华民国提供经济和军事支持的信念及市场上可购买商品的显著增加，这些无疑会增强人们的信心。

中国政府已经采取了一些措施来减少货币供给增加对物价带来的压力。比如鼓励储蓄存款，销售私人及政府债券，成立一个发展公司，销售黄金给国内购买者，所有这些行为都是为了消耗民众过度的购买力，固定一部分货币供给量从而为生产性投资提供资金。

从 1953 年年初到 1959 年 3 月与生活成本指数相比，货币供给指数上涨了差不多 4 倍。1953 年末到 1959 年末生活成本平均每年上涨 9 个百分点，而货币供给平均增长 27 个百分点。表一显示了在特定年份这两种指数的逐年变化。不过我们在这里所关心的是 1958 年货币供给增加 35 个百分点，而生活成本的上升却低于 5 个百分点。

三、1958 年的货币供给量

台湾货币供给量在 1958 年增加了大约 35 个百分点，总量达到 55 亿新台币。[2] 流通货币（约占 43％的货币供给）增加了 24 个百分点；可提供给私人企业及个人的保证金（占货币供给的 42％）增加了 35 个百分点。可提供给公共企业的保证金大约占了货币供给量的 14％，在一年中翻了一番（增加了 108％）。公共企业保证金增加的意义比实际意义要小，因为公共企业的支出水平不像私人企业或个人那样，不受其银行保证金的限制，而主要是受他们获得贷款的能力及从政府银行、政府部门、公共财富多种渠道获得较低的利率能力的限制。曲线图二描绘了从 1952 年以来基于绝对基数的货币供

---

[1]　原注：见 1959 年 5 月 5 日 8009 号情报，"近来大韩民国的货币供给和价格之间的关系"。
[2]　原注：从 1955 年 9 月到 1958 年 11 月，主要交易的官方汇率为 24.78 新台币兑换 1.00 美元，1958 年 11 月开始为 36.38 新台币兑换 1.00 美元。

给量的上升。

准货币(即私人企业及个人所持有的定期及储蓄存款)在 1958 年攀升了 72 个百分点，这一比例在过去十年前所未有。这些存款一般不包括在货币供给里，因为他们不能被立即用于支付交易的货币或成为中间步骤，比如，他们的流动性比现金和活期存款要小得多。不过这些代表着货币的不可流动性基金的快速增加是一种有益的迹象，尽管是短时间来看也暗示民众对新台币信心的增长。在 1958 年末这些在银行、相互拆借的公司、农会、邮政储蓄的存款总额加起来一共超过 35 亿新台币，远大于活期存款，这在台湾货币历史上是不同寻常的现象。

四、1959 年第一季度的货币供给量

在过去几年的每一个第一季度货币供给量都在增加，但平均水平远小于他们在年度增长中所应占的比例。这一趋势在 1959 年的第一季度得到了加强，货币供给量在 1 月份首次上涨之后不升反降。不过货币供给结构在第一季度里一般会发生季节性内部转换。一般来说在农历新年之前流通货币方面会出现增长。农历新年是一个传统的派发红包、红利的时间，也是会计结算的时间，此间支票的使用会下降。在节日之后这一趋势会反过来。今年的农历新年是 2 月 8 日，在这一季度里发生内部结构转换极为正常。到 3 月底个人、私人企业及公共企业的活期存款已经增加了 2 个百分点，流通货币下降了 2 倍(5 个百分点)。考虑到结构规模上的区别，与前五年第一季度平均 4% 的增长水平相比，货币供给量在 1959 年第一季度实际上下降了约 1 个百分点。但是准货币在这一季度里继续沿着 1958 年的速度上升。

1 月份信贷激增，不过此后逐渐放缓。3 月底(农历新年后)私人层面贷款的上升趋势有所缓解，公共企业的贷款在 12 月份的水平上保持些许上升，但与前 2 个月相比绝对是下降的。在本季度里主要是商业银行的贷款导致了贷款的膨胀(超过 12 月份 12 个百分点)，同时伴随着减少过多的储备金的进程。台湾银行贷款以 3 个百分点的温和速度上升，且几乎专门贷给政府实体和政府企业。

五、影响货币供给量的因素

很多因素都与货币总供给量的急剧上升有关，政府收入小于支出这一长期趋势是一个不小的原因。这种趋势的结果导致政府赤字通过银行借款、销售政府债券——主要销给政府企业及银行——及依靠美国援助来弥补。1958 年通过对外汇汇率的重新估价政府净赚 5.04 亿元新台币(以现有汇率相当于 1 390 万美元)，为预算赤字筹措部分资金。

货币供给的很大一部分来自于台湾银行贷款给公共企业及其他官方的、半官方的机构

和通过银行贷给私人企业及个人。

公共企业的债务正在逐年增加,台湾银行贷给这些企业的贷款在1958年上升了15个百分点。既然这些企业本身没有大量的流动资源,在价格上升的情况下要想扩大商业活动的总量就需要增加信贷总量以满足其资本运作的需要。公共企业的平均利润不足以满足当前需求及上交政府款项。更为重要的是企业微薄的利润没有被很好地安排预算,且其中一些利润是账目上的利润,只是为了得到贷款,这些利润常常是不可实现的,一些存货上的增加也不可能被马上使用。资产的不可使用性促使这些国有企业求助于国有银行来弥补他们营运资金的不足,因而就导致了台湾货币供给量的增加。

1958年商业银行贷给私人层面的贷款增加了11亿新台币,即增加了40个百分点。与商业银行贷给私人层面的金额相比台湾银行很少向私人放贷。不过,与前一年相比1958年台湾银行贷私人层面的贷款也增加了14个百分点。我们这里关心的是上述贷款的增加对货币供给量的调节所起的作用被这一年适时急剧增加的15亿新台币(72个百分点)定期及储蓄存款所抵消。这种显著增加的存款意义深远,因为它很大程度上代表了可借贷资金从私人家里(这常常是储蓄的习惯方式)转移到被认可的金融机构。存款的增加也反映了信贷黑市的衰退,在信贷黑市里当贷款无法收回时出借方往往要承担巨大的损失。投资者(潜在的出借人)喜欢安全的有保障的收益甚于从私人借贷机构里获得的较高的但存在回报崩塌风险的利息。

六、反通货膨胀的因素

流通速率一直下降,从1953年的14.4到1958年的8.4下降了42个百分点,这种情况的出现部分解释了货币供给量呈现3倍增长但对价格并未产生相应影响的原因(参见表二)。活期存款与储蓄存款在流动速率上区别明显;但是现金与储蓄存款在流动速率上的区别同样明显。支票账户的使用尽管变得更为普遍,但在台湾籍民众中还不是一种平常的做法。结果活期存款比流通货币具有更少的流动性。银行活期存款的流动速率,不管是以活期还是以储蓄的形式,都比现金的流动要慢得多。因为支票占了货币供给的很大一部分的比例,所以物价没有紧跟着增加的货币供给量而变化。

另一个反通货膨胀的因素是台湾经济的很大一部分仍然是物物交易,尽管使用货币进行交易在逐渐增加(见表二)。易货交易包括个人间商品、服务的交换,一些种类的特定税的征集,政府出借肥料及类似的产品之后以农产品的方式返还。我们认为这些易货交易的实践将会持续,因此这将继续限制货币供给量对价格产生的通货膨胀压力。

在最近几年有利的供给水平源自于好的收成、工业产品的增加及大量美国援助产品的到来。供给基本上满足了需要,延缓了通货膨胀。除了丰收以外,政府也设计了一些方案加强自己的库存管理,允许农户在贷款时以货代币或者以产品偿还税收,这些方式稳定了谷物的价格——谷物价格是价格指数非常重要的组成部分。曲线图三提供了从1952年以来生活成本变化趋势的最好的指针。应该注意的是价格指数的食品部分是很重要的指针（占57％），政府可对商品价格进行调控。更为重要的是第二大组成部分（占15％）即租金部分，政府也可以通过价格的运作对其进行调控，造成指数的有限上涨。

尽管工资水平及工资以外福利待遇的货币价值逐步上升，但我们认为这样的工资上升对价格影响很小，因为在经济中总工资票据只有相对小的一部分以货币的方式支付。关于工资上涨对物价水平影响的精确测量现在还不可能进行。但是，现有的工资指数只包括采矿业、制造业，各自上涨了148个百分点及106个百分点，均超过了1952年的平均水平。这一上涨部分是由于产量增加导致，但大部分是由于雇主家长式的作风带来而非劳工要求的结果。至少有三个原因使得工会在要求涨工资时处于非常弱小的地位：工会通常是被雇主或政府所掌握；"边际"利益非常高，有些时候这些灰色收入的货币价值比扣税后的实得工资还高；在台湾有大量过剩的劳动力。

但是，现在影响工资及物价关系还有另一重要方面，即作为很大一个群体的公务员要求涨工资，他们呼吁对工资外灰色收入货币化、规范化。如果政府屈服于公务员的压力，短期内因为增加的商品供给不能满足增加的需求将会造成一些通货膨胀。

大量的证据表明公众对通货膨胀的担忧正在逐步减轻。比如说，几家私人企业成功地发售了债券，这象征着民众对当地货币及经济信心的增长。政府看到了这些迹象并决定在本财政年度发行短期债券。最近也成立了一个半国有开发公司，其中私有的那部分股份很快被认购一空。这些高度组织化的复杂的投资形式要求对各种来源的资金进行整合，资金所有者要放弃对自己投入资本用途的控制，如果贮存资本方式没有改变或对外资本投资没有减弱，那么上述这些投资方式就很难产生。交易的货币化及个人收入的增加导致了个人现金储蓄的增加。以货币方式而非实物方式进行保值的偏好已经在上升。这种流动性偏好反映了民众对商品价格预期的下降及黑市利率的下降。

储蓄的显著增加给那些认为台湾缺乏投资机会而不是缺乏国内资本的主张提供了依据。但可能的事实是企业家对台湾未来经济更有信心，这种信心体现于私人企业成功销售债券、新发展公司的私人部分基金的超额认购、私人放债的减少和私人利率的下降。

七、结　论

货币供给量的快速增加在本质上会引起通货膨胀，但（在台湾）没有导致商品价格的普遍性上涨，这是因为货币供给的增加被其他一些因素所抵消。1953年以来伴随着经济的增长台湾出现一定程度的通货膨胀，因为货币供给量及信贷的增加并没有被下面这些因素所完全抵消，（1）较慢的流通速率；（2）农业、工业产品的增加导致更多的商品供给；（3）在美援助项目下更多商品的流入；（4）政府对货币、价格的调控。但是，与货币供给增加的程度相比台湾通货膨胀的程度适当。

　　中国政府将继续面对这一问题，即如何在不抑制经济发展或削弱军事态势的条件下保持货币稳定。但是该政府也意识到它所面对货币与物价的难题，看起来政府也采取一些必要的措施来限制货币供给量的增加对价格的影响。回顾最近一些事件，迄今为止政府取得了标志性成功。因此，在对公众的信心没有明显损害的情况下，1958 年政府实行了两个汇率方面的改革且经受住了长时期的台海危机对经济所带来的压力。现有迹象表明政府将会有效运用一些可行的措施。如果商品供应的情况没有恶化，至少短期看来我们预计台湾的通货膨胀将会保持温和态势，不会危及台湾经济的稳定。

表一　1953～1959 年中华民国的价格与货币供给量（1952 年的平均为 100）*

时　期	货币供给量指数	生活费用指数	货币供给	生活费
			（与前一阶段的百分比变化）	
1953	150	135	32.7	29.8
1954	189	134	26.0	−0.7
1955	237	155	25.4	15.7
1956	295	169	24.5	9.0
1957	352	174	19.3	3.0
1958	476	182	35.2	4.6
1 月	351	174	−0.3	0.0
2 月	368	176	4.8	1.1
3 月	354	175	−1.1	−0.6
4 月	386	175	6.0	0.0
5 月	363	176	−6.0	0.6
6 月	377	173	3.9	−1.7
7 月	388	171	2.9	−1.2
8 月	402	172	3.6	0.6
9 月	424	177	5.5	2.9
10 月	414	178	−2.4	0.6
11 月	442	178	6.8	0.0

续 表

时　期	货币供给量指数	生活费用指数	货币供给	生活费
			（与前一阶段的百分比变化）	
12 月	476	182	7.7	2.2
1959				
1 月	486	182	2.1	0.0
2 月	469	183	−3.5	0.5
3 月	472	185	0.6	1.1

* 资料来源：国际合作署台湾经济数据手册，第Ⅵ及Ⅶ部分。

表二　1953～1958 年中华民国货币供应量和国民生产总值之间的关系*

	货币供给量**	国民生产总值***	货币化 A/B	周转率 B/A
	（以百万新台币计）		（百分比）	
	A	B		
1953	1 513.7	21 795	6.9	14.4
1954	1 914.6	22 615	8.5	11.8
1955	2 629.5	26 929	9.8	10.2
1956	2 964.4	30 846	9.6	10.4
1957	3 813.8	35 854	10.6	9.4
1958	4 569.1	38 272	11.9	8.4

* 资料来源：国际合作署台湾经济数据手册，第Ⅵ部分及国际合作署 1950～1957 年台湾国民收入。

** 年平均。

*** 以现价计。

图一　1953～1958 年中华民国价格与货币供应量比较图[①]

图二　1953～1958 年中华民国货币供应量图

图三　1953～1958 年中华民国反应在生活费指标上的价格走势图

O. S. S. /State Department Intelligence and Research Reports，Part Ⅸ，China and India，1950‐1961 Supplement，Washington，D. C.：University Publications of America，1979，Reel‐3‐0618

俞仁娜译，双惊华校

———————

① 以下图略去。——译注

国务院情报和研究署关于
台湾国民党政权基本形势的评估

（1960 年 5 月 6 日）

IR 8253

中华民国政府前景①

（1960 年 5 月 6 日）

本报告使用的情报截止到 1960 年 4 月 15 日。

摘　　要

中华民国政府在很大程度上把自己的前途寄托在国外因素上，而它自己对国外因素的影响微乎其微，没有任何控制力。面对一个强大的、牢固的大陆政权的威胁，如果没有美国在军事和经济方面的帮助中华民国政府无法生存下去，如果没有美国的外交支持中华民国政府无法维持它的国际地位。尽管如此，中华民国政府仍然拥有明确的目标和雄心壮志，为了追求这些目标在一定程度上甚至不惜损坏与美国的关系，这些目标主导着中华民国政府的政策。

中华民国政府的基本目标是保持其全国政府的身份——代表全中国的政府，而不仅仅是台湾岛的代表；它的主要外交政策和国内政策都以此为出发点，也都服从于这一目标。因此，中华民国政府将会继续强调这些目标，坚持"光复大陆"；强调沿海岛屿一定要坚守；维持超过用于防御目的需要的庞大军事建制。"大陆籍人"主导了这个政权和党的运行，他们苦心经营着复杂的中央政权结构，而这种结构的很多方面纯属多余，他们不愿意让大量的台湾籍人爬升到政权的较高梯队上来，并根据政府的基本目标对这种做法加以说明。本文将主要关注未来两三年这段时间的局势，我们认为中华民国政府的政策将继续被上述因素所主导，从现在看来它不可能会放弃重返大陆的雄心壮志，这也意味着它将运用军事、外交和国内手段服务于这一目标。

在未来几年内只要美国坚定地支持中华民国政府，保卫台湾的安全，保障其经济的运

---

① 原注：本报告最初是为 NIE 43－59"中华民国政府的前景"准备的，当时那份报告已经充分修改以备发表之用。

行,中华民国政府就应该能维系下去,成功地度过它可能会经历的难关。蒋介石的逝世将使中华民国政府失去其号召统一的主要力量,没有继任者能够填补他的包揽一切的总裁角色。不过,中华民国政府当前已经强大到足以应对冲击的程度。丢失沿海岛屿会使民众绝望情绪滋长,混乱的局面将会出现,政府效率会有些衰退,但如果美国作出新的详尽阐述,表明美国决心继续保护台湾,中华民国政府生存下去的意志就不可能崩溃。同样,中华民国政府国际地位的恶化既不会严重改变中华民国政府在台湾的现状,也不会因明显增加大陆籍人和台湾籍人对共产党人颠覆的敏感。如果西方和苏联的关系缓和,至今悬而未决的中国内战的紧张将会大大减轻;如果亚洲压力缓和,中华民国政府迫于压力可能会及时地被迫撤出沿海岛屿,或者调整它的姿态。如果中共采取一个"合理"的姿态,中华民国政府面临的压力会更大。不过,假设中华民国政府继续得到美国的坚定支持,它将有必要作出调整并存续下去。

从长期来看,由于台湾人口持续增加中华民国政府可能会出现经济问题,这将成为中华民国政府面临的最大挑战。不过反过来说,我们也有充分理由相信,在外界的帮助和引导下台湾将会战胜这些挑战,中华民国领导人和重实际的民众会找到很好的方式,采取必要的步骤来维护经济的健康运行。

一、今日的中华民国政府：面临的问题和基本政策

（一）基本框架

中华民国局势在最基本的方面和过去十年没有什么不同。虽然它自称为全中国的合法政府,外交上同样得到世界上大多数国家的承认,但实际在本质上是一个流亡政府;它的权力仅仅局限于台湾岛、由一些相对较小岛屿组成的澎湖列岛和靠近大陆海岸线的几个小岛上。在这样狭窄的岛屿领地上(虽然其人口比大多数联合国会员国的人口要多,但和日本南部的九州岛相比,它的面积小,人口少,工业也欠发达),中华民国政府仍然保持着一个人口众多的大陆国家所拥有的政治和军事态势,操纵政局的很多人与过去他们有效控制中国大陆时期是同一群人,至少在高层指挥者中是这样。从大陆来的政府官员、士兵和其他避难者只占台湾总人口的八分之一,但台湾岛仍然被官方视为一个"省",仅仅是中华民国政府声称自己拥有权限的更大主体中的一小部分,岛上居民在岛内中央政府和行政机构中的发言权受到限制。

台湾的资源有限,不足以在支持政府运转、维持军事力量的同时为其居民提供令人满意的生活,中华民国政府严重依赖外部的援助——来自美国的——对其外交、经济和军事上提供支持,最终还要依赖外援防守台湾并维持其生存。

同时,中华民国政府表示要求得到中国大陆,并承诺要光复大陆,但大陆那里已经存在着一个强有力的牢固政权,这个政权毫无疑问比中华民国政府拥有更多的人力资源和其他

资源，而且在这些年中发展得更加强大，大陆政权认为是自己而不是中华民国政府是代表中国的合法政府，而且它的基本目标之一就是破坏中华民国政府和占领台湾。无论是中华民国政府还是大陆的共产主义政权都不准备承认对方对其所占有区域的统治权，也不接受分裂现状的永久化。

（二）中华民国政府的政策

在过去的几年里中华民国政府的情况和对其他一些国家对该政府的态度逐渐发生了变化，这些变化可能已经减轻了中华民国政府面临的困境并改善了其生存的机遇。这些变化包括：越来越多的人意识到中华民国政府应该把精力放在台湾自身的经济和其他问题上，好像他们认识到逗留在台湾的局势有可能持续下去；中华民国政府领导人已有些降低了"光复大陆"主题的音调；虽然刚刚开始，但在一些对台湾没有义务的国家，特别是一些亚洲国家出现了一种不断增强的趋势，这些国家开始认为中华民国政府只是台湾的永久"合法"政权（而不是全中国的政权）。尽管如此，这些发展仍未从根本上改变中华民国政府的局势和政权面临的问题，也没有反映出中华民国政府政策的任何根本变化。

自从中华民国政府十年前在台湾建立政权以后，在确保生存后的主要目标就是维护其全国政府的身份，这个政府是中国政府，而不仅仅是台湾岛的政府。这一基本考虑将继续在很大程度上决定着中华民国政府的外交政策，同样这对其国内政策也起着决定性的影响；其他一些考虑较为次要，如果某些政策可能不利于这些政府目标的实现，即使政策措施看来极为合理也不会被付诸实施。中华民国政府决心捍卫自己全国政府的定位，可以解释下列现象，诸如：他们反复重申"光复大陆"的决心、坚持据守沿海岛屿和维持着相当可观的军事建制。在国内问题上这个考虑也极为重要，可以解释一些事情，比如中华民国政府不愿意在政治模式上作出任何实质性变化——这种模式是一种不实用的流线型中央政府结构，在很多方面都过于臃肿繁复，又比如它不允许台湾籍人在"国家"层面（与"地方"层面有区别）的政治事务上有重要的发言权。

蒋介石和其他的中华民国政府高层领导人真切地认识到台湾时局的困难，但是他们坚信中华民国政府要想维持其全国政府的身份就别无选择，只能继续实施这些政策。现在还没有迹象表明那些确定台湾路线的领导们正准备在任何重要的方面调整现有这些政策。

二、近来发展和最新趋势

（一）对外关系与对外政策

1. 光复大陆。在过去两年里中华民国政府光复大陆的愿望由于形势变化而出现了一些波动，它在这个问题上的公开立场也相应地发生了一些变化。1958年9月以前中华民国政府的公开立场是需要触发解放大陆的时机，台湾主动发起军事进攻并取得胜利。这种"反攻"原则被蒋总统的公开声明和1958年10月杜勒斯-蒋总统的联合公报所否定，联合公报不再强调中华民国政府军事力量的作用,却表示应该重点强调用和平手段实现大陆的"解放"。中华民国政府领导人在随后的言论中开始寻找调整口径,试图将这种否定(武力道路)的重要性降到最低程度;他们也把公众视线转移到等待时机之上,表示大陆发生"匈牙利式"的反抗将为中华民国重返大陆提供可能的时机。在大陆普遍不满情绪的蔓延和西藏叛乱一事上他们找到了乐观的理由,虽然中华民国政府没有能力去影响这些事件发展的过程,但他们认为这可能会增加大陆的挫折感。

在反复公开表述乐观观点和政府原则变化的背后中华民国政府领导人等待时机光复大陆的想法在本质上并未改变;此外,他们现在的观点比他们公开的宣传更加"现实"。蒋和他的军事指挥官及其他同僚深刻地认识到,没有美国的全面支持在现有局势下进攻大陆会是一场灾难;他们也知道几乎不可能或者根本不可能有希望在发动这种攻击时获得美国的支持。他们开始把希望放在"匈牙利式"反抗的可能性或者一场并非由中华民国政府发动的大战身上。蒋本人和他身边的一些人好像逐渐确信不远的未来将会发生的叛乱能使他们重返大陆,他们也在实际考虑增强这种可能性的方式方法。尽管如此,另外一些人,可能包括政府和国民党的大部分高级文职领导人更倾向认为他们将会继续留在台湾,几乎完全丧失了"将要发生的事情"能把他们带回家乡的梦想。

就像上面提到的那样重返大陆的希望仍旧是中华民国政府根本原则中最核心的因素,因为放弃光复大陆就将意味着抛弃中华民国政府声称的作为全中国政府的主张。在政府和其他大陆籍人中很多人认为应该降低"光复大陆"主题的重要性,政府应该把主要注意力集中在台湾眼下的生活上。甚至在那些对重返大陆抱有很大激情的人中间也有少数人准备完全放弃这一目标。

2. 沿海岛屿。中共拥有从中华民国政府军事戍守中攻取沿海岛屿的军事力量(如果后者没有美国的支持),但是至少从目前的形势看中共没打算作最大的军事努力准备。这种谨慎很大程度是因为他们相信一种观点——1958 年危机中美国的坚定立场强化了他们的这种信念——如果中共竭力进攻这些岛屿将可能导致美国全方位介入冲突之中。

中华民国政府仍然致力于防御那些沿海岛屿,在他们眼中这件事具有非凡的心理上的重要性,这实际上与这些岛屿的规模和战略重要性不成比例。在 1958 年 11 月 7 日的杜安(Doan)-王的理解备忘录条款中中华民国政府答应将减少金门驻军 15 000 人(总共 86 000人),作为交换他们可以采取措施加强沿海岛屿的军事力量,如在金门部署 240 毫米口径的榴弹炮和其他武器装备。作为对美国建议的回应,中华民国政府逐步限制了利用这些岛屿挑衅大陆的行为。尽管如此,中华民国政府还是清晰地表明它无意放弃这些岛屿,也不打算大规模削减驻扎在这些岛屿上的负责防御的军事力量(中华民国政府最好的武器装备和最有战斗力的地面部队有三分之一集中于此)。

在 1958 年危机中有一种趋势非常明朗,自由世界的主流观点认为把大量军事力量驻扎在这些岛屿上是一种没有必要的挑衅,反对美国冒着战争风险防卫这些岛屿,支持中华民国政府在形势稳定下来后尽快从这些岛屿上撤军。这些观点反映出很多人相信中华民国政府从这些岛屿上撤军能减少发生冲突的危险,也能使台湾海峡局势"稳定"下来。另外也有争论认为若中华民国政府撤军自由世界将会加强防御中华民国政府的力度,事件的处理原则就是台湾和佩斯卡多尔群岛无论如何都不能落入共产党人手里。

1958年危机平息后要求中华民国政府从沿海岛屿撤军的(国际)压力逐步减轻(事实上,一些先前主张撤军的政府私下对这些岛屿得到成功防守表示满意,结果美国和中华民国政府都赢得了相当的声望)。虽然国际主流观点还是认为中华民国政府应该从这些岛屿上撤军,但和以往一样,这些观点对中华民国政府的影响微乎其微,它还是一如既往地坚决防守这些岛屿。

3. 美国与中华民国政府的关系。美国和中华民国政府今天的关系——即美国人和在台湾岛上的中国人之间的关系——大体上还不错。在1958年危机中美国对中华民国政府的迅速支持给中国人吃了一颗定心丸,有利于打消台湾的疑虑,因为有些台湾人认为在面对危机时美国人注定会放弃中华民国政府。这次危机进一步强调了中华民国政府只有依赖美国才能生存下去,相应地也需要中华民国政府避免采取任何可能损害双边关系的行动。中华民国政府不大情愿地接受了1958年10月联合公报,这连同该政府在1958年危机期间以及危机以后在台湾海峡和沿岸岛屿上的谨慎行为一样都是一种迹象,显示了中华民国政府在什么样的高度上评价对美关系以及为了保留美国的良好意愿和支持中华民国政府到底能走多远。1957年5月捣毁美国大使馆事件以后台湾没有再发生类似的事件,他们冷静谨慎地处理今后潜在的突发性事件可能也反映出一种日益增长的警觉,对中华民国政府和普通中国老百姓来说他们担心他们过度重视了与美国的"融洽相处"。

这不是说美国-中华民国政府的关系总是非常平稳,也不是说中华民国政府在扮演一个听话的美国卫星国的角色。有时中华民国政府在它认为违背自身根本利益的事件上会直接拒绝接受美国的建议;在其他的一些事件中,当它对时局的评估与美国截然不同时(比如继续支持在印度支那的叛军和在缅甸的中国残余军队)中华民国政府一直不对美国的意愿作出回应。此外,像其他主权国家一样中国人喜欢分享他们的民族自豪感和自尊心,中华民国政府对依赖美国的处境极为敏感,对众多在台外国侨民享有高工资感觉也极为敏锐。在这种情况下我们对一些问题就不难理解了,例如,在军事协定地位问题上中华民国政府强烈坚持与日本和其他一些有美国驻军的国家一样实施同等管辖权。

最后,可能也是最持久地造成中华民国和美国摩擦的因素就是中华民国政府领导人从未间断的恐惧,他们担心只要美国看来能够获得更大的、更令人满意的利益,美国将随时牺牲中华民国的利益。因此中华民国政府不断地审视美国政治舞台,搜寻任何表明美国在对华问题上持"软弱"立场的迹象,反复寻求美国对中华民国忠诚的再保证。中华民国特别困扰于美国可能最终与苏联达成缓和的可能性,因为这样一来,即使美国继续反对北平,中华民国的地位可能也将严重受损。我们可以肯定地说,中华民国政府痛恨谈论"紧张局势的缓和",对高峰会晤和美国总统与赫鲁晓夫第一书记的互访将会公开表示关注。

4. 与其他非共产主义国家和地区的关系。中华民国政府对非共产主义世界政策的根本目的就是维持自己作为中国合法政府的身份。在发展和这些国家的关系时中华民国政府寻求获得这些国家的最大支持,以便在联合国和其他国际组织中维护自己的地位;它试图与尽可能多的国家建立和发展外交关系,阻止那些尚未承认北平的国家加入到承认的行列当中去。

在追逐这些目标的进程中中华民国政府仅仅取得了一定的成功。1958年春天中华民国政府向日本政府施加威胁,表示一旦日本政府允许中国共产党的红旗在中共驻东京贸易代表团的驻地上空飘扬,中华民国将终止与日本的一切贸易往来,这一招确实见效,日本对北平的态度变得强硬起来,致使北平中断了和日本的经济关系,这至少暂时阻挡了东京-北平关系正常化的发展进程。越南和中华民国政府的关系因为海外华人的公民身份问题一直非常紧张,1958年中华民国政府建议海外华人接收他们居住国的公民身份,两国关系得以恢复;中华民国友好和技术援助代表团随后启程前往越南。尽管柬埔寨承认了北平,但老挝接受了中华民国领事,利比亚和喀麦隆都承认了中华民国政权。中华民国政府在伊朗王国受到欢迎,土耳其总理和约旦国王都对中华民国进行了官方访问。为了保持其激烈的反共政策,中华民国政府一直秘密帮助印度尼西亚的叛乱和在缅甸的中国残余军队,不过这些努力对获得中华民国政府的目标没有多大帮助。

中华民国政府一直坚持声称对西藏拥有主权。1959年3月蒋介石承诺如果中华民国政府重新控制大陆,西藏将有机会获得“自治”,但中华民国政府拒绝承认西藏独立,从而不能从西藏叛乱中捞到好处。为维护其国际地位中华民国政府同越南争夺斯普拉特利群岛①和帕拉塞尔群岛②的主权。另外在上述这些岛屿和普拉塔斯群岛③上也与北平互不相让。

(二) 中华民国的国际地位

过去两年中大陆和台湾双方的发展让很多国家越来越清楚地意识到中国共产主义的性质,也更加同情台湾中华民国政府的地位。大陆经济飞速发展,让多数非共产主义政府和有识之士心生敬畏,特别是在亚洲地区,他们厌恶北平对其人民的公社管理、对西藏叛乱的镇压和与印度及其他亚洲邻国之间相处的侵略性姿态。与此同时,中华民国政府的军队在1958年沿海岛屿战役中的坚定立场和中华民国空军的胜利都让许多国家愈发尊重中华民国政府。杜勒斯-蒋介石联合公报将中华民国的姿态和北平的行动作了对比,他们认为中华民国的姿态不带有挑衅性,实质上属于防守型,而北平则发动了军事侵略行动,这同样有助于提高中华民国政府在非共产主义世界中的威望。同时接二连三的外国游客访问台湾,他们对他们看到的台湾相对较高的生活水平、社会的普遍繁荣及政治的稳定留下了深刻的印象。过去两年内中华民国政府与东南亚国家政府的关系普遍得到了改善,这主要归功于中华民国在这些国家的海外华人社团问题上采取了合作的方式。

---

① 即南沙群岛。——编注
② 某些外国人沿用的殖民主义者对我国西沙群岛的称呼。——编注
③ 某些外国人沿用的殖民主义者对我国东沙群岛的称呼。——编注

这些发展对世界舆论的影响就是一些国家开始支持通过"两个中国"的方式来解决中国问题。甚至一些迄今为止一直坚持台湾本当属于共产主义中国的中立主义国家也开始逐渐认为台湾岛上的中国人民有权利走自己的路，将这些赤诚的反共产主义者移交到共产党人手中，让他们听任北平的摆布，将会造就一场不公正的悲剧。事实上很多国家已经在探索通向"两个中国"政策的道路，试图在一种特别的根据上与双方的政府同时交涉。然而北平和台湾都不准备接受"两个中国"的解决方式，而且没有人对怎样实施"两个中国"方案有明确的想法。

综上所述，虽然过去两年的很多发展从某种意义上有利于中华民国，但这些发展没有增加对中华民国政府要求的国际支持，中华民国政府声称自己是代表中国的唯一合法政府，当然这个主张也是它的首要关注点。从这个意义上来说总体来看这些事件的实际发展趋势是向着继续不利于中华民国政府的方向滑行。在联合国中虽然没发生从支持中华民国政府转向支持中华人民共和国政府的重大变化，但中华民国政府的地位仍然不稳定。柬埔寨、伊拉克、苏丹、摩洛哥和几内亚在过去 18 个月里相继承认了北平。在联合国选举中反对延迟表决中国代表席位问题的国家在缓慢增加，正如下表所示：

年 份	赞成	反对	弃权	未记录的投票	总的会员国数
1951	37	11	4	8	60
1952	42	7	11		60
1953	44	10	2	4	60
1954	43	11	6		60
1955	42	12	6		60
1956	47	24	8		79
1957	48	27	6	1	82
1958	44	28	9		81
1959	44	29	9		82

（在联合国 82 个会员国中，41 个承认中华民国政府，30 个承认北平，8 个对两个政权都不承认，本计算不包含中华民国政府、白俄罗斯和乌克兰。）[1]

中华民国政府在维持其在其他国际组织中的地位时也面临着日益增长的困难。1959 年 5 月国际奥林匹克委员会（IOC）以中华民国政府不能代表全中国的体育运动团体为由，断然取消了中华民国政府在国际奥林匹克委员会中的中国奥委会成员资格。只是在美国和中

---

[1] 原注：1957、1958 和 1959 年没有对搁置中国联合国代表权议案加以投票，参见表三。

华民国政府密集的外交活动之后,国际奥委会官员们才同意在下次会议上接受中华民国政府代表团以中华民国奥运委员会的名义与会。尽管中华民国政府对此不大感兴趣,但在美国的支持和鼓励下中华民国政府长期致力于派代表参与各种国际会议,参加各种教育、科学和文化组织。

(三) 国内政策动向

1. 政府的稳定。中华民国政府的稳定没有受到严重威胁。虽然出现一些反对政府的举动,如公开批评和抨击一些政府政策,在地方政府层次的选举中推选一些反国民党的官员以及对外国观察员的不满等等,但这些反对都不能对政权稳定构成严重威胁。尽管有无孔不入的警察控制和各种各样的限制(反奢侈法、对媒体的间接控制),不过大部分台湾籍人还是过着和往常一样的生活,甚至比他们以前的生活更好,他们不希望冒险尝试被共产党人控制的生活。同时,有些台湾籍人思索着台湾独立或由联合国托管的可能性,但这些计划在目前没有重大的政策意义。共产党颠覆台湾政府的宣传和企图并没有得逞,目前没能威胁中华民国政府继续执政。

2. 政府结构。虽然 1949～1950 年间中华民国政府的职权范围进行了相当大幅度地缩减,但还是保持了原来的很多政府结构形式。它仍然是一个在 1947 年宪法下进行运转的共和式结构。不过由于中华民国政府一直流亡台湾引起了许多结构上的偏差,除非中华民国政府重新获得对大陆的控制权并举行新的全国范围内的立法院选举和国民大会选举,否则这些问题都不可能得到解决。立法院和国民大会是否合法的问题一直持续,事态严重,因为自然死亡将最终夺取其成员的生命。中华民国政府已经敏锐地意识到这些问题,但是苦于找不到解决的方法,除非它回到大陆去。

在全国政府机制下台湾和澎湖列岛组成了台湾省,由中央任命的省长来管理,省长要吸纳台湾省议会的建议,省议会议员也由中央任命。台湾省政府强大有效的执政力量比中央政府更加直接地干预台湾的日常生活问题。然而其立法机构,即台湾省议会,最近只不过在称呼上少个"省"字,变成了"台湾议会",仍然没有实质性的权力,在很大程度上只是一个有名无实的委员会和台湾籍人痛苦心声的出气筒罢了。

台湾自治已经取得了一定的进步,县地方官员和市长、县市级议会以及村级和城镇区域的类似组织机构都进行有板有眼的选举。三年一次的市长和地方官员的选举备受关注并总是发生激烈的竞争。在 1954 年的选举中因一个独立派的台湾籍人赢得台北市长职务而出现了令中央头疼的结果。1957 年国民党付出了相当的努力去重新取得对这个关键职位的控制权,并且通过操纵一位受欢迎的台湾籍人政治家达到了目的。在那次选举中,除了台南市长职位被另一位独立派人士夺去外,国民党囊括了所有其他的市长和地方官员职位。其实根本没有必要使得所有国民党的提名人都是本地人。到了 1960 年这些职位的选举又将开始,依照前例,通过使用台湾本省候选人国民党将很有可能再次赢得大部分的职位。

除了台湾省政府以外,还有一个福建省政府的结构,沿海岛屿都隶属于福建省政府。不

384 美国对华情报解密档案(1948～1976)(肆)

过这些地区的实质控制权掌握在金门和马祖的军事首领手中,台湾没有设置其他的省政府。

3. 国民党的职能。中华民国政府基于一切实用目的考虑仍然是一个一党制政府。国民党从政府获得大量资助;它的组织机构与政府机构平行;相同人员把持着政府和党内的领导位置。国民党控制着军队的政治教育,而且关于政党教义的课程是学校正规课程的组成部分。中国青年党和中国社会民主党作为两个小反对党从政府获得补助,从国民党获得一些秘密的指导,但它们的影响力微乎其微。

国民党领导人面临的主要问题是政党的纪律问题。在中央层次上,监察院和立法院中的国民党员不大可能在较近的未来面对选举的考验,他们在不时坚称自己拥有独立性时感觉很安全并采取不受党的上级核准的行动。在地方层次上政党纪律同样也成问题。大多数的地方选举都是建立在个人竞争而非政党基础上,而且在许多情况下竞选者都是国民党人或声称自己是国民党员。结果导致政党上层领导倾向于强行施加纪律约束,这种情形的发展十分微妙。

尽管从长远来看比较严重,但是纪律问题还不会严重削弱国民党的地位,它将继续行使其在中央及地方层次上政治活动的绝对主导性权力。主要的权力斗争继续集中在国民党内部,而不是在国民党与其他无形力量或者组织不力的"反对"力量之间的竞争。

4. 台湾籍人与大陆籍人的关系。1947 年以来台湾籍民众与大陆籍人的关系获得稳步发展。很多观察家相信,尽管背景不同,利益存在分歧,台湾籍民众与大陆籍人的关系在过去数年内至少得到了一定程度的改善。但是造成双方摩擦的重要因素仍旧存在。台湾人民想要更多地管理自己的事务,获得更大程度的自治以及享有更多的个人自由。在 1958 年危机中台湾人民十分关注台湾军队防卫沿海岛屿的承诺,尽管这些军队面对共产党炮击时表现不力,但是总体上看台湾士兵(占武装力量的 32% 和军队入伍人数的 72.7%)的士气还是很高。除去政府企业以外,大多数的生意都掌握在台湾籍人手中,因此他们倾向于认为中华民国政府努力控制台湾的生意和生意人是因为这些生意人是台湾籍人。另一个问题是在中华民国政府的关键位置上没有一个台湾籍人。尽管有几个台湾籍人是立法院委员,他们在国民党中央委员会拥有代表权,但没有一人掌握实权。

随着对 1947 年 2 月事件——许多台湾人丧生——回忆的淡忘台湾籍人与大陆籍人私人间的日常关系正在逐渐改善。成年台湾籍人和大陆籍人之间的关系比较正常,但是极为冷淡,双方成员发展出个人间的亲密友谊非常少见。另一方面,双方的孩子一起上学,孩子们现在能用国语自由交流,但他们的父母之间则不会发生这样的情况,在大陆籍人刚迁入台湾的最初几年里孩子们中间也没有发生这种情况。双方间的互相通婚也有一个渐进的过程,因为迁入台湾的大陆男人多于女人,所以差不多都是大陆男人娶台湾女人。

总体上讲台湾籍人和大陆籍人的关系虽然远未亲密,但无论如何还不错;尽管有"问题",但没有严重到对中华民国政府安全与稳定构成重大威胁的程度。只要经济情况保持相对令人满意的局势,政治压抑也不超过目前的限度,我们有理由相信大陆籍人与台湾籍人的关系将不会恶化。

5. 士气。影响大陆籍人士气主要有三大因素：对台湾回归大陆可能性的估计；美国能提供多大程度的外交、经济、军事和心理支持；与个人有关的经济前景。

返回大陆的预期受外部考虑影响的波动。大陆开展的人民公社化运动伴随着对大陆持不同政见者的报道又一次点燃了台湾大陆籍人的希望，他们认为中国大陆的民众起义将会比他们预计的时间更早。最初是西藏的叛乱使得岛内大陆籍人感觉中国大陆起义的时刻已经到来，他们也将很快回归大陆。1958 年底的台湾海峡危机暂时缓解了大陆籍人被压抑的挫败感，从总体上看是有利的。危机揭示了在大规模的炮击面前中华民国政府的军事力量有能力守卫沿海岛屿并且强化了与美国的同盟关系。但是，西藏叛乱被镇压，共产党继续发展公社体系下的近乎绝对的控制以及对传统社会模式的根除和对传统中国文化的破坏使许多想要"回归"的人感到没有希望，认为中华民国政府没有能力去影响形势的发展趋势。杜勒斯-蒋介石联合公告似乎在某种程度上向台湾及海外华人群体表明中华民国政府放弃了光复大陆的野心，暗示了其对"两个中国"状况的接受。一些在现政权中关键的大陆籍人及台湾籍人欢迎公报里强调通过政治手段而非军事途径解决问题，因为他们相信这样做有利于他们要求中华民国政府民主化的观点。

在岛内实际指挥及管理政府的人和可以获得相对可靠经济地位的人士气很高。但是生活水平很低的人和个人地位改善希望渺茫的人士气低落，这在一些重要的大陆迁台集团中间比例很大，比如公务员、军队里的中低级军官、像教师这样的知识分子群体、刚毕业的大学生以及政府里没有行政权的政客等都是如此。

迄今为止，没有迹象表明士气因素影响了中华民国政府领导人抵抗共产党人的意志和削弱了他们对台湾实施强有力控制的能力。大陆籍人的典型精神状况是不同程度的失望而非完全的不满或不忠，他们有务实的态度，能够调整自己以适应周围的环境和条件。在可以预见的将来，只要经济形势没有严重恶化他们不大可能轻易接受共产党人的宣传。

6. 颠覆。北平想方设法通过多重政治和心理手段削弱台湾，对沿海岛屿单日零星炮击的设计意在向中华民国政府和世界表明只有在北平的忍耐下这些岛屿才能够补充给养。共产党一直通过一些香港中介提出与中华民国政府进行谈判，意在事关某些重要领导人的忠诚问题上制造猜忌，比如蒋经国；而且此举也向世界表明北平有理有据，不允许美国干涉，台湾问题纯属内政。北平的宣传主题包括：共产主义的胜利毋庸置疑；美国未来的政策没有确定性；"全体中国人民"痛恨美国"占领"台湾。

有些人收听大陆广播，虽然不能公开沉湎于此，反政府的海报有时会出现在一些公共场合，但中共策略对台湾的士气和信心没有起到很大的影响。没有一位中华民国政府官员对共产党的谈判邀请做出回应。迫使中国大陆民众逃离共产党中国的因素仍然存在，而且由于大陆最近发生的一系列事件这种趋势得到了加强。台湾籍人也不愿意归属于大陆政权的统治之下。

严厉的警察措施确保了内部颠覆不会对现政权造成威胁。所有的公开发行物都要经过检查，任何赞扬大陆和鼓励建立独立台湾的言论都不允许出版。从国外入境的即使是做短暂旅行的中国人都要受到检查。尽管有这些安全措施,但是中国共产党人意在收集情报而非颠覆的秘密行动似乎取得了一定的成效。

(四) 经济形势

台湾的经济无法生成足够的资源用以满足其军事需求和快速增长的人口需求,台湾经济问题的根源即在于此。要使台湾经受起军事重负,足够的援助必不可少,中国的资源供应也要跟上,还要使经济增长幅度与人口增长速度保持最低程度的平衡,这样才能保持物价稳定和必要消费水平的满足。总之,虽然有美国源源不断的大量援助,这些目标远未实现。

台湾经济持续发展,规模虽小但工业基础不断扩大,前景看好,特别是过去三年所有重要的生产指标都在增长,甚至人均指标也在增长。1958 年人均 GNP 大约增长 4.3%,根据最新预计 1959 年经济会增长 6.7%。产量的继续增长主要基于消费的增长而非投资的缘故。台湾民众的生活水平在远东位居最好之列。

重要工业产品产量的提高在很大程度上带动了发电量的快速增长,从 1952 年的 142 亿千瓦时增长到 1959 年的 321.3 亿千瓦时。煤炭生产从 1952 年的 230 万吨增长到 1959 年的 360 万吨。与上一年相比能源及煤炭生产在 1959 年比 1958 年增长了 12%。化肥产量(1950 年为 148 000 吨)到 1959 年是 289 000 吨,这一指标比 1958 年的 252 000 增长了 14%。水泥产量从 1952 年的 446 000 吨增加到 1959 年的 110 万吨,比 1958 年的产量增长了 5%。棉织品产量预计 1959 年可达 1 700 万平方码,大致达到了 1957 年的水平(1958 年产量下降了 6%),比 1952 年 960 万平方码的产量增加 77%。

私有工业继续稳步发展且在经济中占据重要位置;政府企业 1952 年的工业产值占总工业产值的 55%,在 1958 年这一指标是 44%。注册工厂的数量从 1951 年的 6 000 家增加到现在的接近 20 000 家。大多数为小型企业,大约一半的企业从事食品加工业,其他的则分布在纺织、金属和化工产业。据官方统计制造业的就业人数已从 1951 年的 163 000 人增加到 1958 年的 261 000 人,采矿业的就业人数从 50 000 人增加到 74 000 人,而公共事业的就业者则从 5 000 人增加到 9 000 人。

尽管出现上述发展迹象,台湾经济仍面临着一些障碍,可能会阻碍它继续发展。现有的能源、交通和通讯设施不能满足实际需要。虽然有廉价劳动力,但生产成本还是居高不下,且国内市场非常狭小。由于贸易推广及市场运作不力和面临来自日本、香港等更具价格和质量竞争力的产品挤压,台湾的出口机会受到限制。无论如何台湾经济在过去两年里有了令人欣喜的增长,这主要反映在不断扩大的工业出口上。

主要由于灾难性的洪水和台风等因素造成台湾农业产量在 1959 年仅比 1958 年增加不到 1%。对比来看 1958 年和 1957 年的农业产量分别比前一年增加了 5% 和 10%。1959 年的大米、甜薯和香蕉的生产低于 1958 年水平,而甘蔗、菠萝、茶叶、柑橘的产量则比上年产量有所增加。农业的多样化仍在继续,一些引进作物如花生、大豆、黄麻大大超过了 1945 年前的最高水平。1958 年和 1959 年糖的出口值下降,但这是受世界价格下降的影响。

外贸赤字在 1959 年比 1958 年有所增加。出口减少了 2.4％，进口增长了 5％，这导致了高达 840 万美元的入超，比 1958 年增加了 150 万美元。但是，1958 年糖和大米（台湾主要的外汇来源）的出口额减少了 240 万美元，而其他产品出口增加了 200 万美元，两者基本相抵。纺织业、制造业及农业生产大规模增长，其次是木材、造纸和制浆、金属和机械、矿石及化工业。除去糖和大米外的其他出口出现了令人欣慰的增长，这昭示了台湾外贸多样性的增强。如果不是 8 月份洪水造成的巨大损失，1959 年的收获可能会更大。不过尽管其他出口产品增多，但台湾出口产品的主力仍将是糖和大米。

日本仍将是台湾最主要的贸易伙伴，它是台湾化肥、金属、机械和工具、交通、化工产品和医药品的主要提供者，台湾主要出口产品糖和大米的最佳出口对象则是日本。双方贸易主要是在年度双边协定的框架下进行，最近的协定在谈判延长后于 1959 年 7 月签订，协定规定截至 1960 年 3 月 31 日的本轮贸易年结束时每一方的贸易额都要达到 855 万美元。1960～1961 年度贸易协定谈判现在还未开始，这可能是双方最后一次在清算账户框架内开展贸易。

1959 财政年度政府总支出大约比前一年增长了 21％。军事支出及民事支出分别增长了 30％和 11％。总支出中军事支出占 58％。另外，巨大的非正常军事支出没有被反映在财政预算里。预算不能显示出军方获得了很大的边际利益，例如它能够以低于市场的价格获得大米、水泥，享受廉价的交通，占有其他货物及服务；在一些情况下军事部门亏欠政府企业的债务同样并未入账甚至没有被记入公用纪录之中。

美国以当地货币进行结算的援助中大约出现了等值于 7 200 万美元的赤字，约占到中华民国政府总财政支出的四分之一。美国援助里的赠与和贷款形式的赤字降到大约 600 万美元。1959 年政府发行了大约相当于 1 100 万美元的债券用来支付由于台湾海峡危机所带来的必要支出。

1959 年货币供给量和价格双双上涨。到 1959 年 12 月为止货币供给量（循环流通的货币和包括政府及公共组织在内的活期存款）比 1958 年增加了 11％，循环中的净流通量和年度平均批发价格指数也有同样程度的增长。价格的增长高于 1952～1958 年间的平均价格增长率，这预示着经济中继续存在的通货膨胀压力。

对保持台湾经济的稳定来说美国援助继续发挥着重要的不可或缺的作用。在 1960 财政年度里美国以防务支持和技术合作项目形式的经济援助数额达到 7 000 万美元，而 1959 财年这一额度是 7 300 万美元。美国对台湾的主要贷款援助项目，即开发贷款基金，批准了对中华民国政府总额为 5 400 万美元的贷款，用以支持多种项目，包括多功能大坝、造船所、铁路升级、水泥生产以及中介信用机构等项目。第三期 480 号公法项目考虑到台湾危机后及洪水发生后的实际情况，计划提供价值 1 900 万美元的美国剩余农业产品，该方案已获批准。根据预计 1960 财年中美国将提供总价值为 1.7 亿美元的援助。中华民国政府并没有获得进出口银行和国际复兴发展银行的贷款，但联合国及其专门机构向台湾提供技术援助。

三、展　望

在接下来的两到三年里，除非国际形势发生剧变，否则中华民国政府将可能继续保持其现有的基本政治态势。尽管可能会发生政权领导层的人事更迭，但国民党和中央政府机构将依然被今天掌权的集团所控制或者由其他持相同政见的人所主导，现政策将会被基本不作改动地执行。

对于维持与美国的紧密关系并获取美国的外交、军事和经济支持这一生死攸关的问题来说中华民国政府会继续把它当作头等重要的议程。尽管可能会牺牲一些暂时的经济利益和其他利益，但中华民国政府仍然会继续优先强调其作为全中国合法政府的要求。中华民国政府仍然把"光复大陆"作为其信条的重要部分；在资源的配置中军事建制将继续优先于经济建设需求且他们不会大幅度地削减军事力量的规模；中华民国政府将继续坚持守卫沿海岛屿。尽管有争论说人们希望中华民国政府放弃反攻大陆的野心，接受"两个中国"的安排，专注于台湾的长期发展，但事实上这种变化在本评估期内绝不可能发生。中华民国政府已经暗示他们愿意限制其军事开支，将军事开支大约维持在现有水平之上，为了改善军事建设的经济基础，他们将尽力发展经济，并与大陆在经济上的发展形成对比。

台湾自身的政治模式不大可能发生任何根本变化。政党及政府结构将保持其现有形式，从大陆时期保留下来的"死亡的"机构包括国民大会、立法院及监察院仍将继续行使职权。不允许发展重要的国民党政治反对派，台湾籍人参与到国民党及中央政府的高层圈子中仍将受到很大限制。

在接下来的两到三年里，尽管中华民国政府的整体公共立场不大可能发生根本变化，但过去数年里强调渐进转变的趋势已经较为明朗而且预计将会继续下去。因此，在军事领域内中华民国政府在战略上虽不会放弃反攻大陆的目标，但逐渐将关注集中到防卫台湾及沿海岛屿的计划上来；有关"反攻"大陆的计划在很大程度上将停留在理论层面，几乎不会受到什么重视。在经济领域内可以预计中华民国政府将日益重视台湾经济的问题。在政治领域，中央政府中的"死亡的"机构可能会日益失去活力；它们会更多地沦为一种象征而非政府职能机构。尽管中华民国政府领导人仍然坚信必须限制台湾籍人政治作用发挥的原则，他们实际上已清楚地注意到了中华民国政府必须赢得台湾民众的支持，保持民众的信心。可以预计中华民国政府将继续努力减少台湾籍人与大陆籍人间的不满情绪，满足台湾籍人在经济及其他方面的要求，加强台湾籍民众参与政治和经济建设的兴趣和认识。这些努力或许会取得某种程度上的成功并且让中华民国政府逐渐"台湾化"。

因此，在以后数年里中华民国的政策模式在本质上仍会继续保持某种双重性：用一种有点不现实的超脱尘世的方式去实现其宏伟的国际目标和抱负以及用一种相对现实主义的方式去面对台湾当今社会生活中的问题。随着时间的推进伴随着对前者的逐渐忽视，政府对后者的关注将日益增加。但是无论如何今后数年里中华民国政府的"宏伟目标及抱负"在本质上将不会改变,并将成为塑造中华民国政府很多政策的决定性因素。

(一) 国内政治前景

1. 政府的稳定。台湾的政局稳定以及中华民国政府的威信在今后几年内不会遭受严重冲击。当今台湾居民对政府的态度不会发生太大变化,从对领导集团的坚定支持到岛内大部分居民对国民党主要原则的消极接受都是如此。我们相信,尽管不大可能,但如果台湾民众的强烈不满情绪继续发展,掌握权力的警察及其他强制性力量完全可以有力地控制局势的进展。

对那些占据要位并能对党、政府和私人生活施加重要影响的人来说他们有一种根深蒂固的信念,他们认为对中华民国政府来说最重要的就是要拥有合法性,这一因素有利于实现台湾的政治稳定。对任何想利用蒋介石去世或者其他国内危机以武力强行控制政府的人来说他们的计划都会受到上述这种广为流传观念的巨大阻碍。尽管在危机形势下存在着有实力的军事领导人发动有预谋政变的可能性,但是这种可能性微乎其微。

2. 士气。随着时间的推进根据最初预计的那样返回大陆的前景逐渐黯淡下去,大部分大陆迁台移民仍然表达着后悔之情,但他们逐渐适应了在台湾半永久性定居下来的生活。随着对未来经济发展的格外重视台湾民众的士气不会大幅下降。相反随着经济条件的逐渐改善中华民国政府将会得到台湾民众更加全心全意地支持。除非大陆政权性质发生巨变,台湾被打败或被颠覆的可能性微乎其微。

随着台湾民众在管理事务方面被赋予更多的参与权他们的士气会得到提升,这种前景虽然并非立竿见影,但只是时间问题。某些台湾民众士气已经很高,比如获益于土地改革的农村民众。

最有可能发生严重士气问题的领域将会在军事领域,但即使在这一领域,过去十年的经验也好像表明其士气不会全线崩溃。相反在去年沿海岛屿危机中取得的局部胜利有力提升了部队的士气,虽然在本质上对其长期目标(本土台湾籍人无论如何不会接受这种目标)没有任何帮助。

(二) 中华民国政府的国际地位

如果美国在接下来两到三年里继续在外交上有力支持中华民国政府且海峡两岸军事局势保持静止现状,中华民国政府应该可以保持它现有的国际地位。不过中华民国政府在保持其联合国席位和和别国对其定位问题上将会越来越困难。

随着非洲新独立国家的增多,对共产主义中国的承认和联合国中国席位问题可能会受到越来越多地关注。1960 年尼日利亚、索马里、汤加、喀麦隆将会独立,塞拉利昂在随后的一年左右可能也将独立。英属东非和中非殖民地也在向着独立的方向快速发展。在 60 年代马里联邦(The Mali Federation)(塞内加尔和苏丹)以及马达加斯加可能也会赢得独立,而且如果它们独立的话,其他几个法国联邦中的国家也会宣布独立。这些新独立国家绝大多数在政治上可能会倾向于北平，因而中华民国政府需要采取有力措施来应对这种趋势。

　　一些拉美国家已经质疑美国在中国联合国代表权问题上立场的正确性，并且不愿意继续在该问题上受美国控制。在 1959 年投票中古巴投出弃权票，我们有理由相信在以后几年中除了古巴以外委内瑞拉可能还有墨西哥和巴西都将在投票中要么弃权，要么投出倾向于共产主义中国的票。

　　在 1961 年以后通过搁置议案获得在联合国投票中有利位置的前景变得更加不确定。有一种危险出现的可能性更大，即中华民国政府在联合国的位子不是逐渐受到挑战，而是瞬间崩溃：例如，假如看起来共产党中国与台湾的票数非常接近或者在较近的未来共产党中国无论如何都必然会被接纳入联合国，那么一种"搭便车"的局面便会顺势发展起来，这样一来，就只剩下最坚定和最致力于反共的国家还能守住它们现在的立场。如果北平以加入联合国作为签署裁军或加入禁止核试验条约的条件，中华民国政府在联合国的位置将会更加危险。尽管制造"两个中国"的安排更符合许多国家的利益，但无论中华人民共和国还是中华民国政府都不愿意接受这种安排，而接受"两个中国"方案有可能延缓联合国的行动，在联合国投票反对延期讨论后接下来的投票很有可能将会倾向于承认共产党中国的联合国席位并给它安理会的席位。无论怎样，在今后两到三年内只要美国仍然坚决支持中华民国政府，胜算继续向中华民国政府方面倾斜，特别是在北平继续毫不妥协的情况下更是这样。

　　除了关于中华民国政府在联合国及其他国际机构中的席位问题外，中华民国政府能够在多大程度上获得国际同情与支持主要取决于台湾海峡事态的进展。尽管世界舆论一致希望保护台湾免受攻击，但很多世界舆论还是质疑在沿海岛屿问题上冒与共产党中国发生大规模争端的风险是否是明智和必要。如果发生另一场海峡危机，无论国共哪一方策动，国际社会都有可能增强对中华民国政府的压力，要求其从沿海岛屿撤退并在海峡制造出一个防疫封锁线。

（三）中华民国政府军事情况

　　1. 人力资源问题。在接下来的五年时间里中华民国政府应该能够维持 545 000 的服役人数，接下来两年里本土台湾籍人可能占招募士兵人数的 35% 或更少一些并维持这一比例。现在军队里从大陆迁台士兵的平均年龄是 37 岁，在大陆籍人中战斗步兵的年龄小一些。军队装备的现代化能力将继续受岛内教育的水平及类型所限制。寻找合适的人员进行诸如飞机维护、奈基式（NIKE）地对空导弹的操作等工作可能会遇到很大的困难。中华民国政府将会继续维持超过其需要的军事力量来防御台湾，我们预计它的力量仍然太小，不能支持它对大陆发起全面的进攻。

　　2. 军事意图

　　（1）沿海岛屿。只要中华民国政府相信防卫沿海岛屿的驻军有能力抵抗共产党的压力，我们估计该政府就将维持其防守态势，避免发动针对大陆的挑衅行为。如果共产党再次发起武装进攻，中华民国政府将努力得到美国最"确实"的反共支持。它可能会夸大由于实施克制政策造成的维持士气难题上的压力，可能要求美国默许它发动各种进攻性的行动。如果岛内的军事局势陷入困境，那么中华民国政府一定会寻求美国的支持，希望美国能帮助自己空袭共产党的炮兵基地及其他能够攻击的大陆基地。即使美国不同意，中华民国政府内可能仍会有人主张进行这类行动。但是，无论沿海岛屿的形势如何危急，蒋介石及其他中华民国政府高级将领都不大可能采取单边报复性措施，因为如果这样做很明显会损害其与美国的同盟关系。

（2）进攻大陆。"绝望"或"自杀"性质的中华民国政府对大陆的单边进攻不可能发生。中华民国政府领导层对其进攻大陆的能力有着现实的认识，而且过去他们也没有表现出拥有丝毫敢死队的精神。此外，蒋介石在带兵方面是一位保守的将领，除非胜券在握他不可能会把自己的军队送上战场。如果北平对另外一个亚洲国家发起侵略性行动的话，中华民国政府根据它自己对形势的估计可能会像在朝鲜战争中那样，派兵支援防卫国。同时，中华民国政府可能会采取小规模的袭击大陆的行动，但除非获得美国直接的协作，否则它不可能忙着和大陆发生大范围的对抗。

（四）经济前景

台湾短期的经济前景充满希望。在接下来两到三年里如果美国继续提供大致与现水平相当的援助，台湾的经济形势不大可能急剧恶化；经济规模的日渐扩大值得期待，尤其是在工业和农业领域里，经济增幅将会跟上台湾人口的增长幅度。现今的消费水平会得到保持，就业率也会大致保持在目前的水平上。

尽管近期经济前景基本看好，中华民国政府仍会面对一系列直接的问题，这些近年来已经开始浮现的问题有可能会降低台湾的经济增长速度。在这些问题中存在这样一个事实，即由于今天世界市场糖价较低和世界糖协定规定下的配额限制造成了糖业出口利润降低，台湾的主要创汇来源（除了美国援助之外）可能持续低迷。

台湾经济还有一些长期的和更基本的经济问题，尽管在接下来的两到三年中可能还不会很尖锐，但在这一时期里可能开始显现。这些问题的主要根源在于台湾人口的稳步增长，现在的年人口增长率约为 3.5%。1946 年台湾人数刚刚超过 600 万；伴随着大陆籍人口的大量迁入，1950 年底台湾人口增至 800 万；1950～1958 年间移入台湾人口基本上可以忽略不计，但人口增长到 1 050 万。假如现今的台湾人口增长率一直持续下去，那么台湾人口十年内会增长 40%，二十年会翻一番。迄今为止这种人口压力还没有给岛内资源造成非常紧张的局面。当大陆籍人 1949 年从大陆迁入时台湾人口相对稀少，由于之前在日本控制台湾时期已经建立起一个相对先进的经济体制，台湾的资源（加上大幅度的美国援助）足够吸纳这些新增人口。从那以后，源源不断的美国援助以及台湾经济的快速增长使台湾的生活水平不仅得到保持，甚至逐步得到提高和改善。

不过,即使美国的援助始终保持在目前的水平上,我们仍有理由怀疑台湾经济是否能够维持过去几年的高增长率。在极少多余的土地可用和高密度的耕作方式已经广泛应用的情况下,农业产量大幅增加的可能性非常小。除此之外,为了满足日益增加的人口对粮食的需求,对生产非粮食作物的土地进行改造就变得非常必要,尤其是需要将耕种甘蔗的土地变成种植水稻和其他可食用作物的土地。由于农产品产量占到台湾出口总量的五分之四,这种转变会减少台湾换取外汇的机会,从而进一步阻碍台湾经济的生存及增长能力。

看起来台湾经济工业化是解决台湾长远经济困难的唯一现实可行的途径。但是,在可持续的大规模工业化道路上台湾仍会碰到许多难以克服的困难。主要的问题是工业化所需的大量资金。现有的投资环境对于吸引大量的外国资本来说仍然不够有利,只要军事建设的投入仍然占用台湾有限财政资源的最大部分,就不可能出现政府对公共投资的大幅增长。除此之外,可以满足台湾经济工业化需要的海外市场十分有限,再说这些市场的竞争本来就十分激烈。

台湾具有很大的经济增长潜力,为了开发这种潜力,中国人准备采取措施加速台湾岛内的经济增长。美国政府提议在原来预计的基础上增加援助以激励中国人实施他们的计划;这种激励性援助的金额将取决于中华民国政府承诺的实现情况。如果该政府能使台湾经济发生重大转变,例如,采取控制军费开支等措施,台湾的整个经济便会受益,经济快速增长的前景也会变得光明。反之,如果必要的转变没有完成,激励性援助没有被充分利用,台湾的经济发展便会变得停滞。这样一来现在有关1961年之后台湾经济增长的预测也就变得不精确了。

(五)可能的发展

1. 蒋介石去世及其影响。蒋总统今年已经72岁高龄,身体状况和精神面貌良好,作为中华民国及其政治性政党——中国国民党——领袖的时间已经超过了三十年。他一直而且今后仍将在很多互有分歧的利益中发挥统一者的作用;他是军方将领中最强硬的一人,一直准备反攻大陆;他是国民党党魁,将党内团结作为其首要考虑因素;他是一个知识分子,和其他人一样珍视中国传统的领导理念。蒋介石建立了一个政府体系,在其中各个不同压力集团相互平衡并相互牵制,近些年的历史充斥了国民党派系斗争的升降浮沉。

中华民国领导人也许已经对蒋介石死后可能引发的各种问题作了充分的考虑,并且进行了一定程度的准备,尽管如此,蒋介石的去世无疑将会给国内国际带来深远的心理影响,并给台湾当局带来许多现实问题。在不撕破目前举国一致表象的前提下国民党内的派系分离倾向和政治混战将会变得更加激烈。

虽然由于1960年春天对国民代表大会反抗者的处理不利,陈诚的威望有所下降,但是作为现任的副总统、行政院长和法定的总统继任者陈诚将按照既定程序接替蒋介石的职务,政府各个部门至少在表面上要承认他的权威。过去陈诚比其他任何一个继任者都更倾向于营造一种团结的氛围。作为前行政院长、台湾前任行政长官、国民党中央执委会主席他享有极高的声誉,在党内与军队中拥有众多支持者并受到台湾人民的尊重与拥护。在支持他的人当中有很多对蒋经国——目前陈诚的主要可能替代者——持反感的态度。这种反感的起因不同,但一般而言人们对蒋经国的苏联背景和学习经历持有深层次怀疑并认为蒋经国对民主实践抱有一种不信任和不耐烦的态度。

对于那些把蒋介石视为国民革命的领袖、民族精神的化身、中华传统文化的守护者、重返大陆的象征以及最伟大的爱国者的人来说,无论之前进行多么充分的准备蒋介石的逝世都会被他们认为是无比不幸的悲剧。这个群体由多数国民党最高阶层成员、政府高官和一些海外中国人构成。对这些人来说蒋介石的辞世将标志着一个时代的终结。他们回归大陆的决心从此便会减弱,每个人终将回归大陆的信念也会大为削弱。

国内外的其他人也会因蒋介石的辞世受到不同程度的影响。国内的年轻人和进步分子,包括一些国民党的领导人,会把蒋的死亡当作是清除保守势力阻碍的进程,他们以为这种保守势力阻碍了岛内政治经济生活的发展以及政党和政府的民主化。很多海外华人也赞同这种观点。而其他例如印度这样的中立国会把蒋的死亡当作统一中国力量复兴的一次机会,其他人则相信中国海峡两岸和解的前景会变得光明起来。

不管蒋的辞世将对人们产生怎样的心理冲击,这一事件可能不会使中华民国的现政策产生任何立即的改变。无论是陈诚还是其他可能的继任者都不会修改中华民国对中国大陆的要求,也不会改变其自身作为一个全国政府的地位。这位继任者也不可能会同意由台湾人民来主宰政党和政府。另一方面,蒋的逝世可能会加速当局将政策的重点放在促进台湾的社会与经济发展上来。(见(六)部分)

2. 沿海岛屿的沦陷。金门和马祖对中华民国政府具有十分重要的意义。它们是中华民国政府声望的象征,也是他们保持重返大陆希望的标志。也许中华民国政府坚信当前为了防止对民心造成灾难性打击,为了避免政府的国际声望与地位进一步下滑,为了辅助对台湾岛的防御,政府必须守住这些岛屿。

因此,无论在何种情况下沿海岛屿沦陷都会对台湾岛上大陆籍人的士气产生严重影响。如果在美国停止了对台湾的支持而沿海岛屿戍守的国民党军队又被中国共产党的进攻彻底打败时这种打击会最为严重。在台湾本地人——他们构成了台湾岛兵源的绝大部分——中对政府表示不满的人数将急速上升。如果台湾军队在美国的帮助下实现了从沿海岛屿的撤退,那么这种打击将会相对较轻。

对政府以及岛上大陆籍人来说由于沿海岛屿沦陷所产生的原始冲击会使他们失望迷惑,并可能造成部分政府效能的衰竭。适应新形势地调整将会十分困难,因为这牵涉到中华民国政府要变更其在国际社会中作用的认识,要改变它自身的一些政策,处理美国中华民国的紧张关系等问题。与此同时,一些人对共产主义的宣传与颠覆的敏感程度将会适度增强。不过,如果美国作出了新的令人信服的阐述,表明美国仍然决心保护台湾并支持台湾的国际地位,沿海岛屿的沦陷也许就不会导致中华民国政府意志的全然崩溃或被与北平寻求和解的集团所推翻，也不会创建一个"独立"的台湾。

3. 中国大陆上的大规模起义。中国大陆上的大规模反叛被中华民国政府领导人视为天赐良机，认为这是完成其使命重建一个代表全中国的中华民国政府的绝佳机会。如果在这种局势下政府不能插手其间，他们中的许多人便会以为这是对其自身使命的放弃。但是，即使中国大陆真的发生了叛乱并且看起来成功在即，中华民国政府能否介入其中并承担起领导责任或者以其他方式对大陆本土的反叛领导者施加决定性影响仍然值得高度怀疑。

起义发生的现实环境和中华民国政府影响起义结果的能力受各种不断变化的不确定的规则影响，将会成为造成台湾政府官员之间以及美台关系之间紧张的根源。美国政府将会承受支持中华民国政府介入的沉重压力。不过我们相信，除非中华民国政府确信叛乱会成功并且事前便得到了美国的赞同和支持，否则除了象征性地做做样子之外中华民国政府不会介入大陆的起义。

4. 共产主义中国国际声望大幅提高。共产主义中国被接纳进入联合国以及他们获得世界上绝大多数国家的外交承认将会对中华民国政府的威望和中华民国政府领导人的士气构成一系列打击。但是假如美国继续保持其强大的军事经济支持，中华民国政府也许就不会在维持台湾的国际地位方面有太大的困难，并仍然能够对台湾岛施加有效控制。居住在台湾岛上所有居民的命运并不取决于中华民国的国际地位，而是取决于美国保护其不落入共产党人之手的决心。

在可预见的一个时期我们不能想象因为北平政府进入联合国而导致中华民国政府与北平达成"交易"。北平政府不能提供给中华民国政府领导人比目前享有的权益更具诱惑力的条件，随着中国大陆局势的发展，对共产主义的反感迫使许多中国大陆居民躲避到台湾，这种情况愈演愈烈。实际上，即使台湾岛上对现状不满的大陆籍人试图和中共达成某种"交易"，所有的台湾籍人也都会反对共产主义统治并会积极反对共产党人企图控制台湾的努力。

5. 美国与社会主义阵营之间关系的巨大改善。中华民国政府官员十分担心美苏两国在欧洲的缓和会进一步发展，这就会使尚未解决的中国内战问题在国际局势急剧缓和的情况下凸显出来并成为一个主要的国际政治问题，国际社会上的其他国家也会盼望着这个问题得到解决。他们预见在这种局面下美国会屈从于来自国内外的压力，改变美国目前在亚洲的姿态。他们认为北平将会发动"微笑战役"，包括对现在僵硬的北平对美政策的改变，允许美国的记者和游客来大陆访问和旅游，减少反美宣传等，北平可能希望通过这些手段来博取世界的同情，从而削弱美国及其盟友在远东的地位。

中华民国政府会对西方降低反共姿态感到十分沮丧并会寻找一切可行的外交手段来阻止这种趋势的蔓延，如果阻止行动失败也不意味着中华民国政府会就此放弃。他们不会寻求与北平的和解，因为北平不能为中华民国政府提供一个比现在的局面更具吸引力的环境。只要美国继续保护台湾不受共产主义中国的武力占领并在外交、军事、道义和经济上给予中华民国政府支持,中华民国政府便会继续控制台湾。

6. 共产主义中国军事压力的增强。如果中国共产党人增强对沿海岛屿的军事压力直到他们能够成功地切断台湾对这些军事要塞的再补给(这些要塞的兵力占到了中国优势兵力的三分之一)并预示着这些岛屿接下来的防务会有危险时,中华民国政府便会向美国施加压力,要求美国增加支持力度并要求美国同意轰炸大陆的军事基地。中华民国政府甚至会在美国没有同意的情况下轰炸这些军事基地,因为他们相信美国在决一死战的紧要关头会被迫帮助台湾防御中共的报复性攻击。即使在沿海岛屿处于被攻陷的极度危险中,中华民国政府也会顶住任何外来压力,坚决不从这些岛上的军事要塞撤军,也许因为中华民国政府相信美国归根到底不会容许这些岛屿落入中共手中。除非在确信沿海岛屿的形势完全没有希望而美国将不再支持他们防御的情况下中华民国政府才会从这些岛屿完全撤兵。我们尚无法预料在这种情况下中华民国政府认为撤退是否可行。

(六) 更长期的前景

中华民国的长期前景受到许多不确定因素的影响,主要受台湾以外的世界发展的影响,对任何企图预见今后几年前景的努力都将带有投机性。我们假设一种前提——在中国大陆没有出现成功反叛活动的情况下,美国的力量继续承诺防御台湾且足以抵御共产党人的军事进攻,美国继续对台湾的经济给予支持——那么在十年之后有可能发生的最重要变化如下:

1. 国际方面。两岸都坚持自己的主张,但在追求自己目标的时候都不把主要的依靠放在军事力量上面,依照这种局势的内在动力发展下去可能将越来越向着以"分裂的中国"为特征的方向发展。世界上大多数国家都会努力同对立的双方打交道,起码在经济方面是这样;"两个中国"局面下的两个政府都声称代表全中国,但是不可能出现它们同时获得世界上广泛的外交承认并且都成为联合国成员国的局面。共产主义中国不会为了获得在联合国的席位和其他非共产主义国家的承认而放弃对台湾原有的主张,并会继续坚持其对中华民国在世界上任何国际组织代表权问题上的不妥协态度。而在中华民国政府方面,它会继续反对"两个中国"的主张,因为这样做会加速岛上大陆籍人的理想破灭,鼓励台湾的分离主义并最终导致台湾本土人对政府的控制。

但是今后十年北平政府极有可能获得世界上大多数国家的承认,共产党中国也将被接纳进入联合国。这种形势的发展会导致台湾岛上许多人感到沮丧,并将对岛上大陆籍人的士气产生严重冲击。不过中华民国政府仍会坚决反对与共产党人做任何形式的"交易",在美国的支持下它能继续保持对台湾岛的牢固统治。对于中华民国政府来说没有什么可能比在美国的保护下生存更具有吸引力。而且几乎所有的台湾人都会继续坚决抵制大陆的统治,反对岛上任何势力企图使台湾向共产党人屈服的努力。在上述局势之下,如果美国作出任何暗示同意并支持台湾人发动大规模暴力抵抗运动,出现台湾籍人暴动的可能性就会大幅度增加。

2. 台湾政治的发展。我们预测台湾不可能发生突然的和戏剧性的政策变化,而将会出现渐近式的改变，现在已经很明显的政策重点的转移在今后十年内可能会更加突出，将有可能对中华民国政府的性质与前景带来深刻的变革。简而言之，这种转变可能与中华民国政府现政策渐离渐远，政策的首要关注点向着考虑台湾的现实生活的方向发展。现在及其今后的十年中华民国政府将会继续被这样的人所统治，这些人的希望和政策的重点仍将集中在"光复大陆"和恢复作为中国大陆政府的中华民国政府的地位上面。然而，在台湾越来越多的人包括许多老于世故的大陆籍人及国民党内的知名人士都已经认识到中华民国政府的传统神话已经失去了吸引力。他们相信，"光复大陆"要想根本实现的话也只能在十分遥远的未来及不可能预见的情况下发生；与其将自己的精力放在实现一个不可能实现的目标上，中华民国政府应该集中力量建设一个繁荣、稳定、长治久安的台湾社会。在这十年里，如果现在的国际趋势继续发展，那么台湾政治力量的平衡很有可能转移到这个后来的（更为现实的）集团中来，还有一种可能性，就是现在保持权威地位的领导集团为了顺应上述想法也许会被迫改变其现行政策。蒋介石从政治舞台中心的离开也许会加速这种转变。在反对这种潮流的人当中军方人士最为重要。他们光复大陆的心理目标和他们力量的政治经济基础都会因为削减军事力量而处于十分危险的境地。因此，如果政府突然大幅削减军事建设的规模，这种削减无论何时都会暗示着对"重返大陆"的放弃，由军方控制中华民国政府的有力假设就会变得十分可能出现。

3. 经济。正如上面第四部分①第（四）条讨论台湾经济前景部分中指出的那样中华民国政府面临着十分严重的经济问题，问题主要是因台湾人口的快速增长而起，在今后的十年间这种增长会变得更加迅猛。除了中共问题外这些问题可能是中华民国政府面临的最严峻的挑战，它能否生存下去在很大程度上取决于该政府能否有效地解决这些问题。

这个问题最简要的表述如下：看起来非常有可能出现这样一种情况，如果 GNP 增长跟不上人口增长将导致人民消费水平的大幅下降，从而不可避免地对岛上民众——包括大陆籍人和台湾本地人——的士气造成严重打击，并有可能对中华民国政府的地位和稳定造成灾难性的后果。

即使中华民国政府内最乐观的估计也认为，政府所面临的问题是如此艰巨以至于想出一种解决之道可能已经超出了政府的能力范围。今后十年，无论政府采取何种措施，人口的快速增长都不可能得到根本遏制；即使将军费开支降到满足台湾岛防御要求的最低限度也会继续加剧中华民国政府财力的紧张。

不过，即使存在这些可怕的障碍台湾长期的经济前景也绝非完全没有希望。尽管它迄今为止尚未完全充分地面对可能发生的经济停滞的危险，但中华民国政府至少已经开始深切关注台湾的长期经济问题，未来这些问题会越来越受到重视。只要不忽视上述这些问题，一般来说，我们有理由相信在外来的帮助与引导下，富有经验与能力的中华民国政府官员和勤劳与聪明的台湾人民会找到方法，采取必要的措施来确保台湾经济的生存。

---

① 原文如此。应是"第三部分"。——译注

表一　经　济　指　标

	1952	**1953**	**1954**	**1955**	**1956**	**1957**	**1958**	**1959***
农业产量指标**	100.0	113.3	112.0	111.3	118.9	130.7	137.3	n a^{①}
工业产量指标***	100.0	124.2	132.9	148.0	155.4	176.6	185.6	n a
国民生产总值：1957 年物价水平（单位：百万美元）	678	795	872	891	930	986	1 064	1 124
人均国民生产总值：1957 年物价水平（单位：美元）	79.6	90.3	94.5	94.2	95.0	97.2	101.4	103.8
批发价指标****	100.0	108.8	111.4	127.1	143.2	153.5	157	176

　＊　估计：1959 年的数据是在少量可靠统计数据的基础上推算出来。
　＊＊　有关农业产量的总指标。
　＊＊＊　有关矿业、制造业、建筑业、公用事业的总指标。
　＊＊＊＊　年平均水平。

表二　台湾的收支平衡*

	1957	**1958**（初步数据）	**1959**（预计数据）
A 商品与服务业			
出口 f.o.b	162	158	127
进口 c.i.f	−266	−244	−263
贸易平衡	−104	−86	−136
服务业	−19	−10	−17
商业与服务业的平衡	−123	−96	−153
B 私人资本	14	18	18
C 官方长期资金			
赠与（美国）	78	72	77
贷款（净值）	18	−3	8
总量	96	69	85
D A～C 的总量	−13	−21	−50
E 误差与遗漏的净值	6	4	n a
F 法定黄金与短期资本的变化总量	−7	12	−50

　＊　所有数据都以百万美元计，汇率为 36.36 新台币兑换 1.00 美元。

―――――――――

① "n a"代表数据无法获得。――译注

表三　中华民国和中华人民共和国的国际地位

国　家	承　认		联大对推迟讨论中国代表权问题的议案的投票情况			
	中华民国	中华人民共和国	1957		1958		1959	
			赞成	反对	赞成	反对	赞成	反对
1. 阿富汗		✕		✕		✕		✕
2. 阿尔巴尼亚		✕		✕		✕		✕
3. 阿根廷	✕		✕		✕		✕	
4. 澳大利亚	✕		✕		✕		✕	
5. 奥地利	不清楚		✕		弃权		弃权	
6. 比利时	✕		✕		✕		✕	
7. 玻利维亚	✕		✕		✕		✕	
8. 巴西	✕		✕		✕		✕	
9. 保加利亚		✕		✕		✕		✕
10. 缅甸		✕		✕		✕		✕
11. 白俄罗斯（苏联）	…			✕		✕		✕
12. 柬埔寨		✕	弃权		✕			✕
13. 喀麦隆	✕							
14. 加拿大	✕		✕		✕		✕	
15. 锡兰		✕		✕		✕		✕
16. 智利	✕		✕		✕		✕	
17. 中国（中华民国）			✕		✕		✕	
18. 哥伦比亚	✕		✕		✕		✕	
19. 哥斯达黎加	✕		✕		✕		✕	
20. 古巴	✕		✕		✕		弃权	
21. 捷克斯洛伐克		✕		✕		✕		✕
22. 丹麦		✕		✕		✕		✕
23. 多米尼加共和国	✕		✕		✕		✕	

续　表

国　家	承　认		联大对推迟讨论中国代表权问题的议案的投票情况					
	中华民国	中华人民共和国	1957		1958		1959	
			赞成	反对	赞成	反对	赞成	反对
24. 厄瓜多尔	×		×			×		×
25. 萨尔瓦多	×		×			×		×
26. 埃塞俄比亚	不清楚		×		×		弃权	
27. 芬兰		×		×		×	弃权	
28. 法国	×		×		×		×	
29. 加纳	不清楚			×		×	×	
30. 希腊	×		×		弃权		×	
31. 危地马拉	×		×		×		×	
32. 几内亚		×						×
33. 海地	×		×		×		×	
34. 洪都拉斯	×		×		×		×	
35. 匈牙利		×		×		×		×
36. 冰岛	不清楚		×		弃权		弃权	
37. 印度		×		×		×		×
38. 印度尼西亚		×		×		×		×
39. 伊朗	×		×		×		×	
40. 伊拉克		×	×		×			×
41. 爱尔兰	不清楚			×		×	×	
42. 以色列		×	弃权		弃权		弃权	
43. 意大利	×		×		×		×	
44. 日本	×		×		×		×	
45. 约旦	×		×		弃权		×	
46. 老挝	二者均未承认		弃权		弃权		×	
47. 黎巴嫩	×		×		×		×	

续 表

国　家	承　认		1957		1958		1959	
	中华民国	中华人民共和国	赞成	反对	赞成	反对	赞成	反对
48. 利比里亚	×		×			×		×
49. 利比亚	×		×		弃权		弃权	
50. 卢森堡	×		×		×		×	
51. 马来亚	二者均未承认		×		×		×	
52. 墨西哥	×		×		×		×	
53. 摩洛哥		×		×	×			×
54. 尼泊尔		×		×	×			×
55. 荷兰		×	×		×		×	
56. 新西兰	×		×		×		×	
57. 尼加拉瓜	×		×		×		×	
58. 挪威		×		×	×			×
59. 巴基斯坦		×	×		×		×	
60. 巴拿马	×		×		×		×	
61. 巴拉圭	×		×		×		×	
62. 秘鲁	×		×		×		×	
63. 菲律宾	×		×		×		×	
64. 波兰		×		×	×			×
65. 葡萄牙	×		弃权		弃权		弃权	
66. 罗马尼亚		×		×	×			×
67. 沙特阿拉伯	×		弃权		弃权		弃权	
68. 西班牙	×		×		×		×	
69. 苏丹		×		×	×			×
70. 瑞典		×		×	×			×
71. 泰国	×		×		×		×	

续　表

国　家	承　认		联大对推迟讨论中国代表权问题的议案的投票情况					
	中华民国	中华人民共和国	1957		1958		1959	
			赞成	反对	赞成	反对	赞成	反对
72. 突尼斯	二者均未承认		弃权		弃权		弃权	
73. 土耳其	✕		✕		✕		✕	
74. 乌克兰(苏联)	—			✕		✕		✕
75. 南非联邦	✕		没有投票		✕		✕	
76. 苏联		✕		✕		✕		✕
77. 阿拉伯联合共和国		✕				✕		✕
78. 英国		✕	✕		✕		✕	
79. 美国	✕		✕		✕		✕	
80. 乌拉圭	✕		✕		✕		✕	
81. 委内瑞拉	✕		✕		✕		✕	
82. 也门		✕		✕		✕		✕
83. 南斯拉夫		✕		✕		✕		✕
其他国家的承认情况								

非共产党政府	承　认	
	中华民国	中华人民共和国
西　德	二者均未承认	
梵蒂冈	✕	
南朝鲜	✕	
瑞　士		✕
南　越	✕	
共产党政权		
东　德		✕
北朝鲜		✕

续 表

其他国家的承认情况		
共产党政权	承 认	
	中华民国	中华人民共和国
北 越		×
外蒙古		×
其 他		
"阿尔及利亚共和国临时政府"	×	

O. S. S. /State Department Intelligence and Research Reports，Part IX，China and India，1950 - 1961 Supplement，Washington，D. C. ：University Publications of America，1979，Reel - 3 - 0672

汝涛、李航宇、史明涛译，双惊华校

中情局关于台湾国民党政权前景的基本评估

（1961 年 6 月 20 日）

NIE 43 - 61

对中华民国政府前景的预测

（1961 年 6 月 20 日）

问　题

评估中华民国政府未来两到三年的前景，特别关注其国际地位。

结　论

1. 在今年就推迟讨论中国联合国代表权问题进行表决时中华民国政府可能会放弃或者面对失败。然而，今年北平政府未必一定能取代中华民国政府或者获得任何的联合国代表席位。很多国家转而倾向于两个中国的模式。北平政府和台北政府都拒绝这种提法，双方都声称它们将不接受双重代表。当中华民国面对一种迫在眉睫的局面，即中共党员有可能出现在联合国时，它可能威胁说要撤出联合国。我们相信，如果共产党中国获得了联合国大会和安全理事会的代表权，中华民国政府可能撤离联合国。还有可能出现一种不太激烈的局面，即中华民国政府只是打算阻止北平真的去填补被提供的席位，他们可能不会真正实践其撤离联合国的威胁。（第 12～15 段，第 27 段）

2. 中华民国政府的首要目标仍将是重新获得对大陆的控制权。中华民国政府领导人相信现在正是一个良机，可以利用大陆的经济困难和民众在其他方面的不满情绪鼓动针对中国大陆采取试探性行动的讨论。尽管我们怀疑面对美国明确的反对他们是否派兵执行这一任务，但是不能排除一种可能性，即他们根本不和我们商量就可能会在任何时间自行实施空投作战或突袭。（第 25 段）

3. 大部分中华民国政府领导们现在都相信重获大陆的最佳良机将会紧随在美国和中共发生战争之后。然而，我们认为他们试图挑起这种战争的希望非常渺茫。（第 23 段）

4. 政治上自觉的台湾籍人普遍反对中华民国政府统治台湾，但是其内部领导不力、组织涣散,降低了他们对政权的威慑力。几乎可以肯定的是中华民国政府的特务力量足够对付国内发生的任何问题。大陆籍人和台湾籍人的关系将变得越来越紧张。(第30～33段)

5. 在美国的大规模援助下中华民国政府已经在经济上取得了相当大的发展,其经济发展拥有所需的动力。一些负面因素,例如失业率增长、人口的迅猛增长以及近来生产投资方面的衰退对上述趋势形成威胁。充分的经济增长能否长时间持续下去在很大程度上取决于美国的政策方向和援助的程度,还有赖于其领导人适应在台湾长时间生存所需的能力和愿望。(第34～38段)

6. 在接下来的几年内中华民国政府有可能要遭受挫折,特别是因为北平国际地位日渐增强,这种可能性出现的几率就会增强。中华民国政府未来几年平安渡过这些困难的能力将主要取决于这种挫折发生的方式和速度快慢,在很大程度上要看美国在其中扮演的角色。我们相信,只要保证美国提供经济支持和军事保护中华民国政府就可以渡过这些挫折,并能调整自己以适应一系列的改变,尽管它不情愿这样做。(第28段)

7. 如果中华民国政府领导人要面对美国政策发生重大变化的局势将会极度痛苦并造成心理上的震惊,例如美国决定施加重压迫使中华民国政府从沿海岛屿撤出,建议中华民国政府接受两个中国的模式,或者正式承认共产党中国,不管美国做出怎样的保证和解释都将无济于事。一些在台大陆籍人或许会向共产党人妥协,或许敦促向共产党中国开战,或许到其他自由世界地区寻求避难。不过,我们还是相信大部分人还是会留在台湾寻找光明的未来。与现政府相比,继续存在的政府可能将更加缺少纪律性、更加腐败、更加不稳定;共产党的颠覆行动也将成为一个问题。然而,只要美国继续援助和保护,台湾仍将是自由世界的一部分。(第39～46段)

讨　论

一、介　绍

8. 中华民国政府领导人的目标就是重新建立对全中国的统治,概括成一句口号就是"光复大陆"。根据其官方理论,中华民国政府仍然代表着全中国人民的意志,仍然是全中国的合法政府。中华民国政府承认在台湾存在着两个政府,一个是国家政府,一个是省级政府,并争辩说中华民国政府是但只是暂时被局限在这个岛上,最终必将重新获得对大陆的控制权。中华民国政府领导人们相信这些观念不容置疑,一旦丧失这些信念自由中国将失去所有的希望和目标感并将最终崩溃。

9. 胜利完成光复大陆任务的信念是中华民国政府主要国家政策的首要源泉和正当性的根基,这些政策包括:(1)维持大规模军队建制①;(2)保住沿海岛屿;(3)反对包括两个

---

① 原注:迄今为止中华民国政府还是维持着武装部队占人口比例最高的纪录。

中国模式在内对北平政权给予任何形式的承认。中华民国政府领导人甚至要将台湾工业迅速发展的动力也与之相配合，说工业发展是为光复大陆做好准备。

10. 中华民国政府作为中国大陆人的政府是 1948 年在大陆通过国民大会选举出来的政府，但现在它实际控制着台湾、澎湖列岛和一些沿海岛屿①。台湾籍人占中华民国政府管辖人口的 85%，他们只能参与当地和省级政府活动，在全国事务上没有发言权，因为按照中华民国政府的解释台湾只是全中国 30 个省中的一个。台湾籍人在语言上和文化上认为自己是中国人，却把中华民国政府看作是半外来统治者，因为这个政府不是出自台湾籍人自己的选择且不能充分代表台湾籍人的利益。

11. 在超过十年的时间里美国一直承诺防御台湾和支持中华民国政府的经济、军队建设和国际地位。在这种保护下中华民国政府已在台湾取得了巨大的进展。政局稳定，领导专注而充满活力。经济持续增长，人民生活水平不断提高，腐败现象有所减少。武装部队也士气高昂、富有战斗力。现在，由于很多联合国成员国的变化和其他国家态度的转变中华民国政府必须更加直接地面对自身国际地位的现实处境。

二、国　际　问　题

1. 中华民国政府受到威胁的国际地位

12. 联合国席位争夺战。在最近几年里，中华民国政府之所以能在联合国大会和安全理事会中保留自己的中国代表席位几乎完全因为美国不断施加外交压力，一直使关于中国代表问题被延期讨论。由于中共在亚洲的侵略行动所产生负面国际反应也有利于我们这一努力的实现。然而，随着 1960 年联合国大会选举的逼近②，英国、巴西及其他很多国家都已经暗示它们将不再支持联合国的延期讨论。我们认为，在下一次联合国大会中，即使美国强烈支持，延期讨论的议案仍将有可能遭到失败。

13. 当然，延期讨论的失败和放弃不一定就意味着联合国席位必然属于共产党中国或者中华民国政府被排除在联合国外。即使绝大多数联合国成员国都支持共产党中国，仍然存在许多技术上和实质性的潜在障碍。在实质性障碍中，当北平对代表权附加一些让人不能接受的条件时，这是我们的良机。即使北平被允许接纳入联合国，许多联合国成员国也会愿意支持中华民国政府的联合国代表席位。

14. 两个中国。对于越来越多的国家来说，两个中国模式——即同时接受一个独立的台湾非共产主义中国和一个大陆的共产主义中国——如果可以实现的话似乎是解决目前僵局的最好方式。中华民国政府仍然强烈反对任何此类提法。几乎可以肯定，该政府领导人

---

① 原注：它还控制着南中国海的两个小的群岛：普拉塔斯群岛（约在香港东南 200 英里）和斯普拉特利群岛中的 Itu Abu（约在西贡东 500 英里）。（普拉塔斯群岛是某些外国人沿用的殖民主义者对我国东沙群岛的称呼，斯普拉特利群岛即南沙群岛。——编注）

② 原注：参见附录一表一。

将会继续声称中华民国政府是代表中国的合法政府,它终将重新获得在大陆的权力。

15. 共产主义中国也誓死反对两个中国的观念。北平和台北都声称,在官方场合当另外一方代表出现的话自己的代表绝不出席,这是一个原则问题。如果共产主义中国继续因为中华民国政府派了代表而拒绝派出它的代表到这些国家或国际性组织,这就为中华民国政府提供了一个可能的手段来阻止北平进一步扩展其外交关系和进入联合国。中华民国政府只需策略性地接受两个中国局势,继续向那些愿意与共产主义中国和中华民国政府同时打交道的国家或国际组织派驻它的代表。一些中华民国政府官员曾非常谨慎地提议在与北平政府的外交竞争中要更加有弹性,不过,我们认为,只要中华民国政府最高领导们认为任何行动将会损害到他们对两个中国态势的坚决反对时他们仍将强烈反对采取这些行动。

2. 关于美国支持的不确定性

16. 国民党领导人认为,中华民国政府的命运首先取决于美国未来的态度和政策,如果美国继续全力支持,世界上其他国家的态度和行为就将变得次要了。中华民国政府领导人普遍担心和最为关心的问题就是美国现在可能逐渐转向两个中国政策,美国对国际共产主义扩张的抵抗也正在逐渐变弱。他们尤其焦虑的问题就是他们认为美国正在从老挝撤退,认为美国同意协商解决预示着未来美国在远东将进一步撤退。他们把韩国李承晚(Syngman Rhee)政权和土耳其曼德列斯(Adnan Menderes)政权的倒台解释成美国不愿采取坚定的行动支持美国真正的朋友。

17. 迄今为止中华民国政府对于美国的怀疑还没有达到会对中华民国政府政策或对两国关系产生重要影响的程度。然而,中华民国政府在这一问题上的不确定性也必将增长。我们可以预计,中华民国政府将增强自己的压力,期望美国在亚洲的军事态度更加强硬,更加支持中华民国政府及其政策。[①]

三、尚未结束的内战

18. 中国共产党人的立场和意图。中国共产主义政权坚决主张自己是代表中国的合法政府,台湾、澎湖列岛及沿海岛屿都是其领土的一个组成部分。因此,对北平政府来说“解放”台湾和其他沿海岛屿的问题纯粹是中国的内政。该政权坚持认为蒋介石政权没有合法的权力宣称自己是中国政府,任何继续承认和支持蒋政权的国家都是对中国主权的侵犯,中华人民共和国可以自由采取任何它认为正当的方式来“解放”被将“匪帮”占据的领土。

19. 过去共产党中国对台湾和沿海岛屿的策略起伏很大,目前已经从强大的军事压力转变为向国民党当局发出和平建议。自从1958年台湾海峡危机北平政府测试了美国和中华民国政府的决心之后它已经不再强调对台湾和沿海岛屿使用武力,转而寻求削弱中华民国政府的士气和国际地位。我们预计北平将会使用宣传战和私人信件战来瓦解中华民国政府对美国的

---

① 原注:在美国政策真的发生重大转变的情况下,中华民国政府的可能反应的讨论参见第39～45段。

信任,并利用大陆籍人害怕被永远从祖国分裂出去的心理营造一种共产主义必胜和必然收复台湾的氛围。北平政府偶尔故作一定的姿态迁就一下令人愉快的共产主义融合姿态,比如,北平政府欢迎台湾作为一个自治区,在蒋介石有名无实的领导下回到中华人民共和国的怀抱。

20. 几乎可以肯定北平政府对上述这种宣传战在近期内取得成功不抱太大希望,但是他们可能抱有远景的期待。政府领导人可能预测美国与社会主义阵营力量关系的变化趋势和联合国的构成及态度的转变将会适时加强北平的地位,并导致北平成为唯一的中国政府的要求得到国际社会的普遍认同。北平政府显然相信当这种情况发生后台湾的士气和对中国共产党人压力和引诱的抵抗都将会被有效地瓦解。而且,北平政府也坚信武力袭击台湾和澎湖列岛将会招致与美国的重大对抗。由于这些原因,我们认为北平政府将首先依靠非军事压力来消灭中华民国政府。

21. 然而,几乎可以肯定中国共产党人在台湾海峡问题上也不会完全放弃使用武力。他们可能会时不时地在沿海岛屿地区增加军事压力,以提醒世界他们还不接受现状,并以此来探测中华民国政府和美国的决心,为实现他们更为广阔的冷战目标而前进。不过,我们相信,只要他们认为对沿海岛屿发动进攻会招致美国的重大对抗,他们就不会发动这样的袭击。如果中华民国政府从这些沿海岛屿撤离,北平政府必将发动集中的宣传活动,或许还伴随有一定的军事骚扰,以便让世界相信中华民国政府虽然有美国的支持,但该政府的这种撤退是北平政府军事压力的结果,北平通过把中华民国政府赶出这些岛屿将赢得世界的称誉。

22. 苏联仍将支持北平政府占领台湾的目标,但是它会坚决阻止中共在远东把苏联拖入与美国的战争。所以,我们认为苏联将试图限制那些在苏联人看来有可能使苏联卷入与美国严重战争危险的中共行动。尽管去年前后中苏关系出现了严重的紧张,但在这种情况下苏联可能还会施加一定的影响力。

23. 中国国民党人的立场和意图。中华民国政府目前和将来的首要目标都是重新获得对大陆的控制权。大部分中华民国政府领导人相信重获大陆的最佳良机将会紧随在美国和中共发生战争之后。他们也相信,出于自由世界与共产主义者斗争的利益考虑美国不会为了避免战争而屈服于共产主义者的压力。他们认为摊牌不可避免,推迟摊牌只会使北平政权加强军事实力及对中国人民的控制。几乎可以肯定的是,一些中华民国政府领导人有时会考虑在能将美国卷入其中的条件下主动挑起与共产主义中国的冲突。尽管我们不相信中华民国政府领导人可能会采取这样草率的行动,但是如果把它作为一种完全绝望和失败的决定我们也不能彻底排除这种可能性。

24. 中华民国政府无论在政治上还是心理上都非常重视沿海岛屿。国民党领导人确信必须坚守这些岛屿,这不仅出于协防台湾的目的,更重要的是出于维护中华民国政府是一个全国政府的主张,避免对士气造成沉重打击,制止中华民国政府威望和国际地位的进一步衰落。中华民国政府把它约三分之一的战斗部队——也是其武装部队的精英——驻扎在这些岛屿上[①],以此来

---

① 原注:国民党金门游击集团总人数为 69 000,马祖游击集团总人数为 21 000,见本评估报告最后的地图。

显示自己坚守这些岛屿的决心。在(中共的)蓄意进攻面前中华民国政府自身不能保卫这些沿海岛屿,一旦丢失这些岛屿,在这场失败的岛屿防御战中国民党陆军、海军、空军将惨重损失,这将大幅度削弱中华民国政府防御台湾本身的力量。

25. 中国大陆发生严重的经济困难而且有迹象表明(大陆)公众的不满程度已达到了相当程度,中华民国政府领导人的信心因此备受鼓舞。在他们看来此时是利用大陆的不满情绪鼓动针对中国大陆采取试探性行动讨论的最好时机。他们担心,随着时间的推移,共产主义中国的警察部队将强大到(大陆)再也不可能发生任何革命的程度。他们制定了大量的计划,开始先使用特务组织去发掘公众的不满情绪并进而组织抵抗活动,他们希望通过这些最终活动能引发大规模的行动,致使共产主义政权倒台。我们认为,面对美国明确的反对他们不会真的动用这些力量。但是不能排除一种可能性,即他们根本不让我们知道,就可能会在任何时间自行实施空投作战或突袭,尤其是当中华民国政府声称这种准军事行动是"政治性"的行为,不属于美国的否决范畴——中华民国政府针对大陆发动军事行动——之内。

四、中华民国政府对自身国际地位变化的反应

26. 国民党领导人越是眼见中华民国国际地位下滑和继续联合国代表权延期讨论的前景恶化,越是怀疑美国支持的力度,并为此饱受折磨,对他们来说守住希望和目标方向越来越困难。如果今年联合国延期讨论的提议遭到失败或被抛弃,中华民国政府领导人的斗志将受到影响。他们将视不再讨论有关中华民国政府地位的机制问题为共产主义中国最终取得联合国代表权的第一步。

27. 根据联合国内部局势发展的性质和时间安排中华民国政府可能会在某一时刻从这个组织中撤离。我们认为,如果中共在联合国大会和安全理事会中都取得会员资格中华民国政府就将从联合国撤出。当中华民国政府在联合国代表权问题上的威胁不太直接或局势尚不明朗时我们不大可能很有信心地估量出该政府此时的动向。当中华民国政府相信威胁撤出联合国会对美国施加影响使得美国反对中华民国政府目前地位的进一步下滑时,该政府就可能威胁撤出联合国。中华民国政府实施这种威胁的可能性不仅要视它所认定的局势对中华民国政府基本政策的伤害严重性而定,还要视中华民国政府领导人认为他们的自尊是否需要这种激烈的行动而定。甚至当发生看起来将严重威胁其基本政策的情况时中华民国政府也可能放弃使用威胁撤出联合国的手段,以保持联合国会员国才能享受的利益,尤其是当中华民国政府认为继续留在联合国内会使共产主义中国拒绝接受被提供出来的那个席位时它就不会离开联合国。

28. 延期讨论中国联合国代表权问题的结束也有可能带来其他的挫折,其中包括北平政府国际地位的进一步提升。中华民国政府未来几年平安渡过这些困难的能力将主要取决于这种挫折发生的方式和速度快慢,在很大程度上要看美国在其中扮演的角色。我们相信,只要美国保证提供经济支持和军事保护中华民国政府就可以渡过这些挫折,并能调整自己

以适应一系列的改变,尽管它不情愿这样做,这些变化越突然、越集中,该政府适应的困难性就会越大,内部和外部的关系就会越发严峻。

五、国 内 问 题

(一) 政治问题

29. 民众支持。台湾民众可以被分为四类:(1) 几百人的大陆领导者,他们控制了政府、武装部队和政府企业中的所有重要职位;(2) 150 万的其他大陆籍人;(3) 超过 1 000 万的台湾籍人,他们有中国人的血统;(4) 18 万土著居民,他们住在偏远的山区,没有任何政治地位。在所有四类人中,只有控制着整个国家的第一类大陆籍人被官方光复大陆的目标所激励。而其他大部分的大陆籍人虽然也支持这样的目标,但已基本上适应了他们在台湾的现实状况。除了支持中华民国政府以外他们没有任何可以替代的政治或经济选择,但是由于他们有限的经济前景和他们与大陆的裙带关系,这类人是四类人中最容易受到共产党人的诱惑而多少有些自愿地与北平和解的一类人。

30. 早期中华民国政府在台湾的暴政及 1947 年对台湾人起义的血腥镇压使许多台湾人陷入痛苦之中,如果不发生上述这些事情,这些人有可能已经与大陆籍人和中华民国政府建立起了认同感。他们的爱国主义情感大部分被导向了狭隘的台湾主义情感中。他们没有动力去光复他们不认为是自己的那个祖国。

31. 中华民国政府非常敏锐地意识到这种情绪,并采取了大量措施来应对台湾籍人的不满情绪。土地改革计划帮助大量农民。令人满意的经济条件和生活水平在很多年中一直得到实实在在地提高,这也有助于缓解台湾民众的不满情绪。另一方面,给台湾籍人在地方事务中更多的发言权,在一两个次要的内阁岗位中任用台湾籍人,这些措施收效甚微,在很大程度上中华民国政府的控制依赖无声的武力。戒严令和大量特工人员程度不等地秘密活动,确保政权能够阻止或粉碎不良动向的发展。① 此外,没有出现广受民众支持的领导人和现任领导不团结,这些都减轻了台湾籍人对中华民国政府统治的威胁。

32. 在本评估期内台湾籍人不大可能轻易受共产党人的影响。他们不希望分享大陆那种恶劣的生活条件,也不再想把中华民国政府换成另外一个、更加无情的大陆籍人统治下的政府。一些台湾籍人也同样相信,尽管中华民国政府有许多缺点,但是可以给他们提供免受中共袭击的最佳防御。不过,大部分台湾籍人还是认为,如果可以让他们自己管理他们将可以在他们的岛上建立一个相当繁荣的社会,过着愉快的生活,避免被拖入中国事务的痛苦之中。

---

① 原注:1960 年镇压尚在筹划的中国民主党——一个较大的台湾人组织——就是一个相关的案例。当国民党认定一个真正的反对党可能正在形成之后,国民党开始向那些潜在的组织领导人施加压力。向一个领导人行贿或威胁利诱其离开祖国,两位被"未知的人"痛打,几位的营业执照被撤回或遇到其他经济压力。该组织的一个重要领导人,雷震,一个大陆籍人,以窝藏共产党人的罪名被判十年徒刑。

33. 在现在的评估阶段里台湾籍人和大陆籍人的关系必将变得更加紧张。现在既需要补充中华民国政府的武装力量，又要维持在这些武装力量中大陆籍人的统治地位，这两种需要将变得越来越不能调和。目前超过75％的应征入伍士兵是台湾籍人，但是97％的官员和93％的军士是大陆籍人。台湾籍人将会更加厌恶中华民国政府对台湾的统治，要求对他们的命运有更大的发言权。对台湾籍人越来越难以驾驭将会刺激中华民国政府强化其控制，而这反过来又将加剧台湾籍人的不满。

（二）经济问题

34. 在过去的十年里，由于美国大规模的援助①台湾的经济得以迅速发展。1960年的工业生产总值是1950年的3.5倍。尽管人口增长很快，但是人均国内生产总值以平均每年3.7个百分点的速度在增长。目前台湾是东亚最为繁荣的地区之一。即使在保持美国目前的援助水平之下台湾的这种相对繁荣局面能否继续保持还要看其能否解决某些经济问题。

35. 中华民国政府面临的最主要的问题之一是人口迅猛增长。台湾人口年增长速度是3.5％，这是世界上最快的增长速度之一。食物消费超出了粮食产量，1960年台湾第一次成为大米净进口国。要扭转逐渐扩大的食物不足趋势就需要扩大生产，但台湾已然紧张的土地使用限制了按照所需速度扩大生产的可能性。迅速增长的劳动力又加重了失业和待业问题。虽然有美国大量的军事支援，但是保持适当的大规模军队建设仍给经济带来了沉重的负担。

36. 为了对付这些问题台湾的工业生产必须继续高速增长。工业必须为增加的劳动力提供工作机会，通过扩大出口来补偿增加了的食物进口。在过去的两年里台湾工业的增长率已得到保证。1959年增长了13％，而1960年则增长了15％。工业出口在这两年里也大大弥补了农业出口的下降。1960年外汇储备多增加了1 900万美元，达到了5 240万美元。

37. 如此迅猛的工业持续增长要求高比率持续性的工业投资。因而，我们值得注意的是，事实上，大约去年前后台湾生产企业单位的投资却在大幅度降低。当地的投资商似乎更愿意把钱投在其他能迅速获得利润的企业中，外国投资者倾向于认为在台湾以外的其他地区投资能获得更大的经济回报，而且更安全。在此之前的困难时期里，1960年政府强制实施了信用紧缩政策来应对通货膨胀，这种措施似乎降低了工业投资，减少了工业产出的扩大比率。

38. 今天台湾经济有些动荡的局面由不同的因素造成，其中包括失业和破产事件的增加等，但是在我们评估的这段时间里不大可能会呈现爆炸性事态的发展。台湾有珍贵的经济资产，最宝贵的资源就是它有聪明能干、充满活力的劳动力以及在许多领域里拥有很多有实际的专业和管理方面技能的人才。发展要素已经具备，台湾经济以一个令人满意的速度继续发展完全可能。但是，从长期来看它能否继续发展还很难估计，因为台湾经济的发展方向严重依靠美国经济和军事援助的性质和规模，也同样要依靠中华民国政府的经济政策和内外政治的发展。

---

① 原注：1949年以来美国对中华民国的经济和军事援助超过了30亿美元。

六、突 发 事 件

（一）中华民国政府对美国重大政策变化的反应

39. 美国是影响中华民国政府政策的强有力的杠杆。除了依赖美国维持其军事力量免受攻击和依靠美国的经济援助及外交支持之外中华民国政府没有其他可行的替代选择。没有美国的帮助和支持台湾的未来事实上将一片灰暗。从他们自己的角度来讲中华民国领导人相信在美国发挥杠杆作用的时候中华民国有很强的抑制能力。他们确信美国不会采取导致中华民国崩溃或者与中华民国政府疏远的举措，因为美国这样做的结果将使美国面临在台湾出现一种危险的不稳定局势的境地，并将严重破坏美国在亚洲的反共立场。

40. 如果美国试图说服中华民国从沿海岛屿撤离，该政府肯定将会拒绝，他们反而指望美国自己不愿意运用这种杠杆作用。我们相信中华民国领导人最终会屈服，但是仅仅当他们确信事实上美国将使用任何所需的手段，包括大幅削减经济、军事和外交上的援助等措施来逼迫中华民国政府就范。

41. 美国坚持强迫中华民国政府从沿海岛屿撤离或者美国采取其他重大的对华政策变化措施，明确地否决中华民国的基本原则（例如支持联合国内中国的双重代表权，或者正式承认共产党中国），将会引起国民党领导人深刻的痛楚和心理上的震惊，无论美国可能给出什么样的保证或解释，情况都将如此。

42. （中共）欢迎中华民国领导人加入的行动将会与中华民国政府这些领导人自己的行动路线高度不一致。极少数人，不包括蒋介石，将完全领悟到他们要以他们能得到的最好条件把台湾交到共产党人手中。但不管北平可能提供什么，大多数国民党领导人将会很小心，不愿把自己定位成中共的同情者，如果他们试图把台湾交到共产党手里，那么他们非常害怕来自其他中华民国领导人和台湾籍人的报复行动。

43. 一些国民党领导人将会试图攻击大陆或者轰炸大陆主要城市，寻求将美国和共产党中国一并引入战争。这将是他们的拼死一搏，为了完成重新获得大陆权力目标或者是继续战斗下去。尽管我们不能排除这种"破釜沉舟"的努力，但是我们认为这种自杀性的行为极不可能被付诸实践。国民党人中光复大陆活动的积极分子只是台湾大陆籍人中的少数，几乎可以肯定台湾籍人将明确反对任何诸如此类的政策，他们宁愿冒险尝试一种独立的、非共产主义的未来。

44. 相当一部分国民党领导人不时威胁将要"走自己的路"。这种想法是基于他们的一种假设之上，即不管美国怎样他们将尽自己的最大力量来维持自己的地位。尽管我们怀疑中华民国是否会采取这样的行动路线，但我们相信他们威胁要采取此类行动主要是一种施加压力的策略。

45. 尽管我们不能排除以上的任何一种可能性及其中华民国的反应，但是我们同样相信，即使美国的政策做出了如上假定的那种根本改变，大多数国民党人尽管非常不情愿和痛苦，但还是会得出结论，即他们必须将自己的未来托付给台湾。少数人将会离开台湾；少数人将试图攻击大陆；而其他的则简单地结束自己的公共生活，幻想破灭、愤恨不平。蒋介石将很可能会辞职，承认他毕生努力的失败，把未来留给比他更年轻的人。

46. 政府的意图和它的政策都将及时地发展进化，避免出现与过去类似的状况。领导人将不得不作出调整，大幅度扩展台湾籍人在政府中的作用，也将不得不对台湾长期的经济和政治发展给予更多的关注。政府可能会更加缺少纪律性、更加腐败、更加不稳定；共产党的颠覆行动也将成为一个问题。然而，只要美国的保证持续下去并继续给予台湾援助和保护，台湾仍将是自由世界的一部分。

（二）共产党中国宣布爆炸核装置

47. 中华民国对共产党中国核爆炸的即时反应将是深表关注，因为这将是它的共产党敌人加强自己力量的戏剧化的一大步。如果届时北平在联合国中还没有取得合法席位，中华民国将不得不承受来自世界各方不断增加的要求接纳北平进入联合国和要求北平参与裁军谈判的压力。共产党中国的领导人也许会坚持以加入联合国和参与裁军谈判的筹码来换取美国放弃对台湾的保护。中华民国政府同时则会很肯定地催促美国对其提供核保护伞。

（三）蒋介石的辞世

48. 蒋介石已经统治和维持国民党长达三分之一世纪，他的死亡将会导致领导权的移交。肯定会引发令人震惊和不确定的直接后果，也可能会部分削弱政府的稳定性和有效性。当然还有可能按照现行宪法规定的次序由副总统来继任（目前是陈诚）。不过总裁的儿子蒋经国现在控制着中华民国绝大多数的情报和安全部队，他非常有可能挑战宪法的总统继承顺序。如果蒋经国的父亲在不久的将来退出政治舞台，那么他将很可能不去谋求总统的宝座而是满足于在幕后加强自己已经取得的强大的权力地位。不管谁成为下一任总统，这位总统都非常可能会试图继续执行蒋介石的大政方针，但是他却无法拥有和蒋总裁相匹敌的威信和权威。任何政权的继任者都有可能对政策作出及时的调整，令政策或多或少得更符合中华民国的现实情况和可能的未来局势。

附录一

军　　事

1. 中华民国维持着总数超过 615 000 人的军事力量，其军事人员占总人口的比率为世界之最。这些军队隶属于五个司令部：

表一　人员分布

国防部	30 000	空　军	89 700
陆　军	427 700	联　勤	8 000
海　军	59 800(包括 25 550 舰队人员)		

在这些军事部门中,除了大约 6 000 国防部人员和 13 000 军队之外,全部人员都由美国军事援助计划负责供给。

2. 中华民国的战斗部队在数量上还是远远低于共产党中国的军队人数。要对双方军队作质量上的对比则非常困难。少数可以进行直接对比的案例之一就是 1958 年的台湾海峡危机,在那场危机中中华民国战斗机飞行员在许多方面的成绩都胜过了共产党中国的飞行员。双方的海上和地面部队没有直接交锋,但是金门岛集团的守备团则在长期的密集炮击中显示了良好的持久性,在起初的犹豫不决之后海军表现良好,在炮火下重新为岛上守军提供给养。现在武装部队的士气不一,从情绪一般到斗志昂扬不等。斗志最高昂的是空军部队及驻守在沿海岛屿的部队。

3. 能力。在没有美国大规模海空军支援的情况下中华民国的武装部队不足以抵抗共产党中国对沿海岛屿、台湾和澎湖列岛的坚决打击。然而,中华民国所拥有的军队比维护其统治领土内部安全所需的部队要多得多。中华民国有能力派出大约 3 000 人的部队袭击大陆,并能在有限的程度上为这股部队提供给养。它能使用中华民国海军的水陆两栖军舰组织 4 000～5 000 部队开展水陆两栖作战。而如果征用额外的商船和渔船还可以组织更大规模的军队进行登陆作战。

一、陆　军

4. 414 000 人的常规军队被组织成 21 个步兵师、2 个装甲师、1 个空降团、2 个特种兵集团和后备部队。这些军事力量已经做好战斗准备,训练有素、装备精良且拥有可以用作人力储备和替换的大规模人力资源库。台湾出生的士兵占到了征募士兵人数的 75％[①],在保卫沿海岛屿和台湾的战斗中他们被认为是可以信赖的防御力量。在没有外国协助的情况下台湾军队的后勤能力无法保障其武装部队的战斗或开展扩充军事行动。政府目前已经着手采取步骤来补救军队设备短缺和人员不足的问题。

5. 在中华民国的军事力量中非美国军事援助计划支持的 13 000 人主要由一支 7 000 人的反共救国军和一支大约 3 000 人的特种军构成;两者都由陆军统帅部直接控制,是中华民国军事力量的主要组成部分。他们都源自于大陆高质量的军队,有非常好的团队精神,但并

---

① 原注:在军团中,几乎所有的军士和大军官都是大陆籍人,所以台湾人大约只占全部武装人员的 35％。

不总是服从于严格的军队纪律。这些军队的很大部分来自于以前活跃于中国沿海省份的守备团，他们训练有素，很多部分按照正规军的标准进行了大规模的重新装备。他们最主要的弱点是不能为维持续作战提供充足的后勤保障能力。反共救国军为乌丘岛和东引岛的小的沿海岛屿提供守卫，而特种军则有能力在大陆开展有限的专门行动。除了上述部队以外，非美国军事援助计划支持的中华民国国防部兵力总数超过 60 000 人。

6. 台湾警备总司令部的三个游击兵团不包括能提供 7 500 人的准军事力量的数字，这支准军事力量也没有得到美国军事援助计划的支持。这支准军事力量主要是源自大陆出身的人，身体上不合格，与正规军的军人相比他们多配置轻武器。他们主要是被用于保卫安全和游击职责，作战能力非常有限。最近 3 000 多国民党残部从缅甸、泰国和老挝金三角地区返回台湾，将很可能根据他们的身体状况和技术条件分别被吸收到反共救国军、特种兵团和游击军团当中去。

7. 沿海岛屿。在台湾海峡地区，中华民国在马祖列岛上大约有 21 000 人的军队，估计中共地面部队有 51 000 人驻扎在与之相邻的中国大陆上（福州附近）。在金门岛界内大约有 69 000 人的中华民国军队，估计有 98 000 人的中共地面部队驻扎在附近的厦门地区。中华民国在金门和马祖的驻军已经达到其可用军事力量的最大值；而中共则能够在 12 天内使用早已驻扎在华东军事区的额外兵源对厦门-福州地区的军队力量加以增援（大约有 212 000 人的军队，其中包括 3 个空降师共计约 21 000 人）。这种调遣可能在不被察觉的情况下完成，但是任何规模的水陆两栖船只的集结则能够被迅速监测。

8. 中共在马祖-金门地区的火炮力量总共约 850 门，而相应的中华民国只有 420 门。在金门和马祖现有的大炮中包括 240 毫米的有核能力的榴弹炮。最近在金门和马祖卫戍地区的防御工事和隐蔽的炮击阵地得到了加固，增强了该地区的防御能力。食物、弹药和其他供给品丰富，在一些主要的沿海岛屿上都有大量的库存。

二、海　军

9. 中华民国的海军是由前美国舰只组成的小舰队，最大的战斗舰类型是驱逐舰。其舰船总力量如下表所示：

表二

驱逐舰（DD）	5	摩托鱼雷艇（PT）	6
护航船（DE）	5	海岸布雷艇（MMC）	2
巡航舰（PF）	2	扫雷艇（MSF）	5
护航舰（PCE）	7	海岸扫雷艇（MSC）	4
猎潜舰（PC）	16	水陆两栖船	69
摩托炮艇（PGM）	2		

10. 台湾海军的规模和构成使其有能力执行某些有限的攻击任务,譬如在接近台湾的限定半径内帮助和支持水陆两栖部队完成突袭任务,实施海岸炮击,在台湾海峡内执行侦察任务并对过往船只进行封锁,发动地雷战等。海军能对沿海岛屿提供后勤支持,对巡航侦查进行供给,并对驱逐舰进行火力掩护。海军的训练情况良好。大体上讲,在最近的一段时间内,舰船以及装备的保养和维修不合乎规范要求,但现在却正表现出重大改进。后勤练习充分,设备充足,但是后勤供给将要继续依赖美国的支持。海军的反潜战争和扫雷能力还非常有限,但这种局面不断得到改进。在美国的引导和支持下海军的力量正在增强并走向现代化。不过在中共决心对中华民国掌控的领地发动袭击面前中华民国海军的现有能力还不足以满足其防御的海上需要。

11. 25 550人的海军陆战队被组织成1个司令部、1个支持建制和1支海上舰队力量。作战力量包括1个师、1个旅、1个坦克登陆舰营和1个突击坦克登陆舰营,其组织和装备参照美国海军陆战队的编制装备表加以改进。海军陆战队将会继续有能力执行两栖作战任务,其师、旅可以抵御轻度及中等程度的抵抗,并为海空军提供足够的支援。

三、空　军

12. 中国空军(CAF)在非共产主义亚洲的空军力量中最强。它的首要任务是对台湾地区进行空军防御。其次的任务包括:破坏中共能对台湾发动攻击行动的装置;保卫沿海岛屿;支持中华民国陆军和海军的作战活动;摧毁中共海军;进行空中侦察。

13. 中国空军的12个飞行中队编成四个战术飞行联队。一个F-104拦截战斗机中队预计可以在1961年夏天开始服役。三个F-100战斗机中队预计在6月底完成全部训练并做好战斗准备。F-86D全天候飞行中队的全体人员正在接受全面训练,并在1961年4月配置到战斗警报活跃的地区。全部人员力量总共是89 700人,包括大约1 075名受过训练的飞行员。

14. 中国空军指挥战术空军活动的能力相当不错,可以熟练地在作战单位之间来回转换。因为很多荒废的F-86F战斗机被存放在仓库内妨碍了其战术有效性的发挥。有能力纵深进入中国大陆腹地执行侦察任务的仅有一架RB-57D飞机。较小的纵深飞行可以由RF-101'S和RF-100'S飞机来执行。后者现在还在库房。因为RF-84F'S机型在面对MIG-17拦截机时自保能力非常有限,所以其倾斜摄影任务被严格限制在海岸沿线。目视侦察任务由金门地区的T-6'S飞机执行,每天两次;每隔一天有一架C-46飞机在台湾的东北部水域执行目视侦察任务。在有限的作战时期内中国空军拥有良好的日间空中防御能力。在获得F-86D'S和F-104'S飞机以后中国空军具备有限的全天候防御能力。

15. 在台湾和澎湖列岛中的马公阵地设置有雷达装置,其覆盖率相当不错;在马祖和金门的沿海岛屿也配备了雷达装置,但其覆盖率和测高能力都十分有限。防空炮兵部队接受了良好的训练,但是他们的装备有限,只有很小一部分部队拥有有效对抗喷气式飞机的能力。台北地区的静态防空系统由奈基-大力神(nike-hercules)地对空导弹部队(52枚导弹4个导弹阵地)负责,该部队隶属于中华民国军方掌控。

表三　中华民国空军战斗机结构及分配一览表

基本结构	机型名称	总 量		战术单位		指定的任务
		喷气式	螺旋桨式	喷气式	螺旋桨式	
战斗机						
全天候	F-86D	18		18		
日间	F-86F	304		271		
	F-100A	78		78		
	F-100F	9		9		
	F-104A	21		21		
	F-104B	4		4		
小计		434		401		
侦察机	RB-57D	1		1		
	RF-84A	17		17		
	RF-100A	4				库存
	RF-101A	4		4		
小计		26		22		
反潜战						
路基	PB4Y		1			
小计			1			
运输机	C-46A		3		3	
	C-46D		84		82	
	C-47A		7		7	
	C-47B		18		18	
	C-54B		2		2	VIP
	C-119G		16		16	
	H-19B		6		6	空中救援
小计			136		134	
教练机	T-28A		24			
	T-33A	54		46		
小计		54	24	46		
综合	SA-16A		5		5	空中救援
小计			5		5	
总数		514	166	469	139	
总库存		680				
总的战术分配单位		608				

附录二

政 治 表 格

表一　联合国关于延期解决中国代表权问题的投票状况

年份	赞成	反对	弃权	未记录的投票	投票时总会员国数
1951	37	11	4	8	60
1952	42	7	11		60
1953	44	10	2	4	60
1954	43	11	6		60
1955	42	12	6		60
1956	47	24	8		79
1957	48	27	6		81
1958	44	28	9		81
1959	44	29	9		82
1960	42	34	22		98

表二　中华民国和中华人民共和国的国际地位
联大对推迟讨论中国代表权问题的议案的投票情况

国　　家	承　　认	1957		1958		1959		1960	
		赞成	反对	赞成	反对	赞成	反对	赞成	反对
1. 阿富汗	中华人民共和国		×		×		×		×
2. 阿尔巴尼亚	中华人民共和国		×		×		×		×
3. 阿根廷	中华民国	×		×		×		×	
4. 澳大利亚	中华民国	×		×		×		×	
5. 奥地利	二者均未承认	×		弃权		弃权		弃权	
6. 比利时	中华民国	×		×		×		×	
7. 玻利维亚	中华民国	×		×		×		×	
8. 巴西	中华民国	×		×		×		×	
9. 保加利亚	中华人民共和国		×		×		×		×

续　表

国　　家	承　　认	1957		1958		1959		1960	
		赞成	反对	赞成	反对	赞成	反对	赞成	反对
10. 缅甸	中华人民共和国		×		×		×		×
11. 白俄罗斯（苏联）	在联合国之外无外交关系		×		×				×
12. 柬埔寨	中华人民共和国	弃权			×		×		×
13. 喀麦隆	中华民国							弃权	
14. 加拿大	中华民国	×		×		×		×	
15. 中非共和国	二者均未承认							弃权	
16. 锡兰	中华人民共和国		×		×		×		×
17. 乍得	二者均未承认							弃权	
18. 智利	中华民国	×		×		×		×	
19. 中国（中华民国）		×		×		×		×	
20. 哥伦比亚	中华民国	×		×		×		×	
21. 刚果（布拉柴维尔）	中华民国							弃权	
22. 刚果（利奥波德维尔）	中华民国							未出席	
23. 哥斯达黎加	中华民国	×		×		×		×	
24. 古巴	中华人民共和国	×			×	弃权			×
25. 塞浦路斯	中华民国							弃权	
26. 捷克斯洛伐克	中华人民共和国		×		×		×		×
27. 达荷美	二者均未承认							弃权	
28. 丹麦	中华人民共和国		×		×		×		×
29. 多米尼加共和国	中华民国	×		×		×		×	
30. 厄瓜多尔	中华民国	×		×		×		×	
31. 萨尔瓦多	中华民国	×		×		×		×	
32. 埃塞俄比亚	二者均未承认	×		×		弃权			×
33. 芬兰	中华人民共和国		×		×		×		×

续 表

国　家	承　认	1957 赞成	1957 反对	1958 赞成	1958 反对	1959 赞成	1959 反对	1960 赞成	1960 反对
34. 法国	中华民国	×		×		×		×	
35. 加蓬	中华民国							弃权	
36. 加纳	中华人民共和国						×		×
37. 希腊	中华民国	×		弃权		×		×	
38. 危地马拉	中华民国	×		×		×		×	
39. 几内亚	中华人民共和国						×		×
40. 海地	中华民国	×		×		×		×	
41. 洪都拉斯	中华民国	×		×		×		×	
42. 匈牙利	中华人民共和国		×		×		×		×
43. 冰岛	二者均未承认	×		弃权		弃权		弃权	
44. 印度	中华人民共和国		×		×		×		×
45. 印度尼西亚	中华人民共和国		×		×		×		×
46. 伊朗	中华民国	×		×		×		×	
47. 伊拉克	中华人民共和国	×			×		×		×
48. 爱尔兰	二者均未承认	×		×			×		
49. 以色列	中华人民共和国	弃权		弃权		弃权		弃权	
50. 象牙海岸	二者均未承认							弃权	
51. 意大利	中华民国	×		×		×		×	
52. 日本	中华民国	×		×		×		×	
53. 约旦	中华民国	×		弃权		×		×	
54. 老挝	不清楚	弃权		弃权		×		弃权	
55. 黎巴嫩	中华民国	×		×		×		×	
56. 利比里亚	中华民国	×		×		×		×	
57. 利比亚	中华民国	×		弃权		弃权		弃权	

续　表

国　家	承　认	1957 赞成	1957 反对	1958 赞成	1958 反对	1959 赞成	1959 反对	1960 赞成	1960 反对
58. 卢森堡	中华民国	×		×		×		×	
59. 马达加斯加	中华民国							弃权	
60. 马来亚联邦	二者均未承认	×		×		×		弃权	
61. 马里	中华人民共和国								×
62. 墨西哥	中华民国	×		×		×		×	
63. 摩洛哥	中华人民共和国		×		×		×		×
64. 尼泊尔	中华人民共和国		×		×		×		×
65. 荷兰	中华人民共和国	×		×		×		×	
66. 新西兰	中华民国	×		×		×		×	
67. 尼加拉瓜	中华民国	×		×		×		×	
68. 尼日尔	二者均未承认							弃权	
69. 尼日利亚	二者均未承认								×
70. 挪威	中华人民共和国		×		×		×		×
71. 巴基斯坦	中华人民共和国	×		×		×		×	
72. 巴拿马	中华民国	×		×		×		×	
73. 巴拉圭	中华民国	×		×		×		×	
74. 秘鲁	中华民国	×		×		×		×	
75. 菲律宾共和国	中华民国	×		×		×		×	
76. 波兰	中华人民共和国		×		×		×		×
77. 葡萄牙	中华民国	弃权		弃权		弃权		弃权	
78. 罗马尼亚	中华人民共和国		×		×		×		×
79. 沙特阿拉伯	中华民国	弃权		弃权		弃权		弃权	
80. 塞内加尔	中华民国								×
81. 索马里	中华人民共和国							弃权	

续　表

国　　家	承　认	1957 赞成	1957 反对	1958 赞成	1958 反对	1959 赞成	1959 反对	1960 赞成	1960 反对
82. 西班牙	中华民国	×		×		×		×	
83. 苏丹	中华人民共和国		×		×		×		×
84. 瑞典	中华人民共和国		×		×		×		×
85. 泰国	中华民国	×		×		×		×	
86. 多哥	中华民国							弃权	
87. 突尼斯	二者均未承认	弃权		弃权		弃权		弃权	
88. 土耳其	中华民国	×		×		×		×	
89. 乌克兰(苏联)	在联合国之外无外交关系		×		×		×		×
90. 南非联邦	中华民国	未投票		×		×		×	
91. 苏联	中华人民共和国		×		×		×		×
92. 阿拉伯联合共和国	中华人民共和国	*			×		×		×
93. 英国	中华民国	×		×		×		×	
94. 美国	中华民国	×		×		×		×	
95. 上沃尔特	二者均未承认							弃权	
96. 乌拉圭	中华民国	×		×		×		×	
97. 委内瑞拉	中华民国	×		×		×		×	
98. 也门	中华人民共和国		×		×		×		×
99. 南斯拉夫	中华人民共和国		×		×		×		×
承认中华民国的国家		49							
承认中华人民共和国的国家		33							
对二者都未承认的国家		14							
共　　计		96							

* 当时阿拉伯联合共和国尚未创建。埃及和叙利亚共和国分别投了反对票。

表三　联合国之外国家的承认情况

	承　　认	
	中华民国	中华人民共和国
非共产党政府		
西德	二者均未承认	
南朝鲜	×	
瑞士		×
南越	×	
毛里塔尼亚	×	
共产党政权		
东德		×
北朝鲜		×
北越		×
外蒙古		×
其他		
"阿尔及利亚共和国临时政府"	×	

地图①

　　DDRS，CK 3100062911—CK 3100062935

冯晨旭、韩梅梅译，双惊华校

---

① 地图略去。——译注

中情局关于金三角国民党残部的评估

（1961 年 7 月 29 日）

NLK 77 - 320

东南亚的中国国民党残部

（1961 年 7 月 29 日）

密 件

1. 3 月 17 日至 4 月 12 日期间中国国民党从缅甸-泰国-老挝三国的边境地区撤出了 3 371 名残部 825 位家属及难民前往台湾。国民党声称已经撤出了服从他们控制的所有残部。但最近的报告表明中华民国国防部情报局已经指派密探继续跟随国民党残部，并且向台北发回情报。大约有 3 000 名残部仍留在三国交界地区，其中 1 500～2 000 残部位于泰国北部，其余的在缅甸和老挝境内。他们之中的很多人定居在村庄里，余者从事鸦片种植，仍有 700 人属于武装匪徒和雇佣兵。

2. 根据情报……①，400～500 名中国残部加入了老挝军队，驻扎在琅勃拉邦和会晒地区。老挝政府正企图从泰国老挝边境招募更多的国民党残部去守卫南塔省。

3. 缅甸边境上国民党残部的存在一直给美国缅甸两国关系制造麻烦。仰光怀疑国民党残部正在与掸族和克钦邦叛乱者秘密合作。

缅甸边界地区国民党残部地图②

DDRS, CK 3100369904—CK 3100369906

龚权译，双惊华校

---

① 原文此处未解密。——编注
② 地图略去。——译注

中情局关于台湾国民党政权未能派代表参加肯尼迪葬礼的评估

（1963 年 11 月 28 日）

Information Report Telegram TDCSDB－3/658,150

国民党对中华民国政府未能派遣代表出席肯尼迪葬礼问题上的反应

（1963 年 11 月 28 日）

提示：这可能是国民党工作会议、立法院和陈诚的反应，沈昌焕在立法院的回应可能已经被准确地汇报过了。

1. 1963 年 11 月 28 日召开了国民党工作会议，会上批评了中华民国政府只派遣自己的驻美大使去参加肯尼迪葬礼的行为。与会的全部党员都认为至少应该是外交部长沈昌焕去参加，甚至可能应该由副总统陈诚亲自率队。会后国民党秘书长唐纵在一次私人谈话中表示，其实外交部长去找过副总统陈诚，请他派一个代表去参加葬礼。可是副总统陈诚因为对国民党中央委员会的选举结果十分不满意，情绪异常低落，因而在参加肯尼迪葬礼一事上未作任何决策。

2. 11 月 25 日立法院外交事务委员会开会，批评中华民国政府没能派遣代表团参加肯尼迪总统的葬礼，外交部长沈昌焕作出回应，他表示，关于这件事，他直接请蒋介石总统作出决策，但是时间太短以至于中华民国政府没能派一位代表去参加。

3. 11 月 23 日下午，陈诚告诉唐纵，也许肯尼迪总统的死对于中华民国来说利大于弊。他认为，与肯尼迪总统相比，约翰逊总统的反共立场更为坚决和彻底，而且约翰逊总统对中华民国政府有着更深的理解。"哈佛派"的势力将会逐步减弱，1964 年大选中共和党人胜利的机会将会更大。从这一方面来说，……①

CIA Research Reports, China, 1946－1976, Washington, D. C.：University Publications of America，1982，Reel－1－0836

冯晨旭译，忻华、双惊华校

---

① 原文此处一句话字迹模糊。——译注

中情局关于周鸿庆事件之后台湾岛内形势的评估

(1963 年 12 月 30 日)

Intelligence Information Cable No. 90062

中华民国政府防范因公众对周鸿庆事件不满而可能引发的暴力冲突

(1963 年 12 月 30 日)

1. 摘要和评论。在由国民党和中央政府高级官员参加的会议……①上,蒋介石总统表示绝不能让周鸿庆的案子引发社会骚乱。蒋介石责成台湾警备总司令陈大庆担负起这项任务。国民党第四、第五部应与台湾警备司令部(TGGH)密切合作防范任何暴力事件的发生,并采取措施保护日本人的生命财产安全。中华民国政府显然非常担心,害怕可能发生游行示威事件,尤其担心学生和退伍军人加入游行队伍之中,因为这将使局势变得难以控制。

2. ……②蒋介石召开了一个由国民党中常委、党中央委员会各分委员长、党内行政高级官员、内阁成员以及五院院长参加的会议,对周鸿庆事件的各个方面进行了讨论。……③蒋介石在会议中强调必须"平息民愤"以防发生暴乱。

3. 蒋介石已命令台湾警备总司令陈大庆,要求他确保类似1957年5月在美国使馆发生的暴乱不会再在日本使馆重演。自此每天召开由军警、司法情报局、台湾省警察局和其他执法机构代表参加的会议。所有单位的报告都在会议期间进行了审阅,以防发生任何可能的麻烦。

4. ……④中华民国政府决心铲除一切暴力行动,尽一切努力保护在台日本人的安全。……⑤中华民国政府担心在台北的共产党极有可能利用和平示威运动,并以此来激起民众诉诸暴力的行为,这种情况极有可能发生。

5. 国民党第四部命令报纸不要使用大字标题或是刊登任何关于周鸿庆事件的文章或新闻,因为这些有可能刺激公众。该命令在 12 月 31 日前有效。

6. 国民党第五部动员各个群众组织的领导人,要求他们劝说学生不参加公共示威游行,不从事袭击日本人或破坏日本人财产的行动。学生们被告知他们可以向日本使馆递交

---

① 原文此处数个词未解密。——译注
② 原文此处数个词未解密。——译注
③ 原文此处两行未解密。——译注
④ 原文此处两行未解密。——译注
⑤ 原文此处数个词未解密。——译注

请愿书,可以在校园里进行集会,但在任何情况下集会者都不能离开校园。在大学里面的国民党小团体领导人被告知要尽量劝说学生和教授保持克制,防止发生暴动。

7. 国民党和台湾警备司令部组成了委员会以应对任何可能的突发事件,一天 24 小时值班。由于担心大规模的示威游行一旦发生便难以控制,台湾警备司令部正在采取一切可能的防范措施。尽管如此,委员会还是下令在任何情况下都不许向学生开火。台湾警备司令部劝告日本大使木村四郎(Kimura),他们已经采取一切可能的措施来保护日本公民的生命和财产安全。日本大使木村四郎和他的高级官员已于 12 月 27 日从日本大使馆搬入新台湾宾馆,并一直在此办公。这次搬迁由大使木村四郎本人提出。

8. 警察已被指派保卫日本公民家园的安全,而日本官方财产的保卫力量也重新得到了加强。

9. 国民党第五部和台湾警备司令部担心学生、教师和退伍军人的不满情绪将会被过度爱国主义的学生活动煽动起来。大学里的海外中国留学生和退伍士兵的反日情绪将特别容易被煽动起来,并组成暴动的核心。而一旦开始爆发,这种示威就将会难以控制。

10. ……①这对那些不担心他们反日行为将会产生什么后果的学生尤其如此。当前的局势为不满的民众提供了一个绝好的机会,让他们不冒遭到残酷报复的风险而能发泄他们的怨愤之情。在海外中国留学生和退伍军人中传统的反日情绪以及对第二次世界大战的记忆依然强烈深刻。

11. ……②

DDRS, CK 3100000911—CK 3100000915

张扬译,忻华、双惊华校

---

① 原文此处两行未解密。——译注
② 原文此处一段未解密。——译注

中情局关于台湾国民党政权形势的基本评估

（1964 年 3 月 11 日）

NIE 43 - 64

中华民国政府的发展前景

（1964 年 3 月 11 日）

问　　题

分析中华民国政府面临的问题，评估其发展前景，特别考虑美国对该政府的潜在影响。

结　　论

1. 由于法国承认共产主义中国以及对美国远东立场的坚定性和美国远东政策的稳固性的普遍担忧，中华民国政府的士气和信心遭到进一步的打击。但是，相对说来我们认为除非中华民国政府领导人确信美国已经放弃台湾和美国在远东的反共目标，中华民国政府将会完好无损地渡过这一难关，在随后其他重要国家承认北平政府以及在联合国中国席位上的激烈争夺战中该政府很可能会经受住打击而幸存下来。不过，被颠覆的可能性也不能被排除，因为危机可以促成中华民国政府的构成或政策发生根本改变。（第 1～6 段）

2. 这一挫折将降低政权的锐气和稳定性。中华民国政府与美国之间互不信任和误解的关系有可能加剧，而这将导致美国影响中华民国政府构建台湾经济的难度增大。中华民国政府将继续保持庞大的军事建设，并宣称自己的身份是代表全中国的唯一合法政府。（第 38～49 段）

3. 中华民国政府的内部安全大体良好，并且将会继续下去。经济一直快速增长并有持续增长的趋势，但由于缺乏潜力，这种增速将会有大幅下降，失业问题也许会成为一个越来越严重的问题。中华民国政府肯定会向美国施加强大的压力，要求美国保持甚至是增加（美国对台的）经济和军事援助。（第 16～28 段）

4. 随着更多的国家与中国大陆政府建立经济和外交关系，中华民国政府的国际地位有可能持续下滑。这种趋势继续发展下去，美国放弃支持中华民国政府作为全中国政府的倾向也将加强。世界大多数国家将会谴责中华民国政府的行为，批评后者要求大陆所有权的行为破坏了远东地区的和平与秩序。（第 44 段）

讨　　论

一、序　　言

1. 长久以来中华民国政府的领导者们都因光复大陆希望无法实现而沮丧，为失去 1961 年反攻大陆的绝佳机会而失望。最近他们的这种忧愁进一步增长，因为他们认为美国在东南亚的反共立场遭到了危险的破坏，认为美国政策正在转向逐步减少美国对亚洲承担的义务，美国逐渐接受了两个中国模式，即一个共产主义的中国大陆，一个自由的中国台湾。

2. 法国在 1964 年 1 月 27 日突然宣布承认中共政权给中华民国政府以沉重打击。1950 年（西方世界）建立起了反对承认北平政权的战线，该阵线一直比较有效运转，现在却第一次被一个西方主要强国——美国的北约盟友——所打破，全世界现在都知道法国与美国分道扬镳。中华民国政府的国际地位受损，缭绕其心头的恐惧不断上升，他们害怕局势出现逆转，担心世界对北平政府支持逐渐上升。发生在 1 月 21 日的事件①使中华民国政府领导人的信心进一步动摇，在该事件中一位战功卓著的主要将领对政府提出规劝，但没有成功，第一装甲师没能向台北移动并夺取政权。

3. 在过去的几年里台湾的局势相对稳定，变化十分缓慢。如果有必要的话，中华民国政府看起来有足够的时间去逐渐调整自己，以适应自己光复大陆希望被不定期延迟的现状和适应国际社会普遍反对它作为代表全中国的合法政府的主张。最近的事件，尤其是法国承认北平政府，加快了事件发生的步伐，极大减少了该政府适应改变了的环境的时间。

4. 最近几周的事件使中华民国政府领导层的士气和信心备受打击，几年来第一次出现政权的结构或其基本政策发生巨大变化的可能性。但我们相信，只要中华民国领导人确信美国没有抛弃台湾和美国在远东的反共目标，中华民国政府将在不发生重大改变的情况下渡过这场难关。这些年来中华民国政府已经表现出调整自己愿望和声威来适应重大打击的能力，我们相信，只要该政府确信仍然拥有美国强有力的支持和保护，它将会一如既往。虽然政权领导者灰心丧气，但他们可能会找到他们在台湾中所处的位置，可能他们不会现实地

---

① 即发生在台湾新竹县境装甲兵基地的"湖口兵变"。1964 年 1 月 21 日上午 10 时左右，在新竹湖口装甲兵基地大集合场，国民党装甲兵副司令赵志华少将召集装甲主力部队第一师的所有队职干部训话，慷慨激昂地发表了一篇类似"清君侧"的政见演说，要部队往台北市区进发，跟他扫清蒋介石"身边的坏人"，以"保护蒋总统"。事件很快被平息，主谋者赵志华迅速被缴械。事后，赵志华立即被移送军法审判，按照"陆海空军"刑法之"叛乱"罪嫌起诉，本应判处死刑，但后来经"国防部"考量赵之犯罪动机，认为其并非出自预谋，而是起于一时之激愤，以至有违犯军法之举，叛乱意图尚不十分明显，最后判决为无期徒刑。其他涉案的二三十名中、下阶层军官，分别处以五年至一年有期徒刑，情节轻微者，则予以记过、调职等。——编注

察觉到任何比他们现行路线更吸引人的选择,所以只能坚持这种路线并随遇而安。

5. 尽管我们相信中华民国政府将能成功渡过现在的难关,但更多的国家将承认北平政府,联合国争夺席位的斗争中可能会更加痛苦和令人蒙羞。危机可能导致剧烈行动的发生并将从根本上改变台湾的局势,这种可能性也不能被排除。蒋介石离开政坛的可能性不大,他不大可能在台湾退休或避居到某个国外的避风港中。但是,如果蒋介石因为某种原因离开政坛,他的政权肯定将被另一个大陆籍人政权所取代,因为台湾籍人缺乏形成有效权力竞争者的组织和领导。如果发生政变的话,那也肯定是由大陆迁台的军事领导人所发动。当然台湾也可能出现其他局面,可能会发生与北平妥协的行动,也有可能不顾一切地发动对大陆的袭击。对后面这两种可能行动的支持者主要存在于大陆迁台的团体中,但他们也应逐渐认识到台湾回归大陆的全部希望已经丧失殆尽。我们认为后面这两种行动出现的可能性不大。

6. 这样看来,虽然我们要考虑在未来的某些危机中存在着发生某种激烈行动的可能性,但我们相信,更有可能的局面是该政权将基本完好无损,大体上继续执行既定的路线。但是,连续不断的危机将会动摇该政权的锐气和信心。与前面十年左右的统治相比较,该政权面临的问题将会增加而政权的稳定性却更加不确定。

二、问题及其前景

(一) 中华民国政府对共产主义中国

7. 持续的内战。过去 20 年间中华民国政府领导人的脑海中充斥着中国内战尚未结束的思想,这种情况将继续下去。在评估国际和国内事件时中华民国政府倾向于按照事件对中华民国政府和共产主义政权相互位置的影响来评判。中华民国政府宣称它是代表全中国的合法政府,以此来鼓舞士气并赋予其政权目标以意义,为它在台湾省政府之上建立一个全国政府提供合法性,为保持最大限度的军事力量赋予正当理由。我们不会认为蒋介石或他的任何一个继任者会公开接受中华民国政府是台湾政府而非大陆政府这一地位,但他们可能将在实践中作出调整,适应自己不定期地延长在台湾存在的事实。

8. 沿海岛屿。金门和马祖诸沿海岛屿颇有价值,它们是台湾防御的前哨阵地,但因为它们在历史中一直是大陆的福建省的一部分,所以它们对中华民国政府最为重要的作用还在于它们是连接台湾与大陆的纽带,是成功反抗共产主义势力的象征。台湾几乎三分之一的军事作战力量驻扎在这些岛屿之上,军队都处于极好掩体的保护之下,士气很高。中华民国政府把金门岛作为前来访问的美国官员、海外华人以及台湾年轻一代领导人的参观胜地。仅靠中华民国政府自身无法抵挡意志坚定的共产党人夺取沿海岛屿,但它可以使袭击者为其行为付出沉重的代价。在现在的情况下,美国是否能劝诱中华民国政府放弃这些岛屿,甚至采取一些强烈的措施以至于要冒危害美国-中华民国政府的合作和损害中华民国政府士气的风险来施加影响,结果尚不明确。

9. 与共产主义中国的关系。中华民国政府与共产党政权没有任何官方的联系,它认为共产党政权非法地临时篡夺了权力。台北和北平一样具有中国人的民族主义,它基本上赞同北平政府不受国际社会欢迎的一些政策,例如主张中国人拥有西藏主权,在印度边界问题上保卫中国人的边界主张等。

10. 北平政权一直试图通过一些非正式渠道与中华民国政府领导人取得联系,像通过广播及发出公开与秘密信件等方式。宣称代表北平的香港中间人也与台北当局保持着联系。但到目前为止,我们还没有任何证据表明中共的建议得到任何中华民国政府领导人的积极回应。尽管最近几个月来台湾的挫折感和不满情绪日渐上升,但没有证据表明岛内大量大陆籍人将考虑加入中共作为一种可以接受的替换选择。尽管共产党试图利用台湾籍人与国民党之间的摩擦,但他们很少或者根本没能促成台湾籍人改变他们的信仰。台湾籍人对中华民国政府的反对不是因为亲共,而是因为亲台,这种情感是北平政府不愿意加以鼓励的。

11. 除非美国政策发生重大变化,我们不认为大陆籍人受中共哄骗的情感会大幅增加。即便中共爆炸核武器也将不会使局势发生重大改变。中共核爆炸对中华民国政府最重要的影响将是它必然再次要求确实得到美国的保护,坚持认为由于中共拥有核能力的危险迫在眉睫,所以局势不可避免地要求加强反对共产党政权的行动。尽管中华民国政府仍将继续主要仰仗美国的保护,但它有可能要求得到核武器。

12. 反对大陆的小型军事行动。一段时间以来这是这两个政权接触的主要形式,除了宣传战以外,中华民国政府很可能继续企图对大陆进行小股偷袭和军事渗透。迄今为止台湾的军事渗透完全失败;小股突袭取得了一小部分成功。至少在近期该政权可能会更多地强调对中共的船只和孤立的海岸前哨实施突袭。

13. 侵犯企图。在过去的两到三年间蒋介石逐步提高对大陆发动大规模攻击的准备级别,并公开宣称将很快发动进攻。1962 年中共甚至非常严重地看待蒋的威胁,调派重兵增援海峡附近地区。(他们做出反应的程度和强度暗示着他们认为美国支持蒋介石的计划。)但蒋介石军事保守性的历史记录和他对美国的承诺都表明,如果没有美国的支持,他发动这种入侵的可能性非常小。总之我们非常确信他完全不可能发动入侵。然而,当蒋介石认为大陆形势已经达到这样一种程度,使他无论是否获得美国的支持都能取胜,在这种情况下我们也不能排除蒋介石命令入侵的可能性。

14. 军事行动。中华民国政府拥有的武装部队大约有 60 万人。① 尽管中华民国政府还有雄心壮志,但美国军事援助计划将这支力量沿着保卫台湾及澎湖列岛的防御路线加以改造。中华民国政府通过海上和空中穿过海峡的运兵能力有限,而且它缺少轰炸机和其他重要的进攻性武器。中华民国政府正试图通过国内生产登陆舰和向国外购买降落伞、登陆作战所需的装备以及可能的直升机来寻求突破这些限制。它对特种部队的训练超出了美国援

---

① 原注:该数字包括了大量的非战斗人员。关于武装部队的更多信息参见附录。

助的标准。尽管它的运兵能力得到了一些提高,但我们认为,它的这些努力总体上没有对提升其进攻能力有太大的帮助。

15. 经济发展的含意。准备反攻大陆和发展台湾经济同时在争夺中华民国政权的有限资源。蒋介石勉强把他的兴趣从军事准备转移到经济问题上来。直到最近经济大权的责任才被移交到行政院长陈诚和他的内阁及专家们手中。许多有助于经济发展的政策都是因为美国顾问耐心坚决要求的结果,美国顾问们和像严家淦这样的官员合作,严家淦是前财政部长和新任行政院长。他被任命为行政院长表面上好像预示着未来经济政策的美好前景,但实际结果可能正好相反。严家淦是一个技术官员,没有独立的政治力量,他也许不会比陈诚更好地推动台湾至关重要的经济发展进程。

(二) 经济问题

16. 迄今为止的经济增长。总体来看上个十年台湾经济的表现令人瞩目。从 1953～1963 年工业生产增长了 3 倍,农业生产增长了约 60%。实际国民收入增长了两倍,个人平均所得的年平均增长率为 3.7%,达到了 118 美元,高于亚洲平均水平。出口增长了两倍,进口的增长却小于 60%。最近红火的世界糖业市场有助于台湾加强黄金和外汇储备,到 1963 年底黄金和外汇储备已经增长到 2.21 亿美元。台湾 1 200 万人口提供了吃苦耐劳的劳动力储备,他们中很多人具有管理才能和进取心。

17. 难点。经济持续增长受到了每年 3% 的人口增长速度的威胁。每平方英里 870 人的密度已使台湾成为世界人口密度最大的地区之一,因为全岛仅有三分之一的可耕地致使局面更加恶化。政权对人口控制进行了初步尝试,即使未来几年实行了这样的控制方案可能也不会有太大的效果。

18. 与人口问题直接相关的是失业问题,这已经成为一个极为严重的问题。即使每年国民生产总值继续保持 6% 的乐观增长,失业问题还是在恶化。在 1964 年约有 175 000 人将要进入劳动力市场,而预期的工作岗位要比这个数字的一半还少。对未来的预测表明到 1966 年仅有三分之一的新生劳动力能找到正式工作。在未来五年里劳动力将会呈现出大幅增长,这反映在一个事实上,即现有人口的 46% 都在 15 岁以下。除失业问题以外,待业人口的扩大必然导致低劳动生产率和生产成本的上涨。通过增加雇工岗位来减缓失业问题,这种努力会提高生产成本,降低台湾产品在世界市场中的竞争力。

19. 最近投资增速也在减缓。1963 年的总投资额占到国民生产总值的 19%,而 1962 年则是 21%。一系列因素阻碍了国内投资,大量的国内资本持有者持币观望。陈旧的金融财政体系只适应于旧式家族企业系统,无法与现代公司经营相配套。私人工业的扩展很难获得贷款:获得银行和政府的支持需要花费大量的时间,必须大量行贿,需要高得离谱的担保,利息也相当高。税务管理、原材料的分配、进口许可及各式各样的行政规章都有利于国有企业而不利于调动私人的主动性。尽管税收体系已经有所改进,但效率低下问题依然不利于工业扩展和经济的长期发展。

20. 在1959～1960年间中华民国政府试图通过制定宽松的有关外资的法律来扩大以前低水平的外国私人投资。直到1962年，作为对这些自由化措施的回应外国私人投资开始显著增加。但1962年中华民国政府暂时收取国防特别捐（增加了税收和效用率）。这些连同逐步增强的军事准备迹象和心理战的发展使1962～1963年间的国外投资与1960～1961年相比较下降了50个百分点。在1963年后半年投资有一定的增长。

21. 自从1950年以来美国对台援助已经达到了46亿美元，其中的一些援助即将抵达台湾。在这一总量之中军事援助总计25亿美元（占53%）。中华民国政府对美国的援助进行了有效使用，美国援助在台湾经济发展中已经成为一个极为重要的因素。在贷款利息方面，1961年美国开始转向发放长期贷款而不再提供赠与及"软"贷款。1963年美国宣布将在今后几年里完全终止提供赠与及"软"贷款。这一决定建立在这样的信念上，即到那时为止台湾可以通过依靠国际贷款组织和国际私人投资来维持自身的经济发展。军事援助和按照480号公法的交货还将继续下去，尽管我们还不明确到底要在多大程度上给予台湾帮助。

22. 在过去几年中军事支出超过了国家、省和地方预算的50%，占国家预算的80%。最新的国防预算虽然比去年的预算少了大约2500万，但也达1.95亿美元。因为国内收入的减少（主要由于停止收取国防特别捐）和美国援助的减少导致了总预算的缩水，所以军费开支在政府支出中的比重与去年持平。看上去，在未来几年里，对国民生产总值中专用于军事部分的分配不可能减少，即便国民生产总值能够快速增长，情况同样如此。军费开支将至少与国民收入的增长速度一样快，这主要是基于一种迫切需要使军事力量最大化的观念，当然还有其他一些原因，其中最主要的就是人们普遍认为大规模的裁军将加剧已经非常严重的失业问题。

23. 对共产主义中国问题的超敏感性使得中华民国政府一直与其贸易伙伴争吵不休。在此这一问题表现最明显的就是日本，日本与共产主义中国的接触增多强烈刺激着中华民国政府。与北平互换贸易代表和提高日本对北平的销售额，尤其是日本要为北平建设一个完整的维尼纶工厂，致使1963年9月日本驻台湾大使馆遭到了石块攻击，中华民国政府召回了自己的驻日大使，并威胁说如果日本接受了中共永久驻日贸易代表团中华民国政府就要与日本断交。如果中华民国和日本的贸易关系破裂，中华民国政府将是最主要的受损失者。1963年与日本的贸易占了中华民国政府总进口的33%，总出口的24%。（与对日贸易有同等贸易规模的国家只有美国。）然而，对日本来说对台出口仅占其总出口的2%到1.5%。日本是台湾私人外国投资的最主要来源国，但现在日本对台投资因为台湾岛内的反日压力而不得不在实际上中止。最近几周，因为法国承认北平，中华民国政府开始高度重视与日本的友好关系，日本明确表示反对承认北平政府的行动在台北得到了高度赞扬。尽管如此，可以肯定，在很近的将来东京和北平之间的贸易和其他交往必将增长，这将成为台日关系麻烦的根源。

24. 经济前景。尽管中华民国政府面临着经济问题，但即使没有进行经济改革它的经济在一段时间之内仍然拥有继续发展的足够动力和基本力量。如果进行适当的经济改革，特别是这些改革能使台湾金融财政系统现代化,提高政府的管理效率,改善税收结构,鼓励国外和国内投资,台湾经济高速增长的前景将十分美好。不过,即使是在最好的环境下,台湾经济也隐藏着严重的问题,这些问题源于人口的高增长率和失业率的增长。

25. 台湾资源与日本经济的资源基础相当。但是,要沿着日本路线获得一种自立的经济增长就有必要使国家计划在经济发展中占有更为重要的地位,同时,应该采取积极的行动搬开前面讨论的那些阻碍经济发展的障碍。最危险的情况就是中华民国政府领导人主要基于某种政治原因,不仅不能做到这些改革,反而可能在实际中采取一些让台湾经济发展减慢的措施,例如将更多的资源分配给军事,强迫推行打击投资积极性的税收政策或是在世界范围中破坏该政府的对外贸易和国外投资注入的行动。

26. 因此台湾经济的未来在很大程度上成为一个政治问题。将足够的资源分配给经济投资,完成必要的经济改革,这些都要求中华民国政府高层领导人转变他们长久以来形成的观点,同时还要克服相当的官僚政治的惯性。考虑到这些因素,我们认为中华民国政府将不能最有效地利用它的资源,使其经济发展适应于人口的快速增长、人民要求的不断提高和美国援助减少的情况。

(三) 国内安全问题

27. 国内安全。蒋介石显示了自如操控国内安全的卓越才能。从某种意义上说,尽管在事实上他把外来统治强加在大多数本地人身上,但他一直将台湾的局势牢牢置于他的控制之下,没有采取大规模的逮捕和公开的恐怖措施。尽管他在很多个案上的做法残酷无情,但是他逐渐采取了一些间接措施以此来更正当局行为那些令人不安的偏差。例如,那些偏离了路线的编辑们突然发现根本无法得到新闻线索或者发现他们被卷入一系列令人震惊的诉讼之中。只有最公然的违法者才有可能被投入监狱,但即使到了那时,他们也是以别的罪名而非真实的违反审查制度罪被指控。各式各样的安全部队无孔不入且极为有效;任何形式的有威胁的组织即使离形成真正的反政府组织还遥遥无期,都将会被发现并在其积聚势力之前被消灭。无论是共产党人的颠覆还是台湾的分离主义都无法取得任何有意义的进展。

28. 缺乏有组织的反对力量更多地表明政权的控制巧妙而非它的受欢迎性。台湾籍人约占总人口的85％,他们继续对大陆籍人的统治表示不满。现在他们的政治作用被很好地限制在地方当局和官僚机构的基层组织内。随着时间推移台湾籍人的政治热望会不断提高。到底是试图采用不断增强的高压手段来控制这些政治抱负,还是给更多的台湾籍人以参与政府运作的机会是摆在中华民国政府领导人面前的一个不断发展的问题。蒋介石拒绝了任何要求让台湾籍人发挥更大作用的建议,可能他认为这种措施不是满足了台湾籍人的欲望而是刺激台湾籍人的胃口,而且,更为特别的是,这种举措会破坏光复大陆的基本原则。因为这些原因,对台湾籍人作进一步的退让将会是极为有限和谨慎,各界都避免对此问题作出正面回答。不断增长的抗议呼声将会越来越严峻,缺少掩饰的镇压反过来会造成更多的坚忍不屈的反对者,这样下去有些危险。

29. 最近领导人士气低落,自信心下降得厉害,这将造成很多安全问题。对可能会出现反对派的不断怀疑和敏感可能带来政府更加严厉、更不高明的镇压,然而这种压制反过来又会增加人们对政权的反感。如果移居台湾的大陆籍人——特别是军队中的大陆籍人——的挫折感和和无望的情绪不断增长,即使在直接的危机安然渡过之后,台湾仍有可能发生进行政变的尝试。

（四）继任问题

30. 很难估计蒋介石之死将会对中华民国政府造成什么影响。普遍而言,不论对于蒋介石的民众还是对国际社会来说蒋介石在相当大程度上就是中华民国政府。在过去的38年中没有其他任何一个人在国民党、政府或军队中拥有如此的终极责任。在此期间,蒋介石学会了很多东西,他完美而又狡猾地发挥着自己的统治技巧,使人们普遍感觉他是位很仁慈的独裁者。他的政权非常个人化,建立在个人忠诚的基础之上而非建立在形式和制度之上。即使其继任者以一种正式的合乎常规的方式继任,无论这位继任者是谁,他的处境都将非常困难。

31. 对一位76岁高龄的老人来说蒋总统的身体依然非常健康,他没有披露任何有关最终继位人的计划。然而,继位问题已经成为目前台湾政治中最为关键的因素。直到1963年下半年人们还普遍认为陈诚将会继承蒋介石的位置,陈诚是副总统兼行政院长,蒋介石非常有实力的儿子蒋经国将会在名义上支持年长的、生病的陈诚,同时静静等待时机。然而在过去的几个月中陈的地位一落千丈,最明显的表现就是12月初蒋介石总统接受了他请辞行政院长的要求,更近的一些时候在回应法国承认北平政府的陈述过程中他更被忽略不计。与此同时蒋经国越来越多地走上前台。1963年夏末他对华盛顿做了一次官方访问,在他回国之际媒体进行了铺天盖地的非同寻常的公开报道。在11月份的第九次国民党大会上小蒋扮演了一个举足轻重的角色,他负责筹备选举并任命很多他的亲信进入国民党中央委员会。

32. 现在看起来蒋介石总裁更加公开地将他的儿子装扮成最终的继承者。但是由于陈诚仍是副总统和国民党副总裁,如果蒋介石在1966年之前,即他本届任期期满之前去世的话,那么陈诚至少可能成为名义上的继任者。无论怎样,蒋介石总裁的去世将会大大增加国民党不稳定的危险。这种危险的发展程度和发展方向将取决于蒋介石去世之后的几个月内该政权如何渡过难关以及在受到外部事件的影响后政权的士气和团结又会怎样发展。

（五）对外关系

33. 综述。一直以来中华民国政府对外关系的主要基调是为了尽可能长久地保持其代表全中国唯一合法政府的地位。从本质上讲,这就需要阻止国际上对共产主义中国政权的承认和保护中华民国政府在联合国大会及安理会中的标有中国头衔的席位。虽然大多数国家普遍认为应该承认共产主义中国的"事实存在",希望尽量使其成为国际社会的一员,但是大多数国家还是对承认共产党中国持观望态度。这主要是由于美国施压的结果,并辅之以在关键时刻北平方面的侵略意图的炫耀。在联合国中,对中国问题的各式各样的投票大体上一直伴随着有关承认模式的问题在进行。

34. 最近北平政府突破性地赢得了法国的承认,这对中华民国政府保持其国际地位的前景构成了严重威胁。现在还未形成追随法国承认北平政府的热潮,但是这促使一系列国家考虑承认北平政权并大大加速了中华民国政府国际地位的恶化趋势。

35. 非洲。过去几年内台北的最主要胜利都在非洲实现。直到最近 19 个非洲国家与中华民国政府保持着外交关系而有 15 个非洲国家与共产主义中国建立外交关系。这一记录多数是靠积极的进攻型外交所取得,台湾通过向这些国家提供小规模但十分有效的农业援助项目来支持自己的外交。胜利成果最显著的是原法属殖民地,与此相比,原英属殖民地基本上都跟随伦敦模式承认了北平政府。只有一个原法属殖民地刚果(布)还没有追随法国模式。但是,很多国家都在考虑承认北平政府,在这一倾向的发展进程中达荷美好像走在前面。

36. 联合国。过去三年中联合国一直就要求解决共产主义中国的席位和驱逐中华民国政府的联合议题进行投票表决。三年中北平只增加了四张联合国大会的支持票而中华民国政府则新获得了九张支持票。中华民国政府地位的加强主要来自于新获独立的非洲国家的选票。法国对共产主义中国的承认改善了北平政府 1964 年在联大会议上的前景,但这并不意味着共产主义中国一定能赢得大多数国家的支持,甚至在否认台湾代表问题上也能赢得支持。接纳北平政府进入联合国但并不驱逐台湾的"两个中国"观点越来越形成共识,应该有很大的机会得到大多数国家的支持。尽管可以肯定北平不会接受在这种条件下的邀请,但更严重的复杂问题将接踵而至,包括中华民国政府抗议性地退出联合国的可能性。不管怎样,联合国在中国问题的进一步行动将受到本届和下届联大会议之间所发生事件的影响,其中包括共产主义中国和中华民国政府在此期间如何表现。

37. 东南亚。尽管中华民国政府在泰国、南越和老挝的极右翼中极为活跃,但中华民国政府对东南亚从经济到政治上的影响都非常小。它与在泰国-缅甸-老挝-云南边境地区的中国残部继续联系,这很难对其未来在该地区的收获有所帮助并被认为可能会给美国与老挝关系带来危险。在南越推翻和暗杀吴庭艳和吴庭儒的行动就像早些时候推翻南韩的李承晚政权一样都引起了中华民国政府的不安和焦虑,加重了该政权对美国的怀疑。对于中华民国政府来说东南亚作为推行其对外政策舞台的重要性非常小,充其量只是把东南亚地区当成反共效力及美国决心的晴雨表。

38. 与美国的关系。因为中华民国政府极为依赖美国政府,它对美国的政治和政策都保持着密切的关注。无论美国官员提到任何对中共或对中华民国政府的政策中华民国政府领导人都显示出极度的关切。台北担心美国会着手施行"两个中国"政策,甚至担心美国可能打算突然放弃对亚洲的承诺。美国在越南持续的军事存在已经说明了一切,并向中华民国领导人表明美国愿意在亚洲部署军事力量,防范这一地区共产主义扩张的风险。

39. 台北为美苏关系的明显改善而心烦意乱并且极勉强地参与签署了核禁试条约。中华民国政府的领导者认为他们不应该在任何条约中与苏联共产党人有任何瓜葛,同样他们认为美国采取主动与苏联签订条约是一种相信共产党人的幼稚表现。他们担心条约可能会导致紧张气氛的缓和,而这将对中华民国政府光复大陆愿望的实现产生极为不利的影响。

40. 美国政府和中华民国政府对法国承认共产主义中国一事的反应截然不同。蒋氏的立场是国家的自尊要求台湾应立即断绝与法国的关系,并决定就这样做。在美国的强烈要求之下该政府暂时采取一种反向政策,意在迫使北平表示不愿在"两个中国"的基础上与法国建立关系,迫使法国应北平的要求公开断绝与台湾的关系。第一点目标已经实现了,但是两周之后中华民国政府的自尊使该政府对法国驻台官员口头表示了断交的意愿,公开宣布中华民国政府与法国断交,实际这种做法正中法国欲与台湾公开断交之下怀。在什么是正确政策的观点上的分歧造成了中华民国政府与美国之间的摩擦,台北政府在未事先通告美国并与美国就法台断交方式问题进行磋商的情况下就公开宣布与法国断交,更是加剧了这一不良后果的影响。

三、美国政策的影响因素

41. 美国逐渐发现越来越难与中华民国合作。美国的动机总会被怀疑而中华民国对美国的回应也不再积极。在现今的环境下削减美国的经济和军事援助可能会被台湾赋予新的含义。美国越来越难使中华民国领导人相信美援的这种削减并不意味着将逐步减少美国在远东地区的军事存在,从而降低美国在该地区的风险。

42. 对自身未来不能确定以及对美国远东地区的政策方向缺乏信心等因素可能促使中华民国政府希望保持自己最大的武装力量规模。因此台湾长期的经济发展需要很可能被放在第二位,让位于台湾军事力量的增长。中华民国的领导人相信美国不能看着该政府垮台,因此即使台湾处于困境中美国也将会采取行动挽救台湾的经济,而台湾经济困难的症结主要是在于罔顾美国的建议,进一步将资源配置给了军事。因此,中华民国也许会以牺牲较快的经济增长为代价来扩大境外军备的采购及国内军需物资的生产。这样一来现今美国很可能要面临的境域是:台湾经济是在增长,但并没有达到它本该有的那种较快的增长速度,并且伴随着国内失业率的增加以及人民不满情绪的积聚。中华民国政府将以经济困难为由索取美国更多的援助。美国限制军费开支的努力将会招致台湾的怨恨,无论美国进一步大量削减军事援助还是努力使中华民国的军事建制大规模缩减都将被认为是失败主义和事实上支持"两个中国"的政策。

43. 中华民国政府领导人缺乏自信和锐气,政权的不稳定性肯定会不断增长,呈现在美国面前的台湾的稳定状况远远不如过去15年的台湾。现在美国不得不准备应付任何不同形式的国内危机。这些危机在过去被认为根本不可能发生。

44. 在国际舞台上法国新的主动使美国更难保持国际社会对中国共产党政府的不承认

路线,也更难保护中华民国政府在联合国的地位。照此趋势发展下去迟早会有更多的国家承认北平是代表中国的唯一合法政府。这样一来,美国支持中华民国为代表中国的合法政府这一做法在国际上将会越来越孤立。世界上大多数国家将谴责中华民国宣称对中国大陆的所有权并认为这将危及远东的秩序与和平。

军事附件(MILITARY ANNEX)

一、军 事 政 策

1. 虽然美国军事援助计划的目的是使防御台湾及澎湖列岛的国民党军事力量更加现代化,但国民党的目的却是为了准备进攻大陆而重视发展自己的进攻力量。令国民党领导层沮丧的是美国将对台支持限制在防御需要的范围之内,因此国民党必须想方设法规避美国的限制。比如说,利用美国军事援助计划支持的训练设施去训练不受军事援助计划支持的部队,这是一个普遍现象。国民党保持最大极限的军事力量说明它希望使用自己的军队。这样一来国民党一直抵制美国要求其进行任何大规模裁军的压力,保持了世界上按人口平均计算的最大武装力量。另外,国民党可能将继续为使美国军事援助计划支持尽可能多的军事力量而努力,同时也保持并有可能增加对非军事援助计划支持的非正规作战部队人数。

2. 事实上如此大规模的军事人员不能单从大陆迁台人口中得以补充,这必然使得台湾籍人的征兵率进一步提高。如今台湾籍人占兵员总数的38%,并且以每年3%的速度增长。另一个值得关注的是台湾籍人在军事当局中的军衔高低状况:88%是下级的士兵,11%是军士,大约4%是上尉以上级别的军官。台湾军队侵略大陆的可靠性值得怀疑,但我们相信他们将能有效地完成保卫国民党所控制领土的任务。[①]

3. 最近几年中华民国政府一直努力增强它的军事实力,特别是提高与军事援助计划不相符合的进攻能力。为达此目的国民党从1962年5月1日到1963年6月30日征收"国防特别捐"以支持高达5.93亿美元的特别准备预算。在那段时期内中华民国政府自筹经费的防御开支从1961年占国民生产总值的8.7%过渡到1962年的9.8%直至1963年的10.5%。在1964年估计是8.7%。特别预算设立的一个重要原因是用于加强它在大陆的秘密间谍活动以及购买军事援助计划供给之外的武器装备,以备与大陆打心理战。

---

① 原注:在1954年12月2日签署的美台共同防御条约中,美国承担台湾、澎湖(佩斯卡多尔群岛)的防卫义务。1955年的国会决议案授权总统,"当他判断这对确保福摩萨和佩斯卡多尔群岛的防卫是必要或正确之时"由总统自由决定是否将防卫范围扩大到沿海岛屿。

二、军事实力

4. 总的来说国民党的军事力量好像已经接近或达到顶峰。将士斗志高昂，特别是驻扎在沿海岛屿上的士兵更是如此。不过军队的斗志特别是大陆军事将领的斗志是和光复大陆的目标紧密联系在一起，最近发生的几件事情也许会使这些将领们丧失信心。虽然在人数上国民党部队只达到中国共产党军队的五分之一，但中华民国军队可能拥有质量相对较好的军事装备，不过我们对双方进行比较的资料基础非常薄弱。国共双方力量的最近一次重大交锋是在1958年沿海岛屿危机之中，国民党显示出了惊人的空中优势。在那以后的两次相对较小的空战中中国共产党人的战术有所提高，但他们的飞机逐渐老化，接近报废边缘。此外，中共飞行员飞行时间不够，缺乏全天候作战飞行训练，缺少空对空导弹，这些都导致了中共的战斗效率相对较低。

5. 在防御方面，在没有美国海空军的支持下中华民国政府的军队不能抵挡住中共对沿海岛屿或台湾及澎湖列岛持续的武力进攻。国民党的进攻能力有限。如果所有的C-46、C-47和C-119型飞机都派上用场的话国民党大约可以运送3 400军队到大陆并且可以陆续补充一些有限的军力。为了支持一次在敌方反抗有限情况下的袭击敌方沙滩的水陆两栖战役，国民党海军可以提供能够运载10 000战术平衡部队的水陆两栖舰船以及飞机，同时还可提供足够的坦克、枪支、履带式登陆车（LVT'S）、军用汽车和其他配给。如果需要运输的军队不考虑部队单位和战术的完整性或是与部队单位相伴随的重型装备，只是对数量作最初阶段的考虑，同样的军舰大约可以运走36 000士兵。剩余的军队可以用73艘承载量为50万载重吨（Cargo DWT）的战斗商船运输，这些战斗商船也可以运输大约七支步兵师总计75 000名携带作战装备的士兵。所有这些数据都具有百分之百的可信度，这是根据一次单向作战行动进行的统计。

6. 中华民国政府经常空降7～20人组成的小股武装到大陆漫长的海岸上，给这些武装的设定目标是潜入内陆并与"反抗组织"建立联系。在过去的几年中只有少部分小组能成功登陆，但是所有或者几乎所有的参与者都在登陆的几个小时内被杀或被捕。然而国民党却公开宣称这些活动的成功，并说他们有大批渗透者成功地生存在大陆之上。

7. 相对于军事渗透的努力而言，一些袭击还是取得了较小的成功，但至今为止这些活动没有获得任何有价值的情报信息。尽管如此，中华民国政府领导人仍然认为袭击、军事渗透的努力甚至中国共产党公布的俘虏人员和处理情况等事实都有助于提醒人们中华民国政府依然是中共政权的有效劲敌。中华民国政府计划继续派遣小分队登陆大陆，还有可能增加登陆部队的规模，不过该政府的计划将更多强调使用小股力量，乘坐从母舰放下的小型船舶对共产党的船只和孤立的前沿哨所进行袭击。对香港、澳门的蓄意破坏企图引起公众的广泛关注，这与其造成的破坏不成比例，并且引起了殖民当局的极大愤怒，当地警方采取一些突如其来的行动来对抗中华民国的机构，这种情形在香港尤为激烈。

三、构 成

8. 中华民国政府拥有大约 60 万军事人员,具体分布如下所示:

国防部	30 000	空 军	87 000
陆 军	415 000	联 勤	7 000
海 军	61 000(包括 26 000 舰队人员)		600 000

在这其中,包括国防部的 8 000 人和陆军的 27 500 人总计 35 500 人没有受到美国军事援助计划(MAP)的支持。其中的 8 000 名国防人员通常具有管理才能。陆军的 27 500 人是构成其完整军事力量不可或缺的一部分,包括总数为 7 000 人的两支特种军和 5 500 人的反共救国军(ACNSC)。以上两支特种军再加上有美国军事援助计划支持的两支特种军,都直接从属于特种作战中心。反共救国军直接受陆军统帅部控制,由身经百战的前大陆游击队员组成,为乌丘岛和东引岛的小的沿海岛屿提供守卫。在这 60 万数字之外,还有 7 500 名军事人员构成了台湾警备总司令部(TGGH)下的三个守备团,但这 7 500 名军人多为身体上不合格或超龄服役人员。台湾警备总司令部是一个国内安全组织,它同样拥有一支由美国军事援助计划支持的常规陆军师,该师一般采用轮流制。

9. 陆军。中华民国政府地面部队包括 1 个总司令部、2 支野战军、6 支军团、21 支步兵师(包括 6 支轻武器后备师)、1 个装甲中心下辖 2 个装甲师、由 4 支特种军组成的 1 个特种作战中心、1 支防空弹导炮兵团(ADA)以及 1 支空降步兵团。以上军种随时处于战备状态,训练有素并且装备不断升级,同时还具有相当的后备力量和兵员替代力量。该陆军必须获得国外力量的支持以使其军事力量保持在现有水平之上和具有指导持续军事作战的能力。现在当局正着手采取措施解决装备不足和人员紧缺的问题,情况正在得到持续改善。

10. 在台湾海峡地区目前中华民国政府的军力比 1958 年更加强大。约有 19 000 人的军队驻扎在马祖列岛,与驻扎在邻近的中国大陆上(福州附近)大约 42 600 人的中国共产党军队对峙。在金门群岛中华民国政府驻有大约 67 000 的军力。中共在厦门附近驻有大约 92 600 的地面部队,由于华东地区另驻有大量兵力(大约 212 000 的军队,包括 3 个空降师大约有 21 000 人),所以中共能够在 12 天之内迅速增强厦门、福州区域的军事力量。因为中共那些兵力驻扎的地理位置都在主要交通线附近,可凭借北面的南平——福州铁路线或者南面的鹰潭——厦门铁路线迅速到达沿海区域。这种军队的调遣很有可能在没有被察觉的情况下完成,但是我们相信,如果美国和中华民国政府继续联合监视任何有规模的军队集结或水陆两栖战舰的集中都能被监视到。

11. 中共在马祖-金门地区的火炮力量总共约 850 门,而相应的中华民国只有 400 门。

随着防御工事的加固和隐蔽炮台的改进，金门、马祖一带的保卫能力大大提高。同时几个主要沿海岛屿库存供应充足，可满足像食物、弹药及其他给养的需要。

12. 海军。中华民国的海军是由前美国舰只组成的小舰队，最大的战斗舰类型是驱逐舰。其舰船总力量如下表所示：

驱逐舰（DD）	4	扫雷艇（MSF）	2
护航船（DE）	5	海岸扫雷艇（MSC）	4
巡航舰（PF）	1(2)*	水陆两栖战舰	43(4)*
护航舰（PCE）	7(1)*	水陆两栖船	335
猎潜舰（PC）	16	登陆舰	21
摩托炮艇（PGM）	1	机械化部队登陆舰	154
摩托鱼雷艇（PT）	6	车辆人员登陆舰	160
海岸布雷艇（MMC）	2		

* 括号内的数值为后备战舰。

除了小型巡逻舰和港湾船舶听从海军调遣之外，中华民国的海上海军力量被组织为 1 个舰队司令部（包括 5 个海军中队）、1 个水陆两栖部队司令部以及 1 个战舰培训司令部。

13. 中华民国海军主要是一种防御力量，其主要任务是保持对台湾海峡的制海权和为台湾提供海上防御。海军只具备适度的有用性，在得到了美国军事援助顾问团的协助后其战备状态和潜在战斗力得到逐步提升。海军精通海上炮击技术，反潜战、防空能力、布雷及扫雷能力都正在提高。

14. 26 000 名精锐的海军陆战队被组织成一个司令部、一个支持建制和一支海上舰队力量。作战力量由 1 个师、1 个旅、1 个坦克登陆舰营和 1 个突击坦克登陆舰营组成，其组织和装备参照美国海军陆战队的编制装备表加以改进。海军陆战队人员训练有素，战备状态良好，如果有足够的空中和海上支持，包括配备充足的两栖船只，海军陆战队将有能力投入师、旅执行两栖进攻任务并能抵御轻度及中等程度的抵抗。

15. 空军。中华民国的空军力量（CAF）包括由 25 个空军中队组成的 6 支空军联队：4 个战术战斗机联队、1 个组合式飞机联队和 1 个运输机联队。其中的 4 个战术战斗机联队和 1 个组合式飞机联队由 13 个战术战斗机中队、1 个拦截机中队、1 个全天候战斗机中队、2 个战术侦察机中队和 1 个搜寻救护机中队组成。运输机联队包括 7 个运输机中队。除了那些准备改装成高性能飞机的中队之外，所有的中队都被认为处于战备状态。大多数的战术战斗机都已经过改进可携带响尾蛇（GAR-8）式导弹。全部人员力量总共是 87 000 人，包括大约 2 130 名受过训练的飞行员。

16. 经过增加"世纪"系列超音速战斗机中华民国空军的能力有所提高，在白天或能见度好的气团条件下它能对台湾进行有效的空防。台北地区的空防由奈基-大力神防空导弹来支持,隼式防空导弹也预计在今年到位。可以覆盖台湾岛和澎湖列岛区域的早期地面雷达预警系统运行良好,目前正对现有装备进行现代化改进。安置在金门和马祖的雷达系统提供了宝贵的早期警报信息。台湾防空力量的主要劣势是没有足够的全天候飞机。目前只有一个中队配备有全天候防御能力。在不久的将来新增的两个F-104G空军中队项目的实施会多少减少一点这方面的劣势。由于防空通讯系统仍不具备足够的能力和技术可以对防空武器和控制中心进行有效连接,所以台湾的制空能力受到极大限制。尽管台湾只有少量的空中照相侦察机,但台湾空军力量在对抗大陆的常规空中照相侦察任务中发挥出色。由于RF-84F战斗机预计将尽早分阶段被RF-104G战斗机所取代,这将再次提高空军的空中照相侦察项能力。

17. 如果美-台战略要求美国空军部队承担台湾和澎湖的空中防御,中国国民党大量F-86F战斗机和F-100日间战斗机加上F-104G战斗机将能在针对大陆的目标上执行重要的战术任务。装备有两个200加仑副油箱和两个500磅炸弹的F-86F战斗机可在作战半径为300海里区域的高空执行对地打击(hi-lo-hi)任务。装备有两个275加仑副油箱和两个500磅炸弹的F-100A战斗机在有效作战半径为310海里区域的高空执行战斗任务。在同样的高度可携带2510磅炸弹和弹药的F-104G战斗机可以在半径为540海里的区域执行任务。在以上作战半径所覆盖的区域里大陆的目标主要为机场、控制中心、雷达、交通线、军事基地以及其他可能发现的目标。

中华民国空军飞机和导弹结构及分配一览表(1964年3月2日)

基本结构	型 号	战术单位		总 量	
		喷气式	螺旋桨式	喷气式	螺旋桨式
战斗机	F-86D	12		16	
全天候	F-104G①			10	
日间	F-86F	212		228	
	F-100A	63		69	
	F-100F	7		8	
	F-104A	15		18	
	F-104B	3		3	
小计		312		352	
侦察机	RF-84F	15		15	
	RF-101A	4		4	
	RF-104G②			8	
小计		19		27	

---

① 原注:32架飞机中的10架已经运抵台湾。剩下的22架计划在1964年5月31日运抵台湾。
② 原注:1963年12月运送了8架飞机。

续 表

基本结构	型 号	战术单位		总 量	
		喷气式	螺旋桨式	喷气式	螺旋桨式
教练机	T-28A				21
	T-33A	16		45	
	TF-104G			6	
小计		16		51	21
运输机	C-46A				1
	C-46D		72		79
	C-47A/B		16		21
	EC-47D				1
	C-119G		12		15
	C-118		1		1
	HU-16A		7		9
小计			108		127
直升机	UH-19B		4		6
小计			4		6
总数		347	112	430	154
总的战术分配单位			459		
总库存			584		
奈基-大力神地对空导弹*	48		86**		

* 导弹部队由中华民国陆军掌控和操作,但却处在中华民国空军的业务控制下。

** 12枚导弹位于4个发射阵地的发射点上。6枚导弹放在仓库,1枚在一个导弹阵地再加工。10枚在军械直接支援部队的仓库中。

地图 **中国东部和台湾陆军力量**(1964年3月1日)①
地图 **中国东部和台湾海军力量**(1964年3月1日)
地图 **中国东部和台湾空军力量**(1964年3月1日)
中国沿海岛屿地图

DDRS, CK 3100062936—CK 3100062965

张胜勇译,忻华、双惊华校

———————————

① 此及以下地图略去。——译注

中情局关于台湾国民党
政权士气问题的特别报告

（1965 年 1 月 22 日）

SC 00654/65B

台湾士气问题
（1965 年 1 月 22 日）

很多年来从中国大陆逃亡到台湾的 200 万国民党人士气已经逐渐消沉，而这种士气到 1964 年的时候更是迅速跌到谷底。1964 年法国和非洲一些国家取消了对台湾的承认，北平成功爆破了原子弹，赢得了巨大声威，而同时国民党人没有得到美国支持他们对大陆发动大规模反攻的计划，这些都加剧了这些国民党人的被孤立感，降低了他们返回家园的希望。如果重大的不利发展进一步持续，如蒋介石去世、丧失联合国席位或共产党人在东南亚取得新的外交成就等，都将会使大陆籍人更加难以驾驭，也会增加台湾出现麻烦的前景。这些事件的链式效果将会严重影响台湾的稳定并且加速中共渗透和颠覆台湾的可能性。

一、满怀希望的年代

1949 年蒋介石带领名誉扫地的官僚机构和残兵剩勇退守到台湾并把台湾作为抵抗共产党入侵的最后一站，当时国民党人的士气降到了最低点。对于台湾的大陆籍人来说随着美国帮助国民党重新建立、重新装备并再训练军队，随着共产党入侵威胁的减弱，蒋介石允诺的发动一场重新夺回大陆的大战开始变得似是而非。但与他们的家人终将团聚的信念支撑他们忍受着在台湾流亡的生活。

随后的岁月中国民党人重返大陆的希望被武装部队骄傲地维系，被蒋总统的坚定信心以及他准备兑现其承诺的意图所维系。联合国席位的保留和受到国际多数政府的外交承认有助于使国民党主张的中华民国是代表全中国的唯一合法政府的要求更加可信，因此也增强了他们最终回到大陆的希望。1958 年在北平炮击沿海岛屿的危机中国民党武装部队表现出色，在台北早日重返大陆的舆论喧嚣尘上，当 1961 年北平遭遇空前的国内经济困难时这种宣传更是达到了顶峰。

二、回 归 现 实

从那以后国民党官方的光复大陆的宣传逐渐减弱,而且来到台湾的这些大陆籍人也开始以更加务实的态度来审视他们的未来。结果逐渐令人不安起来。

在留在台湾人员的生活中,除了极少部分高级官员获利外,大多数大陆籍人没能分享台湾的经济发展的成果。绝大多数没有受过教育的大陆籍人寄厚望于蒋介石光复大陆的承诺,以此作为他们摆脱在台湾的贫困生活的唯一希望。在一个近期的情报会议上蒋介石总统指出在台湾最低收入的人——人力车夫、街头小贩和身居陋室的人——为最有可能制造台湾内部安全问题的人。

由于没有更好的选择,国民党的统治精英已趋于接受现状。许多人把他们的子女送到了美国,并且据报道称他们一直聚敛钱财以备他们必须逃离台湾时所需。

三、武 装 力 量

在国民党 60 万武装力量中,除最高层外,士气普遍低落,一些高级将领担心精简机构会使他们提前退休,从而丧失了他们相应的特权和特别津贴收入。小道消息传闻国防部长蒋经国计划让黄埔军校的第一期前三队的毕业生引退,也就是让已经年过花甲的那些将领退休。这些官员和蒋介石总统有密切的联系,他们确认他们将会被蒋经国——蒋介石的儿子——在情报机构中的追随者们所代替。

基层官员更加受挫,叫苦连连。因为薪水少得可怜而且很少人有额外收入,他们中很多人的妻子不得不出去工作来对付开销。他们已经对尽早返回大陆和得到提升丧失了任何信心。他们对高层官员的腐败、松弛的纪律和缓慢的发展满腹牢骚。与过去十年相比他们的士气明显低落了很多。他们憎恨台湾籍人在经济中的主导地位并且认为台湾籍人最终同样会控制台湾的政治。

多数的军士是大陆籍人,逃跑和自杀事件时有发生。很多报告都声称这些人意志消沉,对现实不满并且对那些新生台湾派别的官员怀有很深的敌意。他们中的很多人对在台湾的婚姻和家庭不抱任何憧憬。

台湾籍人占据了武装力量总人数的 38%,他们在两年的服役期表现得中规中矩,而且自身并没有出现很大问题。

蒋总统对军队的士气问题非常敏感。他可能担心矛盾激化会引起军队叛乱。去年前期他任命一直主管安全事务的蒋经国将军负责提高士气并且对付任何在军队中发动政变的企图。1 月 13 日蒋介石提拔蒋经国为国防部长以进一步加强他的权力。蒋经国对士气的低沉原因作了调查,警觉到它对安全的威胁,于是任命政治作战处负责采取正确措施,加大政治宣传训导的力度。他还下了一道密令,凡颠覆政权者将处以枪决。

在过去的几年内有很多关于反对政府的武装反叛阴谋的报道,但是没有一个反叛能对安全组织构成严重的挑战。迄今为止最具有戏剧性的事件是去年一个倍感挫折的重要将军公开指责高层官员的腐败,号召第一装甲师推翻政府,但是他的号召无人响应。这位将军最终接受了军事法庭的审判。蒋经国怀疑这件事情只是更大阴谋的一部分。他下令调查所有直接或间接可能受该将军影响的人,逮捕了很多相关人士,其中也包括这位将军的家人。蒋经国告诉政治局的成员说,这位将军很可能是共产党,而且他可能一直在掩饰他想要推翻政府的真实目的。

四、安全机器

国民党有效的安全系统几乎可以尽早阻止任何进行武装反叛的企图。该安全系统拥有一个精密的情报网络,通过该网络可以监控军事部队、政府部门、主要的工业部门以及居民区等。同时反情报信息通过秘密审查信件、安全无线电联络、对公民的大规模安全警戒等手段也同样得以发展。任何一种组织在距离它形成真正的政权反对力量以及对政府构成威胁之前很远,在它积聚力量之前就会被发现、被扼杀。该安全系统的主要不足之处在于部门之间的协调不足,功能重叠,权力过于分散,在完成组织的任务时不是通过正规渠道而是过分依赖个人之间的关系。

目前影响国民党政府稳定的主要危险是这样一种可能,即他们过分强调安全因素,对被怀疑的威胁反应过分,从而引起广泛不满,这种局面将为那些企图发动政变和获得权力的军事领导人制造可乘之机。同时政权对行为不端者给予严厉的惩处,意在杀鸡给猴看,但可能也将招致广泛的不满。蒋介石总统最近任命特种部队的5个人专门负责监听来自北平的无线电广播。

五、台湾籍人

一个潜在的对国民党政府统治构成长期威胁的因素是一种憎恨心理,即潜伏在台湾籍人心中的对少数大陆籍人统治台湾的不满。作为一个群体,1千万台湾籍人并不关心保存国民党政府作为全中国唯一合法政府的地位,他们所憎恨的是被政府所强加的沉重的经济和人力负担,这种负担是因为政府为光复大陆所作的军事准备而起。

台湾籍人没能在政府、军队以及一些工业中占有重要位置,而且在解决他们自身事务中也缺乏强有力的声音。在省和地方政府中有很多台湾籍人,但是所有重要的司法以及行政决定仍要得到中央政府的批准。很多岛内原住居民希望台湾由台湾本地人来统治。

然而目前看起来多数台湾籍人已经把追求台湾籍人独立的理想从属于追求即时的自身利益,这就要求他们与国民党人合作。许多人认识到他们需要国民党当局的行政能力,并且愿意支持政府,与政府合作。台湾籍台北市市长高玉树(Kao Yu-shu)深信,如果今天国民党

"崩溃"的话负责任的台湾领导人都会感到忧虑，因为这样一来将很可能导致台湾的不稳定程度会迅速上升到危险的边缘。

很多台湾籍人加入了国民党，一些纯粹出于个人的政治投机需要，另外一些人认为与政府作对没有用，而成为国民党党员才是帮助他们的台湾籍人的唯一途径。90％的台湾籍人，包括农村和城市居民，都不参与政治，他们受到的教育不超过中学。

六、展 望 未 来

大陆籍人可能最终会接受把台湾看作其永久的家园，当然这在蒋介石生前不可能实现。与此同时，台湾的国际地位受到的每一个挫折都将在岛内引起一番不小的波动。每当别的政府承认北平时台湾就更能感受到巨大的冲击和影响，共产党中国在联合国获得席位尤其会给国民党人重重一击。每一个新的波动都会增加军队发生政治暴动的危险，从而有可能动摇蒋介石政权的根基。军队里日益高涨的不满情绪会波及安全部队，增强了成功发动政变的可能性。

绝大多数的大陆籍人并不是特别容易接受共产主义，但共产党号召的民族主义对他们的吸引力变得越来越大。大陆籍人似乎越来越赞同那些有可能与中国统一和给年轻人提供更大发展机会的建议。虽然目前还没有足够的事实证明这一点，但是国民党军队已经开始了带着这种政治倾向进行讨论和操作。

在没能光复大陆这件事上政府趋向于把责任推到美国人身上，这增加了官方授意的在美国驻台军事基地进行示威和暴动的可能性。政府控制的媒体不断宣传，因为美国没能给国民党人足够的支持才造成了久久不能进攻大陆的局面。一些立法者也呼吁重新进行有关安全协定的谈判，以便提供给政府更大的活动空间。

无论77岁高龄的蒋总统的去世还是丧失执政能力都可能意味着光复大陆神话永远无法实现。继任政权对自己的国际地位将更缺乏信心，而且倾向于发生内部分裂，可能会用比现在更加苛刻的手段来控制人民。到那时国民党内部的派系集团或台湾籍人将为争夺权利而角逐，这将会促成暴力和进一步镇压局面的形成。

DDRS，CK 3100355516—CK 3100355521

王玉凤译，忻华、双惊华校

中情局关于蒋经国政治前途的评估

（1965 年 8 月 5 日）

南越总理阮高其 1965 年 8 月中旬访问台湾

（1965 年 8 月 5 日）

1. 中华民国政府国防部长蒋经国宣布南越总理阮高其（Nguyen Cao Ky）将于 8 月 15 日至 19 日访问台湾。阮高其的随行人员将包括三位高级政府官员。蒋说阮和中华民国政府官员的谈话将可能涉及台湾经济发展及对南越提供技术援助的问题。预计阮高其及随行人员在结束台湾访问后将继续出访泰国。

2. ……①台湾内部安全。蒋经国在争取各行各界的支持方面已取得显著成果，但知识分子和台湾籍人例外。自前副总统陈诚逝世后没人能披起"备选"的外衣，蒋经国的权利地位就此确立，当他的父亲离开政坛时他将最终继承对国民党的控制权，环境及军事力量都将不会对他构成威胁，即使这件事在不久的将来马上发生，情况依然如此。蒋经国仕途的下一站将会就任行政院副院长或院长一职。

3. 评论。在第 8、10、11 段中所作的推测依据是遵循以前的范例和逻辑的可能性，应该能够被视为合理的估测。这些段落的结论当然要从属于一些现在还不可预料的突发事件，比如经国身体健康状况突然恶化，政府遭受重挫而蒋经国要为此负责等等。除非发生此类事件，否则沿着这些段落描述的路线发展或许都是合理的预测。

4. 对蒋经国来说他事业发展的转折点是 1964 年 3 月被任命为国防部副部长。那时他已经掌管了情报和安全组织、青年团，退伍军人委员会，并且在国民党和国防部里发挥着重要的作用，但是此次任命及 1965 年 1 月提升为国防部长给他提供了巩固他在国防部的合法统治权力的机会，使他拥有了一个内阁级别的职位，以前公众知道他从事安全工作，现在他走出了安全工作带来的阴翳，走上了公众视线聚焦的中心舞台。在任命后这 18 个月里蒋经国行为端正，逐渐成功地将自己塑造成广受公众爱戴的"形象"。报纸、电台及电视不断报道他的活动，他频频出现在高级典礼上，包括接见来访的显赫人物等。就连那些反对他的人也承认他是一个才能卓越、鞠躬尽瘁的领导者和行政官员，能够很好地履行着自己的职责，即使对很小的利益和在私人朋友方面也讲究绩效。但是，仍然有些人不喜欢他，不信任他，因为他曾经在苏联生活过一段岁月，他负责安全工作以及他任人唯亲带来的不可避免的污名。许多台湾籍人、年纪较大的大陆籍人及非国民党政客对他都

① 原文此处一行未解密。——译注

持有这样的印象。

5. 蒋经国就任国防部副部长之后在国防部内发生的人事变动无疑巩固了他的权力地位。新的陆军首领高魁元和现任副国防部长马纪壮都是他的坚定支持者；海军司令冯启聪以及参军长黎玉玺看起来和他站在同一阵营；空军司令徐焕升也被认为是蒋经国的亲信，他是统治阶梯上层唯一一位任期届满后仍占据同样地位的人。很有前途的唐君铂时任国防部副部长，他将陪同蒋经国进行小蒋的第四次访美之行，陆军联勤总司令、中山科学院院长也都与蒋经国有着密切的联系。相比之下比较老的将领如彭孟辑、周至柔及刘安祺占据的职位比以前的重要性要减少许多。这一系列人事变化并非必然由蒋经国直接授意，因为蒋介石总统操纵着他认为合适的高层任命权，而这些新人毋庸置疑要更附和蒋经国的意愿，比彭孟辑、周至柔、刘安祺拥有更少的独立性。

6. 蒋经国为国防部所设目标包括加强政治和安全工作，本着经济、效率的原则采用新方法改进武装力量，精简机构，减少腐败，提高军队和官员的士气，培养年轻官员。在其他问题上蒋经国非常现实地对待国防部的问题。例如，他表示国家军事政策应集中于反攻，但如果反攻在五年之内不能具体化，制定其他方案也非常重要。蒋经国虽然对反攻怀有热忱，但在很大程度上被他的天生的务实主义所调节。他还强调军队里要保持政治团结。视蒋经国为导师的政客们都成为执行蒋经国政策的工具。值得一提的是军队政治官员在鼓吹他们的重要作用时往往吹嘘是他们制止了流产的赵志华事件和其他事变。

7. 蒋经国继续密切关注台湾的内部安全，不管什么类型的"持不同政见者"牵涉其中都是如此。他密切监视着雷震、赵志华及彭明敏案件。他几乎责无旁贷地要负责监视廖文毅返回台湾之后的活动。司法行政部调查局局长沈之岳是经国的一位副手，对此次宣传活动作出了突出贡献，赢得了最大信任。蒋经国对"台湾独立活动"的含义非常敏感，倡导采取严格而非压制的政策来对付台独分子。大家知道他对台北的台籍市长高玉树极为轻视。通常而言就像很多大陆籍和台籍的知识分子一样，台湾籍人对蒋经国抱有模糊的不信任的情感。现有的证据表明尽管蒋经国这一方做了很多努力，但他仍没能成功地赢得这两部分人的民心。尽管现在缺乏支持还不算什么，但在危机时期这将是一个有害的因素。蒋经国一直很关心青年人及他们的教育问题，据报道新任命的教育部长阎振兴就是这方面的工具之一。蒋经国有意结识金融和经济行业的朋友并有意栽培他们。不过这好像正处于成型阶段，目前还不能判断他能从这部分中人获得多少支持。

8. 台湾政治气候发生重大质变是从陈诚副总统的逝世开始。以前一个人被估计为"蒋经国的人"或"陈诚的人"，现在只是被简单地说成是"蒋经国的人"或者干脆什么名称都没有。没有人会误以为陈诚的位置被蒋经国所替换，所有人都没有这种念头。比如以前陈诚在立法院里的拥护者没有列队迎接另一位领导者，而是相反，他们好像已经决定实行一种集体领导并对他们派系可能会分裂表示出忧虑。另外一个可以称之为"投降主义"的迹象是一向是派系坚定分子的谷正纲最近正试图接近蒋经国。谷一直被认为有些反对经国。有迹象表明现在正在形成以蒋经国为首的派系,这是蒋经国拥护者团队势力壮大的一个令人感兴趣的方面。这可能部分要归因于这些人的个性差异和利益的一致性。目前没有一个人有足够的力量和威望能对蒋经国构成挑战。更有可能的是对蒋经国的任何"选择"或是"反对"将最终以国民党和军队原有旧力量进行联合的形式出现,但没有证据表明这种力量正在酝酿之中。当然,不能排除这种可能性,即如果蒋介石总统突然退出政坛,这种反对派联盟就将会形成。不过,现在蒋经国权力日益增大,拥护者日益增多,他的地位可能不会受到其他的挑战。

9. 蒋经国还将继续完全效忠蒋介石总统,同样地他将继续安享他父亲对他的信任。不过,和蒋夫人一样,没有人能确切估计出蒋经国到底能在多大程度上对他的父亲产生影响。可以负责任地说,即便有,也极少有人能像他一样精心准备并且始终如一地赢得蒋介石的信任。蒋经国对高层任命上的推荐,特别是对军队人员上的举荐,都得到了蒋介石的充分认可。可能唯一的例外就是最近对总政治作战部主任唐守治的任命。据报道蒋经国希望代理总政治作战部主任的王升或者是军事政治处的主任江国栋能得到这一重要职位,然而蒋介石驳回了蒋经国的举荐。如果这一报道属实,蒋介石的这一举动更可能由于一时兴起,或许因为各方观点难于取得一致,而不会是因为父子之间发生根本矛盾冲突的结果。蒋经国可能比任何人都清楚地意识到蒋介石带有猜忌地警惕他在所有的政府、政党和军队事务中的卓越成就。蒋经国不可能作任何可能影响其父子亲密关系的事,不可能说任何可能会影响其父子关系的话。陈诚去世留下了副总统办公室和国民党副总裁位置的空缺,很多人猜测蒋经国可能会被任命为这些位置中的这个或者那个。在蒋介石仍是总统时第一个位置几乎不可能,因为这将受到元老和军事人员的强烈攻击,也将为那些指控蒋介石总统正在创造"蒋家王朝"的人留下口实。总统、他的家人和参谋对此类的批评非常敏感。同样的考虑也能用在任命蒋经国为副总裁的可能性上,虽然程度可能较轻。但是,从蒋经国的立场来看副总裁的位置他非常想要,因为如果总裁的位置出现空缺的话作为副总裁就能使他直接继承总裁一职。除此之外,他现在只能间接影响政党活动,副总裁一职将为他正式开始掌控政党机器提供机会。

10. 对蒋经国的事业来说更可行的方向是朝着行政院的更高职位迈进,即行政院副院长或者行政院院长。前任行政院院长并没有按照宪法赋予他们的权力在很大程度上影响政府的工作,因为蒋介石在担任总统。现任行政院张严家淦就是一个很好的"专家治国者"的范例。但是,如果让蒋经国担任行政院长的话,由于其个人的权力和影响,情况则会发生实质性的变化。如果考虑到有可能出现总统死亡、无法执政或者辞职的话,行政院长这一职位将会具有双倍的吸引力。不管谁被推选为总统,一个强势的行政院长都将会是政府主要的控制者,因为宪法规定总统发布的所有法律和命令都应该有行政院长的联署。更进一步来说行政院内的主要任命都由总统在行政院长的推荐下任命。行政院长还可以使蒋经国直接保留从法律上控制国防部的机会。如果蒋经国的事业轨道能像上面描绘的那样发展,就像他被任命国防部副部长一样,第二梯队的位置

（行政院副院长）将会首先到来，一直表演巧妙的严家淦可能会被选中担任副总统或其他执政要职。

　　11. ……①

　　12. ……

　　DDRS，CK 3100337178—CK 3100337186

王玉凤译，双惊华校

---

① 此 11 段及以下 12 段未解密。——编注